공기업 최종 합격을 위한

추가 학습자료 5종

KB164489

경제학 입문 특강 수강권

8879 7K35 8480 A000

해커스잡 사이트(ejob.Hackers.com) ▶
사이트 메인 우측 상단 [나의 정보] 클릭 ▶
[나의 쿠폰 - 쿠폰/수강권 등록]에 위 쿠폰번호 입력 ▶
[마이클래스]에서 강의 수강

* 본 쿠폰은 한 ID당 1회에 한해 등록 및 사용 가능하며, 등록 후 30일간 수강 가능합니다.

반드시 알아야 할 최신 경제시사용어 150(PDF)

3753 VDSL 8105 7M3L

해커스잡 사이트(ejob.Hackers.com) 접속 후 로그인 ▶
사이트 메인 중앙 [교재정보 - 교재 무료자료] 클릭 ▶
교재 확인 후 이용하길 원하는 무료자료의 다운로드 버튼 클릭 ▶
위 쿠폰번호 입력 후 다운로드

경제학 OX 연습문제 (PDF)

9173 VCHL 8195 7M3L

해커스잡 사이트(ejob.Hackers.com) 접속 후 로그인 ▶
사이트 메인 중앙 [교재정보 - 교재 무료자료] 클릭 ▶
교재 확인 후 이용하길 원하는 무료자료의 다운로드 버튼 클릭 ▶
위 쿠폰번호 입력 후 다운로드

경제학 MIND MAP (PDF)

4043 VTSS 8106 7M3L

해커스잡 사이트(ejob.Hackers.com) 접속 후 로그인 ▶
사이트 메인 중앙 [교재정보 - 교재 무료자료] 클릭 ▶
교재 확인 후 이용하길 원하는 무료자료의 다운로드 버튼 클릭 ▶
위 쿠폰번호 입력 후 다운로드

본 교재 인강 20% 할인쿠폰

630E 7K37 BE85 A000

해커스잡 사이트(ejob.Hackers.com) 접속 후 로그인 ▶ 사이트 메인 우측 상단 [나의 정보] 클릭 ▶
[나의 쿠폰 - 쿠폰/수강권 등록]에 위 쿠폰번호 입력 ▶ 본 교재 강의 결제 시 쿠폰 적용

* 본 쿠폰은 한 ID당 1회에 한해 등록 및 사용 가능하며, 쿠폰 중복 할인은 불가능합니다.
* 단과/종합 강의에만 적용 가능(프로모션/이벤트 상품에는 적용 불가)

* 이 외 쿠폰 관련 문의는 해커스 고객센터(02-537-5000)로 연락 바랍니다.

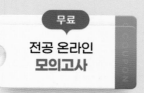

해커스공기업
쉽게 끝내는
경제학 기본서

해커스

▌이 책의 저자

서호성

경력

(현) 해커스 경영아카데미 경제학/재정학 교수
(현) 해커스공기업 경제학 강사
(현) 해커스금융 TESAT/매경TEST 경제학
(현) 해커스 감정평가사 경제학
(현) 보험연수원 보험계리사 경제학
(현) 메가스터디 공무원 7급 경제학
(전) 윌비스 고시학원 7급 경제학
2023 공공기관채용박람회 메인무대 초빙 강연
한국외대, 전북대, 충남대 등 다수 대학 및 고등학교 공기업 강의
서울시립대학교, 상지대학교 등 매경TEST 특강강사

저서

해커스 회계사 서호성 경제학
해커스 서호성 재정학
해커스 서호성 객관식 재정학
해커스 서호성 재정학 FINAL
해커스공기업 쉽게 끝내는 경제학 기본서
해커스 TESAT(테셋) 2주 완성 이론+적중문제+모의고사
해커스 매경TEST 2주 완성 이론+적중문제+모의고사
서호성 ABC 경제학
서호성 ABC 경제학 기출문제집
서호성 ABC 경제학 핵심포인트

공기업 경제학 전공 시험 합격 비법, 해커스가 알려드립니다.

"비전공자도 단기 합격이 가능한가요?"
"많은 양의 경제학 공부는 어떻게 해야 하나요?"

많은 학습자들이 공기업 경제학 전공 시험의 학습방법을 몰라 위와 같은 질문을 합니다.
방대한 양과 어려운 내용 때문에 어떻게 학습해야 할지 갈피를 잡지 못하고
막연한 두려움을 갖는 학습자들을 보며 해커스는 고민했습니다.
해커스는 공기업 경제학 전공 시험 합격자들의 학습방법과 최신 출제 경향을
면밀히 분석하여 단기 완성 비법을 이 책에 모두 담았습니다.

『해커스공기업 쉽게 끝내는 경제학 기본서』
전공 시험 합격 비법

1. START 기초경제학으로 워밍업한다.
2. 시험에 출제되는 이론을 쉽고 체계적으로 학습한다.
3. 다양한 난이도의 문제로 실전 감각을 향상시킨다.
4. 풍부한 PDF 자료로 개념을 리마인드하고 경제시사에 대비한다.

**이 책을 통해 공기업 경제학 전공 시험을 준비하는 수험생들 모두
합격의 기쁨을 누리시기 바랍니다.**

목차

거시경제학

국제경제학

[온라인 제공]
- 경제학 MIND MAP
- 경제학 OX 연습문제
- 반드시 알아야 할
  최신 경제시사용어 150

공기업 경제학 전공 시험 합격 비법

1 START 기초경제학으로 워밍업한다!

START 기초경제학

초보자도 쉽게 이해할 수 있도록 경제학에서 사용하는 기본용어와 간단한 그래프 등 수학 상식을 수록하여 본격적인 경제학 학습 전 워밍업할 수 있습니다.

2 시험에 출제되는 이론을 쉽고 체계적으로 학습한다!

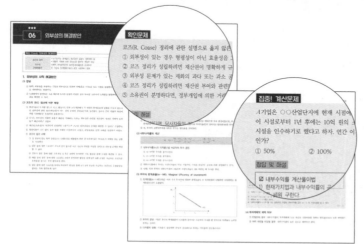

이론

시험에 나오는 이론을 쉽고 자세하게 풀어썼으며, 그래프 및 도표에 대한 꼼꼼한 설명을 통해 경제학을 보다 체계적으로 학습할 수 있습니다.

확인문제

이론에 대한 대표예제를 풀이하여 이론이 어떻게 문제에 적용되는지 확인하고 이론을 명확히 이해하였는지 점검할 수 있습니다.

집중! 계산문제

경제학에서 빈번하게 출제되는 계산문제에 계산풀이법을 함께 담아 어려운 계산문제도 쉽게 접근할 수 있습니다.

3 다양한 난이도의 문제로 실전 감각을 향상시킨다!

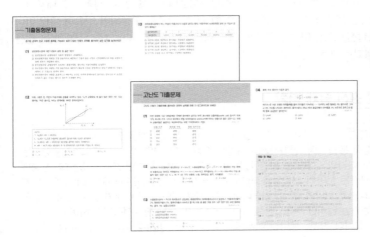

기출동형문제

공기업 경제학 전공 시험에 출제될 가능성이 높은 다양한 유형의 문제를 풀어보며 실전 감각을 다질 수 있습니다.

고난도 기출문제

회계사, 공무원, 감정평가사 등 고난도 시험의 기출문제를 수록하여 경제학 실력을 한층 더 업그레이드 할 수 있습니다.

4 풍부한 PDF 자료로 개념을 리마인드하고 경제시사에 대비한다!

경제학 MIND MAP

방대한 경제학 개념의 흐름을 확인하며 학습한 내용을 리마인드할 수 있습니다.

경제학 OX 연습문제

꼭 기억해야 할 핵심 내용을 간단하게 풀어보며 리마인드할 수 있습니다.

반드시 알아야 할 최신 경제시사용어 150

최신 경제시사용어 중 시험에 출제될 가능성이 높은 경제용어를 엄선하여 경제시사까지 확실하게 대비할 수 있습니다.

공기업 경제학 전공 시험 안내

공기업 경제학 전공 시험이란?

대다수의 공기업·공사공단은 취업 시 직무수행능력평가를 치르거나, 직무수행능력평가를 전공 시험으로 대체하는 기업이 있는데, 직무수행능력평가/전공 분야는 보통 경제학, 경영학, 행정학, 법학 등으로 구성되어 있으며, 기업마다 단일전공으로 시험을 보는 경우도 있고, 통합전공으로 여러 전공에 대해 시험을 보기도 합니다. 그중 '경제학'은 많은 기업에서 직무수행능력평가/전공으로 선정되는 과목 중 하나입니다.

공기업 경제학 전공 시험별 특징 및 최신 출제 경향

통합전공 시험	통합전공 시험은 '상경 분야'와 '법정 분야'를 같이 응시하는 전공 시험을 말합니다. 대부분 경제학, 경영학, 법학, 행정학 등을 모두 평가하거나, 3과목 중심(경제, 경영, 법 or 행정)으로 구성되는 경우가 많습니다. 일부 기업의 경우에는 상경통합으로 전공 시험을 치르는 경우도 있는데, 상경통합은 상업과 경제에 관련된 분야의 전공들을 의미하며, 공기업 상경통합은 대체적으로 경영학, 경제학, 회계학 등을 포함하고 있다고 볼 수 있습니다. 통합전공 시험은 과목 수가 많은 만큼 단일전공보다 출제 난도가 높지는 않지만 여러 과목을 공부해야 하다 보니 단일전공에 비하여 더욱 많은 학습량이 요구되기도 합니다. 또한, 통합전공 시험은 일반적으로 미시경제학 40%, 거시 & 국제경제학 60%의 비중으로 출제되며, 최근에는 국제경제학의 비중이 높아지고 있는 추세입니다.
단일전공 시험	단일전공 시험은 경제학 과목만 단일로 선택하여 응시하는 전공 시험을 말합니다. 출제 난도는 중간 수준인데 기업마다 조금 더 어렵게 출제하는 경우가 있고, 경쟁률이 높은 공기업의 경우에는 난도를 훨씬 높여서 출제하는 경우가 있기 때문에 지원하고자 하는 기업의 필기시험 난이도를 확인하고 맞추어 준비하는 것이 필요합니다. 단일전공 시험 역시 미시경제학 40%, 거시 & 국제경제학 60%의 비중으로 출제되고 있으며, 최근 국제경제학의 비중이 높아지고 있는 추세입니다.

공기업 경제학 전공 시험 시행 기업

▢ 단일전공 시험을 시행하는 기업

기업	직무/직렬	전공 시험 과목	경제학 출제 문항 수
한국농어촌공사	행정(경상)	경영학, 경제학 중 택1	약 40문항 내외
인천국제공항공사	사무	경영학, 경제학, 행정학 중 택1	약 50문항 내외
인천교통공사	사무	행정학원론, 경영학원론, 경제학원론, 법학개론, 통계학개론, 전산학개론 중 택1	약 40문항 내외
한국무역보험공사	조사·인수	경영학, 경제학 중 택1	약 40문항 내외
한국관광공사	일반	경영, 경제, 회계, 법무 중 택1	약 40문항 내외
예금보험공사	금융일반	경영학, 경제학 중 택1	약 30문항 내외
신용보증기금	금융사무	경영, 경제 중 택1	약 60문항 내외

*기업의 2023년 채용정보 기준이며, 채용정보는 변경될 수 있으므로 상세한 내용은 기업별 채용공고를 반드시 확인하시기 바랍니다.

통합전공 시험을 시행하는 기업

기업	직무/직렬	전공 시험 과목	경제학 출제 문항 수
국민연금공단	일반	경영학, 경제학, 법학, 행정학, 국민연금법 등 사회보장론 관련 지식	약 10문항 내외
한국보훈복지의료공단	일반행정(사무)	경영학, 경제학, 회계학	약 10문항 내외
건강보험심사평가원	행정직	법학, 행정학, 경영학, 경제학 등 통합전공지식	약 8문항 내외
한국도로공사	행정(경영)	경영학원론, 회계학(중급회계), 경제학원론	약 15문항 내외
한국수력원자력	사무	법학, 행정학, 경제학, 경영학(회계학 포함)	약 5문항 내외
한국환경공단	사무(상경)	경영학, 경제학, 회계학	약 15문항 내외
국가철도공단	사무(일반경영)	경영학, 경제학, 회계학	약 20문항 내외
한국남부발전	사무(상경)	경영학, 경제학, 회계학	약 15문항 내외
한국서부발전	사무(상경)	경영학원론, 경제학원론, 회계원리	약 25문항 내외
한국가스기술공사	사무	법학, 행정학, 경영학, 경제학, 회계학개론 수준	약 10문항 내외
한국지역난방공사	사무	경영학원론, 재무관리, 마케팅, 경제학원론, 재정학, 회계학, 원가·관리회계, 법학(현/민/행정/상법) 등	약 15문항 내외
한국중부발전	사무	법, 행정, 경영, 경제, 회계 등	약 10문항 내외
한국투자공사	투자운용/경영관리	재무관리·투자론, 재무회계, 경제학	약 15문항 내외

*기업의 2023년 채용정보 기준이며, 채용정보는 변경될 수 있으므로 상세한 내용은 기업별 채용공고를 반드시 확인하시기 바랍니다.

공기업 경제학 전공 시험을 대비하는 학습자의 질문 BEST 5

공기업 경제학 전공 시험을 준비하는 학습자들이 가장 궁금해하는 질문 BEST 5와 이에 대한 경제학 전문가의 답변입니다. 본격적인 학습에 들어가기 전 참고하여 공기업 경제학 전공 시험에 효과적으로 대비하세요.

경제학 전공 시험은 어떻게 공부해야 효율적일까요?

이론과 시사를 병행하여 학습하는 것이 좋습니다.
학습하고자 하는 이론과 연관된 시사 내용을 함께 확인하며 학습하시면, 좋은 결과를 기대할 수 있습니다.
또한, 많은 양의 문제풀이를 통해 문제 유형을 확실히 파악하는 것이 중요합니다.
장마다 수록된 기출동형문제와 고난도 기출문제를 통해 실전 감각을 키우시기 바랍니다.

경제 분야에 대해 무지한 비전공자도 충분히 독학할 수 있을까요?
이론을 훑어보니 걱정이 앞서네요.

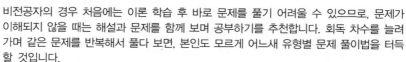

비전공자도 충분히 독학할 수 있으니 중간에 포기하지 않고,
끝까지 노력하는 것이 중요합니다.
비전공자의 경우 처음에는 이론 학습 후 바로 문제를 풀기 어려울 수 있으므로, 문제가 이해되지 않을 때는 해설과 문제를 함께 보며 공부하기를 추천합니다. 회독 차수를 늘려가며 같은 문제를 반복해서 풀다 보면, 본인도 모르게 어느새 유형별 문제 풀이법을 터득할 것입니다.

경제학 전공 시험 단기 합격을 위해서는 얼마나 공부해야 할까요?

본인의 실력 및 학습성향에 맞는 회독별 학습플랜에 따라
대체로 약 60일 정도 공부하면 충분합니다.

보통 전공 시험의 경우 1년이나 그 이상을 잡고 학습하는 수험생이 많으나, 본인의 실력
및 학습성향에 맞는 회독별 학습플랜에 따라 반복 학습하면, 더욱 짧은 기간에 공기업 경
제학 전공 시험에 대비하여 합격을 기대할 수 있습니다.

경제학 전공 시험을 CPA나 7급 공무원 수준으로 준비해야 한다는 사람들이
있는데, 전공 시험의 난이도가 어떻게 되나요?

단일전공 시험은 TESAT < 단일전공 시험 ≤ 7급 공무원 < CPA 1차,
통합전공 시험은 TESAT ≤ 통합전공 시험 정도로 생각하시면 됩니다.

기업마다 출제 난이도는 다르지만, 단일전공 시험은 대체적으로 TESAT보다는 어렵고, 7급
공무원/CPA 1차 정도로 생각하시면 되며 통합전공 시험은 TESAT과 비슷하거나 그보다
조금 더 어려울 수 있습니다. 본 교재는 7급 공무원/CPA 1차 난이도까지 다양하고 풍부한
문제를 수록하였기에, 통합/단일전공 시험 모두 대비가 가능합니다.

경제 관련 시사상식은 어떻게 준비할 수 있을까요?
광범위해서 대비하기가 막막하네요.

주요 신문기사 1~2개를 매일, 꾸준히 읽는 것이 중요합니다.

많은 수험생이 시사를 어려워하거나, 과거의 시사 이슈까지 모두 학습해야 한다는 부담감
에 힘들어 합니다. 많은 양의 기사를 정독하려는 것보다 매일 1~2개의 신문기사를 가볍게
읽고 흐름을 파악하는 것이 좋습니다. 또한, 해커스잡 사이트(ejob.Hackers.com)에서 부
가물로 제공하는 '반드시 알아야 할 최신 경제시사용어 150'을 꼼꼼히 학습하면 더욱 효
과적으로 경제상식에 대비할 수 있습니다.

공기업 경제학 합격을 위한 회독별 학습플랜

자신에게 맞는 학습플랜을 선택하여 본 교재를 학습하세요.
더 효과적인 학습을 원한다면 해커스잡(ejob.Hackers.com)에서 제공하는 동영상강의를 함께 수강해보세요.

3회독 학습플랜

👍📖 경제학 비전공자 또는 경제학에 입문하시는 분에게 추천해요.

3회독 학습이 목표이며, 경제학 기본기가 부족하여 이론을 집중적으로 학습해야 하는 분은 이론을 정독하며 반복 학습 후 문제를 풀며 정리한다면 60일 안에 시험 준비를 마칠 수 있어요.

1일 ☐	2일 ☐	3일 ☐	4일 ☐	5일 ☐
START 기초경제학 학습	미시경제학 학습			
	제1장 학습	제1장 학습	제2장 학습	제2장 학습
6일 ☐	**7일 ☐**	**8일 ☐**	**9일 ☐**	**10일 ☐**
미시경제학 학습				
제3장 학습	제3장 학습	제4장 학습	제4장 학습	제5장 학습
11일 ☐	**12일 ☐**	**13일 ☐**	**14일 ☐**	**15일 ☐**
미시경제학 학습				
제5장 학습	제6장 학습	제6장 학습	제7장 학습	제7장 학습
16일 ☐	**17일 ☐**	**18일 ☐**	**19일 ☐**	**20일 ☐**
거시경제학 학습				
제8장 학습	제8장 학습	제9장 학습	제9장 학습	제10장 학습
21일 ☐	**22일 ☐**	**23일 ☐**	**24일 ☐**	**25일 ☐**
거시경제학 학습			국제경제학 학습	
제10장 학습	제11장 학습	제11장 학습	제12장 학습	제12장 학습

26일 ☐	**27일** ☐	**28일** ☐	**29일** ☐	**30일** ☐
국제경제학 학습		START	미시경제학 복습	
제13장 학습	제13장 학습	기초경제학 복습	제1장 복습	제1장 복습
31일 ☐	**32일** ☐	**33일** ☐	**34일** ☐	**35일** ☐
미시경제학 복습				
제2장 복습	제2장 복습	제3장 복습	제3장 복습	제4장 복습
36일 ☐	**37일** ☐	**38일** ☐	**39일** ☐	**40일** ☐
미시경제학 복습				
제4장 복습	제5장 복습	제5장 복습	제6장 복습	제6장 복습
41일 ☐	**42일** ☐	**43일** ☐	**44일** ☐	**45일** ☐
미시경제학 복습		거시경제학 복습		
제7장 복습	제7장 복습	제8장 복습	제8장 복습	제9장 복습
46일 ☐	**47일** ☐	**48일** ☐	**49일** ☐	**50일** ☐
거시경제학 복습				
제9장 복습	제10장 복습	제10장 복습	제11장 복습	제11장 복습
51일 ☐	**52일** ☐	**53일** ☐	**54일** ☐	**55일** ☐
국제경제학 복습				미시경제학 복습
제12장 복습	제12장 복습	제13장 복습	제13장 복습	제1 ~ 2장 복습
56일 ☐	**57일** ☐	**58일** ☐	**59일** ☐	**60일** ☐
미시경제학 복습		거시경제학 복습		국제경제학 복습
제3 ~ 5장 복습	제6 ~ 7장 복습	제8 ~ 9장 복습	제10 ~ 11장 복습	제12 ~ 13장 복습

공기업 경제학 합격을 위한 회독별 학습플랜

2회독 학습플랜

👍📱 경제학 기본기가 있는 분에게 추천해요.

2회독 학습이 목표이며, 경제학 기본기가 어느 정도는 있고 취약한 부분 위주로 학습해야 하는 분은 문제 풀이 후 취약한 부분을 파악하여 관련 이론을 반복 학습한다면 40일 안에 시험 준비를 마칠 수 있어요.

1일 ☐	2일 ☐	3일 ☐	4일 ☐	5일 ☐
START	미시경제학 학습			
기초경제학 학습	제1장 학습	제1장 학습	제2장 학습	제2장 학습
6일 ☐	**7일 ☐**	**8일 ☐**	**9일 ☐**	**10일 ☐**
미시경제학 학습				
제3장 학습	제3장 학습	제4장 학습	제4장 학습	제5장 학습
11일 ☐	**12일 ☐**	**13일 ☐**	**14일 ☐**	**15일 ☐**
미시경제학 학습				
제5장 학습	제6장 학습	제6장 학습	제7장 학습	제7장 학습
16일 ☐	**17일 ☐**	**18일 ☐**	**19일 ☐**	**20일 ☐**
거시경제학 학습				
제8장 학습	제8장 학습	제9장 학습	제9장 학습	제10장 학습
21일 ☐	**22일 ☐**	**23일 ☐**	**24일 ☐**	**25일 ☐**
거시경제학 학습			국제경제학 학습	
제10장 학습	제11장 학습	제11장 학습	제12장 학습	제13장 학습
26일 ☐	**27일 ☐**	**28일 ☐**	**29일 ☐**	**30일 ☐**
국제경제학 학습	미시경제학 복습			
제13장 학습	제1장 복습	제2장 복습	제3장 복습	제4장 복습
31일 ☐	**32일 ☐**	**33일 ☐**	**34일 ☐**	**35일 ☐**
미시경제학 복습			거시경제학 복습	
제5장 복습	제6장 복습	제7장 복습	제8장 복습	제9장 복습
36일 ☐	**37일 ☐**	**38일 ☐**	**39일 ☐**	**40일 ☐**
거시경제학 복습		국제경제학 복습		취약한 부분 복습
제10장 복습	제11장 복습	제12장 복습	제13장 복습	

1회독 학습플랜

👍📱 경제학 전공자 또는 이론에 자신 있는 분에게 추천해요.

1회독 학습이 목표이며, 경제학 기본기가 충분하여 문제 풀이 능력을 집중적으로 향상시켜야 하는 분은 이론을 간단히 학습 후 문제 풀이에 집중한다면 15일 안에 시험 준비를 마칠 수 있어요.

1일 ☐	2일 ☐	3일 ☐	4일 ☐	5일 ☐
START 기초경제학 학습	미시경제학 학습			
	제1장 학습	제2장 학습	제3장 학습	제4장 학습
6일 ☐	**7일 ☐**	**8일 ☐**	**9일 ☐**	**10일 ☐**
미시경제학 학습			거시경제학 학습	
제5장 학습	제6장 학습	제7장 학습	제8장 학습	제9장 학습
11일 ☐	**12일 ☐**	**13일 ☐**	**14일 ☐**	**15일 ☐**
거시경제학 학습		국제경제학 학습		취약한 부분 복습
제10장 학습	제11장 학습	제12장 학습	제13장 학습	

01 경제학 기본용어

1. 미시경제학 기본용어 ★★★

(1) 노동(labor)

① 생산물을 생산하기 위한 생산요소로, 사람이 경제활동에 참여하는 것에 대한 대가로는 임금을 받는다.
② 임금은 wage로 경제학에서는 일반적으로 w로 쓴다.
③ 생산물은 재화나 서비스, 생산요소는 생산물을 만들기 위한 재료이다.
   예 과자를 생산하기 위해 노동자가 필요하다면 과자는 생산물, 노동자는 생산요소이다.

(2) 자본(capital)

① 생산물을 생산하기 위한 생산요소로, 재화나 서비스의 생산에 이용되는 자산이다.
② 자본의 대가는 이자율 r(rate of interest)을 사용하며, 회계적으로는 배당(자기자본)과 이자(타인자본)로 구분되지만 경제학에서는 모두 r로 동일하다.
③ 자본은 약자로 K를 쓴다. 영어에서 자본은 Capital이지만 독일어로는 Kapital이다. 경제학에서 C는 소비나 비용으로 쓰이므로 혼동을 막기 위해 K로 쓴다.
④ 자본은 실물자본으로서의 자본재와 화폐자본으로서의 자본으로 나누어진다.
⑤ 실물자본으로서의 자본재(Capital Goods)는 생산에 이용되는 기계나 설비, 건물 등과 같은 생산수단을 의미하기도 한다.
⑥ 화폐자본으로서의 자본(capital)은 금융시장에서 통용되는 화폐 및 유가증권 등을 의미한다.
⑦ 수험경제학에서는 자본을 실물자본으로서의 자본재로 생각하면 된다.
⑧ 다만 경제성장론에서는 자본을 인적 자본(지식 등)과 물적 자본(기계 등)으로 나눈다.
⑨ 자본재의 양(= 자본 스톡)은 일정 시점을 명시해야 그 의미가 정확해지는 저량이다.
⑩ 자본은 생산과정에서 투입되는 자본재가 제공하는 자본서비스이다. 자본서비스의 투입은 일정 기간을 명시해야 측정이 가능한 유량이다.

(3) 가격(Price)

① P_X라고 하면 X재의 가격이라고 읽는다.
② 가격은 시장에 따라 다양하게 표현된다.
③ 노동시장의 가격은 임금, 자본시장의 가격은 이자, 외환시장의 가격은 환율로 표현된다.

(4) 수량(Quantity)

① Q_X라고 하면 X재의 수량이라고 읽는다.

② Q^D는 수요량, Q^S는 공급량이다.

(5) 수요(Demand)와 공급(Supply)

① 수요는 통상 D라고 읽으며 L^D면 노동수요, M^D는 화폐수요 등 다양하게 첨자를 붙여 사용한다.

② 공급은 통상 S라고 읽으며 L^S면 노동공급, M^S는 화폐공급 등 다양하게 첨자를 붙여 사용한다.

(6) 균형(Equilibrium)

① 경제학에서 수요측면과 공급측면이 만나는 지점을 균형이라고 한다.

② 통상 그래프에서 E로 표현하면 균형점으로 인식하면 된다.

(7) 한계(marginal)

① 사전적 의미로는 매우 작은 또는 미미한으로 해석한다.

② 경제학은 인과관계를 파악하여 법칙을 만들어내려고 하는데 이때 한계라는 개념을 사용한다.

③ 원인을 추가했을 때 결과가 어떻게 변화했는가를 알아보는 것으로 $\dfrac{\triangle 결과}{\triangle 원인}$ 을 사용한다.

④ 수학적으로는 미분, 그래프에서는 접선의 기울기로 표현된다.

(8) 효용 관련 용어

① 효용(utility): 만족감을 기수적(점수)으로 표현한 것이다.

② 총효용(Total Utility): 소비한 총량이 주는 총 만족감을 의미하며 TU로 쓴다.

③ 한계효용(Marginal Utility): 소비량이 추가되었을 때 추가적으로 얻는 효용으로 MU로 쓴다.

소비량	총효용	한계효용
1	10	10
2	40	30
3	60	20

(9) 무차별곡선(Indifference Curve)

① 소비자이론에서 동일한 만족감을 주는 두 재화의 조합을 연결한 선이다.

② I_0, I_1, …으로 표현하여 개인 간의 만족감 크기의 순서를 구분할 수 있게 해준다.

(10) 소득(M)

① 소득은 Income의 I를 사용하는 때도 있으나 투자의 Investment와의 혼동을 피하고자 M을 사용하는 경우가 많다.

② 통상적으로 M은 화폐(Money)소득을 의미한다.

(11) **소득소비곡선(Income Consumption Curve) & 가격소비곡선(Price Consumption Curve)**

① 소득소비곡선은 소득이 변화함에 따라 소비가 대응하는 점을 의미하며 통상 ICC라고 쓴다.

② 가격소비곡선은 가격이 변화함에 따라 소비가 대응하는 점을 의미하며 통상 PCC라고 쓴다.

(12) **여가(leisure)**

① 여가 - 소득모형에서 노동 외 나머지 시간을 의미하며 통상 l로 쓴다.

② 노동량인 L(labor)과 구분하여 기억해야 한다.

(13) **단기(Short - run)와 장기(Long - run)**

① 현실에서 쓰는 짧은 시간인 단기와 긴 시간인 장기와는 구분되어야 한다.

② 생산에서 생산요소인 노동과 자본 중 고정요소가 있으면 단기, 없으면 장기이다.

③ 시장에서 시장진입이 어려우면 단기, 시장진입이 충분히 자유로우면 장기이다.

④ 통상적으로 S를 붙이면 단기, L을 붙이면 장기이다.

> **예** 단기평균비용은 SAC, 장기평균비용은 LAC

(14) **고정비용(Fixed Cost)과 가변비용(Variable Cost)**

① 고정비용은 단기에 변하지 않는 자본비용을 의미한다.

② 일반적으로 TFC(총고정비용), AFC(평균고정비용)로 쓴다.

③ 가변비용은 단기, 장기 관계없이 언제든 변할 수 있는 비용을 의미한다.

④ 일반적으로 TVC(총가변비용), AVC(평균가변비용)로 쓴다.

(15) **요소집약도($\frac{K}{L}$)**

① 상품의 생산에 사용되는 생산요소의 결합비율을 의미한다.

② 1인당 자본량을 의미하므로 수치가 크면 자본 집약재, 작으면 노동 집약재가 된다.

(16) **생산 관련 용어**

① 총생산(Total Product): 투입된 생산요소로 생산한 것을 모두 합한 것으로 한계생산의 합이다. TP 또는 Q로 쓴다.

② 한계생산(Marginal Product): 생산요소를 추가적으로 투입했을 때 추가적으로 생산된 생산물의 수량이다. MP로 쓴다.

③ 평균생산(Average Product): 투입된 생산요소 1단위당 생산한 생산물이다. AP로 쓴다.

노동량	총생산	한계생산	평균생산
1	10	10	10
2	30	20	15
3	45	15	15

(17) 비용 관련 용어

① 총비용(Total Cost): 생산물에 투입된 모든 비용으로 한계비용의 합이다. TC로 쓴다.
② 한계비용(Marginal Cost): 생산물을 추가적으로 생산했을 때 추가적으로 투입하는 생산비이다. MC로 쓴다.
③ 평균비용(Average Cost): 생산물 1단위당 비용을 의미한다. AC로 쓴다.

생산물	총비용	한계비용	평균비용
1	10	10	10
2	30	20	15
3	60	30	20

(18) 수입 관련 용어

① 총수입(Total Revenue): 기업이 상품을 판매하여 얻는 금액으로 매출액이라고도 한다. TR로 쓴다.
② 한계수입(Marginal Revenue): 생산물을 추가적으로 판매했을 때 추가적으로 얻는 금액이다. MR로 쓴다.
③ 평균수입(Average Revenue): 판매한 생산물 1단위당 얻는 금액을 의미한다. AR로 쓴다.

판매량	총수입	한계수입	평균수입
1	10	10	10
2	40	30	20
3	60	20	20

(19) 한계대체율(MRS)

무차별곡선의 기울기를 의미하며 MRS(Marginal Rate of Substitution)로 쓴다.

(20) 한계기술대체율(MRTS)

등량곡선의 기울기를 의미하며 MRTS(Marginal Rate of Technical Substitution)로 쓴다.

(21) 한계변화율(MRT)

생산가능곡선의 기울기를 의미하며 MRT(Marginal Rate of Transformation)로 쓴다.

(22) 한계수입생산(MRP)

노동자를 추가로 고용했을 때 추가적으로 얻는 수입을 의미하며 MRP(Marginal Revenue Product of labor)로 쓴다.

(23) 한계요소비용(MFC)

노동자를 추가로 고용했을 때 추가적으로 투입되는 비용을 의미하며 MFC(Marginal Factor Cost)로 쓴다.

(24) 한계생산물가치(VMP)

가격과 한계생산을 곱한 값으로 VMP(Value of the Marginal Product)로 쓴다.

(25) 명목임금(W)과 실질임금($\frac{W}{P}$)

① 임금은 wage로 경제학에서는 일반적으로 w로 쓴다.

② 대문자로 쓰는 경우 임금총액을 의미하는데 화폐로만 표현한 것을 명목임금, 물가수준을 고려하였다는 의미로 물가로 나누어 준 것을 실질임금으로 표현한다.

(26) 균등분배 대등소득(Equally distributed equivalent income)

① 앳킨슨지수에서 사용하는 개념으로 균등분배 대등소득이란 현재와 동일한 사회후생을 얻을 수 있는 완전 평등한 소득분배상태에서의 평균소득이다.

② 사회가 어떤 분배적 가치관을 따르고 있느냐에 따라 달라지며 통상 Y_E로 쓴다.

(27) 사적 한계비용(PMC)과 사회적 한계비용(SMC)

① 사적 한계비용은 이 재화의 생산에 참여하는 사람들이 지불하는 한계비용으로 PMC(Private Marginal Cost)로 쓴다.

② 사회적 한계비용은 사적 한계비용과 외부 한계비용(EMC; External Marginal Cost)의 합으로 SMC (Social Marginal Cost)로 쓴다.

(28) 사적 한계편익(PMB)과 사회적 한계편익(SMB)

① 사적 한계편익은 이 재화의 소비에 참여하는 사람들의 한계편익으로 PMB(Private Marginal Benefit) 로 쓴다.

② 사회적 한계편익은 사적 한계편익과 외부 한계편익(EMB; External Marginal Benefit)의 합으로 SMB(Social Marginal Benefit)로 쓴다.

2. 거시 & 국제경제학 기본용어 ★★★

(1) 국내총생산(Gross Domestic Product)

① 일정 기간 한 나라에서 생산한 최종생산물의 합을 의미한다. 통상 GDP로 쓴다.
② 경제 그래프 분석 시 국민소득은 GDP로 인식하면 된다.

(2) 국민총소득(Gross National Income)

① 한 나라의 국민이 일정 기간 생산활동에 참여한 대가로 벌어들인 소득의 합계이다. 통상 GNI로 쓴다.
② 1인당 GNI는 한 나라 국민의 평균적 생활수준을 파악하는 지표로 사용된다.

(3) 총수요

① 총수요는 총지출로 표기하기도 하며 소비 + 투자 + 정부지출 + 순수출로 구성된다.
② $Y^D(= AE) = C + I + G + X - M$
③ Y^D는 수요, Y^S는 공급을 의미한다.
④ AE는 Aggregate Expenditure의 약자이다.

(4) 소비(Consumption)

① 인간의 욕구를 충족시키는 데 필요한 물자 또는 용역을 이용하거나 소모하는 일로써, 통상 C로 쓴다.
② 비용도 C를 사용하므로 구분하여 사용하여야 한다.

(5) 투자(Investment)

① 일정 기간에 자본재의 증가 또는 유지를 위하여 행하는 지출로 통상 I로 쓴다.
② 주식, 채권의 투자가 아닌 기계구매와 같은 자본재(실물자본)와 관련되어 있다.

(6) 정부지출(Government spending)

① 정부가 거둔 조세 일부를 재화나 서비스를 구매하는 데에 사용하는 일이며 통상 G로 쓴다.
② 정부지출은 총수요 구성항목이지만, 이전지출(government transfer)은 총수요 구성항목이 아니다.

(7) 순수출(net export)

① 순수출 = 수출 - 수입
② 수출은 export로 통상 X로 쓴다. E는 균형, 지출 등 다양하게 쓰이고 있어서 X를 사용한다.
③ 수입은 import로 통상 M을 쓴다. I는 투자에 사용되고 있으므로 M을 사용한다.

(8) 저축(Saving)

① 총저축(= 국민저축 S_N) = 민간저축 + 정부저축
② 민간저축은 Private Savings이며 통상 S_P로 쓴다.
③ 민간저축 = Y(소득) - C(소비) - T(조세)
④ 정부저축은 Government Savings이며 통상 S_G로 쓴다.
⑤ 정부저축 = T(조세) - G(정부지출)

(9) 평균소비성향(Average Propensity to Consume)

소비지출을 처분가능소득으로 나눈 값으로 통상 APC로 쓴다.

(10) 평균저축성향(Average Propensity to Save)

저축을 처분가능소득으로 나눈 값으로 통상 APS로 쓴다.

(11) 한계소비성향(Marginal Propensity to Consume)

① 추가적 소득에 의하여 이루어지는 추가적 소비를 말하는 것으로 소득의 변화분에 대한 소비의 변화비율로 나타내어진다.
② 통상 MPC로 쓴다.

(12) 한계저축성향(Marginal Propensity to Save)

① 추가적 소득에 의하여 이루어지는 추가적 저축을 말하는 것으로 소득의 변화분에 대한 저축의 변화비율로 나타내어진다.
② 통상 MPS로 쓴다.

(13) 순현재가치(Net Present Value)

① 투자사업으로부터 사업의 최종연도까지 얻게 되는 순편익(= 편익 - 비용)의 흐름을 현재가치로 계산하여 이를 합한 것이다.
② 통상 NPV로 쓴다.

(14) 내부수익률(Internal Rate of Return)

① 내부수익률이란 어떤 사업에 대해 사업기간 동안의 현금수익 흐름을 현재가치로 환산하여 합한 값이 투자지출과 같아지도록 할인하는 이자율을 말한다.
② 통상 IRR로 쓴다.

(15) 본원통화(High - powered money)

① 중앙은행으로부터 풀려나가는 일차적인 화폐공급을 뜻한다.
② 통화승수를 통해 통화량을 급속히 증가시키는 원인을 제공한다. 통상 H로 쓴다.

(16) 통화량(Money supply)

① 경제학에서 통화량, 통화공급은 특정 시기에 경제에서 사용할 수 있는 화폐자산의 총량이다.
② 경제학에서 통화량은 현금통화(cash currency)와 예금통화(deposit money)의 합으로 표현하며 통상 M으로 쓴다.

(17) IS곡선(Investment & Saving)

① IS는 투자(Investment)와 저축(Saving)을 의미한다.
② IS곡선이란 생산물(재화)시장의 균형을 달성하는 국민소득과 이자율의 조합을 평면에 나타낸 것이다.

(18) LM곡선(Liquidity preference & Money supply)

① LM은 유동성 선호(Liquidity preference)와 화폐공급(Money supply)을 의미한다.
② 유동성 선호는 케인즈의 화폐수요를 의미한다.
③ LM곡선이란 화폐시장의 균형이 달성되는 국민소득과 이자율의 조합을 나타낸 것이다.

(19) 자연산출량(Natural rate of output)

① 경제가 자연실업률수준에 있을 때 생산해내는 총생산을 말한다.
② 자연산출량은 고전학파의 완전고용 국민소득($=Y_f$)이라는 용어 대신에 프리드먼이 사용한 용어이다. 통상 Y_N이라고 쓴다.

(20) 총공급(Aggregate Supply)

한 나라의 모든 경제주체들이 공급하는 재화와 용역을 모두 합한 것으로 통상 AS라고 쓴다.

(21) 물가(Prices)

① 물가는 여러 가지 상품들의 가격을 한데 묶어 이들의 종합적인 움직임을 알 수 있도록 한 것으로 여러 가지 상품들의 평균적인 가격수준이다.
② 가격과 동일하게 P로 쓴다.

(22) 필립스곡선(Phillips Curve)

① 임금 상승률과 실업률 사이에 있는 역의 상관관계를 나타낸 곡선이다.
② 통상 PC로 표기하며 단기필립스곡선은 SPC, 장기필립스곡선은 LPC로 표기한다.

(23) 화폐적 균형경기변동이론(Monetary Business Cycle theory)과 실물적 균형경기변동이론(Real Business Cycle theory)

① 화폐적 균형경기변동이론은 경기순환을 촉발하는 외부적 충격으로 '예상치 못한' 통화량 변동으로 경기변동이 일어난다고 보는 이론이다. 통상 MBC로 쓴다.
② 실물적 균형경기변동이론은 실물요인의 불규칙한 변화, 특히 기술변화 등 공급측면의 변화에 따라 경기변동이 일어난다고 보는 이론이다. 통상 RBC로 쓴다.

(24) 국제수지(Balance of Payments)

① 한 나라가 일정 기간 동안 다른 나라와 거래하는 과정에서 받은 외화와 지급한 외화의 차액이다.
② 경제학에서 경상수지와 자본수지로 이루어지며 통상 BP로 쓴다.

02 경제학 기초수학

1. 그래프 해석 ★★★

(1) 원인과 결과로 이루어진 그래프 읽기

① 방법: X축에 원인(= 독립변수), Y축에 결과(= 종속변수)를 표시한다. ➔ 원인을 읽고 결과를 읽는다.

② y = x + 3인 경우

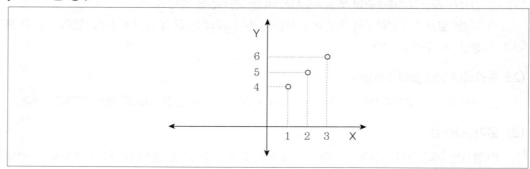

　ⓐ x = 1 ➔ y = 4

　ⓑ x = 2 ➔ y = 5

　ⓒ x = 3 ➔ y = 6

③ $y = x^2$인 경우

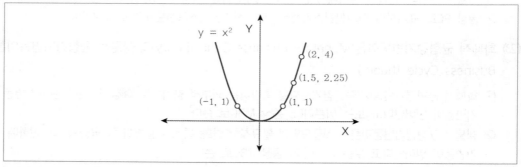

　ⓐ x = 1 ➔ y = 1

　ⓑ x = 2 ➔ y = 4

④ 경제학의 경우: 가격(P)이 변수라면 일반 수학과 달리 원인을 Y축(= 가격변수)에 쓰고 결과를 X축
   (= 결과값)에 쓴다.
   ㉠ 가격과 수요량

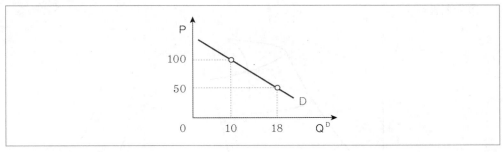

   ⓐ 가격 = 100 ➜ 수요량 = 10
   ⓑ 가격 = 50 ➜ 수요량 = 18

   ㉡ 임금과 노동시간

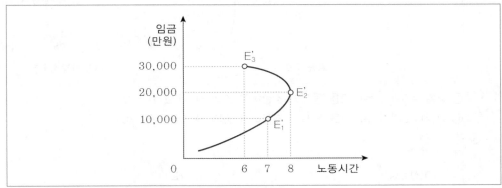

   ⓐ 임금 = 30,000만 원 ➜ 노동시간 = 6시간
   ⓑ 임금 = 20,000만 원 ➜ 노동시간 = 8시간

   ㉢ 물가와 국민소득

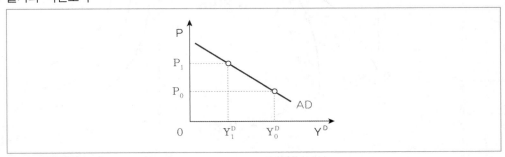

   ⓐ 물가 = P_0 ➜ 국민소득 = Y_0^D
   ⓑ 물가 = P_1 ➜ 국민소득 = Y_1^D

(2) X축과 Y축의 조합과 그래프상의 결과값으로 주어진 그래프 읽기

① 방법: X축과 Y축에 있는 것 모두 원인 ➔ 결과는 선에 있는 숫자를 읽는다.

② 무차별곡선

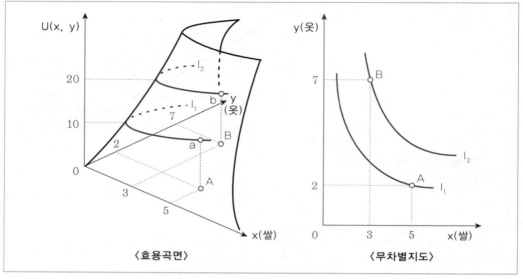

⟨효용곡면⟩   ⟨무차별지도⟩

㉠ x(쌀) = 5와 y(옷) = 2를 동시에 조합하여 소비 ➔ U(효용) = 10

㉡ x(쌀) = 3과 y(옷) = 7을 동시에 조합하여 소비 ➔ U(효용) = 20

③ 등량곡선

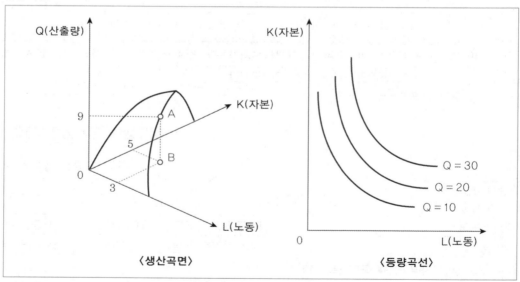

⟨생산곡면⟩   ⟨등량곡선⟩

㉠ L(노동) = 3과 K(자본) = 5를 동시에 조합하여 생산 ➔ Q(산출량) = 9

㉡ 노동과 자본의 조합량을 늘려 가면 산출량이 10 ➔ 20 ➔ 30으로 증가한다.

(3) 기울기

① 개념

　⊙ 기울기는 어떤 직선이 수평으로 증가한 크기만큼 수직으로 얼마나 증가했는지를 나타내는 값이다.

　ⓒ 기울기 = $\dfrac{\triangle y}{\triangle x}$ (단, 수평방향을 x라 하고, 수직방향을 y라 함)

　　➜ 기울기는 직선이 x방향만큼 증가한 것에 대응하여 y방향으로 얼마나 증가했는지를 나타낸다.

② 일차함수에서의 기울기

　⊙ 그래프

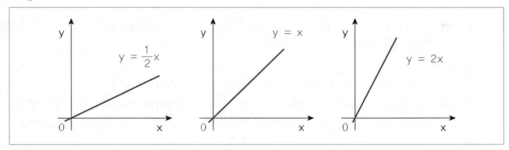

　ⓒ 결론

　　ⓐ y = ax에서 a의 값이 클수록 기울기가 커지는 것을 확인할 수 있으며, 일차함수 y = ax + b 꼴에서 a는 기울기를 나타낸다.

　　ⓑ 경제학에서는 가로축 변수에 붙어있는 상수 혹은 문자를 기울기로 인식하면 된다.

　ⓒ 경제학의 사례: 공급곡선(가로축은 Q, 세로축은 P)

　　ⓐ 갑의 공급곡선이 P = Q + 20이고 을의 공급곡선이 P = 5Q + 20이다. ➜ 을의 기울기가 더 크다.

　　ⓑ 갑의 공급곡선이 Q = P − 20이고 을의 공급곡선이 Q = $\dfrac{1}{5}$P − 4이다. ➜ 기울기를 구할 때는 P = ~의 형태로 바꾸어야 하므로 변형하면 위의 것과 동일하다. 따라서 을의 기울기가 더 크다.

③ 기울기 앞에 붙어있는 부호의 의미

　⊙ 기울기가 양(+)인 경우

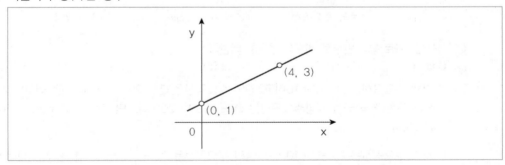

　➜ 원인이 4(△x = 4)만큼 증가했을 때, 결과가 2(△y = 2)만큼 증가하였다. 따라서 원인이 증가할 때 결과가 증가하므로 비례관계가 성립한다.

ⓒ 기울기가 음(-)인 경우

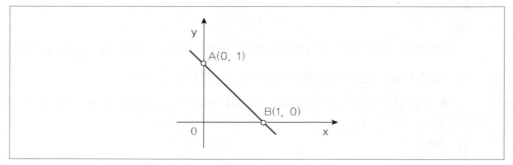

➡ 원인이 1(△x = 1)만큼 증가했을 때, 결과가 1(△y = -1)만큼 감소하였다. 따라서 원인이 증가
할 때 결과가 감소하므로 반비례관계가 성립한다.

ⓒ 사례

ⓐ 수요곡선은 Q = -P + 10이고, 공급곡선은 Q = P + 20이라 하자.

ⓑ 수요곡선은 기울기 앞에 음수(-)가 붙어있으므로 가격과 수요량은 반비례관계이다.

ⓒ 공급곡선은 기울기 앞에 양수(+)가 붙어있으므로 가격과 공급량은 비례관계이다.

(4) 그래프의 수평이동과 수직이동

① 수평이동

ⓐ 수평이동은 가로축의 변수값이 변하는 것을 의미한다.

ⓑ 경제학에서는 개별수요곡선의 합이 시장수요곡선이 된다.

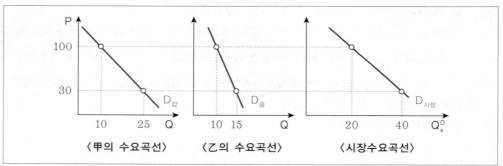

〈甲의 수요곡선〉   〈乙의 수요곡선〉   〈시장수요곡선〉

ⓒ 계산법: 가로축의 변수로 바꾸어 준 후 더한다.

ⓓ 사례

ⓐ 갑의 수요곡선은 Q = -P + 10이고, 을의 수요곡선은 Q = -2P + 10일 때 Q를 더하여 시장수요곡
선을 구한다. 따라서 시장수요곡선은 $Q_{시장}$ = -3P + 20이다. (단, 2Q = -3P + 20이 되지 않음에
유의하자)

ⓑ 갑의 수요곡선은 P = -Q + 10이고, 을의 수요곡선은 P = $-\frac{1}{2}$Q + 5일 때 ➡ 이를 Q로 바꾸어 주
면 갑의 수요곡선은 Q = -P + 10이고, 을의 수요곡선은 Q = -2P + 10이다. 이는 위와 동일한 형
태이므로 시장수요곡선은 $Q_{시장}$ = -3P + 20이다.

② 수직이동

    ⊙ 수직이동은 세로축의 변수값이 커지는 것을 의미한다.

    ⓒ 경제학에서는 공공재의 수요곡선, 재정정책과 총수요의 변화 등에서 사용한다.

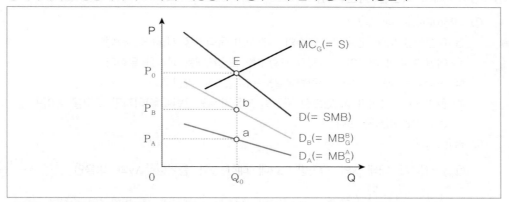

    ⓒ 계산법: 세로축의 변수로 바꾸어 준 후 더한다.

    ⓔ 사례

        ⓐ 갑의 공공재의 수요곡선은 $P = 40 - Q$, 을의 공공재 수요곡선은 $P = 60 - 2Q$일 때 P를 더하여 공공재 수요곡선을 구한다. 따라서 공공수요곡선은 $P = 100 - 3Q$이다. (단, $2P = 100 - 3Q$가 되지 않음에 유의하자)

        ⓑ 갑의 공공재 수요곡선은 $Q = 40 - P$이고, 을의 공공재 수요곡선은 $Q = 30 - \frac{1}{2}P$일 때 ➜ 이를 P로 바꾸어 주면 갑의 공공재 수요곡선은 $P = 40 - Q$, 을의 공공재 수요곡선은 $P = 60 - 2Q$이다. 이는 위와 동일한 형태이므로 공공수요곡선은 $P = 100 - 3Q$이다.

2. 경제학 미분 ★★

(1) 경제학에서 미분을 하는 이유

① 미분(differential)의 의미

ⓐ 미분이란 어떤 운동이나 함수의 순간적인 움직임을 서술하는 방법이다.

ⓑ 어떤 함수의 미분이란 그것의 도함수를 도출해내는 과정을 말한다.

ⓒ 도함수는 어떤 함수의 순간변화율을 함수값으로 가진다.

ⓓ 원인 간의 차이가 좀 있으면 구간별 기울기(= 평균변화율)이지만 그것을 줄이면 접선의 기울기 (= 순간변화율)가 된다.

② 평균변화율

ⓐ $y = f(x)$에 대해 x의 증가량 $\triangle x$에 대한 y의 증가량 $\triangle y$의 비율인 $\dfrac{\triangle y}{\triangle x} = \dfrac{f(b) - f(a)}{b - a} = $ $\dfrac{f(a + \triangle x) - f(a)}{\triangle x}$ 를 함수 $y = f(x)$의 구간 [a, b]에서의 평균변화율이라 한다.

ⓑ 기하학적으로 평균변화율은 아래 그래프에서 직선 PQ의 기울기를 뜻한다.

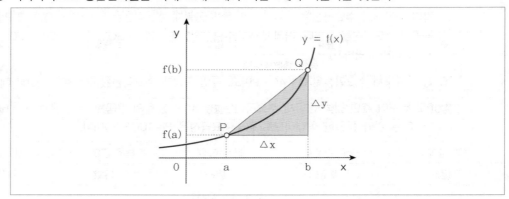

ⓒ 단, 평균은 $\dfrac{결과}{원인}$로 구한다. 따라서 평균값은 원점에서 그은 기울기를 의미한다.

③ 미분계수

ⓐ $y = f(x)$에 대하여 x의 값이 a에서 $a + \triangle x$까지 변할 때, 평균변화율의 $\triangle x$ ➜ 0일 때 극한값 $\displaystyle\lim_{\triangle x \to 0} \dfrac{\triangle y}{\triangle x} = \lim_{\triangle x \to 0} \dfrac{f(a + \triangle x) - f(a)}{\triangle x}$ 를 함수 $y = f(x)$의 $x = a$에서의 변화율 또는 미분계수라고 한다.

ⓑ 기호로는 $f'(a)$, $y'_{x=a}$와 같이 나타낸다.

ⓒ 즉, $f'(a) = \displaystyle\lim_{\triangle x \to 0} \dfrac{f(a + \triangle x) - f(a)}{\triangle x}$ 를 $x = a$에서의 미분계수라고 하고 $f'(a)$값이 존재하면 $y = f(x)$ 는 $x = a$에서 미분 가능하다고 한다.

ⓓ 미분계수는 기하학적으로 $x = a$에서의 접선의 기울기를 뜻한다.

ⓔ 도함수는 미분한 함수 자체를, 미분계수는 도함수에 특정 값을 넣은 수를 의미한다.

④ 경제학에서 미분을 하는 이유

    ⊙ 경제학에서는 함수의 형태에 따라 최댓값이나, 최솟값, 접하는 값을 구하기 위해서 미분을 사용한다.

    © 최솟값을 구하는 경우: 비용함수 등

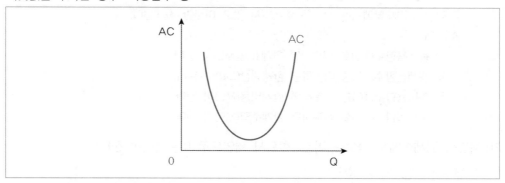

        ⓐ 최솟값은 접선의 기울기가 0, 즉 미분값이 0이 되는 가로축의 값을 찾는 것이다.

        ⓑ 위의 그래프에서는 $\frac{\Delta AC}{\Delta Q}$ = 0이 되는 Q값으로 AC의 최솟값을 구할 수 있다.

    © 최댓값을 구하는 경우: 효용함수, 생산함수 등

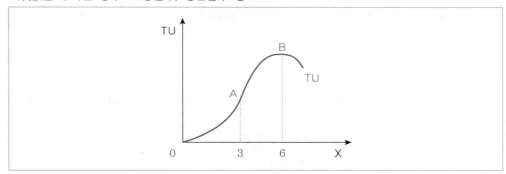

        ⓐ 최댓값은 접선의 기울기가 0 즉, 미분값이 0이 되는 가로축의 값을 찾는 것이다.

        ⓑ 위의 그래프에서는 $\frac{\Delta TU}{\Delta X}$ = 0이 되는 X값으로 TU의 최댓값을 구할 수 있다.

    ② 접하는 값을 구하는 경우: 소비자균형, 생산자균형

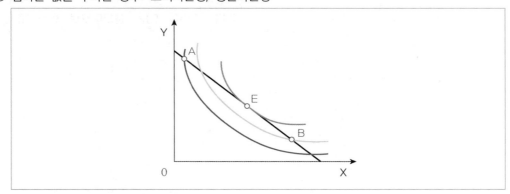

        ⓐ 최적점은 두 접선의 접하는 경우이다.

        ⓑ 즉, 직선의 기울기와 곡선의 기울기(= 곡선의 미분값)가 동일한 지점이다.

⑤ 한계(Maginal)와 총(Total)의 관계
   ㉠ 총합을 미분하면 한계가 된다.
   ㉡ 한계를 적분하면 총합이 된다.
   ㉢ 객관식 경제학에서는 적분은 출제되지 않고 미분만 출제된다.
   ㉣ 사례
      ⓐ 총효용함수(TU)를 미분하면 한계효용(MU)이 된다.
      ⓑ 총생산함수(TP)를 미분하면 한계생산(MP)이 된다.
      ⓒ 총비용함수(TC)를 미분하면 한계비용(MC)이 된다.
      ⓓ 총수입함수(TR)를 미분하면 한계수입(MR)이 된다.

(2) 객관식 경제학에서 나오는 미분: 반드시 원인으로 미분하여야 한다!
   ① 변수가 1개일 때의 미분법
      ㉠ $f(x) = ax^b$인 경우 $f'(x) = b \cdot ax^{b-1}$이 된다.
      ㉡ 사례: $f(x) = x^2$을 미분하면 $f'(x) = 2x^{2-1} = 2x$가 된다.
   ② 상수의 미분
      ㉠ 상수의 미분값은 0이다.
      ㉡ 사례: $f(x) = 8$을 미분하면 x의 값이 변하더라도 y의 값이 변하지 않으므로 $f'(x)$ = 0이다.
   ③ 분수의 형태
      ㉠ $f(x) = \dfrac{1}{x^a}$인 경우 $f'(x) = \dfrac{-a}{x^{a+1}}$이다.

      ㉡ 사례: $f(x) = \dfrac{1}{x^2}$를 미분하기 위해 $\dfrac{1}{x^2}$ ➔ x^{-2}로 변형한다. 그 이후에 지수형태 미분방법을 사용하

      면 $f'(x) = -2x^{-2-1}$이 된다. 따라서 $f'(x) = \dfrac{-2}{x^3}$이다.

      ㉢ 지수가 (-)값을 가지면 분모가 된다.
   ④ 제곱근(= $\sqrt{\ \ }$)의 형태
      ㉠ 루트가 지수로는 분수의 형태이므로 분수로 변형한 후 기본적인 방법으로 구한다.

      ㉡ 사례: $f(x) = \sqrt{x}$을 미분하기 위해서 $x^{\frac{1}{2}}$로 변형한다. 그 이후에 지수형태 미분방법을 사용하면

      $f'(x) = \dfrac{1}{2}x^{\frac{1}{2}-1}$이므로 $f'(x) = \dfrac{1}{2}x^{-\frac{1}{2}}$이다. 지수의 (-)는 분모이므로 변형하면 $f'(x) =$

      $\dfrac{1}{2} \cdot \dfrac{1}{x^{\frac{1}{2}}} = \dfrac{1}{2\sqrt{x}}$가 된다.

⑤ 다변수함수의 미분: 편미분(partial differentiation)

  ⑦ 의미: 다변수함수에서 원하는 변수 이외의 변수는 고정시킨 후 원하는 변수로 미분하는 것이다.

  ⓛ 변수로 설정된 것은 미분값이 존재하지만 변수로 설정되지 않은 것은 고정시켜 놓았으므로 변화율이 0이다. 따라서 변수로 설정되지 않은 것은 상수와 동일하게 처리한다.

  ⓒ 2변수 x와 y의 함수 f(x, y)가 있을 때 y를 상수로 보고 이것을 x로 미분하는 일을 이 함수를 x로 편미분한다고 한다.

  ⓔ 사례: $f(x, y) = x^2 + xy + y^2$일 때 변수 x로 편미분을 하는 경우

    ⓐ y는 상수 취급하므로 y^2은 미분하면 0이다.

    ⓑ x^2은 기본 미분법에 따라 2x가 되고, xy에서 y는 상수 취급하므로 y만 남게 된다. 또한 y^2은 상수 취급하므로 미분하면 0이다.

    ⓒ 따라서 f(x, y)를 변수 x로 편미분하면 2x + y가 된다.

1. 총효용 ➜ 한계효용: $\dfrac{\triangle TU}{\triangle Q}$ ➜ 총효용을 소비량으로 미분하라!

(1) U = $2X$ ➜ MU = _____

(2) U = $3X^2 + 10$ ➜ MU = _____

2. 총생산 ➜ 한계생산: $\dfrac{\triangle TP}{\triangle L}$ (단, TP = Q) ➜ 총생산을 노동량으로 미분하라!

(1) Q = $L^{0.5}K^{0.5}$ ➜ MP_L = _____

(2) Q = $AK^{0.4}L^{0.6}$ ➜ MP_L = _____

3. 총비용 ➜ 한계비용: $\dfrac{\triangle TC}{\triangle Q}$ ➜ 총비용을 생산량으로 미분하라!

(1) TC = Q^2 + 6Q + 3 ➜ MC = _____

(2) TC = 100 + 10Q ➜ MC = _____

(3) TC = Q^2 ➜ MC = _____

(4) TC = 100 + Q^2 ➜ MC = _____

4. 총수입 ➜ 한계수입: $\dfrac{\triangle TR}{\triangle Q}$ ➜ 총수입을 생산량으로 미분하라!

(1) TR = 90Q − $2Q^2$ ➜ MR = _____

(2) TR = 30Q − $2Q^2$ ➜ MR = _____

(3) 수요함수: P = 500 − 2Q (단, TR = $P \cdot Q$) ➜ MR = _____

(4) 수요함수: Q = 10 − P (단, TR = $P \cdot Q$) ➜ MR = _____

5. 다변수함수의 미분

(1) U(X, Y) = XY

    ① MU_X = _____

    ② MU_Y = _____

(2) U(X, Y) = X + 2Y

    ① MU_X = _____

    ② MU_Y = _____

1. (1) 2
   (2) 6X

2. (1) $0.5L^{0.5-1}K^{-0.5} = 0.5(\frac{K}{L})^{0.5}$

   (2) $0.6A(\frac{K}{L})^{0.4}$

3. (1) 2Q + 6
   (2) 10
   (3) 2Q
   (4) 2Q

4. (1) 90 - 4Q
   (2) 30 - 4Q
   (3) TR = P · Q = (500 - 2Q) · Q = 500Q - 2Q^2 ➜ MR = 500 - 4Q
   (4) Q = 10 - P ➜ P = 10 - Q
      TR = P · Q = (10 - Q) · Q = 10Q - Q^2 ➜ MR = 10 - 2Q

5. (1) ① Y
      ② X
   (2) ① 1
      ② 2

해커스공기업 쉽게 끝내는 경제학 기본서

제1장

경제학의 기초와 시장가격의 결정과 변동

핵심 Check: 경제활동과 경제순환

경제주체	가계, 기업, 정부, 외국
경제객체	재화와 서비스
경제활동	생산, 소비, 분배

1. 경제주체

(1) 의미

자기의 의지와 판단에 의해 경제활동을 행하는 주체로 가계, 기업, 정부, 외국 등이 이에 해당한다.

(2) 종류

① 가계: 가계는 기업과 함께 민간부문을 차지하며 소비활동의 주체로 만족(= 효용)의 극대화를 추구한다.

② 기업: 기업은 생산활동의 주체로 이윤의 극대화를 추구한다.

③ 정부: 정부는 민간부문의 경제활동을 조정, 규제하는 재정의 주체로 공공부문에 해당하며 사회후생 극대화를 추구한다.

④ 외국: 외국은 다른 나라의 가계, 기업, 정부를 포괄하는 국제무역의 주체로 상호이익의 극대화를 추구한다.

2. 경제객체와 생산요소

(1) 경제객체(생산물)

① 재화: 사람들이 소비하기를 원하여 시장에서 거래하는 유형의 물건이다. **예** 마이크, 휴대폰

② 서비스: 사람들이 소비하기를 원하여 시장에서 거래하는 무형의 상품으로 인간의 활동이나 노력으로 표현되는 경우가 많다. **예** 가수의 공연, 의사의 진료

(2) 생산요소

생산활동에 투입되는 요소로 생산자원이라고도 한다. 노동, 자본, 토지, 경영이 이에 해당한다.

① 노동: 인간의 정신적, 육체적 노력을 의미한다.

② 자본: 인간이 만들어 낸 생산요소로 건물, 기계, 설비, 공구처럼 장기적으로 생산활동에 사용 가능한 것을 의미한다.

③ 토지: 인간이 만들지 않은 생산요소로 토지뿐만 아니라 광물 등 생산활동에 사용되는 모든 자연자원을 의미한다.

④ 경영: 여러 가지 생산요소를 결합시키는 방법으로 경영자의 아이디어, 위험부담 등을 포함하는 기업가의 노력을 의미한다.

3. 경제활동

(1) 생산

① 판매를 목적으로 생산요소를 구입, 결합하여 새롭게 생산물을 만들어 내거나 이 과정에서 부가가치를 창출하는 것을 의미한다.

② 부가가치란 기업이 생산활동을 한 결과, 생산물의 가치 등에 새로 부가된 가치이다.

③ 사례: 점심식사로 자장면을 주문했을 때 주방장이 자장면을 만드는 것(새롭게 만드는 것)과 배달원이 가져다주는 것(부가가치를 창출하는 것) 모두 생산에 해당한다. 따라서 제조, 운송, 보관, A/S도 모두 생산활동에 포함된다.

(2) 소비

① 만족을 극대화하는 것을 목적으로 생산물을 구입하여 사용하는 것을 의미하며 만족은 경제학에서 효용으로 표현한다.

② 반드시 만족을 높이는 것을 목적으로 해야 하며, 생산을 하기 위해 재료를 구입하는 것은 생산의 과정에 포함한다.

③ 사례: 어머니가 쌀을 구입하는 것은 식사를 통해 만족감을 얻기 위한 행위이므로 소비이지만 김밥전문점에서 쌀을 구입하는 행위는 김밥을 생산하기 위한 재료이므로 소비라고 할 수 없다.

(3) 분배

① 생산활동에 기여한 정도에 따라 생산요소 제공에 대한 대가를 시장가격으로 보상받는 것이다.

② 정리하면 노동에 대한 임금, 자본에 대한 이자, 토지에 대한 지대, 경영에 대한 이윤이 이에 해당한다.

③ 경제학에서의 분배: 실생활에서 분배의 의미는 나누어주는 것으로 많이 쓰이지만, 경제학에서의 분배는 일반적으로 소득(Income)을 의미한다. 따라서 무상으로 얻는 것이 아니다. 무상으로 얻는 경우는 이전(Transfer)이라는 단어를 쓰는데, 여기에 해당하는 것은 저소득층에게 정부가 제공하는 급여인 이전지출 등이 있다.

4. 생산물시장과 생산요소시장

(1) 생산물시장

① 생산물시장은 재화와 서비스를 거래하는 시장이다.

② 대표적인 생산물시장은 휴대폰, 컴퓨터 등의 시장이다.

③ 생산물시장의 공급자는 실물을 제공하는 기업이며 수요자는 가계이다.

(2) 생산요소시장

① 생산요소시장은 노동, 자본, 토지 등을 거래하는 시장이다.

② 대표적인 생산요소시장은 노동과 자본시장이다.

③ 생산요소시장의 공급자는 가계이며 수요자는 기업이다.

5. 경제순환

(1) 시장을 구분할 때 공급자가 실물을 제공하며, 수요자가 화폐를 지불한다.

(2) 경제순환

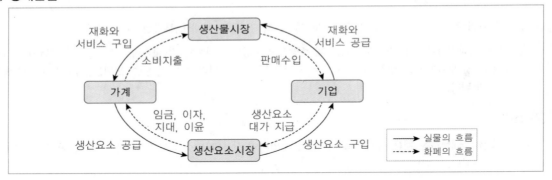

확인문제

그림은 민간 경제의 흐름을 나타낸 것이다. ⊙ ~ ⑩에 해당하는 사례로 적절하지 않은 것은?

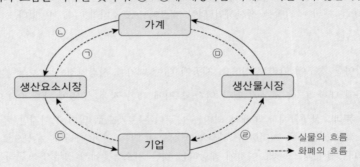

① ⊙ — 회사원 갑이 상여금을 받았다.
② ⓒ — 일용직 노동자 을이 공사장에서 일하였다.
③ ⓒ — 병기업은 노동자 100명을 고용하였다.
④ ⓔ — 정기업은 태블릿 100대를 마트에 입고하였다.
⑤ ⑩ — 강사 을이 회계사 인터넷 강의를 시작하였다.

정답 및 해설

⊙은 임금, 이자, 지대 등 요소소득, ⓒ은 노동, 자본 등 생산요소의 공급, ⓒ은 생산요소의 구입, ⓔ은 재화와 서비스의 공급, ⑩은 소비지출이다. 강사 을이 회계사 인터넷 강의를 시작한 것은 생산요소의 공급에 해당하므로 ⓒ에 해당하는 사례이다.

정답: ⑤

02 경제학의 기초개념

핵심 Check: 경제학의 기초개념

효율성과 공평성	• 효율성: 최소투입 ➜ 최대산출 • 공평성(= 형평성): 평등한 정도
인과의 오류	우연인 상황을 인과관계로 파악하는 오류
구성의 오류	부분은 합리적이나 전체는 비합리적인 경우 **예** 절약의 역설(= 저축의 역설)

1. 경제적 효율성과 공평성

(1) 사회후생의 판단기준

현재 경제상태가 얼마나 바람직한 상태에 있는가를 판단하는 기준은 효율성과 공평성이다.

(2) 경제적 효율성(경제원칙, 경제적 합리성)

① 자원의 희소성에 의해 주어진 자원을 효과적으로 선택하여 재화를 생산하여야 하는 것이 경제문제의 핵심으로 경제학에서의 효율성은 다음과 같이 두 가지로 본다.

② 최대효과의 원칙: 주어진 자원(비용)으로 최대의 효과(산출량)를 얻는 것이다.

③ 최소비용의 원칙: 일정한 효과(산출량)를 얻기 위해 최소의 자원(비용)을 사용하는 것이다.

(3) 공평성

① 희소자원에 의해 생산된 재화를 사회구성원에게 공정하게 분배하는 것을 의미한다.

② 공평성에 대한 내용은 사회구성원의 가치관에 따라 달라질 수 있다.

2. 부분균형분석과 일반균형분석

(1) 부분균형분석(Partial Equilibrium Analysis)

① "다른 조건은 모두 일정하다"는 가정하에 한 부분만을 분석하는 방법이다.

② 수험경제학의 대부분은 부분균형분석이다.

(2) 일반균형분석(General Equilibrium Analysis)

① 모든 시장 간의 상호연관관계를 명시적으로 고려하며 특정 부문을 분석하는 방법으로 정확한 결론에 도달할 수 있다는 장점이 있으나 복잡하다는 단점이 있다.

② 파레토 효율성을 구하는 것이 대표적인 일반균형분석이다.

3. 경제학 방법론상의 오류

(1) 인과의 오류

경제현상 간의 인과관계를 규명함에 있어서 먼저 현상 A가 관찰되었다는 이유로, A가 다음에 일어난 사건 B의 원인이라고 판단하는 오류로서 귀납법이 적용되는 과정에서 발생된다.

예 '에어컨 판매량이 증가하므로 날씨가 더워진다.'

(2) 구성의 오류

부분에 맞는다고 해서 전체에도 그것이 맞는다고 생각하는 오류로서 연역법이 적용되는 과정에서 발생된다.

예 절약의 역설, 가수요

참고 절약의 역설(= 저축의 역설): 절약을 통하여 소비를 줄이고 저축을 늘리는 개인의 합리적 행위가 사회 전체로 볼 때 오히려 소비수요를 줄여 국민소득의 감소를 초래할 수 있다는 이론이다.

4. 실증경제학과 규범경제학

(1) 실증경제학

경제현상을 있는 그대로 분석하는, 가치판단이 개입되지 않은 인과관계만을 나타내는 경제학을 말한다.

예 '이자율이 높으면 투자는 감소한다.'

(2) 규범경제학

가치판단이 개입하여 바람직한 경제상태로의 개선방안을 제시하는 경제학을 말한다.

예 '현재 우리나라의 경제상태는 투자가 저조하므로 이자율을 낮추어야 한다.'

5. 경제이론의 표현

(1) 서술적 표현

경제현상의 인과관계를 서술적으로 표현한다.

> **예** 수요법칙: 가격과 수요량은 역(-)의 관계이다. 따라서 가격이 오르면 수요량이 감소한다.

(2) 수리적 표현

경제현상의 인과관계를 수학식으로 표현한다.

> **예** 수요함수: 다른 조건이 일정하여 독립변수가 하나일 때 $f'\left(=\dfrac{dQ_x^D}{dP_x}\right)<0$이다.
>
> (단, P_X: X재 가격이 독립변수, Q_X^D: X재 수요량이 종속변수)

(3) 기하학적 표현

경제현상의 인과관계를 그림(= 그래프)으로 표현한다.

> **예** 수요곡선의 그래프

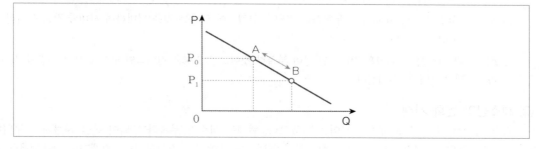

03 | 자원의 희소성과 경제체제

1. 자원의 희소성

(1) 의미

① 모든 경제문제는 자원의 희소성에서 비롯된다.

② 자원의 희소성: 인간의 욕구는 무한하나 자원은 한정되어 있다는 것을 의미하며 시대와 장소에 따라 달라지는 상대성을 가진다.

③ 희귀성과 희소성: 희귀성은 절대적인 양이 부족한 것이고 희소성은 절대적인 양은 많으나 인간의 소비욕구가 더 많은 경우를 의미한다.

(2) 희소성의 변화 사례

과거 식수는 돈을 주고 사먹는 것이 아니었으나, 현재는 식수가 부족하게 되어 돈을 지불하고 구입하는 것이 당연하게 되었다. 이는 식수가 희소성이 없던 자유재에서 희소성이 있는 경제재로 바뀌었음을 의미한다.

2. 자유재와 경제재

(1) 자유재

희소성이 없어 시장에서 대가를 지불할 필요 없이 공짜로 얻을 수 있는 것이다.　**예** 공기

(2) 경제재

희소성이 있어 시장에서 대가를 지불하고 사용해야 한다.　**예** 핸드폰

3. 경제문제

(1) 의미

① 자원의 희소하다는 것은 결국 모든 것을 누릴 수 없다는 것을 의미한다. 따라서 우리는 선택의 문제에 직면하게 되는데 이를 경제문제라 한다.

② 경제문제의 구분

경제문제	내용	경제원칙	사례
자원배분	• 무엇을 얼마나 생산(What, How many?) • 생산물의 종류와 수량의 결정	효율성	• 음식점을 할까, 휴대폰 대리점을 할까? • 생산량은 어느 정도?
생산방법	• 생산방법(How?) • 생산요소의 배분과 결합비율 결정	효율성	원가관리 시스템을 도입해서 인력절감을 해볼까?
소득분배	• 누구에게 어느 정도 분배(For Whom?) • 생산물 분배(소득분배) 결정	효율성, 형평성	최 과장과 박 부장의 임금 격차는 어느 정도가 적당하지?

(2) 경제의 3대 문제의 적용

① 경제의 3대 문제는 경제체제나 경제발전단계에 관계없이 모든 사회에 적용된다.

② 경제문제를 자본주의 경제체제는 시장의 가격기구가, 사회주의 경제체제는 정부의 계획 및 통제하에 해결한다.

(3) 자원의 희소성과 경제문제의 관계

모든 경제학과 관련된 시작은 자원의 희소성이다.

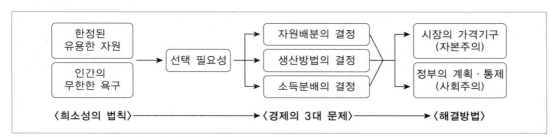

4. 경제체제

(1) 의미

① 경제문제를 해결하는 방식은 각각의 사회나 국가에서 다양하게 나타날 수 있다.

② 경제문제를 해결하는 방식이 굳어진 것, 희소한 자원의 배분을 결정하고 조직하는 제도나 방식을 경제체제라고 한다.

(2) 자원배분 방식에 따른 구분

① 시장경제체제는 시장가격을 통해 자원배분이 이루어지므로 시장의 자동 조절기능을 중시한다.

② 계획경제체제는 국가의 계획이나 명령으로 자원배분이 이루어지므로 정부의 개입을 중시한다.

(3) 생산수단의 소유형태에 따른 구분

① 자본주의체제는 생산수단의 개인적 소유를 인정하는 경제체제이다.

② 사회주의체제는 생산수단의 국가와 공공 단체의 소유를 인정하는 경제체제이다.

(4) 자본주의의 변천과정

① 상업 자본주의: 상품의 유통이나 고리대금업 등과 같은 비생산적인 활동을 통해 이윤을 추구하였다.

② 산업 자본주의: 상품의 생산과정에서 부가가치 형태로 이윤을 얻는 경제활동을 중시한다.

③ 독점 자본주의: 거대한 소수 기업이 지배력을 행사하는 경제활동이 주로 나타났다.

④ 수정 자본주의: 대공황 해결을 위해 계획경제체제의 원리를 도입한 경제활동이 등장하였다.

⑤ 신자유주의: 국가권력의 시장개입을 비판하고 시장의 기능과 민간의 자유로운 활동을 중시한다.

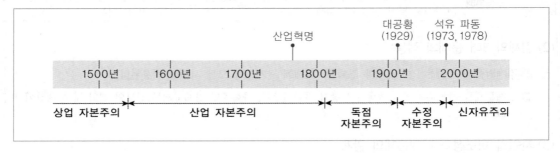

확인문제

(가)에서 (나)로의 변화를 지향하는 정책으로 볼 수 있는 것은?

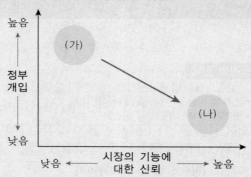

① 사회 보장 제도의 확대 실시
② 토지 거래 허가 제도의 시행
③ 공개 입찰 방식에 의한 공기업 매각
④ 경영상 이유에 의한 해고 요건 강화
⑤ 복지재원 확보를 위한 누진세율 강화

정답 및 해설

(가)에서 (나)의 이동은 정부의 개입을 줄이고 시장의 기능에 대한 신뢰를 높이는 신자유주의를 지향하는 정책이다. 대표적인 예로는 공기업을 사적 영역으로 전환하는 민영화를 들 수 있다.

[오답체크]
①, ⑤ 사회 보장 제도의 확대 실시나 ② 토지 거래 허가 제도의 시행은 정부의 개입을 높이는 정책이다.
④ 시장의 영역에서는 기업의 상태에 따라 해고를 결정하는 것이므로 해고 요건이 약화될 것이다.

정답: ③

핵심 Check: 기회비용과 합리적 선택

기회비용	• 명시적 비용 + 묵시적(= 암묵적) 비용 • 합리적 선택: 기회비용 최소화
합리적 선택	편익 > 비용
회계학적 이윤	총수입 - 명시적 비용
경제학적 이윤	총수입 - (명시적 비용 + 묵시적 비용)

1. 기회비용과 매몰비용

(1) 발생원인

① 자원의 희소성으로 발생하는 경제문제를 해결하는 방법은 합리적 선택이다.

② 합리적 선택을 위해서는 선택을 통해 얻어지는 편익(+)과 지불해야 하는 비용(-)이 발생한다.

③ 비용은 기회비용과 매몰비용으로 나눌 수 있다.

(2) 구분

① 기회비용은 회수 가능한 비용으로 경제학의 고려대상이다.

② 매몰비용은 회수 불가능한 비용으로 경제학의 고려대상이 아니다. 경제학의 주된 관심은 과거가 아닌 미래에 있다는 것이 특징이다.

(3) 사례

① 영화를 보다가 영화에 전혀 흥미를 느낄 수 없다면 영화를 본 지난 시간을 되돌려 영화비를 회수할 수 없다. 따라서 영화비는 매몰비용이다.

② 합리적 선택은 매몰비용을 고려하지 않아야 하므로 지출한 영화비를 무시하고 바로 영화관 밖으로 나와야 한다.

2. 기회비용 구성

기회비용은 선택으로 인해서 실제로 지불해야 하는 명시적 비용과 포기해야 하는 여러 대안 중 가장 가치가 큰 비용인 묵시적(= 암묵적) 비용으로 나누어진다.

3. 기회비용의 계산 = 명시적 비용 + 묵시적 비용

(1) 명시적 비용(Explicit Cost)

현금지출을 필요로 하는 비용이다. **예** 영화비

(2) 묵시적(= 암묵적) 비용(Implicit Cost)

현금지출을 필요로 하지 않고 받을 수 있었던 비용이다.

① 귀속임금: 선택한 일 이외의 다른 일을 해서 얻을 수 있는 소득이다.

② 귀속이자: 자기자본을 선택한 대안 이외의 곳에 투자했을 때 얻을 수 있는 소득이다.

③ 귀속지대: 토지소유자 자신이 자기 토지를 이용하는 경우에 자기에게 귀속되는 지대이다.

④ 정상이윤: 기업가로 하여금 동일한 상품을 계속 생산하게 하는 유인으로서 충분한 정도의 이윤이다.

(3) 경제학적 비용과 회계학적 비용

① 경제학적 비용은 명시적 비용과 암묵적 비용을 모두 합친 개념이다.

② 회계학적 비용은 명시적 비용만 비용으로 처리된다.

③ 회계학적 비용이 적게 처리되므로 회계학적 이윤이 경제학적 이윤보다 항상 많다.

4. 합리적 선택

(1) 특징

① 편익(+)과 비용(-) 중에서 반드시 편익이 커야 한다.

② 동일 편익일 때는 최소비용, 동일 비용일 때는 최대편익을 추구해야 한다.

(2) 편익이 주어지지 않는 경우

① 기회비용이 가장 작은 대안을 선택하는 것이 합리적 선택이다.

② 사례: 호성 씨가 강의를 할 경우 시간당 10만 원을, 서빙을 할 경우 시간당 1만 원을 번다고 가정해 보자. 강의를 선택할 경우에는 서빙해서 얻는 소득인 1만 원이 기회비용이 되고, 서빙을 선택할 경우에는 강의를 해서 얻는 소득인 10만 원이 기회비용이 된다. 선택의 기로에서 당연히 강의를 선택할 것이므로 이 경우 기회비용이 최소가 된다.

5. 기회비용 사례분석

(1) 사례

> 연간 7,200만 원을 받고 H호텔 한식당 요리사로 일하는 갑은 요리사직을 그만두고 레스토랑을 새로 열려고 한다. 창업과 관련해 컨설팅 회사에 이미 500만 원의 수수료를 지급했다. 현재 그는 연간 이자율 2%인 예금계좌에 2억 원을 가지고 있는데 이를 인출해 창업 자금으로 이용할 계획이다. 또 매달 200만 원의 임대료를 받고 남에게 빌려주었던 자신 소유의 건물에서 영업하려고 한다. 레스토랑 영업을 개시한다면 첫 해에 음식 재료비와 종업원 인건비, 수도 및 전기요금 등 기타 경비가 4,500만 원 들 것으로 예상된다. 갑이 현 직장을 그만두고 새로운 일을 시작하기 위해서는 첫 해에 총매출액이 최소 얼마가 되어야 하는가?

(2) 풀이과정

① 문제는 '총매출액이 최소 얼마가 되어야 하는가?'인데 합리적 선택은 '편익 > 비용'이므로, 최소한의 편익은 선택을 위한 기회비용을 의미한다.

② 명시적 비용은 음식 재료비, 종업원 인건비, 수도 및 전기요금 등 기타 경비 4,500만 원이다.

③ 묵시적 비용은 연간 7,200만 원의 급여, 예금계좌 2억 원에 대한 400만 원(= 2억 원 × 2%)의 이자, 연간 2,400만 원(= 매달 200만 원 × 12)의 임대료이므로 이를 더하면 1억 원이다.

④ 창업과 관련한 컨설팅 회사에 500만 원의 수수료를 지불했지만 이는 기회비용이 아닌 회수 불가능한 매몰비용이므로 고려하지 않는다.

⑤ 명시적 비용과 묵시적 비용의 합인 1억 4,500만 원이 기회비용이므로, 회사 설립에 따른 매출액이 최소 1억 4,500만 원 이상이 되어야 한다.

확인문제

다음 사례에서 ㉠에 들어갈 최소한의 액수로 옳은 것은? (단, 호성 씨는 합리적 선택을 하는 경제주체이다)

> H호텔의 주방장 호성 씨는 자신의 음식점을 차리려고 생각하고 있다. 예상되는 수입은 월 2,000만 원이고, 비용은 임대료 300만 원, 종업원 인건비 250만 원, 재료비 500만 원, 기타 잡비 250만 원이다. 이 소식을 들은 H호텔 사장은 주방장 호성 씨에게 ㉠으로 월급을 인상해 줄 테니 계속 함께 일하자고 제안하였고, 호성 씨는 제안을 받아들여 H호텔에 계속 남기로 하였다.

① 500만 원　　② 600만 원　　③ 700만 원　　④ 800만 원　　⑤ 1,000만 원

정답 및 해설

1) 개업을 했을 경우의 수입은 월 2,000만 원이고, 비용은 1,300만 원[= 명시적 비용 + 암묵적 비용(호텔에서 받는 임금)]이다.

2) 그러므로 호텔에서 최소 월 700만 원을 받아야 호성 씨는 개업을 하지 않을 것이다.

정답: ③

05 생산가능곡선과 기회비용

★★

생산가능곡선과 기회비용

핵심 Check: 생산가능곡선과 기회비용

생산가능곡선	• 생산이 늘어난 만큼 줄어든 것이 기회비용 • $\text{MRT}_{XY} = -\dfrac{\Delta Y}{\Delta X}$ (= X재 생산의 기회비용)
MRT와 기회비용	• 원점에 대해 오목한 경우 MRT가 증가하므로 X재 생산의 기회비용 체증 • 직선인 경우 MRT가 일정하므로 X재 생산의 기회비용이 일정 • 원점에 대해 볼록한 경우 MRT가 감소하므로 X재 생산의 기회비용 체감

1. 생산가능곡선(PPC: Production Possibility Curve)의 의미와 자원의 희소성

(1) 의미

생산가능곡선이란 한 사회의 모든 생산요소를 가장 효율적으로 사용하여 최대로 생산 가능한 두 재화(X재, Y재)의 조합을 나타내는 곡선이다.

(2) 생산가능곡선이 우하향하는 이유

생산가능곡선이 우하향하는 것은 희소성의 법칙 때문에 한정된 자원으로는 모두를 다 늘릴 수 없고 하나를 늘리면 다른 하나를 줄여야 하기 때문이다.

2. 생산가능곡선의 분석

(1) 그래프

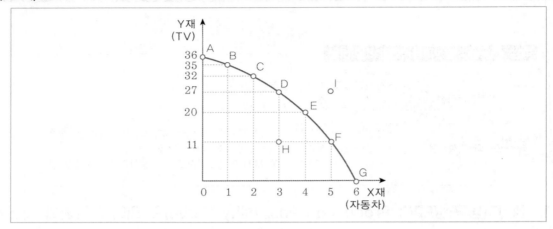

① 생산가능곡선 위에 있는 점 A(TV만 36대 생산), B, C, D, E, F, G(자동차만 6대 생산)는 생산이 효율적으로 이루어지는 점이다.

② 생산가능곡선 내부에 있는 점 H는 생산이 비효율적으로 이루어지는 점이다.

③ 생산가능곡선 외부에 있는 점 I는 현재의 주어진 자원과 기술로는 생산할 수 없는 점이다.

(2) 생산가능곡선의 내부에서 곡선상으로의 이동하는 경우(예 H → F)

① 비효율적인 생산점에서 효율적인 생산점으로 이동하는 것을 의미한다.

② 불완전고용 생산점에서 완전고용 생산점으로 이동하는 것을 의미한다.

③ 파레토 개선을 통해 파레토 최적이 달성된다.

④ 파레토 개선: 하나의 자원배분상태에서 어느 누구에게도 손해가 가지 않게 하면서 최소한 한 사람 이상에게 이득을 가져다주는 변화이다.

⑤ 파레토 최적: 파레토 개선이 불가능한 상태로 한사람이 이익을 보려면 반드시 다른 사람이 피해를 봐야하는 상황을 의미한다.

(3) 생산가능곡선의 이동

① 점 E에서 점 I를 통과하는 새로운 생산가능곡선으로 이동하는 상황을 가정한다.

② 기술 진보, 교육수준 향상, 천연자원 발견, 인구 증가 등이 원인이다.

3. 생산가능곡선과 기회비용

(1) 기회비용의 측정

자원은 유한하므로 어떤 재화의 생산을 늘려갈 때 포기하는 것이 반드시 생긴다. 포기한 것이 생산의 기회비용이 된다. **예** X재 생산의 기회비용 = (X재 생산으로 인해) 포기한 Y재

(2) 직선인 경우

① 한 재화의 생산이 증가할 때 다른 재화로 표시되는 1단위 생산의 기회비용이 일정하다.

② 그래프

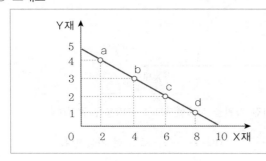

㉠ a ➡ b: $2X = 1Y$

㉡ b ➡ c: $2X = 1Y$

㉢ c ➡ d: $2X = 1Y$

㉣ 모든 점에서 $X = \dfrac{1}{2}Y$로 일정

(3) 원점에 대하여 오목한 곡선인 경우

① 한 재화의 생산이 증가할 때 다른 재화로 표시되는 1단위 생산의 기회비용이 체증한다.

② 그래프

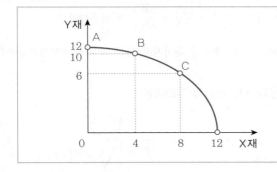

㉠ A ➡ B: $4X = 2Y$, $X = \dfrac{1}{2}Y$

㉡ B ➡ C: $4X = 4Y$, $X = Y$

㉢ C ➡ D: $4X = 6Y$, $X = \dfrac{3}{2}Y$

㉣ X재 생산 증가 시 X재 1단위 추가 생산의 기회비용 증가

(4) 한계변환율(MRT; Marginal Rate of Transformation)

① 한계변환율이란 X재 생산을 1단위 증가시키기 위하여 포기하여야 할 Y재 수량이다.

② $MRT_{XY} = \dfrac{-\triangle Y}{\triangle X}$ 로 표현하며 X재 생산의 기회비용을 Y재 단위 수로 나타낸 것이다.

③ 그래프

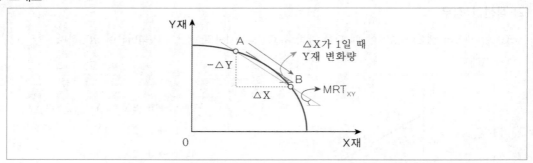

㉠ A ➔ B로 생산점을 변화시킬 때 모두 주어진 자원을 사용했으므로 총비용은 동일하다.

㉡ 한계비용인 $MC = \dfrac{\triangle TC}{\triangle Q}$ 이므로 $MC_X = \dfrac{\triangle TC}{\triangle X}$, $MC_Y = \dfrac{\triangle TC}{\triangle Y}$ 로 표현 가능하다.

㉢ X재 추가 생산에 따른 총비용 증가분은 $\triangle X \cdot MC_X$이다.

㉣ Y재 생산 감소에 따른 비용 감소분은 $\triangle Y \cdot MC_Y$이다.

㉤ 동일한 생산가능곡선에서 이동 시 발생하는 두 비용의 합은 0이므로 $\triangle X \cdot MC_X + \triangle Y \cdot MC_Y = 0$

　　➔ $\triangle X \cdot MC_X = -\triangle Y \cdot MC_Y$이다. 따라서 $MRT_{XY} = -\dfrac{\triangle Y}{\triangle X} = \dfrac{MC_X}{MC_Y}$ 가 성립한다.

④ 넓은 의미로는 생산가능곡선 구간의 기울기이며 구체적 수치가 주어지지 않은 경우에는 생산가능곡선의 접선의 기울기이다.

⑤ 한계변환율로 평가한 여러 가지 생산가능곡선의 X재 생산의 기회비용

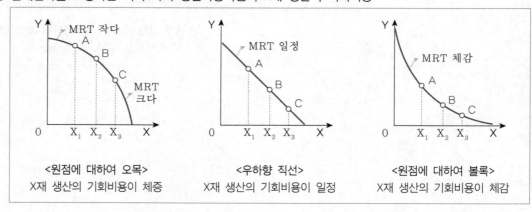

그림은 주어진 자원을 사용하여 생산할 수 있는 자동차와 탱크의 생산량 조합을 나타낸 생산가능곡선이다.
이에 대한 옳은 설명을 <보기>에서 고른 것은?

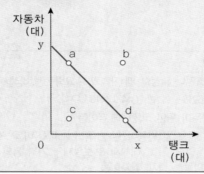

<보기>

ㄱ. 생산이 가능한 조합은 a, c, d이다.

ㄴ. 탱크 1대 생산의 기회비용은 자동차 y/x대이다.

ㄷ. 자동차나 탱크의 판매 가격이 하락하면 b에서 생산이 가능하다.

ㄹ. 어느 한 재화의 생산을 늘리기 위해서 반드시 다른 재화의 생산을 줄여야 하는 조합은 c이다.

① ㄱ, ㄴ   ② ㄱ, ㄷ   ③ ㄴ, ㄷ   ④ ㄴ, ㄹ   ⑤ ㄷ, ㄹ

정답 및 해설

ㄱ. a, c, d는 생산가능곡선 안쪽에 있는 점이므로 생산할 수 있는 조합이다.

ㄴ. 탱크 x대를 생산하기 위해서 포기한 자동차의 생산량이 y대이므로 탱크 1대 생산의 기회비용은 자동차 y/x대이다.

[오답체크]

ㄷ. 생산요소가격이 하락한다거나 생산기술이나 생산능력이 향상될 경우 생산가능곡선이 밖으로 이동하여 이전에 불가능했던 점이 생산가능 영역으로 변화되기도 한다. 그러나 생산물의 판매가격과는 상관이 없다.

ㄹ. c가 아니라 a와 d에 해당하는 설명이다. c점에서는 생산능력을 최대로 발휘한 조합이 아니기 때문에 두 재화 생산량을 동시에 늘릴 수 있다.

정답: ①

핵심 Check: 수요

수요법칙	다른 조건이 일정할 때 가격과 수요량은 반비례
시장수요곡선	개별수요곡선의 합, Q를 더하여 구함
수요량의 변동	가격변동이 원인, 곡선 내 점이동
수요의 변동	• 가격 외 요인 변동이 원인, 곡선 자체의 이동 • 소득, 인구, 기호, 대체재 & 보완재의 가격 등의 변동 • 우측이동 - 증가, 좌측이동 - 감소

1. 수요(D: Demand)의 의미

(1) 일정 기간 동안 주어진 가격하에서 구입하고자 하는 최대수량이다.

(2) 기간이 명시되어야 하는 유량(flow)이며, 일정 가격수준에서 구입하고자 하는 최대수량으로 실제 구매량은 아니다.

(3) 유량

기간이 정해져야 의미를 갖는 경제량으로 소득 등이 있다.

(4) 저량

특정 시점에서 의미를 갖는 경제량으로 통화량, 국부 등이 여기에 포함된다.

2. 수요법칙

(1) 의미

① $Q_X^D = D(P_X, P_Y, I, N, \cdots\cdots)$ (단, P_X 는 X재의 가격, P_Y 는 Y재의 가격, I는 소득, N은 인구수)

② 다른 조건이 일정하다면 상품의 가격과 수요량 사이에 역(= 반비례)의 관계가 성립한다. 즉 가격이 싸면 구입하고 비싸면 구입하지 않는다.

③ 역수요함수

㉠ 일반적으로 Q = ~의 형태로 쓰는 것을 수요함수, P = ~의 형태로 쓰는 것을 역수요함수라고 한다.

예 Q = 10 - P ➔ 수요함수, P = 10 - Q ➔ 역수요함수

㉡ 뒤에 나오는 공급곡선도 동일하게 공급함수와 역공급함수로 생각하면 된다.

(2) 수요법칙의 예외

① 매점: 물건 값이 오를 것을 예상하고 폭리를 얻기 위해서 물건을 몰아서 사들이는 것이다.

② 베블렌 효과: 가격이 오르는데도 일부 계층의 과시욕이나 허영심 등으로 인해 수요가 줄어들지 않고 오히려 증가하는 효과이다.

③ 기펜재: 열등재(= 소득과 수요량이 반비례하는 재화) 중에서도 그 열등성이 아주 강해서 가격이 하락함에도 불구하고 수요량이 감소하는 재화를 의미한다. 단, 모든 열등재가 기펜재인 것은 아니다. 뒤의 소비자이론의 가격효과에서 자세히 다룰 것이다.

④ 그래프

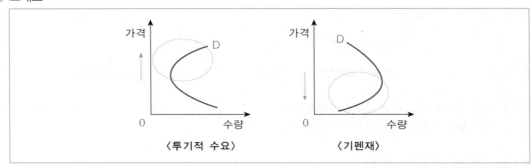

3. 수요곡선

(1) 의미

① 일정 기간 동안 그 상품의 여러 가지 가격수준과 수요량의 조합을 연결한 곡선이다.

② 수요곡선은 주어진 가격수준에서 구입하고자 하는 최대수량, 또는 일정량을 구매하고자 할 때 지불할 용의가 있는 최고가격(수요가격: demand price)을 보여준다.

③ 그래프

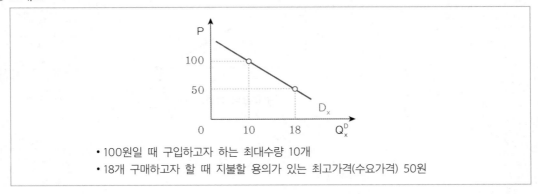

- 100원일 때 구입하고자 하는 최대수량 10개
- 18개 구매하고자 할 때 지불할 용의가 있는 최고가격(수요가격) 50원

(2) 개별수요곡선과 시장수요곡선

① 개별수요곡선: 개별소비자들의 수요곡선이다.

② 시장수요곡선: 개별수요곡선의 수평 합으로 개별수요곡선보다 완만(탄력적)하다.

③ 그래프

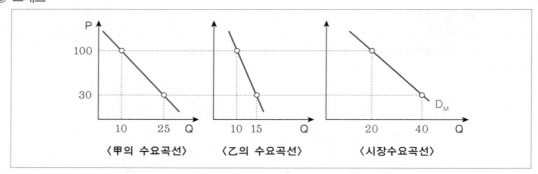

〈甲의 수요곡선〉　〈乙의 수요곡선〉　〈시장수요곡선〉

④ 사례: 시장에 두 사람만 있다고 가정할 때 갑의 수요가 $Q = 10 - P$, 을의 수요가 $Q = 20 - P$라면 시장수요곡선은 $Q_{시장} = Q_{갑} + Q_{을}$이다. 따라서 $Q = 30 - 2P$가 된다.

4. 수요량과 수요의 변동

(1) 수요량의 변동

① 그 재화의 가격변동에 따라 구매량이 달라지는 것으로, 수요곡선상의 점이동을 말한다.

② 가격이 상승하면 수요량이 감소(B ➜ A)하고, 가격이 하락하면 수요량이 증가(A ➜ B)한다.

③ 그래프

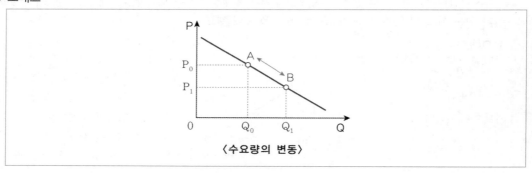

〈수요량의 변동〉

(2) 수요의 변동

① 그 재화의 가격 이외 요인에 의해 구매량이 달라지는 것으로, 수요곡선 자체의 이동을 말한다.

② 수요곡선이 우측으로 이동하면 수요 증가, 좌측으로 이동하면 수요 감소이다.

③ 그래프

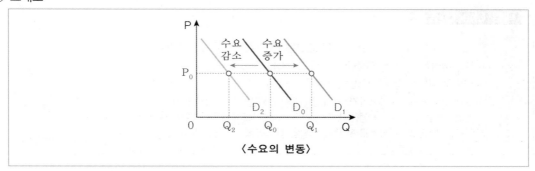

〈수요의 변동〉

④ 수요의 변동요인

수요변화의 요인		수요 증가 시	수요 감소 시
소득수준	정상재	증가	감소
	열등재	감소	증가
연관재	대체재	가격 상승	가격 하락
	보완재	가격 하락	가격 상승
기호(= 선호)		상승	하락
인구		증가	감소
소비자의 가격 상승 예측		상승 예측	하락 예측

㉠ 소득과 수요량이 비례하면 정상재, 소득과 수요량이 반비례하면 열등재이다.

㉡ 기호는 광고 등을 통해 이미지가 좋아지는 것 등을 의미한다.

㉢ 가격이 변동하면 수요량, 가격의 예상이 변동하면 수요이다.

⑤ 대체재와 보완재

재화	재화의 특징	예
대체재	• 용도가 비슷하여 대신 소비해도 만족의 차이가 별로 없는 재화 • 한 재화(커피)의 가격이 상승하면 커피의 수요량은 감소하고 대신 대체재(홍차)의 수요가 증가하여 대체재의 수요곡선은 우측으로 이동 • 연관상품의 가격과 같은 방향으로 수요가 변화	• 커피와 홍차 • 소고기와 돼지고기
보완재	• 따로 소비할 때보다 함께 소비할 때 더 큰 만족을 얻을 수 있는 재화 • 한 재화(커피)의 가격이 상승하면 커피의 수요량은 감소하므로 보완재(프림)의 수요가 감소하여 보완재의 수요곡선은 좌측으로 이동 • 연관상품의 가격과 반대 방향으로 수요가 변화	• 커피와 설탕 • 햄버거와 콜라

공급법칙	다른 조건이 일정할 때 가격과 공급량은 비례
시장공급곡선	개별공급곡선의 합, Q를 더하여 구함
공급량의 변동	가격변동이 원인, 곡선 내 점이동
공급의 변동	• 가격 외 요인 변동이 원인, 곡선 자체의 이동 • 생산비, 생산기술, 조세, 보조금 등의 변동 • 우측이동 - 증가, 좌측이동 - 감소

1. 공급(S; Supply)의 의미

(1) 일정 기간 동안 주어진 가격하에서 공급하고자 하는 최대수량이다.

(2) 기간이 명시되어야 하는 유량(flow)이며, 일정 가격수준에서 공급하고자 하는 최대수량으로 실제 판매량은 아니다.

2. 공급법칙

(1) 의미

① $Q_X^S = S(P_X, \ P_f, \ Tech, \ Tax, \ \cdots\cdots)$ (단, P_X는 X재의 가격, P_f는 생산요소의 가격, Tech는 기술수준, Tax는 조세)

② 다른 조건이 일정하다면 상품의 가격과 공급량 사이에 정(= 비례)의 관계가 성립한다. 가격이 비싸지면 공급량을 늘리고 싸지면 줄인다.

(2) 공급법칙의 예외

① 노동공급곡선: 임금이 오를수록 여가의 가치가 소비의 가치보다 높게 평가되는 경우 나타날 수 있다.

② 투매현상: 가격 하락 시 공급량을 더 늘리는 것으로, 주가의 하락 시 기업이 도산할 것을 우려하여 주가 하락에도 주식을 내놓는 것을 사례로 들 수 있다.

③ 공급이 고정된 경우: 골동품이나 명화는 가격이 아무리 오른다고 할지라도 새롭게 생산이 불가능하기 때문에 수직인 공급곡선이 나타난다.

④ 그래프

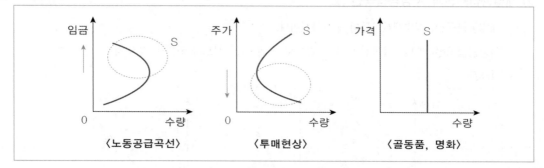

〈노동공급곡선〉　　　　　〈투매현상〉　　　　　〈골동품, 명화〉

3. 공급곡선

(1) 의미

① 일정 기간 동안 그 상품의 여러 가지 가격수준과 공급량의 조합을 연결한 곡선으로 일반적으로 우상향의 형태이다.

② 공급곡선은 주어진 가격수준에서 공급하고자 하는 최대수량, 또는 일정량을 공급할 때 받고자 하는 단위당 최저가격(공급가격: supply price)을 나타낸다.

③ 그래프

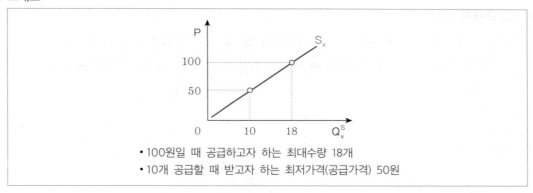

- 100원일 때 공급하고자 하는 최대수량 18개
- 10개 공급할 때 받고자 하는 최저가격(공급가격) 50원

(2) 개별공급곡선과 시장공급곡선

① 개별공급곡선: 개별생산자들의 공급곡선이다.

② 시장공급곡선: 개별공급곡선의 수평 합으로 개별공급곡선보다 완만(탄력적)하다.

③ 그래프

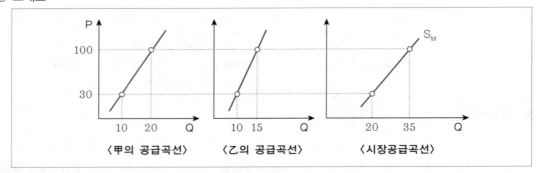

〈甲의 공급곡선〉　　〈乙의 공급곡선〉　　〈시장공급곡선〉

④ 사례: 시장에 두 사람만 있다고 가정할 때 갑의 공급이 $Q = 10 + P$, 을의 공급이 $Q = 20 + P$라면 시장공급 곡선은 $Q_{시장} = Q_{갑} + Q_{을}$이다. 따라서 $Q = 30 + 2P$가 된다.

4. 공급량과 공급의 변동

(1) 공급량의 변동

① 그 재화의 가격변동에 따라 생산량이 달라지는 것으로 공급곡선상의 점이동을 말한다.

② 가격이 상승하면 공급량이 증가(A ➡ B)하고, 가격이 하락하면 공급량이 감소(B ➡ A)한다.

③ 그래프

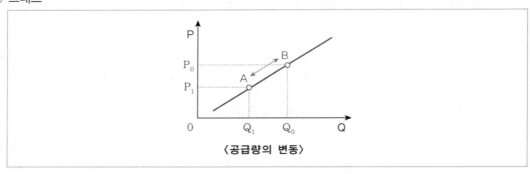

〈공급량의 변동〉

(2) 공급의 변동

① 그 재화의 가격 이외 요인에 의해 생산량이 달라지는 것으로 공급곡선 자체의 이동을 말한다.

② 공급곡선이 우측으로 이동하면 공급 증가, 좌측으로 이동하면 공급 감소이다.

③ 그래프

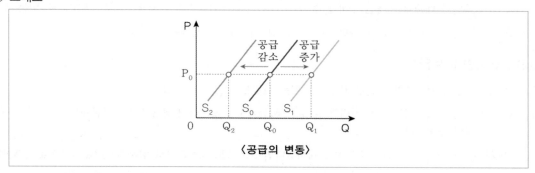

〈공급의 변동〉

④ 공급의 변동요인

공급변화의 요인		공급 증가 시	공급 감소 시
미래 경기		낙관	비관
신규기업 진입		증가	감소
상품의 판매가격 변동 예상		하락	상승
생산비용	생산요소가격	하락	상승
	원자재가격	하락	상승
	신기술	개발	–
	생산에 대한 정부개입	보조금 지급	조세 부과

생산기술의 변화	기술 진보가 있으면 생산비가 하락하여 공급 증가
생산요소가격	생산요소가격이 하락하면 생산비가 하락하여 공급 증가
조세	세금이 오르면 생산비가 상승하여 공급 감소
정부보조금	보조금이 주어지면 상품의 생산비가 하락하여 공급 증가
공급자의 예상	공급자가 해당 상품이 앞으로 오를 것으로 예상하면 오를 때 팔기 위해 공급 감소
경기전망	경기가 호전될 것으로 전망되면 사람들의 소득이 높아져 더 많이 소비할 것이므로 공급 증가
기업 수	기업 수가 증가하면 공급 증가
연관상품가격	• 대체재: 한 재화의 가격이 상승하면 대체재의 공급 감소 • 보완재: 한 재화의 가격이 상승하면 보완재의 공급 증가

5. 공급측면의 대체재와 보완재

(1) 공급측면의 대체재

① 수요측면의 대체재와 공급측면의 대체재는 다르다.

② 수요측면의 대체재는 대신 소비할 수 있는 것이라면 공급측면의 대체재는 대신 생산할 수 있는 것이다.

③ 사례: 밭에서 파와 콩을 하나만 생산할 수 있다면 양자의 관계는 대체재이다.

(2) 공급측면의 보완재

① 수요측면의 보완재와 공급측면의 보완재는 다르다.

② 수요측면의 보완재는 함께 소비할 때 효용이 높아지는 것이라면 공급측면의 보완재는 두 재화가 생산의 부산물인 경우이다.

③ 사례: 소고기를 생산하기 위하여 도축하였다면 소가죽도 생산되므로 양자의 관계는 보완재 관계이다.

확인문제

맥주 시장의 수요함수가 $Q_D = 250 - 2P - P_C + 0.3I$일 때, 옳지 않은 것은? (단, Q_D는 맥주 수요량, P는 맥주 가격, P_C는 치킨 가격, I는 소득)

① 맥주는 정상재이다.

② 맥주는 치킨의 보완재이다.

③ 치킨 가격이 인상되면 맥주 수요는 증가한다.

④ 가격과 관련 없는 수요가 존재한다.

⑤ 치킨 가격이 상승하면 맥주 수요곡선이 좌측으로 이동한다.

정답 및 해설

치킨 가격이 인상되면 맥주 수요는 감소한다.

[오답체크]

① 수요량에 +0.2I 소득이 증가하면 맥주의 수요는 증가한다. 따라서 맥주는 정상재이다.

②, ⑤ 치킨 가격이 상승하면 맥주 수요가 감소(= 수요곡선 좌측이동)하므로 맥주는 치킨의 보완재이다.

④ 수요곡선에 표기되어 있는 250은 소득과 관련 없는 수요이다.

정답: ③

08 시장가격의 결정

핵심 Check: 시장가격의 결정

상대가격	$\dfrac{P_X}{P_Y}$ ➡ (Y재 수량으로 표시한) X재의 상대가격
초과수요	수요량 > 공급량
초과공급	수요량 < 공급량
시장의 균형	수요량 = 공급량

1. 가격의 종류

(1) 절대가격(시장가격, 가격)

① 상품 1단위와 교환되는 화폐액이며 시장에서 수요·공급에 따라 결정된다.

② P_X가 15만 원, P_Y가 5만 원인 경우 이를 절대가격이라고 한다.

(2) 상대가격

① 다른 상품의 수량으로 표시된 특정 상품의 교환비율이다. 다른 상품수량으로 표시된 특정 상품 1단위 소비에 따른 기회비용을 나타낸다.

② 공식

$$\dfrac{P_X}{P_Y} \; ➡ \; \text{(Y재 수량으로 표시한) X재의 상대가격}$$

③ 사례(단, P_X=15만 원, P_Y=5만 원)

㉠ X재의 상대가격 $=\dfrac{P_X}{P_Y}=\dfrac{15}{5}=3$

㉡ Y재 수량으로 평가한 X재 1단위 소비의 기회비용이 Y재 3개라는 의미이다.

④ 다른 상대가격이 존재하더라도 간단히 분자의 상대가격이라고 읽으면 된다. 예 $\dfrac{w}{r}$: 노동의 상대가격

(3) 잠재가격(shadow price)

① 상품 1단위 생산에 따른 사회적 기회비용이며 경제계획 수립에 기초가 된다.

② 완전경쟁시장의 경우에는 시장가격이 잠재가격이 되지만 불완전경쟁인 경우는 따로 계산해주어야 한다.

③ 측정이 어려운 경우 사용되며 주로 재정학에서 사용한다.

(4) 각각의 시장에서의 시장가격

① 노동(L)시장의 가격은 임금(w)이다.

② 자본(K)시장의 가격은 이자(r)이다.

③ 토지시장의 가격은 지대이다.

④ 외환시장의 가격은 환율이다.

2. 시장가격의 기능

(1) 효율적 자원배분 기능
수요와 공급의 불일치상태를 일치상태로 만들어 주는 매개변수 기능을 한다.

(2) 신호등 기능

① 가격 상승 시 공급자는 생산을 늘리고 소비자는 소비를 줄인다.

② 가격 하락 시 공급자는 생산을 줄이고 소비자는 소비를 늘린다.

3. 시장의 균형

(1) 균형(Equilibrium)
수요량과 공급량을 일치시키는 시장가격에 도달한 상태이다.

(2) 균형가격과 균형거래량

① 균형가격(Equilibrium Price)은 수요량과 공급량을 일치시키는 가격이다.

② 균형거래량은 균형가격에서 수요량과 공급량이 일치된 거래량이다.

4. 초과수요량과 초과공급량

(1) 초과수요

① 특정 가격수준에서 구매자들의 수요량이 생산자들의 공급량보다 많아서 발생하는 생산물 혹은 생산요소의 부족분이다.

② 초과수요 발생 시 가격이 상승하여 균형에 도달한다.

(2) 초과공급

① 특정 가격수준에서 구매자들의 수요량보다 생산자들의 공급량이 많아서 발생하는 생산물 혹은 생산요소의 잉여분이다.

② 초과공급 발생 시 가격이 하락하여 균형에 도달한다.

(3) 그래프

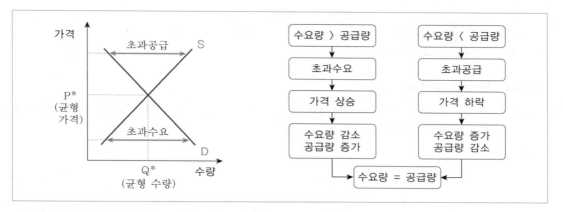

가격이 변하게 되면 일시적 불균형인 초과수요나 초과공급이 발생하게 된다. 그러나 일반적으로 수요량과 공급량 변동의 조정을 통해서 균형으로 회복한다.

5. 균형이 존재하지 않는 경우

(1) 자유재

① 모든 가격수준에서 초과공급이 발생하여 시장가격이 존재하지 않으므로 무료로 이용 가능하다. **예** 공기

② 그래프

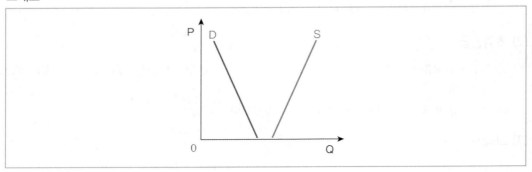

③ 희소성이 변하여 수요와 공급곡선이 변화하면 자유재가 경제재가 될 수 있다.
　　예 공짜였던 물 ➔ 구입하여 먹는 생수

(2) 거래되지 않는 경제재

① 수요곡선으로 표현되는 수요자의 지불용의보다 공급곡선으로 표현되는 공급자의 최소비용이 너무 커서 거래되지 않는 재화이다. **예** 우주여행

② 그래프

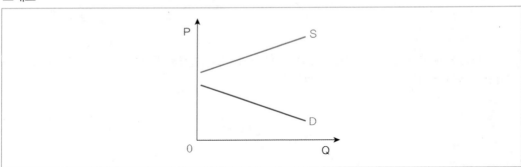

③ 희소성이 변하여 수요와 공급곡선이 변화하면 거래되는 경제재가 될 수 있다.
　　예 미래에 기술개발로 우주여행이 쉽게 가능할 경우

6. 거미집이론(cob - web - theory)(동적 안정성)

(1) 설명

① 마늘, 고추 등 농산물의 경우 공급량의 반응이 한 기 뒤쳐져서 나타날 수밖에 없는 시장에서는 주어진 여건에 따라 가격의 시간 경로가 제각기 다른 모습을 보이게 된다.

② 이때 수요자는 이번 기 가격을 보고 수요량을 결정하지만 공급자는 현재 가격을 보고 다음 기의 공급량을 결정하게 된다.

③ 가격이 균형점에서 멀어지거나 점점 가까워지는 모양이 거미집모양과 비슷하다고 하여 이 이론을 거미집이론이라 한다.

(2) 수렴하는 경우

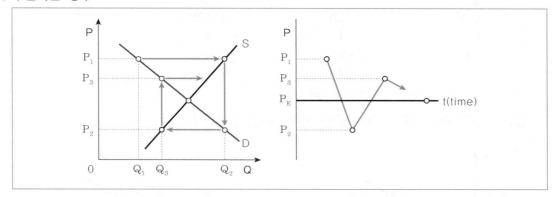

① 최초, 과소공급(Q_1): 초과수요가격 발생, 공급자는 공급가격 이상으로 판매할 수 있으므로 이익, 다음 기(期)에도 가격이 P_1으로 유지될 것으로 예상하여 Q_2로 공급한다.

② 다음 기, 과다공급(Q_2): 초과공급가격 발생, 공급자는 공급가격 이하로 판매할 수밖에 없으므로 손실, 다음 기(期)에도 가격이 P_2로 유지될 것으로 예상하여 Q_3로 공급한다.

③ 시간 경과에 따라 가격변화에 따른 수량조정을 통해 균형으로 수렴된다.

(3) 결론

안정조건(수렴)은 공급곡선 기울기의 절댓값이 수요곡선 기울기의 절댓값보다 커야 한다.

|공급곡선 기울기| > |수요곡선 기울기|

확인문제

어떤 재화의 시장수요곡선은 P = 300 - 2Q이고, 시장공급곡선은 P = 150 + Q일 때의 시장균형가격과 균형거래량은? (단, Q는 수량, P는 가격을 나타낸다)

① (50, 50)   ② (100, 50)   ③ (200, 50)   ④ (200, 100)   ⑤ (200, 200)

정답 및 해설

1) 시장수요함수와 시장공급함수를 연립해서 풀면 300 - 2Q = 150 + Q, 3Q = 150이므로 균형거래량 Q = 50이다.
2) 이제 Q = 50을 시장수요함수(혹은 시장공급함수)에 대입하면 균형가격 P = 200이다.

정답: ③

핵심 Check: 시장균형의 이동

수요	공급	균형가격	균형거래량
증가	불변	상승	증가
감소	불변	하락	감소
불변	증가	하락	증가
불변	감소	상승	감소
증가	증가	알 수 없음	증가
증가	감소	상승	알 수 없음
감소	증가	하락	알 수 없음
감소	감소	알 수 없음	감소

1. 공급 고정 시 수요의 이동으로 인한 균형의 변화

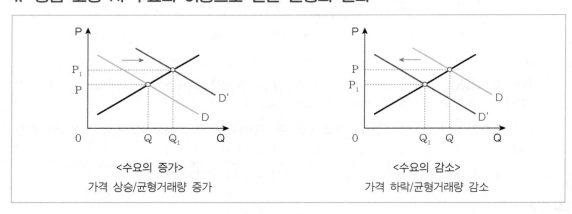

<수요의 증가>
가격 상승/균형거래량 증가

<수요의 감소>
가격 하락/균형거래량 감소

2. 수요 고정 시 공급변동으로 인한 균형의 변화

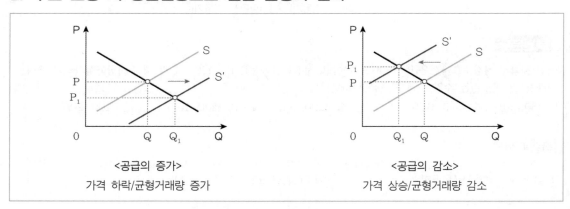

<공급의 증가>
가격 하락/균형거래량 증가

<공급의 감소>
가격 상승/균형거래량 감소

3. 수요와 공급이 둘 다 변할 때 균형의 변화

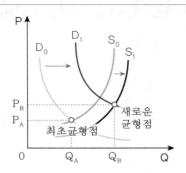

<수요의 증가폭 > 공급의 증가폭>

가격 상승/균형거래량 증가

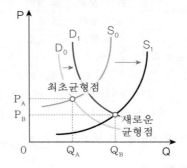

<수요의 증가폭 < 공급의 증가폭>

가격 하락/균형거래량 증가

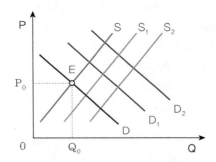

<수요와 공급 둘 다 증가 시>

가격은 알 수 없고 거래량 증가

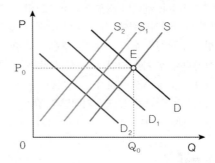

<수요와 공급 둘 다 감소 시>

가격은 알 수 없고 거래량 감소

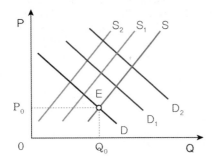

<수요 증가와 공급 감소 시>

가격은 상승하고 거래량 알 수 없음

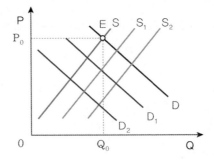

<수요 감소와 공급 증가 시>

가격은 하락하고 거래량 알 수 없음

수요 및 공급의 변동	균형가격	균형거래량
수요 증가, 공급 불변	상승	증가
수요 감소, 공급 불변	하락	감소
수요 불변, 공급 증가	하락	증가
수요 불변, 공급 감소	상승	감소
수요의 증가와 공급의 증가가 동시에 나타나는 경우	알 수 없음	증가
수요의 감소와 공급의 감소가 동시에 나타나는 경우	알 수 없음	감소
수요는 증가하고 공급은 감소하는 경우	상승	알 수 없음
수요는 감소하고 공급은 증가하는 경우	하락	알 수 없음

* 단, 수요와 공급이 둘 다 변하는 경우 어느 정도 변하는지 정해지지 않음

확인문제

갑국의 마스크 시장은 우상향하는 공급곡선과 우하향하는 수요곡선이 일치하는 지점에서 균형가격과 균형거래량이 결정된다. 팬더믹 상황으로 마스크의 수요와 공급이 모두 증가하였다. 팬더믹 상황이 마스크 시장의 균형가격과 균형거래량에 미칠 영향에 대한 설명으로 가장 옳은 것은?
① 균형가격은 상승하고, 균형거래량은 증가할 것이다.
② 균형가격은 상승할 것이나, 균형거래량은 증가할지 감소할지 예측하기 어렵다.
③ 균형가격은 상승할지 하락할지 예측하기 어렵지만, 균형거래량은 증가할 것이다.
④ 균형가격은 하락하고, 균형거래량은 감소할 것이다.
⑤ 균형가격과 균형거래량 모두 예측하기 어렵다.

정답 및 해설

수요와 공급이 둘 다 증가하면 가격은 알 수 없으나 거래량은 증가한다.

정답: ③

★★

10 잉여

┌───
| **핵심 Check: 잉여** |
├──────────────┬──
소비자잉여	(지불할 용의가 있는 금액 - 실제 지불한 금액)의 합
생산자잉여	(실제로 받은 금액 - 최소한 받아야 할 금액)의 합
시장균형 시	잉여 극대화
과소, 과다생산 시	후생손실 발생

1. 소비자잉여와 생산자잉여

(1) 소비자잉여

① 의미: 소비자가 교환으로 얻는 이익

② (지불할 용의가 있는 금액 - 실제 지불한 금액)의 합

③ 수요곡선과 시장가격의 사이에 있는 면적으로 표현한다.

(2) 생산자잉여

① 의미: 생산자가 교환으로 얻는 이익

② (실제로 받은 금액 - 최소한 받아야 할 금액)의 합

③ 시장가격과 공급곡선의 사이에 있는 면적으로 표현한다.

2. 사회적 잉여(= 총잉여)

(1) 의미

① 사회적 잉여 = 소비자잉여 + 생산자잉여

② 그래프

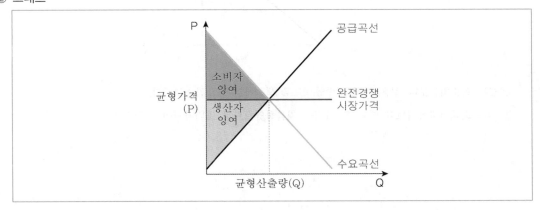

(2) 완전경쟁시장에서 극대화

① 시장의 자유로운 거래가 이루어질 경우 사회적 잉여가 극대화된다.

② 적정 생산인 경우에 비해 과다, 과소생산되어 잉여가 감소하는 것을 사회적 후생손실이라고 한다.

3. 과소생산과 과다생산 시 잉여

(1) 과소생산 시

① 그래프

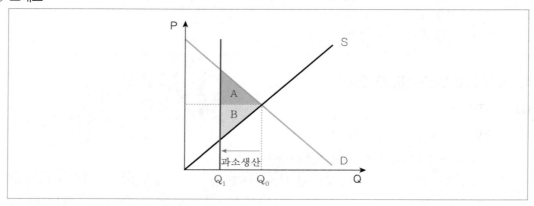

② A는 소비자잉여의 감소분, B는 생산자잉여의 감소분이다.

(2) 과다생산 시

① 그래프

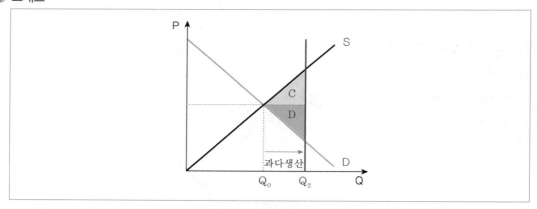

② C는 최소비용보다 적은 가격을 받았으므로 생산자잉여의 감소분이다.

③ D는 최대지불용의보다 더 높은 가격을 지불하였으므로 소비자잉여의 감소분이다.

확인문제

담배에 대한 수요함수는 $Q = 10 - P$로 주어졌다. 담배 가격이 4원인 경우 소비자잉여는?

① 36   ② 18   ③ 9   ④ 0   ⑤ -10

정답 및 해설

가격 $P = 4$일 때 수요량 $Q = 6$이다. 이때 소비자잉여는 삼각형 계산방법에 의해 $6 \times 6 \times \frac{1}{2} = 18$로 계산된다.

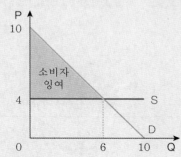

정답: ②

핵심 Check: 가격통제: 최고가격제와 최저가격제

최고가격제	• 가격의 상한선 • 소비자 보호 • 초과수요, 암시장 발생
최저가격제	• 가격의 하한선 • 생산자 보호 • 초과공급, 실업 발생

1. 최고가격제(Price Ceiling)

(1) 의미

① 가격 급등이 예상되는 상품에 대해서 정부가 최고가격(가격상한)을 설정하여 가격을 규제하는 제도로 소비자 보호가 목적이다.

② 현실적인 사례로는 분양가 상한제, 이자율 상한제 등이 있다.

③ 그래프

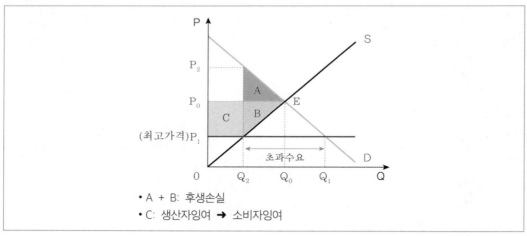

• A + B: 후생손실
• C: 생산자잉여 ➡ 소비자잉여

(2) 특징

① **초과수요 발생**: 가격을 올릴 수는 없기 때문에 이 경우 재화의 분배 문제를 해결하기 위해서는 선착순, 추첨, 배급제 등의 방법을 사용하게 되는데 이때 재화를 분배받는 것이 자신의 노력이 아닌 운이라는 요소에 의해 결정된다는 점에서 사회적인 불만이 크다는 단점이 존재한다. **예** 국공립유치원 추첨입학사태

② **재정적 부담의 증가**: 가격 통제가 성공한다는 것은 정부의 지속적인 감시를 전제로 한다.

③ **상품의 질 하락**: 가격 통제가 성공하면 공급자는 낮은 비용으로 상품을 공급해야 한다.

④ **암시장의 발생**: 시장이 초과수요상태에 있는데 정부의 가격 통제가 유명무실해지는 경우, 공급자가 가격을 올리려는 유인이 발생한다. 이 경우 가격의 상한선은 균형가격선이 아닌 공급자의 이익이 최대가 되는 지점까지가 된다. 이러한 경우를 우리는 암시장이라고 표현하고 암시장의 시장가격은 가격상한제를 하기 전의 가격(P_0)보다 훨씬 높은 수준(P_2)에서 결정된다.

(3) 최고가격제의 실효성

① 최고가격제가 실효성을 가지기 위해서는 최고가격이 시장가격보다 낮아야 한다.

② 최고가격이 시장가격보다 높다면 시장가격을 사용하므로 최고가격의 실효성이 없다.

2. 최저가격제

(1) 의미

① 정부가 공급자를 보호하기 위해서 최저가격 이하로는 거래하지 못하도록 통제하는 제도이다.

② 현실적인 사례로는 최저임금제가 대표적이다.

③ 그래프

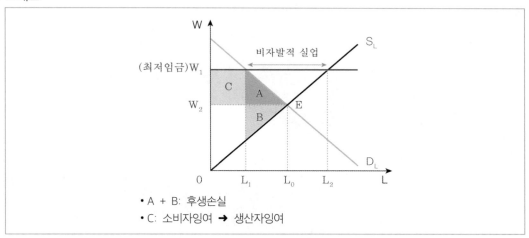

- A + B: 후생손실
- C: 소비자잉여 ➡ 생산자잉여

(2) 특징(노동시장의 경우)

① 초과공급 발생(실업의 증가): 수요보다 공급이 많아져 균형고용량보다 줄어들게 된다.

② 암시장의 발생 가능성: 이론상 노동시장에서 최소비용에 해당하는 것보다 높은 임금이 형성되는 최저임금제의 경우 암시장이 발생할 수 있다. 다만 현실에서는 잘 발생하지 않는다.

(3) 최저가격제의 실효성

① 최저가격제가 실효성을 가지기 위해서는 최저가격이 시장가격보다 높아야 한다.

② 최저가격이 시장가격보다 낮다면 시장가격을 사용하므로 최저가격의 실효성이 없다.

확인문제

정부의 가격통제에 관한 설명으로 옳은 것은? (단, 시장은 완전경쟁이며 암시장은 존재하지 않는다)

① 가격상한제란 정부가 설정한 최고가격보다 높은 가격으로 거래하지 못하도록 하는 제도이다.

② 가격하한제는 시장의 균형가격보다 낮은 수준에서 설정되어야 효력을 가진다.

③ 최저임금제는 고임금근로자의 소득을 유지하기 위해 도입하지만 실업을 유발할 수 있는 단점이 있다.

④ 전쟁 시에 식료품 가격안정을 위해서 시장균형보다 낮은 수준에서 최저가격을 설정하여야 효력을 가진다.

⑤ 시장균형가격보다 높은 아파트 분양가 상한제를 실시하면 아파트 수요량은 증가하고, 공급량은 감소한다.

정답 및 해설

② 가격하한제는 시장의 균형가격보다 높은 수준에서 설정되어야 효력을 가진다.

③ 최저임금제는 저임금근로자의 소득을 유지하기 위해 도입하지만 실업을 유발할 수 있는 단점이 있다.

④ 전쟁 시에 식료품 가격안정을 위해서 시장균형보다 낮은 수준에서 최고가격을 설정하여야 효력을 가진다.

⑤ 시장균형가격보다 낮은 아파트 분양가 상한제를 실시하면 아파트 수요량은 증가하고, 공급량은 감소한다.

정답: ①

공기업 경제학 전공 시험에 출제될 가능성이 높은 다양한 유형의 문제를 풀어보며 실전 감각을 높여보세요!

01 다음 표는 국민경제의 주체와 그 활동을 나타낸 것이다. 이에 대한 설명으로 옳은 것은?

주체	활동
가계	㉠
A	㉡
B	재정활동

① ㉠과 ㉡은 효율성을 극대화하는 활동이다.
② 외국과의 수출·수입활동에는 A만 관여한다.
③ 가계와 B는 이윤을 창출한다.
④ A와 B는 민간경제를 이루는 주체이다.
⑤ B는 공평성만을 고려할 뿐 효율성은 고려하지 않는다.

02 그림은 민간경제의 순환 과정이다. 이에 대한 설명으로 옳은 것은?

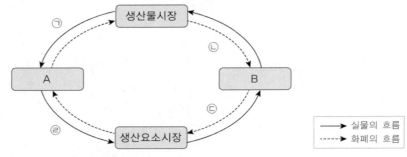

① A는 이윤 극대화, B는 효용 극대화를 추구하는 주체이다.
② ㉠의 사례로 택시 회사가 택시를 구입하는 것을 들 수 있다.
③ ㉡은 가계 소비의 원천이 된다.
④ ㉢에는 노동, 자본, 토지 등이 있다.
⑤ ㉣을 제공한 대가로 A는 임금, 이자, 지대 등을 받는다.

03 다음을 토대로 한 진술로 가장 적절한 것은?

> 희소성 ➡ 선택의 문제 발생 ➡ 기회비용 발생

① 국제무역의 특화 원리는 선택의 문제와는 무관하다.
② 선택의 문제가 발생하면 기회비용이 발생할 수밖에 없다.
③ 희소성은 인간의 욕망과 관련되므로 수요 측면에 한정되어 발생한다.
④ 노동자에게 임금이 지급되는 과정에서는 기회비용이 발생하지 않는다.
⑤ 시장경제체제에서는 발생하지만 계획경제체제에서는 희소성이 발생하지 않는다.

정답 및 해설

01 ① A는 기업, B는 정부, ㉠은 소비활동, ㉡은 생산활동이다.
가계와 기업은 민간경제영역이므로 이들의 활동은 효율성을 극대화하는 쪽으로 이루어진다. 즉, 가계는 효용을 극대화하려는 소비를 하며, 기업은 이익을 극대화하려는 생산을 하게 된다.
[오답체크]
② 외국과의 수출·수입활동에는 기업뿐만 아니라 정부의 정책도 영향을 받는다.
③ 가계와 정부는 이윤 창출의 주체는 아니다.
④ 가계와 기업이 민간경제를 이루는 주체이다.
⑤ 정부는 공평성을 중시하지만, 낭비를 막아야 하기 때문에 효율성도 고려한다.

02 ⑤ A는 생산요소시장에 실물을 제공하므로 가계, B는 생산물시장에 실물을 제공하므로 기업이며, 생산요소를 제공한 대가로 가계는 임금, 이자, 지대 등을 받는다.
[오답체크]
① 가계는 효용 극대화, 기업은 이윤 극대화를 추구한다.
② ㉠은 가계가 생산물을 구입하는 경우이다.
③ ㉡은 기업의 판매수입이다.
④ ㉢은 기업이 생산요소대가를 지급하는 경우이다.

03 ② 희소성이 발생하면 선택 또는 포기를 할 수밖에 없고 이는 곧 기회비용이 발생함을 의미한다. 따라서 희소성의 발생과 선택의 문제 발생, 그리고 기회비용이 발생하는 것은 동일한 의미라고 할 수 있다.
[오답체크]
① 국제무역의 특화 원리는 기회비용이 작은 것을 선택하므로 자원의 희소성과 관련이 있다.
③ 존재량보다 욕구량이 많을 경우 희소성이 있다고 한다. 즉 희소성은 존재량(공급 측면)과 욕구량(수요 측면)이 모두 반영된 개념이다.
④ 노동자에게 임금이 지급되는 것은 분배의 문제로, 이는 선택의 문제(경제적 문제) 중 하나이다.
⑤ 시장경제체제이든 계획경제체제이든 인간의 욕구 자체는 부정되지 않는다. 따라서 희소성은 어느 경제체제에서나 발생한다.

04 다음 자료에 근거하여 갑, 을, 병은 스마트폰을 합리적으로 구매하고자 한다. 이에 대한 분석으로 옳지 않은 것은?

(단위: 점)

제품 \ 평가 기준	성능	가격	크기	A/S
A	5	3	3	4
B	4	4	5	5
C	3	5	4	4

※ 1) 갑은 가격 이외의 다른 평가 기준을 고려하지 않는다.
　2) 을은 평가 기준 중 어느 항목이라도 3점 이하인 제품은 선택하지 않는다.
　3) 병은 평가 기준별 점수를 더하여 가장 높은 점수의 제품을 선택한다.

① 갑이 C 제품을 선택할 때 기회비용이 가장 작다.
② 을은 B 제품을 선택한다.
③ 병에게 있어 A 제품과 C 제품 선택의 기회비용은 같다.
④ 을, 병이 선택한 제품은 다르다.
⑤ 갑, 병이 선택한 제품은 다르다.

05 다음을 읽고 <보기>에서 옳은 것을 모두 고르면?

갑은 친구와 동물원에 가기로 했다. 동물원 입장권은 12,000원이지만 월요일이라 50% 할인이 되어 6,000원을 지불하였다. 두 시간 관람하는 동안 시간당 10,000원인 아르바이트를 못하게 되어 아쉬웠지만 관람을 하면 할수록 즐거워 좋은 시간을 보냈다.

<보기>
ㄱ. 암묵적 비용은 12,000원이다.
ㄴ. 명시적 비용은 6,000원이다.
ㄷ. 아르바이트를 결국 못하게 되었으므로 아르바이트 비는 기회비용에 포함되지 않는다.
ㄹ. 동물원 관람의 편익은 반드시 26,000원을 넘는다.

① ㄱ, ㄴ　　　　　② ㄱ, ㄷ　　　　　③ ㄴ, ㄷ
④ ㄴ, ㄹ　　　　　⑤ ㄷ, ㄹ

06 다음 중 A 씨가 얻는 경제적 이윤은 한 달에 얼마인가? (단, 대출이자율과 예금이자율은 동일하다)

> 직장에서 200만 원을 받는 A 씨는 300만 원으로 임금 인상을 약속받음에도 불구하고 커피점을 개업했다. 커피점을 차리는 데 2억 원의 비용이 들었는데 1억 원은 자신이 모아둔 돈을 사용하였고 1억 원은 은행에서 1%의 이자율로 대출을 받았다. 커피점의 한 달 수입은 2,000만 원이고 커피 등 각종 원자재에 500만 원이 들며, 가게의 임대료는 월 300만 원이다. 그리고 종업원의 인건비로 200만 원이 지출되고 있다.

① 400만 원　　　　　　　　　　② 500만 원
③ 1,100만 원　　　　　　　　　 ④ 1,700만 원

정답 및 해설

04 ④　위의 조건을 고려하면 갑은 C 제품, 을은 B 제품, 병은 B 제품을 선택한다.
　　　[오답체크]
　　　① 갑에게 있어 C 제품을 선택하는 것이 가장 합리적이므로 C 제품을 선택할 때 기회비용이 가장 작다.
　　　③ 병에게 있어 A 제품과 C 제품 선택의 기회비용은 B 제품 선택으로 동일하다.

05 ④　명시적 비용은 실제로 지불한 6,000원이고 암묵적 비용은 시간당 급여 × 시간 = 10,000 × 2 = 20,000원이므로 총기회비용은 26,000원이다. 갑이 동물원 관람을 선택한 것은 편익이 기회비용보다 크기 때문이므로 동물원 관람의 편익은 최소 26,000원보다 크다.
　　　[오답체크]
　　　ㄱ. 암묵적 비용은 20,000원이다.
　　　ㄷ. 아르바이트는 귀속임금으로 기회비용에 포함된다.

06 ②　기회비용을 구하는 문제이다. 수입은 2,000만 원이며, 비용은 명시적 비용 원자재 500만 원 + 임대료 300만 원 + 인건비 200만 원 + 대출이자 100만 원, 암묵적 비용 임금 300만 원 + 예금이자 100만 원이다. 따라서 총비용은 1,500만 원으로, 경제적 이윤은 2,000 - 1,500 = 500만 원이다.

07 다음 그림은 갑 국과 을 국의 생산가능곡선을 나타낸 것이다. 이에 대한 설명으로 옳은 것은?

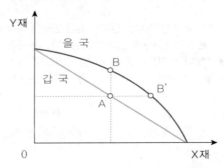

① 갑 국이 B점에서 생산하려면 생산요소의 조합을 변경해야 한다.
② 을 국의 X재 1단위 추가 생산의 기회비용은 B점보다 B'점에서 크다.
③ 을 국이 B점과 B'점 중 생산점을 선택하는 것은 생산방법을 결정하는 문제이다.
④ B점은 갑 국에게는 비효율적인 생산점이고, 을 국에게는 효율적인 생산점이다.
⑤ 갑 국은 어떠한 방법으로도 을 국의 생산가능곡선을 가질 수 없다.

08 다음 표는 각각 A 국과 B 국의 생산가능곡선상 점들의 조합을 나타낸 것이다. 이에 대한 설명으로 옳은 것은? (단, 재화는 X재와 Y재만 존재한다)

X재	0개	1개	2개
Y재	14개	8개	0개

<A국 생산가능곡선상의 조합>

X재	0개	1개	2개
Y재	26개	16개	0개

<B국 생산가능곡선상의 조합>

① X재를 1개 생산함에 따라 발생하는 기회비용은 A 국이 B 국보다 작다.
② A 국이 X재를 생산하지 않는다면 A 국은 Y재를 최대 10개까지 생산할 수 있다.
③ A와 B 국이 동일한 자원을 보유하고 있는 경우라면 A 국의 생산기술이 B 국보다 우수하다.
④ B 국이 X재를 1개씩 추가적으로 생산함에 따라 발생하는 기회비용은 점차 감소한다.

09 아이스크림 수요곡선의 이동을 발생시키는 원인이 아닌 것은?

① 아이스크림 소비자의 소득이 증가하였다.
② 대체재인 냉동 요구르트의 가격이 상승하였다.
③ 아이스크림의 가격이 상승하였다.
④ 날씨가 갑자기 더워졌다.
⑤ 아이스크림의 가격이 조만간 하락할 것으로 기대된다.

정답 및 해설

07 ② 갑 국의 생산가능곡선은 직선이므로 생산가능곡선상의 모든 점에서 X재 1단위 추가 생산의 기회비용은 동일하다. 을 국은 원점에 대하여 오목한 곡선이므로 B점보다 B'점에서 X재 1단위 추가 생산의 기회비용이 크다.

[오답체크]
① 생산가능곡선 밖의 점에서 생산하기 위해서는 기술이 진보하거나 부존자원의 양이 커져야 한다. 생산요소의 조합만 바뀌면 생산가능곡선상에서의 위치만 변한다.
③ 을 국이 B점과 B'점 중 생산점을 선택하는 것은 생산물의 종류와 양을 결정하는 문제이다.
④ B점은 갑 국에게는 생산이 불가능하다.
⑤ 기술개발 등을 통해서 가능하다.

08 ① A 국에서 X재 1개를 생산하면 Y재 생산량이 6개 감소하는 반면 B 국에서 X재 1개를 생산하면 Y재 생산량이 10개 감소하므로 X재 1개를 생산할 때의 기회비용은 A 국이 B 국보다 작다.

[오답체크]
② A 국이 X재를 생산하지 않는다면 A 국은 Y재를 최대 14개 생산할 수 있다.
③ A와 B 국이 동일한 자원을 보유하고 있는 경우라면 B 국의 Y재 생산이 많으므로 B 국의 생산기술이 더 우수하다.
④ B 국이 첫 번째 X재를 생산할 때의 기회비용은 Y재 10개이고, 두 번째 X재를 생산할 때의 기회비용은 Y재 16개이므로 B 국이 X재를 추가로 생산할 때의 기회비용은 점차 증가함을 알 수 있다.

09 ③ 아이스크림 가격이 상승하면 아이스크림 수요곡선이 이동하는 것이 아니라 수요곡선상에서 좌상방의 점으로 이동한다.

10 어떤 재화의 시장수요곡선은 P = 300 - 2Q이고, 시장공급곡선은 P = 150 + Q일 때의 시장균형에 대한 설명으로 옳은 것은? (단, Q는 수량, P는 가격을 나타낸다)

① 사회적잉여는 3,750이다.
② 균형가격은 50이다.
③ 균형거래량은 30이다.
④ 생산자잉여는 2,500이다.

11 어느 재화 X의 수요곡선과 공급곡선은 다음과 같다. 이때 이 재화의 수요와 공급에 대한 설명 중 옳은 것은?

> • $D = 200 - 10P_x$ • $S = -100 + 20P_x$
> (P_x는 X재화의 가격)

> <보기>
> ㄱ. 이 재화의 균형가격은 10, 균형거래량은 100이다.
> ㄴ. 재화의 가격이 12원일 경우에는 초과수요가 발생한다.
> ㄷ. 재화의 가격이 6원일 때는 30개의 초과수요가 존재한다.
> ㄹ. 재화의 가격을 종축에, 수량을 횡축에 놓고 공급곡선과 수요곡선을 그릴 경우 공급곡선의 기울기는 수요
>   곡선의 기울기보다 완만하다.

① ㄱ, ㄴ   ② ㄱ, ㄹ   ③ ㄴ, ㄷ
④ ㄴ, ㄹ   ⑤ ㄷ, ㄹ

12 다음은 사과와 배의 수요함수를 추정한 식이다. 이에 대한 설명으로 옳지 않은 것은? (단, Q_A는 사과 수요량, Q_B는 배 수요량, P_A는 사과 가격, P_B는 배 가격, I는 소득을 나타낸다)

> • 사과의 수요함수: $Q_A = 0.8 - 0.8P_A - 0.2P_B + 0.6I$
> • 배의 수요함수: $Q_B = 1.1 - 1.3P_B - 0.25P_A + 0.7I$

① 사과와 배는 보완재이다.
② 사과와 배는 모두 정상재이다.
③ 사과와 배 모두 수요법칙이 성립한다.
④ 사과와 배 모두 가격 및 소득과 무관한 수요량은 없다.

정답 및 해설

10 ① 시장수요함수와 시장공급함수를 연립해서 풀면 $300 - 2Q = 150 + Q$, $3Q = 150$이므로 균형거래량 $Q = 50$이다. 이제 $Q = 50$을 시장수요함수(혹은 시장공급함수)에 대입하면 균형가격 $P = 200$으로 계산되므로 소비자잉여는 $\frac{1}{2} \times 50 \times 100 = 2,500$이고, 생산자잉여는 $\frac{1}{2} \times 50 \times 50 = 1,250$임을 알 수 있다. 따라서 소비자잉여와 생산자잉여를 합한 사회 전체의 총잉여는 3,750이다.

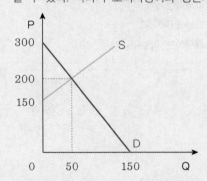

11 ② 균형가격과 거래량은 $D = S$인 지점에서 결정되므로 수요곡선($D = 200 - 10P_x$)과 공급곡선($S = -100 + 20P_x$)이 일치하는 점의 가격은 $200 - 10P_x = -100 + 20P_x$에서 $P_x = 10$이고 균형거래량은 100이다. 공급곡선 기울기의 절댓값은 1/20, 수요곡선 기울기의 절댓값은 1/10로 수요곡선의 기울기가 더 가파르다.

[오답체크]

ㄴ. 가격이 10보다 높으면 초과공급, 낮으면 초과수요가 발생한다.

ㄷ. 가격이 6일 때 수요는 $200 - 10 \times 6 = 140$, 공급은 $-100 + 20 \times 6 = 20$으로 120개의 초과수요가 존재한다.

12 ④ 사과와 배 모두 가격 및 소득과 무관한 수요량은 A의 0.8, B의 1.1이 존재한다.

[오답체크]

① 사과와 배의 수요함수를 보면 배의 가격(P_B)이 상승하면 사과의 수요량(Q_A)이 감소하고, 사과의 가격(P_A)이 상승하면 배의 수요량(Q_B)이 감소하는 것을 알 수 있는데, 이는 두 재화가 서로 보완재 관계임을 의미한다.

② 주어진 소득(I)이 증가하면 두 재화의 수요량이 모두 증가하므로 두 재화는 모두 정상재이다.

③ 사과의 가격(P_A)이 상승하면 사과의 수요량(Q_A)이 감소하고, 배의 가격(P_B)이 상승하면 배의 수요량(Q_B)이 감소하므로 두 재화 모두 수요법칙이 성립한다.

13 다음 조건에서 A와 B가 어떤 재화인지를 추론한 것으로 옳은 것을 <보기>에서 모두 고른 것은?

- 돼지고기는 마늘과 같이 먹을 때 더 큰 만족을 얻는다.
- 마늘 대신에 양파를 먹어도 만족은 동일하다.

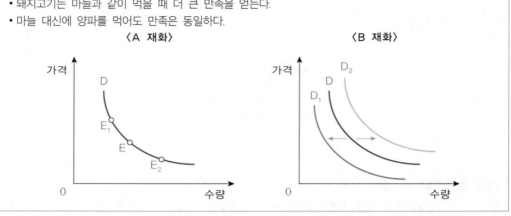

〈A 재화〉　　　　　　〈B 재화〉

<보기>

ㄱ. $E \rightarrow E_1$일 때 $D \rightarrow D_1$이면, A재화는 양파, B재화는 마늘이다.

ㄴ. $E \rightarrow E_1$일 때 $D \rightarrow D_2$이면, A재화는 돼지고기, B재화는 양파이다.

ㄷ. $E \rightarrow E_2$일 때 $D \rightarrow D_1$이면, A재화는 마늘, B재화는 양파이다.

ㄹ. $E \rightarrow E_2$일 때 $D \rightarrow D_2$이면, A재화는 돼지고기, B재화는 마늘이다.

① ㄱ, ㄴ　　　　　　② ㄱ, ㄹ　　　　　　③ ㄴ, ㄷ
④ ㄴ, ㄹ　　　　　　⑤ ㄷ, ㄹ

14 다음 표는 X재의 전기 대비 수요·공급의 변동을 나타낸 것이다. 이에 대한 분석으로 옳은 것은? (단, X재는 수요·공급 법칙을 따른다)

구분	2022	2023	2024
수요	증가	증가	불변
공급	불변	증가	증가

① X재 가격은 2022년에 가장 높다.

② 2022년 이후로 X재 거래량은 지속적으로 증가했다.

③ 2024년에는 X재에 대한 초과수요가 나타났다.

④ 대체재 가격 하락은 2022년에 나타난 변화요인이 될 수 있다.

⑤ 수요가 증가하는 2022년과 2023년은 모두 가격이 상승할 것이다.

15 수요의 법칙과 공급의 법칙이 성립하는 상황에서 소비자잉여와 생산자잉여에 대한 설명으로 옳은 것을 <보기>에서 모두 고른 것은?

> <보기>
> ㄱ. 콘플레이크와 우유는 보완재로, 콘플레이크의 원료인 옥수수 가격이 하락하면 콘플레이크 시장의 소비자잉여는 증가하고 우유 시장의 생산자잉여도 증가한다.
> ㄴ. 콘플레이크와 떡은 대체재로, 콘플레이크의 원료인 옥수수 가격이 상승하면 콘플레이크 시장의 소비자잉여는 감소하고 떡 시장의 생산자잉여도 감소한다.
> ㄷ. 수요와 공급의 균형 상태에서 생산된 재화의 수량은 소비자잉여와 생산자잉여를 동일하게 하는 수량이다.

① ㄱ   ② ㄴ   ③ ㄱ, ㄷ   ④ ㄴ, ㄷ

정답 및 해설

13 ⑤ 돼지고기와 마늘은 보완재이며, 마늘과 양파는 대체재이다. 대체재의 가격과 수요는 같은 방향이고, 보완재의 가격과 수요는 반대 방향이다.

[오답체크]
ㄱ. 가격 상승 시 수요 감소면 보완재이다.
ㄴ. 가격 상승 시 수요 증가면 대체재이다.

14 ② 3가지 경우 모두 거래량은 증가한다.

[오답체크]
① 2023년 가격 변화를 알 수 없으므로 2022년에 가격이 가장 높다고 단정할 수 없다.
③ 2024년에 초과수요가 나타났다고 볼 수 없다.
④ 대체재 가격 하락은 해당 재화의 수요 감소요인이 될 수 있다.
⑤ 수요가 증가하는 2022년은 공급이 불변이므로 가격이 상승하지만 2023년은 공급도 함께 증가하므로 가격 상승 여부는 불투명하고 거래량은 증가할 것이다.

15 ① ㄱ. 콘플레이크와 우유는 보완재로, 콘플레이크의 원료인 옥수수 가격이 하락하면 공급 증가로 가격이 하락하고 거래량이 증가하여 콘플레이크 시장의 소비자잉여는 증가하고 콘플레이크 가격 하락으로 우유의 수요가 증가하여 우유 가격 상승, 거래량 증가가 일어나 우유 시장의 생산자잉여도 증가한다.

[오답체크]
ㄴ. 콘플레이크와 떡은 대체재로, 콘플레이크의 원료인 옥수수 가격이 상승하면 공급 감소로 가격이 상승하고 거래량이 감소하여 콘플레이크 시장의 소비자잉여는 감소한다. 그러나 떡은 대체재이므로 수요가 증가하여 떡 시장의 생산자잉여는 증가한다.
ㄷ. 시장의 균형에서 소비자잉여의 크기와 생산자잉여의 크기는 수요곡선과 공급곡선의 형태에 의해 결정되므로 균형에서 소비자잉여와 생산자잉여가 동일하다는 보장은 없다.

16 다음 자료에서 ㉠에 대한 설명으로 옳은 것을 <보기>에서 모두 고른 것은?

> X재의 가격 변화와 Y재의 수요 변화는 음(-)의 관계에 있으며 X재의 기호가 증가하였다. 이것은 X재의 연관재인 ㉠ Y재 시장에 변화를 가져왔다.

> <보기>
> ㄱ. Y재의 수요량이 증가하였다.
> ㄴ. Y재의 가격이 상승하였다.
> ㄷ. Y재의 거래량이 감소하였다.
> ㄹ. Y재의 판매수입이 감소하였다.

① ㄱ, ㄴ   ② ㄱ, ㄹ   ③ ㄴ, ㄷ
④ ㄴ, ㄹ   ⑤ ㄷ, ㄹ

17 다음 상황에서 X재의 균형가격과 균형거래량의 변화 방향으로 옳은 것은?

> 수요법칙과 공급법칙이 적용되는 X재 시장에서 수요량과 공급량이 모든 가격대에서 150개씩 증가한다.

① 균형가격과 균형거래량 모두 증가한다.
② 균형가격과 균형거래량 모두 불변이다.
③ 균형가격은 증가하고 균형거래량은 불변이다.
④ 균형가격은 불변이고 균형거래량은 증가한다.

18 완전경쟁시장에서 거래되는 어느 재화의 수요곡선과 공급곡선이 다음과 같다. 정부가 균형가격을 시장가격으로 설정하고 시장거래량을 2로 제한할 때, 소비자잉여와 생산자잉여의 합은? (단, Q_D는 수요량, Q_S는 공급량, P는 가격이다)

> • 수요곡선: $Q_D = 10 - 2P$
> • 공급곡선: $Q_S = -2 + 2P$

① 2   ② 4   ③ 6   ④ 8

19 정부의 가격통제에 관한 설명으로 옳지 않은 것은? (단, 시장은 완전경쟁이며 암시장은 존재하지 않는다)

① 가격상한제란 정부가 설정한 최고가격보다 낮은 가격으로 거래하지 못하도록 하는 제도이다.

② 가격하한제는 시장의 균형가격보다 높은 수준에서 설정되어야 효력을 가진다.

③ 최저임금제는 저임금근로자의 소득을 유지하기 위해 도입하지만 실업을 유발할 수 있는 단점이 있다.

④ 전쟁 시에 식료품 가격안정을 위해서 시장균형보다 낮은 수준에서 최고가격을 설정하여야 효력을 가진다.

⑤ 시장균형가격보다 낮은 아파트 분양가 상한제를 실시하면 아파트 수요량은 증가하고, 공급량은 감소한다.

정답 및 해설

16 ⑤ X재의 가격 변화와 Y재의 수요 변화는 음(-)의 관계가 있으므로 보완재이다. X재의 수요 증가로 X재의 가격이 상승하며, 이로 인해 보완재인 Y재의 수요가 감소하여 균형가격과 거래량이 모두 감소한다. 균형가격과 거래량이 모두 감소하였으므로 판매수입도 감소한다.

17 ④ 수요곡선과 공급곡선의 같은 양이 증가하였으므로 가격은 불변이고, 거래량은 증가한다.

18 ③ 수요함수와 공급함수를 연립해서 풀면 10 - 2P = -2 + 2P이므로 균형가격 P = 3이고, P = 3을 수요함수(혹은 공급함수)에 대입하면 균형거래량 Q = 4이다. 만약 정부가 균형가격을 3으로 설정하고 시장거래량을 2로 제한한다면 소비자잉여는 아래 그림에서 A 부분의 면적, 생산자잉여는 B 부분의 면적이 된다.

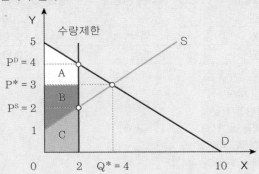

따라서 소비자잉여는 $\frac{1}{2} \times (2 + 1) \times 2 = 3$, 생산자잉여는 $\frac{1}{2} \times (2 + 1) \times 2 = 3$으로 계산된다.

19 ① 가격상한제란 정부가 설정한 최고가격보다 '높은 가격'으로 거래하지 못하도록 하는 제도이다.

20 블루투스 이어폰 시장의 수요함수가 $Q_d = 2{,}000 - 150P$이고 공급함수가 $Q_s = -400 + 50P$라고 할 때, 생산자잉여는?

① 100　　　　　　　② 200　　　　　　　③ 300
④ 400　　　　　　　⑤ 500

21 X재는 열등재이며 수요, 공급의 법칙을 따른다. 최근 경기 불황으로 소비자들의 소득이 감소한 한편 원료비 하락으로 X재의 대체재인 Y재 가격이 내렸으며 X재의 가격은 최종적으로 상승했을 때, 다음 중 옳은 설명은? (단, X재의 공급곡선에는 변화가 없었다)

① X재의 거래량은 감소하였다.
② 변화 전후의 두 균형점은 동일한 수요곡선상에 있다.
③ X재의 판매수입이 증가하였다.
④ Y재가 X재의 보완재였다면 X재의 가격은 하락했을 것이다.
⑤ X재 생산자의 생산자잉여는 감소했다.

22 다음 표는 교환에 대한 의미를 설명하기 위해 교사가 제시한 것이다. 이를 보고 옳게 분석한 학생을 <보기>에서 모두 고른 것은?

<사과 시장에서 시장 참여자의 이해관계>

사려는 사람	주려고 하는 최대금액	팔려는 사람	받으려고 하는 최저금액
호성	1,000원	선재	2,000원
진민	4,400원	영식	3,500원
현철	5,000원	종석	6,000원

<보기>
갑: 호성과 종석은 이 시장에서 사과를 거래하지 못해.
을: 호성과 선재의 거래에서는 호성이 이익을 보게 돼.
병: 진민과 영식의 거래에서는 진민만 900원의 이익을 봐.
정: 거래 가능한 가격의 범위는 2,000원에서 5,000원까지야.

① 갑, 을　　　　　　② 갑, 정　　　　　　③ 을, 병
④ 을, 정　　　　　　⑤ 병, 정

정답 및 해설

20 ④ 균형가격과 균형거래량은 수요와 공급이 만나는 곳에서 결정되므로 가격과 거래량이 일치해야 한다. 따라서 Q_d = 2,000 - 150P와 Q_s = -400 + 50P가 동일하므로 2,000 - 150P = -400 + 50P, 200P = 2,400, P = 12이며 균형거래량은 200이다. 생산자잉여를 구하기 위해서는 공급곡선이 P축과 만나는 점의 수치가 필요하므로 공급곡선의 P절편을 구하기 위해 Q = 0으로 두면 P = 8이다. 따라서 이를 바탕으로 생산자잉여를 구하면 4 × 200 × 1/2 = 400이다.

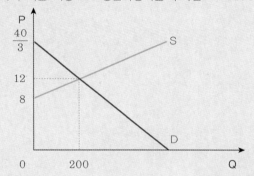

21 ③ 열등재이므로 소득 감소 시 수요가 증가하고 대체재의 원료비 하락으로 수요가 감소하였으나 최종적으로 X재 가격이 올랐으므로 수요의 증가분이 더 많아 가격과 거래량이 모두 증가한 것이다. 따라서 X재의 판매수입이 증가하였다.

[오답체크]
① X재의 거래량은 증가하였다.
② 변화 전후의 두 균형점은 동일한 수요곡선이 아니다.
④ Y재가 X재의 보완재였다면 X재의 가격은 더욱 상승했을 것이다.
⑤ X재 생산자의 생산자잉여는 증가하였다.

22 ② 갑. 호성은 팔려는 사람들이 받으려는 최소금액보다 싸게 사려고 하며, 종석은 사려는 사람들이 주려고 하는 최대금액보다 비싸게 받으려고 하므로 두 사람은 거래할 수 없게 될 것이다.
정. 상품거래는 두 당사자에게 이익이 발생해야 이루어진다. 따라서 거래가 이루어지는 가격의 범위는 사려는 사람이 최대로 지불할 용의가 있는 가격(5,000원)이 상한선이 되고, 팔려는 사람이 최소한으로 받을 용의가 있는 가격(2,000원)이 하한선이 되어 그 범위가 정해질 것이다.

[오답체크]
을. 호성은 1,000원까지만 줄 용의가 있는 반면, 선재는 최소 2,000원을 받으려 하므로 거래가 이루어지지 못할 것이다.
병. 진민과 영식의 거래는 3,500원에서 4,400원까지 이루어지게 되므로, 거래가격이 3,500원이면 진민이 900원의 이익을 보고, 거래가격이 4,400원이면 영식이 900원의 이익을 본다.

고난도 기출문제

고난도 시험의 기출문제를 풀어보며 경제학 실력을 한층 더 업그레이드해 보세요!

01 다음은 생산가능곡선에 대한 설명이다. (가)와 (나)를 바르게 짝지은 것은?　　　　　　　　　[회계사 17]

하루에 생산할 수 있는 X재와 Y재의 조합을 나타내는 생산가능곡선은 갑의 경우 $2Q_X + Q_Y = 16$, 을의 경우 $Q_X + 2Q_Y = 16$이다. 이때, 갑에 있어서 Y재의 기회비용은 (가)이고, 을에 있어서 X재의 기회비용은 (나)이다. (단, Q_X는 X재의 생산량, Q_Y는 Y재의 생산량을 의미한다)

	(가)	(나)
①	X재 2개	Y재 1/2개
②	X재 2개	Y재 2개
③	X재 1개	Y재 1개
④	X재 1/2개	Y재 1/2개
⑤	X재 1/2개	Y재 2개

02 한 시장에서 각 소비자의 수요곡선은 $D = \begin{cases} 30 - P, & P < 30 \\ 0, & P \ge 30 \end{cases}$ 이고, 소비자는 5명이다. 그리고 공급곡선은 S = 20P이다. 다음 설명 중 옳지 않은 것은? (단, D는 각 소비자의 수요량, S는 공급량, P는 가격이다)

[회계사 16]

① P = 4일 때, 초과수요가 발생한다.
② P = 5일 때, 소비자잉여와 생산자잉여의 합은 최대가 된다.
③ P = 20일 때, 초과공급이 발생한다.
④ P = 60일 때, 소비는 발생하지 않는다.
⑤ 공급곡선이 S = P로 바뀌면 시장의 균형거래량은 변화한다.

정답 및 해설

01 ④ 1) 갑이 X재만 만들면(= Q_Y를 0으로 두면) 8개, Y재만 만들면(= Q_X를 0으로 두면) 16개이므로 Y재의 기회비용은 X재 1/2개이다.

2) 을이 X재만 만들면(= Q_Y를 0으로 두면) 16개, Y재만 만들면(= Q_X를 0으로 두면) 8개이므로 X재의 기회비용은 Y재 1/2개이다.

02 ② 1) 개별수요곡선을 시장수요곡선으로 바꾸면 $Q = 30 - P$ ➔ $Q = 150 - 5P$이다.

2) 시장의 균형을 구하면 $20P = 150 - 5P$ ➔ $P = 6$이다.

3) 지문분석

② 균형가격일 때 소비자잉여와 생산자잉여가 최대가 된다. 균형가격이 $P = 6$이므로 $P = 5$일 때, 소비자잉여와 생산자잉여의 합은 최대가 되는 것이 아니다.

[오답체크]

① $P = 4$일 때, 균형가격보다 낮으므로 초과수요가 발생한다.

③ $P = 20$일 때, 균형가격보다 높으므로 초과공급이 발생한다.

④ $P = 60$일 때, 수요가 존재하지 않으므로 소비는 발생하지 않는다.

⑤ 공급곡선이 $S = P$로 바뀌면 $150 - 5P = P$ ➔ $P = 25$이므로 거래가 이루어지며 이때 균형거래량은 5이다. 따라서 시장의 균형거래량은 변화한다.

03 소비자 A, B, C, D가 라면 한 그릇에 대해 지불할 용의가 있는 가격은 각각 10, 20, 30, 40이고, 판매자 E, F, G, H가 라면 한 그릇에 대해 수용할 용의가 있는 가격은 각각 40, 30, 20, 15이다. 이에 대한 설명으로 옳은 것만을 <보기>에서 모두 고르면? (단, 각 소비자는 라면 한 그릇만 소비할 수 있고, 각 판매자는 라면 한 그릇만 판매할 수 있다) [국회직 8급 21]

<보기>
ㄱ. 총잉여를 극대화하기 위한 균형 거래량은 2그릇이다.
ㄴ. 총잉여를 극대화하기 위한 균형 가격은 40이다.
ㄷ. 극대화된 총잉여는 35이다.
ㄹ. 판매자 중 E만 판매하지 않는 것이 총잉여를 극대화하는 방법이다.
ㅁ. 소비자 중 A와 B만 소비하지 않는 것이 총잉여를 극대화하는 방법이다.

① ㄴ   ② ㄱ, ㄷ   ③ ㄴ, ㄷ
④ ㄴ, ㄹ   ⑤ ㄱ, ㄷ, ㅁ

04 어떤 생산물시장의 수요곡선이 $Q_d = -\frac{1}{2}p + \frac{65}{2}$로, 공급곡선이 $Q_s = \frac{1}{3}P - 5$로 주어졌다. 정부가 가격을 통제하기 위해서 가격상한 또는 가격하한을 55로 설정할 때 총잉여(사회적 잉여)는 각각 얼마인가? [국회직 8급 17]

	가격상한시 총잉여	가격하한시 총잉여
①	125	125
②	125	187.5
③	187.5	250
④	250	187.5
⑤	250	250

정답 및 해설

03 ⑤ 1) 각각의 지불용의와 최소비용

구분	지불용의	구분	최소비용
A	10	E	40
B	20	F	30
C	30	G	20
D	40	H	15

2) 가격에 대한 상황

구분	거래량	D	S
$P = 10$	X	-	-
$P = 20$	2그릇	B, C, D	G, H
$P = 30$	2그릇	C, D	F, G, H
$P = 40$	1그릇	D	E, F, G, H

3) 지문분석

ㄱ, ㅁ. 총잉여를 극대화하기 위한 균형 거래량은 $P = 20$, $P = 30$인 경우의 2그릇이다.

ㄷ. $P = 20$인 경우 10 + 20 + 5 = 35, $P = 30$인 경우 10 + 10 + 15 = 35이다.

[오답체크]

ㄴ. $P = 40$이면 1그릇이 거래된다.

ㄹ. 2그릇이 거래되는 경우 총잉여를 극대화하는 방법이다.

04 ④ 1) 수요곡선은 $Q_d = -\frac{1}{2}P + \frac{65}{2}$ ➜ $P = -2Q + 65$

2) 공급곡선은 $Q_s = \frac{1}{3}P - 5$ ➜ $P = 3Q + 15$

3) 균형을 구하면 $-2Q + 65 = 3Q + 15$ ➜ $Q = 10$, $P = 45$

따라서 정부통제가격 55는 균형가격보다 높으므로 가격하한제가 되고 가격상한제는 모든 것이 변화가 없다.

4) 그림으로 나타내면 아래와 같고 따라서 가격상한제시 총잉여는 $\triangle AEB$(= 250)이고 가격하한제의 총잉여는 $\triangle AEB$에서 색칠한 면적을 제한 부분(= 187.5)이다.

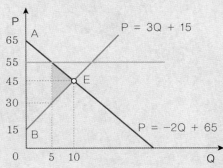

해커스공기업 쉽게 끝내는 경제학 기본서

제2장

탄력성

★
01 탄력성의 기본

핵심 Check: 탄력성의 기본

의미	원인과 결과의 관계
공식	$\dfrac{\text{결과의 변화율}}{\text{원인의 변화율}}$

1. 의미와 공식

(1) 의미

원인과 결과의 관계를 알아보기 위한 것으로 일반적으로 e로 표현한다.

(2) 공식

$$\text{탄력성} = \frac{\text{결과의 변화율}}{\text{원인의 변화율}}$$

① 유의점: 탄력성은 변화분(나중수치 - 처음수치)이 아닌 [$\dfrac{\text{나중수치 - 처음수치}}{\text{처음수치}}$]를 사용한 변화율을 말한다.

② 가격이 100원에서 200원으로 증가한 후, 200원에서 300원으로 증가하면 변화분은 둘 다 100원이지만 변화율은 100%에서 50%로 줄어든다. 변화분과 변화율은 다른 개념이므로 반드시 구분하여 사용하여야 한다.

(3) 탄력적인 것과 비탄력적인 것의 의미

① 원인보다 결과의 변화율이 크면 탄력적, 결과보다 원인의 변화율이 크면 비탄력적이다.

② 탄력적인 경우 민감, 비탄력적인 경우 둔감하다는 표현을 사용하기도 한다.

③ 많은 부분을 탄력성으로 설명하는 것이 가능한데, 예를 들면 화폐수요의 이자율 탄력성이 크다는 것은 이자율 변화(원인)에 화폐수요(결과)가 민감하게 반응하는 것을 의미한다.

2. 여러 가지 탄력도(탄력성)

$$A(결과)의\ B(원인)\ 탄력성\ =\ \frac{A(결과)의\ 변화율}{B(원인)의\ 변화율}$$

B＼A	수요(량)	공급(량)	화폐수요(량)	투자(량)
가격	수요의 가격탄력성	공급의 가격탄력성	-	-
소득	수요의 소득탄력성	-	화폐수요의 소득탄력성	투자의 소득탄력성
연관상품의 가격	수요의 교차탄력성	-		
이자율	-	-	화폐수요의 이자율 탄력성	투자의 이자율 탄력성

핵심 Check: 수요의 가격탄력성

공식	$\dfrac{\text{수요량의 변화율}}{\text{가격의 변화율}}$
점탄력성	미분하여 계산
선형수요곡선의 탄력성	중점을 기준으로 가격이 높으면 탄력적, 낮으면 비탄력적
탄력성의 결정요인	소득에서 차지하는 비중이 클수록, 대체재가 많을수록, 기간이 길수록 탄력적
탄력성과 판매수입	탄력적이면 가격 인하, 비탄력적이면 가격 인상으로 판매수입 증가

1. 의미와 사례

(1) 의미

① 가격이 변동했을 때 소비자는 어떻게 반응하는가를 알아보려는 것이다.

② 수요의 가격탄력성이 탄력적이면 가격의 변화에 민감하게 수요량이 변하는 것이고, 비탄력적이면 가격이 변화하더라도 수요량이 적게 변하는 것이다.

(2) 사례

① 탄력적인 경우: 햄버거 가격이 10% 상승한 것을 보고 햄버거를 소비량을 30% 줄인 경우 ➡ 가격 상승에 영향을 받아서 소비량을 급속히 줄였으므로 수요의 가격탄력성은 탄력적이다.

② 비탄력적인 경우: 햄버거 가격이 10% 상승한 것을 보고 햄버거 소비량을 5% 줄인 경우 ➡ 가격에 영향을 크게 받지 않고 소비량을 많이 줄이지 못하였으므로 수요의 가격탄력성은 비탄력적이다.

2. 공식과 유의점

(1) 공식

$$e_d(=\varepsilon_d) = \frac{\text{수요량의 변화율(\%)}}{\text{가격의 변화율(\%)}} = \frac{\dfrac{\text{수요량의 변화분}}{\text{최초수요량}} \times 100}{\dfrac{\text{가격의 변화분}}{\text{최초가격}} \times 100} = \left| -\frac{\dfrac{\Delta Q}{Q_0}}{\dfrac{\Delta P}{P_0}} \right| = \left| -\frac{\Delta Q}{\Delta P} \cdot \frac{P_0}{Q_0} \right|$$

(2) 유의점

① 일반적으로 절댓값 사용: 수요의 가격탄력성은 반드시 (-)값이 나와야 한다. 왜냐하면 가격과 수요량은 반비례하기 때문이다. 항상 (-)값이 나오므로 일반적으로 절댓값을 씌워서 사용한다.

② 계산 시 유의점: 수요의 가격탄력성을 이용하여 수요량을 구하는 문제는 (-)가 반드시 있다는 것을 기억하고 풀어야 한다.

③ $\dfrac{\triangle Q}{\triangle P}$ 는 기울기의 역수이므로 기울기가 완경사일수록 수요의 가격탄력성이 탄력적, 기울기가 급경사일수록 수요의 가격탄력성이 비탄력적이다.

3. 탄력성의 종류

(1) 호탄력성

① 의미: 곡선 위에 존재하는 두 점 사이에서 계산된 탄력성이다. 시작점에 따라 처음가격과 수요량이 다르므로 두 점의 가격과 수요량은 평균값을 이용한다.

② 공식

$$\left| -\frac{\triangle Q}{\triangle P} \cdot \frac{P_1 + P_2}{Q_1 + Q_2} \right|$$

③ 그래프

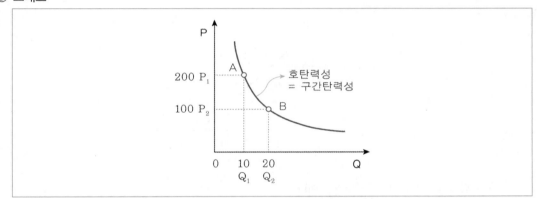

㉠ A ➡ B로 이동했을 때 탄력성 $= \left| -\dfrac{\triangle Q}{\triangle P} \cdot \dfrac{P_1}{Q_1} \right| = \dfrac{10}{100} \times \dfrac{200}{10} = 2$ 이다.

㉡ B ➡ A로 이동했을 때 탄력성 $= \left| -\dfrac{\triangle Q}{\triangle P} \cdot \dfrac{P_2}{Q_2} \right| = \dfrac{10}{100} \times \dfrac{100}{20} = \dfrac{1}{2}$ 이다.

㉢ 동일한 구간에서 시작점의 방향에 따라 값이 달라짐을 알 수 있다. 따라서 변동성을 줄이기 위해 가격과 수량의 평균값을 사용한다.

㉣ A와 B 구간에서의 호탄력성 $= \left| -\dfrac{\triangle Q}{\triangle P} \cdot \dfrac{\frac{P_1 + P_2}{2}}{\frac{Q_1 + Q_2}{2}} \right| = \left| -\dfrac{\triangle Q}{\triangle P} \cdot \dfrac{P_1 + P_2}{Q_1 + Q_2} \right| = \dfrac{10}{100} \times \dfrac{100 + 200}{10 + 20} =$

1이다.

(2) 점탄력성

① 의미: 곡선 위 한 점에서 계산된 탄력성이다.

② 공식

$$e_d = \lim_{\Delta P \to 0} \left| -\frac{\frac{\Delta Q}{Q}}{\frac{\Delta P}{P}} \right| = \left| -\frac{dQ}{dP} \cdot \frac{P}{Q} \right|$$

③ $-\frac{dQ}{dP}$는 주어진 함수를 미분하여 계산해야 한다.

④ 최초의 가격과 수량이 다르므로 탄력성은 원칙적으로 점마다 다르다.

(3) 선형수요곡선의 탄력성

① 직선의 수요곡선인 경우 간단하게 탄력성을 판단하는 방법이다.

② 그래프

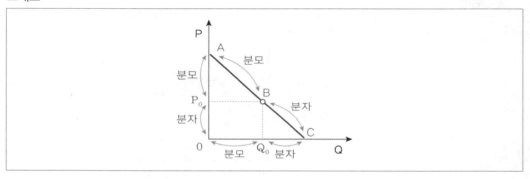

㉠ 탄력성의 공식은 $\left| -\frac{\Delta Q}{\Delta P} \cdot \frac{P}{Q} \right|$ 이다.

㉡ $-\frac{\Delta Q}{\Delta P}$는 기울기의 역수이므로 $\frac{\text{CO}}{\text{AO}}$이다. 이 기울기는 동일선상에 있는 $\frac{\text{BP}_0}{\text{AP}_0}$와도 동일하다.

㉢ P는 원점과 P_0까지의 길이, Q는 원점과 Q_0까지의 길이이다.

㉣ 탄력성의 공식에 대입하면 $\frac{\text{BP}_0}{\text{AP}_0} \cdot \frac{\text{OP}_0}{\text{OQ}_0}$이다. 여기서 $\text{BP}_0 = \text{OQ}_0$이므로 약분된다.

㉤ 따라서 선형수요곡선의 탄력성은 $\frac{\text{OP}_0}{\text{AP}_0}$이다.

③ 선형수요곡선인 경우 기울기가 모두 동일하지만 각 점의 위치에 따라서 탄력성이 달라진다.

④ 중점은 수요의 가격탄력성이 1이며 중점을 기준으로 가격이 높으면 탄력적, 낮으면 비탄력적이다.

X재의 수요곡선이 $Q = 80 - 4P$일 때, 수요의 가격탄력성이 1이 되는 가격은? (단, Q는 수요량, P는 가격이다)

① 10   ② 15   ③ 20   ④ 25   ⑤ 50

정답 및 해설

1) 수요의 가격탄력성 $= -\dfrac{\triangle Q}{\triangle P} \times \dfrac{P}{Q}$이다.

2) $4 \times \dfrac{P}{80-4P} = 1$ ➡ $4P = 80 - 4P$ ➡ $P = 10$이다.

정답: ①

4. 직선인 여러 가지 수요곡선의 수요의 가격탄력도

(1) 기울기가 다른 경우의 탄력도

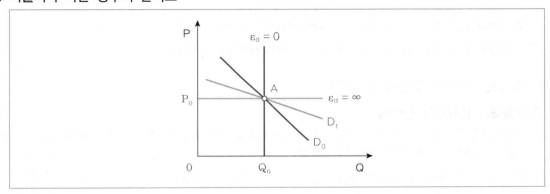

① 수요곡선의 기울기가 클수록 비탄력적이다. (D_0탄력도 $< D_1$탄력도)

② 수직선은 수요량의 변화율이 0이므로 모든 점에서 수요의 가격탄력성이 0으로 일정하다.

③ 수평선은 가격의 변화율이 0이므로 모든 점에서 수요의 가격탄력성이 ∞이다.

(2) 절편이 같은 수요곡선

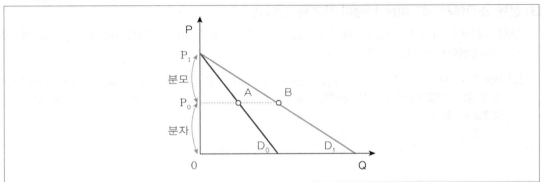

① 직선인 형태의 수요의 가격탄력성은 $e_d = \dfrac{분자}{분모} = \dfrac{OP_0}{P_0 P_1}$로 결정한다.

② 따라서 두 점 A, B에서 탄력도는 같다.

(3) 기울기가 같은 수요곡선

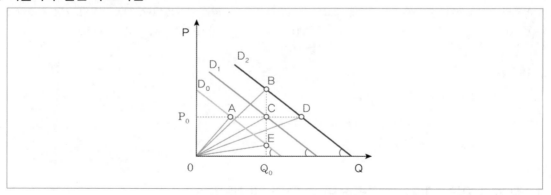

① 탄력성은 $\dfrac{P_0}{Q_0}$의 크기에 의해 변한다.

② 가격이 같은 경우 수량이 작을수록 탄력적이므로 탄력성의 순서는 A > C > D이다.

③ 수량이 같은 경우 가격이 높을수록 탄력적이므로 탄력성의 순서는 B > C > E이다.

5. 수요의 가격탄력성의 결정요인

(1) 대체재가 많을수록 탄력적

대체재가 많을수록 가격 상승 시 해당 재화의 수요량을 급격히 줄이고 다른 재화를 구매할 가능성이 높으므로 가격변화에 수요량변화율이 민감할 것이다.

예 사과가 너무 비싸지면 대체재인 배를 구입할 것이므로 사과의 수요량변화는 클 것이다.

(2) 필수재보다 사치재가 탄력적

필수재는 가격이 변한다 해도 구매량을 비슷하게 유지할 것이므로 사치재에 비해 가격변화에 대한 수요량변화율이 둔감할 것이다.

예 쌀값이 20%가 오른다고 해도 밥은 먹고 살아야 하므로 수요량의 변동은 크지 않을 것이다.

(3) 전체 소득에서 차지하는 비중이 클수록 탄력적

전체 소득에서 차지하는 비중이 크다면 구매 시 고민할 수밖에 없다. 따라서 비싼 물건일수록 가격변화 시 수요량변화율이 민감한 것이다.

예 백화점에서 파는 물건이 마트에서 파는 물건에 비해 가격의 변화율이 동일하더라도 실제 가격은 더 많이 하락할 것이므로 소비량이 급격히 변할 것이다. 백화점에서 세일을 할 경우 사람들의 구매량이 급격히 늘어나는 것으로 설명할 수 있다.

(4) 장기에서 탄력적

장기가 되면 단기보다 선택의 폭이 넓어지게 되어 가격이 오른 재화에 대한 소비량이 급속히 줄어들 수 있다.

예 단기에 전기요금이 상승할 경우 다른 방안을 찾지 못해 전기를 계속 사용하게 되어 수요량의 변화가 적지만, 만약 장기가 되면 될수록 다른 것을 찾으려고 노력할 것이다.

6. 수요의 가격탄력성과 판매수입

(1) 소비지출액(= 기업수입 = 판매수입 = 매출액)의 측정

① 소비지출액(TR) = $P \cdot Q$

② 소비지출액변화율 = 가격변화율 + 수요량변화율 ➜ $\dfrac{\triangle TR}{TR} = \dfrac{\triangle P}{P} + \dfrac{\triangle Q}{Q}$

(2) 탄력적인 경우와 비탄력적인 경우의 판매수입 변화

① 그래프

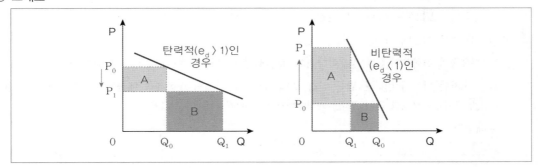

② 판매수입

탄력적($e_d > 1$)인 경우	비탄력적($e_d < 1$)인 경우
가격 인하 전략	가격 인상 전략
A < B	A > B
가격변동률 < 수요량변동률	가격변동률 > 수요량변동률

(3) 단위탄력적인 경우와 완전비탄력적인 경우의 판매수입 변화

① 그래프

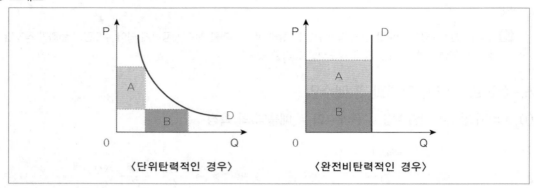

〈단위탄력적인 경우〉 〈완전비탄력적인 경우〉

② $e_d = 1$ [단위탄력적]

 ㉠ 가격의 변화율 = 수요량의 변화율인 경우이다. 즉 가격에 관계없이 일정한 금액을 소비하는 경우이다.

 ㉡ 단위탄력적인 소비자는 항상 같은 금액을 구매하기 때문에 판매자 입장에서 보면 판매수입이 항상 일정하다. **예** 주유소에서 항상 같은 금액의 기름을 넣는 소비자(정액 구매)

③ $e_d = 0$ [완전비탄력적]

 ㉠ 수요량의 변화율이 0인 경우이다. 즉 가격에 관계없이 일정한 수량을 구매하는 경우이다.

 ㉡ 소비자는 가격이 변하든 말든 신경 쓰지 않으므로 가격의 변화율이 매출액의 변화율에 반영된다.
  예 주유소에서 20L(리터)까지는 가격변화와 무관하게 일정량의 기름을 넣는 소비자(정량 구매)

④ 판매수입

단위탄력적($e_d = 1$)인 경우	완전비탄력적($e_d = 0$)인 경우
가격 전략 무관	가격 인상 전략
A = B	A 증가, B = 불변
가격변동률 = 수요량변동률	가격변동률 = 매출액변동률

(4) 선형수요곡선의 가격변화에 따른 판매수입

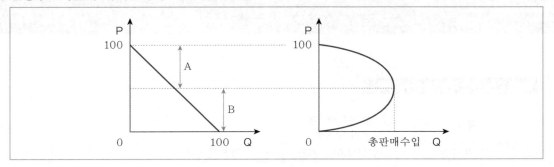

A구간은 탄력적인 구간이므로 가격이 하락함에 따라 판매수입이 증가하며, B구간은 비탄력적인 구간이므로 가격이 하락함에 따라 판매수입이 감소한다.

확인문제

다음 그림에서 X재의 수요곡선이 D에서 D'로 변화한 이유를 옳게 진술한 것은?

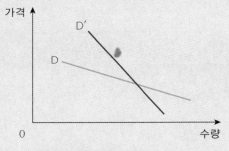

① X재의 대체재가 증가했다.
② X재의 보완재가 감소했다.
③ X재의 가격이 지속적으로 상승했다.
④ 일상생활에서 X재가 차지하는 중요도가 증가했다.
⑤ 생산기간이 기술개발로 인해 짧아졌다.

정답 및 해설

수요곡선이 D에서 D'로 변화한 것은 수요의 가격탄력성이 비탄력적으로 변했음을 의미한다.
일상생활에서 X재의 중요도가 증가할수록 수요의 가격탄력성은 낮아진다.

[오답체크]
① 대체재가 증가하면 수요의 가격탄력성이 커지게 된다.
② 보완재의 감소와 수요의 가격탄력성 변화와는 관련이 없다.
③ 가격의 변화는 수요량의 변동 원인이므로 탄력성과 관련이 없다.
⑤ 생산기간의 변화는 공급의 가격탄력성과 관련이 있다.

정답: ④

핵심 Check: 수요의 소득탄력성

공식	$\dfrac{\text{수요(량)의 변화율}}{\text{소득의 변화율}}$
재화의 구분	소득탄력성이 (+)이면 정상재, (-)이면 열등재

1. 의미와 공식

(1) 의미

소득의 변화정도에 따른 수요량의 반응정도를 나타낸 것으로 e_M으로 표현한다.

(2) 공식

$$e_M = \frac{\text{수요(량)의 변화율}}{\text{소득의 변화율}} = \frac{\frac{\Delta Q}{Q}}{\frac{\Delta M}{M}} = \frac{\Delta Q}{\Delta M} \cdot \frac{M}{Q}$$

2. 재화의 구분

(1) 정상재

① 수요의 소득탄력성이 양(+)의 값을 갖는 재화로 소득의 변화와 수요량의 변화 방향이 동일하다.

② $e_M > 1$이면 소득 증가 시 수요량이 급격히 증가하므로 사치재이다.

③ $0 < e_M < 1$이면 소득 증가 시 수요량이 약간 증가하므로 필수재이다.

(2) 열등재

① 수요의 소득탄력성이 음(-)의 값을 갖는 재화로 소득의 변화와 수요량의 변화 방향이 반대이다.

② 일반적인 열등재는 수요법칙이 통하나, 기펜재는 수요법칙이 성립하지 않는다.

③ 기펜재는 열등재 중에서도 열등성이 아주 강한 극히 일부에 해당한다.

(3) 그래프

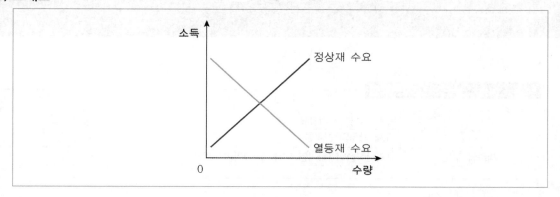

(4) 유의점

① 정상재와 열등재의 개념은 상대적이다.

② 일반적으로 국산소형차와 국산중형차를 비교하면 국산중형차가 정상재이고, 국산중형차와 외제차를 비교하면 국산중형차가 열등재가 된다.

핵심 Check: 수요의 교차탄력성	
공식	X재 수요량의 변화율 / Y재 가격의 변화율
재화의 구분	교차탄력성이 (+)이면 대체재, (-)이면 보완재

1. 의미와 공식

(1) 의미

연관 재화의 가격변화정도에 따른 수요량의 반응정도를 나타낸 것이다. 두 재화가 X와 Y재이면 e_{XY}로 표현한다.

(2) 공식

$$e_{XY} = \frac{\text{X재 수요량의 변화율}}{\text{Y재 가격의 변화율}} = \frac{\dfrac{\Delta Q_X}{Q_X}}{\dfrac{\Delta P_Y}{P_Y}} = \frac{\Delta Q_X}{\Delta P_Y} \cdot \frac{P_Y}{Q_X}$$

2. 재화의 구분

(1) 대체재

수요의 교차탄력성이 정(+)의 값을 갖는 재화이다.   **예** 버스 ↔ 지하철

(2) 보완재

수요의 교차탄력성이 부(-)의 값을 갖는 재화이다.   **예** 커피 & 설탕

(3) 독립재

두 재화의 관계가 없는 재화로 수요의 교차탄력성이 0의 값을 갖는 재화이다.   **예** 버스와 설탕

(4) 그래프

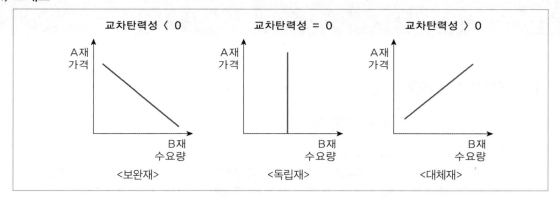

	교차탄력성 < 0	교차탄력성 = 0	교차탄력성 > 0
	A재 가격 / B재 수요량	A재 가격 / B재 수요량	A재 가격 / B재 수요량
	<보완재>	<독립재>	<대체재>

3. 수요의 소득탄력성과 교차탄력성에 따른 재화의 구분

탄력성의 종류	$e < 0$	$e = 0$	$0 < e < 1$	$e = 1$	$e > 1$
수요의 소득탄력성	열등재	–	필수재	–	사치재
			정상재(보통재, 상급재)		
수요의 교차탄력성	보완재	독립재	대체재		

확인문제

다음은 X재에 대한 수요의 탄력성이다. X재 가격이 10% 오르고 소비자의 소득도 5% 증가할 때, X재의 수요량을 4% 증가시키기 위해 요구되는 Y재 가격의 변화는? (단, 수요의 가격탄력성은 절댓값으로 표시한다)

- 수요의 가격탄력성: 0.5
- 수요의 소득탄력성: 0.2
- Y재 가격 변화에 대한 수요의 교차탄력성: 0.4

① 10% 상승   ② 10% 하락   ③ 20% 상승   ④ 20% 하락   ⑤ 50% 상승

정답 및 해설

1) 수요의 가격탄력성이 0.5이므로 가격 10%가 증가하면 수요량은 5% 감소한다.
2) 수요의 소득탄력성이 0.2이므로 소득 5%가 증가하면 수요량은 1% 증가한다.
3) 총 수요량이 4%가 감소하였으므로 4%를 증가시키기 위해 교차탄력성을 통해 8%를 증가시켜야 한다.
4) Y재 가격 변화에 대한 수요의 교차탄력성이 0.4이므로 수요량 8%를 증가시키기 위해서는 가격을 20% 상승시켜야 한다.

정답: ③

★★

05 공급의 가격탄력성

공식	$\dfrac{공급량의\ 변화율}{가격의\ 변화율}$
점탄력성	미분하여 계산
선형공급곡선의 탄력성	P축을 지나면 탄력적, 원점을 지나면 단위탄력적, Q축을 지나면 비탄력적임
탄력성의 결정요인	생산기간이 짧을수록, 저장비용이 적을수록, 기간이 길수록 탄력적임
탄력성과 잉여	수요나 공급이 탄력적일수록 잉여는 작아짐
풍년의 역설	농산물은 수요와 공급의 가격탄력성이 모두 비탄력적이므로 풍년으로 가격이 하락하면 농민의 총수입은 감소함

1. 의미

(1) 가격이 변동했을 때 공급자는 이에 반응하여 공급량을 얼마나 조절하는가를 알아보려고 하는 것이다.

(2) 가격변화에 공급량이 쉽게 조절 가능하면 탄력적이고, 그렇지 못하면 비탄력적이다.

(3) 수요의 가격탄력성은 소비자의 입장에서 판단하는 것이고 공급의 가격탄력성은 생산자의 입장에서 판단하는 것이다.

2. 공식과 유의점

(1) 공식

$$e_s(=\eta) = \frac{공급량의\ 변화율}{가격의\ 변화율} = \frac{\dfrac{\triangle Q}{Q_0}}{\dfrac{\triangle P}{P_0}} = \frac{\triangle Q}{\triangle P} \cdot \frac{P_0}{Q_0}$$

(단, P_0는 최초가격, Q_0는 최초공급량이다)

(2) 유의점

① 공급법칙은 가격과 공급량이 비례하므로 수요의 가격탄력성과 달리 절댓값을 사용하지 않는다.

② $\dfrac{\triangle Q}{\triangle P}$는 기울기의 역수이므로 기울기가 완경사일수록 공급의 가격탄력성이 탄력적, 기울기가 급경사일수록 공급의 가격탄력성이 비탄력적이다.

3. 탄력성의 종류

(1) 호탄력성

① 의미: 곡선 위에 존재하는 두 점 사이에서 계산된 탄력성이다.

② 수요의 가격탄력성과 동일한 원리로, 두 점 사이에서 계산된 탄력도가 최초의 가격과 수요량에 따라 달라지므로 평균값을 사용한다.

③ 공식

$$\frac{\Delta Q}{\Delta P} \cdot \frac{\frac{P_1 + P_2}{2}}{\frac{Q_1 + Q_2}{2}} = \frac{\Delta Q}{\Delta P} \cdot \frac{P_1 + P_2}{Q_1 + Q_2}$$

(2) 점탄력성

① 의미: 곡선 위 한 점에서 계산된 탄력성이다.

② 공식

$$e_s = \lim_{dP \to 0} \frac{\frac{dQ}{Q}}{\frac{dP}{P}} = \frac{dQ}{dP} \cdot \frac{P}{Q}$$

③ $\frac{dQ}{dP}$ 는 주어진 함수를 미분하여 계산해야 한다.

④ 탄력성은 원칙적으로 점마다 다르다.

(3) 선형공급곡선의 탄력성

① P축(종축)을 지나는 경우

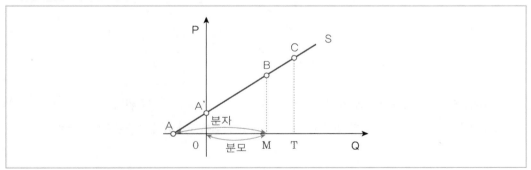

㉠ B점에서의 공급탄력도: $e_s = \frac{dQ^s}{dP} \cdot \frac{P}{Q^s} = \frac{AM}{BM} \cdot \frac{BM}{0M} = \frac{AM}{0M} > 1$

㉡ 공급곡선상에서 우상방으로 이동하면 공급의 가격탄력성은 점점 작아진다. 그러나 여전히 1보다 크다.

② Q축(횡축)을 지나는 경우

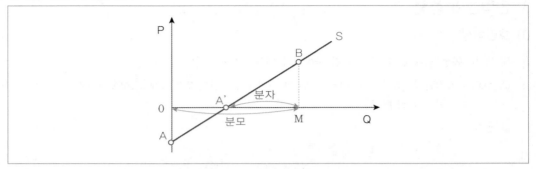

⑤ B점에서의 공급탄력도: $e_s = \dfrac{dQ^s}{dP} \cdot \dfrac{P}{Q^s} = \dfrac{A'M}{BM} \cdot \dfrac{BM}{0M} = \dfrac{A'M}{0M} < 1$

ⓒ 공급곡선상에서 우상방으로 이동하면 공급의 가격탄력성은 점점 커진다. 그러나 여전히 1보다 작다.

③ 원점을 지나는 경우

ⓒ 위의 논리를 따르면 분자와 분모가 동일하므로 원점을 지나는 공급곡선상의 모든 점에서 점탄력도는 항상 1이다.

ⓒ 유의할 점은 선형공급곡선이 원점을 지난다면 기울기에 관계없이 언제나 공급의 가격탄력성은 1이다.

4. 직선인 여러 가지 공급곡선의 공급의 가격탄력도

(1) 탄력도가 일정한 공급곡선

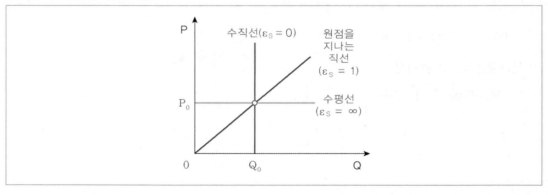

① 수직선인 공급곡선은 수요량의 변화율이 0이므로 모든 점에서 공급의 가격탄력성이 0으로 일정하다.

② 수평선인 공급곡선은 가격의 변화율이 0이므로 모든 점에서 공급의 가격탄력성이 ∞이다.

(2) 기울기가 다른 공급곡선

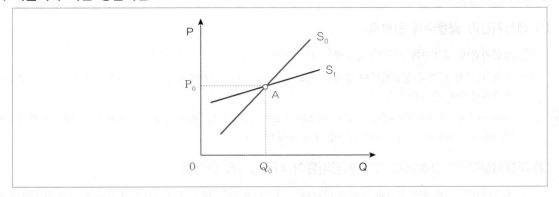

① 기울기가 완만한 공급곡선이 더 탄력적이다.

② 따라서 공급의 가격탄력성은 $S_0 < S_1$이다.

(3) 기울기가 같은 공급곡선

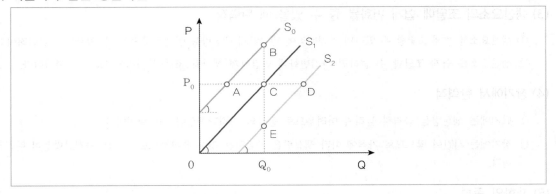

① 탄력도는 $\dfrac{P_0}{Q_0}$의 크기에 의해 변한다.

② 가격이 동일한 지점을 비교해보면 분모에 해당하는 공급량의 크기가 A < C < D이므로 공급의 가격탄력성의 크기는 A > C > D이다.

③ 공급량이 동일한 지점을 비교해보면 분자에 해당하는 가격의 크기가 E < C < B이므로 공급의 가격탄력성의 크기는 E < C < B이다.

5. 탄력성 결정요인

(1) 생산기간이 짧을수록 탄력적

① 생산기간이 짧을수록 가격이 상승했을 때 생산량을 급격히 늘릴 수 있다.

② 특정 모자의 가격이 상승했다면 공장을 돌려서 모자생산을 급격하게 늘릴 수 있다. 따라서 모자는 공급의 가격탄력성이 탄력적이다.

③ 반면 배추의 가격이 상승했다고 해도 배추는 자라는 데 시간이 오래 걸리기 때문에 바로 생산이 불가능하다. 따라서 배추는 공급의 가격탄력성이 비탄력적이다.

(2) 저장시설이 잘 갖추어져 있고 저장비용이 저렴할수록 탄력적

① 저장비용이 저렴하면 가격이 조금만 하락해도 판매하지 않고 바로 저장하므로 공급량이 크게 감소하여 공급의 가격탄력성이 탄력적이다.

② 반대로 저장비용이 비싸면 가격이 크게 하락하더라도 저장하기가 힘드므로 공급량을 급격히 줄일 수 없어 공급의 가격탄력성이 비탄력적이다.

(3) 생산요소의 조달에 쉽게 변화를 줄 수 있을 때 탄력적

① 생산요소를 쉽게 조달할 수 있다면 가격변화에 민감하게 생산량을 언제든지 늘릴 수 있으므로 탄력적이다.

② 생산요소를 쉽게 조달할 수 없다면 가격변화에 민감하게 생산량 조절이 어려우므로 비탄력적이다.

(4) 장기에서 탄력적

① 단기에는 생산량을 급격히 늘리기 어려우므로 공급의 가격탄력성이 비탄력적이다.

② 장기에는 시간이 많으므로 가격에 따라 생산량을 조절하는 것이 용이하므로 공급의 가격탄력성이 탄력적이다.

(5) 재화의 종류

① 위의 요소를 고려하면 짧은 시간에 생산이 가능하고, 저장에 용이한 공산품이 공급의 가격탄력성이 탄력적이다.

② 반면 생산에 긴 시간이 필요하고 저장에 불리한 농산물이 공급의 가격탄력성이 비탄력적이다.

6. 탄력성과 잉여

(1) 수요의 가격탄력성과 잉여

① 그래프

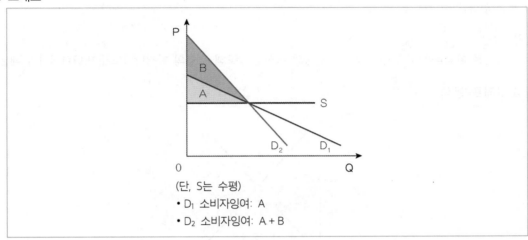

(단, S는 수평)
- D₁ 소비자잉여: A
- D₂ 소비자잉여: A + B

② 수요곡선이 완전탄력적(수평선)이면, 소비자잉여는 0이다.

③ 반대로 수요곡선이 비탄력적이 될수록 시장가격과 멀어지므로 소비자잉여는 커진다.

(2) 공급의 가격탄력성과 잉여

① 그래프

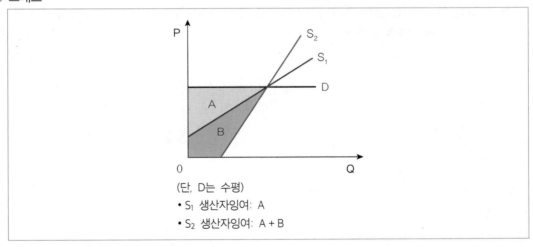

(단, D는 수평)
- S₁ 생산자잉여: A
- S₂ 생산자잉여: A + B

② 공급곡선이 완전탄력적(수평선)이면, 생산자잉여는 0이다.

③ 반대로 공급곡선이 비탄력적이 될수록 시장가격과 멀어지므로 생산자잉여는 커진다.

7. 농산물 가격파동(농부의 역설)

(1) 의미

농산물 가격파동이란 농산물의 공급이 증가(풍년)하면 농산물 가격이 폭락하여 농부의 총수입이 감소하는 현상을 말한다.

(2) 원인

농산물 가격파동이 생기는 것은 농산물의 특성상 수요와 공급의 가격탄력도가 비탄력적이기 때문이다.

(3) 그래프 분석

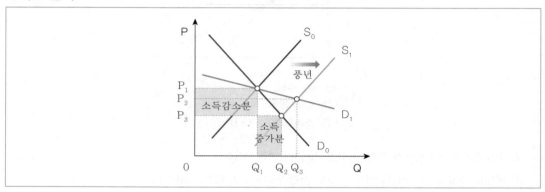

① 수요곡선이 비탄력적인 경우(D_0): 풍년으로 공급 증가 ➜ [판매량 약간 증가($Q_2 - Q_1$), 가격 폭락 ($P_1 - P_3$)] ➜ 총수입 감소

② 수요곡선이 탄력적인 경우(D_1): 풍년으로 공급 증가 ➜ [판매량 크게 증가($Q_3 - Q_1$), 가격 약간 하락 ($P_1 - P_2$)] ➜ 총수입 증가

다음 표는 어떤 재화의 가격이 10% 상승하였을 때 공급량의 변화율을 나타낸 것이다. 이에 대한 설명으로 옳은 것을 <보기>에서 모두 고른 것은?

구분	A재	B재	C재	D재
공급량의 변화율	0%	5%	10%	15%

<보기>

ㄱ. 사망한 유명 화가의 미술 작품은 A재에 해당한다.

ㄴ. 공급곡선의 기울기는 B재보다 D재가 더 완만하게 나타난다.

ㄷ. 매번 생산할 때마다 500만 원어치를 생산하는 재화는 C재에 해당한다.

ㄹ. 소득에서 차지하는 비중이 가장 큰 재화는 D재에 해당한다.

① ㄱ, ㄴ   ② ㄱ, ㄹ   ③ ㄴ, ㄹ   ④ ㄱ, ㄴ, ㄷ   ⑤ ㄴ, ㄷ, ㄹ

정답 및 해설

공급의 가격탄력성을 순서대로 나열하면 A재는 완전비탄력적, B재는 비탄력적, C재는 단위탄력적, D재는 탄력적인 재화에 해당한다.

ㄱ. 화가의 미술 작품은 완전비탄력적 재화에 해당한다.

ㄴ. 탄력적 재화의 공급곡선의 기울기가 비탄력적 재화에 비해 더 완만하다.

[오답체크]

ㄷ, ㄹ. 수요의 가격탄력성과 관련이 있다.

정답: ①

기출동형문제

공기업 경제학 전공 시험에 출제될 가능성이 높은 다양한 유형의 문제를 풀어보며 실전 감각을 높여보세요!

01 반도체 회사가 최근 반도체 가격을 8% 올렸더니 그 제품의 판매량이 3% 감소하였다면 다음 중 옳은 것은?

① 공급의 가격탄력성이 1이다.
② 공급의 가격탄력성이 1보다 크다.
③ 공급의 가격탄력성이 1보다 작다.
④ 수요의 가격탄력성이 1보다 크다.
⑤ 수요의 가격탄력성이 1보다 작다.

02 다음 중 공급의 가격탄력성에 영향을 주는 요인으로 옳은 것을 <보기>에서 모두 고르면?

<보기>
ㄱ. 소득에서 차지하는 비중
ㄴ. 생산기간
ㄷ. 대체재의 수
ㄹ. 저장비용

① ㄱ, ㄴ　　　　　　② ㄱ, ㄷ　　　　　　③ ㄴ, ㄹ
④ ㄱ, ㄴ, ㄹ　　　　⑤ ㄴ, ㄷ, ㄹ

03 다음 중 탄력성과 관련된 설명으로 옳은 것은?

<보기>
ㄱ. 사치품의 경우에는 수요의 소득탄력성이 1보다 작다.
ㄴ. 필수품의 경우에는 수요의 가격탄력성이 1보다 작다.
ㄷ. 대체재의 경우에는 수요의 교차탄력성이 1보다 크다.
ㄹ. 수요의 가격탄력성이 단위탄력적이면 직각쌍곡선의 형태를 띤다.

① ㄱ, ㄴ　　　　　　② ㄱ, ㄷ　　　　　　③ ㄴ, ㄹ
④ ㄱ, ㄴ, ㄹ　　　　⑤ ㄴ, ㄷ, ㄹ

04 다음 중 수요, 공급의 가격탄력성에 대한 설명으로 옳은 것을 <보기>에서 모두 고르면?

<보기>
ㄱ. 탄력성이란 결과의 변화율이 원인의 변화율보다 크면 탄력적이라고 한다.
ㄴ. 직선인 수요곡선인 경우라도 수요의 가격탄력성은 각 점마다 다르다.
ㄷ. 수요의 소득탄력성이 1보다 작으면 열등재라고 한다.
ㄹ. 공급의 가격탄력성이 탄력적인 재화의 가격을 인상하면 판매수입이 감소한다.

① ㄱ, ㄴ   ② ㄱ, ㄷ   ③ ㄴ, ㄹ
④ ㄱ, ㄴ, ㄹ   ⑤ ㄴ, ㄷ, ㄹ

정답 및 해설

01 ⑤ 가격이 8% 증가하고, 제품 판매량이 3% 감소하였다면 공급가격 변화로 수요량이 변화하였으므로 수
요의 가격탄력성은 $\left| \dfrac{-3\%}{8\%} \right|$ = 0.375이다.

02 ③ 공급의 가격탄력성에 영향을 주는 요인은 생산기간, 저장비용 등이다.
[오답체크]
ㄱ, ㄷ. 소득에서 차지하는 비중, 대체재의 수 등은 수요의 가격탄력성 결정요인이다.

03 ⑤ ㄴ. 필수품의 경우에는 수요의 가격탄력성이 비탄력적이므로 1보다 작다.
ㄷ. 대체재의 경우에는 수요의 교차탄력성이 +이므로 1보다 크다.
ㄹ. 수요의 가격탄력성이 단위탄력적이면 가격에 관계없이 일정 금액을 소비하므로 직각쌍곡선의 형
태를 띤다.
[오답체크]
ㄱ. 사치품의 경우에는 수요의 가격탄력성이 탄력적이므로 1보다 크며, 수요의 소득탄력성도 정상재이
면서 사치재일 경우 1보다 크다.

04 ① ㄱ. 탄력성이란 결과의 변화율/원인의 변화율로 표현하며 결과의 변화율이 원인의 변화율보다 크면
탄력적, 원인의 변화율이 크면 비탄력적이라고 한다.
ㄴ. 탄력성의 공식은 $\dfrac{\triangle Q}{\triangle P} \times \dfrac{처음\ 가격}{처음\ 수량}$ 이므로 직선인 수요곡선의 경우라도 수요의 가격탄력성은 각
점마다 다르다.
[오답체크]
ㄷ. 수요의 소득탄력성이 1보다 작으면 정상재 중에서 필수재라고 하며, -값일 경우 열등재라고 한다.
ㄹ. 수요의 가격탄력성이 탄력적인 재화의 가격을 인상하면 판매수입이 감소하며, 공급의 가격탄력성
과 판매수입은 관계가 없다.

05 다음은 소매시장의 오리고기 수요곡선과 공급곡선이다. $P_b = 7$, $P_c = 3$, $P_d = 5$, $Y = 2$라고 할 때, 시장균형점에서 오리고기에 대한 수요의 가격탄력성은? (단, P는 소매시장 오리고기 가격, P_b는 쇠고기 가격, P_c는 닭고기 가격, P_d는 도매시장 오리고기 가격, Y는 소득이다)

> • 수요곡선: $Q_d = 105 - 30P - 20P_c + 5P_b - 5Y$
> • 공급곡선: $Q_s = 5 + 10P - 3P_d$

① $\dfrac{1}{6}$ ② $\dfrac{1}{3}$ ③ 3 ④ 6

06 X재의 수요의 가격탄력성은 2이고, 갑의 X재에 대한 수요의 소득탄력성은 -1.5라고 한다. X재의 가격이 10% 상승하고 갑의 소득이 20% 하락하였다면 X재에 대한 수요의 변화율은?

① 10% 증가   ② 10% 감소   ③ 20% 증가
④ 20% 감소   ⑤ 변화 없음

07 수요함수가 Q = 90 - P일 때, 수요의 가격탄력성에 대한 계산으로 옳지 않은 것은? (단, Q는 수량, P는 가격이며, 수요의 가격탄력성은 절댓값으로 표시한다)

① P = 10일 때, 수요의 가격탄력성은 0.2이다.
② P = 30일 때, 수요의 가격탄력성은 0.5이다.
③ P = 45일 때, 수요의 가격탄력성은 1이다.
④ P = 60일 때, 수요의 가격탄력성은 2이다.
⑤ P = 80일 때, 수요의 가격탄력성은 8이다.

08 완전경쟁시장에서 수요곡선과 공급곡선이 다음과 같을 때 시장균형에서 공급의 가격탄력성은? (단, P는 가격, Q는 수량이다)

> • 수요곡선: P = 20 - 2Q
> • 공급곡선: P = 5 + 3Q

① 1   ② $\dfrac{7}{3}$ ③ $\dfrac{14}{9}$

④ 4   ⑤ 5

정답 및 해설

05 ④ 문제에 주어진 수치를 대입하면 수요함수 Q_d = 70 - 30P, 공급함수 Q_s = -10 + 10P이다. 이를 연립해서 풀면 70 - 30P = -10 + 10P이므로 P = 2이다. 균형가격 P = 2를 수요함수 혹은 공급함수에 대입하면 균형거래량 Q = 10이다. 수요함수를 P에 대해 미분하면 $\dfrac{dQ}{dP}$ = -30이므로 수요의 가격탄력성 $\epsilon_d = -\dfrac{dQ}{dP} \times \dfrac{P}{Q}$ = 30 × $\dfrac{2}{10}$ = 6으로 계산된다.

06 ① 수요의 가격탄력성이 2일 때 가격이 10% 상승하면 수요량은 20% 감소할 것이다. 또한, 수요의 소득탄력성이 -1.5이므로 갑의 소득이 20% 감소할 때 수요량은 30% 증가할 것이다. 따라서 최종적으로 수요량은 -20 + 30 = 10% 증가한다.

07 ① 수요함수를 P에 대해 미분하면 $\dfrac{dQ}{dP}$ = -1이므로 수요의 가격탄력성 $\epsilon_d = \left| \dfrac{dQ}{dP} \right| \times \dfrac{P}{Q} = 1 \times \dfrac{P}{90 - P}$이다.

위의 식에다 P = 10을 대입하면 수요의 가격탄력성은 $\dfrac{1}{8}$(= 0.125)이다.

08 ③ 수요함수와 공급함수를 연립해서 풀면 20 - 2Q = 5 + 3Q, 균형거래량 15 = 5Q, Q = 3이므로 균형거래량 Q = 3이다. 이를 수요곡선(혹은 공급곡선) 식에 대입하면 균형가격 P = 14로 계산되며, 공급함수를 Q에 대해 미분하면 $\dfrac{dP}{dQ}$ = 3이므로 시장균형에서 공급의 가격탄력성 $\epsilon_s = \dfrac{dQ}{dP} \times \dfrac{P}{Q} = \dfrac{1}{3} \times \dfrac{14}{3} = \dfrac{14}{9}$이다.

09 다음 ㉠, ㉡으로 인해 나타날 옳은 변화만을 <보기>에서 있는 대로 고른 것은?

> OO기획사에서는 10월부터 트로트 가수인 갑과 힙합 가수인 을의 공연을 기획하고 티켓을 2만 원에 판매해 왔으며, 두 공연의 입장권 판매량은 각각 500장, 400장이었다. 그래서 11월부터는 ㉠ 갑 공연의 입장권 가격을 10% 인상하고, ㉡ 을 공연의 입장권 가격을 10% 인하하기로 결정했다. (단, 입장권 수요의 가격탄력성은 갑의 공연이 0.5, 을의 공연이 3이다)

> <보기>
> ㄱ. ㉠의 결과, 갑 공연의 판매수입은 증가할 것이다.
> ㄴ. ㉡의 결과, 을 공연 입장권의 수요량은 5% 증가할 것이다.
> ㄷ. ㉠과 ㉡을 시행하면, OO기획사의 총판매수입은 증가할 것이다.
> ㄹ. ㉠과 ㉡ 중에서 하나만 시행해야 한다면, OO기획사는 ㉠보다 ㉡을 선택하는 것이 합리적이다.

① ㄱ, ㄴ   ② ㄱ, ㄹ   ③ ㄴ, ㄷ
④ ㄱ, ㄷ, ㄹ   ⑤ ㄴ, ㄷ, ㄹ

10 수요곡선이 DE로 주어졌다고 하자. 수요의 가격탄력성을 감안할 때, 다음 설명 중 옳지 않은 것은? (단, OA = AE이다)

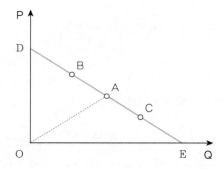

> <보기>
> ㄱ. A점은 가격의 변화율과 수요량의 변화율이 같다.
> ㄴ. B점의 경우 생산 기업이 가격을 올리면 수입이 늘어난다.
> ㄷ. C점의 경우 생산 기업이 가격을 내리면 수입이 줄어든다.
> ㄹ. 동일한 직선 위에 있으므로 수요의 가격탄력성이 모두 동일하다.

① ㄱ, ㄴ   ② ㄱ, ㄷ   ③ ㄴ, ㄷ
④ ㄴ, ㄹ   ⑤ ㄷ, ㄹ

정답 및 해설

09 ④ 가격변동에 따라 아래의 표와 같이 판매수입에 변동이 발생한다.

(단위: 만 원, 장)

가격변동 \ 구분	갑	을
전	2 × 500 = 1,000	2 × 400 = 800
후	2.2 × 475 = 1,045	1.8 × 520 = 936
증감	45	136

따라서 갑과 을 모두 판매수입이 증가하며 하나만 선택해야 한다면 을의 가격을 인하하는 것을 선택하여야 한다.

[오답체크]

ㄴ. 을의 수요의 가격탄력성이 3이므로 가격을 10% 인하한다면 수요량은 30% 증가하여야 한다.

10 ④ 직선 형태의 수요곡선에서의 가격탄력성은 중점인 A에서 단위탄력적이고 이보다 가격이 높고 수량이 작은 B가 탄력적, C가 비탄력적이다. 수요의 가격탄력성이 1보다 클 때 생산자가 판매가격을 올리면 수요량이 더 높은 비율로 줄어들게 되므로 판매수입이 감소하게 된다.

ㄴ. B점의 경우 수요의 가격탄력성이 탄력적이므로 생산 기업이 가격을 올리면 수입이 줄어든다.

ㄹ. 동일한 직선 위에 있다고 해도 수요의 가격탄력성은 점마다 모두 다르며 가격수준이 높을수록 탄력적이다.

[오답체크]

ㄱ. A점의 수요의 가격탄력성이 1이므로 가격의 변화율과 수요량의 변화율이 같다.

ㄷ. C점의 경우 수요의 가격탄력성이 비탄력적이므로 생산 기업이 가격을 내리면 수입이 줄어든다.

11 다음 그림은 보통 사람과 중증환자에 대한 의료서비스 수요곡선을 나타낸다. 보통 사람의 수요곡선은 D_1, 중증환자의 수요곡선은 D_2일 때, 옳지 않은 것은?

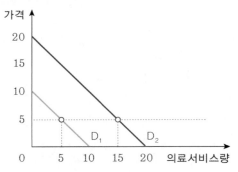

① 보통 사람은 가격 5에서 탄력성이 -1이다.

② 중증환자는 가격 5에서 탄력성이 $-\frac{1}{3}$이다.

③ 이윤을 극대화하는 독점병원은 보통 사람보다 중증환자에게 더 높은 가격을 부과한다.

④ 가격 5에서 가격 변화율이 동일할 경우 보통 사람이나 중증환자 모두 수요량의 변화율은 동일하다.

12 수요함수가 우하향하는 직선의 형태일 때, 수요의 가격탄력성에 대한 설명으로 옳은 것은?

① 필수재에 비해 사치재의 수요는 가격 변화에 대해 보다 비탄력적이다.

② 수요의 가격탄력성이 1일 때 총지출은 최대가 된다.

③ 수요의 가격탄력성은 수요곡선의 어느 점에서 측정하더라도 같은 값을 가진다.

④ 수요곡선의 임의의 점에서 수요의 가격탄력성은 수요곡선 기울기의 역수로 계산된다.

13 정부는 최저임금제 시행이 실업 증가라는 부작용을 초래한다는 논리와 최저 생활 수준의 보장을 위해 최저 임금 인상이 불가피하다는 여론 사이에서 고민하고 있다. 정부가 실업을 최소로 유발하면서 최저임금을 인상할 수 있는 경우는?

① 숙련 노동자의 노동수요가 탄력적인 경우

② 숙련 노동자의 노동수요가 비탄력적인 경우

③ 비숙련 노동자의 노동수요가 비탄력적인 경우

④ 비숙련 노동자의 노동수요가 탄력적인 경우

14 다음 중 소비자잉여에 대한 설명으로 옳은 것은?

① 공급이 감소하여 가격이 상승한 경우 소비자잉여는 감소한다.
② 수요가 증가하여 가격이 상승한 경우 소비자잉여는 감소한다.
③ 수요의 탄력성이 클수록 소비자잉여도 크다.
④ 공급의 탄력성이 클수록 소비자잉여도 크다.
⑤ 소비자잉여를 늘리는 정책은 자원배분의 효율성도 제고한다.

정답 및 해설

11 ④ 가격이 5일 때 보통 사람의 수요의 가격탄력성은 $1\left(=\frac{5}{5}\right)$이고, 중증환자의 수요의 가격탄력성은 $\frac{1}{3}\left(=\frac{5}{15}\right)$이며, 수요의 가격탄력성은 가격과 수량이 반비례하므로 -가 붙는다. 가격이 5일 때 수요의 가격탄력성은 중증환자보다 보통 사람이 더 크므로 가격 변화율이 동일할 때 수요량의 변화율은 보통 사람이 중증환자보다 더 크며, 그렇기 때문에 이윤을 극대화하려면 가격 변화에 민감하지 않은 중증환자에게 더 높은 가격을 부과해야 한다.

12 ② 수요의 가격탄력성이 1일 때 중점에서 총지출은 최대가 된다.
[오답체크]
① 필수재에 비해 사치재의 수요는 가격 변화에 대하여 보다 탄력적이다.
③ 수요의 가격탄력성은 수요곡선의 점마다 다르게 측정된다.
④ 수요곡선의 임의의 점에서 수요의 가격탄력성은 수요곡선 기울기의 역수 × $\frac{P}{Q}$로 계산된다.

13 ③ 최저임금제는 비숙련 노동자와 관련이 깊다. 최저임금제를 실시하면 임금이 상승하고 고용량이 감소한다. 따라서 최저임금제가 총임금을 증가시키려면 비숙련 노동자 노동수요의 임금탄력성이 비탄력적이어야 한다.

14 ① 공급이 감소하여 가격이 상승한 경우 가격이 상승하고 거래량이 감소했으므로 소비자잉여는 감소한다.
[오답체크]
② 수요가 증가하여 가격이 상승한 경우 가격과 거래량이 모두 증가했으므로 소비자잉여는 증가한다.
③ 수요의 탄력성이 클수록 소비자잉여는 작아진다.
④ 공급의 탄력성과 소비자잉여는 관계가 없다.
⑤ 최고가격제의 경우에 소비자잉여가 늘어날 수 있으나 반드시 자원 배분의 효율성이 높아지는 것은 아니다.

15 다음 그림은 가로축에 공급량(Q), 세로축에 가격(P)을 나타내는 공급곡선들을 표시한 것이다. 이에 대한 설명으로 옳은 것은?

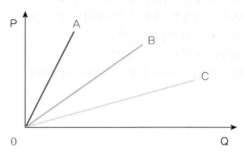

① 공급곡선 A의 가격에 대한 탄력성이 C의 가격에 대한 탄력성보다 높다.
② 공급곡선 C의 가격에 대한 탄력성이 A의 가격에 대한 탄력성보다 높다.
③ 공급곡선 B의 가격에 대한 탄력성이 C의 가격에 대한 탄력성보다 높다.
④ 공급곡선 A의 가격에 대한 탄력성은 B의 가격에 대한 탄력성과 같다.

16 올해 기상 여건이 좋아 배추와 무 등의 농산물 생산이 풍년을 이루었다. 이 경우 어떤 현상이 발생할 수 있는지 괄호 안에 들어갈 용어를 바르게 연결한 것은?

> 농산물은 수요의 가격탄력성이 (   )이고 공급의 가격탄력성이 (   )이기 때문에 판매수입이 (   )할 것이다.

① 탄력적, 비탄력적, 증가
② 탄력적, 탄력적, 감소
③ 비탄력적, 비탄력적, 증가
④ 비탄력적, 비탄력적, 감소
⑤ 정답 없음

17 피규어를 좋아하는 갑의 연봉이 3,000만 원에서 3,600만 원으로 오를 경우 한 달에 30개 사는 피규어를 45개 사게 된다고 할 때, 피규어 소비에 대한 갑의 소득탄력성은?

① 5/2   ② 4   ③ 6/5   ④ 3/2   ⑤ 2

18 다음 그림은 수요의 소득탄력성에 따라 재화를 구분한 것이다. A, B 재화에 대한 설명으로 옳은 것을 <보기>에서 모두 고르면?

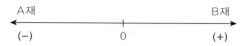

※ 수요의 소득탄력성 = $\dfrac{수요\ 변화율}{소득\ 변화율}$

> <보기>
> ㄱ. A 재화는 소득이 증가할 때 수요가 감소한다.
> ㄴ. A 재화 중 가격 하락 시 수요량이 감소하는 재화를 기펜재라 한다.
> ㄷ. B 재화는 다른 재화와 같이 사용할 때 효용이 증가한다.
> ㄹ. B 재화는 수요법칙의 예외에 해당된다.

① ㄱ, ㄴ   ② ㄱ, ㄷ   ③ ㄴ, ㄷ
④ ㄴ, ㄹ   ⑤ ㄷ, ㄹ

정답 및 해설

15 ④   공급곡선이 원점을 통과하는 직선일 때는 기울기와 관계없이 공급곡선상의 모든 점에서 공급의 가격탄력성이 1이다. 따라서 문제에 주어진 공급곡선 A, B, C는 공급곡선상의 모든 점에서 공급의 가격탄력성이 동일하다.

16 ④   농산물은 수요의 가격탄력성이 비탄력적인 필수재이며, 공급의 가격탄력성이 비탄력적인 재화이다. 따라서 풍년이 들면 오히려 농부의 소득이 감소하는 현상이 나타날 것이다.

17 ①   수요의 소득탄력성은 소득 변화에 따른 수요량의 변화 정도를 측정하는 것으로 수요량의 변화율을 소득의 변화율로 나눠 구한다. 문제에서 연봉이 3,000만 원에서 3,600만 원으로 20% 늘어날 경우 피규어 소비량(수요량)은 30개에서 45개로 50% 증가한다. 따라서 소비(수요량)변화율은 50%이고 소득변화율은 20%이므로 소득탄력성은 5/2이다.

18 ①   A 재화는 수요의 소득탄력성이 음(-)의 값을 가지므로 열등재이며, B 재화는 수요의 소득탄력성이 양(+)의 값을 가지므로 정상재이다. 기펜재는 열등재 중 가격이 하락할 때 수요량이 감소하는 재화를 말한다.

[오답체크]
ㄷ. 보완재에 대한 설명이며 위의 자료로는 알 수 없다.
ㄹ. 위의 자료로는 수요법칙의 예외임을 알 수 없다.

19 전기수요의 가격탄력성은 0.6이고 도시가스 가격에 대한 전기수요의 교차탄력성은 0.3이라고 하자. 정부가 전기요금을 10% 인상하면서 전기수요량을 종전과 같은 수준으로 유지하려면 도시가스 요금을 얼마만큼 변화시켜야 하는가?

① 5% 인하   ② 10% 인하   ③ 10% 인상

④ 20% 인상   ⑤ 변동 없음

20 수요함수가 Q = 10 - 2P일 때 수요의 점탄력성은? (단, 절댓값으로 구한다)

① $\dfrac{P}{5-P}$ ② $\dfrac{P}{5+P}$ ③ $\dfrac{5+P}{P}$

④ $\dfrac{5-P}{P}$ ⑤ $\dfrac{5-P}{5+P}$

21 어떤 사람이 소득수준에 상관없이 소득의 절반을 식료품 구매에 사용한다고 할 때, <보기> 중 옳은 것을 모두 고르면?

<보기>
ㄱ. 식료품의 소득탄력성의 절댓값은 1보다 작다.
ㄴ. 식료품의 소득탄력성의 절댓값은 1이다.
ㄷ. 식료품의 가격탄력성의 절댓값은 1보다 크다.
ㄹ. 식료품의 가격탄력성의 절댓값은 1이다.

① ㄱ, ㄷ   ② ㄱ, ㄹ   ③ ㄴ, ㄷ   ④ ㄴ, ㄹ

정답 및 해설

19 ④ 정부가 전기요금을 10% 인상하게 되면 수요의 가격탄력성이 0.6이므로 전기수요량이 6% 감소할 것이다. 따라서 처음 수요량을 지키기 위해서는 6%를 대체재인 도시가스의 가격을 상승시킴으로써 조정이 가능할 것이다. 따라서 교차탄력성이 0.3인 도시가스의 가격을 20% 인상하면 수요가 6% 증가할 것이므로 동일해진다.

20 ① 탄력성은 수요량의 변화율/가격의 변화율로 구하며, 이는 $\left| \frac{\triangle Q}{\triangle P} \times \frac{P}{Q} \right|$ 로 나타낼 수 있다. $\left| \frac{\triangle Q}{\triangle P} \right|$ 는 수요함수를 미분해서 구하므로 2이고 P, Q는 대입하여 구하므로 $2 \times \frac{P}{10-2P}$ 가 되어 약분하면 $\frac{P}{5-P}$ 가 된다.

21 ④ 소득수준에 상관없이 소득의 절반을 식료품(X재) 구매에 지출한다면 $P_X \times X = \frac{M}{2}$ 이므로 식료품 수요함수는 $X = \frac{M}{2P_X}$ 이다.

- 가격탄력성: $\epsilon_d = -\frac{dX}{dP} \times \frac{P_X}{X} = \frac{M}{2P_X^2} \times \frac{P_X}{\frac{M}{2P_X}} = 1$

- 소득탄력성: $\epsilon_M = \frac{dX}{dM} \times \frac{M}{X} = \frac{1}{2P_X} \times \frac{M}{\frac{M}{2P_X}} = 1$

고난도 시험의 기출문제를 풀어보며 경제학 실력을 한층 더 업그레이드해 보세요!

01 다음 <보기>에서 옳은 것을 모두 고르면? [국회직 8급 17]

> <보기>
> ㄱ. 원유의 가격은 크게 하락하였으나 거래량은 가격 하락폭에 비해 상대적으로 하락폭이 적었다. 이는 원유의 수요와 공급이 비탄력적인 경우에 나타나는 현상이라 할 수 있다.
> ㄴ. A는 항상 매달 소득의 1/5을 일정하게 뮤지컬 혹은 영화티켓 구입에 사용한다. 이 경우, 뮤지컬 혹은 영화티켓의 가격이 10% 상승하면 A의 뮤지컬 혹은 영화티켓 수요량은 10% 감소한다.
> ㄷ. B 기업이 판매하고 있는 C 상품의 수요의 가격탄력성은 1.2이다. B 기업은 최근 C 상품의 가격을 인상하기로 결정했고 이로 인해 총수입이 증가할 것으로 예상하고 있다.
> ㄹ. 다른 모든 요인이 일정 불변할 때, 담뱃세 인상 이후 정부의 담배 세수입이 증가했다. 이는 담배 수요가 가격에 대해 탄력적임을 의미한다.

① ㄱ, ㄴ   ② ㄱ, ㄷ   ③ ㄴ, ㄷ   ④ ㄱ, ㄴ, ㄹ   ⑤ ㄴ, ㄷ, ㄹ

02 X재 시장에 두 소비자 A와 B만이 존재한다. 두 소비자 A와 B의 수요곡선이 각각 <보기>와 같고 X재의 가격이 P = 2일 때, X재에 대한 시장수요의 가격탄력성은? [국회직 8급 20]

> <보기>
> * $P = 5 - \frac{1}{2}Q_A$ (단, Q_A는 소비자 A의 수요량)
> * $P = 15 - \frac{1}{3}Q_B$ (단, Q_B는 소비자 B의 수요량)

① $\frac{25}{144}$ ② $\frac{1}{5}$ ③ $\frac{2}{9}$ ④ $\frac{1}{4}$ ⑤ $\frac{1}{2}$

03 주요 공공교통수단인 시내버스와 지하철의 요금은 지방정부의 통제를 받는다. 지하철 회사가 지하철 수요의 탄력성을 조사해 본 결과, 지하철 수요의 가격탄력성은 1.2, 지하철 수요의 소득탄력성은 0.2, 지하철 수요의 시내버스 요금에 대한 교차탄력성은 0.4인 것으로 나타났다. 앞으로 지하철 이용자의 소득이 10% 상승할 것으로 예상하여, 지하철 회사는 지방정부에 지하철 요금을 5% 인상해 줄 것을 건의하였다. 그런데 이 건의에는 시내버스의 요금 인상도 포함되어 있었다. 즉, 지하철 수요가 요금 인상 전과 동일한 수준으로 유지되도록 시내버스 요금의 인상을 함께 건의한 것이다. 이때 지하철 요금 인상과 함께 건의한 시내버스 요금의 인상폭은 얼마인가? [국회직 8급 13]

① 3%   ② 5%   ③ 8%   ④ 10%   ⑤ 15%

04 다음 세 가지 경우의 가격탄력성(절댓값 기준) A, B, C 크기를 올바르게 비교한 것은? (단, Q_D는 수요량, P는 가격을 나타낸다)

[회계사 22]

경우 1	한계비용이 10으로 일정한 독점기업이 이윤극대화를 위해 가격을 20으로 책정하였다. 이윤극대화 가격에서 시장수요의 가격탄력성(A)
경우 2	시장수요가 $Q_D = 50 - 2P$인 시장에서 $P = 10$이다. 이 가격에서 시장수요의 가격탄력성(B)
경우 3	소비자 갑의 X재에 대한 지출액은 X재 가격에 관계없이 일정하다. X재에 대한 소비자 갑의 수요의 가격탄력성(C)

① $A > B > C$ ② $A > C > B$ ③ $B > A > C$

④ $B > C > A$ ⑤ $C > B > A$

정답 및 해설

01 ① ㄱ. 탄력도의 정의에 의하여 옳은 설명이다.

ㄴ. 가격에 관계없이 일정금액을 소비하는 경우는 수요의 가격탄력성이 단위탄력적인 경우이다. 수요의 가격탄력성이 단위탄력적인 경우 가격의 변화율 = 수요량의 변화율이 동일하여 1이 도출된다. 따라서 가격이 10% 상승하면 수요량은 10% 감소한다.

[오답체크]

ㄷ. 수요의 가격탄력성이 탄력적인 경우 가격인상은 총수입을 감소시킨다.

ㄹ. 담뱃세 인상 이후 정부의 담배 세수입이 증가하려면 이는 담배 수요가 가격에 대해 비탄력적임을 의미한다.

02 ③ 1) 시장수요곡선은 개별수요곡선의 합이다.

A의 수요곡선은 $Q = 10 - 2P$, B의 수요곡선은 $Q = 45 - 3P$이므로 시장수요곡선은 $Q = 55 - 5P$이다.

2) 수요의 점탄력성의 공식에 따라 $5 \times \dfrac{2}{45} = \dfrac{2}{9}$이다.

03 ④ 1) 지하철 이용자의 소득 10% 인상 ➡ 지하철 수요의 소득탄력성(0.2)에 따라 지하철 수요량 2% 증가

2) 지하철 요금의 5% 인상 ➡ 지하철 수요의 가격탄력성(-1.2)에 따라 지하철 수요량 6% 감소

3) 두 요인에 의해 지하철의 수요량이 4% 감소가 이루어진다. 문제에서 지하철 수요가 동일하게 유지되는 것을 목표로 했으므로 시내버스 요금변화를 통해 지하철 수요를 4% 증가시켜야 한다.

4) 지하철 수요의 시내버스 요금에 대한 교차탄력성이 0.4이므로 지하철 수요를 4% 증가시키기 위해서는 시내버스 요금을 10% 증가시켜야 한다.

04 ② 1) 경우 1

이윤극대화 조건은 $MR = MC$이고 아모르소-로빈슨 공식에 대입하면

$MR = P\left(1 - \dfrac{1}{e_d}\right)$ ➡ $10 = 20\left(1 - \dfrac{1}{e_d}\right)$ ➡ $e_d = 2$이다.

2) 경우 2

수요의 가격탄력성 공식에 대입하면 $e_d = -\dfrac{\Delta Q}{\Delta P} \cdot \dfrac{P}{Q}$이므로 조건을 대입하면 $2 \cdot \dfrac{P}{50 - 2P}$이다. 가격이 10이므로 $2 \cdot \dfrac{10}{50 - 20} = \dfrac{2}{3}$이다.

3) 경우 3

가격에 관계없이 일정금액을 소비하면 단위탄력적 즉, 수요의 가격탄력성은 1이다.

해커스공기업 쉽게 끝내는 경제학 기본서

제3장

소비자이론

핵심 Check: 한계효용이론

한계효용	$MU = \dfrac{\Delta TU}{\Delta Q}$
한계효용과 총효용	• 한계효용이 (+)이면 총효용 증가 • 한계효용이 (-)이면 총효용 감소 • 한계효용이 0이면 총효용극대화

1. 소비자이론

최소의 비용으로 최대의 만족감을 얻으려는 것을 목표로 하며 한계효용이론, 무차별곡선이론, 기대효용이론, 현시선호이론 등이 있다.

2. 한계효용이론

(1) 가정

① 효용(U; Utility)은 소비를 통해 얻는 만족감으로 합리적인 소비자는 효용극대화를 추구한다.

② 효용은 기수적인 측정이 가능하다. **예** 만족감을 100점 만점으로 표시 가능

③ 화폐의 한계효용은 항상 일정하다.

　㉠ 현실에서 화폐의 효용은 일정하지 않다.

　㉡ 예를 들어, A라는 물건의 가격이 1,000원일 때, 전 재산 1,000억 원 중 1,000원을 쓰는 사람과 2,000원 중 1,000원을 쓰는 사람의 1,000원의 가치가 다르다.

　㉢ 만약 현실의 경우를 그대로 경제학에 적용하면 경제학의 모든 이론은 성립할 수 없다.

　㉣ 따라서 이론을 만들기 위해, '모든 화폐 1원의 효용은 같다'고 가정한다.

④ 한계효용 체감의 법칙이 성립한다.

(2) 한계효용(MU; Marginal Utility)

① 재화소비량이 증가할 때 추가적으로 얻는 만족으로 총효용의 증가분을 말한다.

② 범위가 큰 경우 $MU = \dfrac{\Delta TU}{\Delta Q}$, 범위가 작은 경우 $MU = \dfrac{dTU}{dQ}$ 로 표시한다.

③ 한계효용은 구간일 경우 구간의 기울기, 한 점일 경우 총효용곡선의 접선의 기울기로 측정한다.

④ 재화소비량이 일정 단위를 넘어서면 한계효용이 감소하는데 이를 한계효용 체감의 법칙(Law of Diminishing Utility)이라고 하며, 한계효용이론에서 이 법칙을 일반적인 현상으로 가정한다.

(3) 총효용(TU; Total Utility)

① 재화를 소비함으로써 얻을 수 있는 주관적인 만족의 총량을 말한다(= 한계효용의 합).

② n단위 재화를 소비할 때 총효용은 그때까지의 한계효용을 합하여 구할 수 있다.

③ 총효용과 한계효용의 사례

소비량	총효용	한계효용
1	20	20
2	50	30
3	90	40
4	110	20

(4) 총효용과 한계효용의 관계

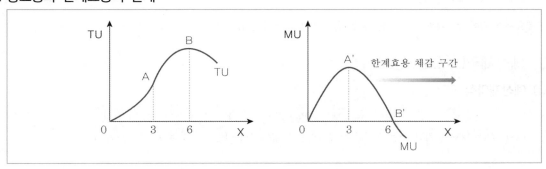

① 총효용은 한계효용의 합으로 일반적으로 위와 같은 형태로 나타난다.

② A구간은 한계효용이 (+)로 체증하기 때문에 A까지는 체증적으로 증가한다.

③ A ~ B구간은 한계효용이 (+)이나 체감하므로 총효용은 체감적으로 증가한다.

④ B구간을 지나게 되면 한계효용이 (-)상태로 감소하므로 총효용이 감소한다.

⑤ 정리하면 한계효용이 체감해서 총효용이 감소하는 것이 아니라, 한계효용이 체감하는데 (-)이기 때문에 총효용이 감소한다는 것을 기억해야 한다.

(5) 가치의 역설

구분	물	다이아몬드
사용가치인 총효용	크다	작다
교환가치인 가격	작다	크다

① 가치의 역설은 우리의 삶에 꼭 필요한 물보다 그렇지 않은 다이아몬드가 더 가격이 높다는 것을 설명한다.

② 한계효용학파의 해석: 가격은 총효용이 아닌 한계효용으로 결정되므로 한계효용이 큰 다이아몬드가 총효용이 더 큰 물보다 가격이 비싸다.

핵심 Check: 한계효용이론에서의 소비자 선택

예산제약이 없는 경우	한계효용이 0이 될 때까지 소비
예산제약이 있는 경우	$\dfrac{MU_X}{P_X} = \dfrac{MU_Y}{P_Y}$

1. 예산제약이 없는 경우

한계효용이 0이 될 때까지 소비할 경우 총효용이 극대화된다.

2. 예산제약이 있는 경우

(1) 예산제약식

$$P_X \cdot X + P_Y \cdot Y = I$$

(단, P_X는 X재의 가격, X는 X재의 수량, P_Y는 Y재의 가격, Y는 Y재의 수량, I는 소득이다)

(2) X재 1원어치의 한계효용과 Y재 1원어치의 한계효용의 비교

① 효용을 극대화하는 소비자이므로 주어진 예산을 모두 쓴다고 가정한다.

② 소득제약조건하에 X재 1원어치의 한계효용과 Y재 1원어치의 한계효용이 균등하도록 구입량을 결정하면 최대만족을 얻게 된다.

③ 한계효용이 균등하지 않을 경우 지출의 증가 없이 소비조정을 통해서 총효용을 증가시킬 수 있기 때문이다.

상황	소비 조정	
$\dfrac{MU_X}{P_X} > \dfrac{MU_Y}{P_Y}$ X재 소비를 늘리고 Y재 소비를 줄이면 총효용 증가	X재 소비의 증가 → MU_X의 감소	Y재 소비의 감소 → MU_Y의 증가
$\dfrac{MU_X}{P_X} = \dfrac{MU_Y}{P_Y}$	효용극대화 조건 충족	
$\dfrac{MU_X}{P_X} < \dfrac{MU_Y}{P_Y}$ Y재 소비를 늘리고 X재 소비를 줄이면 총효용 증가	X재 소비의 감소 → MU_X의 증가	Y재 소비의 증가 → MU_Y의 감소

④ 한계효용균등의 법칙: $\dfrac{MU_X}{P_X} = \dfrac{MU_Y}{P_Y} = m$(화폐 한 단위 한계효용)일 때 최대효용을 얻을 수 있다.

3. 예산제약이 있는 경우 사례 분석

(1) 표로 제시된 경우

<사례>
- 어묵 1개 가격: 100원
- 떡볶이 1인분 가격: 200원
- 가진 돈(예산): 1,000원

구분		1개	2개	3개	4개	5개	6개
어묵	총효용	200	380	550	710	860	1,000
	한계효용	200	180	170	160	150	140
떡볶이	총효용	400	780	1,150	1,510	1,860	2,200
	한계효용	400	380	370	360	350	340

현재 어묵 6개와 떡볶이 2인분을 선택한 상황이라면 아래와 같다.

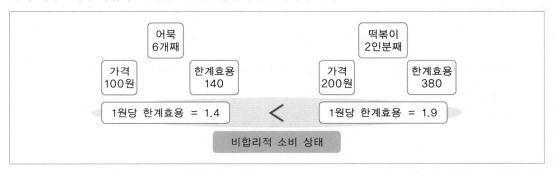

추가 비용의 부담 없이 효용을 극대화하려면, 어묵의 소비를 줄여 그 돈으로 떡볶이의 소비를 늘리면 된다.

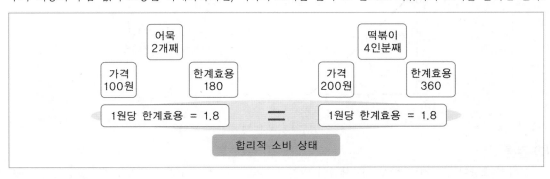

(2) 수식으로 제시된 경우

<사례>
- 소비자 효용함수: TU=2XY, I=120, P_X=10, P_Y=20
- 소득제약식: 120=10X + 20Y

① 효용함수로부터 각각의 한계효용을 도출하면 $MU_X = 2Y$, $MU_Y = 2X$이다.

② 이를 효용극대화 조건에 대입하면 $\dfrac{MU_X}{P_X} = \dfrac{MU_Y}{P_Y}$ ➜ $\dfrac{2Y}{10} = \dfrac{2X}{20}$ ➜ 20X=40Y ➜ X=2Y이다.

③ 위에 나온 결과를 소득제약식에 대입하면 120 = 10X + 20Y ➜ 120 = 20Y + 20Y ➜ X = 6, Y = 3이다.

④ 따라서 효용을 극대화하는 X재의 소비량은 6, Y의 소비량은 3이다.

4. 한계효용이론과 수요곡선

(1) 수요곡선의 도출

① 한계효용이론의 가정에서 m(화폐의 한 단위 한계효용)은 일정하다.

② 한계효용균등의 법칙 공식은 $\dfrac{MU_X}{P_X} = \dfrac{MU_Y}{P_Y} = m$이므로, 이를 P_X에 관하여 다시 정리하면 $P_X = \dfrac{1}{m} MU_X$

가 된다.

③ 그래프

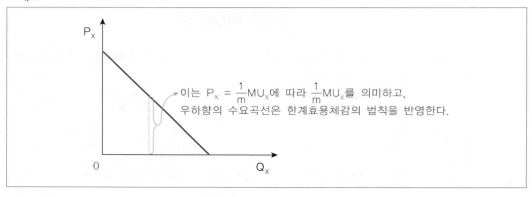

이는 $P_X = \dfrac{1}{m}MU_X$에 따라 $\dfrac{1}{m}MU_X$를 의미하고,
우하향의 수요곡선은 한계효용체감의 법칙을 반영한다.

(2) 결론

X재 수요량이 증가하면 한계효용 체감의 법칙에 의해 MU_X가 감소하고 X재의 가격 P_X가 하락하므로 수요량과 가격과는 역의 관계가 성립하고 우하향의 수요곡선이 도출된다.

5. 한계효용이론의 비판

(1) 효용은 기수적인 측정이 가능하다. ➡ 실제로 측정이 어렵다.

(2) 화폐의 한계효용은 항상 일정하다. ➡ 실제로 체감한다.

확인문제

갑은 주어진 돈을 모두 X재와 Y재 소비에 지출하여 효용을 최대화하고 있으며, X재의 가격은 100원이고 Y재의 가격은 50원이다. 이때 X재의 마지막 1단위의 한계효용이 200이라면 Y재의 마지막 1단위의 한계효용은?

① 50　　　　　② 100　　　　　③ 200　　　　　④ 400　　　　　⑤ 500

정답 및 해설

X재 1원당 한계효용은 200/100 = 2원이고 한계효용균등의 법칙에 따라 X재와 Y재의 1원어치의 한계효용이 같도록 효용을 계산하면, Y재의 한계효용은 50 × 2 = 100이다.

정답: ②

핵심 Check: 무차별곡선

무차별곡선 특성	우하향, 원점에서 멀수록 효용이 큼, 교차하지 않음, 원점에 대해 볼록함
한계대체율	무차별곡선의 기울기, $MRS_{XY} = \dfrac{-\triangle Y}{\triangle X} = \dfrac{MU_X}{MU_Y}$
특수한 무차별곡선	완전대체재, 완전보완재, 준선형 효용함수 등

1. 무차별곡선의 의미

(1) 무차별곡선

① 두 가지 재화를 소비해서 동일한 효용을 얻을 수 있는 소비량의 조합을 연결한 선으로, 무차별곡선 위의 어떤 조합이든 동일한 만족감을 준다.

② 개인의 주관적 만족과 선호를 반영하며, 무차별곡선을 통해서 개인의 주관적인 선호를 파악할 수 있다.

(2) 사례

사탕 4개와 초콜릿 3개의 조합과 사탕 3개와 초콜릿 4개의 조합 중 어느 것을 가져도 상관이 없다면 효용이 동일한 것이므로 두 조합은 무차별한 것이라고 볼 수 있다.

2. 무차별곡선의 성질

(1) 무차별곡선은 일반적으로 우하향한다.

① 기회비용의 원리: 한 가지 재화의 소비를 늘리면서 동일한 효용(만족감)을 얻는 상태가 되려면 다른 재화의 소비를 줄여야 한다.

② A와 B점이 모두 무차별곡선 위에 있으므로 A, B 두 점의 효용은 동일하다.

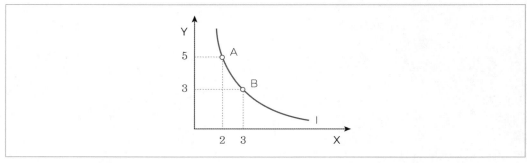

(2) 원점에서 멀어질수록 더 높은 효용수준을 갖는다.

① 원점에서 멀다는 것은 더 많은 두 재화를 소비한 것이므로 효용의 합은 더 크다.

② 효용곡면과 무차별곡선

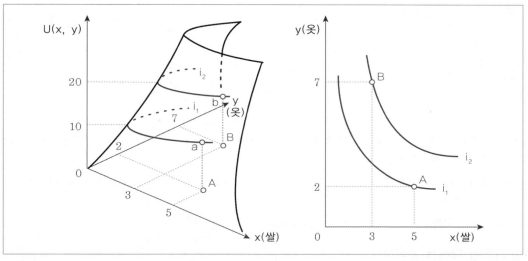

③ 더 많은 소비량은 더 많은 효용을 가져다준다. 이때 유의할 점은 한계효용 체감의 법칙은 한 재화를 계속적으로 소비할 때이고 무차별곡선은 두 재화를 골고루 소비할 때라는 것이다.

④ 무차별곡선은 소비량이 증가할 때마다 존재하며 이러한 소비량에 따른 무차별곡선의 총합을 무차별지도라고 한다.

⑤ 무차별지도

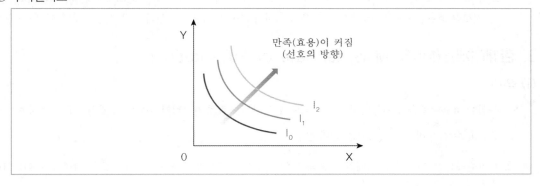

(3) 서로 교차할 수 없다.

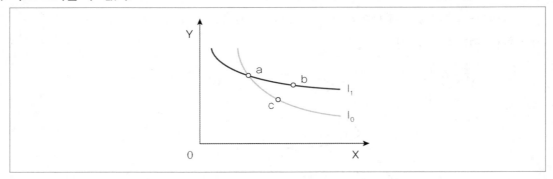

① 무차별곡선상의 a, b, c는 동일한 효용을 가져야 한다. 왜냐하면 a, c와 a, b가 동일한 무차별곡선 위에 존재하기 때문이다.

② 그러나 b, c는 효용이 동일할 수 없다. 왜냐하면 b는 c보다 X, Y의 소비량이 많기 때문에 b의 효용이 더 커야 한다.

③ 따라서 무차별곡선은 서로 교차할 수 없다.

(4) 원점에 대해서 볼록하다.

① 일반적 형태의 무차별곡선 위의 점에서는 X재 소비를 늘렸을 때 동일한 효용을 유지하기 위해서 Y재의 소비를 줄여야 한다.

② 이것을 수식으로 나타내면 $\dfrac{-\triangle Y}{\triangle X}$ 로 표현할 수 있고 이를 한계대체율이라 한다.

③ 무차별곡선이 원점에 대해서 볼록하다는 것은 두 재화를 고르게 소비하는 것이 한 재화를 집중해서 소비하는 것보다 효용을 높이는 데 좋다는 것을 의미한다. 따라서 무차별곡선의 기울기인 한계대체율은 체감한다.

3. 한계대체율(MRS: Marginal Rate of Substitution)

(1) 의미

① 동일한 효용수준을 유지하면서 X재 소비량을 추가적으로 증가시키기 위하여 추가적으로 감소시켜야 하는 Y재의 수량의 비율, $\dfrac{-\triangle Y}{\triangle X}$ 을 의미한다.

② 무차별곡선의 기울기를 의미하며 X축에 있는 것을 먼저 쓰고 Y축에 있는 것을 나중에 쓴다. 따라서 MRS_{XY}로 표현한다.

(2) 한계대체율의 측정

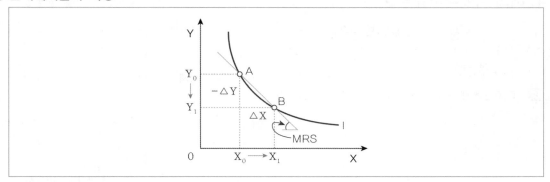

① 한계대체율은 X재와 Y재에 대한 소비자의 주관적인 교환비율로 무차별곡선의 기울기로 측정한다.

② 한계효용은 $\dfrac{\triangle TU(=\text{총효용})}{\triangle Q(=\text{소비량})}$ 이며, 이때 소비량은 X재와 Y재가 있다.

③ X재 소비량 $\triangle X$만큼 증가하면 총효용은 $MU_X \cdot \triangle X$만큼 증가한다.

④ Y재 소비량 $\triangle Y$만큼 감소하면 총효용은 $MU_Y \cdot \triangle Y$만큼 감소한다.

⑤ 두 점이 무차별하므로 X재를 추가 소비하여 증가한 총효용과 Y재를 줄여 감소한 총효용이 동일해야 한다.

⑥ 따라서 $MU_X \cdot \triangle X + MU_Y \cdot \triangle Y = 0$ ➜ $-\dfrac{\triangle Y}{\triangle X} = \dfrac{MU_X}{MU_Y}$ 이다.

$$MRS_{XY} = -\frac{\triangle Y}{\triangle X} = \frac{MU_X}{MU_Y}$$

(3) 한계대체율 체감의 법칙

① 동일한 효용수준을 유지하면서 Y재를 X재로 대체함에 따라 한계대체율이 점점 감소하는 현상을 말한다.

② 원점에 대해 볼록한 경우만 성립하며, 완전대체재나 완전보완재 등과 같이 예외적인 경우에는 성립하지 않을 수 있다.

4. 예외적인 무차별곡선

두 재화가 완전대체재인 경우	두 재화가 완전보완재인 경우
• 효용함수: $U(X, Y) = aX + bY$ • $\mathrm{MRS}_{XY} = \dfrac{a}{b}$ (일정) **예** 1,000원 지폐 한 장은 500원 동전 2개와 만족감이 동일하다.	• 효용함수: $U(X, Y) = \min\left[\dfrac{X}{a}, \dfrac{Y}{b}\right]$ • MRS가 존재하지 않는다(미분 불능). • 최적소비비율이 $\dfrac{b}{a}$ 로 일정 **예** 왼쪽 구두와, 오른쪽 구두는 쌍으로 소비해야 만족감이 증가한다.
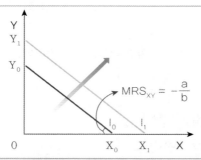	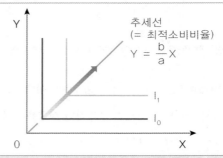
X재 무효용, Y재 효용재인 경우	X재 효용재, Y재 무효용인 경우
• 효용함수: $U(X, Y) = U(Y) = aY$ • X재: 담배(비흡연자)	• 효용함수: $U(X, Y) = U(X) = bX$ • Y재: 담배(비흡연자)
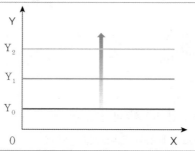	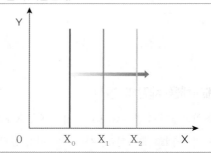
X재가 효용재, Y재가 비효용재인 경우	모두 비효용재인 경우
• X재: 쌀 • Y재: 쓰레기	• X재: 쓰레기 • Y재: 매연
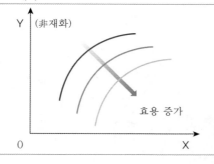	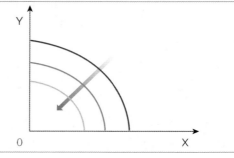

두 상품의 선택모형에서 소비자 A의 무차별곡선에 관한 설명으로 옳지 않은 것은?

① 두 상품이 각각 재화(Goods)와 비재화(Bads)인 경우 무차별곡선은 우상향한다.

② 두 상품이 모두 재화(Goods)인 경우 한계대체율체감의 법칙이 성립하면, 무차별곡선은 원점에 대하여 볼록하다.

③ 서로 다른 두 무차별곡선은 교차하지 않는다.

④ 두 상품이 완전대체재인 경우 무차별곡선의 형태는 L자형이다.

⑤ 두 상품이 모두 재화(Goods)인 경우 무차별곡선이 원점으로부터 멀어질수록 무차별곡선이 나타내는 효용수준이 높아진다.

완전대체재인 경우 무차별곡선은 우하향하는 직선의 형태를 띠며, 완전보완재인 경우 L자 형태를 띤다.

정답: ④

04 무차별곡선이론에서의 소비자균형

소비자균형	무차별곡선과 예산선이 접할 때
완전대체재	예산선을 그린 후 무차별곡선과 만나는 점, 구석해
완전보완재	예산선과 추세선이 만나는 점
콥 - 더글러스 효용함수	$\bullet$ $X = \dfrac{\alpha}{\alpha+\beta} \cdot \dfrac{M}{P_X}$ $\bullet$ $Y = \dfrac{\beta}{\alpha+\beta} \cdot \dfrac{M}{P_Y}$

1. 무차별곡선에서의 소비자균형

(1) 예산제약이 없는 경우
무차별곡선이 원점과 최대한 멀어지도록 소비한다.

(2) 예산제약이 있는 경우
예산선과 무차별곡선이 접하는 지점에서 소비한다.

2. 예산선

(1) 예산선의 개념
① 주어진 소득으로 구입 가능한 X재와 Y재의 조합을 그래프로 나타낸 것이다.

② 소득이 M이고 X, Y 두 재화 구입에 소득을 전부 사용한다면, 예산제약식은 다음과 같다.

$$P_X \cdot X + P_Y \cdot Y = M \; \rightarrow \; Y = -\frac{P_X}{P_Y}X + \frac{M}{P_Y}$$

(2) 그래프

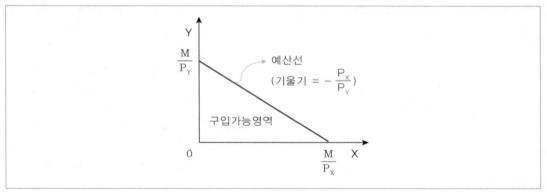

예산 M = 100, X재의 가격 P_X = 10, Y재의 가격 P_Y = 5이라면 100으로 X재만 구입하면 $10\left(=\dfrac{M}{P_X}\right)$, Y재만 구입하면 $20\left(=\dfrac{M}{P_Y}\right)$이 된다.

(3) 소득 및 가격변화와 예산선의 변화

① 소득변화: 소득이 증가하면 예산선은 바깥쪽으로, 소득이 감소하면 안쪽으로 평행이동한다.

② 가격변화: 한 재화의 가격이 변하면 X축 또는 Y축 절편을 축으로 회전이동하며, 싸지면 확장되고 비싸지면 축소된다.

③ 소득과 가격이 동일한 비율로 증가하거나 감소하면 예산선의 변화가 없음: 예를 들어 소득이 1,000원에서 2,000원으로 증가하고 X재의 가격이 100원에서 200원으로 증가하고, Y재의 가격이 100원에서 200원으로 증가하면 예산선은 동일하다.

④ 그래프

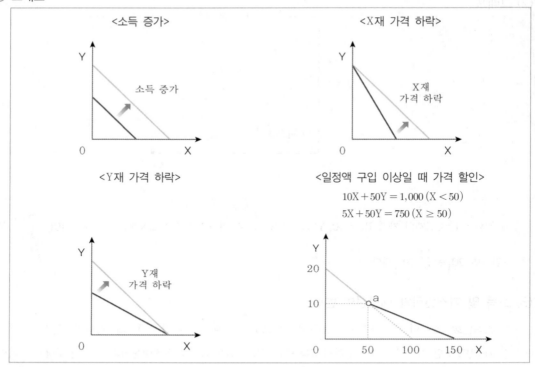

3. 예산제약하의 소비자균형

(1) 소비자균형

① 예산선과 무차별곡선이 접하므로 한계대체율과 상대가격이 일치한다. 즉 무차별곡선 기울기(MRS_{XY})=예산선의 기울기$\left(\dfrac{P_X}{P_Y}\right)$이다.

② 소비자균형은 두 재화 간의 소비자의 주관적인 교환비율($= MRS_{XY}$)과 시장에서 결정된 두 재화의 객관적인 교환비율$\left(=\dfrac{P_X}{P_Y}\right)$이 일치하는 점에서 달성된다.

③ $MRS_{XY}=-\dfrac{\triangle Y}{\triangle X}=\dfrac{MU_X}{MU_Y}$ ➜ $MRS_{XY}=\dfrac{P_X}{P_Y}$ ➜ $\dfrac{MU_X}{MU_Y}=\dfrac{P_X}{P_Y}$ ➜ $\dfrac{MU_X}{P_X}=\dfrac{MU_Y}{P_Y}$

(2) 한계효용균등의 법칙 성립

① 위의 식의 변형을 통해 각 재화 구입에 지출된 1원의 한계효용이 동일하도록 X재와 Y재를 구입하여야 효용극대화가 달성된다.

② 따라서 무차별곡선이론에서도 한계효용균등의 법칙$\left(\dfrac{MU_X}{P_X}=\dfrac{MU_Y}{P_Y}\right)$이 성립한다.

(3) 한계대체율과 예산선의 기울기

① 일반적 형태의 무차별곡선의 효용을 극대화하기 위해서는 볼록한 가운데의 지점으로 이동해야 한다.

② 만약, 한계대체율이 예산선의 기울기보다 큰 지점에서 소비한다면 Y재를 편중해서 소비하고 있는 지점이므로 X재 소비를 더 늘리고 Y재의 소비를 줄여야 한다.

③ 반대로 한계대체율이 예산선의 기울기보다 작은 지점에서 소비한다면 X재를 편중해서 소비하고 있는 지점이므로 X재 소비를 줄이고 Y재의 소비를 더 늘려야 한다.

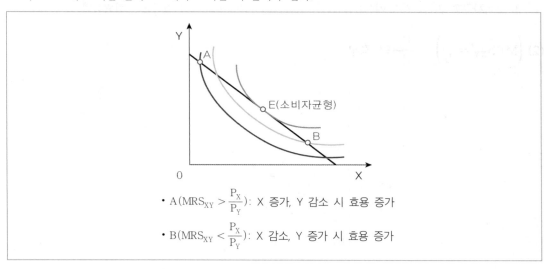

- $A(MRS_{XY} > \frac{P_X}{P_Y})$: X 증가, Y 감소 시 효용 증가

- $B(MRS_{XY} < \frac{P_X}{P_Y})$: X 감소, Y 증가 시 효용 증가

확인문제

소비자이론에 관한 다음의 설명 중 옳은 것은?
① 한계효용은 지속적으로 감소하다가 증가한다.
② 한계효용체감의 법칙은 총효용이 지속적으로 감소함을 의미한다.
③ 무차별곡선이 볼록한 경우 무차별곡선과 예산선이 접할 때 소비자균형이 이루어진다.
④ 완전대체재인 경우 L자형, 완전보완재인 경우 직선인 무차별곡선이 도출된다.
⑤ 가격에 관계없이 한계효용이 큰 재화를 소비하는 것이 합리적이다.

정답 및 해설

무차별곡선이 볼록한 경우 무차별곡선과 예산선이 교차하는 경우보다 접하는 경우에 주어진 예산에서 무차별곡선이 원점에서 멀어질 수 있으므로 소비자균형이 이루어진다.

[오답체크]
① 한계효용은 일시적으로 증가할 수 있으나 궁극적으로 체감한다.
② 한계효용체감의 법칙은 한계효용이 감소한다는 것으로 한계효용이 +인 상태에서 체감하면 총효용은 증가할 수 있다.
④ 완전보완재인 경우 L자형, 완전대체재인 경우 직선인 무차별곡선이 도출된다.
⑤ 1원당 한계효용이 큰 재화를 소비하는 것이 합리적이다.

정답: ③

4. 완전대체재인 경우의 소비자균형

(1) 한계대체율과 소비자균형

① 완전대체재인 경우의 효용함수는 $U(X, Y) = aX + bY$로 표현한다.

② 한계대체율은 $MRS_{XY} = \dfrac{a}{b}$ (일정)이다.

③ 소비자균형 판단: 먼저 예산선을 그린 후 무차별곡선이 어디에서 접하는지 판단하면 된다.

(2) $\left(MRS_{XY} = \dfrac{a}{b} \right) > \dfrac{P_X}{P_Y}$인 경우

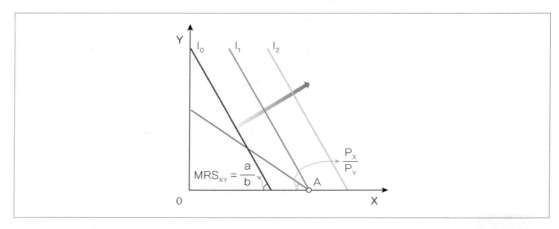

예산선과 무차별곡선이 X축에서만 만나므로 A점처럼 X재만 구입한다.

(3) $\left(MRS_{XY} = \dfrac{a}{b} \right) < \dfrac{P_X}{P_Y}$인 경우

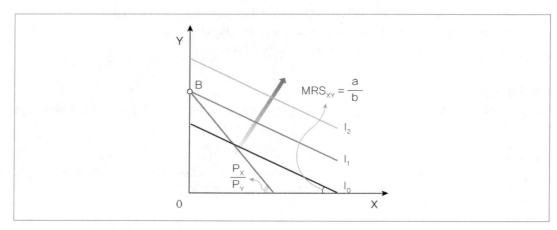

예산선과 무차별곡선이 Y축에서만 만나므로 B점처럼 Y재만 구입한다.

(4) $\left(\mathrm{MRS_{XY}} = \dfrac{a}{b}\right) = \dfrac{P_X}{P_Y}$인 경우

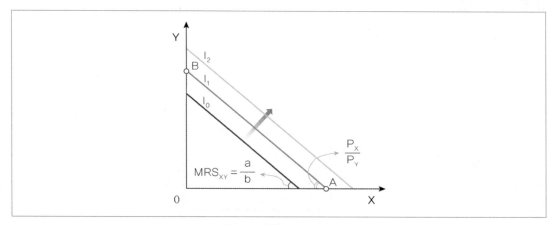

예산선과 무차별곡선이 기울기가 같아 겹치므로 무수히 많은 해가 존재한다.

확인문제

어느 소비자의 효용함수는 U = X + 2Y이다. X재의 시장가격은 2만 원이고 Y재의 시장가격은 6만 원이다. 소비자가 X재와 Y재에 쓰는 예산은 총 60만 원이다. 이 소비자가 주어진 예산에서 효용을 극대화할 때 소비하는 X재와 Y재의 양은?

	X재(개)	Y재(개)
①	0	10
②	15	5
③	24	2
④	30	0
⑤	30	30

정답 및 해설

1) 효용함수의 형태가 U = X + 2Y이므로 완전대체재이다. 효용함수를 Y에 대해 정리하면 $Y = -\dfrac{1}{2}X + \dfrac{1}{2}U$이므로 무차별곡선은 기울기(절댓값)가 $\dfrac{1}{2}$인 우하향의 직선이다.

2) 예산선의 기울기를 구하면 X재 가격은 2만 원, Y재 가격은 6만 원이므로 예산선의 기울기(절댓값) $\dfrac{P_X}{P_Y} = \dfrac{1}{3}$이다.

3) 무차별곡선이 우하향의 직선이면서 예산선보다 기울기가 더 크면 소비자균형은 항상 X축에서 이루어진다. 따라서 X재 가격이 2만 원이고 소득이 60만 원이므로 소비자는 X재 30단위와 Y재 0단위를 구입할 것이다.

정답: ④

5. 완전보완재, 한계대체율이 체증하는 경우의 소비자균형

(1) 완전보완재인 경우

① 효용함수: $U(X, Y) = \min[\frac{X}{a}, \frac{Y}{b}]$

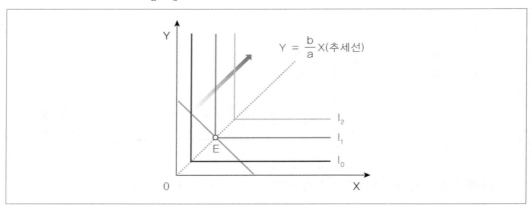

② 소비자균형점은 항상 $Y = \frac{b}{a}X$ 위에 존재한다.

③ 주어진 예산하에서 최적 소비점은 추세선을 예산선에 대입하여 구한다.

확인문제

X재와 Y재에 대한 효용함수가 $U = \min[X, Y]$인 소비자가 있다. 소득이 120이고 X재의 가격이 20이고, Y재의 가격이 10일 때, 이 소비자가 효용극대화를 추구한다면, X재의 소비량은?

① $X = 1$ ② $X = 2$ ③ $X = 3$ ④ $X = 4$ ⑤ $X = 5$

정답 및 해설

1) 효용함수가 $U = \min[X, Y]$이므로 소비자균형에서는 항상 $X = Y$가 성립한다.
2) 또한 소비자균형은 예산선 상에서 이루어지므로 예산제약식 $P_X \cdot X + P_Y \cdot Y = M$이 성립한다.
3) 주어진 조건을 대입하면 $120 = 20X + 10Y$ ➡ $120 = 30X$ ➡ $X = 4$, $Y = 4$이다.

정답: ④

(2) 한계대체율이 체증하는 경우

① 한 재화의 소비를 극단적으로 선호하는 경우이다.

② 효용함수: $U(X, Y) = X^2 + Y^2$

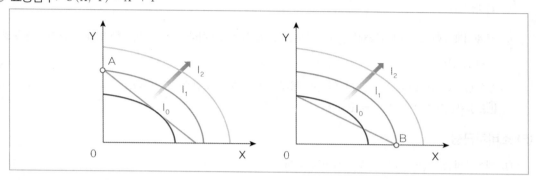

③ $\dfrac{P_X}{P_Y} > 1$인 경우는 Y재만 구입하고, $\dfrac{P_X}{P_Y} < 1$인 경우는 X재만 구입한다.

확인문제

소비자 갑의 효용함수는 $U = X^2 + Y^2$이며 X재 가격은 4, Y재 가격은 2, 소득은 20이다. 효용을 극대화하는 갑의 최적소비조합(X, Y)은?

① (0, 10) ② (1, 8) ③ (2, 6) ④ (3, 4) ⑤ (5, 0)

정답 및 해설

1) 주어진 형태의 무차별곡선은 한 재화를 집중적으로 소비하는 것을 추구하는 원점에 대해 오목한 형태의 무차별곡선이다.
2) 주어진 예산으로 X재만 소비하면 5개 소비가 가능하므로 $U = 25$이다.
3) 주어진 예산으로 Y재만 소비하면 10개 소비가 가능하므로 $U = 100$이다. 따라서 Y재만 소비하는 것이 합리적이다.

정답: ①

---

6. 콥 - 더글라스 효용함수

(1) 형태

$$U(X, Y) = X^\alpha Y^\beta \ (단, \ \alpha > 0, \ \beta > 0)$$

(2) 지수와 한계효용의 형태

① $MU_X = \alpha X^{\alpha-1} Y^\beta$: MU_X는 α가 1보다 크면 체증, 1이면 일정, 1보다 작으면 체감한다.

② $MU_Y = \beta X^\alpha Y^{\beta-1}$: MU_Y는 β가 1보다 크면 체증, 1이면 일정, 1보다 작으면 체감한다.

(3) 한계대체율

① $MRS_{XY} = \dfrac{MU_X}{MU_Y} = \dfrac{\alpha X^{\alpha-1} Y^\beta}{\beta X^\alpha Y^{\beta-1}} = \dfrac{\alpha}{\beta} \cdot \dfrac{Y}{X}$

② α와 β의 크기와 관계없이 한계대체율이 체감하므로 무차별곡선이 원점에 대해 볼록한 형태이다.

(4) 동조함수

① 한계대체율이 $\dfrac{Y}{X}$ 의 크기에 의존하므로 두 재화의 소비량비율이 동일한 점에서는 무차별곡선이 모두 평행하다.

② 한계대체율이 $\dfrac{Y}{X}$ 에만 존재하는 선호체계를 동조적 선호체계라고 하며, 이러한 형태의 함수를 동조효용함수라고 한다.

③ 동차함수를 단조변환하여 보다 일반적 형태의 함수를 동조함수라고 한다.

　　예 동차함수 $U = X^{\alpha}Y^{\beta}$ ➔ 동조함수 $Z = 4X^{\alpha}Y^{\beta} + 8$

(5) 소비자균형

① 예산제약을 $P_X \cdot X + P_Y \cdot Y = M$ 이라고 하자.

② 소비자균형은 예산선과 무차별곡선이 만나는 점 즉, 예산선의 기울기와 무차별곡선의 기울기가 같은 점에서 결정된다.

③ $MRS_{XY} = \dfrac{\alpha}{\beta} \cdot \dfrac{Y}{X}$ 이고 예산선의 기울기는 $\dfrac{P_X}{P_Y}$ 이므로 $\dfrac{\alpha}{\beta} \cdot \dfrac{Y}{X} = \dfrac{P_X}{P_Y}$ ➔ $P_Y \cdot Y = \dfrac{\beta}{\alpha} \cdot P_X \cdot X$ 로 변형할 수 있다.

④ $P_X \cdot X + P_Y \cdot Y = M$ ➔ $P_X \cdot X + \dfrac{\beta}{\alpha} \cdot P_X \cdot X = M$ ➔ $\dfrac{\alpha + \beta}{\alpha} \cdot P_X \cdot X = M$

⑤ 따라서 X재의 수요함수는 $X = \dfrac{\alpha}{\alpha + \beta} \cdot \dfrac{M}{P_X}$ 이다.

⑥ 위와 같은 방식으로 소비자균형을 $P_X \cdot X = \dfrac{\alpha}{\beta} \cdot P_Y \cdot Y$ 로 변형하여 예산선에 대입하면 Y재의 수요함수는 $Y = \dfrac{\beta}{\alpha + \beta} \cdot \dfrac{M}{P_Y}$ 이다.

(6) 콥 - 더글라스 효용함수의 특징

① 소득이 증가하면 수요량이 증가하므로 정상재이다.

② 재화의 수량은 각각의 가격에 의해서만 결정되므로 두 재화는 독립재 관계이다.

③ 가격이 증가하면 수요량이 감소하므로 수요법칙이 통한다.

④ 소득의 일정 비율을 소비하므로 수요의 가격탄력성이 1이다.

갑의 효용함수는 $U = 4xy$이다. 최초에 소득이 40이고 x재와 y재의 가격이 각각 2였다. 시간이 흘러 x재의 가격은 2배, y재의 가격이 $\frac{1}{2}$배가 되었을 때 원래의 효용 수준을 유지하기 위해 필요한 소득을 구하면?

① 30   ② 40   ③ 50   ④ 80

정답 및 해설

1) $X = \frac{1}{2} \times \frac{40}{2} = 10$

2) $Y = \frac{1}{2} \times \frac{40}{2} = 10$이므로 최초의 효용은 400이다.

3) 소득과 재화의 가격이 변한 후 $X = \frac{1}{2} \times \frac{M}{4} = \frac{M}{8}$, $Y = \frac{1}{2} \times \frac{M}{1} = \frac{M}{2}$이다.

4) 주어진 효용함수에 대입하면 $4 \times \frac{M}{8} \times \frac{M}{2} = \frac{M^2}{4} = 400$, 따라서 $M = 40$이다.

정답: ②

7. 준선형 효용함수(Quasi linear utility funtion)

(1) 의미

① 두 재화 중 한 재화의 한계효용이 그 재화의 소비량에 관계없이 일정한 효용함수이다.

② 두 재화 중 한 재화에 대해서만 효용함수라는 의미이다.

③ 준선형 효용함수는 한계대체율이 X재 소비량 혹은 Y재 소비량에 의해서만 결정되므로 동조적인 효용함수는 아니다.

(2) X재에 대한 준선형 효용함수

$$U(X, Y) = aX + h(Y) \quad (단 \ a > 0)$$

① $MU_X = a$로 일정하므로 X재의 한계효용은 X재의 소비량과 관계없이 일정하다.

② $MU_Y = h'(Y)$이므로 $MRS_{XY} = \dfrac{a}{h'(Y)}$이다.

③ 한계대체율이 체감하려면 Y재 소비가 감소할 때 무차별곡선의 기울기가 완만해져야 하므로 Y재의 한계효용인 $h'(Y)$가 증가해야 한다.

④ X재에 대한 준선형 효용함수는 한계대체율이 Y재 소비량에 의해서만 결정되므로 가로축에 평평한 직선상에 있는 무차별곡선상의 점들에서는 한계대체율이 모두 동일하다.

⑤ 그래프

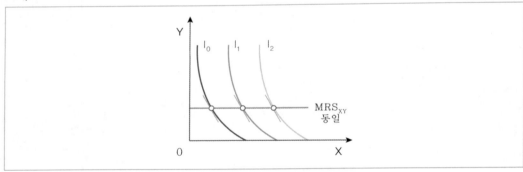

(3) Y재에 대한 준선형 효용함수

$$U(X, Y) = g(X) + bY \ (단 \ b > 0)$$

① $MU_X = g'(X)$

② $MU_Y = b$로 일정하므로 Y재의 한계효용은 Y재의 소비량과 관계없이 일정하다.

③ $MRS_{XY} = \dfrac{g'(X)}{b}$

④ 한계대체율이 체감하려면 X재 소비가 증가할 때 무차별곡선의 기울기가 완만해져야 하므로 X재의 한계효용인 $g'(X)$가 감소해야 한다.

⑤ Y재에 대한 준선형 효용함수는 한계대체율이 X재 소비량에 의해서만 결정되므로 세로축에 평평한 직선상에 있는 무차별곡선상의 점들에서는 한계대체율이 모두 동일하다.

⑥ 그래프

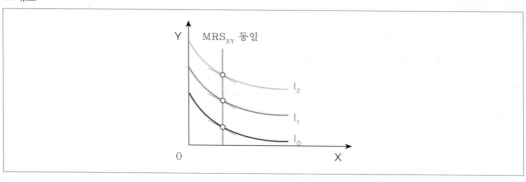

두 재화 X와 Y만을 소비하는 어느 소비자의 효용함수가 $U(X, Y) = 2\sqrt{X} + Y$이다. X재와 Y재의 가격이 모두 1일 때, 이 소비자에 대한 설명으로 옳은 것만을 <보기>에서 모두 고르면? [국회직 8급 20]

<보기>
ㄱ. 이 소비자에게 X재는 정상재이다.
ㄴ. 소득이 1보다 작으면 Y재만 소비한다.
ㄷ. 소득이 1보다 클 때 소득소비곡선은 직선이다.
ㄹ. 한계대체율이 Y재 소비량에 영향을 받지 않는다.

① ㄱ, ㄴ   ② ㄱ, ㄷ   ③ ㄴ, ㄷ   ④ ㄴ, ㄹ   ⑤ ㄷ, ㄹ

정답 및 해설

1) 소비자균형은 $MRS_{XY} = \dfrac{P_X}{P_Y}$이다.

2) $MRS_{XY} = \dfrac{MU_X}{MU_Y} = \dfrac{1}{\sqrt{X}}$이고 $\dfrac{P_X}{P_Y} = 1$이므로 소비자균형은 X = 1이다.

3) X = 1과 두 재화의 가격을 예산선에 대입하면 Y = M - 1이다.

4) 지문분석

    ㄷ. $0 \le M < 1$인 경우 $MRS_{XY} > \dfrac{P_X}{P_Y}$이므로 소득 증가 시 X재만 소비한다. $M \ge 1$인 경우 X = 1, Y를 소득 증가에 따라

    증가시킨다. 따라서 ICC는 다음과 같은 형태를 띤다.

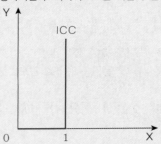

    ㄹ. 한계대체율이 $\dfrac{1}{\sqrt{X}}$이므로 Y재 소비량에 영향을 받지 않는다.

[오답체크]

ㄱ. X재의 수요곡선은 X = 1이므로 수요의 소득탄력성은 0이다. 따라서 이 소비자에게 X재는 정상재가 아니다.

ㄴ. 소득이 1보다 작으면 Y재를 소비하지 않는다.

정답: ⑤

05 소득소비곡선과 가격소비곡선

★

핵심 Check: 소득소비곡선과 가격소비곡선

소득소비곡선의 형태	우상향 정상재, 후방굴절 열등재
가격소비곡선의 형태	• 우하향하면 수요의 가격탄력성 탄력적 • 수평이면 수요의 가격탄력성 단위탄력적
곡선 간 연관성	• 소득소비곡선 - 엥겔곡선 • 가격소비곡선 - 수요곡선

1. 소득소비곡선(ICC: Income Consumption Curve)

(1) 소득소비곡선의 개념

① 소득소비곡선이란 소득이 변화함에 따른 소비자균형점을 연결한 곡선이다.

② 소득이 변하면 예산선이 평행이동하며 이에 따른 소비자균형은 변동한다.

(2) 소득소비곡선의 성질

① 소득이 변하여 재화의 소비량이 변하는 효과를 소득효과라 한다.

② 소득소비곡선은 원점을 지난다.

③ 소득소비곡선에서 엥겔곡선(EC; Engel Curve)을 도출한다.

④ 소득소비곡선은 수요의 소득탄력성에 따라 형태가 다르다.

(3) 소득소비곡선의 형태(단, X재만 고려하여 판단한다)

① $e_M > 1$(X재가 사치재)인 경우: 소득이 증가함에 따라 X재가 급격히 증가하므로 ICC는 완만한 형태이다.

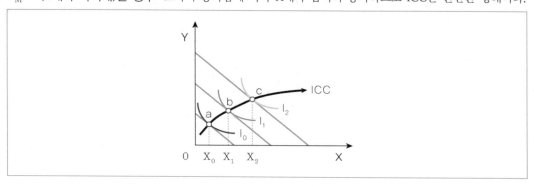

② $0 < e_M < 1$(X재가 필수재)인 경우: 소득이 증가하더라도 X재는 약간만 증가하므로 ICC는 가파른 형태이다.

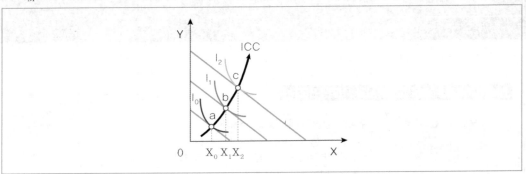

③ $e_M < 0$(X재가 열등재)인 경우: 소득이 증가할 때 오히려 소비량이 감소하므로 좌상향(= 후방굴절)의 형태이다.

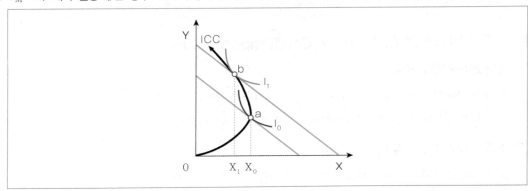

(4) 완전대체재와 완전보완재의 소득소비곡선

① 완전대체재: $U(X, Y) = aX + bY$

  ㉠ $\left(MRS_{XY} = \dfrac{a}{b} \right) > \dfrac{P_X}{P_Y}$ 인 경우: ICC는 X축이므로 $y = 0$이다.

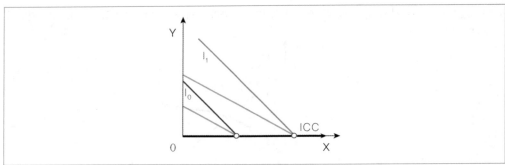

ⓛ $\left(\mathrm{MRS}_{XY} = \dfrac{a}{b}\right) < \dfrac{P_X}{P_Y}$인 경우: ICC는 Y축이므로 x = 0이다.

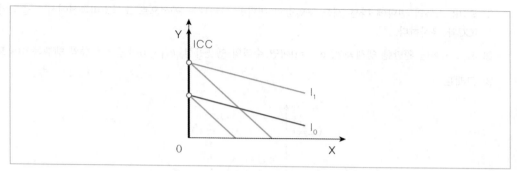

ⓒ $\left(\mathrm{MRS}_{XY} = \dfrac{a}{b}\right) = \dfrac{P_X}{P_Y}$인 경우: 무차별곡선 전체가 소비자균형점이므로 ICC는 XY 전 영역이다.

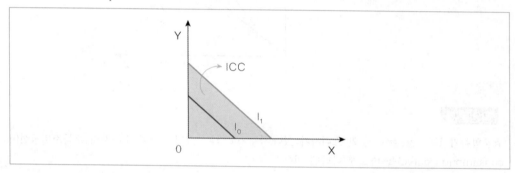

② 완전보완재: $U(X, Y) = \min\left[\dfrac{X}{a}, \dfrac{Y}{b}\right]$

  ㉠ 그래프

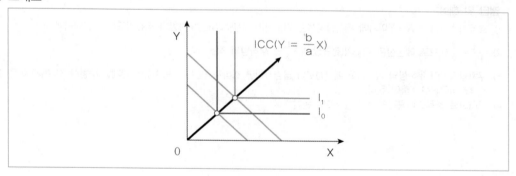

  ㉡ 소비자균형점은 항상 $Y = \dfrac{b}{a}X$ 위에서 이루어지므로 ICC는 $Y = \dfrac{b}{a}X$이다.

(5) 엥겔곡선(EC; Engel Curve)

① 의미: 소득의 변화에 따른 재화 구입량의 변화를 나타내는 곡선으로 소득소비곡선에서 도출되며 형태가 ICC와 유사하다.

② $e_M > 0$이면 완만한 엥겔곡선, $e_M = 0$이면 수직의 엥겔곡선, $e_M < 0$이면 좌상향의 엥겔곡선이 도출된다.

③ 그래프

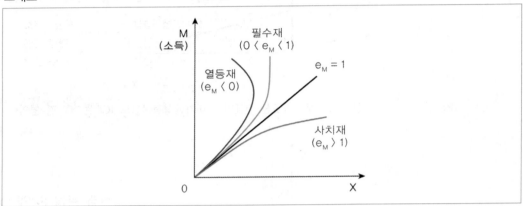

확인문제

효용함수가 $U(x, y) = x + y$인 소비자가 있다. $P_X = 1$, $P_Y = 2$일 때, 이 소비자의 소득소비곡선(income-consumption curve)을 바르게 나타낸 식은?

① $x = 0$　　　② $y = 0$　　　③ $y = \dfrac{1}{2}x$　　　④ $y = \dfrac{3}{2}x$　　　⑤ $y = 2x$

정답 및 해설

1) 효용함수가 $U = X + Y$이기에 무차별곡선은 기울기가 1(절댓값)인 우하향의 직선이므로 완전대체재이다.

2) $\dfrac{P_X}{P_Y} = \dfrac{1}{2}$이므로 예산선은 기울기(절댓값)가 $\dfrac{1}{2}$인 우하향의 직선이다.

3) 무차별곡선이 우하향의 직선이고 예산선보다 급경사이면 소비자균형은 소득수준에 관계없이 항상 X축에서 이루어지므로 소득소비곡선은 X축이 된다.

4) 그러므로 소득소비곡선의 식은 Y = 0이 된다.

정답: ②

2. 가격소비곡선(PCC: Price Consumption Curve)

(1) 가격소비곡선의 개념

① 가격소비곡선이란 가격이 변화함에 따른 소비자균형점을 연결한 곡선이다.

② 가격이 변하면 예산선이 회전이동한다.

(2) 가격소비곡선의 성질

① 재화가격의 변화에 따라 균형점이 이동하는 효과를 가격효과라 한다.

② 가격소비곡선은 수요의 가격탄력성에 따라 형태가 다르다.

③ 수요곡선이란 가격이 변할 때 재화구입량의 변화를 나타내는 곡선으로 가격소비곡선에서 도출한다.

(3) 수요의 가격탄력도에 따른 가격소비곡선의 형태

① $0 < e_d < 1$인 경우

㉠ 그래프

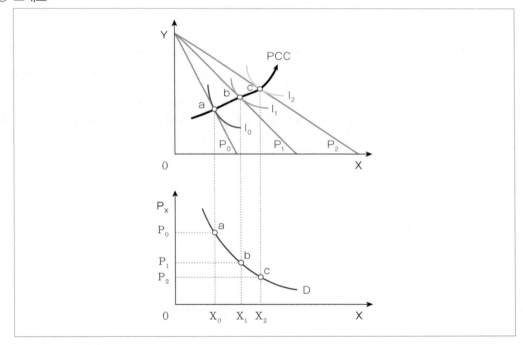

㉡ X재의 가격이 하락하면 예산선이 확장하면서 소비량이 증가한다. 하지만 수요의 가격탄력성이 비탄력적이므로 급격히 늘어나지는 않는다.

㉢ 가격소비곡선(PCC)은 우상향하며 수요곡선은 우하향한다.

② $e_d = 1$인 경우

  ㉠ 그래프

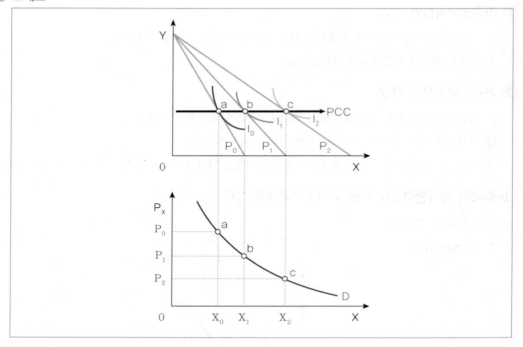

  ㉡ 수요의 가격탄력성이 단위탄력적이므로 가격이 변화하더라도 일정 금액을 소비한다.

  ㉢ 따라서 가격소비곡선(PCC)은 수평선이며 수요곡선은 직각쌍곡선이 된다.

③ $e_d > 1$인 경우

 ㉠ 그래프

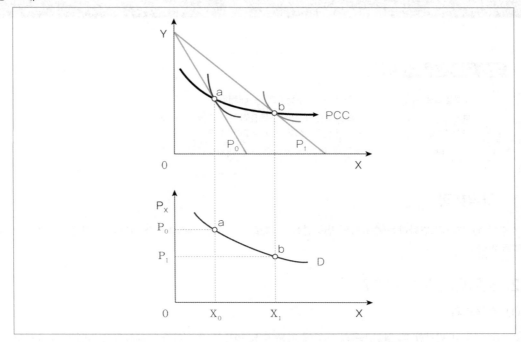

 ㉡ 수요의 가격탄력성이 탄력적이므로 X재의 가격이 하락할 때 급격히 X재의 소비량이 증가한다.

 ㉢ 가격소비곡선(PCC)은 우하향하며 (통상)수요곡선은 완만해진다.

확인문제

다음 중 설명으로 옳지 않은 것은?
① 소득소비곡선이 우상향하면 정상재이다.
② 소득소비곡선이 후방굴절하면 열등재이다.
③ 가격소비곡선이 수평이면 수요의 가격탄력성이 1이다.
④ 가격소비곡선이 우하향하면 수요의 가격탄력성이 1보다 크다.
⑤ 소득소비곡선으로 수요곡선, 가격소비곡선으로 엥겔곡선을 도출할 수 있다.

정답 및 해설

소득소비곡선으로 엥겔곡선, 가격소비곡선으로 수요곡선을 도출할 수 있다.

정답: ⑤

핵심 Check: 가격효과

가격효과의 구성	가격효과 = 소득효과 + 대체효과
통상수요곡선과 보상수요곡선	• 통상수요곡선은 소득효과와 대체효과 모두 반영 • 보상수요곡선은 대체효과만 반영
기펜재	열등재 중에서 소득효과가 대체효과보다 큰 재화

1. 가격효과

가격이 변화할 때 변화하는 수요량의 변동분을 가격효과라 한다. 가격효과가 나타나는 것은 소득효과와 대체효과 때문이다.

2. 소득효과와 대체효과

(1) 소득효과

① 가격이 변화할 때 실질소득의 변화에 따른 수요 변동분이다. 따라서 재화의 성격에 따라 소득효과의 방향이 달라진다.

② 가격이 하락하면 실질소득이 상승, 가격이 상승하면 실질소득이 하락한다.

③ 정상재인 경우 실질소득과 소비량이 비례한다.

④ 열등재인 경우 실질소득과 소비량이 반비례한다.

(2) 대체효과

① 가격이 변화할 때 상대가격 변화에 따른 수요량 변동분이다.

② 소비자의 선호가 정상적(MRS 체감)일 때 상대가격이 내린(상대적으로 싸진) 상품의 수요량은 반드시 증가한다.

③ 정리하면 상대가격이 내린 재화는 소비량을 늘리고 상대가격이 올라간 재화는 소비량을 줄인다.

3. 통상수요곡선과 보상수요곡선

(1) 통상수요곡선(= 보통수요곡선)

① 가격효과의 소득효과와 대체효과를 모두 고려하여 나타낸 수요곡선이다.

② 소득효과에 따라 수요법칙이 성립할 수도, 성립하지 않을 수도 있다.

(2) 보상수요곡선(Compensation demand curve)

① 가격효과에서 소득효과를 제외한 순수한 상대가격 변화의 효과만을 나타낸 수요곡선이다.

② 대체효과만을 고려한 수요곡선으로 현실적으로 관찰할 수 없는 가상수요곡선이다.

③ 대체효과만을 고려하므로 반드시 수요법칙이 성립한다.

(3) 보상의 종류

① 힉스 보상(효용보상): 가격 변경 전과 동일한 효용을 유지시켜주는 보상

② 슬러츠키 보상(구매력보상): 가격 변경 전과 동일한 소비점을 유지시켜주는 보상

4. 가격효과를 통한 수요곡선의 도출(단, 가격 하락을 가정)

(1) 정상재의 수요곡선

① 그래프

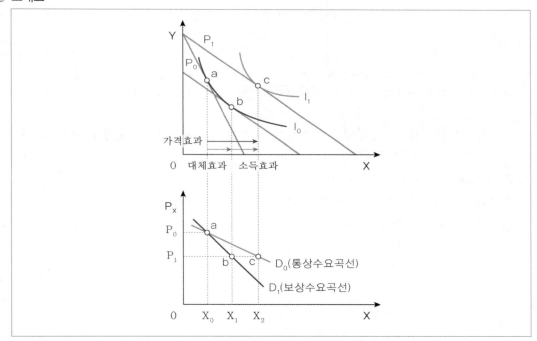

② 소득효과: 가격 하락 시 실질소득이 증가하고 이로 인해 수요량이 증가한다.

③ 대체효과: 가격이 하락하여 수요량이 증가한다.

④ 소득효과와 대체효과의 방향이 동일하므로 통상수요곡선이 보상수요곡선보다 완만하다.

⑤ 따라서 정상재는 수요법칙의 예외가 발생할 수 없다.

(2) 열등재의 수요곡선

① 그래프

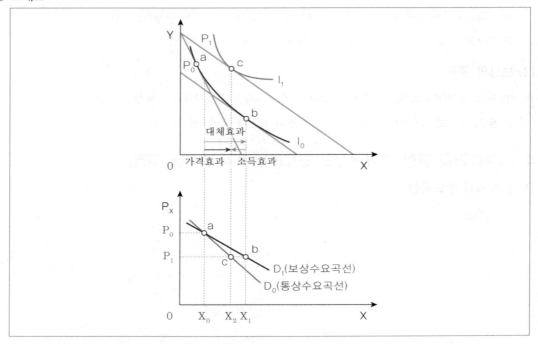

② **소득효과**: 가격 하락 시 실질소득이 증가하고 이로 인해 수요량이 감소한다. 열등재는 소득 증가 시 소비량이 줄어드는 재화이기 때문이다.

③ **대체효과**: 가격이 하락하여 수요량이 증가한다.

④ 소득효과와 대체효과가 반대방향이므로 통상수요곡선이 보상수요곡선보다 급경사이다.

⑤ 다만, 소득효과가 대체효과보다 작으므로 가격과 수요량의 관계는 우하향하여 수요법칙이 성립한다.

(3) 기펜재의 수요곡선

① 그래프

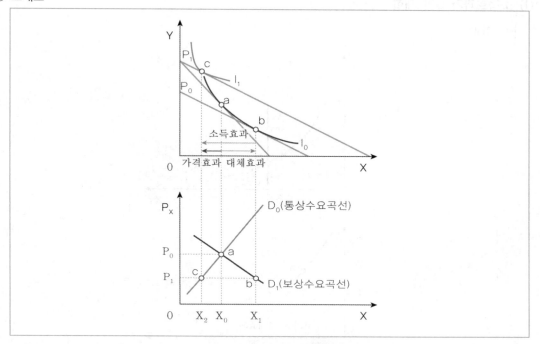

② **소득효과**: 가격 하락 시 실질소득이 증가하고 이로 인해 수요량이 감소한다. 열등재는 소득 증가 시 소비량이 줄어드는 재화이기 때문이다.

③ **대체효과**: 가격이 하락하여 수요량이 증가한다.

④ 소득효과와 대체효과가 반대방향이므로 소득효과가 대체효과보다 커서 수요법칙의 예외가 된다.

5. 소득효과와 가격효과가 0인 경우의 재화

(1) 소득효과가 0인 재화

① 그래프

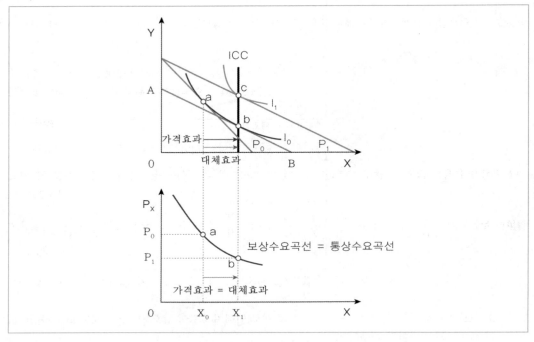

② 수요의 소득탄력성이 0이므로 소득이 변해도 수요에 영향을 주지 못한다.

③ 따라서 소득소비곡선(ICC)이 수직선이다.

④ 소득효과가 없으므로 통상수요곡선과 보상수요곡선이 일치한다.

(2) 가격효과가 0인 열등재

① 그래프

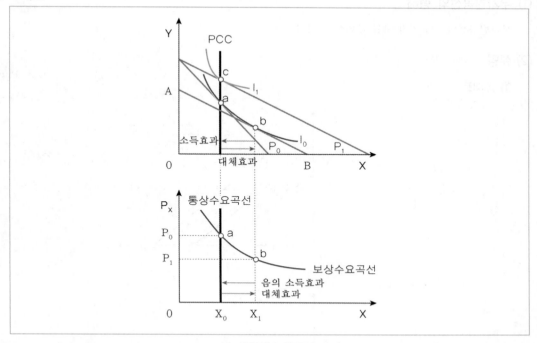

② 가격효과 = 소득효과 + 대체효과 = 0이다. 즉 재화는 열등재이어야 한다.

③ 가격 하락 시 열등재이므로 소득효과에 의해 소비량이 감소하고 대체효과에 의해 소비량이 증가하는데 이는 둘의 절댓값이 같은 경우이다.

④ 가격이 변해도 수요량에 변화가 없으므로 통상수요곡선이 수직선이다. 따라서 수요의 가격탄력성이 0이다.

⑤ 가격효과가 없으므로 가격소비곡선(PCC)이 수직선이다.

6. 효용함수가 $U(X, Y) = X + Y$인 경우의 수요곡선 도출

(1) 무차별곡선의 형태

무차별곡선의 기울기가 –1인 우하향의 직선이다.

(2) 설명

① 그래프

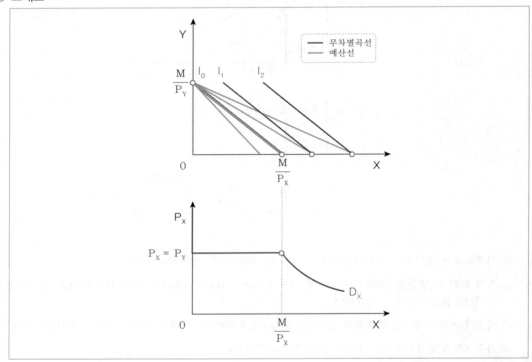

② $P_X > P_Y$이면 예산선이 무차별곡선보다 급경사이므로 주어진 소득으로 전부 Y재만 구입할 것이다.

③ $P_X = P_Y$이면 무차별곡선과 예산선이 겹치므로 예산선의 모든 점이 효용극대화 지점이다. 즉 0과 $\frac{M}{P_X}$ (= 주어진 예산으로 X만 구입할 때의 수량)의 사이의 임의값이 될 수 있다. 따라서 X재 수요곡선이 수평선이 된다.

④ $P_X < P_Y$이면 예산선이 무차별곡선보다 완만하므로 주어진 소득으로 전부 X재만 구입하게 된다. 따라서 수요함수가 $X = \frac{M}{P_X}$가 되어 직각쌍곡선의 형태가 된다.

X재 가격이 하락할 때 아래의 설명 중 옳지 않은 것은? (단, X재와 Y재만 존재하며 주어진 소득을 두 재화에 모두 소비한다)

① X재가 정상재인 경우 보상수요곡선은 보통수요곡선보다 더 가파르게 우하향하는 기울기를 가진다.

② X재가 열등재인 경우 보상수요곡선은 우상향한다.

③ X재가 기펜재인 경우 보통수요곡선은 우상향하고 보상수요곡선은 우하향한다.

④ X재의 소비량이 변하지 않았다면 X재는 열등재이다.

⑤ Y재의 소비량이 변하지 않았다면 Y재는 정상재이다.

정답 및 해설

1) 보통수요곡선은 소득효과와 대체효과를 모두 반영한 수요곡선이고, 보상수요곡선은 대체효과만 반영한 수요곡선이다.
2) 지문분석
   ② X재가 열등재인 경우 기펜재이면 보상수요곡선은 우상향한다. 다만 모든 열등재가 기펜재는 아니다.

   [오답체크]
   ① 정상재인 경우 소득효과와 대체효과 모두 동일방향이므로 보통수요곡선의 기울기가 더 완만하다.
   ③ X재가 기펜재인 경우 소득효과와 대체효과가 반대이다. 가격상승 시 소득효과에 의해 수요량이 증가하고 대체효과에 의해 수요량이 감소하므로 보통수요곡선은 우상향하고 보상수요곡선은 우하향한다.
   ④ X재의 가격이 하락하였으므로 대체효과에 의해 X재의 소비량이 증가한다. X재의 소비량이 변하지 않았다면 소득효과에 의해 X재의 소비량이 감소하므로 X재는 열등재이다.
   ⑤ X재의 가격이 하락하였으므로 대체효과에 의해 Y재의 소비량이 감소한다. Y재의 소비량이 변하지 않았다면 소득효과에 의해 Y재의 소비가 증가하였으므로 Y재는 정상재이다.

정답: ②

핵심 Check: 사회보장제도

개인의 효용 증가	소득보조 ≥ 현물보조 > 가격보조
정부의 목표 달성	소득보조 < 현물보조 ≤ 가격보조

1. 현금보조와 현물보조, 가격보조

(1) 현금(소득)보조

① 현금보조란 정부가 저소득계층을 위하여 현금을 보조하는 것이다.

② 현금보조가 이루어지면 그 금액만큼 예산선이 바깥쪽으로 평행이동한다.

(2) 현물보조

① 현물보조란 정부가 저소득계층을 위하여 쌀과 같은 현물(X재)을 보조하는 것이다.

② 현물보조가 이루어지면 그 수량의 금액만큼 예산선이 오른쪽으로 수평이동한다.

③ 교육바우처 제도

  ㉠ 특정 연령대 아동을 양육하는 학부모에게 공립과 사립의 유형과 관계없이 학비로 사용될 수 있는 일정액의 쿠폰을 제공하는 제도이다.

  ㉡ 장점: 각자의 선호에 맞는 교육을 선택할 수 있음, 공립학교의 발전 가능성 커짐 등

  ㉢ 단점: 공통 프로그램의 편액 감소, 공립학교에 열등한 학생만 남아 공립학교의 질이 나빠질 가능성 커짐 등

(3) 가격보조

① 가격보조란 특정 재화를 구입할 때 할인하여 보조하는 것이다.

② 재화의 가격이 하락한 효과와 같으므로 예산선은 회전이동하게 된다.

2. 보조의 효과 비교

(1) 현금보조와 현물보조의 비교 - Y재를 덜 선호하는 경우

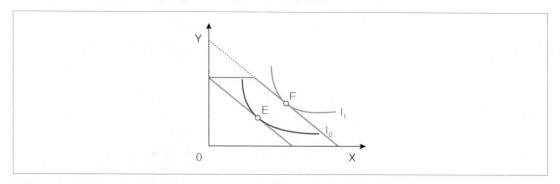

현금보조(F점) = 현물보조(F점)이므로 현금보조와 현물보조의 효과가 동일하다.

(2) 현금보조와 현물보조의 비교 - Y재를 더 선호하는 경우

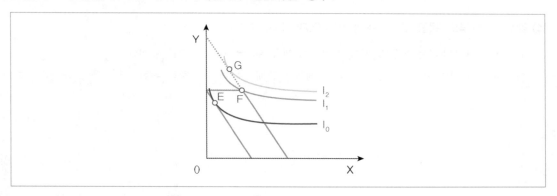

① 현금보조(G점) > 현물보조(F점)이므로 현금보조의 효용이 더 크다.

② 현금보조의 효용이 큰 이유는 소비자의 선택권이 존중되기 때문이다.

(3) 현금보조와 가격보조의 비교 - 보조금 지급금액이 동일할 때

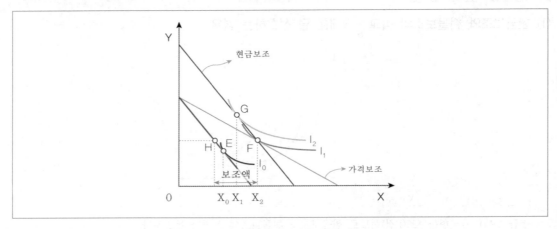

① 현금보조(G점) > 가격보조(F점)이므로 현금보조의 효용이 더 크다.

② 두 재화가 완전보완재인 경우 현금보조와 가격보조의 효과가 동일하다.

(4) 결론 - 정부의 목표 달성 효과 비교(X재 소비 증진)

① Y재를 더 선호하는 경우(무차별곡선이 상방에 존재) ➔ 가격 > 현물 > 현금

② Y재를 덜 선호하는 경우(무차별곡선이 하방에 존재) ➔ 가격 > 현물 = 현금

다음 중 현금보조, 현물보조, 가격보조에 대한 설명으로 옳지 않은 것은?

① 현물보조의 대표적인 항목에는 의무교육, 의료, 주거 등 가치재들이 포함된다.

② 현물보조를 사용하는 주된 이유는 해당 현물의 소비가 바람직하다고 생각하기 때문이다.

③ 정책목표가 개인들의 효용증대에 있다면 소득지원 정책보다는 가격보조 정책이 더 효과적이다.

④ 정책목표가 대상자의 식품소비 증대에 있다면 가격보조 정책이 소득지원 정책보다 더 효과적이다.

정답 및 해설

정책목표가 개인들의 효용증대에 있다면 자유롭게 선택할 수 있는 소득지원 정책이 가격보조 정책보다 더 효과적이다.

[오답체크]

① 현물보조는 의무교육, 의료, 주거 등 가치재들을 포함하여 제공한다.

② 현물보조를 사용하는 주된 이유는 해당 현물의 소비가 바람직하다고 생각하기 때문이다.

④ 정책목표가 대상자의 식품소비 증대에 있다면 가격보조 > 현물보조 > 현금보조 순으로 효과적이다.

정답: ③

이자율 변화 시 예산선의 변화	최초 부존점을 통과하면서 회전이동
효용극대화 조건	$MRS_{c_1 c_2} = 1 + r$
이자율 상승 시 저축자	• 소득효과: 실질소득 증가로 현재소비 증가 • 대체효과: 현재소비의 상대가격 상승으로 현재소비 감소

1. 개념과 예산선

(1) 개념

소비는 현재 시점의 소득에만 의존하는 것이 아니라 소비자의 전 생애에 걸쳐서 자산을 효율적으로 배분하여 효용을 극대화하는 과정에서 소비가 이루어진다고 보고 이를 연구한 피셔의 이론이다.

(2) 예산선

① 현재소득 Y_1, 미래소득 Y_2, 현재소비 C_1, 미래소비 C_2라 하고 이자율 r로 차입과 대출이 가능하다고 가정한다.

② 현재시점을 기준으로 한 경우: 미래소비와 미래소득은 현재소득으로 할인해야 한다.

$$C_1 + \frac{C_2}{1+r} = Y_1 + \frac{Y_2}{1+r}$$

③ 미래시점을 기준으로 한 경우: 현재소비와 현재소득을 이자율을 붙여 할증해야 한다.

$$(1+r)C_1 + C_2 = Y_1(1+r) + Y_2$$

④ 두 경우 모두 X축을 현재소비 C_1, Y축을 미래소비 C_2로 놓으면 $C_2 = -(1+r)C_1 + Y_1(1+r) + Y_2$이다.

2. 효용극대화 조건

(1) 기본모형

$$\max : U = U(C_1, C_2)$$
$$\text{s. t (제약조건): } (1+r)C_1 + C_2 = Y_1(1+r) + Y_2$$

(2) 소비자균형 조건

$$\underset{\text{무차별곡선의 기울기}}{\mathrm{MRS}_{c_1c_2}} \quad = \quad \underset{\text{예산선의 기울기}}{\frac{1+r}{}}$$

(3) 그래프

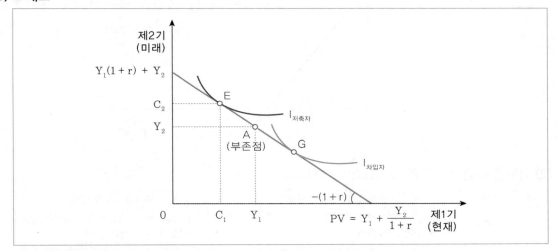

① 부존점(차입도 저축도 하지 않는 점: A점)을 지나고 가로축 절편은 $Y_1(1+r) + Y_2$이고 기울기는 $-(1+r)$인 우하향하는 직선이다.

② 가로축 절편 = 소득의 현재가치, 세로축 절편 = 소득의 미래가치

③ 저축자: 소비자균형점(E점)이면 현재소득보다 적게 소비($Y_1 > C_1$)한다.

④ 차입자: 소비자균형점(G점)이면 현재소득보다 많게 소비($Y_1 < C_1$)한다.

3. 이자율 변화에 따른 소비자균형점의 변화

(1) 이자율 상승의 효과

① 이자율 상승은 총소득의 현재가치($Y_1 + \dfrac{Y_2}{1+r}$)를 감소시키고 미래가치[$Y_1(1+r) + Y_2$]를 증가시키므로 다음과 같이 부존점(A)을 회전축으로 예산선을 회전이동시킨다.

② 회전이동의 이유: 이자율의 변동과 관계없이 현재소득만큼 소비가 가능하기 때문이다.

③ 그래프

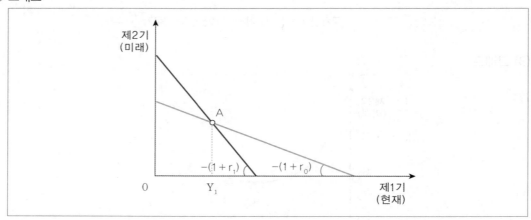

(2) 이자율 상승으로 인한 소득효과와 대체효과

구분	소득효과(소비는 정상재)	대체효과(차이 없음)
저축자	이자율 상승 ➔ 이자수입 증가 ➔ 소득 증가 ➔ 현재소비 증가	이자율 상승 ➔ 현재소비의 기회비용 상승 ➔ 현재소비 감소(저축 증가)
차입자	이자율 상승 ➔ 이자부담 증가 ➔ 소득 감소 ➔ 현재소비 감소	이자율 상승 ➔ 현재소비의 기회비용 상승 ➔ 현재소비 감소(차입 감소)

4. 이자율 상승 시 소득효과와 대체효과의 크기에 의한 소비의 변화

(1) 저축자(소득효과 > 대체효과)

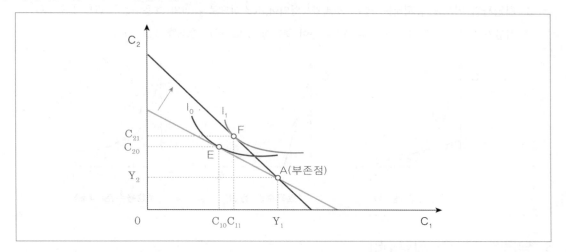

① 소득효과에 의해 현재소비가 증가하고 대체효과에 의해 현재소비가 감소한다.

② 소득효과가 더 큰 경우 현재소비가 증가하여 소비자균형점이 E점 ➡ F점으로 이동한다.

③ 저축이 감소하여 C_{10} ➡ C_{11}으로 이동하므로 현재소비가 증가한다. (저축 감소)

④ 이자율 상승으로 C_{20} ➡ C_{21}으로 이동하므로 미래소비도 증가한다.

(2) 저축자(소득효과 < 대체효과)

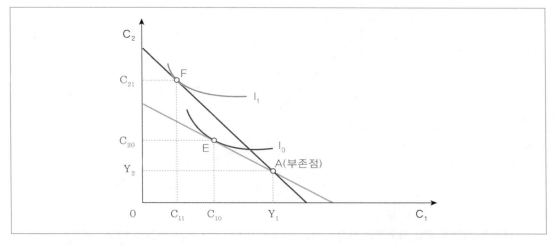

① 소득효과에 의해 현재소비가 증가하고 대체효과에 의해 현재소비가 감소한다.

② 대체효과가 더 큰 경우 현재소비가 감소하여 소비자균형점이 E점 ➡ F점으로 이동한다.

③ 저축이 증가하여 C_{10} ➡ C_{11}으로 이동하므로 현재소비가 감소한다. (저축 증가)

④ 이자율 상승으로 C_{20} ➡ C_{21}으로 이동하므로 미래소비가 크게 증가한다.

(3) 차입자

① 이자율 상승 시 차입자의 소비가능영역이 줄어들게 된다.

② 차입자의 위치를 유지하는 경우: 소비가능영역이 축소되므로 개인의 효용수준은 반드시 감소한다.

③ 차입자가 저축자로 바뀌는 경우 효용수준이 증가할 수도 있고 감소할 수도 있다.

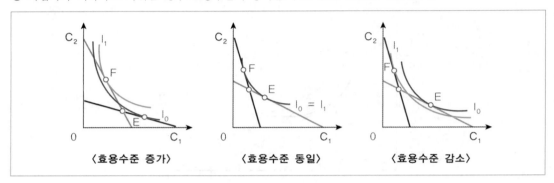

5. 유동성 제약과 최적소비

(1) 유동성 제약(Liquidity constraint)

제1기의 소비를 위해서 제2기의 소득으로부터 자금을 빌려오는 것이 불가능한 경우, 즉 현재의 소비지출을 현재의 소득수준 내에서만 이루어져야 하는 경우를 의미한다.

(2) 유동성 제약에서의 저축자와 차입자의 최적소비

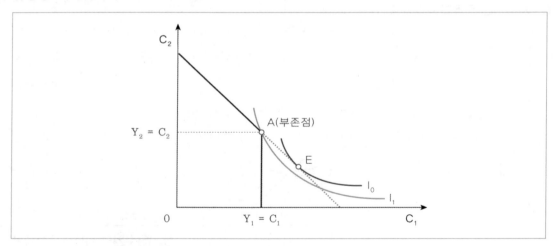

① 유동성 제약이 없는 경우에는 최적소비는 E점에서 이루어지며 이때 무차별곡선은 I_0이다.

② 유동성 제약이 있는 경우에는 최적소비는 부존점인 A에서 이루어지며 이때 무차별곡선은 I_1이다.

③ 유동성 제약이 없는 경우가 더 높은 효용을 누릴 수 있다.

피셔의 2기간모형에서 소비자의 효용함수는 $U = 4\sqrt{C_1 C_2}$ 로 주어져 있다. 효용극대화를 추구하는 소비자는 첫 번째 기에서만 소득 Y를 얻고 두 번째 기에는 소득이 없다. 소비자의 각 기의 소비(C_1과 C_2)에 대한 설명 중 옳은 것은? (단, 저축에 대한 이자율은 양수이다)

ㄱ. 이 소비자의 예산제약은 $C_1 + \dfrac{C_2}{1+r} = Y$이다.

ㄴ. 최적 소비 조합은 $C_1 = C_2$이다.

ㄷ. 첫 번째 기의 최적 소비는 $C_1 = Y/2$이다.

ㄹ. 이자율이 하락하면 두 번째 기의 소비는 증가한다.

① ㄱ, ㄴ   ② ㄱ, ㄷ   ③ ㄴ, ㄷ   ④ ㄴ, ㄹ   ⑤ ㄷ, ㄹ

정답 및 해설

1) 예산제약식은 미래소득이 없으므로 $C_1 + \dfrac{C_2}{1+r} = Y$이다.

2) $MRS_{c1c2} = \dfrac{MU_{c1}}{MU_{c2}} = \dfrac{c_2}{c_1}$ 이다.

3) 소비자균형은 $1+r = \dfrac{c_2}{c_1}$ → $c_2 = (1+r)c_1$ → 이를 예산선에 대입하면 $C_1 = Y/2$이다.

4) $c_2 = (1+r)c_1$이므로 이자율이 상승하면 두 번째 기의 소비는 증가한다.

정답: ②

핵심 Check: 노동공급곡선

효용극대화 조건	$MRS_{lM} = w$
여가가 정상재인 경우 임금 상승 시 노동공급	소득효과는 노동공급을 줄이고 대체효과는 노동공급을 늘려 두 효과의 크기에 따라 달라짐
여가가 열등재인 경우 임금 상승 시 노동공급	소득효과와 대체효과 모두 노동공급을 늘림

1. 노동공급량의 결정요인

(1) 분석단위

노동공급, 저축, 위험부담 모두 개인이 분석단위가 된다.

(2) 노동공급량의 결정요인

① 사람마다 유보임금률(reservation wage rate)이 있어 실제의 임금률이 자신이 원하는 이상이어야만 노동시장에 참여한다고 볼 수 있다.

② 조세는 세금을 내고 난 후의 순임금률을 떨어뜨리는 결과를 가져옴으로써 노동시장 참여와 관련된 결정에 영향을 미친다.

③ 사례: 어떤 사람의 유보임금률이 시간당 10,000원이라고 할 때 조세를 부과하여 시간당 9,000원이 되면 노동을 하지 않을 것이다.

2. 개인의 선택과 노동공급

(1) 가정

① 하루 중 여가와 노동시간의 합은 24시간, 여가시간 = l, 이때 노동시간(L) = 24 - l이다.

② 문제에 따라 여가시간, 소득 등을 다양하게 가정하므로 유의하자.

(2) 효용극대화

① 예산제약

$$max : \ U = U(l, M)$$
$$s. \ t(제약조건): \ M = wL = w(24 - l) \ 즉, \ M = -wl + 24w, \ w는 임금률, \ M은 소득$$

② 효용극대화 조건: $MRS_{lM} = w$, 즉 무차별곡선의 기울기가 w(임금)와 같을 때 성립한다.

3. 임금 상승의 효과

(1) 대체효과와 소득효과

① 대체효과

실질임금 상승 ➜ 여가의 상대가격 상승 ➜ 여가소비 감소 ➜ 노동공급 증가

② 소득효과

㉠ 여가가 정상재인 경우: 실질임금 상승 ➜ 실질소득 상승 ➜ 여가소비 증가 ➜ 노동공급 감소

㉡ 여가가 열등재인 경우: 실질임금 상승 ➜ 실질소득 상승 ➜ 여가소비 감소 ➜ 노동공급 증가

(2) 여가가 정상재 - 노동공급이 증가하는 경우(대체효과 > 소득효과)

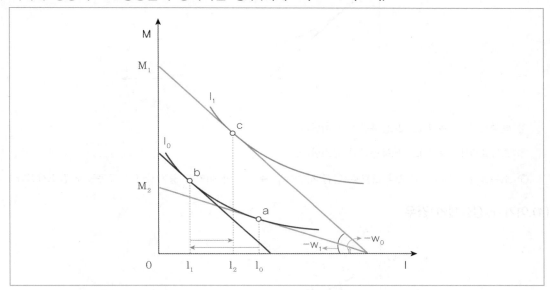

① 대체효과(l_0 ➜ l_1)로 여가소비가 감소하여 노동공급이 늘어난다.

② 소득효과(l_1 ➜ l_2)로 여가소비가 증가하여 노동공급이 감소한다.

③ 대체효과가 소득효과보다 크므로 임금 상승(w_0 ➜ w_1)이 여가를 감소시켜 노동공급을 증가시킨다.

(3) 여가가 정상재 - 노동공급이 감소하는 경우(대체효과 < 소득효과)

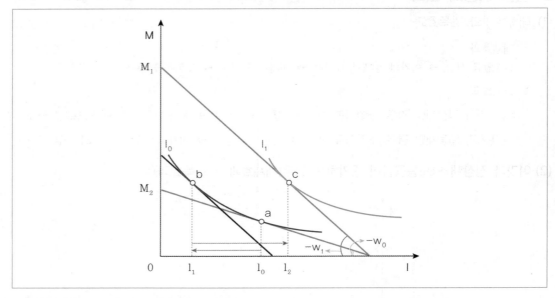

① 대체효과(l_0 ➡ l_1)로 노동공급이 늘어난다.

② 소득효과(l_1 ➡ l_2)로 노동공급이 감소한다.

③ 소득효과가 대체효과보다 크므로 임금 상승(w_0 ➡ w_1)이 여가를 증가시켜 노동공급을 감소시킨다.

(4) 여가가 정상재인 경우

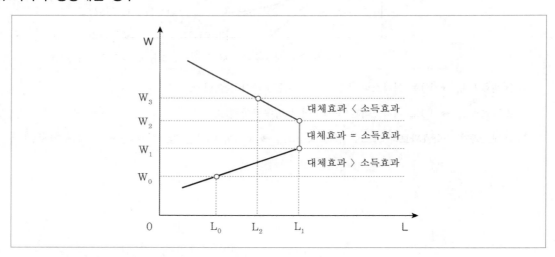

① 임금 상승 ➡ 대체효과 > 소득효과 ➡ 우상향

② 임금 상승 ➡ 대체효과 = 소득효과 ➡ 수직선

③ 임금 상승 ➡ 대체효과 < 소득효과 ➡ 후방굴절

(5) 여가가 열등재인 경우

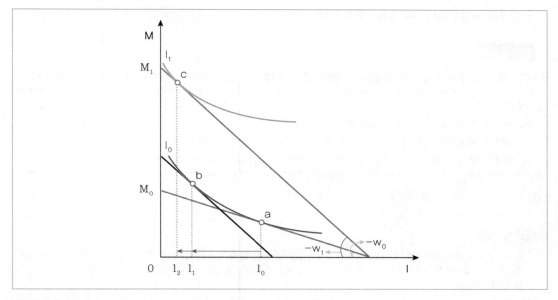

① 대체효과(l_0 ➡ l_1)로 여가소비가 감소하여 노동공급이 늘어난다.

② 소득효과(l_1 ➡ l_2)로 여가소비가 감소하여 노동공급이 늘어난다.

③ 소득효과와 대체효과 모두 노동공급을 증가시키므로 임금 상승(w_0 ➡ w_1)이 여가를 감소시켜 노동공급을 증가시킨다.

4. 이자율 변화와 노동공급

(1) 이자율 상승의 대체효과와 소득효과

① 대체효과: 이자율 상승 ➡ 현재 노동의 상대가치 상승 ➡ 현재 노동공급 증가

② 소득효과(단, 여가가 정상재인 경우)

    ㉠ 저축자: 이자율 상승 ➡ 이자수입 증가 ➡ 소득 증가 ➡ 정상재인 여가소비 증가 ➡ 현재 노동공급 감소

    ㉡ 차입자: 이자율 상승 ➡ 이자지출 증가 ➡ 소득 감소 ➡ 정상재인 여가소비 감소 ➡ 현재 노동공급 증가

(2) 이자율 변화와 저축자의 노동공급

① 저축자(소득효과 > 대체효과): 이자율 상승 ➡ 현재 노동공급 감소

② 저축자(소득효과 < 대체효과): 이자율 상승 ➡ 현재 노동공급 증가

③ 결국 이자율 상승이 노동공급에 미치는 최종적인 효과는 소득효과와 대체효과의 상대적 크기에 따라 결정될 것이다.

(3) 이자율 변화와 차입자의 노동공급

차입자는 이자율 상승 ➜ 소득효과와 대체효과 모두 현재 노동공급 증가

확인문제

소득 - 여가 모형에서 유도된 노동공급곡선에 관한 설명으로 옳은 것을 <보기>에서 모두 고른 것은?

<보기>
ㄱ. 여가가 열등재일 경우 노동공급곡선은 우하향한다.
ㄴ. 여가가 정상재이고 임금이 상승할 때 대체효과가 소득효과를 능가한다면 노동의 공급은 증가한다.
ㄷ. 임금이 변화할 때 소득에 대한 노동의 한계대체율이 노동공급곡선을 의미한다.

① ㄱ　　　　② ㄱ, ㄴ　　　　③ ㄱ, ㄷ　　　　④ ㄴ　　　　⑤ ㄴ, ㄷ

정답 및 해설

ㄴ. 임금이 상승하면 여가의 상대가격이 상승하므로 대체효과는 여가를 줄이고 노동공급을 증가시킨다. 반면 소득이 증가하였으므로 소득효과에 의해 여가가 정상재이면 여가를 늘리고 노동공급을 줄인다. 노동공급이 증가하려면 대체효과가 더 커야 한다.

[오답체크]
ㄱ. 여가가 열등재일 경우 노동공급곡선은 우상향한다.
ㄷ. 임금이 변화할 때 여가와 노동의 한계대체율과 관련이 있다.

정답: ④

10 현시선호이론

핵심 Check: 현시선호이론

약공리	만약 한 상품묶음인 Q_0가 Q_1보다 직접 현시선호되면 어떠한 경우라도 Q_1이 Q_0보다 직접 현시선호될 수 없음

1. 개념

(1) 기본가정

소비자는 단지 소비행위에 있어 합리성과 일관성을 가진다는 것이다.

(2) 효용의 불가측성

① 효용은 소비자의 주관적 만족감이므로 객관적으로 측정할 수 없고 비교하기도 어렵다.

② 현시선호이론에서는 소비자의 효용함수를 기수적으로든 서수적으로든 고려하지 않고, 소비자의 소득(예산)과 시장가격에 따라 결정되는 예산선(소득제약)만 이용하여 소비행위를 분석한다.

③ 현시선호이론에 의해 도출된 수요법칙은 앞의 두 소비자이론과 동일하다.

(3) 현시선호와 효용극대화

① 현시선호(revealed preference)란 주어진 소득과 시장가격하에서 소비자의 실제 소비행위를 말한다.

② 현시선호이론에서는 소비자가 모든 소비행위를 할 때 자신의 효용을 극대화하려고 노력할 것이므로 소비자의 실제 소비행위(구매량)를 효용극대화의 결과로 간주한다.

2. 효용함수가 갖추어야 할 기본적인 가정

(1) 완비성(Completeness)

두 상품묶음 중에서 어느 묶음을 더 선호하는지를 또는 아무런 차이가 없는지를 판단할 수 있는 성질이다.

예 짜장면보다 짬뽕을 더 선호한다면 완비성을 가지고 있는 것이다.

(2) 이행성(Transitivity)

일관된 행동을 하는 것으로 A ≥ B이고 B ≥ C이면 반드시 A ≥ C가 성립한다는 것이다.

예 자장면 < 짬뽕, 짬뽕 < 탕수육이라면 자장면 < 탕수육이 되는 것이 이행성이 있는 것이다.

(3) 연속성(Continuity)

① 소비자의 선호가 갑작스런 변화 없이 연속적으로 변화하는 것을 의미한다.

② 사전편찬식 선호는 연속성이 없으므로 효용함수를 도출할 수 없다.

③ 사전편찬식 선호

　　㉠ 두 개의 재화묶음 (X_1, Y_1)과 (X_2, Y_2) 간에 $X_1 > X_2$이거나 $X_1 = X_2$일 경우 $Y_1 > Y_2$이면 재화묶음 (X_1, Y_1)이 (X_2, Y_2)보다 선호되는 것을 의미한다.

　　㉡ 아래의 그래프에서 (2, 3)을 A점, (3, 3)을 B점, (3, 2)점을 C점이라 하자 현재 효용의 크기는 B > C > A이다.

　　㉢ A점에서 B점으로 이동하면서 X재의 소비량이 서서히 늘어나므로 효용이 연속적으로 증가한다. 그러나 B점으로 오는 순간 C점을 거치지 않고 효용이 커지므로 연속성이 충족되지 않는다.

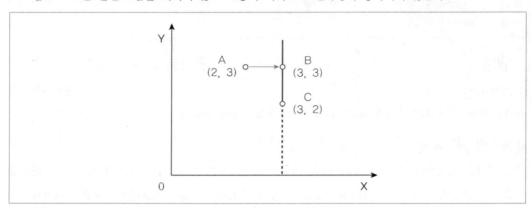

(4) 강단조성(Strong Monotonicity)

① 많으면 많을수록 더 좋다는 의미이다.

② 즉, 다다익선이 성립한다.

3. 직접적인 현시선호와 간접적인 현시선호

(1) 직접적인 현시선호

① 그래프

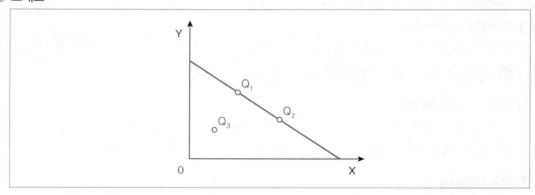

② $Q_1 > Q_2$: 주어진 예산집합에서 Q_1을 선택했다면 Q_1을 직접 현시선호되었다고 한다.

(2) 간접적인 현시선호

① 그래프

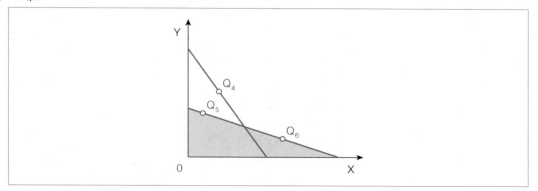

② $Q_4 > Q_6$: 상이한 예산집합에서 Q_4를 선택하였다면 Q_4를 간접 현시선호되었다고 한다.

4. 약공리와 강공리

(1) 약공리

① 약공리는 현시선호이론에서의 가장 기본적인 가정이다.

② 약공리: 만약 한 상품묶음인 Q_0가 Q_1보다 직접 현시선호되면 어떠한 경우라도 Q_1이 Q_0보다 직접 현시선호될 수 없다.

③ 이는 소비행위에 일관성을 보장하는 공리이다.

④ 최초의 구입점 Q_0, 예산선이 AB에서 CD로 바뀌는 경우

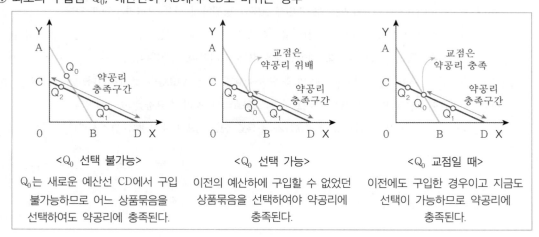

<Q_0 선택 불가능>	<Q_0 선택 가능>	<Q_0 교점일 때>
Q_0는 새로운 예산선 CD에서 구입 불가능하므로 어느 상품묶음을 선택하여도 약공리에 충족된다.	이전의 예산하에 구입할 수 없었던 상품묶음을 선택하여야 약공리에 충족된다.	이전에도 구입한 경우이고 지금도 선택이 가능하므로 약공리에 충족된다.

(2) 강공리

① 강공리는 재화묶음이 2개 이상일 때 사용하는 공리로 다음과 같이 나타낼 수 있다.

② 강공리: 재화묶음 Q_0가 Q_2에 대하여 간접적으로 현시선호되면 Q_2가 Q_0보다 간접적으로 현시선호될 수 없다.

③ 강공리가 성립하면 약공리는 자동적으로 성립하게 되므로 이를 이행성의 공리라고도 한다.

5. 수요곡선과 무차별곡선의 도출

(1) 수요곡선의 도출

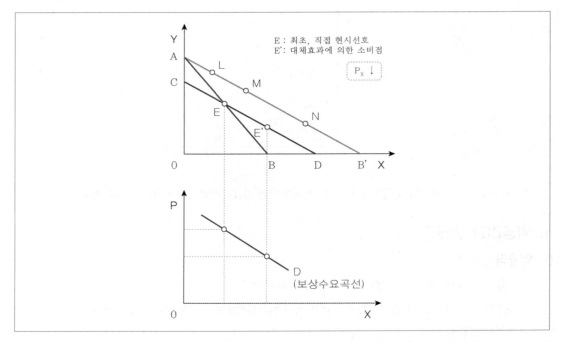

① 주어진 예산집합에서 E점을 직접 현시선호하고 있을 때 X재 가격이 하락하면 소비자는 새로운 예산선상 (AB′)에서 소비하게 된다.

② 이때 가격변화에 따른 대체효과를 보기 위해 AB′와 평행하게 선을 그리면 CD가 된다.

③ 대체효과는 항상 가격 하락 시 수요량이 증가하므로 보상수요곡선은 위 그래프와 같이 우하향한다.

④ 통상(= 보통)수요곡선은 소득효과와 대체효과를 모두 고려하여 도출된다.

⑤ 실제 소비점이 N이라면 정상재로 대체효과와 소득효과 모두 수요량을 증가시킨다.

⑥ 실제 소비점이 M이라면 열등재로 대체효과가 소득효과보다 커 수요량을 증가시킨다.

⑦ 실제 소비점이 L이라면 기펜재로 대체효과가 소득효과보다 작아 수요량을 감소시킨다.

(2) 무차별곡선의 도출

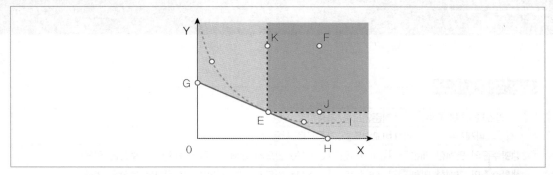

① 소비자가 주어진 예산집합에서 E점을 직접 현시선호했다면 예산집합 안의 다른 소비점(G, H 등)은 E점보다 효용이 낮다는 것을 의미한다.

② E점보다 우상방의 소비점(K, J, F 등)은 E점보다 소비량이 많으므로 효용이 높은 소비점이다.

③ E점과 효용이 같을 가능성이 있는 소비점은 E점(또는 원점)에 대하여 볼록한 영역에 속해 있을 수밖에 없다.

④ 이와 같이 현시선호이론에 의해서도 한계대체율(MRS)이 체감하는 원점에 볼록한 무차별곡선이 도출된다.

확인문제

최초의 예산선에서 X재의 가격은 하락하고 Y재의 가격은 상승했다고 가정할 때 현시선호이론과 관련된 다음 설명 중 옳은 것은?

① 가격 변화 후에 소득이 증가하고 X재에 대한 소비가 감소하면 약공리에 위배된다.

② 소비자의 소득이 두 기간에 동일하며, 가격 변화 후에 X재에 대한 소비가 감소하였더라도 약공리에 위배된다.

③ 소비조합이 가격 변화 전 (3, 3)에서 가격 변화 후 (4, 2)로 바뀐 경우 약공리에 위배되지 않을 수 있다.

④ 현시선호이론은 서수적 효용을 기반으로 하는 이론이다.

정답 및 해설

예산선의 기울기가 변하여 최초의 소비점에서 구매하기 어려워진 경우 기존의 소비조합이 아닌 새로운 소비조합이라면 약공리에 위배되지 않는다.

[오답체크]

① 소득의 변화와 상관없이 새로운 소비점이 새로운 예산선 중 기존의 예산집합에 포함되는 부분에만 위치하지 않는다면 약공리에 위배되지 않는다. 따라서 소득이 증가하고 X재 소비가 감소하더라도 약공리에 위배되지 않을 수 있다.

② 소득의 변화와 상관없이 새로운 소비점이 새로운 예산선 중 기존의 예산집합에 포함되는 부분에만 위치하지 않는다면 약공리에 위배되지 않는다. 따라서 소득이 불변이고 X재 소비가 감소하더라도 약공리에 위배되지 않을 수 있다.

④ 서수적 효용을 기반으로 하는 이론은 무차별곡선이론이다.

정답: ③

11 지수

라스파이레스지수	기준연도를 가중치로 사용
파셰지수	비교연도를 가중치로 사용
생활수준의 명백한 개선	$P_Q \geq 1$ (단, $P_Q < 1$는 반드시 생활수준이 악화된다는 보장은 없음)
생활수준의 명백한 악화	$L_Q \leq 1$ (단, $L_Q > 1$는 반드시 생활수준이 개선된다는 보장은 없음)

1. 지수의 의미와 종류

(1) 의미

① 시점 간 소비지출액을 비교하여 후생변화를 평가하고자 하는 지표이다.

② 소비지출액 = P · Q로 구성된다. 여기서 P는 재화의 가격, Q는 재화의 수량이다.

③ 모형에서는 2가지 재화로 구성되어 있으므로 가격과 수량 모두 2가지가 존재한다.

(2) 종류

① 수량지수와 가격지수: 소비지출액은 소비량과 가격의 곱이므로 수량변화를 중심으로 측정하는 수량지수와 가격변화를 중심으로 측정하는 가격지수가 있다.

② 라스파이레스지수와 파셰지수(기준연도를 0, 비교연도를 t로 가정한다): 두 지수는 측정기준을 어느 시점으로 하는가에 따라 라스파이레스지수(기준시점기준)와 파셰지수(비교시점기준)로 나뉜다.

구분	라스파이레스(기준연도)	파셰(비교연도)
수량지수	$L_Q = \dfrac{P_0 \cdot Q_t}{P_0 \cdot Q_0}$	$P_Q = \dfrac{P_t \cdot Q_t}{P_t \cdot Q_0}$
가격지수	$L_P = \dfrac{P_t \cdot Q_0}{P_0 \cdot Q_0}$	$P_P = \dfrac{P_t \cdot Q_t}{P_0 \cdot Q_t}$

2. 수량지수에 의한 생활수준변화의 평가

(1) 지수별 비교(Q_0 ➔ Q_t)

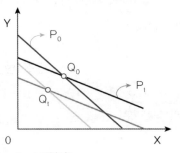

- $L_Q < 1$(악화)
- P_0 기준, 소비영역 축소
- P_t 기준, 소비영역 축소

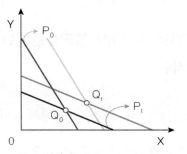

- $P_Q > 1$(개선)
- P_0 기준, 소비영역 확대
- P_t 기준, 소비영역 확대

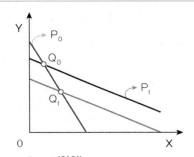

- $L_Q = 1$(악화)
- P_0 기준, 소비영역 불변
- P_t 기준, 소비영역 축소

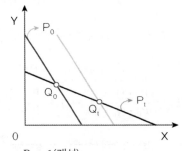

- $P_Q = 1$(개선)
- P_0 기준, 소비영역 불변
- P_t 기준, 소비영역 확대

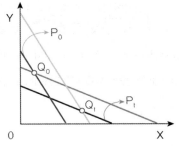

- $L_Q > 1$(불분명)
- P_0 기준, 소비영역 확대
- P_t 기준, 소비영역 축소

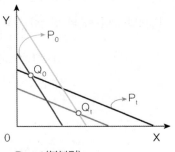

- $P_Q < 1$(불분명)
- P_0 기준, 소비영역 축소
- P_t 기준, 소비영역 확대

소비자이론

제3장

해커스공기업 쉽게 끝내는 경제학 기본서

(2) 명백한 개선과 명백한 악화

① 생활수준의 명백한 개선: $P_Q \geq 1$ (단, $P_Q < 1$는 반드시 생활수준이 악화된다는 보장은 없음)

② 생활수준의 명백한 악화: $L_Q \leq 1$ (단, $L_Q > 1$는 반드시 생활수준이 개선된다는 보장은 없음)

3. 가격지수에 의한 생활수준변화의 평가

(1) 소득지수

$$N = \frac{\text{비교연도 명목소득}}{\text{기준연도 명목소득}} = \frac{P_t \cdot Q_t}{P_0 \cdot Q_0}$$

(2) 수량지수와 소득지수를 통한 증명

① 생활수준의 명백한 개선은 $P_Q \geq 1$이다.

㉠ $P_Q = \dfrac{P_t \cdot Q_t}{P_t \cdot Q_0} \geq 1$ ➔ 1을 $\dfrac{P_0 \cdot Q_0}{P_0 \cdot Q_0}$로 변형하면 $\dfrac{P_t \cdot Q_t}{P_t \cdot Q_0} \geq \dfrac{P_0 \cdot Q_0}{P_0 \cdot Q_0}$이다.

㉡ 이를 소득지수의 형태로 변형하면 $\dfrac{P_t \cdot Q_t}{P_0 \cdot Q_0} \geq \dfrac{P_t \cdot Q_0}{P_0 \cdot Q_0}$ ➔ $N \geq L_P$이다.

② 생활수준 명백한 악화는 $L_Q \leq 1$이다.

㉠ $L_Q = \dfrac{P_0 \cdot Q_t}{P_0 \cdot Q_0} \leq 1$ ➔ 1을 $\dfrac{P_t \cdot Q_t}{P_t \cdot Q_t}$로 변형하면 $L_Q = \dfrac{P_0 \cdot Q_t}{P_0 \cdot Q_0} \leq \dfrac{P_t \cdot Q_t}{P_t \cdot Q_t}$이다.

㉡ 이를 소득지수의 형태로 변형하면 $\dfrac{P_t \cdot Q_t}{P_0 \cdot Q_0} \leq \dfrac{P_t \cdot Q_t}{P_0 \cdot Q_t}$ ➔ $N \leq P_P$이다.

(3) 소득지수로 평가한 명백한 개선과 명백한 악화

① $N \geq L_P$이면 생활수준의 명백한 개선, $N < L_P$이면 생활수준이 악화된다는 보장은 없다.

② $N \leq P_P$이면 생활수준의 명백한 악화, $N > P_P$이면 생활수준이 개선된다는 보장은 없다.

핵심 Check: 기대효용이론

불확실성과 기대효용	불확실성 발생 시 기대효용과 비교하여 판단
확실성등가	• 기대효용 = f(확실성등가) • 위험프리미엄 = 기대치 - 확실성등가 • 최대보험료 = 최초의 자산가치 - 확실성등가 = 공정한 보험료 + 위험프리미엄

1. 불확실성과 기대효용

(1) 불확실성과 기대효용이론

① 일반적으로 미래에 대한 불확실성이라 하면 어떠한 결과가 나타날지 확실히 알 수 없는 상태에서 실현 가능한 여러 확률분포를 추정하여 이를 바탕으로 의사결정을 하는 경우를 말한다.

② 이러한 불확실성하에서 기대효용을 극대화하는 이론을 기대효용이론이라 한다. 즉, 확률을 이용하여 효용을 극대화하는 것이다.

(2) 공정한 게임과 보험

① 공정한 게임(복권): 게임비와 기대치가 동일한 게임 혹은 복권의 기댓값과 판매가가 동일한 복권이다.

② 공정한 보험: 보험료와 기대손실액이 동일한 보험 혹은 프리미엄율(= 보험료 ÷ 보험금)이 사고가 날 확률과 일치하는 보험이다.

(3) 세인트 피터스 버그의 역설

① 세인트 피터스 버그의 역설은 동전 던지기 도박을 통해 기대치(기대소득)가 사람들의 의사결정 기준이 아님을 증명하였다.

② 불확실성하에서의 의사결정은 금전적인 기대치가 아니라 효용의 기대치(기대효용)에 의존함을 증명하였다.

(4) 경매

① 공개경매

  ㉠ 영국식 경매(English auction): 구매자들이 점점 더 높은 가격을 부르도록 유도하여 가장 높은 금액을 제시한 사람에게 낙찰하는 방식

  ㉡ 네덜란드식 경매(Dutch auction): 경매인이 높은 가격에서 시작하여 가격을 점점 낮추어가다가 어떤 가격수준에서 살 사람이 나타나면 그 사람에게 낙찰하는 방식

② 입찰제

　ⓐ 최고가격 입찰제: 입찰에 참가한 사람 중 가장 높은 가격을 써 낸 사람에게 낙찰이 되며, 낙찰자는 자신이 써 낸 금액을 지불하도록 하는 방식

　ⓑ 제2가격 입찰제: 입찰에 참가한 사람 중 가장 높은 가격을 써 낸 사람에게 낙찰이 되나, 낙찰자는 자신이 써 낸 금액이 아니라 그 다음으로 높은 금액을 써 낸 금액을 지불하도록 하는 방식

2. 기대소득(= 기대치)과 기대효용

(1) 기대소득(= 기대치)

① 기대소득(기대치): 불확실한 상황에서 예상되는 금액(소득)의 크기를 의미한다.

② 기대소득: $E(w) = p \cdot w_1 + (1-p)w_2$ (소득 w_1을 얻을 확률이 p, 소득 w_2을 얻을 확률이 $1-p$)

(2) 효용과 기대효용

① 효용 $U(w)$: 확실한 자산 w에 대한 효용을 말한다.

② 기대효용(효용의 기대치): 불확실한 상황에서 얻을 것으로 예상되는 효용의 기대치를 의미한다.

③ 기대효용: $E(U) = p \cdot U(w_1) + (1-p)U(w_2)$

3. 위험

(1) 위험에 대한 태도와 VNM(폰 노이만 모겐슈테른)효용함수

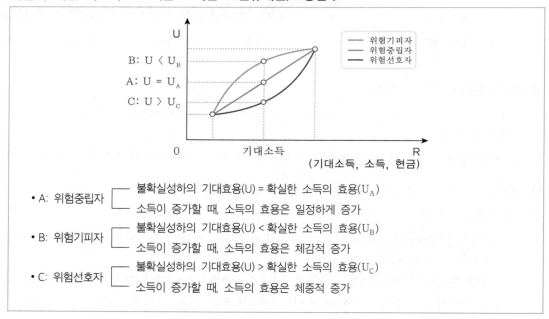

- A: 위험중립자 ── 불확실성하의 기대효용(U) = 확실한 소득의 효용(U_A)
  └ 소득이 증가할 때, 소득의 효용은 일정하게 증가
- B: 위험기피자 ── 불확실성하의 기대효용(U) < 확실한 소득의 효용(U_B)
  └ 소득이 증가할 때, 소득의 효용은 체감적 증가
- C: 위험선호자 ── 불확실성하의 기대효용(U) > 확실한 소득의 효용(U_C)
  └ 소득이 증가할 때, 소득의 효용은 체증적 증가

(2) 위험기피자(risk-averter)

① 불확실성이 내포된 자산보다 동액의 확실한 자산을 선호하는 개인을 의미한다.

② 위험중립자의 효용함수는 아래쪽에서 볼 때 오목한 형태이므로 소득이 증가할 때 효용은 체감적으로 증가한다.

③ 일반적으로 효용함수가 $\sqrt{}$ 의 형태로 표현된다.

(3) 위험중립자(risk-neutral)

① 불확실성이 내포된 자산과 동액의 확실한 자산을 동일하게 평가하는 개인을 의미한다.

② 위험중립자의 효용함수는 직선의 형태이므로 소득이 증가할 때 효용은 비례적으로 증가한다.

(4) 위험선호자(risk-lover)

① 불확실성이 내포된 자산을 동액의 확실한 자산보다 선호하는 개인을 의미한다.

② 위험선호자의 효용함수는 아래쪽에서 볼 때 볼록한 형태이므로 소득이 증가할 때 효용은 체증적으로 증가한다.

4. 확실성등가와 위험프리미엄

(1) 확실성등가(CE; Certainty Equivalence)

① 의미: 확실성등가란 불확실한 상태에서 기대되는 효용의 기대치인 기대효용과 동일한 효용을 주는 확실한 자산의 크기이다.

② 확실성등가와 기대소득의 크기에 따라 위험에 대한 태도를 판단할 수 있다.

(2) 위험프리미엄(risk-premium)

① 위험프리미엄이란 불확실한 자산을 확실한 자산으로 교환하기 위하여 지불할 용의가 있는 금액으로 위험한 기회를 선택하도록 유도하기 위해 필요한 최소한의 추가보상이다.

② 위험프리미엄 = 기대치 - 확실성등가

③ 위험기피자의 위험프리미엄: 위험기피자는 기대치가 확실성등가보다 크기 때문에 위험프리미엄이 0보다 큰 (+)값을 가진다.

④ 위험중립자의 위험프리미엄: 위험중립자는 기대치가 확실성등가와 동일하기 때문에 위험프리미엄이 0이다.

⑤ 위험선호자의 위험프리미엄: 위험선호자는 기대치가 확실성등가보다 작기 때문에 위험프리미엄이 0보다 작은 (-)값을 가진다.

5. 사례를 통한 적정 보험료의 산정

(1) 가정

위험기피자인(효용함수 $U = \sqrt{w}$) 갑은 가치가 400인 자동차를 소유하고 있으며 사고가 일어날 확률은 0.5이고 사고 시 손실액은 300이다.

(2) 재산의 기대치와 기대효용

① 재산의 기대치: $E(w) = p \cdot w_1 + (1-p)w_2 = 0.5 \times 100 + 0.5 \times 400 = 250$

② 기대효용: $E[U(w)] = p \cdot U(w_1) + (1-p)U(w_2) = 0.5 \times \sqrt{100} + 0.5 \times \sqrt{400} = 15$

(3) 확실성등가

① 기대효용 $= \sqrt{확실성등가(=CE)}$ 이다.

② 가정에서의 확실성등가를 구하면 기대효용 $= \sqrt{확실성등가(=CE)} = 15$이므로 확실성등가는 225이다.

(4) 위험프리미엄

① 위험프리미엄 = 기대치 - 확실성등가이다.

② 가정에서의 위험프리미엄 = 기대치$[E(w)]$ - 확실성등가 = 250 - 225 = 25이다.

(5) 보험료

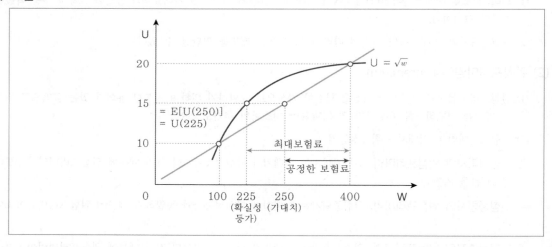

① 공정한 보험료

㉠ 공정한 보험료는 기대손실액의 크기를 보험료로 징수하는 것이다.

㉡ 최초의 자산가치가 400이고 기대치가 250이므로 공정한 보험료는 400 - 250 = 150이다.

② 최대한의 보험료

㉠ 최대한의 보험료는 기대효용을 만족시켜주는 확실한 소득인 확실성등가를 확보해주는 보험료이다.

㉡ 최대보험료 = 최초의 자산가치 - 확실성등가 = 400 - 225 = 175이다.

㉢ 최대보험료 = 공정한 보험료 + 위험프리미엄 = 150 + 25 = 175로도 계산할 수 있다.

A 군은 친구가 하는 사업에 100만 원을 투자하려고 한다. 사업이 성공하면 A 군은 0.5의 확률로 196만 원을 돌려받고, 사업이 실패하면 0.5의 확률로 64만 원을 돌려받게 된다. A 군의 효용함수가 $U_y = 10y^{0.5}$이고 y는 소득을 나타낼 때, 이 투자기회에 대한 A 군의 확실성등가와 위험프리미엄은?

	확실성등가	위험프리미엄
①	110만 원	9만 원
②	110만 원	20만 원
③	121만 원	9만 원
④	121만 원	20만 원

정답 및 해설

A 군이 친구의 사업에 투자할 때의 기대수입과 기대효용을 계산하면 각각 다음과 같다.

• 기대수입: $E(w) = (0.5 \times 64) + (0.5 \times 196) = 130$
• 기대효용: $E(U) = (0.5 \times 10\sqrt{64}) + (0.5 \times 10\sqrt{196}) = 110$

친구의 사업에 투자할 때의 기대효용이 110이므로 이와 동일한 효용을 얻는 확실한 금액인 확실성등가는 $110 = 10\sqrt{확실성등가}$ 가 성립한다. 그러므로 확실성등가는 121만 원이다. 따라서 기대수입이 130만 원이고, 확실성등가가 121만 원이므로 기대수입에서 확실성등가를 뺀 위험프리미엄은 9만 원이다.

정답: ③

기출동형문제

공기업 경제학 전공 시험에 출제될 가능성이 높은 다양한 유형의 문제를 풀어보며 실전 감각을 높여보세요!

01 주어진 예산을 여러 재화의 소비에 나누어 지출하는 어떤 소비자가 합리적 선택을 한 경우에 대한 다음의 설명 중 옳은 것은?

① 각 재화에 지출되는 금액 단위당 한계효용은 같아진다.
② 각 재화의 한계효용이 극대화된다.
③ 각 재화에 대한 수요의 가격탄력성이 1이 된다.
④ 가격이 낮은 재화일수록 소비량은 더 크다.
⑤ 각 재화에 대한 지출금액은 동일하다.

02 다음과 같은 조건에서 어떤 투자자가 두 주식 A 또는 B에 투자하거나, A와 B에 각각 50%씩 분산투자하는 포트폴리오 C에 투자할 계획을 갖고 있다. A, B, C 간의 기대수익률을 비교한 결과로 옳은 것은?

> • A의 수익률은 좋은 해와 나쁜 해에 각각 20% 및 -10%이다.
> • B의 수익률은 좋은 해와 나쁜 해에 각각 10% 및 5%이다.
> • 올해가 좋은 해일 확률은 60%이고 나쁜 해일 확률은 40%이다.

① A > C > B   ② A < C < B
③ A = B > C   ④ A = B = C

03 X재와 Y재를 소비하는 소비자 A의 효용함수가 $U(x, y) = \min[3x, 5y]$이다. 두 재화 사이의 관계와 Y의 가격은? (단, X의 가격은 8원이고, 소비자 A의 소득은 200원, 소비자 A의 효용을 극대화하는 X재 소비량은 10단위이다)

① 완전보완재, 12원   ② 완전보완재, 20원
③ 완전대체재, 12원   ④ 완전대체재, 20원

04 가격이 상승할 때 수요량이 증가하는 재화가 있다고 하자. 이 재화에 대한 설명으로 옳은 것을 <보기>에서 모두 고른 것은?

<보기>
ㄱ. 이 재화는 열등재이다.
ㄴ. 이 재화는 소득효과와 대체효과가 동일하게 나타난다.
ㄷ. 이 재화는 소득효과와 대체효과가 다르게 나타나며 소득효과가 대체효과보다 크다.
ㄹ. 이 재화는 소득효과와 대체효과가 다르게 나타나며 소득효과가 대체효과보다 작다.

① ㄱ, ㄴ   ② ㄱ, ㄷ   ③ ㄱ, ㄹ
④ ㄷ   ⑤ ㄹ

정답 및 해설

01 ① 한계효용균등의 원리에 따르면 각 재화 1원어치의 한계효용이 동일할 때 소비자의 효용이 극대화된다.

02 ④ 올해가 좋은 해일 확률이 60%이고, 나쁜 해일 확률이 40%이므로 각각의 기대수익률을 계산해보면 모두 8%로 동일함을 알 수 있다.
- 주식 A에 투자할 때: (0.6 × 20%) + (0.4 × (-10%)) = 8%
- 주식 B에 투자할 때: (0.6 × 10%) + (0.4 × 5%) = 8%
- 포트폴리오 C에 투자할 때: (0.5 × 8%) + (0.5 × 8%) = 8%

03 ② 효용함수가 레온티예프 함수이므로 X재와 Y재는 완전보완재이다. 따라서 U(x, y) = min[3x, 5y]에서 $3X = 5Y$, $Y = \frac{3}{5}X$가 성립한다. 그러므로 소비자 균형에서 X재 소비량이 10단위이면 Y재 소비량은 6단위임을 알 수 있다. X재 가격이 8원이고, X재 구입량이 10단위이므로 X재 구입액은 80원이다. 소득 200원 중 X재 구입액이 80원이므로 Y재 구입액은 120원이다. 소비자 균형에서 Y재 구입액이 120원이고, Y재 구입량이 6단위이므로 Y재 가격은 20원임을 알 수 있다.

04 ② 가격이 상승할 때 수요량이 증가하는 것은 수요법칙의 예외이므로 기펜재를 의미한다. 기펜재는 열등재 중에서 소득효과가 대체효과를 압도하여 수요법칙의 예외가 발생하는 재화이다.

05 X원에 대한 A의 효용함수는 $U(w) = \sqrt{w}$ 이다. A가 50%의 확률로 10,000원을 주고, 50%의 확률로 0원을 주는 복권 L을 가지고 있을 때, 다음 중 옳은 것은?

① 복권 L에 대한 A의 기대효용은 5,000이다.

② 누군가 현금 2,400원과 복권 L을 교환하자고 제의한다면, A는 제의에 응하지 않을 것이다.

③ A는 위험중립적인 선호를 가지고 있다.

④ A에게 40%의 확률로 100원을 주고, 60%의 확률로 3,600원을 주는 복권 M과 복권 L을 교환할 기회가 주어진다면, A는 새로운 복권 M을 선택할 것이다.

06 다음 중 무차별곡선에 대한 설명으로 옳은 것을 <보기>에서 모두 고른 것은?

<보기>
ㄱ. 무차별곡선이 교차하는 점이 가장 효용이 높은 점이다.
ㄴ. 원점에서 멀수록 소비자가 느끼는 효용이 크다.
ㄷ. 무차별곡선이 볼록한 것은 한 재화를 집중해서 소비하는 것이 좋다는 것을 의미한다.
ㄹ. 완전보완재의 무차별곡선은 L자의 형태를 가진다.

① ㄱ, ㄴ   ② ㄱ, ㄷ   ③ ㄴ, ㄹ
④ ㄱ, ㄴ, ㄹ   ⑤ ㄴ, ㄷ, ㄹ

07 어떤 소비자의 효용함수 $U = X^{0.5}$(X는 자산금액)이다. 이 소비자는 현재 6,400만 원에 거래되는 귀금속 한 점을 보유하고 있다. 이 귀금속을 도난당할 확률은 0.5인데, 보험에 가입할 경우에는 도난당한 귀금속을 현재 가격으로 전액 보상해 준다고 한다. 보험에 가입하지 않은 상황에서 이 소비자의 기대효용과 이 소비자가 보험에 가입할 경우 낼 용의가 있는 최대보험료는 각각 얼마인가?

	기대효용	최대보험료
①	40	2,800만 원
②	40	4,800만 원
③	60	2,800만 원
④	60	4,800만 원

08 매년 40만 원을 정부로부터 지원받는 한 저소득층 가구에서 매년 100kg의 쌀을 소비하고 있었다. 그런데 정부가 현금 대신 매년 200kg의 쌀을 지원하기로 했다. 쌀의 시장가격은 kg당 2,000원이어서 지원되는 쌀의 가치는 40만 원이다. 쌀의 재판매가 금지되어 있다고 할 때, 다음 설명 중 옳지 않은 것은? (단, 이 가구의 무차별곡선은 원점에 대해 볼록하다)

① 이 가구는 새로 도입된 현물급여보다 기존의 현금급여를 선호할 것이다.

② 현물급여를 받은 후 이 가구의 예산집합 면적은 현금급여의 경우와 차이가 없다.

③ 이 가구는 새로운 제도하에서 쌀 소비량을 늘릴 가능성이 크다.

④ 만약 쌀을 kg당 1,500원에 팔 수 있는 재판매 시장이 존재하면, 이 가구는 그 시장을 활용할 수도 있다.

정답 및 해설

05 ② A가 10,000원을 받을 확률이 50%이고, 0원을 받을 확률이 50%인 복권 L을 갖고 있을 때 상금의 기대치와 기대효용을 계산해 보면 각각 다음과 같다.
- 상금의 기대치 = $(0.5 \times 10,000) + (0.5 \times 0)$ = 5,000원
- 기대효용 = $(0.5 \times \sqrt{10,000}) + (0.5 \times \sqrt{0})$ = 50

A가 현금 2,400원을 갖고 있다면 그때의 효용 $U = \sqrt{2,400} ≒ 49$이며, 현재의 기대효용 50보다 작으므로 누군가 현금 2,400원과 복권 L을 교환하자고 제의한다면, A는 제의에 응하지 않을 것이다.

[오답체크]

① 복권 L에 대한 A의 기대효용은 50이다.

③ A의 효용함수 $U = \sqrt{w}$는 아래쪽에서 오목한 형태이므로 A는 위험기피자이다.

④ 복권 M의 기대효용 $E(U) = (0.4 \times \sqrt{100}) + (0.6 \times \sqrt{3,600})$ = 4 + 36 = 40이다. 복권 L의 기대효용이 50이므로 A는 복권 L을 M과 교환할 기회가 주어지더라도 여전히 복권 L을 선택할 것이다.

06 ③ ㄱ. 무차별곡선은 교차할 수 없다. 논리의 모순이 발생할 수 있기 때문이다.
ㄷ. 무차별곡선이 볼록한 것은 한 재화를 집중해서 소비하는 것보다 골고루 소비하는 것이 좋다는 의미이다.

07 ② 효용함수가 $U = \sqrt{X}$이고, 도난당할 확률이 0.5이므로 자산의 기대치와 기대효용을 계산해 보면 각각 다음과 같다.
- $E(X) = (0.5 \times 0) + (0.5 \times 6,400)$ = 3,200
- $E(U) = (0.5 \times \sqrt{0}) + (0.5 \times \sqrt{6,400})$ = 40

$\sqrt{확실성등가}$ = 40으로 두면 확실성등가(CE) = 1,600으로 계산된다. 자산의 기대치가 3,200만 원이고, 확실성등가가 1,600만 원이므로 기대치에서 확실성등가를 뺀 위험프리미엄이 1,600만 원이다. 도난당할 확률이 0.5이고, 도난당할 때의 손실액이 6,400만 원이므로 기대손실액은 3,200만 원이며, 최대한의 보험료는 기대손실액에 위험프리미엄을 더한 것이므로 4,800만 원이다.

08 ② 현물급여를 받은 후 이 가구의 예산집합 면적은 현금급여의 경우와 다르며 현금보조가 더 높은 효용을 누릴 수 있다.

09 화재가 발생하지 않는 경우 철수 집의 자산가치는 10,000이고, 화재가 발생하는 경우 철수 집의 자산가치는 2,500이다. 철수 집에 화재가 발생하지 않을 확률은 0.8, 화재가 발생할 확률은 0.2, 위험을 기피하는 철수의 효용함수는 $U(X) = X^{\frac{1}{2}}$일 때, 화재의 위험에 대한 위험프리미엄은? (단, X는 자산가치이다)

① 200   ② 300   ③ 400   ④ 500

10 효용함수가 $U(x, y) = 4x + 2y$인 소비자가 있다. $P_X = 8$, $P_Y = 3$일 때, 이 소비자의 소득소비곡선을 바르게 나타낸 식은?

① $x = 0$ ② $y = 0$

③ $y = \dfrac{2}{3} x$ ④ $y = \dfrac{3}{2} x$

11 다음은 2기간 소비선택 모형이다. 이에 대한 설명으로 옳지 않은 것은?

> 소비자의 효용함수는 $U(C_1, C_2) = \ln(C_1) + \beta \ln(C_2)$이다. 여기서 C_1은 1기 소비, C_2는 2기 소비, $\beta \in (0, 1)$, $\ln$은 자연로그이다. 소비자의 1기 소득은 100, 2기 소득은 0이며, 1기의 소비 중에서 남은 부분은 저축할 수 있고, 저축에 대한 이자율은 r로 일정하다.

① 소비자의 예산제약식은 $C_1 + \dfrac{C_2}{1+r} = 100$이다.

② $\beta(1+r) = 1$이면, 1기의 소비와 2기의 소비는 같다.

③ $\beta > \dfrac{1}{1+r}$이면, 1기의 소비가 2기의 소비보다 크다.

④ 효용함수가 $U(C_1, C_2) = C_1 C_2^{\beta}$인 경우에도, 1기 소비와 2기 소비의 균형은 변하지 않는다.

정답 및 해설

09 ③ 철수의 효용함수가 $U = \sqrt{X}$ 이므로 자산의 기대치와 기대효용을 계산해 보면 각각 다음과 같다.
- $E(X) = (0.2 \times 2,500) + (0.8 \times 10,000) = 8,500$
- $E(U) = (0.2 \times \sqrt{2,500}) + (0.8 \times \sqrt{10,000}) = 10 + 80 = 90$

화재가 발생할지 모르는 불확실한 상태에서의 기대효용이 90이므로 불확실한 상태에서와 동일한 효용을 얻을 수 있는 확실한 현금의 크기인 확실성등가를 구하기 위해 $\sqrt{확실성등가} = 90$으로 두면 확실성등가(CE) = 8,100으로 계산된다. 따라서 자산의 기대치에서 확실성등가를 뺀 위험프리미엄은 400임을 알 수 있다.

10 ① 효용함수가 $U = 4x + 2y$이므로 무차별곡선은 기울기(절댓값)가 2인 우하향의 직선이고, $\frac{P_X}{P_Y} = \frac{8}{3}$이므로 예산선은 기울기(절댓값)가 $\frac{8}{3}$인 우하향의 직선이다. 무차별곡선이 우하향의 직선이고 예산선보다 완경사이면 소비자균형은 소득수준에 관계없이 항상 Y축에서 이루어지므로 소득소비곡선은 Y축이 된다. 따라서 소득소비곡선의 식은 $x = 0$이 된다.

11 ③ $\beta > \frac{1}{1+r}$이면, 1기의 소비가 2기의 소비보다 작다.

[오답체크]

① 소비자의 1기 소득은 100, 2기 소득은 0이므로 예산제약식은 $C_1 + \frac{C_2}{1+r} = 100$이다.

② 효용함수 $U(C_1, C_2) = \ln(C_1) + \beta \ln(C_2)$를 C_1에 대해 미분하면 $MU_{C_1} = \frac{1}{C_1}$이고, C_2에 대해 미분하면 $MU_{C_2} = \frac{\beta}{C_2}$이므로 한계대체율 $MRS_{C_1 C_2} = \frac{MU_{C_1}}{MU_{C_2}} = \frac{\frac{1}{C_1}}{\frac{\beta}{C_2}} = \frac{C_2}{\beta C_1}$이다. 그리고 예산선의 기울기는 $(1+r)$이고 소비자 균형에서는 무차별곡선과 예산선이 서로 접하므로 $MRS_{C_1 C_2} = \frac{C_2}{\beta C_1} = (1+r)$로 두면 $C_2 = \beta(1+r)C_1$의 관계를 구할 수 있다. 따라서 $\beta(1+r) = 1$이면 1기와 2기의 소비는 같다.

④ 효용함수가 $U(C_1, C_2) = C_1 C_2^3$인 경우에도 한계대체율이 문제에 주어진 효용함수와 동일하므로 1기 소비와 2기 소비의 균형은 변하지 않는다.

12 2기간 소비선택 모형에서 소비자의 효용함수는 $U(C_1, C_2) = C_1 C_2$이고, 예산제약식은 $C_1 + \dfrac{C_2}{1+r} = Y_1 + \dfrac{Y_2}{1+r}$이다. 이 소비자의 최적 소비 행태에 대한 설명으로 옳지 않은 것은? (단, C_1은 1기의 소비, C_2는 2기의 소비, Y_1은 1기의 소득으로 100, Y_2는 2기의 소득으로 121, r은 이자율로 10%이다)

① 한계대체율과 $(1+r)$이 일치할 때 최적소비가 발생한다.
② 1기보다 2기에 소비를 더 많이 한다.
③ 1기에 이 소비자는 저축을 한다.
④ 유동성제약이 발생하면 1기의 소비는 감소한다.

13 갑의 효용함수는 $U(x) = \sqrt{x}$로 표현된다. 갑은 현재 소득이 0원이며, $\dfrac{1}{3}$의 당첨 확률로 상금 100원을 받는 복권을 갖고 있다. 상금의 일부를 포기하는 대신에 당첨될 확률을 $\dfrac{2}{3}$로 높일 수 있을 때, 갑이 포기할 용의가 있는 최대 금액은? (단, x는 원으로 표시된 소득이다)

① $\dfrac{100}{3}$원

② 50원

③ $\dfrac{200}{3}$원

④ 75원

14 다음은 두 기간에 걸친 어느 소비자의 균형 조건을 보여준다. 이 소비자의 소득 부존점은 E이고 효용극대화 균형점은 A이며, 이 경제의 실질이자율은 r일 때, 이에 대한 설명으로 옳지 않은 것은? (단, 원점에 대해 볼록한 곡선은 무차별곡선이다)

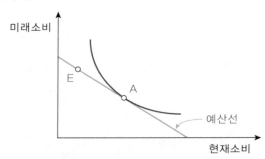

① 실질이자율(r)이 하락하면, 이 소비자의 효용은 감소한다.
② 효용극대화를 추구하는 이 소비자는 차입자가 될 것이다.
③ 현재소비와 미래소비가 모두 정상재인 경우, 현재소득이 증가하면 소비평준화(Consumption smoothing) 현상이 나타난다.
④ 유동성제약이 있다면, 이 소비자의 한계대체율은 1 + r보다 클 것이다.

정답 및 해설

12 ③ 현재소비와 미래소비 간의 한계대체율을 구해보면 $MRS_{C_1C_2} = \dfrac{MU_{C_1}}{MU_{C_2}} = \dfrac{C_2}{C_1}$ 이다. 소비자 균형에서는 예

산선과 무차별곡선이 접하므로 $MRS_{C_1C_2} = (1+r)$ 로 두면 $\dfrac{C_2}{C_1} = 1.1$, $C_2 = 1.1C_1$ 이 성립한다.

$C_1 + \dfrac{C_2}{1.1} = 100 + \dfrac{121}{1.1}$ 에 대입하면 $C_1 = 105$, $C_2 = 115.5$ 로 계산된다. 따라서 1기 소득이 100이고 1기

소비가 105이므로 이 소비자는 차입자임을 알 수 있다.

[오답체크]

④ 유동성제약은 1기의 소비를 위해 2기의 소득으로부터 자금을 빌려오는 것이 불가능한 경우, 즉 1기
의 소비지출이 1기의 소득수준 내에서만 이루어져야 하는 경우이므로, 유동성제약이 발생하면 1기
의 소비인 105는 1기의 소득인 100으로 감소한다.

13 ④ 갑의 효용함수가 $u = \sqrt{x}$ 이므로 $\dfrac{1}{3}$ 의 확률로 100원을 받는 복권을 갖고 있을 때의 기대효용

$E(u) = \left(\dfrac{2}{3} \times \sqrt{0}\right) + \left(\dfrac{1}{3} \times \sqrt{100}\right) = \dfrac{10}{3}$ 이다. 이제 당첨 확률이 $\dfrac{2}{3}$ 로 높아지는 대신 상금 중 x원을 포기한

다면 그때의 기대효용 $E(u) = \left(\dfrac{1}{3} \times \sqrt{0}\right) + \left(\dfrac{2}{3} \times \sqrt{100-x}\right) = \dfrac{2\sqrt{100-x}}{3}$ 이다. 따라서 당첨 확률이 높아

지는 대신 포기할 용의가 있는 최대 금액은 두 경우의 기대효용이 같아지는 수준일 것이므로

$\dfrac{10}{3} = \dfrac{2\sqrt{100-x}}{3}$ 로 두면 $x = 75$ 로 계산된다.

14 ① 소비자 균형인 A점에서의 현재소비가 부존점인 E점의 현재소득보다 많으므로 이 소비자는 차입자이
다. 실질이자율(r)이 하락하면, 차입자인 이 소비자의 소비 가능 영역이 커지므로 이 소비자의 효용
수준은 증가하게 된다.

[오답체크]

③ 현재소비와 미래소비가 모두 정상재인 경우, 현재소득이 증가하면 소비평준화 현상 즉, 증가한 현
재소득이 전부 현재소비에만 사용되는 것이 아니라 일부는 미래소비 증가에 사용된다.

④ 유동성제약이 있다면, 부존점에서 소비해야 하므로 이 소비자의 한계대체율은 1 + r보다 클 것이다.

15 주어진 소득으로 밥과 김치만을 소비하는 소비자가 있다. 동일한 소득에서 김치 가격이 하락할 경우 나타날 현상에 대한 설명으로 가장 옳은 것은? (단, 밥은 열등재라고 가정한다)

① 밥의 소비량 감소　　　　　　　　② 김치의 소비량 감소
③ 밥의 소비량 변화 없음　　　　　　④ 김치의 소비량 변화 없음

16 어느 소비자에게 X재와 Y재는 완전대체재이며 X재 2개를 늘리는 대신 Y재 1개를 줄이더라도 동일한 효용을 얻는다. X재의 시장가격은 2만 원, Y재의 시장가격은 6만 원, 소비자가 X재와 Y재에 쓰는 예산은 총 60만 원이다. 이 소비자가 주어진 예산에서 효용을 극대화할 때 소비하는 X재와 Y재의 양은?

	X재(개)	Y재(개)
①	0	10
②	15	5
③	24	2
④	30	0

17 소비자이론에 대한 설명으로 옳은 것을 <보기>에서 모두 고르면?

<보기>
ㄱ. 무차별곡선과 예산선이 접하는 점에서 소비자 균형이 이루어진다.
ㄴ. 소득소비곡선과 예산선이 접하는 점에서 소비자 균형이 이루어진다.
ㄷ. 현시선호이론에서 강공리가 성립하면 약공리는 자동으로 성립한다.
ㄹ. 한계효용이론에서 한계효용이 체감하면 총효용은 반드시 체감한다.

① ㄱ, ㄴ　　　　　　　　② ㄱ, ㄷ　　　　　　　　③ ㄴ, ㄹ
④ ㄱ, ㄴ, ㄹ　　　　　　⑤ ㄴ, ㄷ, ㄹ

18 갑에게 X재와 Y재는 완전대체재이며 갑의 무차별곡선의 기울기는 $-\frac{1}{2}$이다. 만약 갑이 X재 4개와 Y재 2개를 동시에 구입했다면 다음 설명 중 가장 옳은 것은?

① X재가 Y재보다 4배 더 비싸다.　　　　② Y재가 X재보다 4배 더 비싸다.
③ X재와 Y재의 가격이 동일하다.　　　　④ X재가 Y재보다 2배 더 싸다.
⑤ Y재가 X재보다 2배 더 싸다.

정답 및 해설

15 ①　이 문제의 경우 김치 가격이 하락할 때 실질소득의 증가로 열등재인 밥의 소비량이 감소한다. 주어진 조건으로 밥과 김치만을 소비하므로 김치의 소비량은 반드시 증가해야 한다.

16 ④　두 재화가 완전대체재이며 X재 2개와 Y재 1개의 효용이 동일하므로 효용함수가 U = X + 2Y이다. 효용함수를 Y에 대해 정리하면 $Y = -\frac{1}{2}X + \frac{1}{2}U$이므로 무차별곡선은 기울기(절댓값)가 $\frac{1}{2}$인 우하향의 직선이다. 또한 X재 가격은 2만 원, Y재 가격은 6만 원이므로 예산선의 기울기(절댓값) $\frac{P_X}{P_Y} = \frac{1}{3}$이다.
무차별곡선이 우하향의 직선이면서 예산선보다 기울기가 크면 소비자 균형은 항상 X축에서 이루어진다. 즉, 소비자는 소득 전부를 X재 구입에 지출한다. 따라서 X재 가격이 2만 원이고 소득이 60만 원이므로 소비자는 X재 30단위와 Y재 0단위를 구입할 것이다.

17 ②　ㄱ. 무차별곡선이론에서는 무차별곡선과 예산선이 접하는 점에서 소비자 균형이 이루어진다.
ㄷ. 현시선호이론에서는 강공리가 더 엄격한 조건이므로 강공리가 성립하면 약공리는 자동으로 성립한다.
[오답체크]
ㄴ. 아무 관계가 없다.
ㄹ. 한계효용이론에서 한계효용이 양인 상태로 감소하면(5, 4, 3, ……) 총효용은 증가한다.

18 ④　완전대체재이고 무차별곡선의 기울기가 $-\frac{1}{2}$이라면 X재의 가격이 Y재 가격의 1/2이라는 것이다. 만약 Y재가 X재보다 2배 초과로 비싸면 X재만 소비할 것이고, 2배 미만이면 Y재만 소비할 것이다. 그런데 골고루 소비했다는 것은 Y재의 가격이 X재의 2배라는 의미이다.

19 다음 중 정상적인 재화 X를 소비할 때 이와 관련된 내용으로 옳은 것을 <보기>에서 모두 고르면?

<보기>
ㄱ. 한계효용이 최대일 때 총효용이 극대화된다.
ㄴ. 한계효용이 0보다 크면 총효용은 증가한다.
ㄷ. X재 소비량을 증가시킬 때 한계효용이 체감한다면 총효용은 감소한다.
ㄹ. X재를 한 단위 더 소비할 때 소비자의 효용이 감소한다면 한계효용은 0보다 작다.

① ㄱ, ㄴ　　　　　　　② ㄱ, ㄷ　　　　　　　③ ㄴ, ㄷ
④ ㄴ, ㄹ　　　　　　　⑤ ㄷ, ㄹ

20 다음 중 옳지 않은 것을 고르면?

① 가격소비곡선이 우하향하는 경우 수요곡선도 우하향할 수 있다.
② 동일한 수요곡선상에 있는 서로 다른 재화묶음을 소비하더라도 소비자가 느끼는 만족감은 동일하다.
③ 좌상향하는 엥겔곡선은 해당 재화가 열등재임을 의미한다.
④ 수요곡선은 대체효과의 절댓값이 소득효과의 절댓값보다 클 경우에 우하향한다.

21 갑과 을은 X재와 Y재만을 소비하며 X재의 가격은 10, Y재의 가격은 20이다. 현재 소비점에서 X재, Y재 소비의 한계효용이 각각 다음과 같을 때 옳은 것은? (단, 한계효용은 체감한다)

구분	X재 소비의 한계효용	Y재 소비의 한계효용
갑	10	5
을	3	6

① 갑은 현재 소비점에서 효용극대화를 달성하고 있다.
② 을은 X재 소비를 줄이고 Y재 소비를 늘려 효용을 증가시킬 수 있다.
③ 갑은 X재 소비를 늘리고 Y재 소비를 줄여 효용을 증가시킬 수 있다.
④ 을은 X재 소비를 늘리고 Y재 소비를 줄여 효용을 증가시킬 수 있다.
⑤ 갑은 X재 소비를 줄이고 Y재 소비를 늘려 효용을 증가시킬 수 있다.

정답 및 해설

19 ④ 한계효용이란 재화 한 단위를 추가적으로 소비할 때 총효용의 변동분을 말한다.

[오답체크]

ㄱ. 한계효용은 궁극적으로 체감하며, 한계효용이 0일 때 총효용이 극대화된다.

ㄷ. X재 소비량을 증가시킬 때 총효용이 감소한다면 한계효용은 0보다 작으며, 체감하더라도 0보다 크다면 총효용은 증가한다.

20 ② 동일한 무차별곡선상에 있는 서로 다른 재화묶음을 소비하더라도 소비자가 느끼는 만족감은 동일하며, 수요곡선상에 있다는 것으로 만족감이 동일하다고 말할 수 없다.

[오답체크]

① 가격소비곡선이 우하향하는 경우 수요곡선은 탄력적이 되므로 수요곡선도 우하향할 수 있다.

③ 좌상향하는 엥겔곡선은 해당 재화가 열등재임을 의미한다.

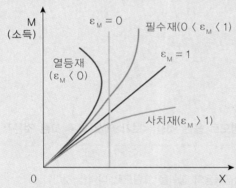

④ 수요곡선은 대체효과의 절댓값이 소득효과의 절댓값보다 클 경우에 우하향한다. 만약 소득효과가 크다면 기펜재로서 수요법칙의 예외에 해당한다.

21 ③ 갑은 $\dfrac{MU_X(10)}{P_X(10)} > \dfrac{MU_Y(5)}{P_Y(20)}$ 이다. 따라서 X재 소비를 늘리고 Y재 소비를 줄여 효용을 증가시킬 수 있다.

을은 $\dfrac{MU_X(3)}{P_X(10)} = \dfrac{MU_Y(6)}{P_Y(20)}$ 이다. 따라서 현재 효용극대화가 되고 있다.

22 주어진 예산으로 효용극대화를 추구하는 어떤 사람이 일정 기간에 두 재화 X와 Y만 소비한다고 하자. X의 가격은 200원이고, 그가 얻는 한계효용이 600이 되는 수량까지 X를 소비한다. 아래 표가 Y의 가격이 300원일 때 그가 소비하는 Y의 수량과 한계효용 사이의 관계를 보여준다고 할 때, 효용이 극대화되는 Y의 소비량은?

Y의 수량	1개	2개	3개	4개	5개
한계효용	2,600	1,900	1,300	900	800

① 1개 ② 2개 ③ 3개 ④ 4개 ⑤ 5개

23 무차별곡선이 원점에 대해서 볼록한 것과 가장 관련이 깊은 것은?

① 재화 및 서비스는 양이 많을수록 선호한다.
② 재화 및 서비스의 선호는 자신이 원하는 바에 따라 언제든 변할 수 있다.
③ 재화 및 서비스가 골고루 섞여 있는 소비묶음을 선호한다.
④ 모든 재화 및 서비스는 반드시 소비묶음으로 소비해야 한다.
⑤ 소비묶음 A보다 B를 선호하고, B보다 C를 선호하면 A보다 C를 선호한다.

24 다음 중 정상재들에 대한 무차별곡선의 설명으로 옳은 것을 <보기>에서 모두 고른 것은?

<보기>
ㄱ. 소비자에게 같은 수준의 효용을 주는 상품묶음의 집합을 그림으로 나타낸 것이다.
ㄴ. 원점에서 멀어질수록 더 높은 효용 수준을 나타낸다.
ㄷ. 기수적 효용 개념에 따라 소비자의 선택행위를 분석하는 것이다.
ㄹ. 무차별곡선들을 모아 놓은 것을 무차별지도라고 부른다.

① ㄱ, ㄴ ② ㄱ, ㄷ ③ ㄴ, ㄷ
④ ㄱ, ㄴ, ㄹ ⑤ ㄴ, ㄷ, ㄹ

25 X재와 Y재로 구성된 소비묶음을 가지고 무차별곡선을 그릴 때 무차별곡선이 원점에 대해 볼록하게 그려지는 이유로 가장 가까운 것은?

① X재 4개와 Y재 20개보다는 X재 6개와 Y재 22개를 더 선호한다.
② X재 4개와 Y재 20개보다는 X재 6개와 Y재 18개를 더 선호한다.
③ X재 4개, Y재 20개와 X재 4개, Y재 22개의 선호가 같다.
④ X재 4개, Y재 20개와 X재 2개, Y재 22개 가운데 어느 것을 선호하는지 알 수 없다.
⑤ X재 4개와 Y재 20개보다는 X재 2개와 Y재 18개를 더 선호한다.

정답 및 해설

22 ④ 효용극대화가 이루어지려면 한계효용균등의 원리 $\left(\dfrac{MU_X}{P_X} = \dfrac{MU_Y}{P_Y}\right)$가 성립하게끔 각 재화를 구입해야 한다. X재의 한계효용 $MU_X = 600$이고, X재의 가격 $P_X = 200$원이므로 $\dfrac{MU_X}{P_X} = 3$이다. 한편, Y재의 가격 $P_Y = 300$이므로 $\dfrac{MU_Y}{P_Y} = 3$이 되려면 $MU_Y = 900$이 되어야 한다. 따라서 효용이 극대화되는 Y재 구입량은 4개임을 알 수 있다.

23 ③ 소비자에게 동일한 만족을 주는 재화묶음들을 연결한 곡선을 무차별곡선이라고 한다. 소비자는 극단적인 소비묶음보다는 여러 상품이 고루 섞여 있는 소비묶음을 선호하기 때문에 원점에 대해 볼록한 모양을 갖는다.

24 ④ 무차별곡선은 소비자에게 같은 효용을 주는 상품묶음의 집합을 그림으로 나타낸 것으로 원점에서 멀수록 소비량이 많아지므로 높은 효용 수준을 나타내며, 무차별곡선을 모아놓은 것을 무차별지도라고 부른다.
[오답체크]
ㄷ. 무차별곡선은 소비자에게 동일한 만족을 주는 재화묶음을 연결한 곡선으로서 서수적 효용 개념에 따라 소비자의 선택행위를 분석하는 것이다.

25 ② 무차별곡선이 원점에 대해 볼록한 이유는 한계대체율체감의 법칙 때문이다. 한계대체율이란 Y재화 한 단위를 얻기 위해 포기해야 하는 X재화의 양(X재화의 감소량/Y재화 한 단위)이다. 이를 달리 말하면 무차별곡선을 따라서 아래쪽으로 이동할 때 한계대체율이 감소한다는 것이며, 이는 한쪽으로 치우친 소비를 하는 것보다 골고루 소비하는 것이 바람직하다는 것을 보여준다.
[오답체크]
① X재 4개와 Y재 20개보다는 X재 6개와 Y재 22개를 더 선호하는 것은 두 재화의 소비량이 더 많기 때문이다. 다만 볼록성을 설명하는 것은 아니다.
③ X재 4개, Y재 20개보다 X재 4개, Y재 22개의 선호가 더 크다. X재가 동일하지만 Y재의 소비량이 더 많기 때문이다.
④ 무차별곡선이 볼록하다면 X재 4개, Y재 20개가 X재 2개, Y재 22개보다 더 선호될 것이다.
⑤ X재 4개와 Y재 20개보다는 X재 2개와 Y재 18개가 소비량이 더 적기 때문에 덜 선호한다.

26 A의 소득이 10,000원이고, X재와 Y재에 대한 총지출액도 10,000원이다. X재 가격이 1,000원이고 A의 효용이 극대화되는 소비량이 X = 6이고 Y = 10이라고 할 때, X재에 대한 Y재의 한계대체율(MRS_{XY})은 얼마인가? (단, 한계대체율은 체감한다)

① 0.5   ② 1   ③ 1.5   ④ 2   ⑤ 2.5

27 다음 표는 A재와 B재의 한계효용을 나타낸다. 두 재화의 개당 가격이 각각 500원, 1,000원이고 소비자의 예산이 4,000원일 때, 소비자가 효용극대화를 위해 선택해야 할 두 재화의 소비량은?

A재		B재	
양(개)	한계효용	양(개)	한계효용
1	8	1	12
2	7	2	10
3	6	3	8
4	5	4	6
5	4	5	4
6	3	6	2

	A재	B재
①	1	3
②	2	4
③	3	3
④	4	2
⑤	6	1

28 다음과 같은 무차별곡선과 예산선을 가지고, 두 선이 접하는 A점에서 X재와 Y재를 소비하고 있는 사람이 있다. X재의 가격이 하락했을 때 발생할 수 있는 상황으로 옳은 것을 <보기>에서 모두 고르면? (단, X재와 Y재는 모두 열등재가 아니다)

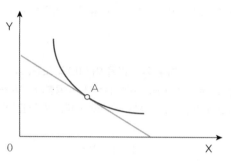

<보기>
ㄱ. X재의 소비가 증가함에 따라 Y재의 소비가 감소한다.
ㄴ. 새로운 균형점에서 한계대체율은 감소한다.
ㄷ. Y재의 소비는 감소할 수도 있고, 증가할 수도 있다.
ㄹ. 새로운 균형점에서 예산선의 기울기는 급격해진다.

① ㄱ, ㄴ   ② ㄱ, ㄷ   ③ ㄴ, ㄷ
④ ㄴ, ㄹ   ⑤ ㄷ, ㄹ

정답 및 해설

26 ⑤   X재 가격이 1,000원이고 X재 구입량이 6단위이므로 X재 구입액은 6,000원이다. 소비자는 소득 10,000원을 X재와 Y재 구입에 지출하고 X재 구입액이 6,000원이므로 Y재 구입액은 4,000원임을 알 수 있다. Y재 구입액이 4,000원이고 Y재 구입량이 10단위이므로 Y재 가격은 400원임을 추론할 수 있다. 소비자 균형에서는 무차별곡선과 예산선이 접하므로 한계대체율(MRS_{XY})과 두 재화의 상대가격비$\left(\dfrac{P_X}{P_Y}\right)$가 일치한다. 따라서 X재의 가격이 1,000원, Y재의 가격이 400원이므로 소비자 균형에서의 한계대체율은 두 재화의 상대가격비와 동일한 2.5임을 알 수 있다.

27 ④   예산이 주어져 있는 상태의 합리적 소비는 A재 1원어치의 한계효용과 B재 1원어치의 한계효용을 비교하여 큰 것 순서대로 소비하면서 3,000원을 모두 소비하는 것이며, 문제에서는 500원당 한계효용으로 보기 좋게 비교할 수 있다. 따라서 A재 1개를 소비하면 500원당 8원이고, B재 1,000원짜리 1번째 소비가 12원이므로 500원당 6원이다. 따라서 이러한 방식으로 소비하면 A재 4개, B재 2개일 때 효용 극대화가 된다.

28 ③   X재의 가격이 하락하면 X재의 최대소비량이 증가하므로 예산선의 기울기가 더 완만해진다. 따라서 예산선의 기울기와 일치하는 무차별곡선의 기울기인 한계대체율도 완만해진다.
     [오답체크]
     ㄱ. X재의 소비가 증가함에 따라 Y재의 소비가 반드시 감소한다고 볼 수 없다. X재는 정상재이므로 반드시 증가하지만 Y재는 알 수 없다.
     ㄹ. 새로운 균형점에서 예산선의 기울기는 완만해진다.

고난도 시험의 기출문제를 풀어보며 경제학 실력을 한층 더 업그레이드해 보세요!

01 甲의 효용함수는 $U = \sqrt{LF}$ 이며 하루 24시간을 여가(L)와 노동(24 - L)에 배분한다. 甲은 노동을 통해서만 소득을 얻으며, 소득은 모두 식품(F)을 구매하는 데 사용한다. 시간당 임금은 10,000원, 식품의 가격은 2,500원이다. 甲이 예산제약하에서 효용을 극대화할 때, 여가시간과 구매하는 식품의 양은?

[감정평가사 18]

① L = 8, F = 64   ② L = 10, F = 56   ③ L = 12, F = 48
④ L = 14, F = 40   ⑤ L = 16, F = 32

02 어느 소비자의 효용함수는 $U(C_1, C_2) = C_1 C_2$ 이고, 예산제약식은 $C_1 + \dfrac{C_2}{1+r} = Y_1 + \dfrac{Y_2}{1+r}$ 이다. 주어진 소득($Y_1 = Y_2 = 100$)에서 효용을 극대화하는 이 소비자에 대한 다음의 설명 중 옳은 것은? (단, C_1과 C_2는 1기와 2기의 소비량, Y_1과 Y_2는 1기와 2기의 소득, r은 이자율이고, 0 < r < 1이라고 가정한다)

[회계사 17]

① 효용극대화 소비점에서 2기 소비로 표시한 1기 소비의 한계대체율은 1/(1 + r)이다.
② 1기에 차용을 하는 소비자이다.
③ 이자율이 높아지면 극대화된 효용은 항상 증가한다.
④ 이자율이 높아지면 1기의 소비량이 1기의 소득보다 커진다.
⑤ 이자율이 높아지면 실질소득의 증가로 1기와 2기의 소비량 모두 증가한다.

정답 및 해설

01 ③ 1) 소비자균형에서는 예산선과 무차별곡선이 접하므로 예산선의 기울기 = 무차별곡선의 기울기이다.

2) 무차별곡선의 기울기 $MRS_{LF} = \dfrac{MU_L}{MU_F} = \dfrac{F}{L}$ 이다.

3) 소득은 모두 식품을 구매하는 데 사용하므로 M = 2,500F이다. 이를 바탕으로 여가 – 소득모형의 예산선은 2,500F = 10,000(24 – L)이다. 따라서 F = 96 – 4L이다.

4) 예산선의 기울기와 무차별곡선의 기울기가 같아야 하므로 4 = $\dfrac{F}{L}$ ➜ F = 4L이다.

5) 예산선에 대입하면 4L = 96 – 4L ➜ L = 12, F = 48이다.

02 ③ 1) 주어진 함수의 $MRS_{C_1 C_2} = \dfrac{C_2}{C_1}$ 이다.

2) 소비자균형은 무차별곡선과 예산선이 접하므로 (1 + r) = $\dfrac{C_2}{C_1}$ 이다. $C_2 = (1+r)C_1$ 이다.

3) 주어진 소득이 100이므로 위의 조건과 함께 제약식에 대입하면

$2C_1$ = 100 + $\dfrac{100}{1+r}$ ➜ C_1 = 50 + $\dfrac{50}{1+r}$ 이다. C_2 = 50(1 + r) + 50이다.

4) 이자율이 0과 1의 사이값이기에 C_1은 항상 100보다 작으므로 저축자이다.

5) 이자율이 상승할수록 현재소비가 감소한다. 이는 저축이 증가함을 의미한다. 따라서 이자율이 상승하면 저축자의 소비가능영역이 커지므로 저축자의 효용은 반드시 증가한다.

03 두 재화 X재와 Y재를 소비하는 갑의 가격이 $(P_X, P_Y) = (1, 4)$일 때 소비조합 $(X, Y) = (6, 3)$, 가격이 $(P_X, P_Y) = (2, 3)$으로 변화했을 때 소비조합 $(X, Y) = (7, 2)$, 그리고 가격이 $(P_X, P_Y) = (4, 2)$로 변화했을 때 소비조합 $(X, Y) = (6, 4)$를 선택하였다. 이에 관한 설명으로 옳은 것을 모두 고른 것은?

[감정평가사 22]

> ㄱ. 소비조합 $(X, Y) = (6, 3)$이 소비조합 $(X, Y) = (7, 2)$보다 직접 현시선호되었다.
> ㄴ. 소비조합 $(X, Y) = (6, 4)$이 소비조합 $(X, Y) = (7, 2)$보다 직접 현시선호되었다.
> ㄷ. 소비조합 $(X, Y) = (6, 3)$이 소비조합 $(X, Y) = (6, 4)$보다 직접 현시선호되었다.
> ㄹ. 선호체계는 현시선호이론의 약공리를 위배한다.

① ㄱ, ㄴ   ② ㄱ, ㄷ   ③ ㄱ, ㄹ
④ ㄴ, ㄷ   ⑤ ㄷ, ㄹ

04 16억 원 가치의 상가를 보유하고 있는 A는 화재에 대비하기 위해 손해액 전부를 보상해 주는 화재보험을 가입하려고 한다. 상가에 화재가 발생하여 7억 원의 손해를 볼 확률이 20%이고, 12억 원의 손해를 볼 확률이 10%이다. A의 재산에 대한 폰 노이만 - 모겐스턴(vonNeumann - Morgenstern) 효용함수가 $u(x) = \sqrt{x}$ 라고 한다면, 기대효용을 극대화하는 조건에서 지불할 용의가 있는 최대금액의 보험료는?   [회계사 18]

① 2.96억 원   ② 3.04억 원   ③ 3.56억 원
④ 4.28억 원   ⑤ 5.24억 원

정답 및 해설

03 ① 1) 각각을 표로 나타내면 다음과 같다.

	$(P_X, P_Y) = (1, 4)$	$(P_X, P_Y) = (2, 3)$	$(P_X, P_Y) = (4, 2)$
$(X, Y) = (6, 3)$	$1 \times 6 + 4 \times 3 = 18$ ➜ 선택	$2 \times 6 + 3 \times 3 = 21$	$4 \times 6 + 2 \times 3 = 30$
$(X, Y) = (6, 4)$	$1 \times 6 + 4 \times 4 = 22$	$2 \times 6 + 3 \times 4 = 24$	$4 \times 6 + 2 \times 4 = 32$ ➜ 선택
$(X, Y) = (7, 2)$	$1 \times 7 + 4 \times 2 = 15$	$2 \times 7 + 3 \times 2 = 20$ ➜ 선택	$4 \times 7 + 2 \times 2 = 32$

2) 지문분석

ㄱ. $(P_X, P_Y) = (1, 4)$일 때 둘 다 선택할 수 있는데 $(X, Y) = (6, 3)$을 선택하였으므로 소비조합 $(X, Y) = (6, 3)$이 소비조합 $(X, Y) = (7, 2)$보다 직접 현시선호되었다.

ㄴ. $(P_X, P_Y) = (1, 4)$일 때 둘 다 선택할 수 있는데 $(X, Y) = (6, 4)$를 선택하였으므로 소비조합 $(X, Y) = (6, 4)$가 소비조합 $(X, Y) = (7, 2)$보다 직접 현시선호되었다.

[오답체크]

ㄷ. $(P_X, P_Y) = (1, 4)$일 때 소비조합 $(X, Y) = (6, 3)$을 소비할 예산으로 $(X, Y) = (6, 4)$를 선택할 수 없으므로 직접 현시선호되었다고 할 수 없다.

ㄹ. 선호체계는 직접 현시선호되므로 현시선호이론의 약공리를 위배하지 않는다.

04 ② 1) 재산의 기대치 $= (0.1 \times 4) + (0.2 \times 9) + (0.7 \times 16) = 13.4$억 원

2) 기대효용 $= (0.1 \times \sqrt{4}) + (0.2 \times \sqrt{9}) + (0.7 \times \sqrt{16}) = 3.6$

3) $\sqrt{CE} = 3.6$ ➜ 확실성등가 12.96

4) 최대한의 보험료 = 재산의 크기 - 확실성등가 = 3.04억 원

해커스공기업 쉽게 끝내는 경제학 기본서

제4장

생산자이론

핵심 Check: 생산의 개념과 단기와 장기의 구분

생산에서의 단기	고정요소인 자본이 존재하는 경우의 생산
생산에서의 장기	고정요소가 존재하지 않고 가변요소만 존재하는 경우의 생산

1. 생산의 의미와 범위

(1) 의미

① 생산요소를 적절히 배합·가공하여 인간에게 유용한 재화와 서비스를 창출함으로써 사회후생을 증대시키는 행위이다.

② 생산요소(Factors of Production)

㉠ 재화를 생산하는 데 투입되는 모든 인적 및 물적 자원을 의미한다.

㉡ 생산요소는 자연적으로 주어진 생산요소인 토지(자연자원)와 노동, 그리고 사람들에 의해 만들어진 생산요소인 자본으로 구성된다.

(2) 범위

생산의 범위에는 제품을 만드는 것뿐만 아니라 재화의 포장·운송·저장 등 사회후생을 증대시키는 모든 행위가 포함된다.

2. 장·단기 구분

(1) 단기

① 개별 기업에서의 단기는 고정요소가 존재하는 시간이며 일반적으로 고정요소는 자본을 의미한다.

② 산업 전체에서의 단기는 기존 기업의 퇴거나 새로운 기업의 진입이 불가능할 정도로 짧은 시간이다.

(2) 장기

① 개별 기업에서의 장기는 모든 생산요소가 가변요소가 되는 것을 의미한다.

② 산업 전체에서의 장기는 기업의 진입과 퇴거가 자유롭게 이루어질 수 있는 충분한 시간이다.

핵심 Check: 단기생산함수

단기생산함수	$Q = F(L, \overline{K}) \rightarrow Q = F(L)$
총생산물	$TP_L (= Q) = \sum MP_L$
한계생산물	$MP_L = \dfrac{\triangle Q}{\triangle L}$
평균생산물	$AP_L = \dfrac{Q}{L}$
평균생산물과 한계생산물의 관계	• 한계생산물(MP_L) > 평균생산물(AP_L): 평균생산물(AP_L)은 증가 • 한계생산물(MP_L) < 평균생산물(AP_L): 평균생산물(AP_L)은 감소 • 한계생산물(MP_L) = 평균생산물(AP_L): 평균생산물(AP_L)은 변하지 않으며 단기생산 함수에서는 총생산물이 극대

1. 가정과 투입요소

(1) 가정

① 생산요소는 노동과 자본 두 가지만 있다고 가정한다.

② 단기에 자본은 고정투입요소, 노동은 가변투입요소가 된다.

(2) 투입요소

① 고정투입요소: 자본으로 기계, 공장, 설비 등이다.

② 가변투입요소: 노동으로 노동력, 원자재, 에너지 등이다.

(3) 단기생산함수

$$Q = F(L, \overline{K}) \text{ (단, L은 노동, K는 자본)}$$

2. 총생산물, 한계생산물, 평균생산물

(1) 총생산물(TP; Total Product)

$$TP_L (= Q) = \sum MP_L$$

① n단위 가변요소(노동투입량)를 투입하였을 때 생산된 재화의 총량으로 한계생산물의 총합이다.

② 사례: 노동자를 10명 고용하여 100개를 생산했다면 100개가 총생산물이다.

(2) 한계생산물(MP; Marginal Product)

$$MP_L = \frac{\triangle Q}{\triangle L}$$

① 가변요소(노동투입량)를 추가적으로 투입하였을 때 총생산물의 증가분이다.

② 사례: 노동자 1명일 때 총생산이 10개이고 노동자를 1명 추가 투입하여 2명일 때 총생산이 30개라면 한계생산은 20개이다.

③ 그래프에서 한계생산물은 총생산물곡선의 접점에서 그은 접선의 기울기로 측정한다.

④ 자본이 고정되어 있는 단기에 가변요소인 노동력만 증가시킨다면 최종적으로 한계생산이 감소한다. 한계생산물이 최종적으로 감소하는 것을 수확체감의 법칙이라고 한다.

(3) 총생산물과 한계생산물의 관계

① 한계생산물(MP_L) > 0: 총생산물(TP_L)은 증가 ➡ 초기에 분업과 전문화로 나타날 수 있다.

② 한계생산물(MP_L) < 0: 총생산물(TP_L)은 감소 ➡ 궁극적으로 생산함수에서 나타나는 현상이다.

③ 한계생산물(MP_L) = 0: 총생산물(TP_L)은 극대 ➡ 수확체감의 법칙에 따라 0이 될 때 가장 극대가 된다.

(4) 평균생산물(AP; Average Product)

$$AP_L = \frac{Q}{L}$$

① 투입된 생산요소 1단위당 생산량으로, 총생산량을 가변요소 투입량으로 나눈 값이다.

② 평균생산물은 총생산물곡선과 원점을 연결한 직선의 기울기로 측정하며, 처음에는 기울기가 점점 커지나 생산량이 일정 단위를 넘어서면 원점을 연결한 기울기가 점점 감소한다.

(5) 평균생산물과 한계생산물의 관계

① 한계생산물(MP_L) > 평균생산물(AP_L): 평균생산물(AP_L)은 증가

② 한계생산물(MP_L) < 평균생산물(AP_L): 평균생산물(AP_L)은 감소

③ 한계생산물(MP_L) = 평균생산물(AP_L): 평균생산물(AP_L)은 변하지 않으며 단기생산함수에서는 총생산물이 극대

④ 사례: 노동자 1명을 투입하여 10개를 생산하고 있다고 가정하자. 노동자 1명을 추가 투입했을 때 10개를 추가적으로 생산한다면 즉, 한계생산이 10개라면 평균생산은 동일하지만 한계생산이 10개 이상이면 평균생산이 증가, 한계생산이 10개 미만이면 평균생산이 감소한다.

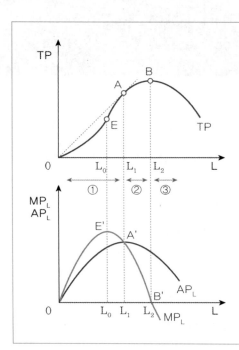

① 생산의 제1단계 - 비경제적 영역
② 생산의 제2단계 - 경제적 영역 ➜ 거시경제학에서 사용
③ 생산의 제3단계 - 비경제적 영역
• AP_L 상승구간 - MP_L이 위에 위치
• AP_L 극대점 - MP_L과 교차
• AP_L 하강구간 - MP_L이 아래에 위치

확인문제

최근 들어 우리나라에서 자동차 부품 생산이 활발하게 이루어지고 있다. 동일한 자동차 부품을 생산하는 5개 기업의 노동 투입량과 자동차 부품 생산량 간의 관계가 다음과 같을 때, 평균 노동생산성이 가장 낮은 기업은?

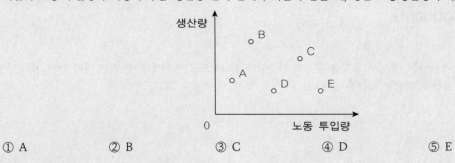

① A   ② B   ③ C   ④ D   ⑤ E

정답 및 해설

평균생산물은 총생산량을 노동자 수로 나눈 값이므로 기업 E의 평균생산성이 가장 낮음을 알 수 있다. 평균생산물은 각 점에서 원점으로 연결한 직선의 기울기로 측정되는데, 이렇게 측정하더라도 기업 E의 평균생산성이 가장 낮음을 알 수 있다.

정답: ⑤

핵심 Check: 장기생산함수

등량곡선의 특징	우하향, 원점에서 멀수록 생산량 큼, 교차하지 않음, 한계기술대체율 체감함
한계기술대체율	$MRTS_{LK} = - \dfrac{\triangle K}{\triangle L} = \dfrac{MP_L}{MP_K}$
대체탄력성	완전대체관계는 무한대, 완전보완관계는 0임
생산자균형	등량곡선과 등비용선이 접하는 점에서 비용극소화

1. 의미와 생산함수

(1) 의미

장기생산함수란 모든 생산요소가 가변적일 때 모든 생산요소를 투입하여 생산 가능한 최대생산량을 나타내는 함수이다.

(2) 생산함수

$Q = F(L, K)$ 이며 이때 노동과 자본이 모두 가변요소이다.

2. 등량곡선(isoquant)

(1) 의미

① 어떤 상품을 생산하는 데 있어 동일한 수준의 산출량을 효율적으로 생산해낼 수 있는 여러 가지 서로 다른 생산요소의 조합을 연결한 곡선을 말한다.

② 그래프

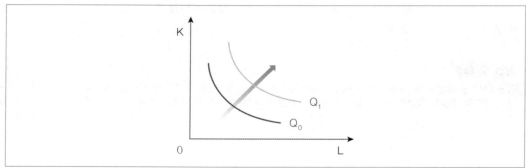

③ 무차별곡선과 등량곡선의 비교

  ㉠ 소비측면의 무차별곡선은 두 재화를 조합하여 소비하였을 경우 동일한 효용을 연결한 것이다.

  ㉡ 생산측면의 등량곡선은 두 생산요소를 조합하여 생산하였을 경우 동일한 생산량을 조합한 것이다. 기본 그래프의 형태는 동일하다.

(2) 성질

① 원점으로부터 멀리 떨어진 등량곡선일수록 높은 산출량을 나타낸다. 그래프에서 Q_1이 Q_0보다 노동과 자본을 더 많이 투입하였으므로 생산량이 더 많다.

② 등량곡선은 우하향한다. 하나의 생산요소를 추가적으로 투입했을 때 다른 생산요소의 투입을 줄여야 생산량의 변화가 없다.

③ 등량곡선은 서로 교차할 수 없다. 교차할 경우 논리적 모순이 발생한다.

④ 등량곡선은 일반적으로 원점에 대해 볼록한 형태를 취한다. 이를 한계기술대체율 체감이라고 한다.

3. 한계기술대체율(MRTS: Marginal Rate of Technical Substitution)

(1) 의미

동일한 생산수준을 유지하면서 L의 투입량을 추가적으로 증가시키기 위하여 추가적으로 감소시켜야 하는 K의 수량의 비율, $\dfrac{-\triangle K}{\triangle L}$을 의미한다.

(2) 한계기술대체율의 측정

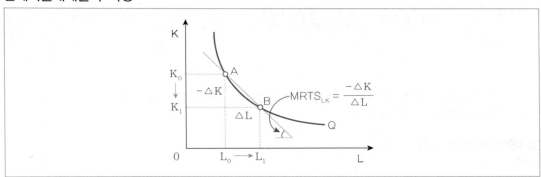

① 한계기술대체율은 L과 K의 생산자 대체비율로 등량곡선의 기울기로 측정한다.

② L의 투입량이 $\triangle L$만큼 증가하면 총생산은 $MP_L \cdot \triangle L$만큼 증가한다.

③ K의 투입량이 $\triangle K$만큼 감소하면 총생산은 $MP_K \cdot \triangle K$만큼 감소한다.

④ 두 점의 생산량이 동일하므로 증가한 총생산과 감소한 총생산이 동일해야 한다. 따라서 $MP_L \cdot \triangle L + MP_K \cdot \triangle K = 0$ ➔ $-\dfrac{\triangle K}{\triangle L} = \dfrac{MP_L}{MP_K}$이다.

⑤ 한계기술대체율 공식

$$MRTS_{LK} = -\frac{\triangle K}{\triangle L} = \frac{MP_L}{MP_K}$$

(3) 한계기술대체율 체감의 법칙

① 동일한 생산수준을 유지하면서 K를 L로 대체해감에 따라 한계기술대체율이 점점 감소하는 현상을 말한다.

② 모든 등량곡선이 이러한 것은 아니며, 원점에 대해 볼록한 경우에 해당한다.

4. 요소집약도와 대체탄력성

(1) 요소집약도

① 요소집약도란 자본과 노동의 투입비율을 의미하며 자본노동비율 또는 1인당 자본량이라 한다.

② 한편, 요소집약도는 $\dfrac{K}{L}$로 표현되며 원점에서 등량곡선에 그은 직선의 기울기로 나타낸다.

(2) 대체탄력성의 의미

① 대체탄력성이란 생산과정에서 생산요소 사이의 대체가 얼마나 쉽게 이루어질 수 있는가를 나타낸 값이다.

② 동일한 등량곡선상에서 한계기술대체율(MRTS)의 변화율 대비 요소집약도($\dfrac{K}{L}$)의 변화율을 수치로 나타낸 값이다.

③ 공식

$$\text{대체탄력성} = \frac{\text{요소집약도의 변화율}}{\text{한계기술대체율의 변화율}} = \frac{\dfrac{\triangle \dfrac{K}{L}}{\dfrac{K}{L}}}{\dfrac{\triangle MRTS}{MRTS}} = \frac{\dfrac{\triangle \dfrac{K}{L}}{\dfrac{K}{L}}}{\dfrac{\triangle \dfrac{w}{r}}{\dfrac{w}{r}}} \quad \text{(생산자균형 시)}$$

④ 대체탄력성은 생산자균형 발생 시 생산요소의 가격비가 변할 때 생산요소가 얼마나 쉽게 대체가 이루어지는지 나타내는 수치이기도 하다.

(3) 대체탄력성의 성질

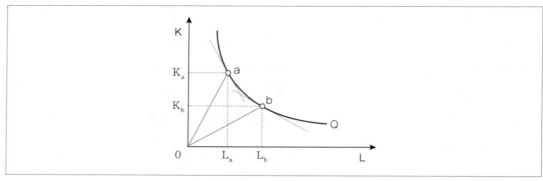

① a점의 요소집약도는 $\dfrac{K_a}{L_a}$이고, b점의 요소집약도는 $\dfrac{K_b}{L_b}$이다.

② 대체탄력성이 작으면 동일한 MRTS의 변화에도 요소집약도가 작게 변하므로 등량곡선이 급경사가 된다.

③ 대체탄력성이 크면 동일한 MRTS의 변화에도 요소집약도가 크게 변하므로 직선에 가까워진다.

④ 결론적으로 등량곡선이 직선에 가까워질수록 대체탄력성은 커진다.

5. 여러 가지 생산함수(= 등량곡선)

(1) 레온티에프(Leontief) 생산함수

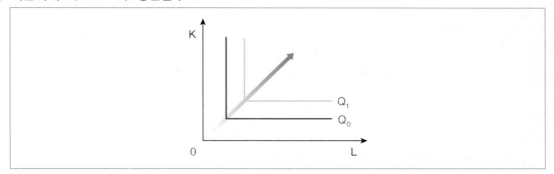

① 요소대체가 완전보완적으로 이루어지므로 $Q = \min[\dfrac{L}{a}, \dfrac{K}{b}]$로 표현된다.

② 생산요소 간의 결합비율은 $\dfrac{L}{a} = \dfrac{K}{b} = Q$가 이루어지므로 $K = \dfrac{b}{a}L$의 결합비율을 가져야 한다.

③ 완전보완관계의 등량곡선은 L자 형태의 함수이다.

④ 요소대체가 불가능하여 요소집약도의 변화율이 0이므로 대체탄력성은 0이다.

(2) 선형생산함수

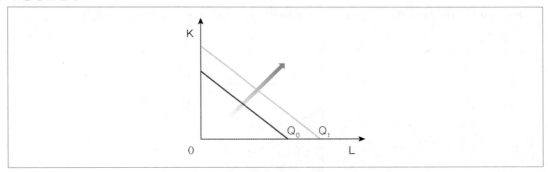

① 요소대체가 완전대체적이므로 $Q = aL + bK$로 표현된다.

② 생산요소 간의 완전대체가 가능하므로 한계기술대체율이 $-\dfrac{a}{b}$인 우하향의 직선형태의 함수이다.

③ 한계기술대체율이 일정하므로 한계기술대체율의 변화율은 0이고 대체탄력성은 ∞이다.

(3) 콥 - 더글라스 생산함수

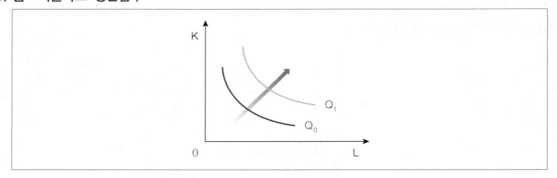

① 요소대체가 가능하므로 $Q = AL^{\alpha}K^{\beta}$로 표현된다.

② 원점에 대하여 볼록한 일반적인 생산함수이다.

③ 대체탄력성이 항상 1이다.

④ $MRTS$는 체감한다.

6. 등비용선

(1) 개념

① 주어진 총비용으로 구입 가능한 생산요소의 조합을 그래프로 나타낸 것이다.

② 등비용선 위의 모든 점들은 두 요소의 결합비율은 다르지만 동일한 총비용을 나타낸다.

③ 그래프

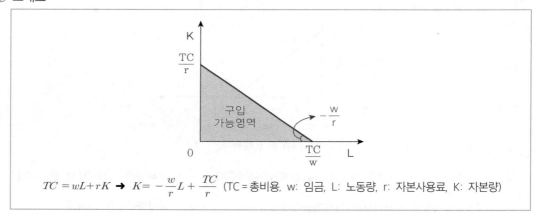

$$TC = wL + rK \ \blacktriangleright \ K = -\frac{w}{r}L + \frac{TC}{r} \ (TC = \text{총비용, } w: \text{임금, } L: \text{노동량, } r: \text{자본사용료, } K: \text{자본량})$$

(2) 형태

등비용선의 형태는 생산요소의 가격이 일정하므로 우하향의 직선이다.

(3) 이동

① 투입 비용의 변화, 요소가격의 변화 등으로 인해 이동한다.

② 사례: 주어진 비용이 8,000원이라고 할 때 노동가격이 2,000원, 자본가격이 1,000원이라고 하면 노동만 구입하면 4개, 자본만 구입하면 8개를 구입할 수 있다. 이를 바탕으로 비용 증가, 생산요소의 변화를 그래프로 판단하면 다음과 같다.

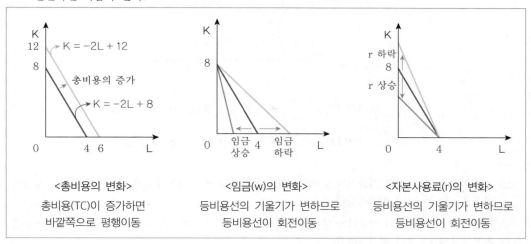

<총비용의 변화>	<임금(w)의 변화>	<자본사용료(r)의 변화>
총비용(TC)이 증가하면 바깥쪽으로 평행이동	등비용선의 기울기가 변하므로 등비용선이 회전이동	등비용선의 기울기가 변하므로 등비용선이 회전이동

7. 생산자균형

(1) 생산자균형점

① 등량곡선과 등비용선이 접하는 점에서 비용극소화가 달성된다.

② 등량곡선은 생산이 기술적으로만 효율적 생산자균형점은 생산이 기술적, 경제적으로 효율적인 점이다.

(2) 한계생산물 균등의 법칙

① 등량곡선의 기울기($MRTS$) = 등비용선의 기울기($\frac{w}{r}$)이다. (단, 등량곡선은 원점에 대하여 볼록하다)

② $MRTS_{LK}(= \frac{MP_L}{MP_K}) = \frac{w}{r}$ 이므로 $\frac{MP_L}{w} = \frac{MP_K}{r}$ 가 성립한다.

③ 각 생산요소의 구입에 지출된 1원어치의 한계생산물이 같도록 생산요소를 투입하여야 비용극소화가 달성됨을 의미한다.

(3) 등량곡선의 기울기와 등비용선의 기울기가 다른 경우

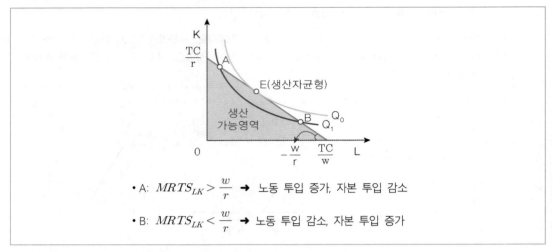

- A: $MRTS_{LK} > \dfrac{w}{r}$ ➡ 노동 투입 증가, 자본 투입 감소

- B: $MRTS_{LK} < \dfrac{w}{r}$ ➡ 노동 투입 감소, 자본 투입 증가

① A점에서는 등량곡선의 기울기가 등비용선의 기울기보다 크기 때문에 E점으로 가기 위해서 노동을 늘리고 자본을 줄이는 것이 바람직하다.

② B점에서는 등량곡선의 기울기가 등비용선의 기울기보다 작기 때문에 E점으로 가기 위해서 노동을 줄이고 자본을 늘리는 것이 바람직하다.

(4) 선형생산함수의 생산자균형

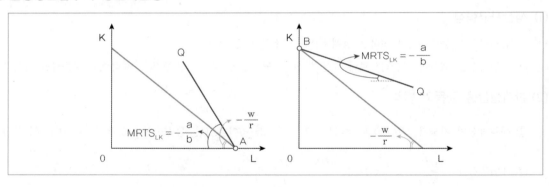

① $Q = aL + bK$ (a, b는 상수)이므로 $MRTS_{LK} = -\dfrac{a}{b}$ 로 항상 일정하다.

② $MRTS_{LK} > \dfrac{w}{r}$ 인 경우 노동(L)만 고용(A점)한다.

③ $MRTS_{LK} < \dfrac{w}{r}$ 인 경우 자본(K)만 고용(B점)한다.

④ $MRTS_{LK} = \dfrac{w}{r}$ 인 경우 등비용선 위 어떤 점을 선택해도 관계없다.

(5) 완전보완관계 레온티에프(Leontief) 생산함수

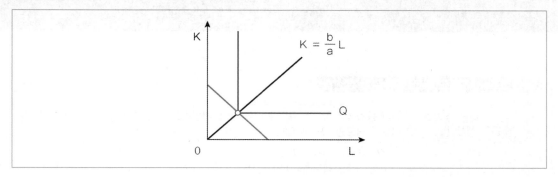

① $Q = \min\left[\dfrac{L}{a}, \dfrac{K}{b}\right]$인 경우이다.

② 최적생산조건은 $\dfrac{L}{a} = \dfrac{K}{b}$이므로 $K = \dfrac{b}{a}L$이 최적생산경로이다.

③ 생산자균형점은 $K = \dfrac{b}{a}L$와 등비용선과의 교점이 된다.

확인문제

기업생산이론에 관한 설명으로 옳은 것은?
① 장기(long-run)에는 모든 생산요소가 고정요소가 될 수 있다.
② 다른 생산요소가 고정인 상태에서 생산요소 투입 증가에 따라 한계생산이 줄어드는 현상이 규모에 대한
  수익 불변이다.
③ 콥 - 더글라스 생산함수는 한계기술대체율 체증의 법칙이 성립한다.
④ 노동의 상대가격과 한계기술대체율이 일치하면 비용극소화가 이루어진다.

정답 및 해설

노동의 상대가격은 등비용선의 기울기, 한계기술대체율은 등량곡선의 기울기이므로 이 둘이 일치하면 비용극소화가 이루어진다.
[오답체크]
① 장기(long-run)에는 모든 생산요소가 가변요소이므로 고정요소는 존재하지 않는다.
② 다른 생산요소가 고정인 상태에서 생산요소 투입 증가에 따라 한계생산이 줄어드는 현상이 한계생산 체감의 법칙이다.
③ 콥 - 더글라스 생산함수는 한계기술대체율 체감의 법칙이 성립한다.

정답: ④

04 규모에 대한 수익과 생산함수

1. 규모에 대한 수익(returns to scale)

(1) 규모에 대한 수익의 의미

① 생산함수가 $Q = f(L, K)$라 하고 모든 생산요소의 투입량을 동일한 비율인 t배 늘린 생산량 $f(tL, tK)$의 결과로 판단한다.

② 규모에 대한 수익 불변(constant returns to scale), 규모에 대한 수익 체증(increasing returns to scale), 규모에 대한 수익 체감(decreasing returns to scale)으로 구분된다.

(2) 그래프

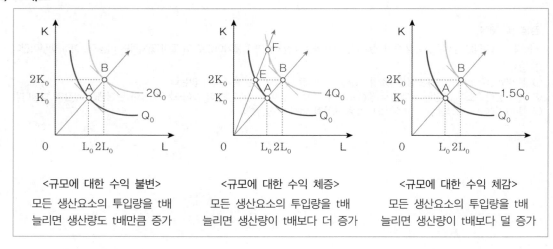

<규모에 대한 수익 불변>	<규모에 대한 수익 체증>	<규모에 대한 수익 체감>
모든 생산요소의 투입량을 t배 늘리면 생산량도 t배만큼 증가	모든 생산요소의 투입량을 t배 늘리면 생산량이 t배보다 더 증가	모든 생산요소의 투입량을 t배 늘리면 생산량이 t배보다 덜 증가

(3) 동차 생산함수

① 정의: 어떤 함수 $f(L, K)$의 독립변수 L, K에 각각 t배 한 값인 $f(tL, tK)$이 함수 $f(L, K)$의 t^{α}배이면 (즉, $f(tL, tK) = t^{\alpha} f(L, K)$이 성립하면) 이를 α차 동차함수라 한다.

② 사례

  ㉠ $f(L, K) = 2L + K$ ➡ $f(tL, tK) = 2tL + tK = t(2L + K) = tf(L, K)$이 성립하여 $\alpha = 1$인 경우이므로 1차 동차함수이다.

  ㉡ $f(L, K) = LK$ ➡ $f(tL, tK) = tLtK = t^2 LK = t^2 f(L, K)$이 성립하여 $\alpha = 2$인 경우이므로 2차 동차함수이다.

③ 동차 생산함수와 규모에 대한 수익

  ㉠ r = 1(1차 동차)이면 생산량이 t배 증가하므로 규모에 대한 수익 불변이다.

  ㉡ r > 1이면 생산량이 t배보다 많이 증가하므로 규모에 대한 수익 체증이다.

  ㉢ r < 1이면 생산량이 t배보다 적게 증가하므로 규모에 대한 수익 체감이다.

2. 콥 – 더글라스 생산함수(C. Cobb – P. Douglas)

(1) 정의

① 공식

$$Q = AL^{\alpha} K^{\beta} \quad (단, \ \alpha + \beta = 1)$$

② A: 총요소생산성으로 기술 진보 시 증가하지만 단순히 여기서는 A > 0보다 큰 것으로 가정한다.

(2) 1차 동차 생산함수

① 규모에 대한 보수 불변의 생산함수이다.

② 공식

$$A(tL)^{\alpha}(tK)^{\beta} = A(t^{\alpha} L^{\alpha})(t^{\beta} K^{\beta}) = At^{\alpha + \beta} L^{\alpha} K^{\beta} = t^{\alpha + \beta} AL^{\alpha} K^{\beta} = tQ$$

③ 동차함수의 정의에 따라 콥 - 더글라스 생산함수는 $\alpha + \beta = 1$이므로 규모에 대한 수익은 불변이다.

(3) 요소의 평균생산물과 한계생산물

$$① \ AP_L = \frac{Q}{L} = \frac{AL^{\alpha} K^{\beta}}{L} = AL^{\alpha - 1} K^{\beta}$$

$$② \ AP_K = \frac{Q}{K} = \frac{AL^{\alpha} K^{\beta}}{K} = AL^{\alpha} K^{\beta - 1}$$

$$③ \ MP_L = \frac{\triangle Q}{\triangle L} = \alpha AL^{\alpha - 1} K^{\beta}$$

$$④ \ MP_K = \frac{\triangle Q}{\triangle K} = \beta AL^{\alpha} K^{\beta - 1}$$

(4) 생산의 요소탄력성

$$① \text{ 생산의 노동탄력성} = \frac{\text{생산량 변화율}}{\text{노동투입량 변화율}} = \frac{\frac{\triangle Q}{Q}}{\frac{\triangle L}{L}} = \frac{\frac{\triangle Q}{\triangle L}}{\frac{Q}{L}} = \frac{MP_L}{AP_L} = \frac{\alpha AL^{\alpha-1}K^{\beta}}{AL^{\alpha-1}K^{\beta}} = \alpha$$

$$② \text{ 생산의 자본탄력성} = \frac{\text{생산량 변화율}}{\text{자본투입량 변화율}} = \frac{\frac{\triangle Q}{Q}}{\frac{\triangle K}{K}} = \frac{\frac{\triangle Q}{\triangle K}}{\frac{Q}{K}} = \frac{MP_K}{AP_K} = \frac{\beta AL^{\alpha}K^{\beta-1}}{AL^{\alpha}K^{\beta-1}} = \beta$$

(5) 한계기술대체율(MRTS)

① 공식

$$MRTS_{LK} = -\frac{\Delta K}{\Delta L} = \frac{MP_L}{MP_K} = \frac{\alpha AL^{\alpha-1}K^{\beta}}{\beta AL^{\alpha}K^{\beta-1}} = \frac{\alpha}{\beta} \cdot \frac{K}{L}$$

② 한계기술대체율(MRTS)은 요소집약도의 일정 배수$\left(\frac{\alpha}{\beta}\right)$이다.

(6) 요소의 대체탄력성

① 공식

$$\text{대체탄력성} = \frac{\text{요소집약도의 변화율}}{\text{한계기술대체율의 변화율}} = \frac{\frac{\triangle \frac{K}{L}}{\frac{K}{L}}}{\triangle MRTS} = \frac{\triangle \left(\frac{K}{L}\right)}{\triangle MRTS} \cdot \frac{MRTS}{\frac{K}{L}}$$

② 한계대체율 $MRTS = \frac{MP_L}{MP_K} = \frac{\alpha AL^{\alpha-1}K^{\beta}}{\beta AL^{\alpha}K^{\beta-1}} = \frac{\alpha}{\beta} \cdot \frac{K}{L}$ 이므로 $\frac{d\,MRTS}{d\left(\frac{K}{L}\right)} = \frac{\alpha}{\beta}$ 이다.

③ 대체탄력성 공식에 위의 조건을 대입하면 $\frac{\triangle\left(\frac{K}{L}\right)}{\triangle MRTS} \cdot \frac{MRTS}{\frac{K}{L}} = \frac{\beta}{\alpha} \cdot \frac{\frac{\alpha}{\beta} \cdot \frac{K}{L}}{\frac{K}{L}} = 1$ 이다.

④ $\alpha + \beta \neq 1$인 경우에도 요소의 대체탄력성은 1이다.

(7) 오일러(Euler) 정리

$$Q = L \cdot MP_L + K \cdot MP_K \quad (\text{단, } L \cdot MP_L: \text{노동소득분배분, } K \cdot MP_K: \text{자본소득분배분})$$

① 생산함수가 1차 동차(규모보수 불변)이고 생산물과 요소시장이 모두 완전경쟁이며 외부효과가 없을 때 위의 관계가 성립한다.

② 경제적 의미: 생산과정에서 발휘된 각 요소의 한계생산성에 따라 분배하면 과부족 없이 분배된다. 즉 노동소득과 자본소득으로 완전분배된다.

(8) 소득분배율

콥-더글라스 생산함수($Q = AL^\alpha K^\beta$)는 1차 동차의 생산함수이므로 오일러 정리가 성립한다. 즉, 각 요소의 한계생산성에 따라 소득을 배분하면 생산된 생산물을 과부족 없이 분배할 수 있다.

① 노동소득분배율: $\dfrac{w \cdot L}{Q} = \dfrac{MP_L \cdot L}{Q} = \dfrac{\alpha AL^{\alpha-1}K^\beta \cdot L}{Q} = \dfrac{\alpha AL^\alpha K^\beta}{Q} = \alpha$

② 자본소득분배율: $\dfrac{r \cdot K}{Q} = \dfrac{MP_K \cdot K}{Q} = \dfrac{\beta AL^\alpha K^{\beta-1} \cdot K}{Q} = \dfrac{\beta AL^\alpha K^\beta}{Q} = \beta$

3. 기술 진보

(1) 기술 진보

① 기술 진보는 요소절약현상이므로 노동 및 자본계수($\dfrac{L}{Y}$, $\dfrac{K}{Y}$)가 감소하며 생산비 또한 감소한다.

② 요소투입량이 감소하므로 수확체감법칙에 따라 요소의 한계생산성이 증가한다.

③ 요소투입량(생산비)이 동일하다면 생산량이 증가한다.

(2) 기술 진보의 성격

① 기술 진보가 발생하면 요소절약에 따라 동일한 생산량을 나타내는 등량선이 원점으로 이동한다.

② 요소절약형태에 따라 기술 진보의 성격이 결정된다.

(3) 그래프를 통한 이해

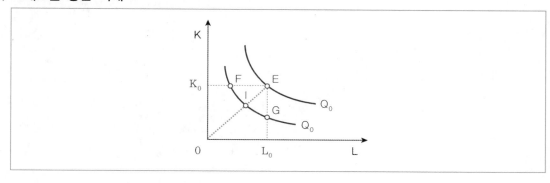

① 중립적 기술 진보: E → I 이동한 경우로 노동절약률＝자본절약률이다. 따라서 ($\dfrac{K}{L}$)비율이 불변이다.

② 노동절약적 기술 진보: E → F～I 이동한 경우로 노동절약률＞자본절약률이다. 따라서 ($\dfrac{K}{L}$)비율이 증가한다.

③ 자본절약적 기술 진보: E → I～G 이동한 경우로 자본절약률＞노동절약률이다. 따라서 ($\dfrac{K}{L}$)비율이 감소한다.

총생산함수가 $Y = AL^{\alpha}K^{1-\alpha}$일 때 다음 설명 중 옳지 않은 것은?

① 대체탄력성은 1보다 작다.

② 노동소득 분배율과 자본소득 분배율의 합은 1이다.

③ 규모에 대한 수익불변을 나타내고 있다.

④ 자본의 한계생산은 체감한다.

정답 및 해설

문제에 제시된 함수는 콥 - 더글라스 생산함수이며, 콥 - 더글라스 생산함수의 대체탄력성은 1이다.

[오답체크]

② 노동소득 분배율은 α, 자본소득 분배율은 $\beta(=1-\alpha)$이므로 합은 1이다.

③ 1차 동차생산함수이므로 규모에 대한 수익불변을 나타내고 있다.

④ 자본의 한계생산 $MP_K = A\left(\dfrac{L}{K}\right)^{\alpha}$이므로 체감한다.

정답: ①

기업의 이윤과 비용

핵심 Check: 기업의 이윤과 비용

이윤	이윤(π) = 총수입(TR) - 총비용(TC)
경제학적 비용	명시적 비용과 암묵적 비용을 모두 포함한 개념

1. 의의

(1) 기업의 목표

기업의 목표는 이윤극대화이다.

(2) 기업의 이윤

① 이윤은 총수입에서 총비용을 차감한 금액으로 정의한다.

② 공식

$$\text{이윤}(\pi): \text{총수입(TR)} - \text{총비용(TC)}$$

③ 생산의 효율성에 의해 결정되며 총수입은 가격 × 판매량으로 총비용은 비용함수를 통해 결정된다.

2. 회계학적 비용과 경제학적 비용

(1) 회계학적 비용

명시적 비용은 포함하지만 암묵적(= 묵시적) 비용은 포함하지 않는다.

(2) 경제학적 비용

경제학적 비용은 명시적 비용과 암묵적 비용을 포함하는 개념이다.

단기총비용	TC = TFC + TVC
단기평균비용	ATC = AFC + AVC
한계비용	MC = $\dfrac{\Delta TC}{\Delta Q}$, U자형인 경우 AVC, AC 최저점 통과

1. 총고정비용과 총가변비용

(1) 총고정비용(TFC; Total Fixed Cost)

① 공장임대료, 차입금에 대한 이자 등과 같이 생산량의 크기와 무관하게 지출해야 하는 비용이다.

② 생산량이 변하더라도 고정비용은 일정한 값이므로 TFC곡선은 수평선의 형태이다.

③ TFC = $r\overline{K}$으로 자본비용이다.

(2) 총가변비용(TVC; Total Variable Cost)

① 원료구입비, 인건비 등과 같이 생산량에 따라 그 크기가 변화하는 비용이다.

② MP_L이 체증하는 구간에서는 비용이 체감적으로 증가하고, MP_L이 체감하면 비용은 체증적으로 증가하므로 총가변비용곡선이 아래 <총가변비용> 그래프와 같은 형태가 되는 것은 수확체감의 법칙(한계생산물 체감) 때문이다.

③ TVC = wL으로 표현하며 노동비용을 의미한다.

④ 그래프

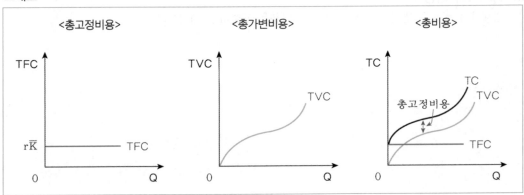

2. 단기평균비용

(1) 평균고정비용(AFC; Average Fixed Cost)

① 총고정비용을 생산량으로 나눈 값($AFC = \dfrac{TFC}{Q}$)으로 정의한다.

② 총고정비용이 고정된 값이므로 생산량이 증가하면 평균고정비용은 지속적으로 감소한다.

③ 평균고정비용은 직각쌍곡선의 형태이며, 총고정비용곡선에서 원점으로 연결한 직선의 기울기로 측정한다.

(2) 평균가변비용(AVC; Average Variable Cost)

① 총가변비용을 생산량으로 나눈 값($AVC = \dfrac{TVC}{Q}$)으로 정의한다.

② 평균가변비용은 총가변비용곡선에서 원점으로 연결한 직선의 기울기로 측정한다.

③ 평균가변비용은 처음에는 체감하다가 나중에는 체증하므로 평균가변비용곡선은 U자 형태로 도출된다.

④ 평균가변비용과 평균생산물의 관계

　　㉠ 공식

$$AVC = \frac{TVC}{Q} = \frac{w \cdot L}{Q} = \frac{w}{\dfrac{Q}{L}} = \frac{w}{AP_L}$$

　　㉡ 따라서 평균가변비용과 평균생산물은 반비례한다.

(3) 평균총비용(ATC; Average Total Cost)

① 산출량 1단위당 소요되는 비용으로 총비용을 생산량으로 나눈 값($ATC = \dfrac{TC}{Q} = \dfrac{TFC + TVC}{Q} = AFC$ $+ AVC$)으로 정의된다.

② 평균가변비용이 U자 형태이므로 평균비용도 U자 형태로 그려진다.

③ AC곡선은 AFC곡선과 AVC곡선을 수직으로 합하여 구할 수도 있고, TC곡선에서 원점으로 그은 직선의 기울기를 이용하여 구할 수도 있다.

④ 평균고정비용은 지속적으로 감소하므로 평균비용곡선의 최소점은 평균가변비용곡선의 최소점보다 더 오른쪽에 위치한다.

⑤ 그래프

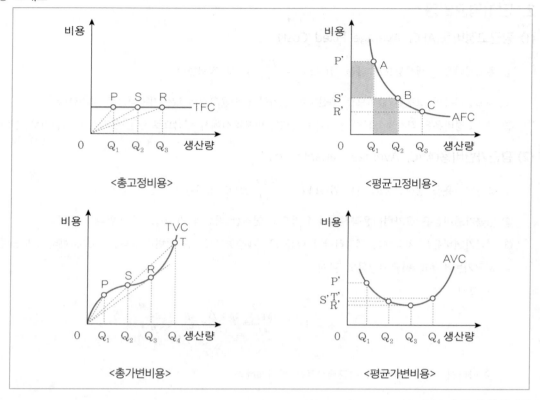

<총고정비용>

<평균고정비용>

<총가변비용>

<평균가변비용>

(4) 한계비용(MC; Marginal Cost)

① 생산량을 1단위 증가시킬 때 증가하는 총비용의 증가분으로 $MC = \dfrac{\triangle TC}{\triangle Q} = \dfrac{\triangle TFC + \triangle TVC}{\triangle Q} = \dfrac{\triangle TVC}{\triangle Q}$ 으로 정의한다.

② 총고정비용은 변하지 않으므로 단기에서는 0이다.

③ 한계비용은 총가변비용곡선의 접선의 기울기로 측정한다.

④ 그래프

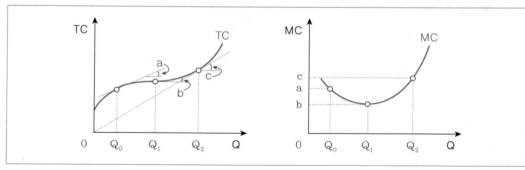

⑤ 한계비용과 한계생산물의 관계

　　㉠ 공식

$$MC = \frac{\triangle TVC}{\triangle Q} = \frac{w \cdot \triangle L}{\triangle Q} = \frac{w}{\frac{\triangle Q}{\triangle L}} = \frac{w}{MP_L}$$

　　㉡ 따라서 한계생산물과 한계비용은 반비례한다.

3. 여러 곡선들 간의 관계

(1) 한계와 평균의 관계를 통한 도출

① 한계(M)와 평균(A)의 관계에서 MC가 AVC보다 작다면 AVC는 감소한다.

② MC가 AVC보다 크고 AC보다 작다면 AVC는 증가하고 AC는 감소한다.

③ MC가 AVC, AC보다 크다면 AVC, AC 모두 증가한다. 따라서 MC는 AVC와 AC의 최저점을 반드시 지나게 된다.

(2) 그래프

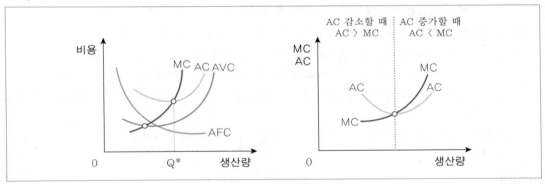

생산자이론

제4장

해커스공기업 쉽게 끝나는 경제학 기본서

확인문제

여러 가지 비용곡선에 관한 설명으로 옳지 않은 것은?
① 평균비용곡선은 평균가변비용곡선의 위에 위치한다.
② 평균비용곡선이 상승할 때 한계비용곡선은 평균비용곡선 아래에 있다.
③ 평균고정비용곡선은 우하향한다.
④ 단기에서는 한계비용은 고정비용의 영향을 받지 않는다.
⑤ 평균비용은 평균고정비용에 평균가변비용을 더한 값이다.

정답 및 해설
평균비용이 상승할 때 한계비용곡선은 평균비용곡선 상방에 위치한다.

정답: ②

핵심 Check: 장기비용함수

단기총비용과 장기총비용	장기총비용은 단기총비용의 포락선
단기평균비용과 장기평균비용	장기평균비용은 단기평균비용의 포락선
단기한계비용 장기한계비용	장기한계비용은 단기한계비용의 포락선이 아님

1. 장기비용곡선의 특징

(1) 특징

① 장기총비용(LTC)은 각각의 산출량에서 최저의 단기총비용(STC)을 연결하여 도출하므로 LTC는 STC보다 항상 작거나 같다. 마찬가지 이유로 장기평균비용(LAC)은 단기평균비용(SAC)보다 항상 작거나 같다.

② 즉, 장기총비용은 단기총비용의 포락선이며, 장기평균비용은 단기평균비용의 포락선이다.

③ 장기한계비용(LMC)은 단기한계비용(SMC)보다 항상 작거나 같은 것은 아니다.

④ LAC은 각각의 산출량에서 최저의 SAC을 연결한 곡선이지 SAC의 극솟값을 연결한 곡선은 아니다. 단, 규모에 대한 수익이 불변일 경우는 LAC은 SAC의 극솟값을 연결한 곡선이다.

⑤ 장·단기총비용곡선이 접하는 산출량에서 장·단기평균비용은 접하지만 장·단기한계비용은 접하지 않고 교차한다.

⑥ 평균과 한계의 일반적인 성질에 의해 단기(장기)한계비용곡선은 항상 단기(장기)평균비용곡선의 극솟값을 지난다.

(2) 그래프

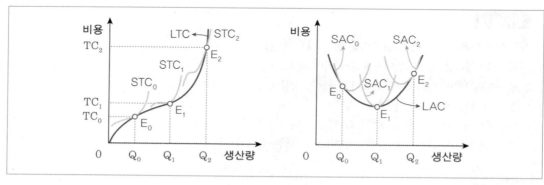

(3) 규모보수가 증가 또는 감소할 경우

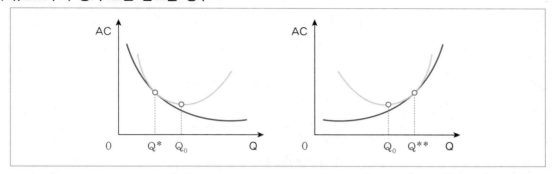

① 규모보수 증가 시: SAC 최저점 좌측에서 장기균형이며 단기최적수준(Q^*: SAC 최저점)보다 과소생산, 과다설비가 나타난다.

② 규모보수 감소 시: SAC 최저점 우측에서 장기균형이며 단기최적수준(Q^{**}: SAC 최저점)보다 과다생산, 과소설비가 나타난다.

③ 규모보수 불변 시: SAC의 최저점에서 장기균형이다.

2. 장기평균비용곡선의 형태

(1) 우하향하는 형태

① 규모의 경제가 계속 발생하는 경우로 자연독점의 발생원인이 된다.

② 자연독점: 생산규모가 커질수록 생산단가가 지속적으로 낮아지는 산업의 특수성으로 인해 생산규모가 가장 큰 선발기업이 다른 후발기업의 시장진입을 자연스럽게 봉쇄하게 되는 상황을 가리키는 말이다.

(2) U자 형태(일반적인 경우)

초기에는 규모의 경제가 발생하다 이후에는 규모의 불경제가 발생하는 경우이다.

(3) L자 형태

① 실증적인 연구에 의하면 장기평균비용곡선은 주로 L자형이다. 이는 기업규모가 커짐에 따라 발생하는 비효율성이 규모의 경제에 따라 발생하는 비용 하락에 의해 상쇄되기 때문이다.

② L자형에서 SAC_0 이후의 시설규모는 모두 최적시설규모이며, 최적시설규모 중 가장 작은 단기평균비용의 시설규모를 최소효율규모라고 한다.

③ 그래프

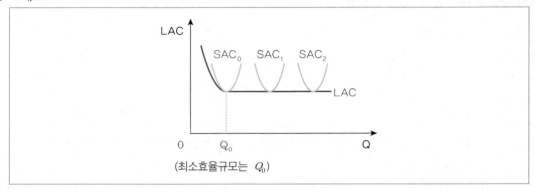

（최소효율규모는 Q_0）

우하향하는 장기평균비용에 관한 설명으로 옳은 것은?

ㄱ. 소규모 다품종을 생산하면 평균비용이 낮아진다.
ㄴ. 장기적으로 시장에는 한 기업만이 존재하게 된다.
ㄷ. 규모에 대한 수익체증이 발생하는 경우 발생할 수 있다.
ㄹ. 일반적으로 자연독점이 발생하는 경우 성립한다.

① ㄱ, ㄴ   ② ㄱ, ㄷ   ③ ㄴ, ㄹ   ④ ㄴ, ㄷ, ㄹ

정답 및 해설

1) 우하향하는 장기평균비용은 규모의 경제를 의미한다.
2) 지문분석
   ㄴ. 일반적으로 대규모 생산을 하는 독점기업에서 발생하므로 장기적으로 시장에는 한 기업만 존재하게 된다.
   ㄷ. 규모에 대한 수익체증이 발생하는 경우 들인 비용에 비해 더 많은 생산이 가능하므로 규모의 경제가 발생가능성이 높다.
   ㄹ. 자연독점은 대규모 생산을 통한 평균비용이 감소하는 규모의 경제가 발생하는 것이 일반적이다.

   [오답체크]
   ㄱ. 소규모 다품종을 생산하면 규모의 경제가 발생하기 어렵다. 다만 공동생산요소를 통해 다양한 상품을 생산하는 범위의 경제가 발생한다면 비용절감이 가능할 수 있다.

정답: ④

3. 사례를 통한 생산함수 → 비용함수 변환

(1) 단기생산함수 → 단기비용함수

① 사례: 생산함수가 $Q=K\sqrt{L}$ 이고, 단기의 자본량은 K = 4, 노동가격은 w = 2, 자본의 가격은 r = 1인 경우 (단, 생산물의 가격은 양수) 단기비용함수를 구하시오.

② 총비용은 $TC=wL+rK$ 이다.

③ 단기인 경우 문제에서 자본량과 자본가격이 주어지는 경우가 일반적이므로 조건을 대입하면 $TC=2L+4$ 이다.

④ 비용함수는 생산량이 증가할 때 비용이 증가하는 것이므로 L → Q 의 함수로 전환하여야 한다.

⑤ $Q=K\sqrt{L}$ 에 K = 4를 대입하면 → $L=\dfrac{Q^2}{16}$ 이다. 이를 총비용에 대입하면 $TC=\dfrac{Q^2}{8}+4$ 이다.

(2) 장기생산함수 → 장기비용함수

① 사례: 생산함수가 $Q=K\sqrt{L}$ 이고, 노동가격은 w = 2, 자본의 가격은 r = 1인 경우(단, 생산물의 가격은 양수) 장기비용함수를 구하시오.

② 총비용은 $TC=wL+rK$ 이다.

③ 장기인 경우 비용극소화가 이루어질 것이므로 $MRTS_{LK}(=\dfrac{MP_L}{MP_K})=\dfrac{w}{r}$ 가 성립한다.

④ 문제의 조건을 통해 구하면 $\dfrac{MP_L}{MP_K}=\dfrac{w}{r}$ → $\dfrac{\frac{K}{2\sqrt{L}}}{\sqrt{L}}=\dfrac{2}{1}$ → $K=4L$ 이다.

⑤ 비용함수는 생산량이 증가할 때 비용이 증가하는 것이므로 L → Q 의 함수로 전환하여야 한다.

⑥ $Q=K\sqrt{L}$ → $Q=4L\sqrt{L}$ → $L=(\dfrac{Q}{4})^{\frac{2}{3}}$ 이므로 $K=4(\dfrac{Q}{4})^{\frac{2}{3}}$ 이다.

⑦ $TC=wL+rK$ → $TC=2L+K$ → $TC=6(\dfrac{Q}{4})^{\frac{2}{3}}$ 이다.

기업 A는 자본(K)과 노동(L)만을 생산요소로 투입하여 최종산출물(Q)을 생산하며, 생산함수는 $Q = K^{1/2}L^{1/2}$ 이다. K와 L의 가격이 각각 r과 w일 때, 다음 설명 중 옳은 것을 모두 고르면?   [회계사 20]

가. 생산함수는 규모수익 불변이다.
나. 비용(C)과 노동은 C = 2wL을 만족한다.
다. 비용극소화 조건은 $K = \dfrac{r}{w}L$로 표현할 수 있다.
라. r은 100, w는 1이고, 목표산출량이 50이라면 최적 요소투입량은 노동 500단위, 자본 6단위이다.

① 가, 나   ② 가, 다   ③ 나, 다   ④ 나, 라   ⑤ 다, 라

정답 및 해설

1) $\alpha + \beta = \dfrac{1}{2} + \dfrac{1}{2} = 1$이므로 콥 - 더글라스 생산함수이고 규모에 대한 수익 불변이다.

2) 한계대체율은 $\dfrac{MP_L}{MP_K} = \dfrac{K}{L}$이다.

3) 생산자균형에서는 등비용선과 등량곡선이 접하므로 $\dfrac{MP_L}{MP_K} = \dfrac{K}{L} = \dfrac{w}{r}$ ➡ 비용극소화 조건은 $K = \dfrac{w}{r}L$이다.

4) 생산함수에 비용극소화 조건을 대입하면 $Q = \sqrt{\dfrac{w}{r}L^2}$ ➡ $L = \dfrac{\sqrt{r}}{\sqrt{w}}Q$이다. 이를 다시 $K = \dfrac{w}{r}L$에 대입하면

$K = \dfrac{\sqrt{w}}{\sqrt{r}}Q$이다.

5) 이를 비용함수식에 대입하면 C = wL + rK ➡ $C = w\dfrac{\sqrt{r}}{\sqrt{w}}Q + r\dfrac{\sqrt{w}}{\sqrt{r}}Q = 2\sqrt{wr} \cdot Q$이다. 비용과 노동의 관계를 알아

보기 위해 $Q = \sqrt{\dfrac{w}{r}L^2}$을 대입하면 $C = 2\sqrt{wr} \cdot \sqrt{\dfrac{w}{r}L^2}$ ➡ $C = 2wL$을 만족한다.

6) r = 100, w = 1, 목표산출량 = 50일 때 최적 요소투입량은 $L = \dfrac{\sqrt{100}}{\sqrt{1}} \cdot 50 = 500$, $K = \dfrac{\sqrt{1}}{\sqrt{100}} \cdot 50 = 50$이다.

정답: ①

08 규모의 경제와 범위의 경제

핵심 Check: 규모의 경제와 범위의 경제

규모의 경제	장기평균비용이 우하향
범위의 경제	공동 생산요소로 생산할 경우 비용 감소

1. 규모의 경제

(1) 개념

① 규모의 경제는 생산량이 증가할 때 장기평균비용이 감소하는 경우이다.

② 규모의 불경제는 생산량이 증가할 때 장기평균비용이 상승하는 경우이다.

(2) 발생 이유

① 기업 설비가 일정 수준에 도달할 때까지 분업의 이익 등에 의해 규모의 경제가 발생한다.

② 기업 설비가 너무 커지면 조직의 비대화 등에 의해서 규모의 불경제가 발생할 가능성이 높다.

(3) 규모에 대한 수익과 규모의 경제

① 규모에 대한 수익은 모든 생산요소를 동일한 비율로 변화시킬 때 생산량의 변화율이 생산요소 투입 변화율과 같은지 다른지에 관한 생산기술의 특징을 측정하는 척도이다.

② 규모의 경제는 반드시 모든 생산요소를 동일한 비율로 변화시킬 필요는 없다.

③ 생산요소의 가격이 주어지지 않으면 규모에 대한 수익과 규모의 경제의 관계를 단정지을 수 없다.

④ 규모의 경제는 규모에 대한 수익보다 더 일반적인 개념이다.

(4) 최적시설규모

장기적으로 가장 효율적인 규모를 의미하며 장기평균비용이 최소가 되는 시설규모이다.

2. 범위의 경제

(1) 개념

한 기업이 여러 가지 재화를 동시에 생산하는 것이 여러 기업이 각각 한 가지의 재화를 생산할 때보다 생산비용이 더 적게 소요되는 경우이다.

(2) 발생 이유

① 생산요소를 공동으로 이용하는 경우 발생한다.

> **예** 동일한 생산라인에서 자동차와 경운기를 만드는 경우

② 기업 운영상의 측면에서도 발생한다.

> **예** 1개의 기업이 2종류의 재화를 모두 생산한다면 하나의 경영진만 있으면 됨

③ 생산물의 특성이 결합생산인 경우도 가능하다.

> **예** 소고기와 가죽 등은 주산물과 부산물의 관계이므로 결합생산을 할 수밖에 없음

(3) 생산가능곡선 그래프 분석

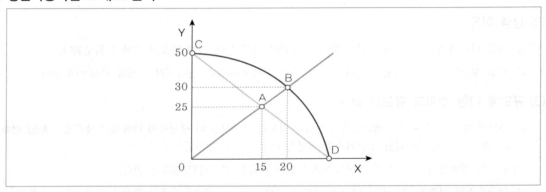

① 범위의 경제가 없는 경우: 생산가능곡선은 직선 CAD의 A점에서 생산

② 범위의 경제가 있는 경우: 생산가능곡선은 곡선 CBD의 B점에서 생산

③ 범위의 경제가 있는 경우 생산비가 절감되므로 더 많은 생산량의 조합인 B점에서 생산이 가능하다.

(4) 범위의 경제와 규모의 경제

① 범위의 경제와 규모의 경제는 개념상 전혀 다른 개념이다.

② 따라서 규모의 경제가 발생하더라도 범위의 경제가 발생할 수도 있고 발생하지 않을 수도 있다.

어느 기업의 총비용함수가 $TC(Q) = 40Q^2 - 50Q + 36,000$ 일 때, 규모의 경제가 발생하는 생산량의 최댓값은? (단, Q는 생산량이다)

① 20   ② 25   ③ 30   ④ 40   ⑤ 50

정답 및 해설

1) 규모의 경제가 발생하는 최대 생산량은 평균비용이 최소화되는 생산량이다. 이는 $\dfrac{\triangle AC}{\triangle Q} = 0$ 인 생산량이다.

2) TC를 Q로 나눈 $AC(Q) = 40Q - 50 + \dfrac{36,000}{Q}$ → Q로 미분하면 $40 - \dfrac{36,000}{Q^2} = 0$ → $40Q^2 = 36,000$, $Q = 30$ 이다.

정답: ③

공기업 경제학 전공 시험에 출제될 가능성이 높은 다양한 유형의 문제를 풀어보며 실전 감각을 높여보세요!

01 A 기업의 생산함수는 $Y = \sqrt{K+L}$ 이다. 이 생산함수에 대한 설명으로 옳은 것은?

① 규모에 대한 수확 불변을 나타낸다.
② 자본과 노동은 완전보완관계이다.
③ 이윤극대화를 위해 자본과 노동 중 하나만 사용해도 된다.
④ 등량곡선은 원점에 대해 볼록하다.

02 어느 기업의 생산함수는 Q = 2LK이다. 단위당 임금과 단위당 자본비용이 각각 2원 및 3원으로, 이 기업의 총 사업자금이 60원으로 주어졌을 때, 노동의 최적 투입량은? (단, Q는 생산량, L은 노동 투입량, K는 자본 투입량이며, 두 투입요소 모두 가변투입요소이다)

① L = 10
② L = 15
③ L = 20
④ L = 25

03 등량곡선의 성질로서 '등량곡선은 우하향한다'의 의미로 가장 적절한 것은?

① 두 생산요소가 비슷한 비율로 사용된다는 것이다.
② 한 재화의 소비가 증가하면 다른 재화의 소비는 감소한다는 것이다.
③ 한 재화의 소비를 증가시킬 때 다른 재화의 소비도 증가한다는 것이다.
④ 기술진보가 이루어지는 것을 2차원의 평면에 나타낸 것을 의미한다.
⑤ 한 생산요소의 사용량을 줄일 때 동일한 생산량을 유지하기 위해서는 다른 생산요소의 사용량을 늘려야 한다는 것이다.

04 생산함수가 $Q = L^2 K^2$으로 주어져 있을 때, 이 생산함수에 대한 설명으로 옳은 것만을 <보기>에서 모두 고른 것은? (단, Q는 생산량, L은 노동량, K는 자본량이다)

> <보기>
> ㄱ. 2차 동차함수이다.
> ㄴ. 규모에 따른 수확 체증이 있다.
> ㄷ. 주어진 생산량을 최소비용으로 생산하는 균형점에서 생산요소 간 대체탄력성은 1이다.

① ㄱ
③ ㄱ, ㄷ
② ㄴ
④ ㄴ, ㄷ

정답 및 해설

01 ③ K와 L을 모두 t배하면 $\sqrt{tK + tL} = \sqrt{t(K+L)} = \sqrt{t} \cdot \sqrt{K+L} = t^{0.5} \sqrt{K+L}$이므로 문제에 주어진 생산 함수는 0.5차 동차함수이다. 생산함수의 양변을 제곱하면 $Y^2 = K + L$이고, 이를 정리하면 $K = -L + Y^2$ 이므로 등량곡선이 기울기(절댓값)가 1인 우하향의 직선임을 알 수 있다. 등량곡선이 우하향의 직선 형태로 도출되는 것은 노동과 자본이 완전대체적인 생산요소일 때이다. 따라서 이윤극대화를 위해 자 본과 노동 중 하나만 사용해도 된다.

[오답체크]
① A 기업의 생산함수는 규모에 대한 수익이 체감한다.
② 자본과 노동은 완전대체관계이다.
④ 등량곡선은 직선의 형태이다.

02 ② 생산함수가 $Q = 2LK$이므로 한계기술대체율 $MRTS_{LK} = \dfrac{MP_L}{MP_K} = \dfrac{K}{L}$이다. 생산자 균형에서는 등량곡선 과 등비용선이 접하므로 $MRTS_{LK} = \dfrac{w}{r}$로 두면 $\dfrac{K}{L} = \dfrac{2}{3}$가 성립한다. 그리고 비용제약이 2L + 3K = 60이므로 이를 연립해서 풀면 L = 15로 계산된다.

03 ⑤ 등량곡선은 똑같은 수준의 산출량을 낼 수 있는 생산요소 투입량의 조합들로 구성된 집합을 그림으로 나타낸 것이다. 등량곡선이 우하향한다는 것은 두 가지 생산요소를 서로 대체할 수 있다는 것이며, 동일한 생산을 할 때 어느 생산요소의 사용량을 증가시키면 다른 생산요소의 투입량은 감소시켜야 한다는 것을 의미한다.

04 ④ 생산함수의 L과 K를 모두 t배 하면 $(tL)^2 (tK)^2 = t^4 L^2 K^2 = t^4 Q$이므로 문제에 주어진 생산함수는 4차 동차 콥 - 더글러스 생산함수이다. 생산함수가 1차 동차보다 크면 규모에 대한 수확 체증 현상이 나타 나며, 콥 - 더글러스 생산함수는 대체탄력성이 항상 1이다.

05 어느 경제에서 생산량과 기술 및 요소 투입 간에 Y = AF(L, K)의 관계가 성립하며, F(L, K)는 노동, 자본에 대하여 규모에 대한 수익불변(CRS)의 특징을 가지고 있을 때, 이에 대한 설명으로 가장 옳은 것은? (단, Y, A, L, K는 각각 생산량, 기술 수준, 노동, 자본을 나타낸다)

① 생산요소인 노동이 2배 증가하면 노동 단위 1인당 생산량은 증가한다.
② 생산요소인 노동과 자본이 각각 2배 증가하면 노동 단위 1인당 생산량은 증가한다.
③ 생산요소인 노동과 자본이 각각 2배 증가하고 기술 수준이 2배로 높아지면 노동 단위 1인당 생산량은 2배 증가한다.
④ 생산요소인 자본이 2배 증가하고 기술 수준이 2배로 높아지면 노동 단위 1인당 생산량은 2배 증가한다.

06 다음의 생산함수 중 단기에 '수확 체감'과, 장기에 '규모에 대한 수익 체증'의 특성을 갖는 것은? (단, Q는 생산량, L은 노동 투입량, K는 자본 투입량이다)

① $Q = LK$ ② $Q = L^{1.8}K^{1.8}$ ③ $Q = \sqrt{LK}$
④ $Q = L^{0.2}K^{0.2}$ ⑤ $Q = L^{0.8}K^{0.8}$

07 콥 - 더글러스 생산함수 $Q = AK^{a}L^{(1-a)}$에 관한 설명으로 옳지 않은 것은? (단, K는 자본, L은 노동, Q는 생산량, $0 < a < 1$, A는 상수, $A > 0$이다)

① 규모에 대한 수익 불변의 특성을 갖는다.
② 1차 동차성을 갖는다.
③ 자본의 평균생산은 체증한다.
④ 노동의 한계생산은 체감한다.
⑤ 생산요소 간 대체탄력성은 1로 일정하다.

08 A 기업의 생산함수는 $Q = 12L^{0.5}K^{0.5}$이다. A 기업의 노동과 자본의 투입량이 각각 L = 4, K = 9일 때, 노동의 한계생산(MP_L)과 평균생산(AP_L)은?

① $MP_L = 0$, $AP_L = 9$

② $MP_L = 9$, $AP_L = 9$

③ $MP_L = 9$, $AP_L = 18$

④ $MP_L = 12$, $AP_L = 18$

⑤ $MP_L = 18$, $AP_L = 9$

정답 및 해설

05 ③ 노동과 자본이 모두 2배 증가하는 것은 1인당 생산량에 영향을 미치지 않지만, 기술 수준이 2배가 되면 1인당 생산량도 2배 증가한다. 즉, $AP_L = A\left(\dfrac{K}{L}\right)^{1-a}$에다 A 대신 2A, L 대신 2L, K 대신 2K를 대입하면 1인당 생산량이 2배 증가함을 알 수 있다.

[오답체크]

① 노동이 2배 증가하면 1인당 자본량이 감소하므로 1인당 생산량이 감소한다. 즉, $AP_L = A\left(\dfrac{K}{L}\right)^{1-a}$이 므로 L이 증가하면 1인당 생산량이 감소한다.

② 노동과 자본이 모두 2배 증가하면 1인당 자본량이 불변이므로 1인당 생산량도 변하지 않는다. 즉, $AP_L = A\left(\dfrac{K}{L}\right)^{1-a}$에다 L 대신 2L, K 대신 2K를 대입해도 1인당 생산량이 변하지 않음을 알 수 있다.

④ 자본이 2배 증가하면 1인당 자본량의 증가로 1인당 생산량이 증가하므로 자본이 2배 증가하는 동시에 기술 수준도 2배로 높아지면 1인당 생산량은 2배보다 크게 증가한다. 즉, $AP_L = A\left(\dfrac{K}{L}\right)^{1-a}$에 다 A 대신 2A, K 대신 2K를 대입하면 1인당 생산량이 2배보다 크게 증가함을 알 수 있다.

06 ⑤ 일반적인 콥 - 더글러스 생산함수가 $Q = AL^\alpha K^\beta$로 주어져 있다고 하자. 이 경우 $\alpha > 1$이면 MP_L이 체증하고, $\alpha = 1$이면 MP_L이 일정하고, $\alpha < 1$이면 MP_L이 체감한다. 콥 - 더글러스 생산함수가 $Q = AL^\alpha K^\beta$일 때 $(\alpha + \beta) > 1$이면 규모에 대한 수익이 체증하고, $(\alpha + \beta) = 1$이면 규모에 대한 수익이 불변이고, $(\alpha + \beta) < 1$이면 규모에 대한 수익이 체감한다. 따라서 모든 것을 만족하는 것은 ⑤이다.

07 ③ 주어진 생산함수는 1차 동차의 콥 - 더글러스 생산함수이므로 규모에 대한 수익 불변이고, 대체탄력성 은 항상 1이다. 생산함수를 L에 대해 미분하면 $MP_L = (1-a)AK^a L^{-a} = (1-a)A\left(\dfrac{K}{L}\right)^a$이므로 노동 투입 량(L)이 증가하면 MP_L이 감소한다. 즉, 노동의 한계생산물이 체감한다. 생산함수를 K로 나누면 자본의 평균생산물 $AP_K = \dfrac{Q}{K} = \dfrac{AK^a L^{1-a}}{K} = AK^{a-1}L^{1-a} = A\left(\dfrac{K}{L}\right)^{a-1}$이므로 자본 투입량(K)이 증가하면 AP_K 가 감소한다. 그러므로 자본의 평균생산물도 체감함을 알 수 있다.

08 ③ 생산함수를 Q에 대해 미분하면 $MP_L = \dfrac{dQ}{dL} = 6L^{-0.5}K^{0.5} = 6\left(\dfrac{K}{L}\right)^{0.5} = 6\sqrt{\dfrac{K}{L}}$이므로 L = 4, K = 9를 대 입하면 $MP_L = 9$이다. 생산함수를 L로 나누면 $AP_L = \dfrac{Q}{L} = \dfrac{12L^{0.5}K^{0.5}}{L} = 12\left(\dfrac{K}{L}\right)^{0.5} = 12\sqrt{\dfrac{K}{L}}$이므로 L = 4, K = 9를 대입하면 $AP_L = 18$로 계산된다.

09 노동(L)과 자본(K)을 생산요소로 투입하여 비용을 최소화하는 기업의 생산함수가 $Q = L^{0.5}K$일 때(Q는 생산량임), 이에 관한 설명으로 옳지 않은 것은?

① 규모에 대한 수익이 체증한다.
② 노동 투입량이 증가할수록 노동의 한계생산은 감소한다.
③ 노동 투입량이 증가할수록 자본의 한계생산은 증가한다.
④ 노동과 자본의 단위당 가격이 동일할 때 자본 투입량은 노동 투입량의 2배이다.
⑤ 자본 투입량이 증가할수록 자본의 한계생산은 증가한다.

10 등량곡선에 대한 설명 중 옳지 않은 것은? (단, 투입량의 증가에 따라 산출량의 증가를 가져오는 표준적인 두 종류의 생산요소를 가정한다)

① 등량곡선이 원점에 대해 볼록한 이유는 한계기술대체율(Marginal Rate of Technical Substitution)이 체감하기 때문이다.
② 등량곡선이 원점으로 접근할수록 더 적은 산출량을 의미한다.
③ 기술진보가 이루어진다면 등량곡선은 원점으로부터 멀어진다.
④ 동일한 등량곡선상에서의 이동은 생산요소 결합비율의 변화를 의미한다.
⑤ 동일한 등량곡선에서 한계기술대체율이 클수록 요소집약도가 커진다.

11 생산요소로 노동(L)과 자본(K)만을 사용하는 생산물시장에서 독점기업의 등량곡선과 등비용선에 관한 설명으로 옳지 않은 것은? (단, MP_L은 노동의 한계생산, w는 노동의 가격, MP_K는 자본의 한계생산, r은 자본의 가격이다)

① 등량곡선과 등비용선만으로 이윤극대화 생산량을 구할 수 있다.
② 등비용선 기울기의 절댓값은 두 생산요소 가격의 비율이다.
③ 한계기술대체율이 체감하는 경우, $\left(\dfrac{MP_L}{w}\right) > \left(\dfrac{MP_K}{r}\right)$인 기업은 노동 투입을 증가시키고 자본 투입을 감소시켜야 생산비용을 감소시킬 수 있다.
④ 한계기술대체율은 등량곡선의 기울기를 의미한다.
⑤ 한계기술대체율은 두 생산요소의 한계생산물 비율이다.

12 현재 생산량 수준에서 자본과 노동의 한계생산물이 각각 5와 8이고, 자본과 노동의 가격이 각각 12와 25일 때, 이윤극대화를 추구하는 기업의 의사결정으로 옳은 것은? (단, 한계생산물 체감의 법칙이 성립한다)

① 노동 투입량을 증가시키고 자본 투입량을 감소시킨다.
② 노동 투입량을 감소시키고 자본 투입량을 증가시킨다.
③ 두 요소의 투입량을 모두 감소시킨다.
④ 두 요소의 투입량을 모두 증가시킨다.
⑤ 두 요소의 투입량을 모두 변화시키지 않는다.

정답 및 해설

09 ⑤ 자본의 한계생산은 $\sqrt{L}$ 이므로 자본 투입량과 관련이 없다.

10 ③ 등량곡선은 같은 양의 재화를 생산할 수 있는 생산요소 투입량의 조합들로 구성된 원점에 대해 볼록한 우하향하는 곡선이다. 따라서 기술진보가 이루어질 경우 동일한 생산요소의 투입으로 더 많은 생산량의 달성 또는 더 적은 생산요소를 투입하여 동일한 생산량 달성을 이룰 수 있으므로 등량곡선은 원점으로부터 더 가깝게 된다.

11 ① 등량곡선과 등비용선이 접하는 생산자 균형점은 일정한 생산량을 최소비용으로 생산하는 점으로 이윤극대화가 아니라 비용극소화가 달성되는 점이다. 기업의 이윤극대화 생산량은 한계수입과 한계비용이 일치하는 생산량 수준에서 결정된다.

12 ② 1원당 노동의 한계생산과 자본의 한계생산이 동일해야 이윤극대화가 이루어진다. 자본 1원당 한계생산이 노동 1원당 한계생산보다 크므로$\left(\dfrac{5}{12} > \dfrac{8}{25}\right)$, 자본을 늘리고 노동을 줄여야 한다.

13 A 기업의 단기생산비용에 대한 정보가 다음 표와 같을 때, 괄호 안에 들어갈 값의 크기를 옳게 비교한 것은? (단, Q는 생산량, TC는 총비용, MC는 한계비용, ATC는 평균총비용, AVC는 평균가변비용, AFC는 평균고정비용, FC는 고정비용이다)

Q	TC	MC	ATC	AVC	AFC	FC
3	60	-		(ㄱ)	10	30
4		(ㄴ)	18			30
5		(ㄷ)		11		30

① ㄱ < ㄴ < ㄷ   ② ㄴ < ㄱ < ㄷ   ③ ㄱ < ㄷ < ㄴ

④ ㄷ < ㄴ < ㄱ   ⑤ ㄷ < ㄱ < ㄴ

14 A 기업의 총비용곡선이 아래와 같을 때, 이에 관한 설명으로 옳지 않은 것은?

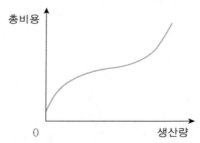

① 평균비용곡선은 평균가변비용곡선의 위에 위치한다.
② 평균비용곡선이 상승할 때 한계비용곡선은 평균비용곡선 아래에 있다.
③ 원점을 지나는 직선이 총비용곡선과 접하는 점에서 평균비용은 최소이다.
④ 원점을 지나는 직선이 총가변비용곡선과 접하는 점에서 평균가변비용은 최소이다.
⑤ 총비용곡선의 임의의 한 점에서 그은 접선의 기울기는 그 점에서의 한계비용을 나타낸다.

15 다음은 한 기업의 단기한계비용(MC)과 총비용(TC)을 한 평면에 나타낸 것이다. 이 기업의 초기설비비용은 없고 노동자 1명을 고용했을 때 추가적으로 얻어지는 산출량이 일정하다고 할 때 이를 나타낸 그래프는?

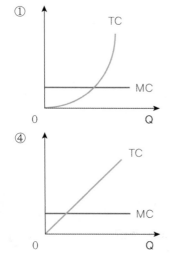

①

②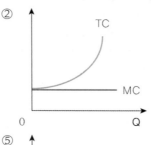

③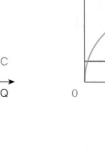

④

⑤

정답 및 해설

13 ①

Q	TC	MC	ATC	AVC	AFC	FC
3	60	-	$\frac{60}{3}=20$	$\frac{60-30}{3}=10$	10	30
4	72	72 - 60 = 12	$\frac{72}{4}=18$	18 - 7.5 = 10.5	$\frac{30}{4}=7.5$	30
5	30 + 11 × 5 = 85	85 - 72 = 13	$\frac{85}{5}=17$	11	$\frac{30}{5}=6$	30

14 ② 평균비용곡선이 상승할 때 한계비용이 평균비용보다 커야 하므로 한계비용곡선은 평균비용곡선 위에 있다.

15 ④ 문제의 조건에서 초기설비비용은 없다고 하였으므로 고정비용이 존재하지 않는다. 또한 한계비용이 일정하다고 했으므로 MC는 수평이다. 총비용은 고정비용 + 가변비용으로 이루어지므로 TC는 원점에서 출발하여 일정하게 증가하여야 한다.

16 자연독점에 대한 설명으로 가장 옳지 않은 것은?

① 규모의 경제가 있을 때 발생할 수 있다.
② 평균비용이 한계비용보다 크다.
③ 생산량 증가에 따라 한계비용이 반드시 하락한다.
④ 가격을 한계비용과 같게 설정하면 손실이 발생할 수 있다.
⑤ 설비 규모가 큰 사업에서 발생할 가능성이 크다.

17 기업의 이윤극대화에 대한 설명으로 옳은 것을 <보기>에서 모두 고른 것은?

<보기>
ㄱ. 한계수입(MR)이 한계비용(MC)과 같을 때 이윤극대화의 1차 조건이 달성된다.
ㄴ. 한계비용(MC)곡선이 한계수입(MR)곡선을 아래에서 위로 교차하는 영역에서 이윤극대화의 2차 조건이 달성된다.
ㄷ. 평균비용(AC)곡선과 평균수입(AR)곡선이 교차할 때의 생산수준에서 이윤극대화가 달성된다.

① ㄱ, ㄴ   ② ㄱ, ㄷ
③ ㄴ, ㄷ   ④ ㄱ, ㄴ, ㄷ

18 총비용함수가 TC = 100 + 20Q이다. TC는 총비용이고 Q는 생산량일 때, 다음 중 옳은 것을 <보기>에서 모두 고른 것은?

<보기>
ㄱ. 생산량이 1일 때, 총고정비용은 120이다.
ㄴ. 생산량이 2일 때, 총가변비용은 40이다.
ㄷ. 생산량이 3일 때, 평균가변비용은 20이다.
ㄹ. 생산량이 4일 때, 한계비용은 20이다.

① ㄱ   ② ㄴ, ㄷ
③ ㄴ, ㄹ   ④ ㄴ, ㄷ, ㄹ

정답 및 해설

16 ③ 규모의 경제가 존재하면 설비 규모가 커질수록 단위당 생산비가 낮아지므로 설비 규모가 가장 큰 기업이 비용 면에서 우위를 갖게 되어 시장구조가 자연독점이 된다. 규모의 경제가 있는 구간에서는 평균비용곡선이 우하향하므로 한계비용곡선은 평균비용곡선 하방에 위치한다. 그러나 생산량이 증가할 때 한계비용이 반드시 하락하는 것은 아니다.

[오답체크]
④

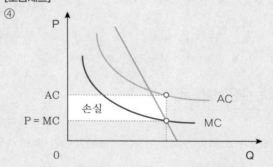

17 ① 이윤극대화의 조건은 한계수입과 한계비용이 일치하며 한계수입곡선이 위에 있어야 한다.

[오답체크]
ㄷ. 평균비용곡선과 평균수입곡선이 교차하는 것은 이윤극대화 조건과 아무 관계가 없다.

18 ④ 총고정비용 TFC = 100, 총가변비용 TVC = 20Q이므로 총고정비용은 생산량과 무관하게 100으로 일정하며, 총비용함수(혹은 총가변비용함수)를 Q에 대해 미분하면 한계비용 MC = 20이다.
ㄴ. 생산량이 2일 때, 총가변비용은 20 × 2 = 40이다.
ㄷ. 생산량이 3일 때, 평균가변비용은 20 × 3/3 = 20이다.
ㄹ. 생산량과 관계없이 한계비용은 20이다.

19 와플 전문점의 와플 생산비용이 아래의 표와 같다고 할 때, 이 와플 전문점의 와플 생산과 관련하여 옳은 것을 <보기>에서 모두 고른 것은?

와플 수량(개)	0	1	2	3	4	5
총비용(원)	4,000	5,000	6,500	9,000	12,000	16,000

<보기>
ㄱ. 와플을 5개 생산하는 데 드는 평균비용은 3,200원이다.
ㄴ. 평균비용을 최소화하기 위해선 2개의 와플을 판매해야 한다.
ㄷ. 4개째 와플을 생산하는 데 드는 한계비용은 3,000원이다.
ㄹ. 2개의 와플이 생산된다면 평균비용은 2개째의 한계비용보다 적다.

① ㄱ, ㄴ   ② ㄱ, ㄷ   ③ ㄴ, ㄷ
④ ㄴ, ㄹ   ⑤ ㄷ, ㄹ

20 A 기업의 장기총비용곡선이 $\mathrm{TC}(\mathrm{Q}) = 40\mathrm{Q} - 10\mathrm{Q}^2 + \mathrm{Q}^3$일 때, 규모의 경제와 규모의 불경제가 구분되는 생산규모는?

① $\mathrm{Q} = 5$ ② $\mathrm{Q} = \dfrac{20}{3}$

③ $\mathrm{Q} = 10$ ④ $\mathrm{Q} = \dfrac{40}{3}$

21 경제학적 용어에 대한 설명으로 옳은 것을 <보기>에서 모두 고른 것은?

<보기>
ㄱ. 한계생산물 체감의 법칙은 다른 생산요소가 고정되어 있다고 가정할 때 노동을 증가시키면 총생산물이 감소한다는 것이다.
ㄴ. 규모에 대한 수익 체증은 동일한 생산요소를 투입했을 때 투입한 것에 비해 더 많은 생산량을 추가적으로 얻는다는 것이다.
ㄷ. 한계기술대체율은 무차별곡선의 기울기를 의미한다.
ㄹ. 정상이윤이란 기업으로 하여금 계속해서 그 재화를 생산하도록 하기 위해서 보장되어야 하는 최소한의 비용이다.

① ㄱ, ㄴ   ② ㄱ, ㄹ   ③ ㄴ, ㄷ
④ ㄴ, ㄹ   ⑤ ㄷ, ㄹ

22 다음은 기업에서 판매하는 재화의 가격과 판매량 간의 관계를 보여주는 표이다. 이 기업이 4개를 판매한다면 4개째를 판매할 때 한계수입은 얼마인가?

가격(개당)	판매량
4,000원	1개
3,800원	2개
3,700원	3개
3,400원	4개
3,100원	5개
2,800원	6개
2,600원	7개

① 2,000원   ② 2,500원   ③ 3,000원
④ 3,500원   ⑤ 4,000원

정답 및 해설

19 ② 문제의 표를 기반으로 평균비용과 한계비용을 표현하면 다음과 같다.

와플 수량(개)	0	1	2	3	4	5
총비용(원)	4,000	5,000	6,500	9,000	12,000	16,000
평균비용(원)	0	5,000	3,250	3,000	3,000	3,200
한계비용(원)	5,000	1,000	1,500	2,500	3,000	4,000

와플 5개째의 평균비용은 3,200원이며, 4개째 와플의 한계비용은 3,000원이다.
[오답체크]
ㄴ. 평균비용을 최소화하기 위해선 3개 또는 4개의 와플을 판매해야 한다.
ㄹ. 2개의 와플이 생산된다면 평균비용이 3,250원이고 2개째의 한계비용은 1,500원이므로 2개째의 평균비용이 더 크다.

20 ① 규모의 경제와 규모의 불경제가 구분되는 생산규모는 U자형의 장기평균비용곡선 최소점이 된다. 문제에 주어진 장기총비용을 Q로 나누면 장기평균비용 $LAC = 40 - 10Q + Q^2$이다. 장기평균비용곡선 최소점에서의 생산규모를 찾기 위해 장기평균비용곡선 식을 Q에 대해 미분한 후 0으로 두면 -10 + 2Q = 0, Q = 5이다. 따라서 규모의 경제와 규모의 불경제가 구분되는 생산규모 Q = 5임을 알 수 있다.

21 ④ ㄴ. 규모에 대한 수익 체증은 동일한 생산요소를 투입했을 때 투입한 것에 비해 더 많은 생산량을 추가적으로 얻는다는 것이다.
ㄹ. 정상이윤이란 기업으로 하여금 계속해서 그 재화를 생산하도록 하기 위해서 보장되어야 하는 최소한의 비용이다.
[오답체크]
ㄱ. 한계생산물 체감의 법칙은 다른 생산요소가 고정되어 있다고 가정할 때 노동을 증가시키면 총생산물의 증가분이 궁극적으로 감소한다는 것이다.
ㄷ. 한계대체율은 무차별곡선의 기울기를 의미한다.

22 ② 3개를 판매했을 때 총수입은 3,700 × 3 = 11,100원이고, 4개를 판매했을 때 총수입은 3,400 × 4 = 13,600원이다. 따라서 한계수입은 13,600 - 11,100 = 2,500원이다.

23 생산함수가 $Q(L, K) = \sqrt{LK}$ 이고 단기적으로 K가 1로 고정된 기업이 있다. 단위당 임금과 단위당 자본비용이 각각 1원 및 9원으로 주어져 있을 때, 단기적으로 이 기업에서 규모의 경제가 나타나는 생산량 Q의 범위는? (단, Q는 생산량, L은 노동 투입량, K는 자본 투입량이다)

① $0 \leq Q \leq 3$　　　　　　　　　② $0 \leq Q \leq 4.5$

③ $4.5 \leq Q \leq 6$　　　　　　　　④ $3 \leq Q \leq 6$

24 기업 A의 생산함수는 Q = min[2L, K]이다. 고정비용이 0원이고 노동과 자본의 단위당 가격이 각각 2원과 1원이라고 할 때, 기업 A가 100단위의 상품을 생산하기 위한 총비용은? (단, L은 노동 투입량, K는 자본 투입량이다)

① 100원　　　　　　　　　　　　② 200원

③ 250원　　　　　　　　　　　　④ 500원

25 기술진보가 발생하는 경우에 나타나는 현상으로 옳은 것은?

① 생산가능곡선과 등량곡선 모두 원점으로부터 멀어진다.
② 생산가능곡선은 원점을 향하여 가까이 이동하고 등량곡선은 원점으로부터 멀어진다.
③ 생산가능곡선은 원점으로부터 멀어지고 등량곡선은 원점을 향하여 가까이 이동한다.
④ 생산가능곡선과 등량곡선 모두 원점을 향하여 가까이 이동한다.
⑤ 한계대체율과 한계기술대체율이 같아진다.

정답 및 해설

23 ① K = 1로 고정되어 있으므로 K = 1을 생산함수에 대입하면 $Q = \sqrt{L}$, $L = Q^2$이다. 그러므로 이 기업의 비용함수는 $C = wL + rK = (1 \times Q^2) + (9 \times 1) = 9 + Q^2$이다. 비용함수를 Q로 나누어주면 $AC = \dfrac{9}{Q} + Q$이고, 평균비용이 최소가 되는 점을 구하기 위해 Q에 대해 미분한 뒤 0으로 두면 $\dfrac{dAC}{dQ} = -\dfrac{9}{Q^2} + 1 = 0$, Q = 3이다. 따라서 Q = 3일 때 평균비용이 최소가 되므로 규모의 경제가 나타나는 구간은 $0 \leq Q \leq 3$이다.

24 ② 생산함수가 Q = min[2L, K]이므로 100단위의 재화를 생산하려면 2L = K = 100이 성립해야 하므로 노동 50단위, 자본 100단위를 투입해야 한다. 따라서 노동의 단위당 가격이 2원, 자본의 단위당 가격이 1원이므로 100단위의 재화를 생산하는 데는 (2 × 50) + (1 × 100) = 200원의 비용이 소요된다.

25 ③ 기술진보가 이루어지면 동일한 양의 재화를 투입하더라도 더 많은 재화를 생산할 수 있으므로 생산가능곡선은 바깥쪽으로 이동한다. 또한, 기술진보가 이루어지면 더 적은 양의 생산요소를 투입하더라도 동일한 양의 재화를 생산할 수 있으므로 등량곡선은 원점 쪽으로 이동한다.

[오답체크]
⑤ 한계대체율은 무차별곡선, 한계기술대체율은 등량곡선의 기울기이므로 기술진보를 설명할 때 양자를 결부시키지는 않는다.

고난도 기출문제

고난도 시험의 기출문제를 풀어보며 경제학 실력을 한층 더 업그레이드해 보세요!

01 어느 기업의 생산함수는 $Q = \sqrt{L} + 2\sqrt{K}$이다. 노동의 단위당 임금은 2, 자본의 단위당 임대료는 1인 경우, 이 기업이 양(+)의 목표 생산량을 최소의 비용으로 생산하기 위한 최적 생산요소 투입량 비율, $\dfrac{L}{K}$은? (단, Q, L, K는 각각 생산량, 노동투입량, 자본 투입량을 나타낸다) [회계사 23]

① $\dfrac{1}{16}$ ② $\dfrac{1}{4}$ ③ $\dfrac{1}{2}$

④ 4 ⑤ 16

02 규모수익불변의 생산기술을 나타내는 생산함수를 모두 고르면? (단, $0 < \alpha < 1$ 이다) [회계사 19]

> 가. $f(x_1, x_2) = x_1^{\alpha} + x_2^{1-\alpha}$
> 나. $f(x_1, x_2) = x_1^{\alpha} x_2^{1-\alpha}$
> 다. $f(x_1, x_2) = \sqrt{\alpha x_1 + (1-\alpha)x_2}$
> 라. $f(x_1, x_2) = \left(\alpha\sqrt{x_1} + (1-\alpha)\sqrt{x_2}\right)^2$

① 가, 나 ② 가, 다 ③ 나, 다

④ 나, 라 ⑤ 다, 라

03 어느 기업의 생산함수는 $Q = \sqrt{L + 2K}$이다. Q는 생산량, L은 노동투입량, K는 자본투입량이다. 노동과 자본의 단위당 가격이 각각 w와 r이다. 다음 설명 중 옳지 않은 것은? [회계사 22]

① 생산함수는 규모에 대한 수익체감을 나타낸다.

② 생산요소 간 대체탄력성이 1이다.

③ 한계기술대체율은 일정하다.

④ $w = 1$, $r = 3$인 경우, 총비용함수는 $TC(Q) = Q^2$이다.

⑤ $w = 2$, $r = 1$인 경우, 총비용함수는 $TC(Q) = \dfrac{1}{2}Q^2$이다.

정답 및 해설

01 ① 1) 비용극소화 조건: $MRTS_{LK} = \dfrac{w}{r}$

2) $\dfrac{\frac{1}{2\sqrt{L}}}{\frac{2}{2\sqrt{K}}} = \dfrac{2}{1}$ ➡ $\dfrac{\sqrt{K}}{2\sqrt{L}} = 2$ ➡ $\dfrac{K}{L} = 16$ ➡ $\dfrac{L}{K} = \dfrac{1}{16}$

02 ④ 나. $f(x_1, x_2) = x_1^\alpha x_2^{1-\alpha}$ ➡ 콥-더글러스 형태이므로 규모에 대한 수익 불변이다.

라. $f(x_1, x_2) = \left(\alpha\sqrt{x_1} + (1-\alpha)\sqrt{x_2}\right)^2$ ➡ $\left(\alpha\sqrt{tx_1} + (1-\alpha)\sqrt{tx_2}\right)^2$

➡ $\left(\alpha\sqrt{t}\sqrt{x_1} + (1-\alpha)\sqrt{t}\sqrt{x_2}\right)^2$ ➡ $(\sqrt{t})^2\left(\alpha\sqrt{x_1} + (1-\alpha)\sqrt{x_2}\right)^2$

➡ $t\left(\alpha\sqrt{x_1} + (1-\alpha)\sqrt{x_2}\right)^2$ ➡ 1차 동차생산함수이므로 규모에 대한 수익 불변이다.

[오답체크]

가. $f(x_1, x_2) = x_1^\alpha + x_2^{1-\alpha}$ ➡ $(tx_1)^\alpha + (tx_2)^{1-\alpha}$이므로 규모에 대한 수익 체감이다.

다. $f(x_1, x_2) = \sqrt{\alpha x_1 + (1-\alpha)x_2}$ ➡ $\sqrt{\alpha tx_1 + (1-\alpha)tx_2}$ ➡ $\sqrt{t} \cdot \sqrt{\alpha x_1 + (1-\alpha)x_2}$ ➡ 0.5차 동차함수이므로 규모에 대한 수익 체감이다.

03 ② 1) 생산함수를 변형하면 $Q^2 = L + 2K$ ➡ $K = -\dfrac{1}{2}L + \dfrac{1}{2}Q^2$이므로 완전대체관계이다.

2) 지문분석

② 완전대체관계의 생산요소 간 대체탄력성이 무한대이다.

[오답체크]

① 생산함수는 $Q = \sqrt{tL + 2tK} = t^{\frac{1}{2}}\sqrt{L + 2K}$이므로 0.5차 동차생산함수이다. 따라서 규모에 대한 수익 체감을 나타낸다.

③ 한계기술대체율은 $\dfrac{1}{2}$로 일정하다.

④ $w = 1$, $r = 3$인 경우, 생산자균형은 한계기술대체율이 등비용선의 기울기보다 급하므로 노동만 사용할 것이다. 따라서 생산함수는 $Q = \sqrt{L}$이다. 비용함수는 $TC = wL + rK$에서 노동만으로 변형하면 $TC = L$ ➡ $TC(Q) = Q^2$이다.

⑤ $w = 2$, $r = 1$인 경우, 생산자균형은 한계기술대체율이 등비용선의 기울기보다 완만하므로 자본만 사용할 것이다. 따라서 생산함수는 $Q = \sqrt{2K}$이다. 비용함수는 $TC = wL + rK$에서 자본만으로 변형하면 $TC = K$ ➡ $TC(Q) = \dfrac{1}{2}Q^2$이다.

04 어느 기업의 장기총비용곡선은 우상향하는 곡선이고, 장기평균비용곡선과 단기평균비용곡선은 U자형이다. 현재 생산량에서 장기평균비용이 60이고, 장기한계비용이 60이다. 그리고 생산량과 관계없이 생산요소가격은 일정하다. 이 기업에 대한 다음 설명 중 옳은 것을 모두 고르면? [회계사 17]

> 가. 현재 생산량에서 장기평균비용곡선은 단기평균비용곡선의 최저점에서 접한다.
> 나. 생산량이 현재의 2배가 되면, 총비용은 현재의 2배보다 크다.
> 다. 생산량이 현재의 0.5배가 되면, 총비용은 현재의 0.5배보다 크다.
> 라. 모든 생산량에서 장기총비용은 단기총비용보다 작거나 같다.

① 가, 나　　　　　　　② 가, 라　　　　　　　③ 가, 나, 다
④ 나, 다, 라　　　　　　⑤ 가, 나, 다, 라

정답 및 해설

04 ⑤ 가. 장기한계비용곡선은 장기평균비용곡선의 최저점을 통과하므로 현재 생산량 수준에서 장기평균비용과 장기한계비용이 일치한다는 것은 현재 장기평균비용곡선의 최소점에서 생산하고 있음을 의미한다.

나. 생산량을 현재 수준의 2배로 증가시키면 장기평균비용이 상승하므로 장기총비용은 현재의 2배보다 크게 증가한다.

다. 생산량을 현재의 0.5배로 감소시키더라도 마찬가지로 장기평균비용이 상승하므로 총비용은 0.5배보다 클 수밖에 없다.

라. 장기에는 설비규모를 최적으로 조정할 수 있으므로 모든 생산량 수준에서 장기총비용은 단기총비용보다 작거나 같다. 그리고 장기평균비용곡선 최소점에서는 장기평균비용곡선 최소점과 단기평균비용곡선 최소점에서 접한다.

해커스공기업 쉽게 끝내는 경제학 기본서

제5장

시장이론

핵심 Check: 시장의 개념과 구분

완전경쟁시장	일물일가, 가격수용자, 효율적 시장
독점시장	가격결정자, 과소생산
독점적 경쟁시장	비가격경쟁
과점시장	상호의존성

1. 시장의 의미

(1) 좁은 의미

일반적으로 시장(Market)은 재화와 서비스의 거래가 이루어지는 구체적인 장소이다.

(2) 넓은 의미

① 경제학에서는 훨씬 넓은 의미로 재화 및 서비스의 거래가 이루어지는 추상적인 메커니즘을 시장으로 정의한다.

② 시장은 수요자와 공급자의 만남이 이루어지는 '만남의 장'으로 시장에서는 수요자와 공급자의 상호작용에 의해 재화의 가격과 거래량이 결정된다.

2. 시장의 구분

(1) 거래되는 상품의 종류에 따른 구분

① 생산물시장: 농산물시장, 자동차시장 등

② 생산요소시장: 노동시장, 자본시장 등

(2) 시장의 구조에 따른 구분

시장구조에 따라 완전경쟁시장과 불완전경쟁시장으로 구분되며 각 시장의 특징은 다음과 같다.

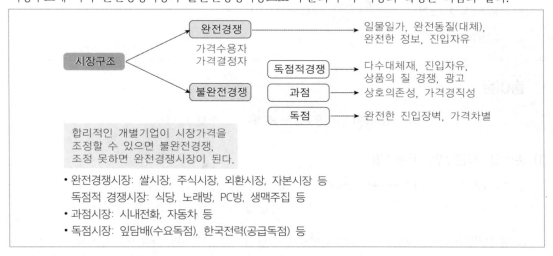

① 동질적인 재화는 재화의 품질뿐만 아니라 판매조건 등이 모두 동일한 것을 의미하고 이질적인 재화는 재화의 품질 등이 다른 것을 의미한다.

② 일물일가는 모든 재화의 가격이 동일한 것을 의미한다.

1. 총이윤

$$총이윤(\pi) = 총수입 - 총비용 = TR(Q) - TC(Q)$$

(1) 총수입, 평균수입, 한계수입

① 총수입(TR; Total Revenue): 소비자가 판매한 총액을 의미하며, 매출액이라고도 한다.

$$TR = P \cdot Q$$

② 평균수입(AR; Average Revenue): 소비자가 1개당 구입한 금액이며, 가격 또는 수요곡선으로 표현된다.

$$AR = \frac{TR}{Q} = \frac{PQ}{Q} = P$$

③ 한계수입(MR; Marginal Revenue): 한계수입은 판매량이 1단위 증가할 때 총수입의 증가분이다.

$$MR = \frac{dTR}{dQ}$$

(2) 총비용(TC; Total Cost)

총비용함수를 통해서 구해지며 주로 문제에서 주어진다.

$$TC = TC(Q)$$

2. 이윤극대화 조건

'총수입 - 총비용'이 최대가 되는 수량을 구하는 것이다.

(1) 이윤극대화 1계조건

① $\dfrac{d\pi}{dQ} = \dfrac{dTR}{dQ} - \dfrac{dTC}{dQ} = MR - MC = 0$

② MR(한계수입) = MC(한계비용)가 이윤극대화 조건이다.

③ MR = MC가 이윤극대화 조건인 이유

　㉠ 한계수입이 한계비용보다 크다면, 생산량을 늘리면 이윤이 증가하므로 한계수입과 한계비용이 같아지는 점까지 생산량을 증가시킨다.

　㉡ 한계수입이 한계비용보다 작다면 마지막 재화는 생산할 유인이 없어지므로 생산을 줄인다.

　㉢ 그러므로 이윤극대화 조건은 MR(한계수입) = MC(한계비용)가 된다.

(2) 이윤극대화 2계조건

① $\dfrac{d^2\pi}{dQ^2} = \dfrac{dMR}{dQ} - \dfrac{dMC}{dQ} = MR' - MC' < 0$

② MR곡선의 기울기 < MC곡선의 기울기: MC곡선의 우상향하는 부분이 MR곡선과 교차해야 한다.

③ 2계조건이 필요한 이유: 총수입이 총비용보다 큰 경우여야 이윤이 (+)가 되기 때문이다. 만약 2계조건을 만족하지 않으면 총비용이 총수입보다 큰 경우이므로 이윤은 (-)가 되어 우리가 구하고자 하는 값이 아니다.

(3) 문제풀이 시 유의점

① 객관식 계산문제에서는 대부분 이윤극대화 2계조건을 묻지 않는다. 따라서 이윤극대화 조건은 MR = MC를 주로 사용한다.

② 이윤극대화 조건은 모든 시장의 형태에 적용된다.

(4) 그래프

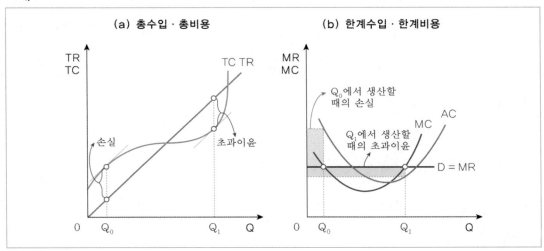

3. 수입극대화 가설

(1) 의미

경영자의 입장에서는 이윤극대화가 아닌 매출액 극대화를 추구한다는 이론이다.

(2) 원인

① 경영자의 지위와 보수가 매출액에 의해 결정되는 경우가 많다.

② 매출액과 금융기관 신뢰도는 주로 비례관계에 있다.

③ 매출이 높은 것이 시장점유율이 높음을 의미한다.

④ 단점: 경영자가 주주의 의사에 반하는 행위를 할 수 있다. 즉, 도덕적 해이의 일종인 주인 - 대리인이론에 해당한다.

(3) 그래프

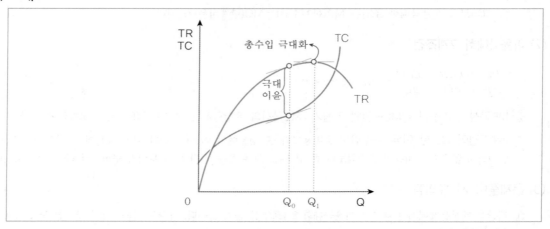

① 이윤극대화 생산량은 MR과 MC가 일치하는 Q_0이다.

② 총수입극대화 생산량은 MR = 0인 Q_1이다.

한 기업이 임금률 w인 노동(L), 임대율 r인 자본(K)을 고용하여 재화 y를 다음과 같이 생산하고 있다.

$$y(L,\ K) = \sqrt{L} + \sqrt{K}$$

y의 가격이 p로 주어진 경우 이 기업의 이윤극대화 생산량은?　　　　　　　　　　[회계사 16]

① $\dfrac{w+r}{2wr}p$　　　② $\dfrac{2wr}{w+r}p$　　　③ $\dfrac{w+r}{wr}p$　　　④ $\dfrac{wr}{w+r}p$　　　⑤ $\dfrac{wr}{2(w+r)}p$

정답 및 해설

1) 이윤함수: 이윤 = 총수입 - 총비용이다.

$$\pi = py - (wL + rK) = p(\sqrt{L} + \sqrt{K}) - (wL + rK)$$

2) 이윤이 극대화되는 노동 투입량: L로 미분 ➜ $\dfrac{P}{2\sqrt{L}} - w = 0$ ➜ $\sqrt{L} = \dfrac{p}{2w}$

3) 이윤이 극대화되는 자본 투입량: K로 미분 ➜ $\dfrac{P}{2\sqrt{K}} - r = 0$ ➜ $\sqrt{K} = \dfrac{p}{2r}$

4) 이윤극대화되는 노동과 자본의 투입량을 생산함수에 대입하면 $y = \dfrac{p}{2w} + \dfrac{p}{2r} = \dfrac{w+r}{2wr}p$이다.

정답: ①

03 완전경쟁시장

★★★

핵심 Check: 완전경쟁시장

개별 기업이 인식하는 수요곡선	수평
이윤극대화 조건	P = MC
단기에는 생산, 장기에는 조업 중단	AC > P > AVC
장기균형	P는 LAC의 최저점

1. 완전경쟁시장의 특징

(1) 완전경쟁시장에는 다수의 수요자와 공급자가 존재

개별 수요자와 공급자는 가격에 영향을 미칠 수 없으므로 가격수용자(Price Taker)로 행동한다.

(2) 생산되는 재화

모든 기업은 한 동질적인 재화를 생산하므로 각 재화는 완전대체재이다.

(3) 진입과 퇴거

특정 산업으로의 진입과 퇴거가 자유롭다.

(4) 일물일가의 법칙

경제주체들이 가격에 관한(정확하게는 가격이 결정되는 모든 조건에 관한) 완전한 정보를 보유하고 공유하므로 일물일가의 법칙이 성립한다.

2. 단기 완전경쟁시장에서의 수요곡선

(1) 시장 전체의 수요곡선

① 시장 전체 수요량은 개별소비자들의 수요량을 합한 것이므로 시장 전체 수요곡선은 개별소비자들 수요곡선의 수량을 합해야 한다.

② 개별소비자들의 수요곡선이 우하향하므로 시장 전체의 수요곡선도 우하향한다.

(2) 개별 기업이 인식하는 수요곡선

① 시장 전체의 수요·공급곡선에 의하여 균형가격이 결정되면 많은 수요자가 존재하므로 개별 기업은 주어진 가격수준에서 원하는 만큼 판매 가능하다.

② 개별 기업이 자신의 생산능력 범위 내에서 생산량을 증가시키더라도 시장가격은 전혀 변하지 않으며, 주어진 가격으로 원하는 만큼 판매하는 것이 가능하므로 개별 기업이 인식하는 수요곡선은 수평선이다.

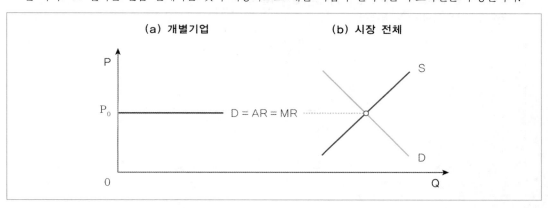

3. 기업의 단기적 이윤

(1) 총수입(TR; Total Revenue)

① 총수입은 가격과 판매량의 곱$(P \times Q)$으로 정의된다.

② 완전경쟁시장에서 개별 기업은 가격수용자이므로 판매량이 증가할수록 총수입도 비례적으로 증가한다.

③ 완전경쟁시장에서 기업의 총수입곡선은 원점을 통과하는 직선의 형태이다.

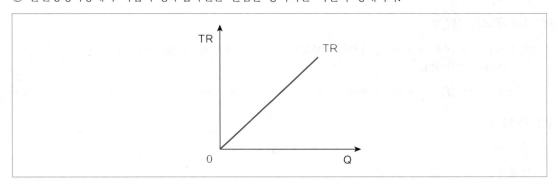

(2) 평균수입(AR; Average Revenue)

① 평균수입은 단위당 판매수입으로 총수입을 판매량으로 나눈 값($\frac{TR}{Q} = \frac{P \times Q}{Q} = P$)이다.

② 총수입곡선에서의 한 점과 원점을 연결한 직선의 기울기로 측정하기도 한다.

③ 총수입을 판매량으로 나누면 항상 가격과 일치하므로 단기 완전경쟁시장에서의 개별 기업이 인식하는 평균수입곡선은 수평선의 형태이다.

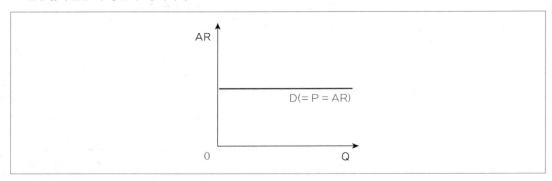

(3) 한계수입(MR; Marginal Revenue)

① 한계수입은 판매량이 1단위 증가할 때 총수입의 증가분($\frac{\triangle TR}{\triangle Q}$)이다.

② 총수입곡선의 한 점에서 접선의 기울기로 측정하기도 한다.

③ 단기 완전경쟁시장에서는 판매량이 1단위 증가할 때 총수입의 증가분(= 가격)은 항상 일정하므로 한계수입곡선은 수평선의 형태이다.

(4) 이윤극대화 생산량

① 1단위 추가 판매 시 얻어지는 한계수입(MR)과 1단위 추가 생산 시 들어가는 한계비용(MC)이 일치하는 지점에서 생산한다.

② 완전경쟁시장은 P = MR이고 이윤극대화 조건에 따라 MR = MC이므로 결론적으로 P = MC가 성립한다.

(5) 사례분석

① 가정: 가격이 100인 재화 1개만 존재하는 완전경쟁시장이다.

② 총수입, 평균수입, 한계수입

가격(P)	수량(Q)	총수입(TR)	평균수입(AR)	한계수입(MR)
100	1	100	100	100
100	2	200	100	100
100	3	300	100	100
100	4	400	100	100

③ 완전경쟁시장은 시장에서 가격이 결정되면 무한정으로 판매가 가능하다는 것이다. 따라서 가격의 변동은 없으며 이로 인해 평균수입(AR) = 가격(P) = 한계수입(MR)이 성립한다.

4. 완전경쟁기업의 단기공급곡선

(1) 공급곡선의 의미
공급곡선은 사전적으로 각각의 가격수준에서 판매하고자 의도하는 재화와 서비스의 수량을 나타내는 선이다.

(2) 그래프

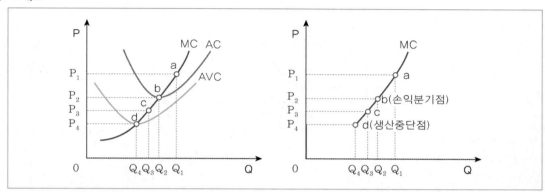

① 가격이 P_1일 때: P = MC는 a점에서 달성 ➡ Q_1만큼 생산(a점에서는 P > AC이므로 초과이윤 발생)

② 가격이 P_2일 때: P = MC는 b점에서 달성 ➡ Q_2만큼 생산(b점에서는 P = AC이므로 정상이윤만 획득)

③ 가격이 P_3일 때: P = MC는 c점에서 달성 ➡ Q_3만큼 생산(c점에서는 AVC < P < AC이므로 손실이 발생하나 생산하는 것이 유리)

④ 가격이 P_4일 때: P = MC는 d점에서 달성되나 생산 여부는 불분명(P = AVC이므로 생산할 때와 하지 않을 때의 손실이 모두 TFC로 동일)

⑤ 가격 < P_4일 때: P < AVC로 가변비용도 회수할 수 없으므로 생산 포기

⑥ 단기 완전경쟁시장에서는 가격이 평균가변비용보다 높으면 생산하고, 이보다 낮으면 생산하지 않는다. 따라서 완전경쟁시장의 단기공급곡선은 AVC곡선의 최저점을 통과하는 우상향의 MC곡선이다.

완전경쟁시장에서 이윤극대화를 추구하는 기업 A의 한계비용(MC), 평균총비용(AC), 평균가변비용(AVC)은 아래 그림과 같다. 시장가격이 P_1, P_2, P_3, P_4, P_5로 주어질 때, 단기에 생산을 하지만 장기적으로 생산을 하지 않는 가격범위는?

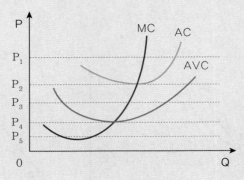

① P_1보다 높은 가격
② P_1 ~ P_2
③ P_2 ~ P_4
④ P_4 ~ P_5
⑤ P_5보다 낮은 가격

정답 및 해설

단기에 생산을 하지만 장기적으로 생산을 하지 않는 가격범위는 평균가변비용보다 크고 평균비용보다 작아야 한다. 이에 해당하는 가격은 P_2 ~ P_4이다.

정답: ③

5. 완전경쟁기업의 장기균형

(1) 장기균형

① 긴 기간에 걸쳐 초과이윤이 발생하면 기업들이 시장에 개입하여 시장가격이 하락하게 되고, 손실이 발생하게 되면 시장에서 나가게 되므로 궁극적으로 장기균형은 더 이상 기존 기업의 퇴거나 새로운 기업의 진입, 설비규모 조정도 이루어지지 않게 된다.

② 따라서 개별 기업의 장기평균비용의 최저점이 가격이 된다. 즉, P = LAC가 성립한다.

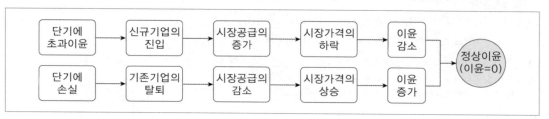

(2) 개별 기업의 생산자잉여

① 생산자잉여는 생산자가 받아야겠다고 생각한 금액보다 더 받은 금액을 의미한다.

② 개별 기업의 생산자잉여는 가격에서 한계비용을 뺀 것의 합이다.

③ 한계비용 하방의 면적 = 총가변비용이므로 생산자잉여는 총수입 − 총가변비용으로 표현할 수 있다.

④ 그래프

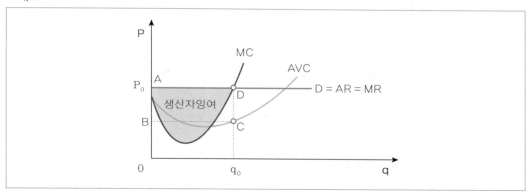

(3) 개별 기업의 생산자잉여와 이윤

① 생산자잉여 = 총수입 − 총가변비용

② 이윤 = 총수입 − 총비용 = 총수입 − (총고정비용 + 총가변비용)

③ 단기에 총고정비용이 존재하는 경우, 총비용은 총고정비용과 총가변비용의 합으로 이루어지므로 생산자잉여 > 이윤이다.

④ 장기에는 가변비용만 존재하므로 생산자잉여와 이윤은 같다.

완전경쟁시장의 시장수요곡선은 D(P) = 3,600 - 50P이고 모든 기업이 동일한 비용구조를 가지고 있다. 장기

평균비용함수 LAC(q) = 72 - 4q + $\frac{1}{3}q^2$일 때 장기균형에서 시장에 존재하는 기업의 수는? (단, q는 개별기업

의 생산량, P는 가격이다)

① 12 ② 24 ③ 50 ④ 100 ⑤ 200

1) 완전경쟁시장의 장기균형은 장기평균비용의 최저점과 가격이 동일하다.

2) 장기평균비용의 최저점을 구하면 - 4 + $\frac{2}{3}q$ = 0 ➔ q = 6이다.

3) 완전경쟁시장에 P = MC이므로 장기한계비용에 q = 6를 대입하면 96 - 72 + 36 = 60 ➔ P = 60이다.

4) 시장수요함수에 P = 60을 대입하면 시장수요량 Q = 600이다.

5) 기업수 × 개별기업의 생산량 = 시장수요량이므로 100개의 기업이 필요하다.

정답: ④

6. 완전경쟁시장 장기공급곡선

(1) 비용 불변 산업

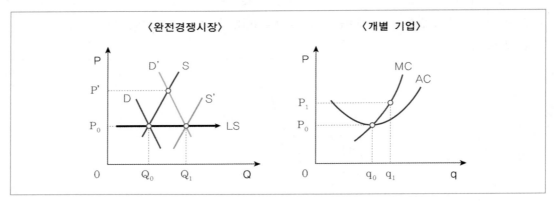

① 비용 불변 산업의 경우 비용함수(비용곡선)가 불변이므로 장기시장공급곡선은 수평이 된다.

② 새로운 장기균형 상태에서 개별 기업의 생산량은 불변이다. 따라서 장기에 시장수급량이 변화하는 것은 기업의 진입과 퇴출 때문이다.

③ 개별 기업의 장기공급량은 불변이므로 장기공급곡선은 정의될 수 없으며 일시적으로 공급량이 변화한 것은 단기공급곡선에 해당한다.

(2) 비용 증가 산업

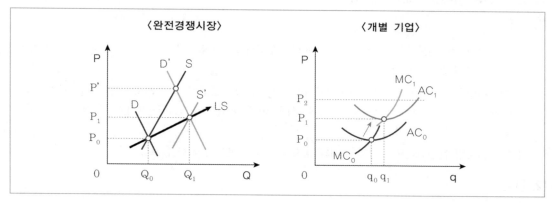

《완전경쟁시장》　　　　《개별 기업》

① 장기균형 과정에서 요소가격이 상승하여 비용이 증가하므로 기존 기업의 모든 비용곡선이 상방이동한다.

② 따라서 비용 불변 산업에 비하여 시장가격은 높아지고 장기시장수급량 증가폭은 작아지므로 장기시장공급곡선이 우상향한다.

③ 생산량이 증가하면 요소수요(파생수요)가 증가하여 비용이 증가하는 것이 일반적이므로 장기시장공급곡선은 대개 우상향한다.

④ 비용 불변 산업에 비하여 진입기업의 수가 적다.

(3) 비용 감소 산업

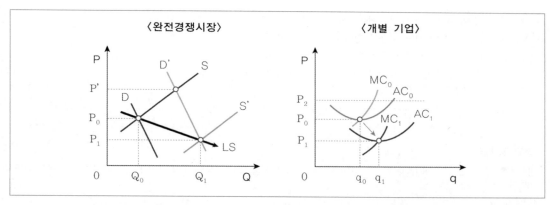

《완전경쟁시장》　　　　《개별 기업》

① 장기균형 과정에서 요소가격이 하락하여 비용이 감소하므로 기존 기업의 모든 비용곡선이 하방이동한다.

② 따라서 비용 불변 산업에 비하여 시장가격은 낮아지고 장기시장수급량 증가폭은 커지므로 장기시장공급곡선이 우하향한다.

③ 기술 진보 등에 따라 생산비가 대폭 감소하는 경우 장기시장공급곡선이 우하향할 수 있다.

④ 비용 불변 산업에 비하여 진입기업의 수가 많다.

7. 완전경쟁시장에 대한 평가

(1) 장점

① 효율적인 자원배분: 장·단기에 항상 P = MC가 성립하므로 사회적인 관점에서 가장 효율적 생산이 이루어지며, 사회후생이 극대화된다.

② 최적시설규모에서 생산: 장기균형에서 P = MR = LAC의 요건이 충족되며, 개별 기업은 장기평균비용(LAC)의 최저점에서 생산 가능하다. 최적시설규모에서 최적산출량만큼의 재화가 생산되므로 시설에 대한 낭비요인이 없어진다.

③ 의사결정의 분권화: 모든 경제 주체의 경제적 자유와 균등한 기회가 보장된다.

(2) 단점

① 비현실적: 완전경쟁시장은 기본적으로 수많은 전제조건들이 전부 충족되는 경우에 가능하지만 현실에서 상품의 동질성, 정보의 완전성 등의 조건들을 완벽하게 실현하는 것은 불가능에 가깝다.

② 소득분배의 불공정성: 완전경쟁시장은 '자원배분의 효율성'이 달성되는 시장이지, '소득분배의 공평성'을 기대할 수 있는 시장은 아니다.

확인문제

다음 중 완전경쟁시장에 대한 설명으로 옳은 것을 <보기>에서 모두 고른 것은?

<보기>
ㄱ. 개별기업이 맞이하는 수요곡선은 우하향한다.
ㄴ. 단기에 기업이 양(+)의 이윤을 창출하는 것이 가능하다.
ㄷ. 장기에 기업이 양(+)의 이윤을 창출하는 것이 가능하다.
ㄹ. 시장가격과 한계비용이 일치하는 지점에서 생산하므로 효율적이다.

① ㄱ, ㄴ   ② ㄱ, ㄹ   ③ ㄴ, ㄷ   ④ ㄴ, ㄹ   ⑤ ㄷ, ㄹ

정답 및 해설

완전경쟁시장은 단기에 양의 이윤을 창출하는 것이 가능하며, 시장가격과 한계비용이 일치하는 지점에서 생산하므로 효율적이다.

[오답체크]
ㄱ. 개별기업이 맞이하는 수요곡선은 수평이며, 시장수요곡선이 우하향한다.
ㄷ. 장기에는 정상이윤만을 가진다.

정답: ④

04 독점시장

핵심 Check: 독점시장

수요곡선과 공급곡선	• 개별수요곡선 = 시장수요곡선 • 공급곡선은 존재하지 않으며 MC로 대체
이윤극대화	$P > MC = MR$
완전경쟁시장과 비교	가격은 높고, 수량은 적고, 후생손실 발생
아모르소 - 로빈슨 공식	$MR = P(1 - \dfrac{1}{e_d})$

1. 독점의 개념

(1) 독점(Monopoly)이란 모든 재화의 공급이 시장지배력을 갖는 1개의 기업에 의해 이루어지는 시장형태를 의미한다.

(2) 산업의 정의에 따라 독점으로 볼 수도 있고 과점으로 볼 수도 있는데, 산업을 좁게 정의하면 독점으로 분류되는 경우가 많이 발생한다.

> **예** 철도시장에서 철도공사는 독점공급자이지만 운수업으로 산업을 정의하면 대체재인 고속버스, 항공기 등이 있으므로 과점에 속하는 것으로 볼 수 있다.

2. 독점의 특징

(1) 시장지배력이 크다.

① 독점기업은 시장지배력을 갖고 있으므로 가격설정자(Price Setter)로 행동한다.

② 완전경쟁시장에서의 기업과 달리 가격차별(Price Discrimination)이 가능하다.

(2) 독점기업의 수요곡선은 우하향한다.

① 독점기업이 인식하는 수요곡선은 수요 자체를 독점기업이 다 가져가므로 우하향하는 시장 전체의 수요곡선이다.

② 독점기업이 인식하는 수요곡선은 시장수요곡선이므로 가격을 올리면 수요량이 감소하고, 가격을 내리면 수요량이 증가한다.

(3) 공급곡선이 존재하지 않는다.

① 독점기업은 자신에게 가장 유리한 생산점을 선택할 수 있다. 따라서 일정 가격에 생산량을 정하는 공급곡선은 존재하지 않는다.

② 따라서 독점시장은 MC로 공급곡선을 대체한다.

(4) 대체재 부재

① 독점의 경우에는 직접적인 대체재가 존재하지 않으므로 경쟁상대가 없다.

② 따라서 가격경쟁과 비가격경쟁이 존재하지 않는다.

③ 가격경쟁은 가격을 얼마나 저렴하게 판매하느냐 하는 것이다.

④ 비가격경쟁은 광고·판매, 제품차별화, 판매계열화 등 가격 외적인 면에서 행하여지는 경쟁을 의미한다.

(5) 완벽한 진입장벽

① 독점기업은 장기 혹은 단기와 무관하게 신규기업의 시장진입이 불가능하다.

② 독점기업은 이 진입장벽을 근거로 생산량을 결정할 때, 효율적 자원배분에 의한 최적생산이 아닌, 기업의 최대이윤을 달성하는 수준에서 생산량을 결정한다.

3. 독점시장의 총수입, 평균수입 한계수입

(1) 총수입(TR; Total Revenue)

① 독점기업의 경우는 직면하는 수요곡선이 우하향하므로, 가격변화 시 총수입의 증감 여부는 수요의 가격탄력성에 따라 달라진다.

② 수요의 가격탄력성이 1일 때 극대화된다.

(2) 평균수입(AR; Average Revenue)

$$AR = \frac{TR}{Q} = \frac{P \times Q}{Q} = P$$

① 재화 1단위당 수입의 크기로 총수입을 판매량으로 나눈 값과 가격이 일치한다.

② 특정 수량에서 수요곡선까지의 높이가 평균수입을 나타내므로 수요곡선과 평균수입곡선은 일치한다.

(3) 한계수입(MR; Marginal Revenue)

$$MR = \frac{\triangle TR}{\triangle Q}$$

① 판매량이 1단위 증가할 때 총수입의 증가분이다.

② 한계수입은 수요곡선과 절편은 동일하고 기울기는 2배인 곡선이다.

③ 그래프로 한계수입 구하기: 독점시장이 맞이하는 수요곡선의 절반에서 수입이 극대화된다.

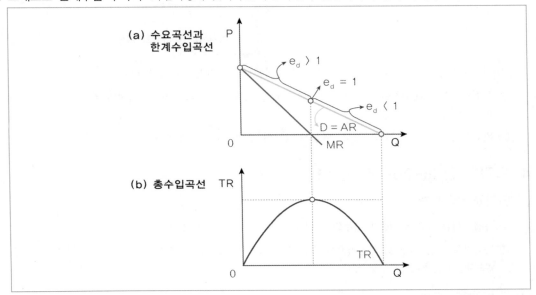

④ 아모르소 - 로빈슨(Amoroso-Robinson) 공식으로 한계수입 구하기

　㉠ $MR = \dfrac{dTR}{dQ} = \dfrac{d(P \cdot Q)}{dQ} = P + \dfrac{dP}{dQ} \cdot Q = P\left(1 + \dfrac{Q}{P} \cdot \dfrac{dP}{dQ}\right) = P\left(1 - \dfrac{1}{e_d}\right)$

　㉡ 아모르소 - 로빈슨 공식에서 사용하는 것은 곱셈의 미분공식이다. 독립변수인 TR = P × Q이므로 Q가
　　변하면 Q도 변하지만 수요법칙에 따라 P도 변하기 때문에 곱셈의 미분법인 $(f(x)g(x))' = f(x)'g(x) + f(x)g(x)'$을 사용한다.

⑤ 주어진 수요곡선으로 구하기

　㉠ 수요곡선이 P = 10 - Q라면 총수입 TR = P × Q이다. 따라서 $(10 - Q)Q = 10Q - Q^2$이다.

　㉡ 총수입을 미분하면 한계수입이므로 MR = $10 - 2Q$이다.

　㉢ 결론적으로 한계수입 MR은 수요곡선과 비교하여 P절편은 동일하고 기울기가 2배인 곡선임을 알 수
　　있다.

(4) 독점의 이윤극대화

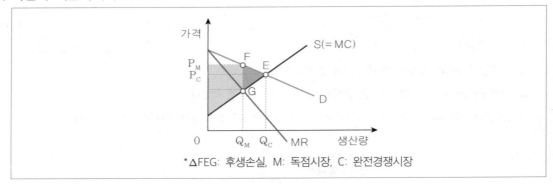

*△FEG: 후생손실, M: 독점시장, C: 완전경쟁시장

① 한계수입과 한계비용이 일치하는 지점에서 이윤극대화 생산량이 결정된다.

② 독점시장은 한계수입이 양수인 경우에만 생산할 것이므로 수요의 가격탄력성이 비탄력적인 구간에서 생산하지 않는다.

③ 완전경쟁수준보다 가격은 높고, 수량은 적으며 후생손실이 발생한다.

4. 독점의 단기균형과 장기균형

(1) 단기균형의 도출

① 독점기업은 MR = MC가 충족되는 점에서 생산량과 가격을 결정한다.

② 독점기업은 단기적으로 시행착오를 겪을 수도 있으므로 초과이윤을 얻을 수도 있고, 정상이윤만 얻을 수도 있으며, 손실을 얻을 수도 있다.

(2) 장기균형의 도출

① 장기균형은 장기한계비용(LMC)과 한계수입(MR)이 일치하는 점에서 이루어진다.

② 장기에 독점기업은 바람직한 양보다 적게 생산하며 가격은 효율적인 상태보다 높다.

③ 독점기업은 가격결정자이므로 장기에는 반드시 초과이윤을 얻는다.

5. 독점시장의 평가

(1) 긍정적 측면

① 규모의 경제가 적용되는 경우 생산비용이 감소할 수 있다.

② 기술개발과 생산방법의 혁신을 위한 연구개발 투자의 여력이 생길 수 있어 국제경쟁력이 강화될 수 있다.

(2) 부정적 측면

① 완전경쟁 체제에 비해 생산량은 더 작고 가격은 높다. 이로 인해 사회적 후생의 손실이 발생하고 비효율적 자원배분이 이루어진다.

② 과소생산으로 최적 규모로 생산 시설을 가동하지 않아 초과설비를 보유하게 된다. 따라서 자원의 최적 활용에 실패한다.

③ X 비효율성: 라이벤스타인(H, Leibenstein)의 주장으로 독점기업의 경영자나 노동자는 경쟁압력이 없기 때문에 최대한의 능력을 발휘하지 않아 발생하는 비효율로 AC곡선이 상방으로 이동하는 효과를 의미한다.

6. 완전경쟁시장과 독점시장의 비교

구분	완전경쟁시장	독점시장
시장지배력	없음	큼
개별 기업이 직면하는 수요곡선	개별 기업이 직면하는 수요곡선: 수평선	개별 기업이 직면하는 수요곡선: 우하향
일물일가의 법칙	성립	가격차별 시 위반
균형조건	$P = MC$	$P = AR > MR = MC$
단기공급곡선	AVC곡선을 상회하는 MC	존재하지 않음
이윤	• 단기: 초과이윤, 정상이윤, 손실 가능 • 장기: 정상이윤	• 단기: 초과이윤, 정상이윤, 손실 가능 • 장기: 초과이윤
경제적 효과	• 효율적 자원배분($P = MC$) • 시장기능의 활성화로 독점시장보다 낮은 가격으로 더 많은 생산량 공급 • 경제력의 분산	• 비효율적 자원배분($P > MC$) • 완전경쟁시장보다 높은 가격으로 더 적은 생산량 공급 • 경제력의 집중

독점시장에서 이윤극대화를 추구하는 A기업의 수요곡선은 Q^d = 40 - 2P이고 총비용곡선은 C = 8Q + 2이다. 이에 관한 설명으로 옳은 것은? (단, P는 가격, Q는 생산량이다)

<보기>
ㄱ. 독점기업의 이윤극대화 가격은 14이다.
ㄴ. 생산량 12에서 최대이윤을 얻는다.
ㄷ. 정부가 가격을 6으로 규제하면 생산량은 증가한다.
ㄹ. 시장균형에서 수요의 가격탄력성은 1보다 작다.

① ㄱ, ㄴ   ② ㄱ, ㄴ, ㄷ   ③ ㄴ, ㄹ   ④ ㄷ, ㄹ

정답 및 해설

1) 이윤극대화 조건은 MR = MC이다.

2) 수요곡선이 P = 20 - $\frac{1}{2}Q$ ➜ MR = 20 - Q이다.

3) C = 8Q + 2 ➜ MC = 8이다.

4) 이윤극대화 조건은 20 - Q = 8 ➜ Q = 12이다. 이때 가격은 14이다.

5) 지문분석

ㄱ, ㄴ. 생산량 12에서 최대이윤을 얻으며 이때 가격을 수요곡선에 대입하면 시장균형 가격은 14이다.

[오답체크]

ㄷ. 가격을 6으로 규제하면 한계비용보다 작으므로 생산하지 않을 것이다.

ㄹ. 시장균형에서 수요의 가격탄력성은 $-(-2) \times \frac{14}{12} = \frac{14}{6}$이므로 1보다 크다.

정답: ①

독점기업의 독점도

핵심 Check: 독점기업의 독점도

러너지수	$DM = \dfrac{P - MC}{P}$
힉스의 독점도	$DM = \dfrac{P - MC}{P} = \dfrac{P - MR}{P} = \dfrac{P - P(1 - \frac{1}{\epsilon_d})}{P} = \dfrac{1}{\epsilon_d}$

1. 러너의 독점도

(1) 개념

러너(A. lerner)는 가격이 한계비용을 초과하는 비율이 높을수록 독점의 정도(DM; Degree of Monopoly)가 크다는 것에 착안하여 그 정도를 재는 지표(러너지수)를 제시하였다.

(2) 공식

$$DM = \frac{P - MC}{P}$$

완전경쟁시장은 P = MC이므로 러너지수는 0이다. 따라서 러너지수가 0과 가까울수록 완전경쟁시장에 가깝고, 러너지수가 1에 가까울수록 독점시장에 가깝다.

2. 힉스의 독점도

(1) 개념

힉스(Hicks)는 독점도가 수요의 가격탄력도에 반비례한다고 주장하였다.

(2) 공식

$$DM = \frac{P - MC}{P} = \frac{P - MR}{P} = \frac{P - P(1 - \frac{1}{\epsilon_d})}{P} = \frac{1}{\epsilon_d}$$

완전경쟁의 경우 $P = MC$이고 $\epsilon_d = \infty$이므로 DM은 0이 된다.

어느 재화에 대한 수요곡선은 Q = 200 - P이다. 이 재화를 생산하여 이윤을 극대화하는 독점기업의 한계비용이 40일 때, 이 기업의 러너 지수(Lerner index) 값은?

① $\dfrac{1}{4}$　　　　　② $\dfrac{1}{3}$　　　　　③ $\dfrac{2}{3}$　　　　　④ $\dfrac{3}{4}$　　　　　⑤ $\dfrac{4}{5}$

정답 및 해설

1) 수요함수가 P = 200 - Q이므로 한계수입 MR = 200 - 2Q이다.
2) 이윤극대화 조건 MR = MC로 두면 200 - 2Q = 40이므로 이윤극대화 생산량 Q = 80이다.
3) Q = 80을 수요함수에 대입하면 P = 120이고, 한계비용 MC = 40이다.
4) 수치를 러너의 독점도에 대입하면 $dm = \dfrac{P-MC}{P} = \dfrac{120-40}{120}$ 이다.

정답: ③

06 다공장 독점

★★

원칙	시장은 하나, 공장은 둘
공식	$MR = MC_1 = MC_2$

1. 다공장 독점의 의미와 균형조건

(1) 의미

① 여러 개의 공정(또는 공장)을 통해 생산물을 생산하는 독점기업을 다수공정 독점기업이라 한다.

② 독점기업은 공정별 한계비용곡선을 수평합하여 기업 전체의 한계비용곡선을 도출한 후 이윤극대화 총생산량을 결정한다.

(2) 다수공정 독점기업 이윤극대화 균형조건

① 시장은 하나이므로 수요곡선에서 도출된 MR도 하나이다. (단, 공장이 2개인 경우)

② 공장은 2개이므로 1공장의 한계비용은 MC_1, 2공장의 한계비용은 MC_2이다.

③ 각 공장은 각각 이윤극대화를 추구할 것이므로 $MR = MC_1$, $MR = MC_2$가 성립한다.

④ 이를 조합하면 $MR = MC_1 = MC_2$이 성립한다.

⑤ 그래프

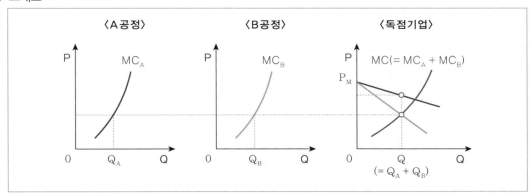

⑥ 다공장 독점기업은 각 공장의 MC곡선을 수평으로 합한 기업 전체의 MC와 MR이 일치하는 점에서 기업 전체의 생산량과 가격을 결정한다.

2. 다공장 독점의 균형가격과 생산량

(1) 이윤극대화 총생산량이 결정되면 공정별 생산량을 할당한다.

(2) 당연히 보다 낮은 (한계)비용으로 생산할 수 있는 효율적 공정에 많은 생산량을 할당한다.

확인문제

한 기업이 한 재화를 공장 1, 2에서 생산한다. 두 공장의 비용함수는 $C_1(Q_1) = 5Q_1^2 + 45$, $C_2(Q_2) = 10Q_2^2 + 12$이다. 이 기업이 최소의 비용으로 30단위를 생산한다면 공장 1의 생산량은? (C는 총비용이며 Q는 수량이다)

① 5   ② 10   ③ 15   ④ 20   ⑤ 30

정답 및 해설

1) 다공장 독점은 $MC_1 = MC_2 = MR$이다.
2) Y재 30단위를 생산하므로 $Q_1 + Q_2 = 30$이다.
3) $MC_1 = 10Q_1$, $MC_2 = 20Q_2$ ➡ $10Q_1 = 20Q_2$ ➡ $Q_1 = 2Q_2$
4) 2번 공식에 대입하면 $2Q_2 + Q_2 = 30$ ➡ $Q_2 = 10$, $Q_1 = 20$이다.

정답: ④

07 가격차별

핵심 Check: 가격차별

제1급 가격차별	효율적 생산, 소비자잉여는 없고, 모두 생산자잉여가 됨
제3급 가격차별	• 시장은 둘, 공장은 하나 • $MR_1 = MR_2 = MC$

1. 가격차별의 의미

(1) 동일한 재화에 대하여 서로 다른 가격을 설정하는 것을 의미한다.

(2) 다른 재화에 다른 가격을 매기는 것은 가격차별이 아니다. **예** 연습용 기타와 연주용 기타의 가격이 다른 것

2. 가격차별의 종류

(1) 제1급 가격차별(완전가격차별, Perfect Price Discrimination)

① 의미: 재화에 대하여 각각의 소비자들이 지불할 용의가 있는 최대금액을 독점기업이 가격으로 설정하여 개별 소비자들의 지불용의를 모두 가격으로 받는 것을 의미한다.

② 자원배분이 효율적이나 모든 잉여(아래 그래프의 A + B)는 생산자잉여로 귀속된다.

③ 독점기업이 모든 소비자의 지불용의를 아는 것이 불가능하므로 현실에서 찾기 어렵다.

④ 그래프

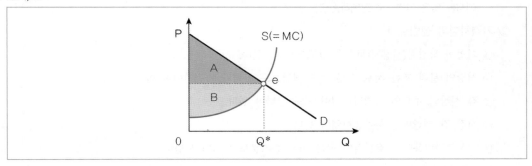

(2) 제2급 가격차별(Second Degree Price Discrimination)

① 의미: 제2급 가격차별이란 재화의 구입량에 따라 각각 다른 가격을 설정하는 것이다. **예** 공동구매

② 가격차별을 실시하지 않는 경우보다 생산량이 증가한다.

③ 그래프

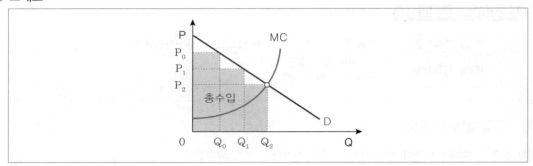

④ 제2급 가격차별의 또 다른 유형

　　㉠ 장애물 가격차별: 마트에 쿠폰을 오려가는 것처럼 장애물을 뛰어 넘어 소비자가 자신을 드러내도록 하는 것이다.

　　㉡ 시점 간 가격차별: 세일기간에 싸게 파는 것처럼 동일한 재화를 판매시점에 따라 다른 가격에 판매하는 것이다.

(3) 제3급 가격차별

① 의미: 소비자들의 특징에 따라 시장을 몇 개로 분할하여 각 시장에서 서로 다른 가격을 설정하는 것으로 가격차별이라고 하면 일반적으로 제3급 가격차별을 의미한다.

　　예 극장에서 일반인과 학생의 입장료를 다르게 설정하는 것, 가전제품을 국내에서는 높은 가격으로 판매하고 해외에서는 낮은 가격으로 판매하는 것

② 가격차별의 성립조건

　　㉠ 기업이 독점력(시장지배력)을 갖고 있어야 한다.

　　㉡ 시장의 분리 또는 서로 다른 수요 집단으로 분리가 가능하여야 한다.

　　㉢ 각 시장의 수요의 가격탄력성이 서로 달라야 한다.

　　㉣ 시장 간 재판매가 불가능하여야 한다.

　　㉤ 시장분리비용이 시장분리에 따른 이윤 증가분보다 작아야 한다.

③ 이윤극대화 조건

　　㉠ 기업은 하나이므로 한계비용도 하나이다.

　　㉡ 시장은 둘이므로 수요곡선도 두 개다. 따라서 한계수입은 두 개 존재한다.

　　㉢ 1시장의 이윤극대화 조건은 $MR_1 = MC$, 2시장의 이윤극대화 조건은 $MR_2 = MC$이다.

　　㉣ 따라서 $MR_1 = MR_2 = MC$가 성립한다.

④ 그래프

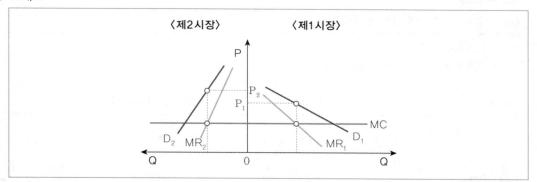

⑤ 가격설정: 수요의 가격이 제1시장의 탄력적인 재화에는 가격을 낮춰서, 제2시장의 비탄력적인 재화에는 가격을 높여서 판매한다.

⑥ 제3급 가격차별에서 두 시장의 탄력도와 가격과의 관계

   ㉠ $MR_1 = MR_2$에서 Amoroso - Robinson공식을 이용하면 $P_1(1-\frac{1}{e_1}) = P_2(1-\frac{1}{e_2})$이 성립한다.

   ㉡ 그러므로 $e_1 > e_2$이면 $P_1 < P_2$이므로 수요의 가격탄력성이 큰 시장에서는 낮은 가격을, 수요의 가격탄력성이 작은 시장에서는 높은 가격을 설정한다.

3. 가격차별의 평가

(1) 장점

① 가격차별에 따른 생산량 증가로 자원배분의 비효율이 상당부분 해소된다. (사회적 후생손실의 감소)

② 제3급 가격차별의 경우 가격차별은 가격탄력성이 큰 소비자 그룹에 대해서는 낮은 가격을 책정하는 형태로 이루어지는데, 빈곤하여 가격탄력성이 높게 된 것이라면 이들에게 상대적으로 유리하게 소득이 재분배되는 효과가 있다.

(2) 단점

① 소비자 차별대우에 따른 불쾌감이 초래될 수 있다.

② 소비자잉여가 독점기업의 수익으로 전환된다.

독점기업의 가격차별에 관한 설명으로 옳은 것은?

ㄱ. 1급 가격차별 시 소비자잉여는 0이다.

ㄴ. 1급 가격차별 시 사중손실(deadweight loss)은 0보다 크다.

ㄷ. 2급 가격차별의 대표적인 예로 영화관의 조조할인이 있다.

ㄹ. 3급 가격차별 시 두 시장의 수요의 가격탄력성이 다르므로 한계가격도 다르게 설정되어야 한다.

① ㄱ, ㄴ   ② ㄱ, ㄹ   ③ ㄴ, ㄹ   ④ ㄷ, ㄹ

정답 및 해설

ㄱ. 1급 가격차별 시 독점기업이 모든 잉여를 가져가므로 소비자잉여는 0이다.

ㄹ. 3급 가격차별 시 한 시장에서의 한계수입은 다른 시장에서의 한계수입과 동일하다. 다만 수요의 가격탄력성이 다르므로 가격이 다르게 설정되는 것이다.

[오답체크]

ㄴ. 1급 가격차별 시 사중손실(deadweight loss)은 0이다.

ㄷ. 3급 가격차별의 대표적인 예로 영화관의 조조할인이 있다.

정답: ②

08 | 이부가격제

기본료(= 고정요금)	소비자잉여
사용요금	한계비용

1. 이부가격제도(two-part tariff)의 의미와 설정

(1) 의미

소비자로 하여금 일정한 금액을 지불(= 가입비)하고 특정 상품을 사용할 권리를 사게 한 다음, 그것을 사는 양에 비례해 추가적인 가격을 지불(= 사용료)하게 하는 방법이다.

(2) 가입비와 사용료의 설정

① 독점적 생산자가 소비자잉여의 크기를 예상해 이를 가입비로 받는다.

② 사용료는 한계비용과 일치시킴으로써 이윤극대화를 추구한다.

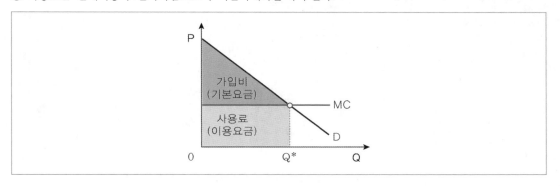

2. 이부가격제도의 단점과 최적 이부요금의 설정

(1) 단점

고정요금이 너무 높게 설정될 경우 소비자들이 구입을 포기할 수 있다.

(2) 오이(W. Y. Oi)의 최적 이부요금 설정 방식

① 최적 이부요금을 계산해 내기 위해서는 비용함수와 수요함수뿐만 아니라 각 소비자의 선호에 대한 정보가 필요하다.

② 고정 수수료(기본요금)와 단위당 사용요금(사용료)을 적절히 결정하여 사회후생을 극대화하자는 것이다.

③ 기본요금에 대한 탄력성이 크면 기본요금을 낮게, 탄력성이 작으면 요금을 높게 책정한다.

갑 기업은 이부가격제도(two - part tariff)를 시행하려고 한다. 갑의 서비스에 대한 시장수요함수는 P = 800 - $\frac{1}{5}$ Q이다. 서비스 제공에 따른 한계비용은 MC = 400이다. A가 이윤을 극대화하기 받을 수 있는 고정회비의 최댓값은?

① 80,000원   ② 100,000원   ③ 200,000원

④ 300,000원   ⑤ 400,000원

정답 및 해설

1) 이부가격제를 시행을 통해 이윤을 극대화하려면 재화 혹은 서비스 1단위당 가격(사용요금)은 한계비용에 일치시키고, 소비자잉여에 해당하는 만큼의 고정요금을 부과하면 된다.

2) 서비스 1단위당 가격은 400원으로 설정해야 한다.

3) P = 400을 수요함수에 대입하면 구입량 Q = 2,000이다. 그러므로 사용요금을 소비자잉여에 해당하는 400,000(= $\frac{1}{2}$ × 2,000 × 400)원이 고정회비의 최댓값이다.

4) 그래프

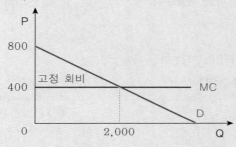

정답: ⑤

핵심 Check: 묶어팔기	
목표	지불용의를 고려한 이윤극대화
원칙	지불용의의 합이 유사해져야 함

1. 개념

여러 상품을 한꺼번에 묶어서 판매하는 것으로 넓게 보면 가격차별의 일종이라고 할 수 있다.

예 음식점의 코스요리 판매

2. 사례분석

소비자 구분	지불할 용의가 있는 최고 금액	
	상품 1	상품 2
갑	100	50
을	70	120

(1) 상품 1을 구매하는 경우

① 상품 1을 100에 판매하면 갑은 구입하지만 을은 구입하지 않는다.

② 70에 판매하면 갑과 을이 모두 구입할 것이다.

③ 따라서 둘 다 구입하게 하는 경우 70 × 2 = 140이 갑만 구입하는 경우인 100보다 더 크므로 기업은 가격을 70에 설정할 것이다.

(2) 상품 2를 구매하는 경우

① 상품 2를 50에 판매하게 되면 갑과 을이 모두 구입할 것이다.

② 120에 판매하면 갑은 구입하지 않고 을만 구입할 것이다.

③ 따라서 둘 다 구입하게 되는 경우 50 × 2 = 100보다 을만 구입하는 경우인 120이 더 크므로 기업은 가격을 120에 설정할 것이다.

(3) 묶음판매하는 경우

① 두 상품을 묶어서 총액으로 판매하는 경우 갑의 지불용의 금액의 합인 150으로 판매하면 갑과 을이 모두 구매하게 된다.

② 을의 지불용의 금액의 합인 190에 판매하게 되면 을만 구매할 것이다.

③ 따라서 둘 다 구매하게 되는 150 × 2 = 300이 을만 구입하는 190보다 더 크므로 묶음상품의 가격은 150이 될 것이다.

④ 묶음의 원칙: 두 재화의 가격이 유사해져야 묶음판매가 가능하므로 묶음 시 두 재화의 가격이 반대방향이 어야 한다.

확인문제(고난도 기출)

의류 판매업자인 A씨는 아래와 같은 최대지불용의금액을 갖고 있는 두 명의 고객에게 수영복, 수영모자, 샌들을 판매한다. 판매전략으로 묶어팔기(Bundling)를 하는 경우, 수영복과 묶어 팔 때가 따로 팔 때보다 이득이 더 생기는 품목과 해당상품을 수영복과 묶어 팔 때 얻을 수 있는 최대 수입은? [국회직 8급 17]

구분	최대지불용의금액		
	수영복	수영모자	샌들
고객 (ㄱ)	400	250	150
고객 (ㄴ)	600	300	100

① 수영모자, 1300   ② 수영모자, 1400   ③ 샌들, 1000   ④ 샌들, 1100   ⑤ 샌들, 1200

정답 및 해설

1) 묶어팔기가 수입이 증가하기 위해서는 두 품목의 가격이 고객에 대해 역의 관계가 있어야 하므로 수영복과 샌들이 된다.
2) 이때 최대 수입은 고객 ㄱ = 400 + 150 = 550이므로 고객 ㄴ도 550을 받을 수 있다. 따라서 최대 수입은 1100이다.

정답: ④

10 독점의 규제

핵심 Check: 독점의 규제

한계비용 가격설정	효율적 생산이지만 기업의 손실발생
평균비용 가격설정	손실은 없지만(= 정상이윤) 비효율적인 자원배분 발생

1. 독점규제의 필요성

독점은 자원의 비효율성을 가져오므로 정부의 규제가 필요하다. 규제의 방법으로 공정거래에 관한 법률 등이 있는데 여기에서는 가격규제를 중심으로 살펴보려고 한다.

2. 자연독점의 가격규제

(1) 한계비용 가격규제($P = MC$)

① 수요곡선과 한계비용곡선의 교점에서 가격규제를 하면 $P = MC$가 성립하여 자원배분이 효율적으로 이루어지나 가격이 평균비용보다 낮으므로 자연독점기업은 적자가 발생하여 생산의 유인이 사라진다.

② 이 경우 정부가 보조금을 지원하여 손실을 지원한다.

(2) 평균비용 가격규제($P = AC$)

① 가격이 평균비용과 일치하므로 적자가 발생하지 않는다.

② $P > MC$가 되어 자원배분이 비효율적으로 이루어진다.

(3) 그래프 분석

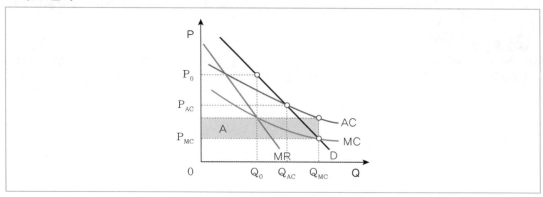

① 자연독점기업의 이윤극대화($MR = MC$): 한계수입과 한계비용이 일치하는 지점에서 결정되므로 생산량 $= Q_0$, 가격 $= P_0$이다.

② 한계비용 가격정책($P = MC < AC$): 자원배분이 효율적으로 이루어지나 P_{MC}가 AC보다 낮으므로 자연독점기업은 A만큼 적자가 발생한다.

③ 평균비용 가격정책($P = AC > MC$): 자연독점기업은 적자가 발생하지는 않지만 $P_{AC} > MC$가 되어 자원배분이 비효율적으로 이루어진다.

3. 세금의 부과

(1) 정액세(lump-sum tax)

① 독점기업의 생산량과 무관하게 일정액의 세금을 부과한다.

② 정액세는 고정비용의 성격을 가지므로 평균비용만 증가하고 한계비용은 불변이다.

③ 이 경우 한계비용곡선이 불변이므로 원래의 독점시장균형은 불변이다. 단 정액세만큼 독점이윤이 감소한다.

(2) 물품세(종량세)

① 독점기업의 생산물 단위당 일정액의 세금을 부과한다.

② 물품세는 가변비용의 성격을 가지므로 평균비용과 한계비용 모두 증가한다.

③ 한계비용곡선이 상방이동하므로 가격은 상승하고 시장수급량은 감소하며 독점이윤은 감소한다.

(3) 독점이윤세

① 독점이윤에 일정률의 이윤세를 부과한다.

② 사후적으로 부과되므로 비용을 변화시키지 않으며 독점균형도 불변이다.

확인문제

모든 생산량에서 평균비용이 감소하는 재화를 공급하는 자연독점기업이 있다. 정부는 이 재화의 가격에 대해서 한계비용 가격 규제와 평균비용 가격 규제를 고려하고 있다. 다음 설명 중 옳지 않은 것은?
① 한계비용 가격설정방법으로 요금을 결정하면, 공급되는 공공서비스 양은 효율적이다.
② 한계비용 가격설정방법으로 요금을 결정하면, 공공서비스를 생산하는 기관은 이윤을 창출할 수 없다.
③ 평균비용 가격설정방법으로 요금을 결정하면, 공급되는 공공서비스 양은 비효율적이다.
④ 평균비용 가격설정방법으로 요금을 결정하면, 공공서비스를 생산하는 기관은 이윤을 창출할 수 있다.

정답 및 해설

규모에 대한 수익이 체증하는 경우 한계비용 가격설정방법으로 요금을 결정하면 적자가 발생하나 평균비용 가격설정방법으로 요금을 결정하면 가격과 평균비용이 동일하므로 공공서비스를 공급하는 기관의 이윤은 0이 된다.

정답: ④

11 독점적 경쟁시장

핵심 Check: 독점적 경쟁시장

독점시장의 성격	개별 기업이 인식하는 수요곡선이 우하향
완전경쟁시장의 성격	장기에 정상이윤

1. 독점적 경쟁의 개념과 특징

(1) 독점적 경쟁시장의 개념

① 독점적 경쟁시장은 진입과 퇴거가 대체로 자유롭고, 다수의 기업이 존재하며, 개별 기업들은 대체성이 높지만 차별화된 재화를 생산하는 시장형태이다.

② 독점적 경쟁시장에는 독점의 요소(일반적으로 단기)와 경쟁적인 요소(일반적으로 장기)가 공존한다.

③ 독점적 경쟁시장은 현실에 존재하는 가장 흔한 시장이며 단골을 만든다는 개념으로 생각하면 된다.

예 학교 앞 분식점, 시내 주유소, 미용실, 목욕탕, 세탁소, 약국, 음식점, 노래방, 책방, 우유시장, 비누시장, 커피전문점

(2) 독점적 경쟁시장의 특징

① 제품 차별화를 통해 자신의 제품을 어필해야 한다.

② 광고, 판매조건, 디자인 등의 비가격경쟁이 치열하다.

③ 경쟁시장이므로 다수의 기업(공급자)과 다수의 소비자(수요자)가 존재한다.

2. 독점적 경쟁시장의 균형

(1) 단기적으로는 초과이윤 발생 가능: 독점시장의 성격

① $P > MR = MC$

② 비탄력적 구간에서 생산하지 않는다.

③ 공급곡선이 존재하지 않는다.

④ 초과이윤을 얻을 수도 정상이윤을 얻을 수도 손실을 입을 수도 있다. (그래프에서는 초과이윤 A가 발생하나 반드시 그런 것은 아니다)

⑤ 그래프

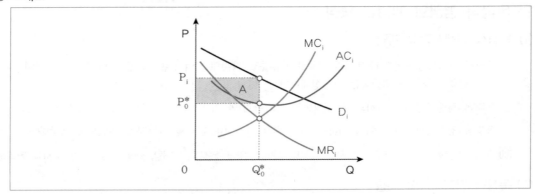

(2) 장기적으로는 정상이윤 발생

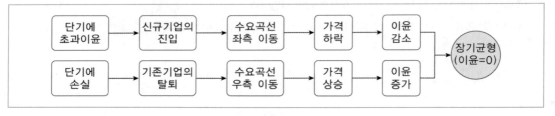

① 이윤측면에서 정상이윤만 발생하므로 완전경쟁시장의 성격을 가진다.

② 비용곡선의 최저점에서 생산하지 않으므로 초과설비가 생기고, 자원배분은 비효율적이다.

3. 독점적 경쟁시장의 평가

(1) 긍정적인 측면

다양한 재화의 생산, 적절한 수준에서 기업 간 경쟁 등이 이루어진다.

(2) 부정적인 측면

① 과소생산이 이루어져 자원배분이 비효율적이다.

② 비가격경쟁에 따른 자원의 낭비가 일어날 수 있다.

③ 평균비용곡선의 최저점에서 생산하지 못하므로 초과설비(=유휴설비)를 보유한다.

확인문제

독점적 경쟁시장에 관한 설명으로 옳은 것은?
① 독점적 경쟁시장의 장기균형에서 초과설비가 존재하지 않는다.
② 독점적 경쟁시장에서 기업들은 비가격경쟁이 아니라 가격경쟁을 한다.
③ 독점적 경쟁시장의 장기균형에서 각 기업은 0의 이윤을 얻고 있다.
④ 독점적 경쟁시장은 동질적 상품을 가정하고 있다.
⑤ 독점적 경쟁시장의 개별기업이 맞이하는 수요곡선은 수평이다.

정답 및 해설

독점적 경쟁시장의 단기균형은 이익이 날수도 있고 손해가 날수도 있지만 장기균형에서 0의 이윤이 발생한다.
[오답체크]
① 독점적 경쟁시장의 장기균형에서 초과설비가 나타난다.
② 독점적 경쟁시장에서 기업들은 비가격경쟁이 치열하다.
④ 독점적 경쟁시장은 이질적 상품을 가정하고 있다.
⑤ 독점적 경쟁시장의 개별기업이 맞이하는 수요곡선은 우하향한다.

정답: ③

핵심 Check: 과점시장의 개념과 특징

과점시장의 특징	상호의존성 큼, 비가격경쟁 등
허쉬만 – 허핀달지수	$HH = \displaystyle\sum_{i=1}^{k} S_i^2$
가격선도이론	군소기업들이 팔고자하는 수량을 모두 팔게 한 후에 나머지 수요에 대해서는 자신의 이윤극대화 조건(MR = MC)에 맞게 가격과 생산량을 결정

1. 과점시장의 개념

(1) 개념

새로운 기업의 진입이 어렵거나 불가능한 상황에서 소수의 대기업에 의해 지배되는 시장형태이다.

(2) 사례

과점시장은 현실에서 보편적으로 관찰되는 시장형태이며, 과점기업이 생산하는 재화는 상품의 질이 동질적인 경우(설탕, 시멘트, 휘발유 등)와 이질적인 경우(자동차, 냉장고, 맥주, 휴대폰 등)로 나누어 볼 수 있다.

2. 과점시장의 특징

(1) 기업의 수가 소수이므로 상호의존성이 크다.

① 상호의존성으로 인해 담합으로 발전할 가능성이 크다.

② 자신의 이윤극대화를 위하여 담합이나 담합의 일종인 카르텔 등의 비경쟁행위를 하려는 경향이 강하다.

(2) 상품의 질이 동질인 경우가 많다.

① 상품의 질이 동질일 경우 치열한 비가격경쟁이 이루어진다.

② 비가격경쟁은 가격 외 경쟁으로 광고나 상품차별화 등을 의미한다.

(3) 진입장벽의 존재

① 과점은 소수의 기업만 존재하는 시장이므로 진입장벽이 높다.

② 물론 과점의 진입장벽은 독점시장보다는 낮지만 그럼에도 상당한 정도의 진입장벽이 존재한다.

③ 독점의 경우와 마찬가지로 규모의 경제, 생산요소의 독점, 정부의 인·허가나 특허권 등의 진입장벽이 존재한다.

3. 독과점의 측정

(1) 상위 k기업 집중률(CR_k)

$$CR_k = \sum_{i=1}^{k} S_i \quad [단, \ S_i : i기업의 \ 시장점유율(\frac{기업매출액}{시장매출액})]$$

독점기업은 100%의 점유율을 가지므로 집중률이 높아질수록 불완전경쟁이다.

(2) 허쉬만 - 허핀달지수(HHI; Hirschman - Herfindahl Index)

$$HH = \sum_{i=1}^{k} S_i^2 \quad (k기업 \ 집중률보다 \ 점유율이 \ 높은 \ 기업에 \ 가중치 \ 부여)$$

① 독점기업은 100%의 점유율을 가지므로 허핀달지수는 10,000이다. 따라서 집중률이 높아질수록 불완전경쟁이다.

② 두 기업이 특정 시장을 50 : 50으로 양분하고 있으면 허쉬만 - 허핀달지수에 의한 독과점도는 $50^2 + 50^2$ = 5,000이다.

4. 카르텔

(1) 카르텔의 개념과 이윤극대화 조건

① 협조적이면서 완전담합의 과점시장 모형이다.

② 카르텔이란 과점기업들이 담합을 통하여 경쟁을 줄여 이윤을 증가시키고 신규기업의 진입을 저지하기 위하여 마치 독점기업처럼 행동하는 것으로 다공장 독점과 같다.

③ 이윤극대화 조건은 다공장 독점과 같이 $MR = MC_1 = MC_2$이다.

(2) 카르텔의 효과

① 독점기업과 같이 행동하므로 대규모 생산에 따른 비용절감효과의 발생이 가능하다.

② 독점의 폐해인 소득분배측면에서의 불공평성과 후생손실의 발생이 가능하다.

(3) 카르텔의 불안정성

일반적으로 카르텔이 형성되면 이전보다 이윤이 증가하나 한 기업이 카르텔을 위반하면 이윤이 대폭 증가할 가능성이 있어 카르텔은 항상 붕괴하려는 소지를 갖고 있다.

5. 가격선도이론

(1) 의미

① 협조적이면서 불완전한 담합의 과점시장 모형이다.

② 한 기업이 가격을 선도하면 다른 기업들은 이를 그대로 따름으로써 암묵적인 상호협조관계를 통해 공동의 이익을 추구한다.

(2) 대기업인 선도자와 군소기업의 추종자의 가격설정

① 이 모형에서 지배적 기업은 군소기업이 각 가격수준에서 원하는 만큼 팔 수 있도록 허용하는 것으로 가정한다.

② 군소기업들이 팔고자하는 수량을 모두 팔게 한 후에 나머지 수요에 대해서는 자신의 이윤극대화 조건(MR = MC)에 맞게 가격과 생산량을 결정한다.

(3) 효율적 기업인 선도자와 비효율적 기업인 추종자의 가격선도

효율적인 기업의 이윤극대화 조건(MR = MC)에 의해 결정된 가격을 비효율적인 기업은 그대로 따르게 된다.

6. 비용할증 가격설정이론

(1) 개요

과점기업들은 재화가격을 설정할 때 생산원가인 평균비용에 일정 비율의 이윤을 부가하여 가격을 설정하는 것으로 full-cost pricing 또는 mark up pricing이라고도 한다.

(2) 내용

목표산출량 수준에서의 평균비용(AC)을 구하고 가격은 다음과 같이 결정한다.

$$P = AC(1+m) \text{ (단, m은 이윤율)}$$

(3) 평균비용으로 가격을 설정하는 이유 및 효과

① MR과 MC를 정확하게 알기가 어렵고 설령 알 수 있어도 $MR = MC$으로 가격을 설정하면 초과이윤이 커지므로 새로운 기업이 진입하려 한다.

② 시장수요가 변하는 경우 $MR = MC$ 방법의 가격설정방법보다 가격변동이 작아진다. 즉, 가격이 경직적이다.

7. 경합시장이론(W. Baumol, R. Willig)

(1) 의미

진입장벽과 퇴거장벽이 전혀 존재하지 않는 시장이다.

(2) 내용

① 기업의 수가 적더라도 시장진입과 탈퇴가 완전히 자유롭고 비용이 들지 않는 경합시장(contestable market)의 경우에는 완전경쟁시장과 유사한 균형이 가능하다.

② 즉, 경합시장에서는 P = MC가 성립하여 효율적인 자원배분이 이루어진다.

③ 따라서 시장기능에 의한 효율적 자원배분을 위해서는 기업의 숫자보다는 진입장벽의 해소가 중요함을 시사하고 있다.

확인문제(고난도 기출)

큰 기업인 A와 다수의 작은 기업으로 구성된 시장이 있다. 작은 기업들의 공급함수를 모두 합하면 S(p) = 200 + p, 시장의 수요곡선은 $D_A(p)$ = 400 - p, A의 비용함수는 c(y) = 20y이다. 이때 A의 잔여수요함수 ($D_A(p)$)와 균형가격(p)은? (단, y는 A의 생산량이다)　　　　　　　　　　　　　　　　　　[지방직 7급 18]

	잔여수요함수	균형가격
①	$D_A(p)$ = 400 - 2p	p = 50
②	$D_A(p)$ = 200 - 2p	p = 60
③	$D_A(p)$ = 200 - 2p	p = 50
④	$D_A(p)$ = 400 - 2p	p = 60

정답 및 해설

1) 시장수요량 y = 400 - p에서 작은 기업들의 공급량 y = 200 + p를 빼주면 기업 A의 수요인 잔여수요함수는 y = (400 - p) - (200 + p) = 200 - 2p이다.

2) 기업 A의 수요함수가 p = 100 - $\frac{1}{2}$y이므로 한계수입 MR = 100 - y이다.

3) 기업 A의 비용함수를 미분하면 MC = 20이다. 이제 기업 A의 이윤극대화 생산량을 구하기 위해 MR = MC로 두면 100 - y = 20, y = 80이다. y = 80을 기업 A의 수요함수에 대입하면 균형가격 p = 60으로 계산된다.

4) 기업 A가 p = 60으로 설정하면 작은 기업들은 기업 A가 설정한 가격을 그대로 따르게 된다. p = 60을 작은 기업들의 공급함수에 대입하면 작은 기업들의 공급량 y = 260임을 알 수 있다.

정답: ②

13 복점시장: 독자적 행동모형

핵심 Check: 복점시장: 독자적 행동모형

꾸르노 모형	• 수량모형, 한계비용이 일정한 경우 완전경쟁시장의 $\frac{2}{3}$ 생산
	• 한계비용이 다른 경우 반응곡선을 통해 계산
슈타켈버그 모형	수량모형, 완전경쟁시장의 $\frac{3}{4}$ 생산, 선도자가 $\frac{1}{2}$, 추종자가 $\frac{1}{4}$ 생산
베르뜨랑 모형	가격모형, 반응곡선을 통해 균형점 계산
굴절수요이론	원점에 오목, 한계수입이 불연속적인 부분 가격의 경직성 발생

1. 독자적 행동모형의 구분

(1) 독자적 행동모형은 다른 기업이 어떤 반응을 보일지를 먼저 고려하고 비협조적으로 의사결정을 하는 것을 의미한다. 독자적 행동모형은 생산량 결정모형과 가격 결정모형으로 구성된다.

(2) 생산량 결정모형은 꾸르노 모형과 슈타켈버그 모형이 있고, 가격 결정모형으로는 베르뜨랑 모형과 굴절수요곡선 모형이 있다.

2. 꾸르노 모형 – 한계비용이 동일한 경우

(1) 가정

① 공급자가 둘인 복점(모든 면에서 동일)시장이다.

② 각 기업은 상대방의 산출량이 주어진 것으로 보고 자신의 이윤을 극대화하는 산출량을 선택(두 기업은 모두 추종자)한다.

③ 산출량의 추측된 변화는 0이라 가정한다.

(2) 반응곡선을 통한 이해

Q_1은 기업 1, Q_2는 기업 2의 생산량이고 시장수요곡선은 P = 90 - Q, MC = 30임을 가정한다.

① 기업 2가 0의 산출량을 선택한 경우: 기업 1은 시장 전체의 수요인 $P=90-Q$를 자신의 수요곡선으로 간주하고 $MR=90-2Q$와 가정으로 설정한 $MC=30$에서 이윤극대화($MR=MC$) 조건에 의해 $Q_1=30$을 선택한다.

② 기업 2가 20의 산출량을 선택한 경우: 기업 1은 $P=70-Q$를 자신의 수요곡선으로 간주하고 $MR=70-2Q$와 $MC=30$에서 이윤극대화($MR=MC$) 조건에 의해 $Q_1=20$을 선택한다.

③ 기업 2가 40의 산출량을 선택한 경우: 기업 1은 $P=50-Q$를 자신의 수요곡선으로 간주하고 $MR=50-2Q$와 $MC=30$에서 이윤극대화($MR=MC$) 조건에 의해 $Q_1=10$을 선택한다.

④ 기업 2가 60의 산출량을 선택한 경우: 기업 1은 $P=30-Q$를 자신의 수요곡선으로 간주하고 $MR=30-2Q$와 $MC=30$에서 이윤극대화($MR=MC$) 조건에 의해 $Q_1=0$을 선택한다.

⑤ 기업 2가 산출량을 선택할 때 이에 대응하여 기업 1의 생산량을 나타낸 곡선을 기업 1의 반응곡선이라 하며 기업 2의 반응곡선은 같은 원리로 구하면 대칭적으로 구해진다.

⑥ 두 기업의 반응곡선이 교차하는 교점(e)에서 이루어진다. 위의 예에서는 균형점이 $Q_1=20$, $Q_2=20$으로 구해진다.

⑦ 그래프

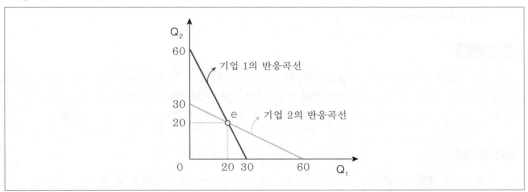

⑧ 꾸르노 모형에서 한계비용이 일정한 경우 완전경쟁시장의 $\frac{2}{3}$ 수준을 두 기업이 나누어 생산한다.

(3) 꾸르노 균형과 다른 시장의 균형량의 비교

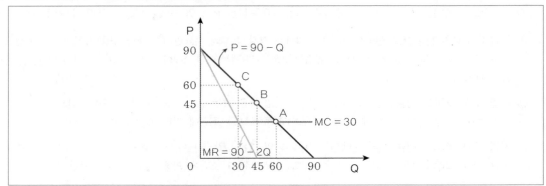

① 독점시장: 시장수요곡선이 $P = 90 - Q$이고 $MC = 30$일 때 $MR = 90 - 2Q$이므로 산출량은 30이다.

② 완전경쟁시장: 완전경쟁시장에서는 $P = MC$이므로 $P = 90 - Q$이고 $MC = 30$일 때 산출량은 60이다.

③ 꾸르노 균형에서의 산출량은 앞의 사례에서 각 기업이 20개씩 생산하여 총 40개를 생산하므로 독점 산출량(= 30)보다는 크지만 완전경쟁 산출량(= 60)의 $\frac{2}{3}$이다.

④ 꾸르노 모형에서 만약 n개의 기업이 있다면 완전경쟁수준 × $\frac{n}{n+1}$개가 생산되므로 기업이 많을수록 완전경쟁수준에 가까워진다.

확인문제

꾸르노(Cournot) 복점모형에서 시장수요곡선이 Q = 320 - 4P이고, 두 기업 A와 B의 한계비용이 모두 50으로 동일할 때, 꾸르노 균형에서의 산업전체 산출량은? (Q는 시장전체의 생산량, P는 가격이다)

① 20   ② 40   ③ 60   ④ 80   ⑤ 100

정답 및 해설

1) 완전경쟁시장수준의 생산량은 Q = 320 - 4P ➡ P = 80 - $\frac{1}{4}Q$ ➡ 80 - $\frac{1}{4}Q$ = 50 ➡ Q = 120이다.

2) 완전경쟁수준의 $\frac{2}{3}$이 생산되므로 120 × $\frac{2}{3}$ = 80이다.

정답: ④

3. 꾸르노 모형 – 한계비용이 다르게 설정된 경우

(1) 반응곡선

두 기업의 한계비용이 다르므로 각 기업의 이윤극대화를 추구하는 반응곡선을 구하고 이의 교점이 균형량이 된다.

(2) 사례분석

동일 제품을 생산하는 복점기업 A사와 B사가 직면한 시장수요곡선은 P = 50 - 5Q이다. A사와 B사의 비용함수는 각각 $C_A(Q_A) = 20 + 10Q_A$ 및 $C_B(Q_B) = 10 + 15Q_B$이다. 두 기업이 비협조적으로 행동하면서 이윤을 극대화하는 꾸르노 모형을 가정할 때, 두 기업의 균형생산량은? (단, Q는 A기업 생산량(Q_A)과 B기업 생산량(Q_B)의 합이다)

[지방직 7급 17]

	Q_A	Q_B
①	2	2.5
②	2.5	2
③	3	2
④	3	4

① A기업의 반응곡선 ➡ A기업의 이윤극대화곡선을 구한다.

㉠ A기업의 총이윤= $TR_A - TC_A$이다.

㉡ 시장수요함수가 $P = 50 - 5(Q_A + Q_B)$이므로 총수입 $TR_A = PQ_A = 50Q_A - 5Q_A^2 - 5Q_AQ_B$이다.

㉢ 총비용은 $TC_A = 20 + 10Q_A$이므로 총이윤 = $TR_A - TC_A = 50Q_A - 5Q_A^2 - 5Q_AQ_B - (20 + 10Q_A)$ $= 40Q_A - 5Q_A^2 - 5Q_AQ_B - 20$이다.

㉣ 이윤극대화 생산량을 구하기 위해 Q_A로 미분한 값을 0으로 두면 $40 - 10Q_A - 5Q_B = 0$ ➡ $Q_A = 4 - \frac{1}{2}Q_B$이다.

② B기업의 반응곡선 ➡ A기업의 이윤극대화곡선을 구한다.

㉠ B기업의 총이윤= $TR_B - TC_B$이다.

㉡ 시장수요함수가 $P = 50 - 5(Q_A + Q_B)$이므로 총수입 $TR_B = PQ_B = 50Q_B - 5Q_AQ_B - 5Q_B^2$이다.

㉢ 총비용은 $TC_B = 10 + 15Q_B$이므로 총이윤 = $TR_B - TC_B = 50Q_B - 5Q_AQ_B - 5Q_B^2 - (10 + 15Q_B)$ $= 35Q_B - 5Q_AQ_B - 5Q_B^2 - 10$이다.

㉣ 이윤극대화 생산량을 구하기 위해 Q_B로 미분한 값을 0으로 두면 $35 - 5Q_A - 10Q_B = 0$ ➡ $Q_B = \frac{7}{2} - \frac{1}{2}Q_A$이다.

③ 위의 두 식을 연립하여 풀면 $Q_A = 3$, $Q_B = 2$이다.

④ 그러므로 시장 전체의 생산량은 5이고, Q = 5를 수요함수에 대입하면 시장의 균형가격 P = 25임을 알 수 있다.

4. 슈타켈버그 모형

(1) 꾸르노 모형과의 차이점

① 꾸르노 모형에서 각 기업은 상대방의 산출량은 주어진 것으로 받아들이는 추종자로서 행동함을 가정한다.

② 꾸르노 모형의 비현실성을 비판하여 슈타켈버그 모형은 두 기업 중 하나 또는 둘 모두가 산출량에 대하여 추종자가 아닌 선도자로서의 역할을 하는 모형이다.

③ 모두 선도자인 경우에는 슈타켈버그 모형의 균형이 성립하지 않으며, 모두 추종자인 경우에는 꾸르노 모형의 수량과 동일하다.

④ 선도자와 추종자로 나누어져 있는 경우 추종자를 먼저 구한 후 추종자의 반응곡선을 선도자에 대입하여 이윤극대화 수량을 구한다.

(2) 사례분석

> 두 기업이 슈타켈버그(Stackelberg) 모형에 따라 행동할 때, 시장수요곡선이 $P = 50 - Q_1 - Q_2$, 개별 기업의 한계비용이 0으로 동일하다고 가정하자(단, P는 시장가격, Q_1은 기업 1의 산출량, Q_2는 기업 2의 산출량). 기업 1은 선도자로, 기업 2는 추종자로 행동하는 경우 달성되는 슈타켈버그 균형상태에 있을 때, 설명 중에서 옳은 것을 모두 고르면? [국회직 8급 17]
>
> > ㄱ. 기업 1의 생산량은 기업 2의 생산량의 2배이다.
> > ㄴ. 시장가격은 12.5이다.
> > ㄷ. 시장거래량은 25보다 크다.
> > ㄹ. 기업 1의 이윤은 기업 2의 이윤의 1.5배이다.
>
> ① ㄱ, ㄷ　　　　② ㄴ, ㄷ　　　　③ ㄱ, ㄴ, ㄷ　　　　④ ㄱ, ㄴ, ㄹ　　　　⑤ ㄱ, ㄷ, ㄹ

① 먼저 두 기업이 모두 추종자라 가정하는 꾸르노 모형을 분석하면 기업 1의 이윤함수는 한계비용이 0이므로 총수입 = 이윤이다.

② 기업 1의 이윤 $\Pi_1 = PQ_1 = 50Q_1 - Q_1^2 - Q_1Q_2$이고 이윤극대화조건에 의해 미분하면 $\dfrac{d\Pi}{dQ_1} = 50 - 2Q_1 - Q_2 = 0$이다. 따라서 $Q_1 = \dfrac{50 - Q_2}{2}$이다.

③ 이와 같은 방법으로 $Q_2 = \dfrac{50 - Q_1}{2}$을 구할 수 있다.

④ 슈타켈버그 모형에서 기업 1이 선도자이고 기업 2가 추종자라고 하자.

⑤ 추종자인 기업 2의 생산량은 $Q_2 = \dfrac{50 - Q_1}{2}$으로 주어진 것으로 보고 기업 1의 이윤을 구하면 $\Pi_1 = PQ_1 = 50Q_1 - Q_1^2 - Q_1Q_2$이다.

⑥ 추종자인 기업 2의 함수를 기업 1에 대입하면 $50Q_1 - Q_1^2 - Q_1 \times \dfrac{50 - Q_1}{2} = 25Q_1 - \dfrac{1}{2}Q_1^2$이다.

⑦ 이윤극대화 조건에 의해 미분하면 $\frac{d\Pi}{dQ_1} = 25 - Q_1 = 0$이다. 따라서 $Q_1 = 25$, $Q_2 = \frac{50 - Q_1}{2} = 12.5$이므로 시장거래량은 37.5이다. 이때 시장가격은 $P = 50 - 25 - 12.5 = 12.5$이다.

⑧ 문제의 조건에서 생산량이 2배이므로 이윤도 2배이다.

(3) 특징

① 두 기업의 비용함수가 동일한 경우 선도자의 생산량은 완전경쟁의 $\frac{1}{2}$이며, 추종자의 생산량은 완전경쟁의 $\frac{1}{4}$이다.

② 따라서 슈타켈버그 모형의 생산량은 꾸르노 모형보다 많은 완전경쟁의 $\frac{3}{4}$ 수준이다.

5. 베르뜨랑 모형

(1) 가정

① 생산물 생산의 한계비용은 0이다.

② 두 공급자(A, B)는 서로 상대방 공급자가 현재의 가격을 변화시키지 않을 것이라는 전제하에서 자신의 이윤극대화 가격을 결정한다.

(2) 특징

가격중심 분석이다.

(3) 순수과점의 베르뜨랑 모형

① 기업 A가 주어진 시장수요하에서 독점공급자로서 이윤극대화 가격을 결정하면 다른 기업 B는 이보다 약간 낮은 가격을 설정한다.

② 그래야 낮은 가격을 설정한 쪽이 시장의 수요를 모두 가져갈 수 있게 되기 때문이다.

③ 예를 들어 기업 A가 45의 가격설정을 하면 기업 B가 44로 가격설정을 하여 시장수요를 모두 가져간다.

④ 다시 A는 B보다 약간 낮은 가격을 설정하며 이러한 가격경쟁 과정을 반복하면 결국 두 기업은 모두 0의 가격으로 공급한다.

⑤ 한계비용이 0이 아닐 때는 완전경쟁시장에서와 같이 한계비용과 같은 수준으로 가격(P = MC)이 결정되어 자원배분이 효율적이 된다.

(4) 차별과점의 베르뜨랑 모형 - 두 기업이 동등한 경우

① 반응곡선: 각 기업의 이윤극대화를 추구하는 반응곡선을 구하고 이의 교점이 두 기업의 가격이 된다.

② 사례분석

> 가격경쟁(price competition)을 하는 두 기업의 한계비용은 각각 0이다. 각 기업의 수요함수가 다음과 같을 때, 베르뜨랑(Bertrand) 균형가격 P_1, P_2는? (단, Q_1은 기업 1의 생산량, Q_2는 기업 2의 생산량, P_1은 기업 1의 상품가격, P_2는 기업 2의 상품가격이고, 기업 1과 기업 2는 차별화된 상품을 생산한다)
>
> [감정평가사 17]
>
> - $Q_1 = 30 - P_1 + P_2$
> - $Q_1 = 30 - P_2 + P_1$
>
> ① 20, 20   ② 20, 30   ③ 30, 20   ④ 30, 30   ⑤ 40, 40

㉠ 이윤 = 총수입 – 총비용이다. 총비용이 0이므로 총수입이 이윤이 된다.

㉡ 베르뜨랑 모형은 가격모형이므로 P를 변수로 고려해야 한다.

㉢ 기업 1의 반응곡선: $TR_1 = P_1 Q_1 = P_1(30 - P_1 + P_2)$ ➔ 이윤을 극대하기 위해 MR(TR_1을 P_1으로 미분) = MC를 구하면 ➔ $30 - 2P_1 + P_2 = 0$ ➔ $2P_1 - P_2 = 30$

㉣ 기업 2의 반응곡선: $TR_2 = P_2 Q_2 = P_1(30 - P_2 + P_1)$ ➔ 이윤을 극대하기 위해 MR(TR_2을 P_2으로 미분) = MC를 구하면 ➔ $30 - 2P_2 + P_1 = 0$ ➔ $2P_2 - P_1 = 30$

㉤ 기업 1과 기업 2의 반응곡선을 연립하면 $P_1 = 30$, $P_2 = 30$이다.

㉥ 그래프

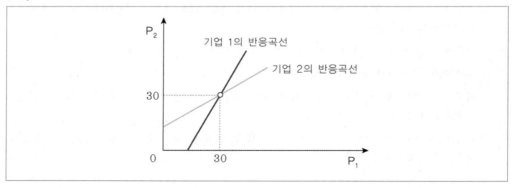

(5) 차별과점의 베르뜨랑 모형 - 한 기업이 선도자, 다른 기업이 추종자인 경우

① 반응곡선: 추종자의 이윤극대화 가격을 구하고 이를 선도자에 대입하여 구한다.

② 사례분석

> 차별적 과점시장에서 활동하는 두 기업 1, 2가 직면하는 수요곡선은 다음과 같다. 두 기업은 가격을 전략변수로 이용하며, 기업 1이 먼저 가격을 책정하고, 기업 2는 이를 관찰한 후 가격을 정한다. 두 기업의 균형가격을 옳게 짝지은 것은? (단, Q_1은 기업 1의 생산량, Q_2는 기업 2의 생산량, P_1은 기업 1의 가격, P_2는 기업 2의 가격이고, 각 기업의 한계비용과 고정비용은 0이다) [국가직 7급 19]
>
> - 기업 1의 수요곡선: $Q_1 = 20 - P_1 + P_2$
> - 기업 2의 수요곡선: $Q_2 = 32 - P_2 + P_1$
>
> | | P_1 | P_2 |
> |---|---|---|
> | ① | 34 | 32 |
> | ② | 36 | 34 |
> | ③ | 38 | 36 |
> | ④ | 40 | 38 |

㉠ 기업 1이 먼저 가격을 매기고 기업 2가 나중에 정한다고 했으므로 역진귀납에 따라 기업 2부터 구한다.

㉡ 기업 2의 이윤은 한계비용이 0이므로 판매수입이 이윤이 된다. 따라서 기업 2의 이윤은 $\pi_2 = P_2 \cdot Q_2 = P_2(32 - P_2 + P_1) = -P_2^2 + 32P_2 + P_1P_2$이다.

㉢ 가격을 전략변수로 사용하므로 이윤극대화를 위해 P_2로 미분하고 0으로 놓으면 $-2P_2 + P_1 + 32 = 0$
→ $P_2 = \frac{1}{2}P_1 + 16$이다.

㉣ 이제 기업 1도 마찬가지로 한계비용이 0이므로 판매수입이 이윤이 된다. 따라서 기업 1의 이윤은 $\pi_1 = P_1 \cdot Q_1 = P_1(20 - P_1 + P_2) = -P_1^2 + 20P_1 + P_1P_2$이다.

㉤ 여기에 처음 구했던 기업 2의 P_2를 대입하면 $-P_1^2 + 20P_1 + P_1(\frac{1}{2}P_1 + 16) = -\frac{1}{2}P_1^2 + 36P_1$이다.

㉥ 기업 1의 이윤극대화를 위해 P_1으로 미분한 값을 0으로 놓으면 $-P_1 + 36 = 0$, 따라서 $P_1 = 36$, $P_2 = 34$이다.

6. 굴절수요곡선 이론

(1) 굴절수요곡선 이론의 의미와 가정

① 경제학자 P. Sweezy에 의해 발표된 과점가격의 경직성을 설명하는 이론이다.

② 한 기업이 가격을 인하하면 경쟁기업도 가격을 인하한다.

③ 한 기업이 가격을 인상하면 경쟁기업은 가격을 인상하지 않는다.

(2) 굴절수요곡선의 도출

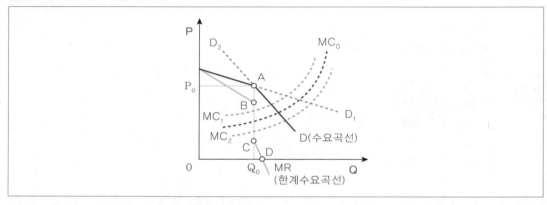

① 현재 P_0, Q_0에서 균형을 이루고 있다고 하자.

② 한 기업이 가격을 인상하면 다른 기업들은 인상하지 않으므로 그 기업의 수요량이 대폭 감소한다. 따라서 수요의 가격탄력성은 탄력적인 D_1이며 이때 완만한 기울기의 MR을 가진다.

③ 한 기업이 가격을 인하하면 다른 기업들도 같이 인하하므로 그 기업의 수요량은 소폭 증가한다. 따라서 수요의 가격탄력성은 비탄력적인 D_2이며 이때 급한 기울기의 MR을 가진다.

④ 개별 기업의 수요곡선(평균수입곡선)이 굴절되어 있으므로 한계수입곡선은 현재 공급량 수준에서 불연속적인 형태가 된다.

⑤ 한계수입곡선의 불연속구간에서는 한계비용이 상당한 폭으로 변화해도 이윤극대화 균형이 불변이다. 따라서 가격은 현재 수준에서 경직적이다.

(3) 굴절수요곡선 이론의 평가

굴절점의 결정요인이 분명하지 않고 일반적으로 한 기업이 가격을 인상하면 다른 기업도 가격을 인상하는 경우가 많아 현실적이지 못하다.

과점시장의 굴절수요곡선 이론에 관한 설명으로 옳은 것은?

① 한계수입곡선은 연속적이다.

② 굴절수요곡선은 원점에 대해 볼록한 모양을 갖는다.

③ 한 기업이 가격을 내리면 나머지 기업들도 같이 내리려 한다.

④ 한 기업이 가격을 올리더라도 나머지 기업들은 같이 올리려 한다.

⑤ 가격이 신축적으로 변하는 모습을 볼 수 있는 수요곡선이다.

정답 및 해설

한 기업이 가격을 내리면 나머지 기업의 판매량에 영향을 주므로 나머지 기업들도 같이 내리려 한다.

[오답체크]
① 한계수입곡선에는 불연속한 부분이 있다.
② 굴절수요곡선은 원점에 대해 오목한 모양을 갖는다.
④ 한 기업이 가격을 올리더라도 나머지 기업들은 따라서 올리려 하지 않는다.
⑤ 기업은 한계비용이 일정 범위 내에서 변해도 가격과 수량을 쉽게 바꾸려 하지 않는다.

정답: ③

제5장 시장이론

해커스공기업 쉽게 끝내는 경제학 기본서

핵심 Check: 게임이론

내쉬균형	상대방의 전략을 주어진 것으로 보고 각 경기자가 자기에게 가장 유리한 전략을 선택하였을 때 도달하는 균형을 찾는 것
우월전략	상대방이 어떤 전략을 선택하는지에 관계없이 자신의 보수를 가장 크게 만드는 전략을 우월전략(지배전략)이라 하며, 이때 도달한 균형을 우월전략균형이라 함
순차게임	• 한 경기자가 먼저 전략을 선택하고 난 다음, 다른 경기자가 전략을 선택하는 게임 • 순차게임에서는 마지막 단계에 있는 경기자의 최적대응을 찾아낸 후 거꾸로 거슬러 올라가는 방식으로 균형을 찾는 역진적 귀납법이 사용됨

1. 의미와 균형

(1) 의미

과점시장 안의 기업들 사이에는 강한 상호의존성이 존재하여 각 기업은 경쟁기업이 어떤 반응을 보일 것이라고 예상하는지에 따라 선택을 달리해야 하는 전략적 상황에 직면하여 있다. 게임이론은 이러한 전략적 상황에 직면한 과점시장을 연구하는 이론이다.

(2) 게임의 구성

① 경기자: 게임에 참가하는 경제주체

② 전략: 경기자들이 자신의 이윤극대화를 위해 선택할 수 있는 대안

③ 보수: 게임의 결과로 각 경기자가 얻게 되는 대가

(3) 게임의 종류

① 경기자의 협력 여부: 경기자 간 협조가 이루어지면 협조적 게임, 협조가 이루어지지 않으면 비협조적 게임이다.

② 보수의 합이 0인지 여부: 경기자들 보수의 합이 항상 0이면 영합게임, 그렇지 않으면 비영합게임이다.

③ 전체보수의 변화 여부: 경기자들 보수의 합이 항상 일정한 게임은 정합게임, 보수의 합이 일정하지 않은 게임은 비정합게임이다.

④ 정보의 완전성 여부: 상대방의 선택을 관찰한 이후에 자신이 선택을 하는 게임을 완전정보게임, 상대방이 어떤 선택을 하였는지 모르는 상태에서 자신이 선택해야 하는 게임을 불완전정보게임이라 한다.

⑤ 전략선택방식: 각 경기자들이 동시에 전략을 선택하면 동시게임, 경기자들이 순서대로 전략을 선택하는 게임을 순차게임이라 한다.

(4) 균형

① 게임의 균형이란 모든 경기자들이 현재의 결과에 만족하여 더 이상 자신의 전략을 바꿀 유인이 없는 상태를 의미한다.

② 게임이론의 균형에는 우월전략균형, 내쉬균형, 혼합전략 내쉬균형, 최소극대화 전략균형 등이 있다.

2. 내쉬균형

(1) 내쉬균형의 개념

상대방의 전략이 주어진 것으로 보고 각 경기자가 자기에게 가장 유리한 전략을 선택하였을 때 도달하는 균형을 찾는 것으로 게임이론에서 가장 일반적으로 사용하는 균형 개념이다.

(2) 내쉬균형

아래 표는 기업 A, B가 각각의 전략으로 나타낸 보수행렬이다.

기업 A　＼　기업 B	전략 b_1	전략 b_2
전략 a_1	(9, 7)	(5, 5)
전략 a_2	(5, 5)	(7, 9)

① 기업 A의 전략: 전략 a_1을 사용하면 보수는 9 또는 5이고 전략 a_2를 사용하면 보수는 5 또는 7이므로 기업 B가 b_1을 선택하면 a_1, b_2를 선택하면 a_2를 선택하는 것이 최선이다.

② 기업 B의 전략: 전략 b_1을 사용하면 보수는 7 또는 5이고 전략 b_2를 사용하면 보수는 5 또는 9이므로 기업 A가 a_1을 선택하면 b_1, a_2를 선택하면 b_2를 선택하는 것이 최선이다.

③ 이 게임의 경우에는 (a_1, b_1) (a_2, b_2)의 2개의 내쉬균형이 존재한다.

(3) 내쉬균형의 특징

① 내쉬균형은 반드시 파레토 효율적인 결과를 가져다주는 것은 아니다. 물론 우월전략도 마찬가지이다.

② 파레토 효율적이라는 것은 한명이 감소하지 않고는 다른 쪽이 증가할 수 없는 상태를 의미한다.

③ 내쉬균형은 하나 이상 존재할 수 있다.

④ 내쉬균형은 현재균형상태에서 전략을 변경할 유인이 없으므로 안정적 균형이다.

7명의 사냥꾼이 동시에 사냥에 나섰다. 각 사냥꾼은 사슴을 쫓을 수도 있고, 토끼를 쫓을 수도 있다. 사슴을 쫓을 경우에는 7명의 사냥꾼 중 3명 이상이 동시에 사슴을 쫓을 때에만 사슴사냥에 성공하여 1마리의 사슴을 포획하게 되고, 사냥꾼들은 사슴을 동일하게 나누어 갖는다. 만약 3명 미만이 동시에 사슴을 쫓으면 사슴을 쫓던 사냥꾼은 아무것도 얻지 못하게 된다. 반면 토끼를 쫓을 때에는 혼자서 쫓더라도 언제나 성공하며 각자 1마리의 토끼를 포획하게 된다. 모든 사냥꾼들은 사슴 1/4마리를 토끼 1마리보다 선호하고, 사슴이 1/4마리보다 적으면 토끼 1마리를 선호한다. 이 게임에서 내쉬균형을 <보기>에서 모두 고르면? (단, 사냥터에서 사냥할 수 있는 사슴과 토끼는 각각 1마리, 7마리임)   [국회직 8급 13]

<보기>
ㄱ. 모든 사냥꾼이 토끼를 쫓는다.
ㄴ. 모든 사냥꾼이 사슴을 쫓는다.
ㄷ. 3명의 사냥꾼은 사슴을, 4명의 사냥꾼은 토끼를 쫓는다.
ㄹ. 4명의 사냥꾼은 사슴을, 3명의 사냥꾼은 토끼를 쫓는다.

① ㄱ   ② ㄱ, ㄷ   ③ ㄱ, ㄹ   ④ ㄴ, ㄹ   ⑤ ㄱ, ㄷ, ㄹ

정답 및 해설

ㄴ. 모두 사슴을 쫓으면 사슴을 1/7마리를 얻는다. 그런데 이때 혼자 토끼로 넘어가면 토끼 1마리를 얻을 수 있다. 토끼 1마리가 사슴 1/7마리보다 이득이므로 토끼로 넘어갈 유인이 있다. 따라서 내쉬균형이 아니다.

ㄷ. 3명은 각각 사슴을 1/3마리 얻는다. 4명은 각각 토끼를 1마리 얻는다. 이때 4명 중 1명이 사슴으로 넘어가면 사슴 1/4마리를 얻는데 이는 토끼 1마리보다 이득이다. 따라서 사슴으로 넘어갈 유인이 있게 되므로 내쉬균형이 아니다.

정답: ③

3. 우월전략균형

(1) 우월전략과 우월전략균형의 개념

상대방이 어떤 전략을 선택하는지에 관계없이 자신의 보수를 가장 크게 만드는 전략을 우월전략(지배전략)이라 하며, 이때 도달한 균형을 우월전략균형이라 한다.

(2) 우월전략균형

아래 표는 기업 A, B가 각각의 전략으로 나타낸 보수행렬이다.

기업 A ＼ 기업 B	전략 b_1	전략 b_2
전략 a_1	(10, 10)	(30, 5)
전략 a_2	(5, 30)	(20, 20)

① 기업 A의 전략: 전략 a_1을 사용하면 보수는 10 또는 30이고 전략 a_2를 사용하면 보수는 5 또는 20이므로 기업 B의 전략에 관계없이 전략 a_1을 선택하는 것이 우월전략이다.

② 기업 B의 전략: 전략 b_1을 사용하면 보수는 10 또는 30이고 전략 b_2를 사용하면 보수는 5 또는 20이므로 기업 A의 전략에 관계없이 전략 b_1을 선택하는 것이 우월전략이다.

③ 따라서 우월전략균형은 (a_1, b_1)이며 그때의 보수는 (10, 10)이다.

④ 전략 a_1, b_1을 가격 인하, a_2, b_2를 가격 인상 전략이라고 하면 카르텔이 성립하는 이유와 담합이 깨지기 쉬운 이유를 설명할 수 있다.

(3) 유한반복게임일 때

① 위의 사례에서 모두 가격을 인상하는 동일한 게임이 4번 지속된다고 가정하자.

② 역진적 귀납법을 이용하여 뒤쪽부터 추론해보면 다음과 같다.

　㉠ 기업 A가 마지막에 약속을 어기게 되면 기업 B는 보복이 불가능하다.

　㉡ 기업 A가 세 번째 약속을 어기게 되면 기업 B는 마지막에 약속을 어길 것이다. 그러므로 마지막에 A도 약속을 어기면 보복당하지 않는다. 따라서 세 번째도 약속을 어길 것이다.

　㉢ 기업 A가 두 번째 약속을 어기게 되면 기업 B는 세 번째와 마지막에 약속을 어길 것이다. 그러므로 세 번째와 마지막에 A도 약속을 어기면 보복당하지 않는다. 따라서 두 번째도 약속을 어길 것이다.

　㉣ 기업 A가 첫 번째 약속을 어기게 되면 기업 B는 모두 약속을 어길 것이다. 그러므로 A도 모두 약속을 어기면 보복당하지 않는다. 따라서 첫 번째도 약속을 어길 것이다.

③ 유한반복게임에서 매기의 내쉬균형은 일회성 게임과 같아진다.

(4) 무한반복게임일 때

① 무한반복일 경우에는 유한반복게임과 달리 협조적 결과가 무한히 반복되는 경우가 내쉬균형이 될 수도 있다.

② 일시적으로 약속을 어기는 것이 이윤을 증가시킬 수 있지만 협조할 때보다 영원히 이윤이 작아지기 때문이다.

4. 용의자의 딜레마

(1) 가정

① 두 명의 용의자가 체포되어 서로 다른 취조실에서 격리되어 심문을 받고 있으며, 서로 간에 의사소통은 불가능하다.

② 두 사람의 형량(단위: 년)은 자백 여부에 따라 결정되는데, 자백 여부에 따라 감소되는 형량이 아래와 같은 보수행렬로 주어져 있다.

용의자 A \ 용의자 B	자백	부인
자백	(20, 20)	(2, 25)
부인	(25, 2)	(3, 3)

(2) 균형

① 용의자 A의 전략: B가 자백 전략을 사용하면 보수는 자백 시 20 또는 부인 시 25이고 B가 부인 전략을 사용하면 보수는 자백 시 2 또는 부인 시 3이므로 용의자 A는 자백을 선택하는 것이 최선이다.

② 용의자 B의 전략: A가 자백 전략을 사용하면 보수는 자백 시 20 또는 부인 시 25이고 A가 부인 전략을 사용하면 보수는 자백 시 2 또는 부인 시 3이므로 용의자 B는 자백을 선택하는 것이 최선이다.

③ 따라서 두 용의자의 우월전략은 모두 자백하는 것이므로 (자백, 자백)이 우월전략균형이 된다.

(3) 시사점

① 만약 두 용의자가 서로 의사소통할 수 있다면 서로 협조하여 끝까지 부인하는 전략을 고수함으로써 형량을 감소시킬 수 있으나, 여기서는 서로 간의 의사전달이 불가능하므로 상호협조가 불가능하다.

② 만약 상대방이 자백할 경우에도 자신이 부인한다면 자신의 형량만 대폭 높아지므로 우월전략인 자백을 선택할 수밖에 없다.

③ 용의자의 딜레마는 '정보의 부족'으로 인해 발생하는 것이 아니고 '개인의 이기심'에 의해 발생하는 현상으로, 개인적 합리성이 집단적 합리성을 보장하지 못함을 의미한다.

④ 현실에서는 과점기업 A와 B가 카르텔을 결성하여 독점처럼 행동하면 막대한 초과이윤을 얻을 수 있으나 상대방이 카르텔협정을 위반할 경우 더 큰 손실이 발생하므로 처음부터 비협조적으로 행동하는 상황과 유사하다.

5. 최소극대화 전략

아래 표는 기업 A, B가 각각의 전략을 선택했을 때의 이윤(단위: 억)을 나타낸 보수행렬이다.

기업 A \\ 기업 B	전략 b_1	전략 b_2
전략 a_1	(4, 20)	(8, 40)
전략 a_2	(-20, 8)	(12, 20)

(1) 내쉬균형

① 기업 B의 우월전략은 b_2이다.

② 기업 B의 전략이 b_2로 주어진 것으로 보고 기업 A가 전략 a_1을 선택하면 이윤이 8이고 전략 a_2를 선택하면 이윤이 12이므로 기업 A의 최선의 전략은 a_2가 된다.

③ 따라서 내쉬균형은 (a_2, b_2)가 된다.

(2) 최소극대화 전략

① 내쉬균형 (a_2, b_2)는 기업 B가 합리적으로 행동할 것을 가정한 것이다.

② 만일 기업 B가 비합리적인 기업으로 전략 b_1을 선택한다면 기업 A는 20만큼의 손해를 볼 수 있으므로 기업 A가 이와 같은 최악의 경우를 피하고자 최소극대화 전략을 사용할 것이다.

③ 기업 A는 최소극대화 전략을 사용한다면 전략 a_1을 선택할 것이므로 이때의 균형은 (a_1, b_2)이 된다.

6. 혼합전략균형

(1) 순수전략과 혼합전략

① 순수전략: 각 경기자가 하나의 전략을 선택하고 그것을 유지하는 전략이다.

② 혼합전략: 각 경기자가 2개 이상의 순수전략 중 자신의 행동을 무작위로 선택하는 전략이다.

(2) 혼합전략의 사례 – 동전 앞뒤 맞추기 게임

① 아래 표는 [동전 앞 뒤 맞추기 게임]의 보수행렬이다. 단, (경기자 A의 보수, 경기자 B의 보수)이다.

경기자 A \\ 경기자 B	앞면(H)	뒷면(T)
앞면(H)	(1, -1)	(-1, 1)
뒷면(T)	(-1, 1)	(1, -1)

② 동전 [동전 앞 뒤 맞추기 게임]은 A와 B가 동전의 앞면과 뒷면 중 하나를 선택하고 동시에 보여주는 게임이다.

③ 경기자 A는 둘 다 앞면이거나 둘 다 뒷면이면 1의 보수를 얻고, 그렇지 않은 경우 -1이 된다.

④ 경기자 B는 두 동전의 면이 다른 경우 1의 보수를 얻고, 그렇지 않은 경우 -1이 된다.

⑤ 이 경우 내쉬균형은 존재하지 않는다.

⑥ 혼합전략 내쉬균형에서 한 경기자가 확률을 결정한 방법은 상대방이 어떤 전략을 선택하든 똑같은 기대보수를 얻을 수밖에 없게 만드는 것이다.

⑦ 그렇게 함으로써 상대방의 전략에 의해서 자신에게 불리한 결과가 돌아오는 것을 막는 것이 최상의 선택인 혼합전략 내쉬균형이 된다.

⑧ 혼합전략 내쉬균형 설명

    ㉠ 경기자 A, B는 P의 확률로 앞면(H), (1 - P)의 확률로 뒷면(T)를 선택할 때 경기자 B의 각 순수전략 기대보수는 다음과 같다.

    ㉡ 앞면(H)을 선택할 때 B의 기대보수: $P \times (-1) + (1 - P) \times 1 = 1 - 2P$

    ㉢ 뒷면(T)을 선택할 때 B의 기대보수: $P \times 1 + (1 - P) \times (-1) = -1 + 2P$

    ㉣ 경기자 B가 순수전략을 선택할 때의 기대보수가 같아지는 확률을 구해보면 $1 - 2P = -1 + 2P$이므로 경기자 B는 앞면(H)과 뒷면(T)을 $\frac{1}{2}$로 섞어서 사용하는 것이 최선이 된다.

    ㉤ 동일한 방법으로 계산해 보면 경기자 A도 앞면(H)과 뒷면(T)을 $\frac{1}{2}$로 섞는 것이 바람직하다.

    ㉥ 위에 따른 확률을 대입한 이 게임의 혼합전략 내쉬균형에서 경기자 A, B의 기대보수는 모두 0이다.

(3) 혼합전략 내쉬균형의 특징

① 혼합전략을 사용할 때 각 경기자의 최적전략은 상대방이 어떤 전략을 선택하더라도 기대보수가 같아지게끔 확률을 부여하는 것임을 알 수 있다.

② 순수전략(각 경기자가 하나의 전략을 선택하고 그것을 고수)만을 사용하는 경우에는 내쉬균형이 존재하지 않을 수도 있으나 혼합전략을 허용하면 내쉬균형은 반드시 존재한다.

7. 순차게임

(1) 순차게임의 개념

① 한 경기자가 먼저 전략을 선택하고 난 다음 다른 경기자가 전략을 선택하는 게임이다.

② 순차게임은 아래 사례처럼 게임 트리 형태로 표시한다.

(2) 완전균형

① 순차게임에서는 마지막 단계에 있는 경기자의 최적대응을 찾아낸 다음, 거꾸로 거슬러 올라가는 방식으로 균형을 찾는 역진적 귀납법이 사용된다.

② 순차게임에서 사용되는 균형개념인 완전균형이란 내쉬조건뿐만 아니라 신빙성 조건도 동시에 충족하는 균형을 말한다.

③ 신빙성 조건: 어떤 경기장의 전략에도 신빙성이 없는 약속이나 위협이 없어야 한다.

(3) 사례

기업 1 \ 기업 2	광고	광고 안 함
광고	(10, 10)	(20, 5)
광고 안 함	(5, 20)	(15, 15)

① 이 게임은 기업 1이 먼저 움직이면 기업 2가 움직이는 순차게임으로 아래 그림과 같이 전개형으로 나타낸다. (단, 앞의 숫자는 기업 1의 이윤, 뒤 숫자는 기업 2의 이윤)

② 전개형

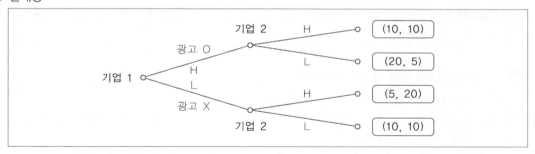

(4) 순차게임의 균형

① 기업 2는 기업 1의 전략에 관계없이 항상 보수가 더 큰 '광고'를 선택할 것이다.

② 이제 앞쪽에 있는 기업 1은 '광고'를 선택하면 기업 2가 '광고'를 선택할 것이므로 자신의 이윤이 10, '광고 안 함'을 선택할 때도 기업 2가 '광고'를 선택할 것이므로 자신의 이윤이 5가 된다는 것을 파악하고 '광고'를 선택할 것이다.

확인문제

다음 표는 이동통신시장을 양분하고 있는 갑과 을의 전략(저가요금제와 고가요금제)에 따른 보수행렬이다. 갑과 을이 전략을 동시에 선택하는 일회성 게임에 관한 설명으로 옳지 않은 것은? (단, 괄호 속의 왼쪽은 갑의 보수, 오른쪽은 을의 보수를 나타낸다)

갑		을	
		저가요금제	고가요금제
갑	저가요금제	(500, 500)	(900, 400)
	고가요금제	(300, 800)	(700, 600)

① 갑은 을의 전략과 무관하게 저가요금제를 선택하는 것이 합리적이다.
② 갑이 고가요금제를 선택할 것으로 을이 예상하는 경우 을은 고가요금제를 선택하는 것이 합리적이다.
③ 갑과 을의 합리적 선택에 따른 결과는 파레토 효율적이지 않다.
④ 내쉬균형이 한 개 존재한다.
⑤ 을에게는 우월전략이 존재한다.

정답 및 해설

갑이 고가요금제를 선택할 것으로 예상한다면 을은 저가요금제를 선택할 경우 800, 고가요금제를 선택할 경우 600의 편익을 얻게 되어 저가요금제를 선택할 것이다.

정답: ②

기출동형문제

공기업 경제학 전공 시험에 출제될 가능성이 높은 다양한 유형의 문제를 풀어보며 실전 감각을 높여보세요!

01 완전경쟁시장에 대한 다음의 설명 중 옳은 것은?

① 완전경쟁시장 균형점에서 사회적 형평성이 극대화된다.
② 완전경쟁시장은 자원을 가장 효율적으로 배분하고 그렇지 않은 시장은 시장실패이므로 이를 교정하기 위해 정부가 개입해야 한다.
③ 완전경쟁시장 균형점에서 소비자는 효용극대화, 생산자는 이윤극대화를 달성한다.
④ 완전경쟁시장이 자원을 가장 효율적으로 배분하기 때문에 시장을 경쟁적으로 만들기 위해서는 시장지배력이 큰 기업으로 합쳐야 한다.
⑤ 완전경쟁시장이 자원을 효율적으로 배분하는 조건은 가격과 한계비용이 일치하는 것이므로 이 조건을 만족하지 않는 시장은 반드시 정부가 규제해야 한다.

02 다음 그림은 한 기업의 이윤극대화 상황을 보여주고 있다. Q_0가 균형점일 때 옳지 않은 것은? (단, TC는 총비용, TR은 총수입, MC는 한계비용, MR은 한계수입이다)

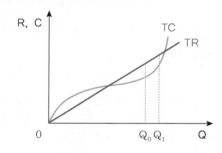

<보기>
ㄱ. Q_0에서 MR = MC이다.
ㄴ. Q_0에서 Q_1으로 이동하면 생산량이 증가한 만큼 이윤은 증가한다.
ㄷ. Q_1에서는 MR < MC이므로 생산량을 줄이면 이윤이 극대화된다.
ㄹ. MR = MC가 되는 생산량이 두 개 존재하므로 이윤극대화 지점은 두 개이다.

① ㄱ, ㄴ
② ㄱ, ㄷ
③ ㄴ, ㄷ
④ ㄴ, ㄹ
⑤ ㄷ, ㄹ

03 완전경쟁시장에서 어느 기업의 비용구조가 다음과 같다고 한다. 시장가격이 4,000원일 경우 이 기업의 장단기 행태는?

생산량(단위)	0	1	2	3	4	5
총비용(원)	5,000	10,000	12,000	15,000	24,000	40,000

① 단기에 1단위 생산하고 장기에는 시장에서 퇴출한다.
② 단기에 2단위 생산하고 장기에는 시장에서 퇴출한다.
③ 단기에 3단위 생산하고 장기에는 시장에서 퇴출한다.
④ 단기에 4단위 생산하고 장기에는 시장에서 퇴출한다.
⑤ 단기에 공장을 닫고 장기에는 시장에서 퇴출한다.

정답 및 해설

01 ③ 완전경쟁시장은 완전한 정보를 가지고 있다. 따라서 완전경쟁시장 균형점에서 소비자는 효용극대화, 생산자는 이윤극대화를 달성할 수 있다.
　　　[오답체크]
　　　① 완전경쟁시장은 사회적 효율성은 달성하지만 형평성을 달성한다고 볼 수 없다.
　　　② 반드시 정부가 개입할 필요는 없다.
　　　④ 완전경쟁시장이 자원을 가장 효율적으로 배분하기 때문에 시장을 경쟁적으로 만들기 위해서는 시장지배력이 큰 기업을 여러 기업으로 분할해야 한다.
　　　⑤ 반드시 규제해야 하는 것은 아니다.

02 ④ 문제에서 총수입과 총비용의 그래프를 보여주고 있다. 이윤극대화를 위해서는 각 곡선의 기울기인 MR = MC가 일치해야 하므로 Q_0가 그 지점이다. Q_1에서는 TC의 기울기인 MC의 기울기가 더 크다. 따라서 생산량을 감소시켜야 MR = MC인 지점이 된다.
　　　ㄴ. Q_0에서 Q_1으로 이동하면 오히려 이윤이 감소한다.
　　　ㄹ. MR = MC가 되는 생산량이 두 개 존재하지만 이윤극대화 지점은 Q_0에 해당한다.

03 ③ 생산량이 0일 때의 총비용이 5,000원이므로 총고정비용이 5,000원이다. 그러므로 총가변비용, 평균가변비용 및 한계비용이 아래의 표와 같다.

생산량(단위)	0	1	2	3	4	5
총가변비용	0	5,000	7,000	10,000	19,000	35,000
평균가변비용	-	5,000	3,500	3,333	4,750	7,000
한계비용	-	5,000	2,000	3,000	9,000	16,000

시장가격이 4,000원이므로 한계수입이 4,000원이다. 따라서 한계수입이 한계비용보다 높은 3단위의 재화를 단기에 생산할 것이다. 3단위의 재화를 생산할 때 평균가변비용은 가격보다 낮은 3,333원이나 평균비용은 가격보다 높은 5,000원이므로 손실이 발생한다. 그러므로 장기에는 생산을 중단하고 이 시장에서 퇴출할 것이다.

04 완전경쟁시장의 특징으로 옳은 것을 <보기>에서 모두 고른 것은?

<보기>
ㄱ. 시장의 진입과 탈퇴가 자유롭다.
ㄴ. 가격은 한계수입, 한계비용과 모두 일치한다.
ㄷ. 시장의 참여자 중 기업이 더 많은 정보를 가지고 있다.
ㄹ. 재화는 동질적인 것이 일반적이지만 이질적일 수 있다.

① ㄱ, ㄴ　　　　　　② ㄱ, ㄹ　　　　　　③ ㄴ, ㄷ
④ ㄴ, ㄹ　　　　　　⑤ ㄷ, ㄹ

05 완전경쟁시장인 피자시장에서 어떤 피자집이 현재 100개의 피자를 단위당 100원에 팔고 있고, 이때 평균비용과 한계비용은 각각 160원과 100원이다. 이 피자집은 이미 5,000원을 고정비용으로 지출한 상태일 때, 이윤극대화를 추구하는 피자집의 행동으로 가장 옳은 것은?

① 손해를 보고 있지만 생산을 계속해야 한다.
② 손해를 보고 있으며 생산을 중단해야 한다.
③ 양(+)의 이윤을 얻고 있으며 생산을 계속해야 한다.
④ 양(+)의 이윤을 얻고 있지만 생산을 중단해야 한다.

06 다음 중 각 시장에 대한 설명으로 옳은 것을 <보기>에서 모두 고른 것은?

<보기>
ㄱ. 완전경쟁시장은 효율성과 공평성이 모두 고려되는 이상적 시장이다.
ㄴ. 독점기업의 수요곡선은 시장 전체의 수요곡선을 가져오므로 우하향한다.
ㄷ. 독점적 경쟁시장의 수요곡선은 독점기업의 수요곡선보다 완만하다.
ㄹ. 과점시장에서는 타기업의 영향력이 작다.

① ㄱ, ㄴ　　　　　　② ㄱ, ㄹ　　　　　　③ ㄴ, ㄷ
④ ㄴ, ㄹ　　　　　　⑤ ㄷ, ㄹ

07 다음의 왼쪽 그래프는 완전경쟁시장에 놓여 있는 전형적 기업이며 오른쪽 그래프는 단기의 완전경쟁시장이다. 이 시장이 동일한 기업들로 이루어져 있다면 장기적으로 이 시장에는 몇 개의 기업이 조업하겠는가?

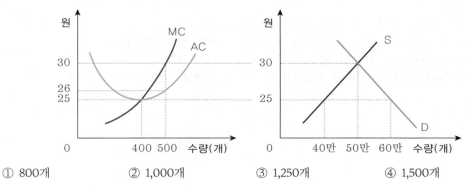

① 800개　　　　② 1,000개　　　　③ 1,250개　　　　④ 1,500개

정답 및 해설

04 ① 완전경쟁시장에서는 시장의 진입과 탈퇴가 자유로우며 가격은 한계수입, 한계비용과 모두 일치한다.
[오답체크]
ㄷ. 시장의 모든 경제주체들은 모든 경제적, 기술적 정보를 갖는다.
ㄹ. 재화는 동질적이다.

05 ② 총고정비용 TFC = 5,000원이고, 생산량 Q = 100단위이므로 평균고정비용 AFC = 50원이다. 생산량이 100단위일 때 평균비용 AC = 160원이고 평균고정비용 AFC = 50원이므로 평균가변비용 AVC = 110원이다. 따라서 완전경쟁시장의 조업중단점은 가격 = 평균가변비용이므로 조업을 중단해야 한다.

06 ③ ㄴ. 독점기업의 수요곡선은 시장 전체의 수요곡선을 가져오므로 우하향하는 직선 형태로 표현한다.
ㄷ. 독점적 경쟁시장의 수요곡선은 대체재가 많아 탄력적이므로 독점기업의 수요곡선보다 완만하다.
[오답체크]
ㄱ. 완전경쟁시장에서는 효율성은 고려되지만 공평성이 고려되지 못한다는 단점이 있다.
ㄹ. 과점시장에서는 타기업의 영향력이 크다.

07 ④ 문제에 주어진 상황은 단기적으로 초과이윤이 발생하는 경우이다. 초과이윤이 발생하면 장기에는 새로운 기업이 진입하여 정상이윤만을 얻으므로 장기균형가격은 개별기업의 최소장기평균비용과 같아진다. 따라서 장기에 시장의 균형가격은 25원이 될 것이고, 개별기업은 400개의 재화를 생산하게 된다. 시장가격이 25원일 때 시장수요량이 60만 개이고, 개별기업의 생산량이 400개이므로 장기에 이 시장에는 $\frac{600,000}{400} = 1,500$개의 기업이 존재하게 된다.

08 다음 중 독점적 경쟁시장의 설명으로 옳은 것을 <보기>에서 모두 고른 것은?

<보기>
ㄱ. 단기에는 산업에 대한 진입이 어렵지만 장기에는 자유롭다.
ㄴ. 각 기업에서 생산하는 재화의 이질성이 커질수록 초과시설 규모가 커진다.
ㄷ. 장기균형에서는 장기평균비용이 최소가 되는 점에서 생산한다.
ㄹ. 상품의 질이 이질적이어서 상품차별화를 추구하여 이윤을 창출하는 것이 일반적이다.

① ㄱ, ㄴ   ② ㄱ, ㄹ   ③ ㄴ, ㄷ
④ ㄴ, ㄹ   ⑤ ㄷ, ㄹ

09 다음 특징을 지닌 시장의 장기균형에 대한 설명으로 옳은 것은?

특징	응답
비가격경쟁 존재	아니다
가격차별화 실시	아니다
차별화된 상품 생산	아니다
새로운 기업의 자유로운 진입 가능	그렇다
장기이윤이 0보다 작으면 시장에서 이탈	그렇다

① 단골 고객이 존재한다.
② 규모를 늘려 평균비용을 낮출 수 있다.
③ 시장 참여 기업 간 상호 의존성이 매우 크다.
④ 개별기업은 시장가격에 영향을 미칠 수 없다.

10 단기적으로 100개의 기업이 존재하는 완전경쟁시장이 있다. 모든 기업이 동일한 총비용함수 $TC(q) = q^2$을 가진다고 할 때, 시장 공급함수(Q)는? (단, p는 가격이고 q는 개별기업의 공급량이며, 생산요소의 가격은 불변이다)

① $Q = \dfrac{p}{2}$ ② $Q = \dfrac{p}{200}$

③ $Q = 50p$ ④ $Q = 100p$

11 완전경쟁시장에서 활동하는 A 기업의 고정비용인 사무실 임대료가 작년보다 30% 상승했다. 단기균형에서 A 기업이 제품을 계속 생산하기로 했다면 전년 대비 올해의 생산량은? (단, 다른 조건은 불변이다)

① 30% 감축

② 30%보다 적게 감축

③ 30%보다 많이 감축

④ 전년과 동일

정답 및 해설

08 ④ ㄴ. 각 기업에서 생산하는 재화의 이질성이 커질수록 대체재가 적어지므로 수요의 가격탄력성이 비탄력적이 된다. 따라서 초과시설 규모가 커진다.

ㄹ. 상품의 질이 이질적이어서 상품차별화를 통한 초과이윤 추구가 가능하지만 장기로는 완전경쟁시장과 동일하게 정상이윤만 가능하다.

[오답체크]

ㄱ. 장·단기 모두 시장 진입이 자유롭다.

ㄷ. 완전경쟁시장의 장기균형만 장기평균비용이 최소가 되는 점에서 생산한다.

09 ④ 표는 완전경쟁시장의 특징이며, 완전경쟁시장의 특징에 해당되는 것은 가격수용자이다.

[오답체크]

① 독점적 경쟁시장의 특징이다.

② 독점시장에서 잘 나타나는 특징이다.

③ 과점시장의 특징이다.

10 ③ 개별기업의 총비용함수를 미분하면 한계비용 MC = 2q이다. 이제 P = MC로 두면 개별기업의 공급곡선 식은 P = 2q로 도출된다. 공급곡선 식이 동일한 기업이 100개 있다면 시장공급곡선은 개별기업의 공급곡선과 절편은 동일하고 기울기는 완만해지므로 개별공급곡선의 $\frac{1}{100}$ 이 된다. 따라서 시장공급곡선의 식은 $P = \frac{1}{50}Q$이므로 Q = 50P이다.

11 ④ 완전경쟁기업은 P = MC인 점에서 재화를 생산하는데, 고정비용인 사무실 임대료의 상승은 한계비용에 아무런 영향을 미치지 않으므로 생산량도 변하지 않는다.

12 완전경쟁시장에서 개별기업의 평균총비용곡선 및 평균가변비용곡선은 U자형이며, 현재 생산량은 50이다. 이 생산량 수준에서 한계비용은 300, 평균총비용은 400, 평균가변비용은 200일 때 다음 설명 중 옳은 것을 <보기>에서 모두 고른 것은? (단, 시장가격은 300으로 주어져 있다)

<보기>
ㄱ. 현재의 생산량 수준에서 평균총비용곡선 및 평균가변비용곡선은 우하향한다.
ㄴ. 현재의 생산량 수준에서 평균총비용곡선은 우하향하고 평균가변비용곡선은 우상향한다.
ㄷ. 개별기업은 현재 양의 이윤을 얻고 있다.
ㄹ. 개별기업은 현재 음의 이윤을 얻고 있다.
ㅁ. 개별기업은 단기에 조업을 중단하는 것이 낫다.

① ㄱ, ㄷ   ② ㄱ, ㅁ   ③ ㄴ, ㄷ
④ ㄴ, ㄹ   ⑤ ㄴ, ㄹ, ㅁ

13 단기에 A 기업은 완전경쟁시장에서 손실을 보고 있지만 생산을 계속하고 있다. 시장수요의 증가로 시장가격이 상승하였는데도 단기에 A 기업은 여전히 손실을 보고 있을 때, 다음 설명 중 옳은 것은?

① A 기업의 한계비용곡선은 아래로 평행이동한다.
② A 기업의 한계수입곡선은 여전히 평균비용곡선 아래에 있다.
③ A 기업의 평균비용은 시장가격보다 낮다.
④ A 기업의 총수입은 총가변비용보다 적다.
⑤ A 기업의 평균가변비용곡선의 최저점은 시장가격보다 높다.

14 독점기업의 가격차별에 관한 설명으로 옳은 것은?

<보기>
ㄱ. 가격차별을 하는 경우의 생산량은 순수독점의 경우보다 더 작아진다.
ㄴ. 완전가격차별의 사회적 후생은 순수독점의 경우보다 크다.
ㄷ. 가격차별을 통해 초과설비수준이 사라져 최소효율규모에서 생산이 가능하다.
ㄹ. 가격차별을 하는 독점기업은 가격탄력성이 더 작은 시장에서의 가격을 상대적으로 더 높게 책정한다.

① ㄱ, ㄴ   ② ㄱ, ㄷ   ③ ㄴ, ㄷ
④ ㄴ, ㄹ   ⑤ ㄷ, ㄹ

정답 및 해설

12 ④ 완전경쟁기업은 P = MC인 점까지 재화를 생산하므로 50단위의 재화를 생산할 때 한계비용이 300이라는 것은 시장가격이 300으로 주어져 있음을 의미한다. 현재 생산량 수준에서 가격이 평균가변비용보다는 높으나 평균비용보다는 낮으므로 단기적으로 손실이 발생하는 상태이다.

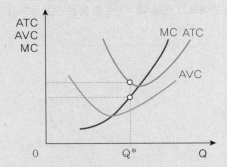

[오답체크]
ㅁ. AVC보다 높으므로 조업은 계속되어야 한다.

13 ② 완전경쟁기업이 손실을 보면서도 단기적으로 생산을 지속하는 것은 시장가격이 평균비용보다는 낮지만 평균가변비용보다는 높을 때이다. 완전경쟁시장에서 시장수요가 증가하여 가격이 상승하면 개별기업이 인식하는 수요곡선(= 한계수입곡선)이 상방으로 이동한다. 시장수요가 증가하였음에도 불구하고 여전히 손실을 보고 있다면 수요곡선(= 한계수입곡선)이 여전히 평균비용곡선보다 하방에 위치하는 상태이다. 따라서 가격 상승 이후에도 여전히 평균비용이 시장가격보다 높다.

14 ④ 가격차별은 가격지배력이 있는 기업이 동일한 재화나 서비스에 대하여 다른 가격을 설정하는 것이다.
ㄴ. 가격차별을 통해 더 많은 양을 소비할 수 있으므로 완전가격차별의 사회적 후생은 순수독점의 경우보다 크다.
ㄹ. 가격탄력성이 더 작은 시장에서의 가격을 상대적으로 더 높이면 판매수입이 증가하므로 높게 책정한다.

[오답체크]
ㄱ. 가격차별을 하는 경우의 생산량은 가격조절을 통해 공급이 가능하므로 순수독점의 경우보다 더 커진다.
ㄷ. 가격차별을 한다고 해도 독점기업의 제품은 대체재가 없으므로 우하향하는 수요곡선이 도출된다. 따라서 평균비용곡선의 최저점인 최소효율규모를 지날 수 없다.

15 어떤 독점기업이 시장을 A와 B로 나누어 이윤극대화를 위한 가격차별정책을 시행하고자 하며, A 시장의 수요함수는 $Q_A = -2P_A + 60$이고 B 시장의 수요함수는 $Q_B = -4P_B + 80$이라고 한다. (Q_A, Q_B는 각 시장에서 상품의 총수요량, P_A, P_B는 상품의 가격임) 이 기업의 한계비용이 생산량과 관계없이 2원으로 고정되어 있을 때, A 시장과 B 시장에 적용될 상품가격은?

	A 시장	B 시장
①	14	10
②	16	11
③	14	11
④	16	10

16 어떤 독점기업이 1,200개의 재화를 개당 8만 원에 판매하고 있을 때, 다음 중 옳은 것을 <보기>에서 고른 것은?

<보기>
ㄱ. 이 기업의 한계비용은 8만 원이다.
ㄴ. 이 기업의 한계비용은 8만 원보다 작다.
ㄷ. 추가로 판매하게 되면 한계수입은 증가할 것이다.
ㄹ. 추가로 판매하게 되면 한계수입은 감소할 것이다.

① ㄱ   ② ㄱ, ㄹ   ③ ㄴ, ㄷ
④ ㄴ, ㄹ   ⑤ ㄹ

17 어느 독점기업이 직면하는 시장수요함수는 P = 30 - Q이며, 한계비용은 생산량과 상관없이 20으로 일정하다. 이 독점기업이 이윤을 극대화할 때의 생산량과 이윤의 크기는? (단, Q는 생산량이다)

	생산량	이윤
①	5	10
②	5	25
③	10	10
④	10	25

18 X재의 생산자는 A와 B, 두 기업밖에 없다고 하자. X재의 시장수요함수 Q = 32 – 0.5P이고, 한계비용은 24로 일정하다. A와 B가 공모해서 독점기업처럼 이윤극대화를 하고 생산량을 똑같이 나누기로 한다면, 기업 A가 얻는 이윤은? (단, 고정비용은 0이다)

① 20　　　　　　　② 64　　　　　　　③ 88　　　　　　　④ 100

정답 및 해설

15 ② A 시장의 수요함수가 $P_A = 30 - \frac{1}{2}Q_A$이므로 한계수입 $MR_A = 30 - Q_A$이다. $MR_A = MC$로 두면 $30 - Q_A = 2$, $Q_A = 28$이고, 이를 시장 A의 수요함수에 대입하면 $P_A = 16$이다. 시장 B의 수요함수가 $P_B = 20 - \frac{1}{4}Q_B$이므로 한계수입 $MR_B = 20 - \frac{1}{2}Q_B$이다. $MR_B = MC$로 두면 $20 - \frac{1}{2}Q_B = 2$, $Q_B = 36$이고, 이를 시장 B의 수요함수에 대입하면 $P_B = 11$로 계산된다.

16 ④ 독점기업은 P > MC이므로 한계비용은 8만 원보다 작을 것이다. 또한 독점기업의 수요곡선은 우하향하므로 추가로 판매하려면 가격을 내릴 수밖에 없다. 따라서 한계수입이 감소할 것이다.

17 ② 시장수요함수가 P = 30 - Q이므로 한계수입 MR = 30 - 2Q이다. 이윤극대화 생산량을 구하기 위해 MR = MC로 두면 30 - 2Q = 20, Q = 5이다. Q = 5를 수요함수에 대입하면 P = 25이다. 따라서 독점기업의 총수입 TR = P × Q = 125이다. 한계비용이 생산량과 관계없이 20으로 일정하므로 평균비용도 20으로 일정한 것으로 볼 수 있다. 따라서 총비용 TC = AC × Q = 20 × 5 = 100이다. 총수입이 125이고 총비용이 100이므로 이 독점기업의 이윤은 25가 된다.

18 ④ 두 기업이 담합하여 독점처럼 이윤을 극대화하면 생산량이 시장구조가 독점일 때와 같아질 것이다. 시장수요함수가 P = 64 - 2Q이므로 한계수입 MR = 64 - 4Q이다. 한계비용 MC = 24로 일정하므로 MR = MC로 두면 64 - 4Q = 24, Q = 10이고, Q = 10을 수요함수에 대입하면 P = 44이다. 고정비용이 0이고 한계비용이 24로 일정하면 평균비용도 24로 일정하며, 가격이 44이고 평균비용이 24이면 단위당 이윤의 크기는 20이다. 따라서 두 기업이 생산량을 절반으로 나누면 각 기업은 5단위의 재화를 생산할 것이므로 각 기업이 얻는 이윤은 100이 된다.

19 통신 시장에 하나의 기업만 존재하는 완전독점시장을 가정하자. 이 독점기업의 총비용(TC)함수는 TC = 20 + 2Q이고 시장의 수요는 P = 10 – 0.5Q이다. 만약, 이 기업이 이부가격(Two part tariff) 설정을 통해 이윤을 극대화하고자 한다면, 고정요금(가입비)은 얼마로 설정해야 하는가?

① 16   ② 32   ③ 64   ④ 128

20 어떤 독점기업의 생산비용함수가 $C = 10Q^2 + 200Q$이고, 수요함수가 $P = 2,000 - 50Q$일 때, 이윤을 극대화하는 생산량과 가격은? (단, C는 생산비용, Q는 생산량, P는 가격을 나타낸다)

① $Q = 15$, $P = 1,250$ ② $Q = 20$, $P = 1,250$

③ $Q = 15$, $P = 750$ ④ $Q = 30$, $P = 500$

21 독점기업의 행동에 대한 설명으로 옳지 않은 것은?

① 독점기업은 수요가 비탄력적인 구간에서 생산한다.
② 독점기업은 한계수입과 한계비용이 일치하도록 생산한다.
③ 독점기업은 공급곡선을 갖지 않는다.
④ 독점기업에 대한 수요곡선은 우하향한다.
⑤ 독점기업은 완전경쟁에 비해 적은 양을 생산한다.

22 가격차별에 대한 설명으로 옳은 것만을 <보기>에서 모두 고른 것은?

<보기>
ㄱ. 1급 가격차별의 경우 생산량에 있어 효율적이다.
ㄴ. 가격차별의 예로 콘서트의 1등석과 2등석의 가격이 다른 것이 있다.
ㄷ. 2급 가격차별은 구매수량에 따라 다른 가격을 설정하는 것을 들 수 있다.
ㄹ. 가격차별을 하면 반드시 소비자잉여가 증가한다.

① ㄱ, ㄴ   ② ㄱ, ㄷ   ③ ㄴ, ㄷ
④ ㄴ, ㄹ   ⑤ ㄷ, ㄹ

정답 및 해설

19 ③ 이부가격제는 소비자잉여에 해당하는 만큼을 고정요금으로 설정하면 된다. 비용함수를 Q에 대해 미분하면 한계비용 $MC = 2$이므로 사용요금 $P = 2$가 되며, $P = 2$를 수요함수에 대입하면 소비자의 구입량 $Q = 16$으로 계산된다. 따라서 고정요금으로 받을 수 있는 최대금액은 소비자잉여에 해당하는 $64\left(= \frac{1}{2} \times 16 \times 8\right)$이다.

20 ① 수요함수가 $P = 2,000 - 50Q$이므로 한계수입 $MR = 2,000 - 100Q$이고, 비용함수를 미분하면 한계비용 $MC = 20Q + 200$이다. 이윤극대화 생산량을 구하기 위해 $MR = MC$로 두면 $2,000 - 100Q = 20Q + 200$, $120Q = 1,800$이므로 이윤극대화 생산량 $Q = 15$이며, $Q = 15$를 수요함수에 대입하면 $P = 1,250$으로 계산된다.

21 ① 독점기업은 한계수입을 아모로소 - 로빈슨 공식을 통해 구한다. 따라서 $MR = P\left(1 - \frac{1}{\epsilon}\right)$을 볼 때 수요가 비탄력적인 구간에서 한계수입이 -이므로 수요가 탄력적인 구간에서 생산한다.

22 ② ㄱ. 1급 가격차별의 경우 소비자잉여가 0이 되는 대신에 생산량에 있어 효율적이다.
ㄷ. 2급 가격차별은 구매수량에 따라 다른 가격을 설정하는 것이다.
[오답체크]
ㄴ. 가격차별은 상품이 동일한 것이어야 한다. 콘서트의 1등석과 2등석은 다른 상품이므로 가격차별이라고 볼 수 없다.
ㄹ. 가격차별을 하면 1급 가격차별처럼 반드시 소비자잉여가 증가하는 것은 아니다.

23 두 과점기업 A, B의 전략적 행동에 따라 달라지는 보수행렬이 아래와 같다고 할 때, 첫 번째 숫자는 기업 A의 이윤, 두 번째 숫자는 기업 B의 이윤을 가리킨다. 기업 A와 B의 우월전략은 각각 무엇인가?

구분		기업 B의 전략적 결정	
		전략 1	전략 2
기업 A의 전략적 결정	전략 1	(300만 원, 600만 원)	(200만 원, 400만 원)
	전략 2	(50만 원, 300만 원)	(250만 원, 0원)

① 기업 A: 전략 1, 기업 B: 전략 1
② 기업 A: 전략 1, 기업 B: 전략 2
③ 기업 A: 전략 2, 기업 B: 전략 1
④ 기업 A: 전략 2, 기업 B: 우월전략이 없다
⑤ 기업 A: 우월전략이 없다, 기업 B: 전략 1

24 다음 표는 두 기업이 어떠한 전략을 사용하느냐에 따라 발생하는 이윤을 표시하고 있을 때, 순수전략에 의한 내쉬균형의 개수는? (단, 괄호 안의 첫 번째 숫자는 기업 A의 이윤, 두 번째 숫자는 기업 B의 이윤을 나타낸다)

구분		기업 B	
		전략 b_1	전략 b_2
기업 A	전략 a_1	(1, 1)	(1, 0)
	전략 a_2	(2, 1)	(0, 2)

① 0　　　　② 1　　　　③ 2　　　　④ 3

25 다음 중 과점시장에 대한 설명으로 옳은 것을 <보기>에서 모두 고른 것은?

<보기>
ㄱ. 굴절수요곡선은 과점시장의 가격 경직성을 설명한다.
ㄴ. 꾸르노 모형에서 두 기업의 총생산량은 완전경쟁수준 생산량의 2/3이다.
ㄷ. 베르뜨랑 모형에서는 상대 기업의 가격을 주어진 것으로 간주하고 자신의 생산량을 설정한다.
ㄹ. 게임이론을 통해 과점시장에서 타기업의 영향을 받지 않는 독자적 행동을 하는 것이 이익이라는 것을 알 수 있다.

① ㄱ, ㄴ　　　　　② ㄱ, ㄹ　　　　　③ ㄴ, ㄷ
④ ㄴ, ㄹ　　　　　⑤ ㄷ, ㄹ

정답 및 해설

23 ⑤ 기업 B가 전략 1을 선택한다면 기업 A는 전략 1을 선택할 때 300만 원, 전략 2를 선택할 때 50만 원의 이윤을 얻으므로 전략 1을 선택한다. 기업 B가 전략 2를 선택한다면 기업 A는 전략 1을 선택할 때 200만 원, 전략 2를 선택할 때 250만 원의 이윤을 얻으므로 전략 2를 선택한다. 따라서 기업 A의 우월전략은 존재하지 않는다. 기업 A가 전략 1을 선택한다면 기업 B는 전략 1을 선택할 때 600만 원, 전략 2를 선택할 때 400만 원의 이윤을 얻으므로 전략 1을 선택한다. 기업 A가 전략 2를 선택한다면 기업 B는 전략 1을 선택할 때 300만 원, 전략 2를 선택할 때 0원의 이윤을 얻으므로 전략 1을 선택한다. 따라서 기업 B의 우월전략은 전략 1이다.

24 ① 기업 B가 전략 b_1을 선택한다면 기업 A는 전략 a_1을 선택할 때 1, 전략 a_2를 선택할 때 2의 이윤을 얻으므로 전략 a_2를 선택한다. 기업 B가 전략 b_2를 선택한다면 기업 A는 전략 a_1을 선택할 때 1, 전략 a_2를 선택할 때 0의 이윤을 얻으므로 전략 a_1을 선택한다. 그러므로 기업 A의 우월전략은 존재하지 않는다. 기업 A가 전략 a_1을 선택한다면 기업 B는 전략 b_1을 선택할 때 1, 전략 b_2를 선택할 때 0의 이윤을 얻으므로 전략 b_1을 선택한다. 기업 A가 전략 a_2를 선택한다면 기업 B는 전략 b_1을 선택할 때 1, 전략 b_2를 선택할 때 2의 이윤을 얻으므로 전략 b_2를 선택한다. 그러므로 기업 B의 우월전략도 존재하지 않는다. 따라서 이 게임의 경우는 순수전략내쉬균형이 존재하지 않는다.

25 ① 굴절수요곡선은 과점시장의 가격 경직성을 설명해 주며, 꾸르노 모형에서 두 기업의 총생산량은 완전경쟁수준 생산량의 2/3이다.
　　[오답체크]
　　ㄷ. 베르뜨랑 모형에서는 상대 기업의 가격을 주어진 것으로 간주하고 자신의 가격을 설정한다.
　　ㄹ. 게임이론을 통해 과점시장에서 타기업의 영향을 받는 것을 보여준다.

26 두 명의 경기자 A와 B는 어떤 업무에 대해 '태만'(노력 수준 = 0)을 선택할 수도 있고, '열심'(노력 수준 = 1)을 선택할 수도 있다. 단, '열심'을 선택하는 경우 15원의 노력비용을 감당해야 한다. 다음 표는 사회적 총 노력 수준에 따른 각 경기자의 편익을 나타낸 것일 때, 두 경기자가 동시에 노력 수준을 한 번 선택해야 하는 게임에서 순수전략 내쉬균형은?

사회적 총 노력 수준(두 경기자의 노력 수준의 합)	0	1	2
각 경기자의 편익	1원	11원	20원

① 경기자 A는 '열심'을, 경기자 B는 '태만'을 선택한다.
② 경기자 A는 '태만'을, 경기자 B는 '열심'을 선택한다.
③ 두 경기자 모두 '태만'을 선택한다.
④ 두 경기자 모두 '열심'을 선택한다.

27 세계시장에서 대형항공기를 만드는 기업은 A 국의 X 사와 B 국의 Y 사만 있으며, 이 두 기업은 대형항공기를 생산할지 혹은 생산하지 않을지를 결정하는 전략적 상황에 직면해 있다. 두 기업이 대형항공기를 생산하거나 생산하지 않을 경우 다음과 같은 이윤을 얻게 된다고 가정하자. 즉, 두 기업 모두 생산을 하게 되면 적자를 보게 되지만, 한 기업만 생산을 하게 되면 독점이윤을 얻게 된다. 이제 B 국은 Y 사가 대형항공기 시장의 유일한 생산자가 되도록 Y 사에 보조금을 지급하려고 한다. 이때 B 국이 Y 사에 지급해야 할 최소한의 보조금은? (단, X 사가 있는 A 국은 별다른 정책을 사용하지 않는다고 가정한다)

(단위: 백만 달러)

구분		Y사	
		생산	생산 않음
X사	생산	(-1, -2)	(24, 0)
	생산 않음	(0, 20)	(0, 0)

※ 괄호 안의 숫자는 (X 사의 보수, Y 사의 보수)를 말함

① 1백만 달러 초과　　　　② 20백만 달러 초과
③ 2백만 달러 초과　　　　④ 24백만 달러 초과

28 아래의 그림은 A 사와 B 사의 의사결정에 따른 이윤을 나타낸다. 두 기업은 모든 선택에 대한 이윤을 사전에 알고 있으며, A 사가 먼저 선택하고, B 사가 A 사의 결정을 확인하고 선택을 하게 된다. 두 회사 간의 신빙성 있는 약속이 없을 때 각 기업이 얻게 되는 이윤의 조합은? (단, 괄호 안은 A 사가 얻는 이윤, B 사가 얻는 이윤을 나타낸다)

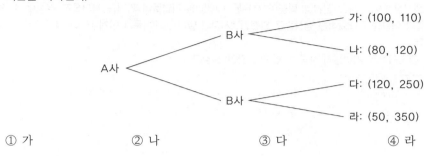

① 가   ② 나   ③ 다   ④ 라

정답 및 해설

26 ③ 각 선택에 따른 편익 - 비용 = 순편익의 계산은 다음과 같다.

구분		B	
		태만	열심
A	태만	(1 - 0 = 1, 1 - 0 = 1)	(11 - 0 = 11, 11 - 15 = -4)
	열심	(11 - 15 = -4, 11 - 0 = 11)	(20 - 15 = 5, 20 - 15 = 5)

두 경기자 모두 상대방의 전략에 관계없이 태만을 선택할 때의 보수가 더 크므로 두 경기자의 우월전략은 모두 태만이다. 따라서 (태만, 태만)이 우월전략균형이 된다.

27 ③ X 사가 생산을 선택한다면 Y 사는 생산을 선택할 때 -2, 생산 않음을 선택할 때 0의 이윤을 얻으므로 생산 않음을 선택한다. X 사가 생산 않음을 선택한다면 Y 사는 생산을 선택할 때 20, 생산 않음을 선택할 때 0의 이윤을 얻으므로 생산을 선택한다. 문제에서 Y 사를 유일한 생산자로 만드는 것이 목표이므로 X 사와 관계없이 생산을 하는 우월전략이 되면 된다. 따라서 보조금이 2백만 달러를 초과하면 X 사의 생산 여부와 관계없이 생산을 하게 될 것이다.

28 ② A 사가 위쪽을 선택할 때 B 사가 가를 선택하면 110의 이윤을 얻는 데 비해 나를 선택하면 120의 이윤을 얻으므로 B 사는 나를 선택할 것이다. B 사가 나를 선택하면 A 사는 80의 이윤을 얻는다. A 사가 아래쪽을 선택할 때 B 사가 다를 선택하면 250의 이윤을 얻는 데 비해 라를 선택하면 350의 이윤을 얻으므로 B 사는 라를 선택할 것이다. B 사가 라를 선택하면 A 사는 50의 이윤을 얻는다. A 사가 위쪽을 선택하면 B 사가 나를 선택하므로 A 사는 80의 이윤을 얻고, A 사가 아래쪽을 선택하면 B 사가 라를 선택하므로 A 사는 50의 이윤만을 얻는다. 따라서 A 사가 먼저 선택한다면 위쪽을 선택할 것이고, B 사는 나를 선택하게 된다.

29 다음 중 시장구조에 대한 설명으로 옳지 않은 것을 <보기>에서 모두 고른 것은?

<보기>
ㄱ. 완전경쟁시장의 장기균형상태에서 기술능력이 동일한 기업들의 초과이윤은 0이다.
ㄴ. 완전경쟁시장에서는 시장 진입과 퇴출이 자유롭기 때문에 기업들이 가격을 자유롭게 결정할 수 있다.
ㄷ. 독점기업의 이윤을 극대화하는 생산량은 완전경쟁시장과 달리 한계비용과 한계수입이 일치하는 수준에서 정해진다.
ㄹ. 독점적 경쟁시장은 기업들의 제품 차별화와 관련이 깊다.

① ㄱ, ㄴ   ② ㄱ, ㄷ   ③ ㄴ, ㄷ
④ ㄴ, ㄹ   ⑤ ㄷ, ㄹ

30 다음 중 게임이론에 대한 설명으로 옳은 것을 <보기>에서 모두 고른 것은?

<보기>
ㄱ. 내쉬균형은 항상 파레토 최적의 자원 배분을 보장한다.
ㄴ. 우월전략이란 상대방의 선택과 관계없이 자신에게 최선의 보수를 보장해주는 전략을 말한다.
ㄷ. 내쉬균형이면 우월전략이라고 볼 수 있다.
ㄹ. 죄수의 딜레마는 과점기업들이 공동행위를 할 때 독점이윤을 누리기 어려운 이유를 잘 설명할 수 있다.

① ㄱ, ㄴ   ② ㄱ, ㄹ   ③ ㄴ, ㄷ
④ ㄴ, ㄹ   ⑤ ㄷ, ㄹ

31 꾸르노 경쟁을 하는 복점시장에서 역수요함수는 $P = 18 - q_1 - q_2$이다. 두 기업의 비용구조는 동일하며 고정비용없이 한 단위당 생산비용은 6일 때, 기업 1의 균형가격과 균형생산량은? (단, P는 가격, q_1은 기업 1의 생산량, q_2는 기업 2의 생산량이다)

① $P = 10$, $q_1 = 2$ ② $P = 10$, $q_1 = 4$ ③ $P = 14$, $q_1 = 4$

④ $P = 14$, $q_1 = 8$ ⑤ $P = 14$, $q_1 = 10$

정답 및 해설

29 ③ 시장경제는 경제주체 간 상호작용하는 의사결정에 의해 자원 배분이 이뤄지는 경제체제이다. 시장은 공급자 수, 시장 진입·퇴출의 자유 여부, 시장지배력 상품의 차이 등을 기준으로 구분할 수 있다.
ㄴ. 기업이 가격을 결정할 수 있는 시장은 독점시장이다.
ㄷ. 독점기업의 이윤을 극대화하는 생산량은 완전경쟁시장과 동일하게 한계비용과 한계수입이 일치하는 수준에서 정해진다.

30 ④ 우월전략은 상대방의 선택에 관계없이 자신에게 최선의 보수를 보장해주는 전략이며, 죄수의 딜레마는 과점기업들이 공동행위를 할 때 독점이윤을 누리기 어려운 이유를 설명해준다.
[오답체크]
ㄱ. 내쉬균형이 항상 파레토 최적의 자원 배분을 보장하는 것은 아니다.
ㄷ. 우월전략이면 내쉬균형이지만 내쉬균형이면 우월전략이라고 볼 수 없다.

31 ② 기업 1과 2의 생산량을 합한 것이 시장 전체의 생산량이므로 시장수요함수는 P = 18 - Q이다. 고정비용이 없고 평균비용이 6으로 일정하면 한계비용도 6으로 일정하다. 완전경쟁일 때의 생산량을 구하기 위해 P = MC로 두면 18 - Q = 6, Q = 12이다. 두 기업의 비용함수가 동일할 때 꾸르노 모형에서는 각 기업이 완전경쟁의 $\frac{1}{3}$ 만큼의 재화를 생산하므로 기업 1과 2의 생산량은 모두 4이고, 시장 전체의 생산량은 8이 된다. Q = 8을 시장수요함수에 대입하면 시장의 균형가격 P = 10이다. 꾸르노 균형에서 두 기업이 설정하는 가격은 시장가격과 동일하므로 기업 1의 균형가격도 시장의 균형가격과 동일한 10이 된다.

32 동일 제품을 생산하는 복점기업 A 사와 B 사가 직면한 시장수요곡선은 P = 50 - 5Q이며, A 사와 B 사의 비용함수는 각각 $C_A(Q_A) = 20 + 10Q_A$ 및 $C_B(Q_B) = 10 + 15Q_B$이다. 두 기업이 비협조적으로 행동하면서 이윤을 극대화하는 꾸르노 모형을 가정할 때, 두 기업의 균형생산량은? (단, Q는 A사 생산량(Q_A)과 B사 생산량(Q_B)의 합이다)

	Q_A	Q_B
①	2	2.5
②	2.5	2
③	3	2
④	3	4

33 어떤 상품의 시장은 수많은 기업이 비슷하지만 차별화된 제품을 생산하는 시장구조를 가지고 있으며 장기적으로 이 시장으로의 진입과 탈퇴가 자유롭다고 할 때, 장기균형에서 이 시장에 대한 설명으로 가장 옳은 것은?

① 가격은 한계비용 및 평균비용보다 높다.
② 가격은 평균비용보다는 높지만 한계비용과는 동일하다.
③ 가격은 한계비용보다는 높지만 평균비용과는 동일하다.
④ 가격은 한계비용 및 평균비용보다 낮다.

34 상품시장과 경쟁에 대한 설명으로 가장 옳지 않은 것은?

① 최소효율규모(Minimum efficient scale)란 평균비용곡선의 최저점으로 나타나는 생산수준이다.

② 꾸르노 경쟁(Cournot competition)에서는 각 기업이 상대방의 현재 가격을 주어진 것으로 보고 자신의 가격을 결정하는 방식으로 경쟁한다.

③ 부당염매행위(Predatory pricing)는 일시적 출혈을 감수하면서 가격을 낮춰 경쟁기업을 몰아내는 전략이다.

④ 자연독점(Natural monopoly)은 규모의 경제가 현저해 두 개 이상의 기업이 살아남기 어려워 형성된 독점체계이다.

정답 및 해설

32 ③ A 사의 반응곡선을 구하면 시장수요함수가 $P = 50 - 5(Q_A + Q_B)$이므로 총수입 $TR_A = PQ_A = 50Q_A - 5Q_A^2 - 5Q_A Q_B$이다. 이를 Q_A에 대해 미분하면 $MR_A = 50 - 10Q_A - 5Q_B$이고, 문제에 주어진 비용함수를 미분하면 A 사의 한계비용 $MC_A = 10$이다. B 사의 생산량이 주어졌을 때 A사의 이윤극대화 생산량을 위해 $MR_A = MC_A$로 두면 $50 - 10Q_A - 5Q_B = 10$이므로 A 사의 반응곡선은 $Q_A = 4 - \frac{1}{2}Q_B$이다. 한편, $TR_B = PQ_B = 50Q_B - 5Q_A Q_B - 5Q_B^2$이므로 이를 미분하면 $MR_B = 50 - 5Q_A - 10Q_B$이고, B 사의 비용함수를 미분하면 한계비용 $MC_B = 15$이다. 따라서 $MR_B = MC_B$이므로 $50 - 5Q_A - 10Q_B = 15$이며, 여기에 위에서 구한 $Q_A = 4 - \frac{1}{2}Q_B$를 대입하여 풀면 $Q_A = 3$, $Q_B = 2$로 계산된다.

33 ③ 문제는 독점적 경쟁시장을 의미한다. 독점적 경쟁기업이 직면하는 수요곡선이 우하향하므로 한계수입 곡선은 수요곡선의 하방에 위치한다. 완전경쟁시장이 아니기에 P > MC이며 독점적 경쟁시장에서는 정상이윤만을 얻으므로 가격은 평균비용과 동일하다.

34 ② 꾸르노 모형은 가격 결정 모형이 아니라 생산량 결정 모형이다.

고난도 시험의 기출문제를 풀어보며 경제학 실력을 한층 더 업그레이드해 보세요!

01 한 기업이 2개의 시장을 독점하고 있으며, 2개의 시장은 분리되어 있다. 시장 1의 수요곡선은 $P_1 = 84 - 4x_1$, 시장 2의 수요곡선은 $P_2 = 20 - 5x_2$, 기업의 한계비용함수는 MC = 2X + 4이다. 이 기업이 이윤극대화를 할 때, 각 시장에 대한 공급량은? (단, P_1은 시장 1에서의 재화 가격, P_2는 시장 2에서의 재화 가격, x_1은 시장 1의 수요량, x_2는 시장 2의 수요량, MC는 한계비용, X는 총생산량이다) [회계사 16]

	시장 1	시장 2
①	8	2
②	8	0
③	4	4
④	4	2
⑤	4	0

02 다음 글에 따를 때 기업이 설정하는 단일가격제도 하에서의 단일요금, 이부가격제도 하에서의 회원권 가격과 회원전용요금으로 옳은 것은? [국회직 8급 22]

> <보기>
> 어느 지역에서 콘도를 독점하고 있는 기업이 있다. 이 독점기업의 총비용함수는 $TC(Q) = 20Q$이다. 이 콘도를 이용하는 사람들의 수요함수는 $Q = 250 - \dfrac{1}{2}P$ 로 동일하다. 이 기업은 현재 1박당 일정액의 요금만 부과하는 단일가격제도를 시행하고 있는데, 회원권 판매와 1박당 회원전용요금을 부과하는 형태의 이부가격제도로 변경하고자 한다. 독점기업이 이부가격제도를 시행하는 경우 회원권을 소지한 회원만 숙박서비스를 이용할 수 있다. (단, Q, P는 각각 숙박일수, 1박당 가격이다)

	단일요금	회원권 가격	회원전용요금
①	20	28,800	260
②	130	28,800	130
③	260	57,600	260
④	260	28,800	20
⑤	260	57,600	20

정답 및 해설

01 ② 1) 가격차별의 조건 $MR_1 = MR_2 = MC$

2) MC = 2X + 4 ➔ $2(x_1 + x_2)$ + 4

3) 시장 1의 MR

$P_1 x_1 = (84 - 4x_1)x_1$ ➔ MR = $84 - 8x_1$ 이윤극대화를 하면 $84 - 8x_1 = 2x_1 + 2x_2 + 4$

➔ $10x_1 + 2x_2 = 80$

4) 시장 2의 MR

$P_2 x_2 = (20 - 5x_2)x_2$ ➔ MR = $20 - 10x_2$ 이윤극대화를 하면 $20 - 10x_2 = 2x_1 + 2x_2 + 4$

➔ $2x_1 + 12x_2 = 16$

5) 이 둘을 연립하면 x_1 = 8, x_2 = 0이다.

02 ⑤ 1) 그래프

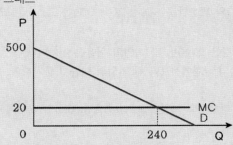

2) 균형거래량은 500 - 2Q = 20 ➔ Q = 240

3) 단일요금은 독점시장의 이윤극대화 생산량이다.

MR = MC ➔ 500 - 4Q = 20 ➔ Q = 120, P = 260이다.

4) 이부가격제의 회원전용요금은 한계비용이므로 20이다.

5) 회원권 가격 = 고정요금 = 기본요금이므로 소비자잉여에 해당한다.

6) 소비자잉여 = 480 × 240 × $\frac{1}{2}$ = 57,600

03 다음은 세 경기자(1, 2, 3)의 전략 선택에 따라 결정되는 보수구조이다. 개별 경기자가 선택할 수 있는 전략이 L과 H라고 할 때, 아래 전략형 게임의 순수전략 내쉬균형은 몇 개인가? (단, 보수행렬의 괄호 안 첫 번째 숫자는 경기자 1의 보수, 두 번째 숫자는 경기자 2의 보수, 세 번째 숫자는 경기자 3의 보수를 나타낸다)

[회계사 23]

<표 1> 경기자 3이 L을 선택할 때 게임의 보수행렬

		경기자 2	
		L	H
경기자 1	L	(2, 2, 2)	(2, 5, 2)
	H	(5, 2, 2)	(5, 5, 2)

<표 2> 경기자 3이 H를 선택할 때 게임의 보수행렬

		경기자 2	
		L	H
경기자 1	L	(2, 2, 5)	(2, 5, 5)
	H	(5, 2, 5)	(0, 0, 3)

① 0   ② 1   ③ 2   ④ 3   ⑤ 4

04 동일한 상품을 생산하는 기업 1과 기업 2가 경쟁하는 복점시장을 가정하자. 시장수요함수는 $Q = 70 - P$이다. 두 기업은 모두 고정비용이 없으며, 한계비용은 10이다. 이윤을 극대화하는 두 기업에 대한 다음 설명 중 옳지 않은 것은? (단, P는 시장가격, $Q = q_1 + q_2$, 그리고 q_1은 기업 1의 생산량, q_2는 기업 2의 생산량이다)

[회계사 17]

① 꾸르노 모형(Cournot model)에서 기업 1의 반응함수는 $q_1 = 30 - 0.5q_2$이고, 기업 2의 반응함수는 $q_2 = 30 - 0.5q_1$이다.

② 꾸르노 모형의 균형에서 각 기업의 생산량은 20이며, 각 기업의 이윤은 400이다.

③ 두 기업이 담합을 하는 경우, 꾸르노 모형의 균형에서보다 각 기업의 이윤이 증가하며 소비자 후생은 감소한다.

④ 기업 1이 선도자로 생산량을 결정하는 슈타켈버그 모형(Stackelberg model)의 균형에서는 기업 1의 생산량이 기업 2의 생산량의 2배이다.

⑤ 기업 1이 선도자로 생산량을 결정하는 슈타켈버그 모형의 균형에서는 꾸르노 모형의 균형에서보다 전체 생산량이 감소하고 소비자 후생이 감소한다.

정답 및 해설

03 ③ 1) 경기자 3이 L을 선택하는 것보다 H를 선택하는 것이 항상보수가 높으므로 H를 선택한다.
2) 두 번째 표에서 경기자 1은 경기자 2가 L을 선택하면 H를 선택하고, 경기자 2가 H를 선택하면 L을 선택한다.
3) 두 번째 표에서 경기자 2는 경기자 1이 L을 선택하면 H를 선택하고, 경기자 1이 H를 선택하면 L을 선택한다.
4) 따라서 내쉬균형은 (H, L, H), (L, H, H) 2개이다.

04 ⑤ 1) 꾸르노 모형의 반응 곡선
① 기업 1
ⓐ $Q = 70 - P$ ➜ $P = 70 - (q_1 + q_2)$이다.
ⓑ 이윤 = TR - TC ➜ 이윤 = $Pq_1 - 10q_1 = (70 - q_1 - q_2)q_1 - 10q_1$
ⓒ 이윤극대화를 위해 q_1으로 미분하면 $70 - 2q_1 - q_2 - 10 = 0$ ➜ $q_1 = 30 - 0.5q_2$이다.
② 기업 2
ⓐ $Q = 70 - P$ ➜ $P = 70 - (q_1 + q_2)$이다.
ⓑ 이윤 = TR - TC ➜ 이윤 = $Pq_2 - 10q_2 = (70 - q_1 - q_2)q_2 - 10q_2$
ⓒ 이윤극대화를 위해 q_1으로 미분하면 $70 - 2q_2 - q_1 - 10 = 0$ ➜ $q_2 = 30 - 0.5q_1$이다.
2) 꾸르노 모형에서의 생산량
① 한계비용이 동일한 경우 완전경쟁수준의 $\frac{2}{3}$를 생산하여 각각 $\frac{1}{3}$씩 생산한다.
② 완전경쟁에서는 P=MC이므로 $70 - Q = 10$이므로 Q=60이므로 각각 20씩 생산 총 40을 생산한다.
③ 각 기업은 이윤은 위의 수식에 대입하면 $30 \times 20 - 10 \times 20 = 400$이다.
3) 슈타겔버그 모형
슈타겔버그 모형에서는 완전경쟁일 때 생산량의 선도자가 $\frac{1}{2}$, 추종자가 $\frac{1}{4}$을 생산한다.
4) 지문분석
③ 두 기업이 담합을 하는 경우 독점기업처럼 되므로 꾸르노 모형의 균형에서보다 각 기업의 이윤이 증가하며 소비자 후생은 감소한다.
⑤ 기업 1이 선도자로 생산량을 결정하는 슈타켈버그 모형의 균형에서는 꾸르노 모형의 균형에서보다 전체 생산량이 증가하므로 소비자의 후생이 증가한다.

해커스공기업 쉽게 끝내는 경제학 기본서

제6장

생산요소시장과 소득분배

한계수입생산	$MRP_L = \dfrac{\Delta TR}{\Delta L} = \dfrac{\Delta Q}{\Delta L} \times \dfrac{\Delta TR}{\Delta Q} = MP_L \times MR$
한계요소비용	$MFC_L = \dfrac{\Delta TC}{\Delta L} = \dfrac{\Delta Q}{\Delta L} \times \dfrac{\Delta TC}{\Delta Q} = MP_L \times MC$
생산요소시장의 이윤극대화 고용량 조건	$MRP_L = MFC_L$

1. 생산요소시장의 의미와 특징

(1) 의미

생산요소가 거래되는 시장을 의미하며 노동, 자본, 토지시장이 여기에 해당한다.

(2) 소득분배의 결정

생산요소시장에서 생산요소의 가격과 고용량이 결정되는데 이는 생산요소의 소득을 결정한다.

(3) 파생수요

① 생산물시장에서 이윤극대화 원리에 의해 생산량이 결정되면 이에 따라 생산요소의 수요가 결정된다.

② 따라서 생산요소의 수요는 생산물시장에서 결정된 생산물수요에 의하여 그 크기가 결정되는 파생수요 (Derived Demand)의 성격을 가지고 있다.

2. 한계수입생산(MRP: Marginal Revenue Product)

(1) 의미

한계수입생산이란 생산요소를 1단위 추가적으로 고용할 때(노동자를 1명 더 고용할 때)의 총수입 증가분 으로 다음과 같이 나타낸다.

$$MRP_L = \frac{\Delta TR}{\Delta L} = \frac{\Delta Q}{\Delta L} \times \frac{\Delta TR}{\Delta Q} = MP_L \times MR \;\; \rightarrow \;\; 한계수입생산 = 한계생산물 \times 한계수입$$

(2) 특징

① 수확체감의 법칙에 의해 한계생산물(MP_L)이 체감한다.

② 한계수입(MR)은 생산물시장이 완전경쟁이면 일정하고 불완전경쟁이면 감소하므로 한계수입생산물곡선은 우하향한다.

③ VMP_L(Value of Marginal Product: 한계생산물가치)는 $P \times MP_L$이다.

④ 노동시장이 완전경쟁시장이라면 P = MR이므로 한계수입생산 = 한계생산물가치이다.

(3) 요소수요곡선

① 한계수입생산물곡선(MRP_L)이 노동수요곡선이 된다.

② 생산물시장이 완전경쟁일 경우는 한계수입생산물과 한계생산물가치가 같으므로 한계생산물가치곡선(VMP_L)을 노동수요곡선이라고 부른다.

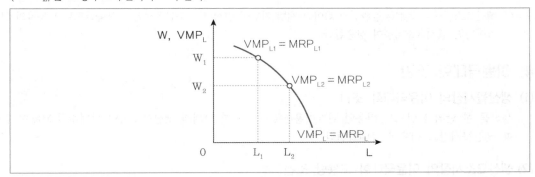

③ 생산물시장이 불완전경쟁일 때 P > MR이므로 $VMP_L > MRP_L$가 성립한다. 따라서 VMP_L곡선은 노동수요곡선(MRP_L곡선)의 상방에 위치한다.

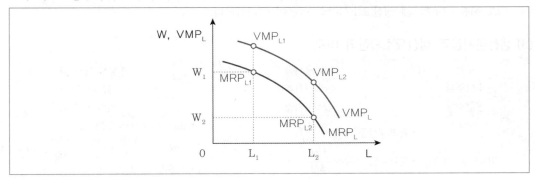

3. 한계요소비용(MFC: Marginal Factor Cost)

(1) 의미

한계요소비용이란 생산요소를 1단위 추가적으로 고용할 때(노동자를 1명 더 고용할 때)의 총비용의 증가분으로 다음과 같이 나타낸다.

$$MFC_L = \frac{\Delta TC}{\Delta L} = \frac{\Delta Q}{\Delta L} \times \frac{\Delta TC}{\Delta Q} = MP_L \times MC \ \rightarrow \ \text{한계요소비용} = \text{한계생산물} \times \text{한계비용}$$

(2) 요소시장의 형태와 한계요소비용

① 한계요소비용곡선은 요소시장의 형태에 따라 다르게 나타난다.

② 생산요소시장이 완전경쟁시장이면 시장에서 정해진 가격을 개별 기업이 그대로 받아들이므로 한계요소비용(= w)은 일정하다.

③ 생산요소시장이 독점(= 불완전경쟁)이면 개별 기업이 인식하는 공급곡선은 우상향하므로 노동자의 고용이 늘어나면 한계요소비용이 상승한다.

4. 이윤극대화 조건

(1) 생산물시장의 이윤극대화 조건

생산물 한 단위를 만드는 비용인 한계비용(MC)과 그 한 단위의 생산물수입인 한계수입(MR)이 같아질 때 생산물시장의 이윤이 극대화된다.

(2) 생산요소시장의 이윤극대화 고용량 조건

생산요소를 1단위 추가적으로 고용할 때(노동자를 1명 더 고용할 때) 총비용의 증가분인 한계요소비용(MFC_L)과 그 노동자가 만든 재화를 팔아 얻은 수입인 한계수입생산물(MRP_L)이 같아질 때까지 생산요소(노동)를 고용할 때 생산요소시장의 이윤이 극대화된다.

(3) 생산물시장과 생산요소시장의 비교

구분	생산물시장	생산요소시장
수요주체	소비자(가계)	생산자(기업)
공급주체	생산자(기업)	소비자(가계)
이용되는 개념	• 한계생산물 $MP_L = \frac{\Delta Q}{\Delta L}$ • 한계수입 $MR = \frac{\Delta TR}{\Delta Q}$ • 한계비용 $MC = \frac{\Delta TC}{\Delta Q}$	• (노동의) 한계수입생산물 $MRP_L = \frac{\Delta TR}{\Delta L} = \frac{\Delta Q}{\Delta L} \times \frac{\Delta TR}{\Delta Q} = MP_L \times MR$ • (노동의) 한계요소비용 $MFC_L = \frac{\Delta TC}{\Delta L} = \frac{\Delta Q}{\Delta L} \times \frac{\Delta TC}{\Delta Q} = MP_L \times MC$
이윤극대화 조건	$MR = MC$	$MRP_L = MFC_L$

X재 생산에 대한 현재의 노동투입 수준에서 노동의 한계생산은 30, 평균생산은 35, X재의 시장 가격은 10일 경우, 노동의 한계생산물가치(VMP_L)는? (단, 상품시장과 생산요소시장은 모두 완전경쟁시장이다)

① 200   ② 255   ③ 300   ④ 340   ⑤ 400

정답 및 해설

1) 한계생산물 가치는 P × MP이다.
2) 따라서 한계생산물가치는 10 × 30 = 300이다.

정답: ③

핵심 Check: 생산물시장 완전경쟁 – 생산요소시장 완전경쟁인 경우 이윤극대화 고용량

요소수요	$MRP_L = VMP_L$
요소비용	$MFC_L = w$(일정)
이윤극대화 고용량 조건	$VMP_L = w$ ➡ $P \times MP_L = w$

1. 요소수요

(1) 요소수요는 VMP_L 곡선

① 생산물시장이 완전경쟁이면 개별 기업은 생산물 공급자로서 가격수용자이므로 $P = AR = MR$이 성립한다.

② $MRP_L = MP_L \times MR = MP_L \times P = VMP_L$

③ 생산물시장과 생산요소시장이 모두 완전경쟁인 경우의 노동수요 VMP_L 곡선이 생산요소수요곡선이 된다.

(2) 요소수요의 결정요인(노동수요)

결정요인	이유	요소수요(L)
해당 재화 가격 상승	$VMP_L = MP_L \times P$	증가
생산성 향상(MP$_L$ 증가)	$VMP_L = MP_L \times P$	증가
해당 재화 수요 증가	파생수요	증가
대체요소(K)의 가격 상승	K를 L로 대체	증가
대체요소(K)의 생산성 향상	K 요소수요 증가	감소

(3) 요소수요곡선의 가격탄력도 결정요인

결정요인	탄력적	비탄력적
대체생산요소	많다	적다
생산물수요의 가격탄력성	탄력적	비탄력적
다른 생산요소의 공급의 가격탄력성	탄력적	비탄력적
측정기간	길다	짧다
생산비 비중	크다	작다

2. 요소비용

(1) 요소비용

① 생산요소시장이 완전경쟁이면 무수히 많은 요소공급자와 수요자가 동질의 요소를 완전한 정보에 의해 거래하므로 개별 기업은 시장에서 정해진 임금을 받아들이는 요소가격수용자가 된다.

② 따라서 요소가격 w는 일정하다.

(2) 총요소비용, 평균요소비용, 한계요소비용

① 총요소비용(TFC_L; Total Factor Cost): $TFC_L = w \times L$

② 평균요소비용(AFC_L; Average Factor Cost): $AFC_L = \dfrac{TFC_L}{L} = \dfrac{wL}{L} = w$

③ 한계요소비용(MFC_L; Marginal Factor Cost): $MFC_L = \dfrac{dTFC_L}{dL} = \dfrac{d(wL)}{dL} = w$

생산요소시장이 완전경쟁이면 $w = AFC_L = MFC_L$이 성립한다.

3. 노동공급곡선

(1) 개별노동공급

① 개별 근로자의 노동공급량은 개별 근로자의 소득과 여가에 대한 효용극대화 소비선택에 따라 결정된다.

② 일반적으로 임금이 상승할 때 개별 근로자의 노동공급량이 증가하므로 개별노동공급곡선은 우상향한다.

③ 임금이 상승할 경우 여가가 정상재이고 소득효과가 대체효과보다 크다면 후방굴절 노동공급곡선이 도출된다.

(2) 시장노동공급

① 시장노동공급곡선은 개별노동공급곡선의 수평 합으로 도출된다.

② 시장 전체의 노동공급곡선은 일반적으로 후방굴절현상이 발생하지 않는다.

4. 생산요소시장의 균형

(1) 개별 기업의 균형

① 요소시장이 완전경쟁: 개별 기업은 가격수용자이므로 주어진 임금 w_0수준에서 원하는 만큼의 고용이 가능하다. 따라서 개별 기업이 직면하는 노동공급곡선은 수평선인 $w_0 = MFC_L = AFC_L$(평균요소비용)이 된다.

② 생산물시장이 완전경쟁: 노동수요곡선은 $VMP_L = MP_L \times P$이 되므로 결정된 w_0의 임금으로 l_0만큼의 노동을 고용한다.

③ 그래프

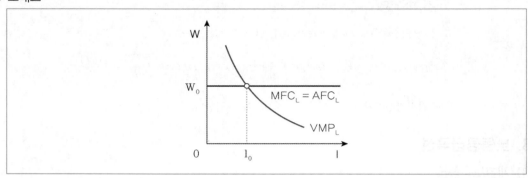

(2) 시장 전체의 균형

① 시장 전체의 노동수요곡선(D_L)은 개별 기업의 노동수요곡선의 수평 합이다.

② 시장 전체 노동공급곡선(S_L)과 노동수요곡선(D_L)의 교점 E에서 임금 w_0, 노동량 L_0이 결정된다.

③ 그래프

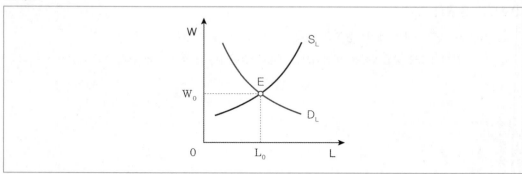

기업 A의 생산함수는 $Q=2\sqrt{L}$ 이며, 생산물의 가격은 10, 임금률은 1이다. 이윤을 극대화하는 노동투입량 (L^*)과 산출량(Q^*)은? (단, Q는 산출량, L은 노동투입량이며, 생산물시장과 노동시장은 완전경쟁시장이다)

① L^*=100, Q^*=10

② L^*=100, Q^*=20

③ L^*=200, Q^*=10

④ L^*=200, Q^*=20

⑤ L^*=300, Q^*=10

정답 및 해설

1) 완전경쟁시장의 이윤극대화 고용량 조건은 $P \times MP_L = w$이다.

2) 문제의 조건에서 $MP_L = \dfrac{2}{2\sqrt{L}}$ 이다.

3) 문제의 조건을 대입하면 $10 \times \dfrac{2}{2\sqrt{L}} = 1$ ➔ L = 100, Q = 20이다.

정답: ②

핵심 Check: 생산물시장 불완전경쟁(독점) – 생산요소시장 완전경쟁인 경우 이윤극대화

요소수요	MRP_L
요소비용	$MFC_L = w$(일정)

1. 요소수요

(1) 생산물시장이 불완전경쟁일 경우

생산물시장이 불완전경쟁이면 개별 기업은 생산물 공급자로서 $P > MR$이 성립한다.

(2) 요소수요는 MRP_L곡선

① $MRP_L = MP_L \times MR < VMP_L = P \times MP_L$이다.

② 요소수요곡선은 VMP_L곡선 하방에 존재하는 MRP_L이 된다.

2. 요소비용

(1) 요소비용

① 생산요소시장이 완전경쟁이면 무수히 많은 요소공급자와 수요자가 동질의 요소를 완전한 정보에 의해 거래하므로 개별 기업은 시장에서 정해진 임금을 받아들이는 요소가격수용자가 된다.

② 따라서 요소가격 w는 일정하다.

(2) 총요소비용, 평균요소비용, 한계요소비용

① 총요소비용(TFC_L; Total Factor Cost): $TFC_L = w \times L$

② 평균요소비용(AFC_L; Average Factor Cost): $AFC_L = \dfrac{TFC_L}{L} = \dfrac{wL}{L} = w$

③ 한계요소비용(MFC_L; Marginal Factor Cost): $MFC_L = \dfrac{dTFC_L}{dL} = \dfrac{d(wL)}{dL} = w$

생산요소시장이 완전경쟁이면 $w = AFC_L = MFC_L$이 성립한다.

3. 생산요소시장의 균형

(1) 이윤극대화 고용량 조건

시장의 형태와 관계없이 이윤극대화 조건은 $MRP_L = MFC_L$이다.

(2) 그래프

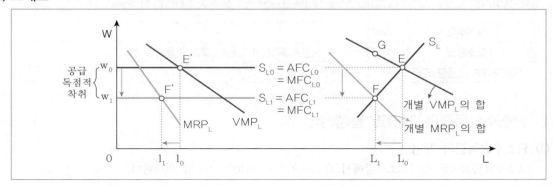

① 시장 전체는 균형점 F에서 전체 노동량 L_1 임금이 w_1으로 결정되어 개별 기업은 $w_1 = MRP_L$을 만족시키는 노동량 l_1을 고용한다.

② 생산물시장이 불완전경쟁이 되면 임금이 하락하는데 그 차이인 $w_0 - w_1$을 공급독점적 착취라 한다.

핵심 Check: 생산물시장 독점 – 생산요소시장 불완전경쟁(수요독점)인 경우 이윤극대화

요소수요	MRP_L
요소공급	$MFC_L = w$ ➜ 노동공급곡선과 절편은 같고 기울기는 2배
이윤극대화 고용량 조건	$MRP_L = MFC_L$

1. 요소수요독점의 개념과 발생원인

(1) 요소수요독점의 개념

요소수요독점이란 생산요소시장에서 요소수요자가 1명뿐인 경우를 의미한다.

예 한 도시에 방송국이 하나만 있다면 연기자는 하나뿐인 방송국에서 일해야 하므로 방송국이 수요독점자이다.

(2) 발생원인

생산요소의 전문화나 정부정책 등에 의해 발생한다.

2. 요소수요독점인 경우의 요소수요곡선과 요소공급곡선

(1) 요소수요곡선

일반적으로 요소수요독점이 되면 생산물시장도 불완전경쟁(독점)이 되므로 요소수요곡선은 존재하지 않는다.

참고 문제풀이 시 MRP_L를 요소수요로 생각하고 풀면 된다.

(2) 요소공급곡선

① 요소수요독점이 되면 시장의 노동공급곡선이 기업의 노동공급곡선이 된다.

② 따라서 고용량을 증가시키기 위해서는 이전보다 높은 임금을 지불하여야 한다.

③ 생산요소공급곡선은 시장 전체 요소공급곡선인 $S_L = AFC_L = w$이 되어 우상향하게 된다.

(3) MFC_L이 AFC_L보다 큰 이유

① 직관적 설명: 평균(AFC_L)이 증가하려면 한계(MFC_L) > 평균(AFC_L)의 상태에 있어야 한다.

② 수리적 설명

    ㉠ 생산물시장에서 독점인 A기업을 노동시장의 수요독점자라 하고 이 기업이 직면하는 노동공급곡선을 $w = 50 + 10L$라고 가정하자.

    ㉡ $AFC_L = \dfrac{TFC_L}{L} = \dfrac{wL}{L} = w$이므로 $AFC_L = w = 50 + 10L$이다.

    ㉢ MFC_L은 TFC_L을 미분하여 얻은 값이므로 총요소비용인 TFC_L은 임금과 노동의 곱으로 구한다.

    ㉣ 따라서 $TFC_L = 50L + 10L^2$이다. 이를 L로 미분하여 구한 $MFC_L = 50 + 20L$이다.

③ 결론: 한계요소비용(MFC_L)곡선은 AFC_L의 기울기의 2배로 상방에 존재하게 된다.

3. 요소수요독점인 경우의 균형

(1) 생산요소시장의 이윤극대화 고용량 조건

한계수입생산물(MRP_L) = 한계요소비용(MFC_L)이다.

(2) 그래프

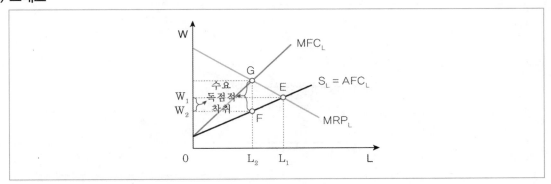

① 요소수요독점인 기업은 MRP_L과 MFC_L의 교점인 G점에서 고용량 L_2을 결정한다.

② 독점적 지위를 가진 기업이므로 요소수요곡선이 존재하지 않아 임금은 공급곡선 $S_L = AFC_L$에 의해 결정된 w_2을 지급한다.

③ 균형고용량 L_2에서 수요독점적 착취가 성립한다.

④ $w_1 - w_2$을 수요독점적 착취라 한다. 다만, 경우에 따라서는 MRP_L과 임금의 차이인 G점 - F점을 수요독점적 착취로 본다.

4. 노동수요독점과 최저임금제

(1) 최저임금제 실시로 고용량이 증가하는 경우

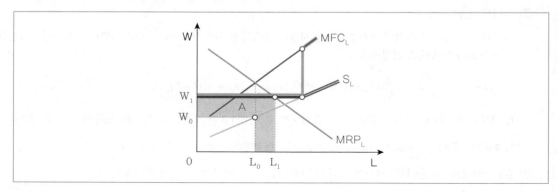

① 최초 상태의 임금은 w_0, 고용량은 L_0이다.

② w_1으로 최저임금제를 실시하게 되면 한계요소비용곡선이 변동하여 L_1으로 고용량이 바뀌게 된다.

③ 임금 상승과 고용량 증가로 인하여 A만큼 총노동소득이 증가한다.

(2) 최저임금제 실시로 고용량이 불변하는 경우

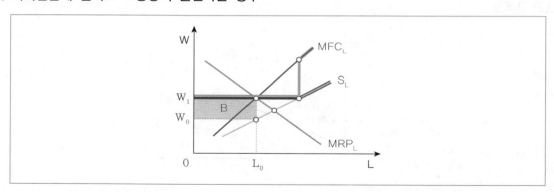

① 최초 상태의 임금은 w_0, 고용량은 L_0이다.

② w_1으로 최저임금제를 실시하게 되면 한계요소비용곡선이 변동하지만 고용량은 변화가 없다.

③ 고용량은 불변하지만 임금이 상승하므로 B만큼 총노동소득이 증가한다.

어느 마을의 노동공급이 $L = w - 40$와 같이 주어져 있다. 여기서 w는 임금률, L은 노동량이다. 이 마을의 기업은 A사 하나밖에 없는데, A사의 한계수입생산은 $L = 55 - w$이다. 이 마을 사람들은 다른 곳에서는 일자리를 구할 수 없다. 이때 A사는 임금률로 얼마를 책정하겠는가?

① 5 　　　　　 ② 10 　　　　　 ③ 35 　　　　　 ④ 45

정답 및 해설

1) 노동공급곡선이 $L = w - 40$이므로 $w = L + 40$이 된다. 그러므로 총요소비용은 $TFC_L = w \cdot L = L^2 + 40L$이므로 이를 L에 대해 미분하면 한계요소비용 $MFC_L = 2L + 40$이다.
2) $MRP = MFC$일 때 이윤극대화가 이루어진다.
3) 한계수입생산이 $L = 55 - w$이므로 $w = 55 - L$가 되고 이윤극대화 고용량은 $2L + 40 = 55 - L$ ➡ $3L = 15$
   ∴ $L = 5$가 된다.
4) 노동공급곡선에 대입하면 임금은 45가 된다.

정답: ④

핵심 Check: 공급독점 요소시장

이윤극대화 고용량	$MR = MC$
총임금극대화 고용량	$MR = 0$
총수입극대화 고용량	$MRP_L = MC$

1. 공급독점생산 요소시장의 의미와 특징

(1) 의미

생산요소 공급을 독점한다는 것이며 여러 기업이 사용하는 특정한 광물을 생산하는 기업이 하나뿐인 경우 이에 해당한다.

(2) 특징

요소공급자의 이윤극대화 추구에 따라 시장균형이 성립한다.

(3) 요소공급독점자의 이윤극대화 요소공급

① 요소공급독점자의 이윤극대화 균형은 생산물시장 독점이론을 원용하여 분석한다.

② 요소공급자는 요소공급에 따른 한계비용(MC: 요소 1단위 추가 공급 시 늘어나는 총비용)과 한계수입(MR: 요소 1단위 추가 공급 시 늘어나는 총수입)이 같아지도록 요소를 공급하여 요소공급의 이윤을 극대화한다.

③ 시장요소수요곡선은 요소공급에 따른 평균수입(AR)곡선이 되며, 요소공급에 따른 한계수입(MR)곡선은 평균수입곡선의 하방에 위치한다.

2. 이윤극대화, 총임금극대화, 고용량극대화

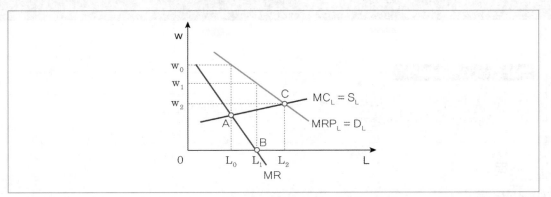

① **이윤극대화 추구 시(A):** 공급독점자의 입장에서 보면 자신이 공급하는 생산요소가 자신의 생산물이기에 생산요소의 공급독점자가 이윤극대화를 추구한다면 MR = MC인 수준에서 자신의 생산물을 공급한다.

② **총임금극대화 추구 시(B):** 노동공급에 따른 한계수입(MR)이 0인 점에서 노동공급량을 결정한다.

③ **고용량극대화 추구 시(C):** 노동수요(MRP_L)와 노동공급(MC_L)이 교차하는 점에서 노동공급량을 결정한다.

3. 쌍방독점 요소시장

(1) 의미

① 요소수요기업과 요소공급자가 각각 자신의 이윤극대화를 추구한다.

② 따라서 유일한 시장균형은 성립할 수 없으며 양자의 협상력에 따라 요소가격과 고용량이 결정된다.

(2) 이윤극대화

① 요소수요독점기업의 요소고용의 이윤극대화 조건은 $MRP_L = MFC_L$이다.

② 요소공급독점자의 요소공급의 이윤극대화 조건은 MC = MR이다.

③ 위의 조건을 바탕으로 임금과 고용량은 수요독점자와 공급독점자의 협상에 의해 결정된다.

핵심 Check: 소득과 저축

경상소득	정기적 소득 ➜ 근로, 사업, 재산, 이전소득
비경상소득	비정기적 소득

1. 소득

(1) 경상소득

① 근로소득: 노동의 대가로 얻은 봉급이나 임금

② 사업·부업소득: 사업을 하여 획득한 이윤이나 부업을 통해 얻은 소득, 경영에 대한 이윤

③ 재산소득: 재산(자본, 주식, 토지, 주택)으로부터 얻은 소득 **예** 이자, 배당금, 임대료

④ 이전소득: 생산에 직접 참여하지 않고 무상으로 얻은 소득
   예 정부로부터 받는 각종 연금, 생계비 등의 사회보장금

(2) 비경상소득

예상치 못하거나 일시적으로 들어오는 소득이다. **예** 퇴직금, 복권당첨금, 상여금, 장학금

2. 저축

(1) 의미

소득 중 소비하지 않는 부분으로 미래의 소비를 위해 현재의 소비를 줄인 것이다.

(2) 저축의 장점

적정한 저축은 투자 자금의 원천으로 국민경제성장의 기본이며 높은 저축률은 외채 의존율을 줄인다.

(3) 저축의 단점(저축의 역설)

저축 증가가 총수요를 줄이고, 생산 위축, 실업 증가, 소득 감소로 이어져서 결국 경제성장에 부정적 영향을 미치는 현상을 저축의 역설이라 한다.

다음 중 소득의 사례와 소득 원천을 바르게 연결한 것은? (단, 집세는 임대사업자가 아닌 개인소득이다)

① 월급 - 사업소득, 집세 - 근로소득

② 집세 - 재산소득, 월급 - 근로소득

③ 월급 - 이전소득, 집세 - 사업소득

④ 집세 - 근로소득, 기초연금 - 이전소득

⑤ 월급 - 근로소득, 기초연금 - 사업소득

정답 및 해설

월급은 근로소득, 집세는 재산소득, 기초연금은 이전소득이다.

정답: ②

임금	명목임금(w), 실질임금($\frac{w}{P}$)
이자율	명목이자율, 실질이자율
경제적 지대	생산자잉여에 해당, 공급의 가격탄력성이 비탄력적일수록 커짐

1. 임금

(1) 의미

① 노동: 노동자가 재화나 서비스를 생산하는 생산활동으로서 노동서비스를 의미하며 일정 기간 측정한 유량 변수이다.

② 임금: 생산과정에서 노동자가 제공하는 노동서비스에 대한 대가이다.

(2) 종류

① 명목임금

㉠ 노동자가 노동서비스를 제공한 대가로 지불받는 명시적인 화폐액이다.

㉡ 명목임금(w)을 화폐임금이라고도 한다.

② 실질임금

㉠ 명목임금으로 구입할 수 있는 재화나 서비스의 수량으로서 명목임금이 지니는 실질적인 구매력을 의미한다.

㉡ 실질임금($\frac{w}{P}$)은 명목임금(w)을 물가(P)또는 재화의 가격으로 나눈 값으로서 노동자의 생활수준을 측정할 수 있는 지표가 된다.

2. 이자(interest)

(1) 경제학에서의 자본

자본이란 재화를 생산하기 위해 생산된 생산요소로서 소비자들이 직접 소비하는 소비재와 구분하여 생산재라고 한다.

(2) 자본의 가격

① 자본의 가격은 기계나 설비와 같은 자본재 그 자체의 가격이 아니라, 그것의 서비스를 일정 기간 사용하는 것에 대해 지급하는 대가, 즉 자본서비스의 가격인 임대료를 의미하며 이를 이자라 한다.

② 이자율은 차입한 자본에 대한 이자의 크기를 백분율로 나타낸 것이다.

$$이자율 = \frac{이자}{자본재\ 가격} \times 100$$

(3) 이자율의 종류

① 명목이자율: 화폐단위로 측정한 원금과 이자의 비율이다.

② 실질이자율: 실물단위로 측정한 원금과 이자의 비율이다.

3. 지대

(1) 의미

① 지대(Rent)란 원래 토지같이 그 공급이 완전히 고정된 생산요소에 대하여 지불되는 보수를 의미한다.

② 오늘날은 공급이 고정된 생산요소에 대한 보수로 확대 해석한다.

(2) 지대학설

① D.Ricardo의 차액지대설: 지대는 토지의 위치나 비옥도에 따른 생산성의 차이에 의해서 발생한다. 즉, 한계지(노는 땅)에는 지대가 발생하지 않았으나 인구 증가에 의한 곡물가격 상승으로 인하여 한계지가 경작되면 기존의 우등한 토지의 지대가 상승한다.

② K.Marx의 절대지대설: 지대는 자본주의하의 토지사유화로 인하여 발생한다. 즉, 토지의 위치나 비옥도에 관계없이 토지소유자의 요구로 지대가 발생하며 지대의 상승으로 인하여 곡물가격이 상승한다.

(3) 전용수입과 경제적 지대

① 전용수입(Transfer Earnings: 이전수입): 생산요소를 현재의 고용상태에 붙들어 두기 위하여 지불하여야 하는 최소금액을 의미하며 이는 생산요소공급에 의한 기회비용을 의미한다.

② 경제적 지대(Economic Rent): 경제적 지대란 어떤 생산요소가 현재 고용되고 있는 곳에서 받는 일정한 금액의 보수 중 전용수입을 제외한 부분을 의미하며 이는 생산요소가 얻은 소득 중에서 기회비용을 초과하는 부분으로 생산요소 공급자의 잉여라 할 수 있다. 생산물시장의 공급자잉여를 생산자잉여라 하면, 생산물요소시장의 공급자잉여를 경제적 지대라 한다.

(4) 지대추구행위

지대추구행위란 고정된 생산요소로부터 발생되는 경제적 지대를 얻거나 지키기 위하여 단체행동이나 로비활동, 뇌물수여 등을 하는 것이다. 지대추구행위를 하면 사회 전체적으로 자원의 낭비를 초래하여 사회적 후생은 감소한다.

(5) 생산요소공급의 탄력도에 의한 경제적 지대의 변화

생산요소공급의 탄력도가 클수록 전용수입이 커지며, 완전탄력적(요소공급곡선이 수평선)이면 요소소득이 모두 전용수입이 되고 완전비탄력적(요소공급곡선이 수직선)이면 요소소득이 모두 경제적 지대가 된다.

① 요소공급이 완전탄력적: 요소공급곡선이 수평, 요소소득의 전부가 전용수입(A)이다.

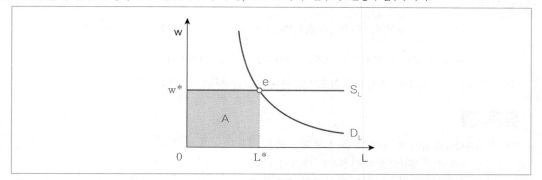

② 일반적인 경우: 요소공급곡선이 우상향, 경제적 지대(B)와 전용수입(A)이 동시에 발생한다.

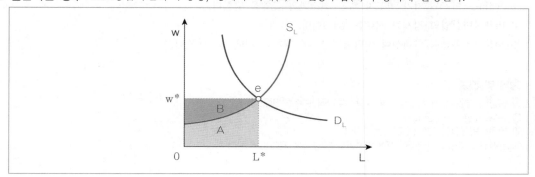

③ 요소공급이 완전비탄력적: 요소공급곡선이 수직, 요소소득의 전부가 경제적 지대(B)이다.

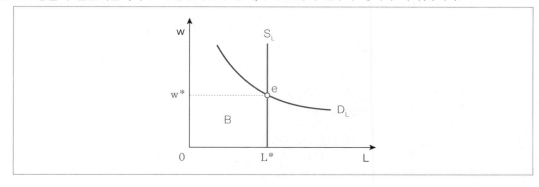

(6) 준지대

> 준지대 = 총수입 - 총가변비용 = 총고정비용 + 초과이윤(혹은 손실)

① 공장설비 등과 같이 단기적으로 고정된 생산요소에 대한 보수이다.

② 장기에는 고정요소가 존재하지 않으므로 준지대도 존재하지 않는다.

확인문제

경제적 지대(economic rent)에 관한 설명으로 옳은 것은?

① 공급이 신축적인 생산요소에 발생하는 추가적 보수를 말한다.

② 유명 연예인이나 운동선수의 높은 소득과 관련이 있다.

③ 생산요소의 공급자가 받고자 하는 최소한의 금액을 말한다.

④ 비용불변산업의 경제적 지대는 양(+)이다.

⑤ 생산요소공급의 탄력성이 비탄력적일수록 경제적 지대는 작아진다.

정답 및 해설

① 공급이 제한된 생산요소에 발생하는 추가적 보수를 말한다.

③ 전용수입에 해당한다.

④ 비용불변산업의 경제적 지대는 0이다.

⑤ 생산요소공급의 탄력성이 비탄력적일수록 경제적 지대는 커진다.

정답: ②

08 계층별 소득분배와 사회보장제도

1. 계층별 소득분배이론의 의미

소득이 가장 큰 사람부터 차례로 배열했을 때 각 소득계층에 소득이 얼마나 균등하게 분배되어 있는지 분석하는 이론이다.

2. 소득분배 불평등과 임금격차의 발생원인

(1) 소득분배 불평등의 발생원인

① 개인적인 요인: 개인별 능력이나 노력의 차이, 교육·훈련기회의 차이, 출신환경(부모의 교육정도 등), 상속재산의 차이 등이 있다.

② 사회적인 요인: 신분제도와 남녀차별 등의 사회제도, 경제성장 위주의 정책하에 농민·노동·기업가 사이의 소득분배의 불균형이 발생하는 경제제도, 조세제도나 사회복지제도 등의 경제구조변화에 따른 노동시장의 변화 등이 있다.

③ 기타 요인: 운(Luck), 자산가격변동 등이 있다.

(2) 임금격차의 발생원인

① 작업조건에 따른 요인: 어렵고 위험한 직업의 임금이 더 높다. 이를 보상적 임금격차라고 한다.

② 인적자본에 따른 요인: 인적자본(교육, 훈련 등에 의한 지식)수준이 높으면 생산성이 높기 때문에 임금도 높다.

3. 소득분배론

(1) 공리주의(Unitarianism)

국민들의 행복도(만족도)의 합을 최대로 하는 것을 목표로 한다. (최대다수의 최대행복) 단, 한계효용체감의 법칙을 가정하므로 소득재분배정책은 필요하다고 보는 입장이다. 그러나 재분배정책을 과도하게 할 경우 근로의욕을 떨어뜨려 사회 전체의 부를 증진시키는 원동력을 떨어뜨릴 수 있고 세금 징수와 배분 과정의 누수현상이 일어난다며 적절한 수준에서 정책을 펴야 한다고 주장한다.

(2) 존 롤스의 점진적 자유주의(Liberalism)

절차적 공정성을 따르면 내용과 관계없이 정의라고 본다. 사회적, 자연적 우연성을 배제한 '무지의 베일' 상태에서는 최소 수혜자 최대의 원칙이 지켜질 것이라고 생각한다.

(3) 로버트 노직의 급진적 자유주의(Libertarianism)

소득재분배는 필요 없다고 주장한다. 최약자를 기준으로 재분배를 할 경우 열심히 노력한 사람을 역차별하게 된다고 본다. 노직은 이에 따라 재분배정책은 필요 없으며 모든 사람들에게 기회를 균등하게 제공하는 것이 정의라고 주장한다.

4. 경제발전과 소득분배: 쿠즈네츠의 U자 가설

(1) 경제발전 초기

소득분배가 비교적 균등하지만, 절대적 빈곤이 문제가 된다.

(2) 경제발전 진행

① 절대빈곤에서는 벗어나지만 소득분배의 불균등이 악화되며, 상대적 빈곤이 문제가 된다.

② 소득분배상태가 악화되는 이유는 자본축적의 부족으로 인한 선택과 집중방식 등이 있다.

(3) 경제발전 후기

소득재분배정책과 고용보험, 연금제도, 의료보험제도, 최저임금제 등을 실시하기 때문에 소득불균등상태가 점차 개선된다.

(4) 그래프

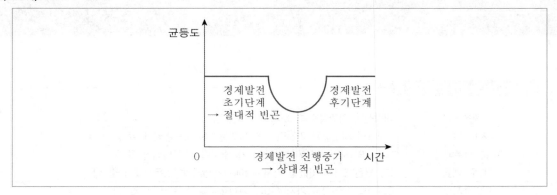

5. 사회보장제도

구분	사회 보험	공공 부조
목적	산업재해, 노령, 실업 등 미래의 불안에 대처	생활 무능력자의 최저생활 보장
대상	경제적 능력이 있는 사람	경제적 능력이 없는 사람
재정부담	본인, 기업, 국가	국가가 비용 전액 부담
종류	국민연금, 국민건강보험, 산업재해보험, 고용보험, 노인장기요양보험	의료급여, 국민 기초생활 제도, 기초 노령연금 제도
특징	• 강제 가입을 원칙으로 함 • 수혜 여부와 상관없는 능력별 부담 • 상호 부조 • 사전 예방, 보편적 복지	• 소득재분배 효과 큼 • 대상자 선정 시 부정적 낙인 • 복지병(근로의욕 저하, 국가 재정부담 증가) • 사후 처방, 선별적 복지

핵심 Check: 소득분배지표

로렌츠곡선	대각선에 가까울수록 소득분배가 잘 됨
지니계수	0과 1의 사잇값을 가지며 0에 가까울수록 소득분배가 잘 됨
10분위 분배율	2와 0의 사잇값을 가지며 2에 가까울수록 소득분배가 잘 됨
5분위 배율	1과 무한대의 사잇값을 가지며 1에 가까울수록 소득분배가 잘 됨
앳킨슨지수	0과 1의 사잇값을 가지며 0에 가까울수록 소득분배가 잘 됨

1. 로렌츠곡선

(1) 정의

로렌츠곡선은 계층별 소득분포 자료로 세로축을 소득누적점유율, 가로축을 인구누적점유율로 나타낸 곡선을 의미한다.

(2) 균등 정도의 판단

소득분배가 균등할수록 로렌츠곡선은 대각선에 접근한다.

(3) 평가(서수적 소득분배)

① 소득분포상태를 시각적으로 나타내므로 간단명료하나 불평등 정도를 측정할 수 없다.

② 로렌츠곡선이 서로 교차하는 경우 소득분배상태를 비교할 수 없다는 단점이 있다.

(4) 그래프

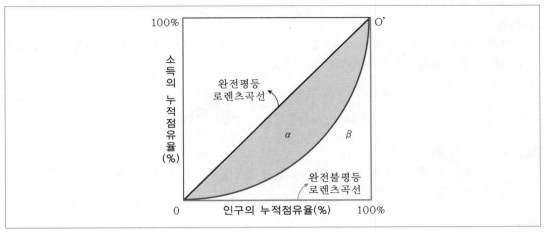

① 직선OO': 완전평등

② 곡선OO': 면적 α가 클수록 불평등

③ 직각선OTO': 완전불평등

2. 지니계수

(1) 정의

지니계수란 로렌츠곡선에서 나타난 소득분배상태를 수치로 나타낸 것으로 다음과 같이 나타낸다.

$$지니계수 = \frac{\alpha}{\alpha + \beta}$$

(2) 균등 정도의 판단

지니계수가 취하는 값의 범위는 0 ≤ 지니계수 ≤ 1로 그 값이 작을수록 소득분배가 평등하며 소득분배가 완전히 균등하면 지니계수의 값은 0이다.

(3) 평가(기수적 소득분배)

① 측정이 간단하여 많이 이용되고 있으나 전 계층의 소득분배상태를 하나의 수치로 나타내므로 특정 소득계층의 소득분배상태를 나타내지 못한다.

② 두 로렌츠곡선이 교차하면 비교할 수 없다는 단점이 있다.

3. 10분위 분배율

(1) 정의

10분위 분배율이란 계층별 소득분포 자료에서 최하위 40%의 소득점유율이 최상위 20%의 소득점유율에서 차지하는 비율을 의미하며 다음과 같이 측정한다.

$$10분위\ 분배율 = \frac{최하위\ 40\%\ 소득계층의\ 소득점유율}{최상위\ 20\%\ 소득계층의\ 소득점유율}$$

(2) 균등 정도의 판단

10분위 분배율이 취하는 값의 범위는 0 ≤ 10분위 분배율 ≤ 2로 그 값이 클수록 소득분배가 평등하며 소득분배가 완전히 균등하면 10분위 분배율의 값은 2이다.

(3) 평가

측정이 간단하여 많이 이용되고 있으나 최하위 40%와 최상위 20%만으로 구하므로 사회구성원 전체의 소득분배상태를 나타내지 못한다는 단점이 있다.

4. 앳킨슨지수

(1) 정의

앳킨슨지수란 현재의 평균소득과 균등분배 대등소득을 이용하여 나타낸 수치로 다음과 같이 정의된다.

$$A = 1 - \frac{Y_E}{Y_A}\ (Y_E: 균등분배\ 대등소득,\ Y_A: 현재의\ 평균소득)$$

(2) 균등 정도의 판단

① 소득분배가 완전 균등: $Y_E = Y_A$ ➜ A = 0

② 소득분배가 완전 불균등: $Y_E = 0$ ➜ A = 1

③ 앳킨슨지수가 취하는 값의 범위는 0 ≤ 앳킨스지수 ≤ 1로 그 값이 작을수록 소득분배가 평등하며 소득분배가 완전히 균등하면 앳킨슨지수(A)의 값은 0이다.

④ 분배 정도를 측정하는 수치는 지니계수와 동일하다.

(3) 평가

소득분배에 대한 사회구성원의 주관적인 가치가 반영된 개념으로 균등분배 대등소득이 작으면 앳킨슨지수는 커진다. (소득분배 불균등)

(4) 균등분배 대등소득

균등분배 대등소득이란 현재에 동일한 사회후생을 얻을 수 있는 완전히 평등한 소득분배상태에서의 평균소득을 의미한다.

(5) 그래프 분석

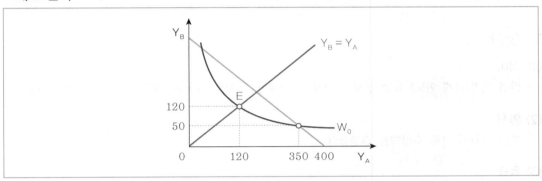

현재의 불평등한 상태에서의 각각의 소득이 50만 원과 350만 원이라면 1인당 평균소득이 200만 원이 된다. 이때 사회 전체의 후생 W_0를 나타내는 사회무차별곡선이 위 그래프와 같아서 사회구성원 모두에게 균등한 120만 원을 재분배해도 현재와 동일한 후생 W_0을 유지할 수 있다면 균등분배 대등소득은 120만 원이다. 이때 앳킨슨지수 $A = 1 - \dfrac{120}{200} = 1 - \dfrac{6}{10} = 0.4$이다.

확인문제

지니계수에 관한 설명으로 옳은 것은?
① 지니계수가 같으면 소득계층별 소득분포가 같음을 의미한다.
② 완전히 평등한 소득분배상태를 나타내는 45도 대각선과 로렌츠곡선이 일치한다면, 지니계수는 1이다.
③ 완전히 평등한 소득분배상태를 나타내는 45도 대각선과 로렌츠곡선 사이의 면적이 클수록 지니계수는 커진다.
④ 지니계수는 완전히 평등한 소득분배상태를 나타내는 45도 대각선의 길이를 로렌츠곡선의 길이로 나눈 값이다.
⑤ 지니계수는 빈곤층을 구분하기 위한 기준이 되는 소득수준을 의미한다.

정답 및 해설

지니계수는 0 ~ 1 사이의 값을 가지며 작을수록 소득분배가 잘 되었다고 볼 수 있다. 완전히 평등한 소득분배상태를 나타내는 45도 대각선과 로렌츠곡선 사이의 면적이 클수록 불평등에 가까워지므로, 지니계수는 커진다.

[오답체크]
① 지니계수가 같더라도 소득계층별 소득분포가 같음을 알 수 없다.
② 완전히 평등한 소득분배상태를 나타내는 45도 대각선과 로렌츠곡선이 일치한다면, 지니계수는 0이다.
④ 불평등 면적을 전체 면적으로 나눈 값이다.
⑤ 관련이 없다.

정답: ③

핵심 Check: 조세의 의미와 종류

납세자와 담세자의 일치 여부	일치하면 직접세, 일치하지 않으면 간접세
선형 조세	선형 누진세는 소득축 통과, 선형 비례세는 원점, 선형 역진세는 조세축 통과

1. 예산

(1) 의미
일정 기간(회계 연도) 동안 정부의 재정 수입(세입)과 지출(세출)에 대한 계획을 말한다.

(2) 원칙
지출 계획에 따른 수입액을 결정한다.

(3) 목표
국민의 복지수준을 향상하는 것이다.

(4) 예산의 편성과정

(5) 예산의 종류

① 본예산: 의회의 의결을 얻어 확정, 성립한 예산

② 수정예산: 정부가 예산안을 제출한 후 의결이 확정되기 이전에 예산의 일부를 변경한 예산

③ 추가경정예산: 본예산이 의회에서 의결된 이후 본예산에 추가 또는 변경을 가하여 변경한 예산

④ 준예산: 예산이 법정기한 내에 의회의 의결을 받지 못한 경우 최소 한도로 지출하는 예산

2. 조세의 의미와 특징

(1) 의미
국가 · 공공단체가 재정권에 의하여 일반 국민으로부터 개별적인 대가를 지급하지 않고 강제적으로 획득하는 수입이다.

(2) 조세의 특징

① 납세의 강제성: 시장에서의 물건 구입 여부는 자유이지만, 정부 서비스는 마음에 들지 않아도 세금을 납부해야 한다.

② 세 부담액 결정의 일방성: 정부 서비스로부터 혜택을 받은 수준과 상관없이 다른 기준에 의해(일반적으로는 소득수준) 담세액을 결정한다.

③ 납세에 대한 대가의 불확실성: 특정 항목의 세금을 제외하고는 납세의 목적이 불분명하다.

④ 세금 지출 용도의 불특정성: 세금은 반드시 정부가 어떤 서비스를 생산하기 위하여 사용되는 것은 아니다.

(3) 래퍼곡선

① 의미: 미국의 A. 래퍼가 제시한 세수와 세율과의 관계를 나타낸 곡선으로 아래 그래프를 보면 T^*보다 높은 세율은 경제주체의 경제활동 의욕을 감퇴시키고 국민경제활동을 위축시켜, 결과적으로 세수의 감소를 가져온다는 것을 의미한다.

② 그래프

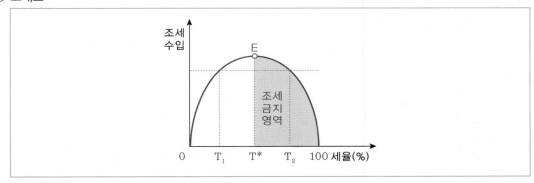

3. 직접세와 간접세

구분	직접세	간접세
의미	납세자 = 담세자 ∴ 조세전가 불가	납세자 ≠ 담세자 ∴ 조세전가 가능
과세대상	소득의 원천이나 재산의 규모	소비 지출 행위
종류	① 개인 소득: 개인 소득세, 법인세 ② 재산 규모: 종합부동산세, 재산세 ③ 재산의 상속·거래: 상속세, 증여세 등	부가가치세, 개별소비세, 주세, 증권 거래세
특징	① 누진세율 적용: 가처분 소득의 격차 완화(소득재분배) ② 조세저항이 강하여 조세징수 곤란 ③ 저축과 근로 의욕의 저해	① 비례세율 적용: 저소득층 불리(조세부담의 역진성) ② 조세저항이 약하여 조세징수 용이 ③ 상품의 가격 상승으로 물가 상승 우려
그림 이해	정부 ⇅ 납세자 (= 담세자) → 직접세	정부 ⇅ 기업 (납세자) ← 담세자 → 간접세

4. 세율에 따른 조세의 분류

(1) 세율의 구분

① 평균세율($\frac{T}{Y}$)

ⓐ 평균세율은 과세표준액에서 산출세액이 차지하는 비율이다.

ⓑ 원점에서 그은 기울기를 평균세율로 볼 수 있다.

② 한계세율($\frac{\triangle T}{\triangle Y}$)

ⓐ 한계세율은 과세표준액이 추가적으로 1단위 증가할 때 세액 증가분의 비율이다.

ⓑ 접점에서 그은 기울기를 한계세율로 볼 수 있다.

③ 실효세율: 실효세율은 총소득 혹은 총재산에서 산출세액이 차지하는 비율이다.

(2) 누진세

① 의미: 과세표준이 증가할 때 평균세율이 상승하는 조세이다.

② 소득재분배 효과가 크지만 조세저항이 강한 편이다.

③ 선형 누진세

ⓐ 한계세율은 일정하지만 한계세율과 평균세율 중 한계세율이 커서 평균세율이 증가한다.
 예 T = -1,000 + 0.4Y

ⓑ 그래프

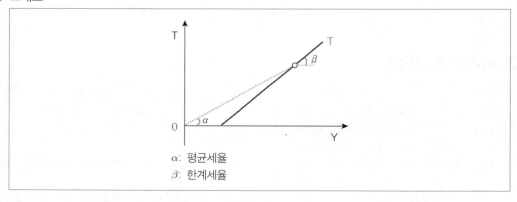

α: 평균세율
β: 한계세율

(3) 비례세

① 의미: 과세표준의 크기와 관계없이 일정한 세율을 적용하는 조세이다.

② 소득재분배 효과가 작고 조세저항이 약한 편이다.

③ 선형 비례세

ⓐ 한계세율은 일정하지만 한계세율과 평균세율이 동일해서 평균세율이 일정하다. **예** T = 0.4Y

ⓑ 그래프

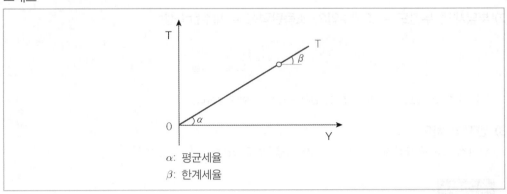

α: 평균세율
β: 한계세율

(4) 역진세

① 의미: 과세표준이 증가함에 따라서 오히려 평균세율이 낮아지는 조세이다.

② 선형 역진세

ⓐ 한계세율은 일정하지만 한계세율과 평균세율 중 평균세율이 커서 평균세율이 감소한다.
예 T = 1,000 + 0.4Y

ⓑ 그래프

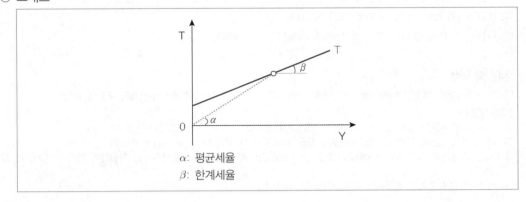

α: 평균세율
β: 한계세율

5. 누진도의 측정

(1) 평균세율 누진도

$$\frac{평균세율의\ 변화분}{소득의\ 변화분}$$

0을 기준으로 (+)이면 누진세, (-)이면 역진세이다.

(2) 부담세액 누진도 = 조세수입의 소득탄력성 = 세수탄력성

$$\frac{조세수입의\ 변화율}{소득의\ 변화율}$$

1을 기준으로 1보다 크면 누진세, 1보다 작으면 역진세이다.

(3) 양자의 차이

일반적으로 유사하지만 다른 결과가 나올 수도 있다.

확인문제

(가), (나)는 갑 국에서 시행 중인 서로 다른 조세 제도이다. 이에 대한 설명으로 옳지 않은 것은?

(가) 과세소득의 증가율 < 조세수입의 증가율
(나) 과세소득의 증가율 = 조세수입의 증가율

① (가)는 과세대상 소득이 커질수록 세액이 증가한다.
② (나)는 제품 가격 대비 세액의 비중이 동일하다.
③ (가)는 (나)보다 조세 저항이 강하다.
④ (나)는 (가)보다 소득 재분배 효과가 크다.
⑤ (가)는 직접세, (나)는 간접세에 주로 사용되는 세율이다.

정답 및 해설

(가)는 누진세율이, (나)는 비례세율이 적용된다. 일반적으로 소득 재분배 효과는 누진세의 특징에 해당한다.

[오답체크]
① (가)는 누진세율이 적용되고 있기 때문에 과세대상 소득이 커질수록 세액도 증가한다.
② (나)는 비례세율이 적용되고 있기 때문에 제품 가격 대비 세액의 비중, 즉 세율은 일정하다.
③ (가)는 소득세로 직접세에 해당하고, (나)는 소비세로 간접세에 해당한다. 일반적으로 직접세가 간접세보다 조세 저항이 강하다.
⑤ (가)는 직접세, (나)는 간접세에 주로 사용되는 세율이다.

정답: ④

11 조세의 귀착

핵심 Check: 조세의 귀착

종량세와 종가세	종량세는 평행이동, 종가세는 회전이동
조세부담과 귀착	비탄력적인 경우 큼
조세에 따른 사중손실	탄력적일수록 큼

1. 조세의 귀착

(1) 법적 귀착과 경제적 귀착

① 조세부담의 귀착(incidence): 궁극적으로 조세부담이 누구에게 떨어지는가를 뜻하는 개념이다.

② 법적 귀착: 조세법상으로 누가 조세 납부의 의무를 지도록 규정하고 있는지에 의해 결정된다.

③ 법적 귀착과 경제적 귀착이 차이를 보이는 이유: 조세부담이 다른 사람에게 전가(shifting)되는 현상이 발생하기 때문이다.

(2) 조세전가의 의미

① 의미: 법적 귀착보다 경제적 귀착이 적은 경우 다른 경제주체에게 조세부담을 이동시킨 것이다. 즉, 조세를 전가했다고 할 수 있다.

② 조세부담의 전가 = 조세 납부액 − 실질 처분가능소득의 변화폭

③ 부담의 전가는 각 경제주체가 가지고 있는 경제적 관계의 특성에 의해 저절로 일어나게 된다.

(3) 조세전가의 종류

① 전방전가(= 전전): 조세의 전가가 생산물(생산요소)의 거래 방향과 일치하는 것이다.

예 생산자 ➡ 소비자에게 전가

② 후방전가(= 후전): 조세의 전가가 생산물(생산요소)의 거래 방향과 반대로 이루어지는 것이다.

예 요소공급자에게 전가 ⬅ 생산자

③ 소전: 생산자가 경영합리화 등을 통해 생산의 효율성을 제고함으로써 조세부담을 흡수하는 것으로 조세는 납부하나 실질적으로 누구도 조세를 부담하지 않는 것이 특징이다.

④ 자본화: 부동산 등과 같이 공급이 고정된 경우 그 재화의 가격이 조세부담의 현재가치만큼 하락하는 것이다.

(4) 세금부과방식(보조금의 경우는 역으로 생각하면 됨)

조세 유형	종량세(단위당 t원 고정)	종가세(가격의 t% 체증)
부과방식	• 상품 한 단위마다 일정액의 세금 부과 • 상품 가격과 무관하게 단위당 조세액이 일정	• 상품 가격의 일정 비율만큼 세금 부과 • 상품 가격이 높을수록 단위당 조세액이 증가
그래프 이동형태	평행이동	회전이동
예	휘발유 1리터당 100원의 세금	맥주 출고가격에 10%의 세율
생산자에게 부과 (공급곡선의 이동)	이론: $S \rightarrow S + T$ 예 $P = Q \rightarrow P = Q + T$	이론: $S \rightarrow \dfrac{1}{1-t}S$ 예 $P = 10 + Q \rightarrow (1 - t)P = 10 + Q$
소비자에게 부과 (수요곡선의 이동)	이론: $D \rightarrow D - T$ 예 $P = -Q + 100 \rightarrow P = -Q + 100 - T$	이론: $D \rightarrow (1 - t)D$ 예 $P = -Q + 100 \rightarrow (\dfrac{1}{1-t})P = -Q + 100$

2. 조세부과의 효과

(1) 가정

① 물품세는 상품 1단위당 일정액의 세금을 매기는 방식, 종량세 방식으로 부과된다.

② 조세를 납부할 의무를 갖는 측은 상품의 공급자이다.

(2) 그래프 분석

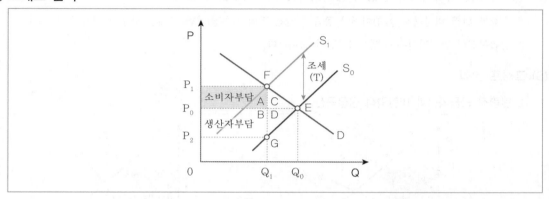

① 최초균형점 E점에서 가격 = P_0, 균형량 = Q_0이다.

② T만큼의 조세(종량세)를 부과하면 공급곡선이 상방으로 T만큼 평행이동하고 새로운 균형점 F점에서 (소비자)가격 = P_1, 균형량 = Q_1이다.

③ 생산자가격 = 가격(P_1) - 조세(T) = P_2이다.

④ 소비자부담은 P_1 - P_0, 생산자부담은 P_0 - P_2이고 이를 더하면 T가 된다.

⑤ 총조세액은 □(A+B), 사회적 후생손실 발생분은 △(C+D)이다.

(3) 생산자와 소비자에게 각각 부담시킬 때 비교

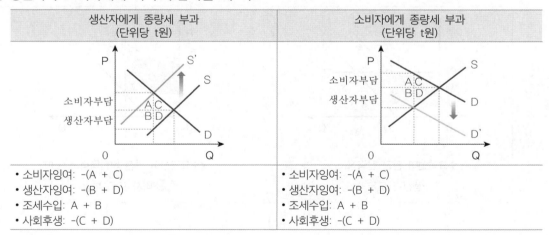

생산자에게 종량세 부과 (단위당 t원)	소비자에게 종량세 부과 (단위당 t원)
• 소비자잉여: -(A + C) • 생산자잉여: -(B + D) • 조세수입: A + B • 사회후생: -(C + D)	• 소비자잉여: -(A + C) • 생산자잉여: -(B + D) • 조세수입: A + B • 사회후생: -(C + D)

3. 수요, 공급의 가격탄력도와 조세의 귀착

(1) 수요가 탄력적이거나 공급이 비탄력적이면 생산자부담이 크다.

① 수요가 완전 탄력적(수평)이거나 공급이 완전 비탄력적(수직)이면 조세는 모두 생산자에 귀착된다.

② 수요곡선이 탄력적일수록 소비자부담이 줄어든다.

(2) 수요가 비탄력적이거나 공급이 탄력적이면 소비자부담이 크다.

① 수요가 완전 비탄력적(수직)이거나 공급이 완전 탄력적(수평)이면 조세는 모두 소비자에 귀착된다.

② 공급곡선이 탄력적일수록 생산자부담이 줄어든다.

(3) 그래프 분석

① 탄력적 공급곡선과 비탄력적 공급곡선

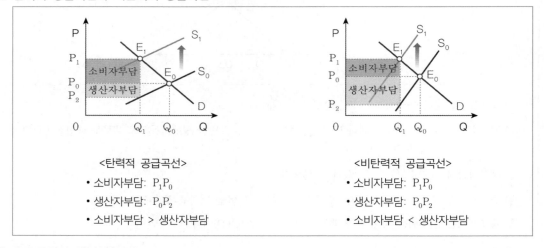

<탄력적 공급곡선>	<비탄력적 공급곡선>
• 소비자부담: P_1P_0	• 소비자부담: P_1P_0
• 생산자부담: P_0P_2	• 생산자부담: P_0P_2
• 소비자부담 > 생산자부담	• 소비자부담 < 생산자부담

② 수요곡선이 완전 탄력적

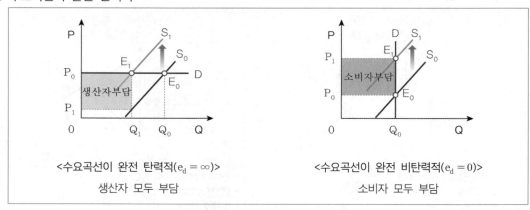

<수요곡선이 완전 탄력적($e_d = \infty$)>
생산자 모두 부담

<수요곡선이 완전 비탄력적($e_d = 0$)>
소비자 모두 부담

③ 공급곡선이 완전 탄력적인 경우와 완전 비탄력적인 경우

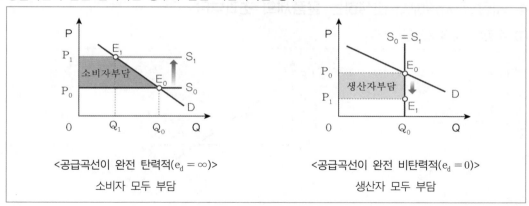

<공급곡선이 완전 탄력적($e_d = \infty$)>
소비자 모두 부담

<공급곡선이 완전 비탄력적($e_d = 0$)>
생산자 모두 부담

(4) 결론

① 수요와 공급의 가격탄력성이 비탄력적일수록 조세부담이 크다.

② 탄력성에 따라 조세부담이 발생하는 이유: 탄력적일수록 비탄력적인 사람보다 협상력(bargaining power)이 커지기 때문이다.

③ 조세의 부담비율

> ⊙ 소비자부담비율 = $\dfrac{e_s}{e_d + e_s}$
>
> ⓛ 생산자부담비율 = $\dfrac{e_d}{e_d + e_s}$
>
> (단, e_d: 수요곡선의 가격탄력도, e_s: 공급곡선의 가격탄력도)

4. 시장의 차원에서 발생하는 물품세의 초과부담

(1) 수평의 공급곡선인 경우

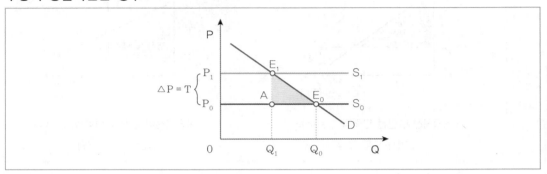

① 물품세를 부과하면 가격이 상승하고 수요량이 감소하여 삼각형 AE_0E_1만큼의 후생손실이 발생한다.

② 초과부담 $= -\dfrac{1}{2}\triangle P \cdot \triangle Q = -\dfrac{1}{2}tP \cdot \triangle Q = \dfrac{1}{2}t\left(-\dfrac{P}{\triangle P}\cdot\dfrac{\triangle Q}{Q}\right)\triangle P \cdot Q = \dfrac{1}{2}t^2 e_d PQ$

③ $T = \triangle P = tP$, 수요의 가격탄력성 $= -\dfrac{P}{\triangle P}\cdot\dfrac{\triangle Q}{Q} = -\dfrac{\triangle Q}{\triangle P}\cdot\dfrac{P}{Q}$를 이용한다.

(2) 일반적 공급곡선에서의 초과부담

① 일반적 공급곡선은 우상향하는 형태이다.

② 이 경우의 초과부담은 $\dfrac{1}{2}t^2 \cdot \dfrac{1}{\dfrac{1}{e_d}+\dfrac{1}{e_s}} \cdot PQ$이다.

(3) 결론

① 초과부담은 세율의 제곱에 비례한다.

② 초과부담은 수요의 가격탄력성의 크기에 비례한다.

③ 초과부담은 재화의 가격, 거래량의 크기에 비례하며 이 둘의 곱인 총거래액에 비례한다.

(4) 비효율성 계수(coefficient of inefficiency)

① 비효율성 계수 $= \dfrac{\text{초과부담}}{\text{조세수입}}$

② 공급곡선이 수평인 경우의 비효율성 계수 $= \dfrac{\text{초과부담}}{\text{조세수입}} = \dfrac{\dfrac{1}{2}t^2 e_d PQ}{tPQ} = \dfrac{1}{2}te_d$

X재의 시장수요곡선과 시장공급곡선이 각각 $Q_D = 200 - P$, $Q_S = 50$이다. 정부가 X재 한 단위당 70의 세금을 공급자에게 부과한 이후 X재의 시장가격은? (단, Q_D는 수요량, Q_S는 공급량, P는 가격이다)

① 100 　　　② 120 　　　③ 130 　　　④ 140 　　　⑤ 150

정답 및 해설

1) 조세부과 전 시장균형가격은 200 - P = 50 ➡ P = 150, Q = 50이다.
2) 공급의 가격탄력성이 완전비탄력적이므로 공급자가 모든 조세를 부담하므로 소비자가격에는 변화가 없다.

정답: ⑤

기출동형문제

공기업 경제학 전공 시험에 출제될 가능성이 높은 다양한 유형의 문제를 풀어보며 실전 감각을 높여보세요!

01 생산요소시장이 완전경쟁이고 노동수요가 탄력적일 때 노동조합이 임금을 인상하면 총임금과 전체 노동자 수는?

① 총임금 증가, 전체 노동자 수 감소　　② 총임금 증가, 전체 노동자 수 증가
③ 총임금 감소, 전체 노동자 수 감소　　④ 총임금 감소, 전체 노동자 수 증가
⑤ 변화 없음

02 노동수요곡선은 L = 300 - 2w, 노동공급곡선은 L = -100 + 8w이다. 최저임금이 50일 경우, 시장고용량 (ㄱ)과 노동수요의 임금탄력성(ㄴ)은? (단, L은 노동량, w는 임금, 임금탄력성은 절댓값으로 표시함)

① ㄱ: 200, ㄴ: 0.4　　② ㄱ: 200, ㄴ: 0.5　　③ ㄱ: 220, ㄴ: 2
④ ㄱ: 300, ㄴ: 0.5　　⑤ ㄱ: 400, ㄴ: 8

03 다음 그림은 X재 시장 및 X재 생산에 특화된 노동시장의 상황을 나타낸 것이다. 이에 대한 분석으로 옳은 것은?

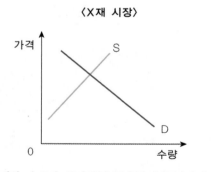

〈X재 시장〉

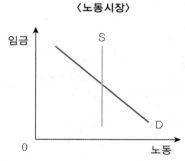

〈노동시장〉

① X재에 대한 수요가 증가하면 고용량이 늘어난다.
② 노동공급이 증가하면 X재 가격이 상승한다.
③ X재에 대한 수요가 증가하면 임금이 증가한다.
④ X재 수요를 증가시키려면 노동수요를 증가시켜야 한다.
⑤ 노동공급이 감소하면 X재 수요곡선이 이동한다.

04 휴대전화를 생산하는 A 기업의 근로자 수와 생산량이 다음 표와 같다. 휴대전화 1대당 시장가격이 80,000원이고 근로자 1인당 임금이 200,000원일 경우, 이윤을 극대화하기 위해 A 기업이 고용할 근로자 수는? (단, 휴대전화시장과 노동시장은 완전경쟁적이며 임금 이외에 다른 비용은 없다)

근로자 수(명)	1	2	3	4	5	6
휴대전화 생산량(대)	10	18	25	30	33	35

① 2명   ② 3명   ③ 4명
④ 5명   ⑤ 6명

정답 및 해설

01 ③ 완전경쟁시장에서 노동수요가 탄력적일 때 임금이 인상되는 경우 노동고용이 줄어들고 노동자의 총임금은 감소한다.

02 ② 균형임금을 구하면 300 - 2w = -100 + 8w이므로 w = 40이다. 그런데 균형임금이 최저임금보다 낮으므로 균형임금이 아닌 최저임금이 적용되어야 한다. 따라서 w = 50이므로 노동수요는 200이다. 노동수요의 임금탄력성은 $\frac{\triangle L}{\triangle w} \times \frac{w}{L}$이므로 $-2 \times \frac{50}{200} = -0.5$이며, 문제에서 절댓값을 요구하였으므로 0.5이다.

03 ③ X재에 대한 수요가 증가하면 X재 가격이 상승하여 노동의 수요인 한계생산물가치가 증가한다. 따라서 임금이 증가한다.

[오답체크]
① X재에 대한 수요가 증가하면 노동수요가 증가하지만 노동공급이 일정하므로 고용량은 변화가 없다.
② 노동공급이 증가하면 임금이 하락하므로 X재의 생산비용이 낮아진다. X재 생산비용이 낮아지면 X재의 공급곡선이 오른쪽으로 이동하므로 X재의 가격이 하락하고 거래량이 증가하게 된다.
④ X재 수요가 증가해야 노동수요가 증가한다.
⑤ 노동공급이 감소하면 임금이 상승하므로 X재 생산비용이 상승하여 X재의 공급곡선이 왼쪽으로 이동한다.

04 ④ 한계생산물가치를 나타내면 다음과 같다.

근로자 수(명)	1	2	3	4	5	6
휴대전화 생산량(대)	10	18	25	30	33	35
한계생산물가치	80만	64만	56만	40만	24만	16만

따라서 5명 고용 시까지가 한계생산물가치 > 한계요소비용(임금)이므로 5명을 고용해야 한다.

05 기업 A가 생산하는 재화에 투입하는 노동의 양을 L이라 하면 노동의 한계생산은 27 - 5L이다. 이 재화의 가격이 20이고 임금이 40이라면, 이윤을 극대로 하는 기업 A의 노동수요량은?

① 1 　　　　　 ② 2 　　　　　 ③ 3 　　　　　 ④ 4 　　　　　 ⑤ 5

06 완전경쟁적인 노동시장에서 노동의 한계생산을 증가시키는 기술진보와 함께 보다 많은 노동자가 노동시장에 참여하는 변화가 발생하였을 때, 노동시장에서 일어나게 되는 변화에 대한 설명으로 가장 옳은 것은? (단, 다른 외부조건들은 일정하다)

① 균형노동고용량은 반드시 증가하지만 균형임금의 변화는 불명확하다.
② 균형임금은 반드시 상승하지만 균형노동고용량의 변화는 불명확하다.
③ 임금과 균형노동고용량 모두 반드시 증가한다.
④ 임금과 균형노동고용량의 변화는 모두 불명확하다.

07 상품시장과 생산요소시장이 완전경쟁시장이고 기업은 이윤극대화를 추구할 때 단기노동수요에 관한 설명으로 옳은 것만을 <보기>에서 모두 고른 것은?

> <보기>
> ㄱ. 임금의 증가는 노동수요를 증가시킨다.
> ㄴ. 재화의 가격이 상승하면 노동수요곡선이 우측으로 이동한다.
> ㄷ. 노동의 한계생산물이 증가하면 노동수요곡선이 우측으로 이동한다.
> ㄹ. 한계생산물가치가 한계수입생산보다 크다.

① ㄱ, ㄴ 　　　　　 ② ㄱ, ㄹ 　　　　　 ③ ㄴ, ㄷ
④ ㄴ, ㄹ 　　　　　 ⑤ ㄷ, ㄹ

08 노동만을 이용해 제품을 생산하는 기업이 있다. 생산량을 Q, 노동량을 L이라 할 때, 이 기업의 생산함수는 $Q = \sqrt{L}$ 이다. 이 기업이 생산하는 제품의 단위당 가격이 20이고 노동자 1인당 임금이 5일 때, 이 기업의 최적 노동 고용량은? (단, 생산물시장과 노동시장은 모두 완전경쟁적이라고 가정한다)

① 1 　　　　　 ② 2 　　　　　 ③ 4 　　　　　 ④ 8

09 수요독점 노동시장에서 기업이 이윤을 극대화하기 위한 조건은? (단, 상품시장은 독점이고 생산에서 자본은 고정되어 있다)

① 한계비용과 임금이 일치
② 한계비용과 평균수입이 일치
③ 노동의 한계생산물가치와 임금이 일치
④ 노동의 한계생산물가치와 한계노동비용이 일치
⑤ 노동의 한계수입생산과 한계노동비용이 일치

정답 및 해설

05 ⑤ 기업은 노동자 1명을 더 고용할 때 추가로 드는 비용과 노동자 1명을 더 고용할 때 추가로 얻는 수입이 같아질 때까지 노동을 고용하므로 노동의 적정고용조건은 $w = MP_L \times P$이다. $w = 40$, $MP_L = 27 - 5L$, $P = 20$이므로 이를 $w = MP_L \times P$에 대입하면 $40 = (27 - 5L) \times 20$, $2 = 27 - 5L$, $L = 5$로 계산된다.

06 ① 완전경쟁적인 노동시장에서는 노동수요곡선이 한계생산물가치 $= VMP_L = MP_L \times P$이므로 노동의 한계생산을 증가시키는 기술진보가 발생하면 노동수요곡선이 오른쪽으로 이동한다. 한편, 보다 많은 노동자가 노동시장에 참여하면 노동공급곡선도 오른쪽으로 이동한다. 따라서 임금의 변화는 알 수 없지만 균형노동고용량은 반드시 증가한다.

07 ③ 완전경쟁시장의 노동수요는 한계생산물가치($= P \times MP$)이다. 따라서 재화의 가격이 증가할수록, 한계생산이 커질수록 노동수요가 증가한다.
   [오답체크]
   ㄱ. 임금의 증가는 노동수요가 아닌 수요량을 증가시킨다.
   ㄹ. 완전경쟁시장은 $P = MR$이므로 한계생산물가치와 한계수입생산이 동일하다.

08 ③ 생산함수가 $Q = \sqrt{L} = L^{\frac{1}{2}}$이므로 생산함수를 L에 대해 미분하면 $MP_L = \frac{1}{2} L^{-\frac{1}{2}} = \frac{1}{2\sqrt{L}}$이다. 생산물시장과 생산요소시장이 완전경쟁일 때 기업이 노동자 1명을 추가로 고용할 때 얻는 수입인 한계생산물가치 $VMP_L = MP_L \times P = \frac{10}{\sqrt{L}}$이다. 따라서 기업의 고용수준은 $w = VMP_L$이므로 $\frac{10}{\sqrt{L}} = 5$, $L = 4$이다.

09 ⑤ 수요독점기업은 노동 한 단위를 더 고용할 때 추가적으로 얻는 수입인 한계수입생산과 노동 한 단위를 더 고용할 때 추가적으로 소요되는 비용인 한계요소비용이 일치하는 점에서 고용량을 결정한다.

10 노동의 한계생산물이 체감하고 노동공급곡선은 우상향한다고 가정할 때, 노동시장에 관한 주장으로 옳은 것을 <보기>에서 모두 고른 것은?

<보기>
ㄱ. 노동시장이 수요독점인 경우, 노동시장이 완전경쟁인 경우보다 고용량이 적다.
ㄴ. 생산물시장이 독점이고 노동시장이 수요독점이면, 임금은 한계요소비용보다 낮다.
ㄷ. 노동시장이 완전경쟁이면 개별기업의 노동수요곡선은 우하향한다.

① ㄱ ② ㄴ ③ ㄱ, ㄷ
④ ㄴ, ㄷ ⑤ ㄱ, ㄴ, ㄷ

11 다음 제시문은 소득의 사례를 나타낸 것이다. ㉠과 ㉡의 소득 명칭을 바르게 짝지은 것을 고르면?

갑의 할아버지는 ㉠치킨집을 운영하시고 있으며, 갑의 할머니는 은퇴 후 정부로부터 ㉡연금을 받아 생활하고 계신다.

	㉠	㉡
①	근로소득	재산소득
②	사업소득	이전소득
③	이전소득	근로소득
④	재산소득	사업소득
⑤	이전소득	사업소득

12 다음 표는 노동 투입에 따른 총생산을 보여준다. 상품 가격이 개당 5만 원으로 일정할 때, 옳지 않은 것은?

노동(단위)	0	1	2	3	4	5	6
총생산(단위)	0	5	15	23	29	33	36

① 네 번째 노동의 한계수입생산은 30만 원이다.
② 임금이 18만 원이라면 5단위째 노동을 고용한다.
③ 생산이 증가할수록 한계생산물가치는 증가하고 있다.
④ 임금이 60만 원이라면 현재 상품 가격에서는 노동을 수요하지 않는다.
⑤ 임금이 상승할수록 고용할 수 있는 노동자가 감소한다.

13 노동공급곡선이 L = w이고, 노동시장에서 수요독점인 기업 A가 있다. 기업 A의 노동의 한계수입생산물이 MRP_L = 300 - L일 때, 다음 설명 중 옳지 않은 것을 <보기>에서 모두 고른 것은? (단, L은 노동, w는 임금, 기업 A는 이윤극대화를 추구하고 생산물시장에서 독점기업이다)

> <보기>
> ㄱ. 이 기업의 노동의 한계요소비용은 MFC_L = L이다.
> ㄴ. 이 기업의 고용량은 L = 100이다.
> ㄷ. 이 기업의 임금은 w = 200이다.

① ㄱ   ② ㄴ   ③ ㄷ
④ ㄱ, ㄴ   ⑤ ㄱ, ㄷ

정답 및 해설

10 ⑤ ㄱ, ㄴ. 노동시장이 수요독점인 경우 수요독점기업은 한계수입생산(MRP_L)과 한계요소비용(MFC_L)이 일치하는 수준까지 노동을 고용하므로 고용량은 노동시장이 완전경쟁일 때보다 더 적은 L_1으로 결정된다. 이때 수요독점기업은 노동공급곡선의 높이에 해당하는 w_1의 임금을 지급하므로 임금도 완전경쟁일 때보다 낮은 수준임을 알 수 있으며, 노동시장이 수요독점인 경우 임금은 한계수입생산 혹은 한계요소비용보다 더 낮은 수준으로 결정된다. 일반적으로 수요독점의 균형에서는 $MRP_L = MFC_L > w = AFC_L$의 관계가 성립한다.
ㄷ. 노동시장이 완전경쟁일 때 개별기업의 노동수요곡선은 우하향하는 한계생산물가치(VMP_L)곡선 혹은 한계수입생산(MRP_L)곡선이다.

11 ② 갑의 할아버지께서 치킨집을 운영하는 사업을 통해 번 수입은 사업소득에 해당하며, 정부로부터 받는 연금은 무상으로 받는 것이므로 이전소득에 해당한다.

12 ③ 상품 가격이 개당 5만 원으로 정해져 있으므로 완전경쟁시장이다. 완전경쟁시장에서는 한계수입과 가격이 동일하므로 한계생산량 × 상품가격 = 한계수입생산 = 한계생산물가치이며, 생산이 증가할수록 한계생산물가치는 증가하다가 감소하고 있다.
[오답체크]
① 네 번째 노동의 한계수입생산은 6 × 5 = 30만 원이다.
② 임금이 18만 원이라면 5단위째 한계수입생산은 4 × 5 = 20만 원이므로 노동을 고용한다.
④ 임금이 60만 원이라면 모든 경우 한계수입생산보다 한계요소비용이 크므로 노동을 수요하지 않는다.
⑤ 노동시장의 가격은 임금이므로 노동수요량은 임금에 반비례한다.

13 ⑤ 수요독점기업이 직면하고 있는 노동공급곡선 식이 w = L이므로 총요소비용 $TFC_L = w \times L = L^2$이다. 총요소비용을 L에 대해 미분하면 한계요소비용 $MFC_L = 2L$이며, 한계수입생산 $MRP_L = 300 - L$이므로 이윤극대화 노동고용량을 구하기 위해 $MRP_L = MFC_L$로 두면 300 - L = 2L, L = 100으로 계산된다. 수요독점기업은 노동공급곡선 높이에 해당하는 임금을 지급하므로 L = 100을 노동공급곡선 식에 대입하면 w = 100임을 알 수 있다.

14 다음 지문과 관련 있는 경제개념은?

> 한 분야의 1등 강사의 연봉을 비교해보면 평범한 강사에 비해서 훨씬 더 많은 연봉을 받고 있다.

① 외부효과   ② 무임승차   ③ 전용수입
④ 경제적 이윤   ⑤ 경제적 지대

15 다음 소득분배지표에 대한 설명 중 옳은 것만을 <보기>에서 모두 고른 것은?

> <보기>
> ㄱ. 로렌츠곡선은 대각선에 가까울수록 소득분배가 공평하다.
> ㄴ. 로렌츠곡선이 교차하는 국가의 경우에도 소득분배 정도를 비교할 수 있다.
> ㄷ. 지니계수와 앳킨슨 지수는 1에 가까울수록 소득분배가 불평등하다.
> ㄹ. 10분위 분배율은 0과 1의 사잇값을 가진다.

① ㄱ, ㄴ   ② ㄱ, ㄷ   ③ ㄴ, ㄷ
④ ㄴ, ㄹ   ⑤ ㄷ, ㄹ

16 로렌츠곡선에 대한 설명으로 적합하지 않은 것은?

① 이 곡선이 대각선에 가까울수록 더욱 평등한 분배를 뜻한다.
② 균등한 분배가 바로 평등한 분배라고 암묵적으로 전제한다.
③ 두 로렌츠곡선이 교차할 경우 어느 쪽이 더 평등한지 판단할 수 없다.
④ 로렌츠곡선이 완전대각선일 때 앳킨슨 지수는 0이 된다.
⑤ 소득분배에 관한 가치판단이 내포되어 있다.

17 다음 중 10분위 분배율에 대한 내용으로 옳은 것은?

① 10분위 분배율이 클수록 소득분배의 불평등이 개선된다.
② 우리나라에서는 10분위 분배율이 계속 높아지고 있는 추세이다.
③ 10분위 분배율이 높을수록 상위소득계층이 하위계층에 비해 상대적으로 소득이 많아진다.
④ 10분위 분배율은 소득과는 무관하다.
⑤ 수치상 지니계수와 같은 방향으로 움직인다.

18 광수는 소득에 대해 다음의 누진세율을 적용받고 있다고 가정하자. 처음 1,000만 원에 대해서는 면세이고, 다음 1,000만 원에 대해서는 10%, 그다음 1,000만 원에 대해서는 15%, 그다음 1,000만 원에 대해서는 25%, 그 이상 초과 소득에 대해서는 50%의 소득세율이 누진적으로 부과된다. 광수의 소득이 7,500만 원일 경우 광수의 평균세율은 얼마인가?

① 20%   ② 25%   ③ 28%
④ 30%   ⑤ 36.67%

정답 및 해설

14 ⑤ 어떤 사람이 보수를 받을 때 그 보수는 전용수입과 경제적 지대로 나눠 생각해 볼 수 있다. 전용수입은 어떤 생산요소가 현재의 용도에서 다른 용도로 전용되지 않도록 하기 위해 지급해야 하는 최소한의 지급액을 말하며, 경제적 지대는 어떤 사람이 받는 보수의 총액과 전용수입의 차액을 말한다. 따라서 한 분야의 1등 강사는 경제적 지대가 매우 높을 것이다.

15 ② 로렌츠곡선은 대각선에 가까울수록 소득분배가 공평하며 지니계수와 앳킨슨 지수는 1에 가까울수록 소득분배가 불평등하다.
[오답체크]
ㄴ. 로렌츠곡선이 교차하는 국가의 경우는 소득분배 정도를 비교할 수 없다.
ㄹ. 10분위 분배율은 0과 2의 사잇값을 가지며 2에 가까울수록 소득분배가 공평하다.

16 ⑤ 로렌츠곡선은 가치판단을 고려하지 않는 상태에서 이루어진 것으로 대각선에서 멀어질수록 불평등도가 높아진다.

17 ① 10분위 분배율은 0과 2의 사잇값을 가지며 클수록 소득분배가 개선되는 것으로 볼 수 있다.
[오답체크]
② 우리나라에서는 빈부격차가 심해지는 추세이므로 10분위 분배율이 작아지고 있다.
③ 10분위 분배율이 높을수록 상위소득계층이 하위계층에 비해 상대적으로 소득이 적어진다.
④ 10분위 분배율은 소득분배상태를 측정하는 지표이다.
⑤ 수치상 지니계수와 반대 방향으로 움직인다.

18 ④ 납부세액 = (1,000 × 0%) + (1,000 × 10%) + (1,000 × 15%) + (1,000 × 25%) + (3,500 × 50%) = 0 + 100 + 150 + 250 + 1,750 = 2,250만 원이다. 따라서 광수의 소득이 7,500만 원이고 납세액이 2,250만 원이므로 평균세율(= 납세액/소득)은 30%이다.

19 보청기의 수요함수가 Q = 370 - 3P이고 공급함수가 Q = 10 + 6P이다. 보청기 보급을 위해 정부가 보청기 가격의 상한을 36으로 정하였을 때, 발생하는 초과수요를 없애기 위해 정부가 보청기 생산기업에 보청기 한 대당 지급해야 하는 보조금은? (단, Q는 생산량, P는 가격을 나타낸다)

① 6　　　　　　　　　② 8　　　　　　　　　③ 10　　　　　　　　　④ 12

20 우상향하는 공급곡선과 우하향하는 수요곡선을 갖는 X재에 대하여 정부가 소비세를 부과하기로 결정하였다. 다음 중 소비세 부과의 효과에 대한 설명으로 옳은 것은?

① 수요곡선과 공급곡선의 가격탄력성이 비탄력적일 때는 탄력적인 경우보다 소비세 부과로 인한 후생순손실(Deadweight loss)이 적어진다.
② 소비세를 부과하기 이전에 비하여 소비자는 더 높은 가격을 지불하지만, 공급자가 받는 가격에는 변화가 없다.
③ 소비자잉여와 생산자잉여의 감소가 발생하지만, 이는 정부의 세수 증가로 충분히 메워진다.
④ 공급곡선의 가격탄력성이 수요곡선의 가격탄력성보다 클 때, 공급자의 조세부담이 수요자보다 크다.

21 다음 그림은 조세의 특징을 나타낸 것이다. (가)와 (나)에 대한 설명 중 옳지 않은 것은?

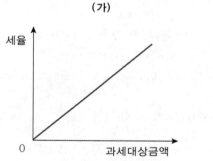
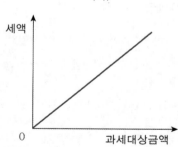

① (가)의 소득재분배 효과는 (나)의 소득재분배 효과보다 크다.
② (가)는 누진세, (나)는 비례세에 해당한다.
③ (가)는 (나)와 달리 조세저항이 강하다.
④ (가)를 사용하는 조세는 (나)와 달리 주로 조세 전가가 발생한다.
⑤ (가)의 과세대상은 주로 소득이고 (나)는 소비지출이다.

22 A 국의 소득세는 T = max[0, 0.15(Y − 1,000)]의 식에 따라 결정된다. 즉, 연소득 1,000만 원까지는 전혀 세금을 부과하지 않고, 1,000만 원을 넘는 부분에 대해서만 15%의 세율로 세금을 부과한다. 이 소득세 제도의 1,000만 원 이상 소득구간에서 한계세율(ㄱ)과 평균세율(ㄴ)에 대한 설명으로 옳은 것은? (단, T는 세액, Y는 소득이다)

	㉠	㉡
①	누진적	누진적
②	누진적	비례적
③	비례적	비례적
④	비례적	누진적

정답 및 해설

19 ① P = 36을 보청기 수요함수와 공급함수에 대입하면 수요량이 262, 공급량이 226이므로 보청기의 가격 상한을 36으로 설정하면 36단위의 초과수요가 발생한다. 보청기의 가격 상한을 36으로 설정할 때 발생하는 초과수요를 없애려면 단위당 일정액의 보조금을 지급하여 보청기의 공급곡선을 우측(하방)으로 이동시켜야 한다. 보청기의 공급함수가 $P = \frac{1}{6}Q - \frac{10}{6}$ 이므로 단위당 S원의 보조금을 지급하면 공급곡선이 하방이동해야 하므로 공급곡선 식이 $P = \frac{1}{6}Q - \frac{10}{6} - S$ 로 바뀌게 된다. 보조금 지급 이후의 공급함수를 다시 Q에 대해 정리하면 Q = (10 + 6S) + 6P이다. 보조금 지급 이후에는 수요량과 공급량이 같아져야 하므로 가격이 36일 때 공급량이 262가 된다. 따라서 P = 36, Q = 262를 보조금 지급 이후의 공급곡선 식에 대입하면 262 = (10 + 6S) + (6 × 36), 6S = 36, S = 6으로 계산되므로 보조금 지급을 통하여 초과수요를 없애려면 단위당 6의 보조금을 지급해야 함을 알 수 있다.

20 ① 후생손실인 초과부담 또는 사중적 손실은 탄력성에 비례하기에, 수요곡선과 공급곡선의 가격탄력성이 비탄력적일 때는 탄력적인 경우보다 소비세 부과로 인한 후생순손실이 적어진다.

[오답체크]

② 우상향하는 공급곡선과 우하향하는 수요곡선을 갖는 X재에 대하여 물품세가 부과되면 소비자가격은 조세 부과 이전보다 상승하나 생산자가격은 조세 부과 이전보다 낮아진다.

③ 소비자잉여와 생산자잉여의 감소가 발생하지만, 이 중 일부만 정부의 세수 증가로 전환되고 나머지는 후생손실이 발생한다.

④ 조세 부과 시 분담 정도는 탄력성에 반비례한다. 따라서 공급곡선의 가격탄력성이 수요곡선의 가격탄력성보다 클 때, 공급자의 조세부담이 수요자보다 작다.

21 ④ 그래프 (가)는 과세대상금액에 따라 세율이 일정하게 상승해 세금이 늘어나는 누진세이고, (나)는 과세대상금액에 따라 세액이 일정하게 오르는 비례세이다. 소득재분배 효과는 비례세보다 누진세가 더 크게 나타나며, 소득세, 법인세 등이 누진세의 대표적인 사례이다. 납세자와 담세자가 일치하지 않는 조세 전가가 발생하는 것은 간접세이며, 간접세는 주로 비례세율을 사용한다.

22 ④ 한계세율은 소득이 1단위 증가할 때 납세액이 증가하는 비율을, 평균세율은 소득에서 납세액이 차지하는 비율을 말한다. 소득이 1,000만 원을 넘는 구간에서는 세수함수가 T = −150 + 0.15Y이므로 선형누진세의 형태를 가진다. 따라서 한계세율은 0.15로 일정하나, 평균세율은 소득이 증가할수록 점점 높아진다.

23 다음은 유류세 인하와 관련된 글이다. 유류세 인하를 원상태로 부과하는 효과에 대한 설명으로 옳지 않은 것은? (단, 그래프의 (P_1, Q_1)이 법 개정안 통과 전 균형상태이고 조세 부과 후 가격은 P_2라고 가정한다)

> 우선 현행 15%인 유류세 인하 정책은 내달 7일부터 일괄 7%로 축소 조정된다. 휘발유는 l당 65원, 경유는 46원, LPG 부탄은 16원 오르게 됐다. 8월 말까지 연장을 결정하지 않으면 휘발유는 l당 123원, 경유는 87원, LPG 부탄은 30원이 한꺼번에 인상됐을 것으로 추정된다.

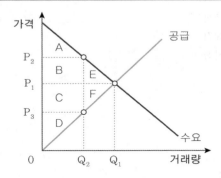

① 부과된 유류세의 크기는 P_2와 P_3의 차이와 같다.
② 부과된 유류세로 인한 사중손실의 크기는 E + F와 같다.
③ 부과된 유류세로 인한 정부의 조세수입분은 B + C와 같다.
④ 부과된 유류세로 인한 소비자잉여 감소분은 E, 생산자잉여 감소분은 F와 같다.
⑤ 유류에 대한 수요의 가격탄력성이 비탄력적일수록 개별소비세 신설로 인한 유류 수요 감소효과는 줄어든다.

24 완전경쟁시장에서 수요곡선은 $Q_D = 120 - p$이고 공급곡선은 $Q_S = 2p$이다. 여기에 정부가 개당 30원의 종량세를 부과하였다면, 세금으로 인한 경제적 순손실은 얼마인가?

① 300원　　　　　② 400원　　　　　③ 500원　　　　　④ 600원

25 수요함수와 공급함수가 각각 D = 10 – P와 S = 3P인 재화에 1원의 종량세를 공급자에게 부과했을 때, 이 조세의 경제적 귀착에 대한 설명으로 옳은 것은? (단, D는 수요량, S는 공급량, P는 가격을 나타낸다)

① 소비자: 0.75원, 생산자: 0.25원　　　② 소비자: 0.5원, 생산자: 0.5원

③ 소비자: 0.25원, 생산자: 0.75원　　　④ 소비자: 0원, 생산자: 1원

정답 및 해설

23 ④　유류세가 부과되면 소비자가격이 증가하여 수요가 감소하므로 만약 $P_2 - P_3 =$ 조세로 부과되면, 소비자잉여는 A, 생산자잉여는 D, 조세수입은 B + C, 후생손실은 E + F이다. 따라서 소비자잉여 감소분은 B + E, 생산자잉여 감소분은 C + F이다.

24 ①　수요함수가 $P = 120 - Q$이고, 공급함수가 $P = \frac{1}{2}Q$이므로 이를 연립해서 풀면 $120 - Q = \frac{1}{2}Q$, $\frac{3}{2}Q = 120$ 이므로 균형거래량 $Q = 80$으로 계산된다. $Q = 80$을 수요함수(혹은 공급함수)에 대입하면 균형가격 $P = 40$이고, 단위당 30원의 조세가 부과되면 공급곡선이 단위당 조세액만큼 상방으로 이동하므로 조세 부과 후에는 공급곡선 식이 $P = 30 + \frac{1}{2}Q$로 바뀌게 된다. 수요곡선과 조세 부과 후의 공급곡선 식을 연립해서 풀면 $120 - Q = 30 + \frac{1}{2}Q$, $\frac{3}{2}Q = 90$, $Q = 60$이고, $Q = 60$을 수요함수(혹은 조세 부과 후의 공급함수)에 대입하면 균형가격 $P = 60$이다. 따라서 단위당 30원의 조세가 부과될 때 거래량이 20단위 감소하였으므로 조세 부과에 따른 후생손실의 크기는 $\frac{1}{2} \times 30 \times 20 = 300$원이다.

25 ①　수요곡선 식이 $P = 10 - Q$, 공급곡선 식이 $P = \frac{1}{3}Q$이고 조세부담은 탄력성에 반비례하므로 기울기가 클수록 부담이 크다. 따라서 일정액의 조세가 부과될 경우 소비자 부담은 생산자 부담의 3배가 되므로 단위당 조세가 1원이라면 소비자 부담은 0.75원, 생산자 부담은 0.25원이 된다.

26 A 국에서 어느 재화의 수요곡선은 $Q_d = 280 - 3P$이고, 공급곡선은 $Q_s = 10 + 7P$이다. A 국 정부는 이 재화의 가격상한을 20원으로 설정하였고, 이 재화의 생산자에게 보조금을 지급하여 공급량을 수요량에 맞추고자 할 때, 이 조치에 따른 단위당 보조금은? (단, P는 이 재화의 단위당 가격이다)

① 10원   ② 12원   ③ 14원   ④ 16원

27 어느 재화를 생산하는 기업이 직면하는 수요곡선은 $Q_d = 200 - P$이고, 공급곡선 Q_s는 $P = 100$에서 수평선으로 주어져 있다. 정부가 이 재화의 소비자에게 단위당 20원의 물품세를 부과할 때, 초과부담을 조세수입으로 나눈 비효율성계수는? (단, P는 가격이다)

① $\frac{1}{8}$ ② $\frac{1}{4}$ ③ $\frac{1}{2}$ ④ 1

28 시장에서 거래되는 재화에 물품세를 부과하였을 경우 조세 전가가 발생하게 된다. 조세 전가로 인한 소비자 부담과 생산자 부담에 대한 설명 중 가장 옳지 않은 것은?

① 우상향하는 공급곡선의 경우 수요의 가격탄력도가 클수록 생산자 부담이 커지게 된다.
② 우하향하는 수요곡선의 경우 공급의 가격탄력도가 작을수록 소비자 부담은 작아지게 된다.
③ 소비자 또는 생산자 중 누구에게 부과하느냐에 따라 소비자 부담과 생산자 부담의 크기는 달라진다.
④ 수요가 가격변화에 대해 완전탄력적이면 조세는 생산자가 전적으로 부담하게 된다.

29 독점기업 A의 수요함수와 평균비용이 다음과 같다. 정부가 A의 생산을 사회적 최적 수준으로 강제하는 대신 A의 손실을 보전해 줄 때, 정부가 A에 지급하는 금액은? (단, Q_D는 수요량, P는 가격, AC는 평균비용, Q는 생산량이다)

- 수요함수: $Q_D = \dfrac{25}{2} - \dfrac{1}{4}P$
- 평균비용: $AC = -Q + 30$

① 50   ② 100   ③ 150   ④ 200

정답 및 해설

26 ① P = 20에서 최고가격제를 시행하면 수요곡선과 공급곡선 식에 대입하였을 때 수요량이 220이고, 공급량이 150이므로 70만큼의 초과수요가 발생한다. 초과수요를 해소하기 위해 생산자에게 단위당 S원의 보조금을 지급하면 공급곡선이 단위당 보조금의 크기만큼 하방으로 이동한다. 공급곡선 식을 P에 대해 정리하면 $P = \dfrac{1}{7}Q - \dfrac{10}{7}$이므로 단위당 S원의 보조금을 지급하면 공급곡선 식이 $P = \dfrac{1}{7}Q - \dfrac{10}{7} - S$로 바뀌게 되고, 이를 다시 Q에 대해 정리하면 Q = 7S + 10 + 7P이다. 보조금을 지급했을 때 수요량과 공급량이 같아져야 하므로 P = 20, Q = 220을 보조금 지급 이후의 공급곡선 식에 대입하면 220 = 7S + 10 + 140, S = 10으로 계산된다. 따라서 단위당 10원의 보조금을 지급하면 가격상한에 따른 초과수요를 없앨 수 있게 된다.

27 ① 공급곡선이 P = 100에서 수평선이므로 조세 부과 전의 균형가격이 P = 100이고, P = 100을 수요곡선 식에 대입하면 균형거래량 Q = 100임을 알 수 있다. 소비자에게 단위당 20원의 물품세가 부과되면 수요곡선이 단위당 조세액만큼 하방으로 이동하므로 조세 부과 이후에는 수요곡선 식이 P = 180 − Q로 바뀌게 된다. 공급곡선이 P = 100에서 수평선이므로 조세 부과로 수요곡선이 하방으로 이동하더라도 균형가격은 변하지 않아 P = 100을 조세 부과 이후의 수요곡선 식에 대입하면 균형거래량 Q = 80으로 계산된다. 조세 부과 이후에도 시장의 균형가격은 여전히 100이지만 소비자는 단위당 20의 조세를 납부해야 하므로 세금을 포함하면 소비자 가격은 120이 된다. 그러므로 이 경우는 조세 전부를 소비자가 부담하게 된다. 단위당 조세의 크기가 20원이고, 조세 부과 후의 거래량이 80이므로 정부의 조세수입은 1,600이다. 따라서 조세 부과로 인한 후생손실(초과부담)의 크기는 $\dfrac{1}{2}$ × 20 × 20 = 200이므로 초과부담을 조세수입으로 나눈 비효율성계수는 $\dfrac{1}{8}$임을 알 수 있다.

28 ③ 물품세가 소비자와 생산자 중 누구에게 부과되는지와 관계없이 상대적인 조세부담은 오로지 수요와 공급의 탄력성에 의해 결정된다.

29 ② 총비용 $TC = AC \times Q = -Q^2 + 30Q$이므로 이를 Q에 대해 미분하면 한계비용 MC = −2Q + 30이다. 한편, 수요곡선을 P에 대해 정리하면 P = 50 − 4Q이다. 사회적인 최적생산량은 수요곡선과 한계비용곡선이 교차하는 점에서 결정되므로 P = MC로 두면 50 − 4Q = −2Q + 30, Q = 10이다. Q = 10을 수요곡선 식에 대입하면 P = 10, Q = 10을 평균비용곡선 식에 대입하면 AC = 20이므로 사회적인 최적생산량 수준에서는 단위당 10만큼의 적자가 발생한다. 따라서 단위당 10만큼의 적자가 발생하고 생산량이 10이므로 전체 적자규모는 100이 되어 정부가 A 기업에 지급해야 하는 금액은 100이 된다.

30 A 국에서 국민 20%가 전체 소득의 절반을, 그 외 국민 80%가 나머지 절반을 균등하게 나누어 가지고 있을 때, A 국의 지니계수는?

① 0.2 　　　　　　② 0.3 　　　　　　③ 0.4 　　　　　　④ 0.5

31 어떤 상품의 수요곡선과 공급곡선은 직선이며, 상품 1단위당 5,000원의 세금이 부과되었다고 하자. 세금의 부과는 상품에 대한 균형거래량을 200개에서 100개로 감소시켰으며, 소비자잉여를 450,000원 감소시키고, 생산자잉여를 300,000원 감소시켰을 때, 세금 부과에 따른 자중손실은?

① 250,000원 　　　　　　　　　② 500,000원
③ 750,000원 　　　　　　　　　④ 1,000,000원

32 종량세 부과의 효과에 대한 설명으로 옳은 것을 <보기>에서 모두 고른 것은?

<보기>
ㄱ. 종량세가 부과된 상품의 소득에서 차지하는 비중이 클수록 소비자 부담이 크다.
ㄴ. 종량세가 부과된 상품의 대체재가 많을수록 소비자 부담이 크다.
ㄷ. 종량세가 부과된 상품의 생산기간이 길수록 생산자 부담이 크다.
ㄹ. 종량세 부과가 균형거래량을 변동시키지 않는다면 후생손실이 발생하지 않는다.

① ㄱ, ㄴ 　　　　　　② ㄱ, ㄹ 　　　　　　③ ㄴ, ㄷ
④ ㄴ, ㄹ 　　　　　　⑤ ㄷ, ㄹ

정답 및 해설

30 ② 하위 80%의 국민이 전체 소득의 절반을 균등하게 갖고, 상위 20%의 국민이 전체 소득의 절반을 균등하게 갖는 경우 로렌츠곡선은 아래 그림과 같다.

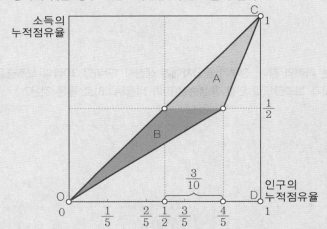

A의 면적은 $\frac{3}{40}$, B의 면적은 $\frac{3}{40}$, 합은 $\frac{3}{20}$, 삼각형 COD 면적은 $\frac{1}{2}$이므로 지니계수는 $\frac{\frac{3}{20}}{\frac{1}{2}} = \frac{3}{10}$이다.

31 ① 단위당 조세의 크기가 5,000원이고, 조세 부과에 따른 거래량 감소분이 100개이므로 자중손실의 크기는 $\frac{1}{2}$ × 5,000 × 100 = 250,000원이다.

32 ⑤ 비탄력적일수록 조세부담이 크다.

ㄷ. 종량세가 부과된 상품의 생산기간이 길수록 공급의 가격탄력성이 비탄력적이므로 생산자 부담이 크다.

ㄹ. 종량세 부과가 균형거래량을 변동시키지 않는다면 한쪽이 완전 비탄력적인 경우이다. 완전비탄력적이면 한쪽이 모두 부담하므로 후생손실이 발생하지 않는다.

[오답체크]

ㄱ. 종량세가 부과된 상품의 소득에서 차지하는 비중이 클수록 수요의 가격탄력성이 탄력적이므로 소비자 부담이 작다.

ㄴ. 종량세가 부과된 상품의 대체재가 많을수록 수요의 가격탄력성이 탄력적이므로 소비자 부담이 작다.

고난도 기출문제

고난도 시험의 기출문제를 풀어보며 경제학 실력을 한층 더 업그레이드해 보세요!

01 노동시장에서 수요독점자인 기업 A의 생산함수는 $Q = 70L - 3L^2$이다. A가 생산하는 생산물의 시장은 완전경쟁적이고 시장가격은 10이다. 노동공급곡선이 $w = 5L + 70$일 때, 다음 중 옳지 않은 것은? (단, Q, L, w는 각각 생산량, 노동투입량, 임금을 나타낸다)　　　　　　　　　　　　　　　　　　　　　[회계사 23]

　① 기업 A의 노동수요곡선은 존재하지 않는다.
　② 기업 A의 한계요소비용곡선은 노동공급곡선보다 기울기가 가파르다.
　③ 노동자들이 받는 임금은 노동의 한계생산물가치보다 낮다.
　④ 수요독점에 따른 후생손실의 크기는 20보다 작다.
　⑤ 정부가 100의 임금으로 최저임금제를 실시하면 기업 A의 고용량은 증가한다.

02 어떤 재화의 수요와 공급함수는 아래와 같다. 정부가 공급자에게 생산량 1단위당 30씩의 보조금을 지급할 때, 정부의 보조금 지출총액(A)과 보조금으로 인한 후생손실(B)의 비율(A : B)로 옳은 것은?
　　[국회직 8급 23]

> • 수요함수: $P = 100 - \dfrac{1}{2}Q_D$
>
> • 공급함수: $P = 40 + \dfrac{1}{4}Q_S$

　① 2 : 1　　　　　② 3 : 1　　　　　③ 4 : 1　　　　　④ 5 : 1　　　　　⑤ 6 : 1

정답 및 해설

01　⑤　1) 그래프

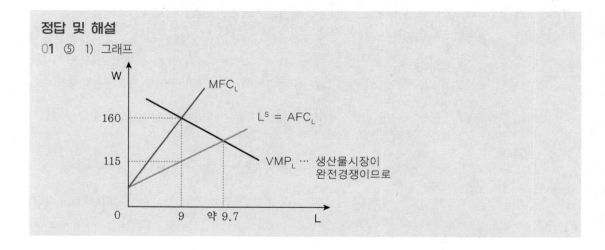

2) 수요독점에서의 노동고용량과 임금
① 노동수요 $MRP_L = VMP_L = P \times MP_L = 10 \times (70 - 6L)$
② MFC_L은 $TFC_L = wL = (5L + 70)L$을 L로 미분하여 구하므로 $10L + 70$이다.
③ 따라서 이윤극대화 고용량 $10 \times (70 - 6L) = 10L + 70$ ➜ $7L = 63$ ➜ $L = 9$이고 이를 노동공급곡선에 대입하여 임금을 구하면 $w = 115$이다.

3) 완전경쟁일 경우 노동공급량과 임금
① 노동수요 $MRP_L = VMP_L = P \times MP_L = 10 \times (70 - 6L)$
② 완전경쟁일때는 노동의 수요와 공급이 만나는 것이므로 노동공급곡선은 $w = 5L + 70$이다.
③ 양자를 연립하면 $10 \times (70 - 6L) = 5L + 70$ ➜ $65L = 630$ ➜ $L = \dfrac{126}{13}$

4) 지문분석
⑤ 현재임금보다 최저임금이 낮으므로 실효성이 없다.

[오답체크]
① 수요독점기업은 자기가 임금을 정하므로 노동수요곡선은 존재하지 않는다.
② 기업 A의 한계요소비용곡선은 노동공급곡선보다 기울기가 2배 더 크다.
③ 노동자들이 받는 임금은 수요독점적 착취를 당하므로 노동의 한계생산물가치보다 낮다.
④ 위의 그래프를 참조하여 후생손실을 구하면 $45 \times$ 약 $0.7 \times \dfrac{1}{2} =$ 약 15.75이다.

02 ⑤ 1) 최초의 균형을 구하면 $100 - \dfrac{1}{2}Q = 40 + \dfrac{1}{4}Q$ ➜ $\dfrac{3}{4}Q = 60$ ➜ $Q = 80$, $P = 60$이다.

2) 정부가 공급자에게 보조금을 지급하면 공급곡선이 30만큼 하방 이동한다. 이를 반영하여 다시 균형을 구하면 $100 - \dfrac{1}{2}Q = 10 + \dfrac{1}{4}Q$ ➜ $\dfrac{3}{4}Q = 90$ ➜ $Q = 120$, $P = 40$이다.

3) 그래프

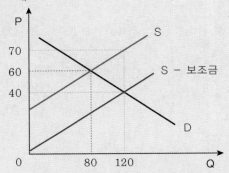

4) 보조금의 지출총액 = $30 \times 120 = 3,600$

5) 후생손실 = $\dfrac{1}{2} \times 30 \times 40 = 600$이므로 양자의 비율은 6 : 1이다.

03 어느 완전경쟁시장에서 수요 및 공급곡선이 모두 직선이며 공급곡선은 원점을 지난다. 이 시장에 정부가 단위당 t의 종량세를 공급자에게 부과하자 소비자 가격이 단위당 0.6t만큼 상승하였다. 종량세 부과와 관련된 다음 설명 중 옳은 것을 모두 고르면? (단, 수요의 가격탄력성은 절댓값을 기준으로 하며, t>0이다)

[회계사 23]

> 가. 종량세 부과 이전의 균형점에서 수요는 가격에 비탄력적이다.
> 나. 종량세 부과 이전의 균형점에서 공급의 가격탄력성은 1보다 크다.
> 다. 종량세 부과 이후 새로운 균형점에서의 수요의 가격탄력성은 종량세 부과 이전의 균형점에서의 수요의 가격탄력성보다 크다.

① 가

② 나

③ 다

④ 가, 나

⑤ 가, 다

04 X재 시장의 수요함수와 공급함수가 각각 다음과 같다.

> - $Q_D = 150 - \dfrac{5}{3}P$
> - $Q_S = -50 + P$

소비자가 X재를 구매하기 위해 지출한 금액의 10%를 정부가 소비자에게 보조금으로 지급한다고 할 때, 자중손실(deadweight loss)의 크기는? (단, Q_D, Q_S, P는 각각 수요량, 공급량, 가격을 나타낸다)

[회계사 23]

① 20

② 24

③ 35

④ 40

⑤ 42

정답 및 해설

03 ⑤ 1) 그래프

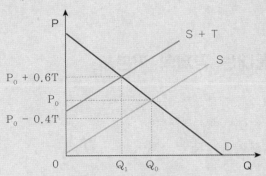

2) 지문분석
   가. 공급곡선이 원점을 통과하는 직선이었으므로 공급의 가격탄력성이 1이다. 조세 부과 후 소비자
   가격이 조세의 60%를 부담하므로 수요의 가격탄력성이 더 비탄력적임을 알 수 있다.
   다. 종량세 부과 이후 새로운 균형점에서의 수요곡선의 상방으로 이동하였으므로 수요의 가격탄력
   성은 종량세 부과 이전의 균형점에서의 수요의 가격탄력성보다 크다.

   [오답체크]
   나. 공급자에게 종량세를 부과하면 상방이동한다. 최초에 공급곡선이 원점을 통과하는 직선이었으
   므로 수요의 가격탄력성이 1이었으나 상방이동을 통해 공급의 가격탄력성은 1보다 크다.

04 ① 1) 최초의 균형 $150 - \frac{5}{3}P = -50 + P$ ➡ P = 75, Q = 25이다.

   2) 종량보조금 부과 후 수요곡선 $Q_D = 150 - \frac{5}{3}P(1 - 0.1)$ ➡ $Q_D = 150 - 1.5P$이다.

   3) 종량세 부과 후 새로운 균형을 구하면 $150 - 1.5P = -50 + P$ ➡ 2.5P = 200 ➡ P = 80, 이를 공급
   곡선에 대입하면 Q = 30이다.

   4) 그래프

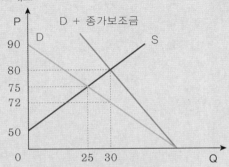

   5) 자중손실
   $$DWL = \frac{1}{2} \times 8 \times 5 = 20$$이다.

제7장

후생경제학과 시장실패

핵심 Check: 일반균형이론

일반균형	개별 경제주체인 소비자와 생산자가 자신의 사적인 이익을 극대화하는 과정에서 경제 전체의 이득도 최대가 됨
왈라스 법칙	왈라스 법칙에 따르면 n개의 상품시장이 존재할 때 (n - 1)개의 시장이 균형이면 나머지 한 개의 시장은 자동적으로 균형이 이루어짐

1. 일반균형

(1) 일반균형 상태

① 의미: 모든 생산물 및 요소시장이 균형을 이루고 있으며 시장에 참가하고 있는 모든 소비자와 생산자는 자신의 효용과 이윤을 극대화하고 있다.

② 생산물시장균형인 경우

　㉠ 모든 소비자는 주어진 예산제약하에서 효용극대화를 추구한다.

　㉡ 모든 생산자는 주어진 비용제약하에서 이윤극대화를 추구한다.

③ 요소시장균형인 경우

　㉠ 모든 소비자(= 가계)는 주어진 여건하에서 효용극대화 요소공급자이다.

　㉡ 모든 생산자(= 기업)는 주어진 여건하에서 이윤극대화 요소고용을 한다.

(2) 일반균형의 의의

① 일반균형 상태에서는 개별 경제주체인 소비자와 생산자가 자신의 사적인 이익을 극대화하는 과정에서 경제 전체의 이득도 최대가 된다.

② 이는 아담 스미스의 보이지 않는 손의 역할을 잘 보여주고 있다.

③ 일반균형 분석의 한계: 소득분배의 공평성 여부는 평가할 수 없다.

2. 왈라스 법칙(L. Walras)

(1) 개별적인 상품시장

일반균형하에서는 모든 시장이 균형이지만 일반균형이 아닌 가격체계하에서는 개별 상품시장에 초과수요나 초과공급이 존재할 수 있다.

(2) 경제 전체

① 경제 전체로 보면 초과수요나 초과공급은 존재할 수 없다.

② 즉 경제 전체의 총초과수요의 합은 언제나 0이다. 이를 왈라스 법칙이라고 한다.

(3) 왈라스 법칙

① 왈라스 법칙에 따르면 n개의 상품시장이 존재할 때 (n - 1)개의 시장이 균형이면 나머지 한 개의 시장은 자동적으로 균형이 이루어진다.

② 즉 전체 시장 중에서 (n - 1)개의 시장만이 독립적으로 가격을 결정한다는 것을 의미한다.

02 파레토 효율성

소비의 파레토 효율성	$MRS_{XY}^A = MRS_{XY}^B$
생산의 파레토 효율성	$MRTS_{LK}^X = MRTS_{LK}^Y$
종합적 파레토 효율성	$MRS_{XY}^A = MRS_{XY}^B = MRT_{XY}$
파레토 효율성의 한계	• 공평성을 알 수 없음 • 항상 사회후생이 극대화되지 않음
후생경제학의 제1정리	모든 개인의 선호체계가 강단조성(많이 소비하는 것이 좋음)을 지니고 외부성, 공공재 등의 시장실패요인이 존재하지 않는다면 일반경쟁균형(왈라스 균형)의 자원배분은 파레토 효율적임
후생경제학의 제2정리	모든 개인들의 선호가 연속적이고 강단조성 및 볼록성을 충족하면 초기 부존자원의 적절한 재분배를 통해 임의의 파레토 효율적인 자원배분을 일반경쟁균형을 통해 달성할 수 있음

1. 파레토 효율성

(1) 파레토 효율성(= 파레토 최적)

① 하나의 자원배분 상태가 있다고 할 때, 어느 누구에게도 손해가 가지 않으면서 어떤 사람에게는 이득이 되도록 변화시키는 것이 불가능하다고 하자.

② 그렇다면 이와 같은 자원배분 상태는 파레토 효율적인 성격을 갖는다.

(2) 파레토 개선, 파레토 우위, 파레토 열위

① 가정: 실현 가능한 배분 즉, 한정된 생산물과 생산요소의 존재량을 의미한다. 따라서 가지고 있는 자원을 초과하는 배분은 불가능하다.

② 파레토 개선: 사회 전체적인 관점에서 볼 때, 손해를 보는 사람이 아무도 없으면서 이득을 얻는 사람이 생기게 만드는 변화를 파레토 개선이라고 한다.

③ 파레토 열위와 파레토 우위: 파레토 개선이 일어난 경우 일어나기 전의 배분 상태를 파레토 열위, 일어난 후의 배분 상태를 파레토 우위라고 한다.

④ 파레토 효율성(= 최적): 파레토 개선이 일어날 수 없는 경우를 파레토 효율적이라고 한다.

⑤ 사례

㉠ 사회에 사과 10개, 배 10개가 있다고 가정하자. 이것이 실현 가능한 배분이다.

㉡ 최초의 배분 상태에 A가 사과 4개와 배 4개, B가 사과 5개와 배 5개를 가지고 있을 때 배분 상태를 바꾸어 A가 사과와 배를 한 개씩 더 가지게 되면 A는 사과 5개와 배 5개를 가지게 된다.

㉢ 이때 A의 배분 상태가 전보다 좋아졌지만, B의 배분을 악화시키지 않았으므로 파레토 개선이 된 것이다. 이후에 A가 사과나 배를 더 가지려고 한다면 B의 사과나 배의 수량이 줄어들어야 하므로 현 상태가 파레토 최적인 상태가 된다.

2. 소비측면에서의 파레토 효율성

(1) 교환의 파레토 효율성 조건

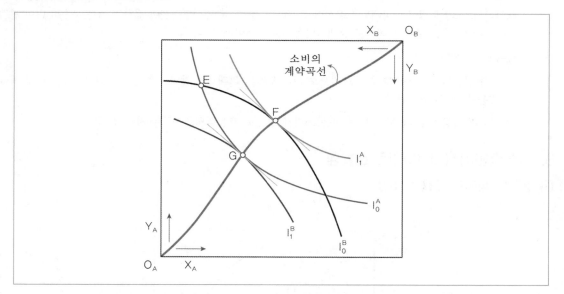

① 위 에지워스 상자에서 배분점이 E점에서 F점으로 이동하면 B의 효용은 I_0^B으로 변하지 않으나 A의 효용은 I_0^A에서 I_1^A으로 증가하여 파레토 개선이 이루어진다.

② 배분점 F, G점에서는 더 이상 한 사람의 효용을 감소시키지 않고는 다른 한 사람의 효용(후생)을 증가시키지 못하므로 파레토 효율성을 만족하는 점이다.

③ 파레토 효율성을 만족하는 F점에서는 두 무차별곡선이 접하므로 무차별곡선의 접선의 기울기인 한계대체율(MRS_{XY})도 같아질 것이다.

④ 교환의 파레토 효율성(교환의 최적성) 조건은 $MRS_{XY}^A = MRS_{XY}^B$이다.

(2) 소비측면의 계약곡선과 효용가능곡선

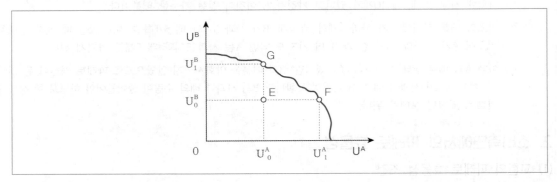

① 계약곡선: 교환에 있어서 파레토 효율성이 존재하는 점 즉, 두 무차별곡선이 접하는 점은 무수히 많이 존재하며 이러한 점을 연결한 곡선을 소비측면의 계약곡선이라 한다.

② 효용가능곡선의 도출

    ⊙ 재화 공간의 계약곡선을 효용 공간으로 나타내면 위 그래프와 같이 우하향의 곡선이 도출되는데 이를 효용가능곡선이라 한다.

    ⓒ 이러한 효용가능곡선상의 모든 점은 소비가 파레토 효율적으로 이루어지는 점이다.

3. 생산측면에서의 파레토 효율성

(1) 생산의 파레토 효율성 조건

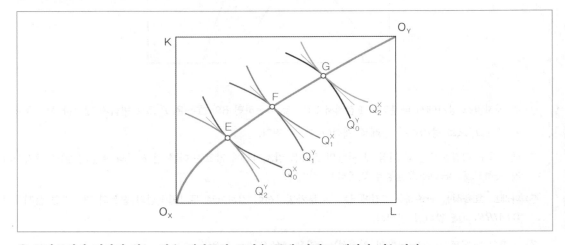

① 등량곡선이 접하지 않는 경우 생산물의 조정을 통해 파레토 개선이 가능하다.

② 파레토 효율성을 만족하는 점 F에서는 두 등량곡선이 접하므로 등량곡선의 접선의 기울기인 한계기술대체율($MRTS_{LK}$)도 같아질 것이다.

③ 생산의 파레토 효율성(생산의 최적성) 조건은 $MRTS_{LK}^{X} = MRTS_{LK}^{Y}$이다.

(2) 생산측면의 계약곡선과 생산가능곡선

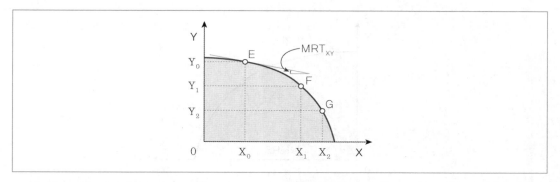

① 계약곡선: 생산에 있어서 파레토 효율성이 존재하는 점 즉, 두 등량곡선이 접하는 점은 무수히 많이 존재하며 이러한 점을 연결한 곡선을 생산측면의 계약곡선이라 한다.

② 생산가능곡선의 도출

　　㉠ 계약곡선에서 위의 점은 생산의 파레토 효율성을 만족하는 점들이다.

　　㉡ 이 각각의 점들을 X재와 Y재를 생산하는 재화 공간으로 옮겨 나타내면 위의 그래프가 도출되는데 이를 생산가능곡선이라 하며 생산가능곡선(PPC)상의 모든 점은 생산이 파레토 효율적으로 이루어지는 점들이다.

4. 산출물구성의 파레토 효율성

(1) 종합적 파레토 효율성의 의미
산출물구성의 파레토 효율성이란 소비(교환)의 파레토 효율성과 생산의 파레토 효율성을 동시에 만족시키도록 산출물구성이 이루어진 상태를 의미한다.

(2) 종합적 파레토 효율성의 충족 조건 분석

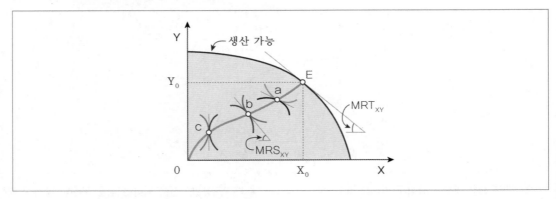

① b점에서 $MRS_{XY} = 3$이고 E점에서 $MRT_{XY} = 2$라 하자.

② b점에서 $MRS_{XY} = \dfrac{MU_X}{MU_Y}$가 3이므로 소비자는 X재의 한계효용이 Y재의 한계효용의 3배이다.

③ 생산측면에서는 $MRT_{XY} = \dfrac{MC_X}{MC_Y}$가 2이므로 X재의 한계비용이 Y재의 한계비용의 2배이다. X재 생산을 1단위 증가시키고 Y재 생산을 2단위 감소시키면 효율성이 증가한다.

④ 한계대체율과 한계변환율이 일치하지 않는 경우

구분	한계효용과 한계비용의 비교	파레토 효율성 충족의 조정
$MRS_{XY} > MRT_{XY}$	X재 한계효용 > X재 한계비용	X재 생산 증가, Y재 생산 감소
$MRS_{XY} < MRT_{XY}$	X재 한계효용 < X재 한계비용	X재 생산 감소, Y재 생산 증가

(3) 종합적 파레토 효율성의 충족 조건

① 소비(교환)의 파레토 효율성 충족 조건: $MRS_{XY}^A = MRS_{XY}^B$

② 생산의 파레토 효율성 충족 조건: $MRTS_{LK}^X = MRTS_{LK}^Y$

③ 산출물구성의 파레토 효율성의 충족 조건: $MRS_{XY}^A = MRS_{XY}^B = MRT_{XY}$

④ 종합적 파레토 효율성이 성립하려면 무차별곡선의 기울기와 생산가능곡선의 기울기가 같아야 한다.

5. 파레토 효율성의 한계

(1) 공평성을 판단할 수 없다.

① 파레토 효율성(최적성) 조건이 충족되면 자원배분의 효율성은 만족시키지만, 소득분배의 공평성까지 보장하는 것은 아니다.

② 따라서 파레토 효율적인 자원배분하에서는 항상 사회후생이 극대화된다고 말할 수 없다.

(2) 파레토 효율성을 달성하는 지점은 무수히 많다.

① 파레토 효율성을 만족하는 점이 무수히 많이 존재하므로 그 중 어느 점이 사회적으로 가장 바람직한지를 알 수 없다.

② 각 사회마다 사회의 구성원들이 원하는 후생함수에 따라 바람직한 지점은 다를 수 있다.

확인문제(고난도 기출)

두 재화 맥주(B)와 커피(C)를 소비하는 두 명의 소비자 1과 2가 존재하는 순수교환경제를 가정한다. 소비자 1의 효용함수는 $U_1(B_1, C_1) = \min\{B_1, C_1\}$, 소비자 2의 효용함수는 $U_2(B_2, C_2) = B_2 + C_2$이다. 소비자 1의 초기 부존자원은 (10, 20), 소비자 2의 초기 부존자원은 (20, 10)이고, 커피의 가격은 1이다. 일반균형(general equilibrium)에서 맥주의 가격은? (단, 초기 부존자원에서 앞의 숫자는 맥주의 보유량, 뒤의 숫자는 커피의 보유량이다)

[감정평가사 18]

① 1/3 ② 1/2 ③ 1 ④ 2 ⑤ 3

정답 및 해설

1) 총부존자원은 두 명의 소비자의 초기 부존자원인 맥주 30개와 커피 30개이다.
2) 일반균형에서 소비자균형은 두 사람의 무차별곡선이 접해야 한다.
3) 소비자 1은 레온티에프 함수의 형태로 무차별곡선은 $B_1 = C_1$의 추세선을 통과해야 하므로 대각선이다.
4) 소비자 2는 선형함수의 형태를 띠고 있다.
5) 따라서 두 사람의 무차별곡선이 접하기 위해서는 대각선에서 만나야 하고 상대가격비는 1이 된다.
6) 커피의 가격이 1로 주어져 있으므로 맥주의 가격도 1이다.
7) 그래프

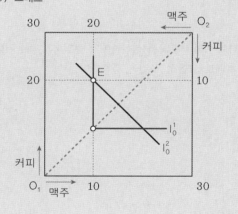

정답: ③

6. 후생경제학의 제1정리

(1) 후생경제학 제1정리

① 모든 개인의 선호체계가 강단조성(많이 소비하는 것이 좋음)을 지니고 외부성, 공공재 등의 시장실패요인이 존재하지 않는다면 일반경쟁균형(왈라스 균형)의 자원배분은 파레토 효율적이다.

② 강단조성(strong monotonicity): 두 변수 중 한 변수가 증가(감소)할 때 다른 변수도 증가(감소)하면 강단조성을 갖는다고 한다. 소비량이 증가할 때 총효용이 증가하면 선호가 강단조적이고, 선호가 강단조적이면 한계효용은 정(+)이다. 이는 소비자가 합리적으로 소비한다는 것을 의미한다.

③ 시장실패요인이 존재하지 않아야 한다: 불완전경쟁시장에서는 P ≠ MC이다. 따라서 생산물구성의 파레토 최적은 불가능하다.

④ 일반경쟁균형의 자원배분은 파레토 효율적이다: 완전경쟁시장을 의미한다. 완전경쟁시장은 모두가 가격수용자이므로 파레토 효율성 조건을 충족한다.

(2) 후생경제학 제1정리의 증명

① 교환의 최적성

⊙ 소비자 A의 효용극대화 조건: $MRS_{XY}^{A} = \dfrac{P_X}{P_Y}$

ⓒ 소비자 B의 효용극대화 조건: $MRS_{XY}^{B} = \dfrac{P_X}{P_Y}$

ⓒ 생산물시장이 완전경쟁일 때, 일물일가가 성립하여 X재와 Y재의 가격은 모든 소비자에게 동일하게 적용된다. 따라서 $MRS_{XY}^{A} = MRS_{XY}^{B} = \dfrac{P_X}{P_Y}$가 성립하여 소비의 파레토 효율성 조건을 충족한다.

② 생산의 최적성

⊙ X재 생산자의 생산자균형 조건: $MRTS_{LK}^{X} = \dfrac{w}{r}$

ⓒ Y재 생산자의 생산자균형 조건: $MRTS_{LK}^{Y} = \dfrac{w}{r}$

ⓒ 완전경쟁요소시장이 완전경쟁일 때 일물일가가 성립하여 w와 r이 모든 생산자에게 동일하게 적용된다. 따라서 $MRTS_{LK}^{X} = MRTS_{LK}^{Y}$가 성립하여 생산의 파레토 효율성 조건을 충족한다.

③ 생산물구성의 최적성

⊙ 사회적 효용극대화 조건: $MRS_{XY} = \dfrac{P_X}{P_Y}$

ⓒ 생산의 최적성 조건: $MRT_{XY} = \dfrac{MC_X}{MC_Y}$

ⓒ 생산물시장이 완전경쟁일 때 P = MC가 성립한다. 따라서 $MRS_{XY} = \dfrac{P_X}{P_Y} = \dfrac{MC_X}{MC_Y} = MRT_{XY}$가 성립하여 종합적 파레토 효율성을 달성한다.

7. 후생경제학의 제2정리

(1) 후생경제학 제2정리

① 모든 개인들의 선호가 연속적이고 강단조성 및 볼록성을 충족하면 초기 부존자원의 적절한 재분배를 통해 임의의 파레토 효율적인 자원배분을 일반경쟁균형을 통해 달성할 수 있다.

② 선호의 볼록성: 무차별곡선이 원점에 볼록하다. 이는 소비자가 한계대체율(MRS)이 체감하는 일반적 선호를 갖는다는 것으로 골고루 소비하는 것이 좋음을 의미한다.

③ 자원배분이 파레토 최적: $MRS_{XY} = \dfrac{P_X}{P_Y}$가 성립하므로 현재의 가격체계가 유지되어야 한다.

④ 효율적인 자원배분이 분권적인 시장기구에 의해 달성될 수 있음을 보여준다.

⑤ 그래프

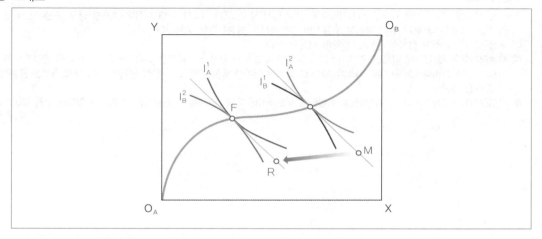

㉠ 정부가 소득분배 상태를 M에서 R로 옮기면 시장의 원리에 따라 F점으로 이동하게 된다.

㉡ 따라서 정부에 의한 자원배분이 시장가격체계에 영향을 주지 않으면서 소득재분배 정책이 가능하다는 것이다.

(2) 정책적 시사점

① 현금 이전에 의한 소득재분배는 가격체계를 교란시키지 않으므로 자원배분의 효율성을 해치지 않는다. 따라서 소득재분배를 위한 정부개입은 가격체계를 변동시키지 않는 현금보조 등으로 국한하고 나머지는 시장의 가격기능에 맡겨야 한다.

② 비효율성을 초래하지 않는 소득재분배 정책이 가능하다는 것을 보여준다.

③ 시장가격체계를 변화시키는 소득재분배 정책은 바람직하지 않다는 것을 의미한다. **예** 가격보조 정책

확인문제

후생경제학에 관한 설명으로 옳은 지문의 개수는?

ㄱ. 후생경제학의 제1정리란 누구도 시장지배력을 갖고 있지 않고, 모든 재화에 대해 시장이 존재할 경우, 자원배분에 관한 중앙집권적 지시에 의해 파레토 효율적인 자원배분이 발생한다는 명제이다.

ㄴ. 후생경제학 제1정리가 성립하지 않는 상황이 정부의 실패다.

ㄷ. 후생경제학 제1정리에 의하면 시장에 의해 사회후생이 극대화된다.

ㄹ. 후생경제학의 제2정리는 초기 부존자원을 적절하게 재분배함으로써 효율성은 저해하지만 공평성을 추구할 수 있다는 것을 보여준다.

① 0개 　　　　② 1개 　　　　③ 2개 　　　　④ 3개 　　　　⑤ 4개

정답 및 해설

ㄱ. 후생경제학의 제1정리란 누구도 시장지배력을 갖고 있지 않고, 모든 재화에 대해 시장이 존재할 경우, 자원배분에 관한 중앙집권적 지시나 통제 없이 파레토 효율적인 자원배분이 발생한다는 명제이다.

ㄴ. 후생경제학 1정리가 성립하지 않는 상황이 시장의 실패다.

ㄷ. 후생경제학의 제1정리에 따르면, 경쟁시스템이 잘 작동하고 있는 경우 자원배분은 효용가능곡선상의 어떤 관점에서 이루어지게 된다. 그러나 이러한 점이 사회후생을 극대화하는 어떠한 특정점이라고 주장할 근거는 없다. (사회후생은 공평성까지 고려한 개념)

ㄹ. 후생경제학 제2정리는 초기 부존자원을 적절하게 재분배하면 효율성 저해없이 공평성을 추구할 수 있다는 것을 보여준다.

정답: ①

03 사회후생함수

1. 사회후생함수

(1) 사회후생함수

① 의미: 두 사람의 효용수준이 U_A, U_B로 주어졌을 때, 다음과 같은 관계를 통해 사회후생(SW)의 수준을 그 함수값 $SW = f(U_A, U_B)$으로 나타내는 것을 사회후생함수라고 한다.

② 사회구성원들의 주관적인 가치판단에 해당하는 것으로 사회마다 다르며, 사회구성원끼리도 다르기 때문에 모든 사람이 동의할 수 있는 사회후생함수를 찾기 어렵다.

(2) 사회무차별곡선(SIC; Social Indifference Curve)

① 사회후생함수로부터 같은 수준의 사회후생을 주는 U_A, U_B의 조합들로 만들어지는 사회무차별곡선을 도출할 수 있다.

② 사회후생함수가 내포하고 있는 가치판단의 성격은 바로 사회무차별곡선의 모양에 반영된다.

2. 가치판단에 따른 사회무차별곡선

(1) 공리주의 사회후생함수(Bentham)

① 전체 사회후생(SW; Social Welfare)은 개인효용의 총합으로 도출된다. 따라서 사회무차별곡선(SIC)은 우하향하는 직선(MRS 일정)이 된다.

② 개인의 소득에 대한 한계효용이 동일하다고 가정한다.

③ 개인효용의 합이 크면 사회후생도 높으며, 개인 간 효용 및 소득분배의 공평성은 사회후생에 영향을 미치지 않는다.

④ $SW = U_A + U_B$ (U_A, U_B: 개인 A, B의 효용)

⑤ 에지워즈는 완전균등 소득분배가 사회후생을 가장 크게 할 수 있다고 본다.

⑥ 그래프

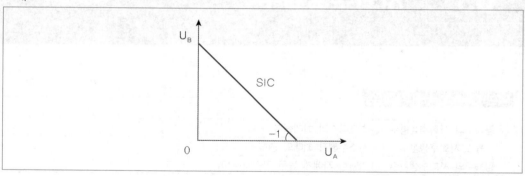

집중! 계산문제

두 사람(A, B)만 존재하고 X재의 양은 1,000이고, A와 B의 효용함수는 각각 $3\sqrt{X_a}$, $\sqrt{X_b}$이다. 공리주의 사회후생함수의 형태를 가질 경우 사회후생의 극댓값은? (단, X_a는 A의 소비량이고, X_b는 B의 소비량이며, X_a와 X_b는 모두 양의 수이다)

[세무사 16]

① 60　　　　　② 70　　　　　③ 80　　　　　④ 90　　　　　⑤ 100

정답 및 해설

☑ 공리주의 함수 계산풀이법
1) 문제에 주어진 재화의 총량 파악 ➔ $X_a + X_b = 1,000$
2) 두 사람의 한계효용이 일치함을 파악 ➔ $MU^A = MU^B$
3) 이를 조합하여 답 도출

1) X재의 부존량이 1,000단위이므로 $X_a + X_b = 1,000$이다.

2) 공리주의는 한계효용이 동일하므로 $MU^A = MU^B$로 두면 $\dfrac{3}{2\sqrt{X_a}} = \dfrac{1}{2\sqrt{X_b}}$이다.

3) 이 두 식을 연립해서 풀면 $X_a = 900$, $X_b = 100$이다.

4) 위 소비량을 사회후생함수 $W = 3\sqrt{X_a} + \sqrt{X_b}$에 대입하면 사회후생 $W = 100$으로 계산된다.

정답: ⑤

(2) 롤즈(J. Rawls)적 사회후생함수

① 사회구성원 중 가장 낮은 효용(소득)을 누리는 자의 효용에 따라 사회후생수준이 결정된다.

② $SW = Min[U_A,\ U_B]$ ($U_A,\ U_B$: 개인 A, B의 효용)

③ 사회무차별곡선(SIC)은 L자형이 된다.

④ 최소극대화 원칙(= 최소수혜자 최대의 원칙)이 성립한다. 즉 최저효용자의 효용이 증가하지 않으면 사회후생이 증가할 수 없다.

⑤ 효용(소득)이 완전평등분배될 때 사회후생이 극대화되며 재분배정책을 통해 사회후생을 증대시킬 수 있다.

⑥ 그래프

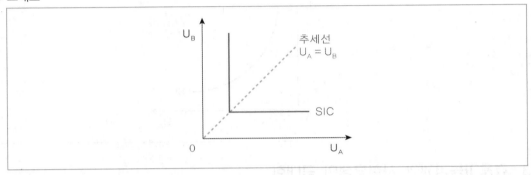

집중! 계산문제

두 사람 A와 B로 구성되어 있고, 사적재인 X재 한 재화만 존재하는 경제에서 A와 B의 효용은 각각 $U_A = \sqrt{3X_A}$, $U_B = \sqrt{X_B}$로 표시된다(단, X_A, X_B는 각각 A와 B의 X재 소비량). 이 경제의 사회후생함수가 롤스(Rawls)의 사회후생함수이고, X재의 총부존량이 1,200일 때 극대화된 사회후생의 값은?

[세무사 10]

① 30   ② 40   ③ 50   ④ 60   ⑤ 70

정답 및 해설

> ☑ 롤스후생함수 푸는 순서
> 1) 문제에 주어진 재화의 총량 파악 ➡ $X_A + X_B = 1,200$
> 2) 두 사람의 한계효용이 일치함을 파악 ➡ $U_A = U_B$
> 3) 이를 조합하여 답 도출

1) 사회후생함수가 $W = min[\sqrt{3X_A},\ \sqrt{X_B}]$이므로 $\sqrt{3X_A} = \sqrt{X_B}$일 때 사회후생이 극대화된다.
2) 두 개인이 소비하는 X재의 양이 1,200이므로 $X_A + X_B = 1,200$도 동시에 성립해야 한다.
3) $\sqrt{3X_A} = \sqrt{X_B}$의 양변을 제곱하면 $3X_A = X_B$이고, 이를 $X_A + X_B = 1,200$에 대입하면 $4X_A = 1,200$, $X_A = 300$이다.
4) $X_A = 300$이므로 $X_B = 900$이고, 이를 사회후생함수에 대입하면 사회후생 $W = 30$으로 계산된다.

정답: ①

(3) 평등주의적 사회후생함수

① 사회구성원 중 높은 효용(소득)을 누리는 자에게 낮은 가중치를, 낮은 효용을 누리는 자에게는 높은 가중치를 적용하여 사회후생수준을 도출한다.

② $SW = U_A \times U_B$ (U_A, U_B: 개인 A, B의 효용)

③ 평등주의 성향이 강하면 강할수록 이를 대표하는 사회무차별곡선은 원점에 대하여 더욱 볼록한 모양을 가지게 되고, 이것이 극단에 이르게 되면 롤즈적 사회무차별곡선이 된다.

④ 그래프

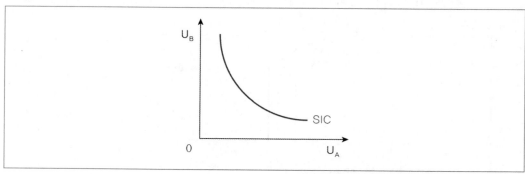

3. 효용가능경계와 사회후생의 극대화

(1) 효용가능경계

① 효용가능경계(UPF; Utility Possibility Frontier)란 경제 내의 사용 가능한 모든 자원을 가장 효율적으로 배분하였을 때 얻어지는 개인의 효용의 쌍을 의미하므로 효용가능경계상의 모든 점에서는 파레토 효율성(소비, 생산, 산출물구성)을 모두 충족시킨다.

② 그래프

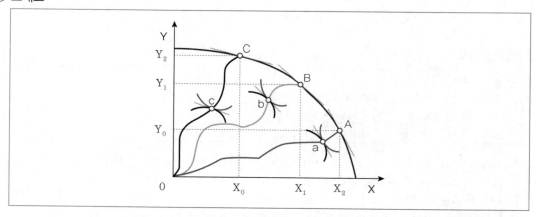

㉠ 생산점이 생산가능곡선상의 A, B, C로 주어지면 이에 따라 에지워즈 상자가 결정된다.

㉡ 각 에지워즈 상자에서 효용가능곡선을 도출한 후 효용가능경계를 도출한다.

(2) 사회후생의 극대화

① 효용가능곡선 A', B', C'가 도출되며 이러한 효용가능곡선의 가장 외부점을 연결한 곡선을 효용가능경계라고 한다.

② 사회무차별곡선은 같은 후생을 나타내는 개인 A, B의 효용수준의 조합으로 원점에서 멀어질수록 효용은 커지므로 아래 그래프에서와 같이 효용가능경계와 사회무차별곡선이 접하는 E점에서 사회후생의 극대화가 달성된다.

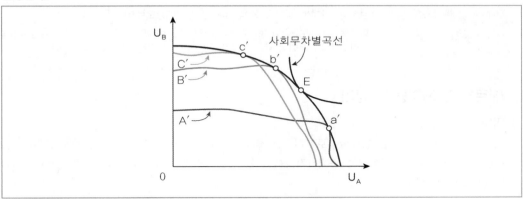

확인문제

A와 B 두 사람만 존재하는 경제에서, 사적재화인 X재만 소비되고 X재의 총 부존량은 15이다. A와 B의 효용함수는 각각 $U_A = \sqrt{X_A}$와 $U_B = 2\sqrt{X_B}$이다. 이 경제의 사회후생함수가 공리주의 사회후생함수일 때 사회후생의 극댓값을 구하시오. (단, X_A와 X_B는 각각 A와 B의 X재 소비량이다)

① $\sqrt{3}$ ② $2\sqrt{3}$ ③ $3\sqrt{3}$ ④ $4\sqrt{3}$ ⑤ $5\sqrt{3}$

정답 및 해설

1) 총부존량 $X_A + X_B = 15$

2) 소득의 한계효용동일 $MU_A = MU_B$ ➡ $\dfrac{1}{2\sqrt{X_A}} = \dfrac{2}{2\sqrt{X_B}}$ ➡ $4X_A = X_B$

3) 이 둘을 연립하면 $X_A + 4X_A = 15$, $X_A = 3$, $X_B = 12$이다.

4) $SW = U_A + U_B$ ➡ $\sqrt{3} + 4\sqrt{3} = 5\sqrt{3}$

정답: ⑤

04 | 애로우의 불가능성 정리와 차선의 이론

핵심 Check: 애로우의 불가능성 정리와 차선의 이론	
애로우의 불가능성 정리	완비성, 이행성, 파레토 원칙, 무관한 선택대상으로부터 독립성, 비독재성
차선의 이론	파레토 효율성 조건이 동시에 충족되지 않은 상황에서 그중 더 많은 효율성을 충족시킨다고 해서 사회적으로 더 바람직한 상태가 되는 것은 아니라는 것

1. 애로우의 불가능성 정리

(1) 의미

애로우(K. Arrow)는 개별효용함수로부터 사회후생함수를 도출하기 위해서는 몇 가지 조건이 필요하나 이를 만족하는 사회후생함수는 존재하지 않는다는 것을 증명하였다. 이를 불가능성 정리(impossibility theorem)라고 한다.

(2) 개별 선호를 사회 전체의 선호로 종합시키기 위한 조건

① 집단적 합리성(완비성, 이행성) 조건: 여러 사회상태에 대한 선호순서의 판단이 가능하고(= 완비성), 그 선호체계가 일관성(= 이행성)을 가져야 한다. 예 A > B > C ➡ A > C, B > C

② 파레토 원칙(Pareto principle): 사회구성원 모두 A를 B보다 선호하면 사회 전체도 A를 선호해야 한다.

③ 무관한 선택대상으로부터의 독립성

  ㉠ 각 상태는 상호의존성이 없어서 하나의 상태가 선택 불가능하게 되더라도 나머지 선호순서는 불변이어야 한다. 예 A > B > C > D ➡ A > C > D

  ㉡ 독립성에서 개인의 선호는 기수적 선호의 강도가 고려되면 안 되고 서수적으로 측정되어야 한다.

④ 비독재성(non-dictatorship): 사회적 선택이 한 사람의 선호에 의해 결정되지 않아야 한다.

(3) 결론

① 민주적이면서 효율적인 사회후생함수는 존재하지 않음을 증명하였다.

② 민주적인 어떠한 투표제도도 애로우가 제시한 조건을 모두 충족하지 못한다.

2. 차선의 이론

(1) 의미

① 모든 파레토 효율성 조건이 동시에 충족되지 않은 상황에서 그중 더 많은 효율성을 충족시킨다고 해서 사회적으로 더 바람직한 상태가 되는 것은 아니라는 것이다.

② 10개의 효율성 조건을 충족시켜야 하는 경우에 8개의 효율성 조건을 만족시키는 것이 7개의 효율성 조건을 만족시키는 것보다 더 바람직한 상태가 되는 것은 아니라는 것이다.

(2) 시사점

① 차선의 이론은 여러 가지 경제개혁조치를 추진할 때 비합리적인 측면을 점차로 제거해 나가는 점진적 접근법이 항상 최선은 아니라는 의미를 부여하고 있다.

② 비합리적인 것 중 일부분만을 제거하는 것이 더 나쁜 상황에 직면하게 할 수 있다는 것이다.

③ 그래프: 예산제약에 따라 생산 및 소비가 비효율적(A)일 때 생산의 최적성만이라도 달성하려 할 경우(B, C) 사회후생은 오히려 감소(SIC')한다.

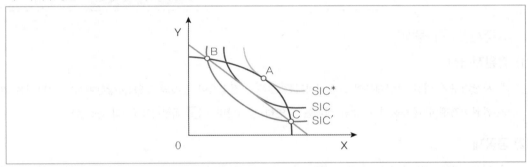

05 시장실패와 외부성

시장실패	독과점, 공공재, 외부성, 불확실성 등
외부성	어떤 행위가 제3자에게 의도하지 않은 혜택이나 손해를 가져다주는데, 이에 대한 대가를 받지도 지불하지도 않을 때
금전적 외부성	상대가격구조의 변동을 가져오며, 사회구성원 간 소득분배에는 영향을 미치나 자원배분에는 영향을 미치지 않음
실질적 외부성	• 소비의 양의 외부성 PMB < SMB • 소비의 음의 외부성 PMB > SMB • 생산의 양의 외부성 PMC > SMC • 생산의 음의 외부성 PMC < SMC

1. 시장실패의 원인

(1) 불완전경쟁

① 시장기구에 의한 자원배분이 효율적이라는 것은 완전경쟁이 전제되고 있는 상황에서만 타당성을 가진다.

② 불완전경쟁이 존재하면 시장의 실패는 당연히 일어난다.　예 독점시장에서의 과소생산

(2) 공공재

① 의미: 여러 사람의 공동 소비를 위해 생산된 재화나 서비스로 비경합성과 비배제성의 특징을 가진다.
예 도로

② 비경합성: 추가적으로 한 사람이 더 공공재를 소비하게 된다고 하더라도 다른 사람의 소비 가능성이 줄어들지 않는 성격을 말한다.

③ 비배제성: 대가를 치르지 않은 사람이라 하여 소비에서 배제할 수 없다는 성격이다.

④ 무임승차로 인한 과소생산: 비경합성과 비배제성으로 인해 양(+)의 가격을 매기는 것이 불가능하다. 이로인해 시장기구가 공공재를 적절한 수준에서 생산, 공급할 수 없음을 의미한다.

(3) 외부성

① 의미: 어떤 사람의 행동이 제3자에게 의도하지 않은 이득이나 손해를 가져다주는데도 이에 대한 대가를 받지도 지불하지도 않을 때 외부성(externalites), 외부효과(external effect)가 발생한다고 말한다.

② 과소, 과다생산: 자유로운 시장경제에 맡길 때 이로운 외부성은 사회적 최적수준보다 더 적게 만들어지는 반면, 해로운 외부성은 최적수준보다 더 많이 만들어지는 결과가 나타난다.

(4) 불확실성

① 의미: 완전정보가 없는 상태로 장래에 일어날 일을 예측할 수 없는 상태를 의미한다.

② 자원의 비효율적 배분: 앞에서 본 후생경제학의 정리들은 모든 것이 확실하다는 가정하에 구해진 것이다. 따라서 불확실성이 존재하는 경우 시장실패의 가능성이 크다.

③ 애로우의 조건부 거래시장이론

    ㉠ 애로우는 앞으로 일어날 가능성이 있는 모든 상황을 전부 포괄하는 완벽한 조건부 거래시장이 존재하면 불확실성이 존재해도 시장실패가 일어나지 않는다고 주장하였다.

    ㉡ 완벽한 조건부 거래시장이 존재한다는 것은 완벽한 보험이 제공된다는 것이다. 그러나 현실적으로 완벽한 보험을 마련한다는 것은 거의 불가능하다.

(5) 완비되지 못한 시장

① 의미: 현실에서 보험시장이나 자본시장과 같이 그 자체가 완전하게 갖추어져 있지 못해 효율적인 자원배분이 이루어지지 못하는 경우이다.

② 사례

    ㉠ 천재지변, 전쟁, 빈곤에 대한 보험 등을 제공하는 회사는 거의 존재하지 않기 때문에 위험에 그대로 노출된다.

    ㉡ 보완적 시장이 존재하지 않을 때에도 자원배분이 제대로 이루어지지 못하는 결과를 초래할 수 있다.

(6) 불완전한 정보(= 정보의 비대칭성)

① 의미: 거래의 양 당사자 중 한 쪽이 정보를 가지지 못하는 비대칭 정보의 상황은 자원의 효율적 배분을 저해한다.

② 역선택과 도덕적 해이가 이에 해당한다.

2. 외부성의 의의

(1) 외부성

어떤 행위가 제3자에게 의도하지 않은 혜택이나 손해를 가져다주는데, 이에 대한 대가를 받지도 지불하지도 않을 때 외부성이 발생한다고 한다.

(2) 특징

① 경제활동 혹은 경제현상이 시장의 테두리 밖에서 일어난다는 것을 의미한다.

② 제3자에게 발생한 이득이나 손해가 전혀 의도하지 않은 것이어야 한다.

③ 제3자에게 발생한 이득이나 손해에 대해 아무런 대가가 오가지 않았어야 한다는 것이다.

④ 꿀벌을 치는 사람이 어떤 과수원 옆에다 벌통을 갖다 놓은 결과 과일의 수확이 늘었을 때 대가를 지급하지 않은 경우만 외부성이 발생한다고 볼 수 있다.

(3) 외부성과 시장실패

① 외부성이 존재하면 사적 비용과 사회적 비용의 불일치 현상이 나타나며, 시장균형이 사적 비용에 따라 결정되게 되어 비효율적 자원배분이 된다.

② 이로운(양, +) 외부성의 경우는 사회적 기준에서 볼 때 과소생산되며, 해로운(음, -) 외부성의 경우는 과다생산된다.

3. 외부성의 유형

(1) 생산의 외부성과 소비의 외부성

① 생산의 외부성: 생산활동에 따라 발생하는 외부성　**예** 기술개발, 공해산업

② 소비의 외부성: 소비활동에 따라 발생하는 외부성　**예** 예방접종, 실내흡연

(2) 공공재적 외부성과 사적재적 외부성

① 공공재적 외부성: 다수인에게 비경합적으로 발생하는 외부성　**예** 공해

② 사적재적 외부성: 특정인 또는 특정 지역에 경합적으로 발생하는 외부성　**예** 우수사원 해외연수

(3) 실질적 외부성과 금전적 외부성

① 실질적 외부성

　㉠ 외부성으로 인해 그 사람의 효용함수나 생산함수에 영향을 주는 경우이다.

　㉡ 자원배분의 비효율성이 발생한다.

　㉢ 시장의 가격기구를 통하지 않고 유리하거나 불리한 영향을 미친다. 따라서 한 경제 주체의 이득이 다른 경제 주체의 피해와 상쇄되지 않으므로 경제적 분석의 대상이 된다.

② 금전적 외부성

　㉠ 어떤 행동이 상대가격구조의 변동을 가져오고 이로 말미암아 이득을 보는 사람과 손해를 보는 사람이 발생하는 경우이다.

　㉡ 가격기구를 통하여 피해와 이익이 정확히 상쇄되므로 사회구성원 간 소득분배에는 영향을 미치나 자원배분에는 영향을 미치지 않는다.

　㉢ 사례: 한 건설회사가 전국 각지에 대규모 토목공사를 시작함으로써 건축자재의 가격이 폭등했고 이로 인해 집을 짓고 있는 어떤 사람이 경제적 압박을 받게 된다면, 건설회사의 행동으로 인해 건축자재 판매상은 돈을 벌겠지만 집을 짓는 사람은 손해를 보게 되므로 금전적 외부성을 만들어냈다고 볼 수 있다.

4. 사적 편익과 사회적 편익 및 사적 비용과 사회적 비용

(1) 사적 한계편익과 사회적 한계편익

① 사적 한계편익(PMB; Private Marginal Benefit): 상품 소비에 따른 개별 소비자의 한계효용이다. 개별 소비자의 수요곡선이 사적 한계편익곡선이 된다.

② 사회적 한계편익(SMB; Social Marginal Benefit): 상품 소비에 따른 사회 전체의 한계효용이다. 시장수요 곡선이 사회적 한계편익곡선이 된다.

③ 소비의 외부성이 존재하면 사적 한계편익과 사회적 한계편익은 다르다.

(2) 사적 한계비용과 사회적 한계비용

① 사적 한계비용(PMC; Private Marginal Cost): 상품 생산에 실제로 지출된 한계생산비이다.

② 사회적 한계비용(SMC; Social Marginal Cost): 상품 생산에 따른 한계 외부성을 화폐적 비용으로 평가하여 사적 한계비용에 포함한 한계생산비이다.

③ 생산의 외부성이 존재하면 사적 한계비용과 사회적 한계비용은 다르다.

5. 외부성의 유형

(1) 양의 외부성

① 어떤 경제활동이 제3자에게 이익을 주는데도 시장을 통해 대가를 받지 못한 경우이다.

② 사회 전체적으로 적정 수량보다 과소소비 및 생산된다.

③ 소비측면 분석

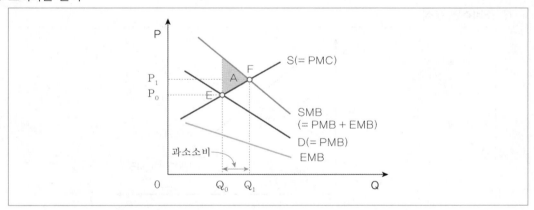

㉠ 소비가 양의 외부성이므로 외부한계편익(EMB) > 0이다. 따라서 $SMB > PMB = PMC$가 성립한다.

㉡ 현 생산점: E점(Q_0, P_0)

㉢ 바람직한 생산점: F점(Q_1, P_1)

㉣ 과소소비(생산): $Q_1 - Q_0$

㉤ 사회적 후생손실: △A

④ 생산측면 분석

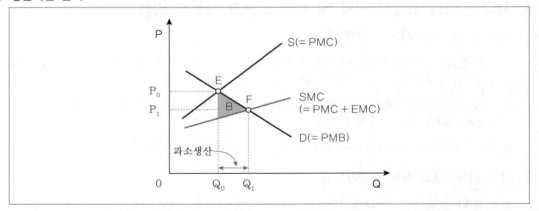

㉠ 생산이 양의 외부성이므로 외부한계비용(EMC) < 0이다. 따라서 $SMC < PMC = PMB$가 성립한다.

㉡ 현 생산점: E점(Q_0, P_0)

㉢ 바람직한 생산점: F점(Q_1, P_1)

㉣ 과소생산: $Q_1 - Q_0$

㉤ 사회적 후생손실: △B

(2) 음의 외부성

① 어떤 경제활동이 제3자에게 손해를 끼치는데도 시장을 통해 대가를 지급하지 않는 경우이다.

② 사회 전체적으로 적정 수량보다 과잉소비 및 생산된다.

③ 소비측면 분석

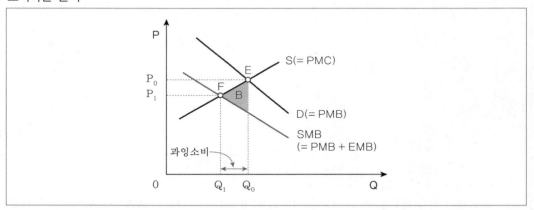

㉠ 소비가 음의 외부성이므로 외부한계편익(EMB) < 0이다. 따라서 $SMB < PMB = PMC$가 성립한다.

㉡ 현 생산점: E점(Q_0, P_0)

㉢ 바람직한 생산점: F점(Q_1, P_1)

㉣ 과잉소비(생산): $Q_0 - Q_1$

㉤ 사회적 후생손실: △B

④ 생산측면 분석

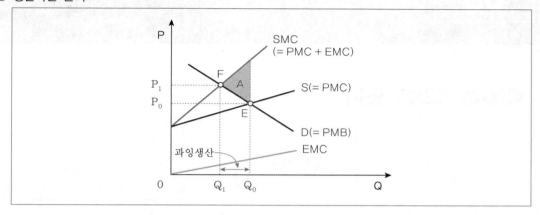

㉠ 생산이 음의 외부성이므로 외부한계비용(EMC) > 0이다. 따라서 $SMC > PMC = PMB$가 성립한다.

㉡ 현 생산점: E점(Q_0, P_0)

㉢ 바람직한 생산점: F점(Q_1, P_1)

㉣ 과잉생산: $Q_0 - Q_1$

㉤ 사회적 후생손실: △A

확인문제

외부성에 관한 설명으로 옳은 것은?
① 생산의 부정적 외부성이 있는 경우 사회적 최적 생산량이 시장균형생산량보다 크다.
② 생산의 부정적 외부성이 있는 경우 사적 한계비용이 사회적 한계비용보다 작다.
③ 소비의 부정적 외부성이 있는 경우 사적 한계편익이 사회적 한계편익보다 작다.
④ 소비의 긍정적 외부성이 있는 경우 사회적 최적 생산량보다 과다 생산된다.
⑤ 긍정적인 외부성은 좋은 것이므로 시장실패라고 볼 수 없다.

정답 및 해설

생산의 부정적 외부성이 있는 경우 외부한계비용이 +이므로 사적 한계비용이 사회적 한계비용보다 작다.
[오답체크]
① 생산의 부정적 외부성이 있는 경우 사회적 최적 생산량이 시장균형생산량보다 작다.
③ 소비의 부정적 외부성이 있는 경우 외부한계편익이 -이므로 사적 한계편익이 사회적 한계편익보다 크다.
④ 소비의 긍정적 외부성이 있는 경우 사회적 최적 생산량보다 과소 생산된다.
⑤ 긍정적인 외부성은 좋은 것이지만 사회적 최적량보다 적으므로 시장실패이다.

정답: ②

06 외부성의 해결방안

★★★

핵심 Check: 외부성의 해결방안

코즈의 정리	• 누구인지는 관계없이 재산권의 설정이 명확해야 함 • 자율적 거래에 의한 것이므로 정부의 개입이 아님
피구세	사회적 최적량에서의 외부한계비용만큼 조세부과
오염배출권	두 기업의 한계정화비용이 같은 수준에서 결정

1. 외부성의 사적 해결방안

(1) 합병

① 의미: 외부성을 유발하는 기업과 외부성으로 인하여 피해(혹은 이익)를 보는 기업을 합병함으로써 외부성을 내부화하는 방법이다.

② 노래방에서 발생하는 소음 때문에 독서실 운영이 어려운 경우 독서실 소유자가 노래방을 합병하여 외부효과를 해결할 수 있다.

(2) 코즈의 정리: 협상에 의한 해결

① 협상비용이 무시할 정도로 작고, 협상으로 인한 소득재분배가 각 개인의 한계효용에 영향을 미치지 않는다면 외부성에 관한 권리(재산권)가 어느 경제 주체에 귀속되는가와 상관없이 당사자 간의 자발적 협상에 의한 자원배분은 동일하며 효율적이다.

② 코즈는 외부성이 자원의 효율적 배분을 저해하는 이유는 외부성과 관련된 재산권이 제대로 정해져 있지 않기 때문이라고 보았다.

③ 재산권(소유권)이 적절하게 설정되면 시장기구가 스스로 외부효과의 문제를 해결할 수 있다고 주장한다.

④ 협상비용이 너무 많이 들면 협상 자체가 이루어지기 어렵고, 외부효과로 인한 피해를 측정하기 어렵다.

⑤ 코즈의 정리 사례

　㉠ 강 상류에 있는 화학 공장(A)이 오염물질을 배출함에 따라 강 하류에 있는 어부(B)가 피해를 보는 상황을 가정한다.

　㉡ 맑은 물에 대한 소유권이 주어져 있지 않으면 서로 자신의 권리를 주장할 것이므로 외부성 문제를 해결할 수 없다.

　㉢ 정부가 맑은 물에 대한 소유권을 A 혹은 B에게 부여하면 서로 협상을 통해 문제를 해결할 수 있다.

　㉣ 예를 들어, 맑은 물에 대한 소유권을 A에게 부여하면 협상을 통해 B가 A에 보상을 지급하는 조건으로 오염물질 줄이는 것에 합의하게 된다.

　㉤ 맑은 물에 대한 소유권을 B에게 부여하면 협상을 통해 A가 B에 보상을 지급하는 조건으로 오염물질을 줄이는 것에 합의하게 된다.

코즈(R. Coase) 정리에 관한 설명으로 옳지 않은 것은?

① 외부성이 있는 경우 형평성이 아닌 효율성을 고려하는 해결방안이다.

② 코즈 정리가 성립하려면 재산권이 명확하게 규정되어 있어야 한다.

③ 외부성 문제가 있는 재화의 과다 또는 과소 공급을 해결하는 방안이다.

④ 코즈 정리가 성립하려면 재산권 부여와 관련된 소득효과가 없어야 한다.

⑤ 소유권이 분명하다면, 정부개입에 의한 거래에 의해 시장실패가 해결된다는 정리이다.

정답 및 해설

소유권이 분명하다면, 당사자들의 자발적 거래에 의해 시장실패가 해결된다는 정리이다.

정답: ⑤

2. 외부성의 공적 해결 방안

(1) 조세부과 - 음의 외부성 발생 시

① 재화 단위당 외부한계비용(EMC)만큼의 조세를 부과하면 사적 한계비용(PMC)곡선이 단위당 조세액만큼 상방으로 이동하여 생산량과 가격이 사회적으로 바람직한 수준이 된다.

② 이 조세를 피구세(Pigouvine tax)라고 한다.

③ 그래프

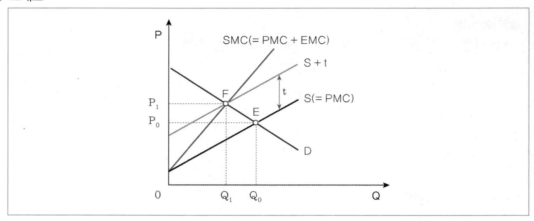

㉠ 조세를 바람직한 산출량수준(Q_1)에서의 SMC와 PMC 차이만큼 부과한다.

㉡ 이때 사적 한계비용(PMC)곡선 상방으로 이동하여 생산량과 가격이 바람직한 수준이 된다.

집중! 계산문제

상품의 시장수요곡선은 $Q = 20 - P$이고, 한계비용은 $MC = 5 + Q$이며, 상품 1단위 생산 시 발생한 한계피해는 $MD = Q$이다. 자원배분 왜곡을 치유하기 위한 최적 제품 부과금(product charge)은? (단, Q: 수량, P: 가격)

[세무사 13]

① 2.5   ② 5   ③ 7.5   ④ 12.5   ⑤ 15

정답 및 해설

☑ 피구세 계산풀이법
1) 문제에 주어진 식을 P = ~의 형태로 바꾼다.
2) 문제에서 제시된 MC(한계비용)와 MD 한계피해를 합해 사회적 한계비용(SMC)을 구한다.
3) P = SMC로 두면 최적 생산량이 도출된다.
4) 단위당 최적 조세액은 최적 생산량 수준에서 SMC와 PMC의 차이만큼이므로 최적 생산량을 PMC와 SMC에 대입하면 단위당 최적 조세액을 구할 수 있다.

1) 사회적인 한계비용 SMC = PMC + MD = 5 + 2Q이고, 수요함수가 P = 20 - Q이므로 P = SMC로 두면 20 - Q = 5 + 2Q ➡ Q = 5이다.
2) Q = 5를 사회적 한계비용함수에 대입하면 SMC = 15이고, Q = 5를 사적 한계비용함수에 대입하면 PMC = 10이므로 단위당 최적 제품 부과금은 5임을 알 수 있다.

정답: ②

(2) 보조금 지급 - 양의 외부성 발생 시

① 재화 단위당 외부한계비용(EMC)만큼의 보조금을 제공하면 사적 한계비용(PMC)곡선이 단위당 조세액만큼 하방으로 이동하여 생산량과 가격이 사회적으로 바람직한 수준이 된다.

② 이 보조금을 피구 보조금이라고 한다.

③ 그래프

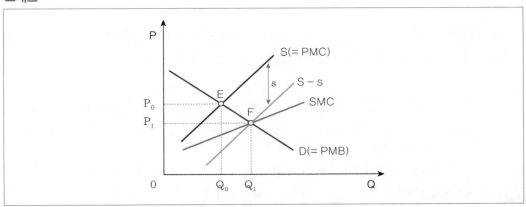

ⓐ 보조금을 바람직한 산출량수준에서의 PMC와 SMC 차이만큼 지급한다.

ⓑ 이때 사적 한계비용(PMC)곡선이 하방으로 이동하여 생산량이 바람직한 수준이 된다.

(3) 감산보조금

① 의미: 생산량을 줄일 경우 보조금을 지급하는 제도로 보조금 지급을 통해 최적수준으로 생산량 조절이 가능하다.

② 문제점

ⓐ 보조금을 얻기 위한 기업진입 가능성이 높아 재정지출이 부담될 수 있다.

ⓑ 보조금을 지급하기 위해 세금을 걷는 과정에서 초과부담이 발생될 수 있다.

(4) 정부의 직접규제

① 오염부과금(가격통제)

ⓐ 생산자가 오염물질을 원하는 대로 방출하도록 허용한다.

ⓑ 방출한 오염물질 1단위당 생기는 한계비용과 방출수준을 1단위 감소시킬 때 추가로 소요되는 자원과 관련된 한계비용이 같아지는 방출량 수준에서의 한계비용만큼 오염부과금 혹은 오염세를 부과하면 적정량의 오염을 자발적으로 선택하게 된다.

② 정부의 직접규제(수량통제)

ⓐ 정부가 환경기준을 통해 기준량을 설정한다.

ⓑ 기준량 이상의 오염물질을 배출하는 것을 규제하는 방법으로 사회 전체적으로 볼 때 비용이 크게 소요된다.

(5) 오염배출권

① 의미: 정부가 오염배출 허용량을 설정하고 정부가 설정한 오염배출량만큼의 오염배출권을 발행한 다음, 각 기업이 오염배출권을 가진 한도 내에서만 오염을 배출할 수 있도록 하는 방법으로 오염배출권 제도하에서는 오염배출권의 자유로운 거래를 허용한다.

② 최적 감축량의 결정

    ㉠ $MC_A = MC_B$

    참고 여기서 MC는 한계비용이 아닌 오염물질 1단위를 줄이기 위해 추가적으로 들어가는 비용을 의미한다.

    ㉡ 각 기업의 오염물질 1단위를 줄이기 위한 비용이 같아야 한다.

③ 효과

    ㉠ 오염배출권의 자유로운 거래가 허용되면 시장에서 오염배출권 가격을 결정한다.

    ㉡ 오염배출권 가격보다 낮은 비용으로 오염을 줄일 수 있는 기업은 오염배출권을 시장에서 매각하고 자신이 직접 오염을 줄인다.

    ㉢ 오염 절감비용이 많이 드는 기업은 오염배출권을 매입한 다음 오염을 배출한다.

    ㉣ 오염배출권 제도하에서는 낮은 비용으로 오염을 줄일 수 있는 기업이 오염을 줄이게 되므로 사회적으로 보면 적은 비용으로 오염을 일정 수준으로 줄일 수 있다.

    ㉤ 이 제도는 미국 등 일부 선진국에서 시행 중이며 우리나라도 시행되고 있다.

확인문제(고난도 기출)

오염물질을 배출하는 기업 갑과 을의 오염저감비용은 각각 $TAC_1 = 200 + 4X_1^2$, $TAC_2 = 200 + X_2^2$이다. 정부가 두 기업의 총오염배출량을 80톤 감축하기로 결정할 경우 두 기업의 오염저감비용의 합계를 최소화하는 갑과 을의 오염감축량은? (단, X_1, X_2는 각각 갑과 을의 오염감축량이다)   [감정평가사 21]

① $X_1 = 8$, $X_2 = 52$ ② $X_1 = 16$, $X_2 = 64$ ③ $X_1 = 24$, $X_2 = 46$

④ $X_1 = 32$, $X_2 = 48$ ⑤ $X_1 = 64$, $X_2 = 16$

정답 및 해설

1) 총감축량은 80톤이므로 $X_1 + X_2 = 80$톤이다.
2) 오염배출권의 균형은 두 기업의 한계저감비용이 동일해야 하므로 $MC_1 = MC_2$가 성립한다.
3) $MC_1 = 8X_1$, $MC_2 = 2X_2$ ➡ $8X_1 = 2X_2$ ➡ $4X_1 = X_2$
4) 이를 1번 식에 대입하면 $X_1 + 4X_1 = 80$ ➡ $X_1 = 16$, $X_2 = 64$이다.

정답: ②

공공재의 특성	• 비경합성, 비배제성으로 인한 과소생산 • 비경합성으로 인해 추가 소비의 한계비용은 0
공유자원	• 개인의 이익 추구: $P = AC$ • 마을의 이익 추구: $MR = MC$
공공재의 최적 공급	• $MB_G^A + MB_G^B = MC_G$ • 한계대체율의 합($\sum_{i=1}^{n} MRS_i$) = 한계변환율(MRT)

1. 공공재의 의미와 구분

(1) 공공재의 의미

① 공공재란 비경합성과 비배제성을 갖는 재화나 서비스이다.

② 민간부문에서 공급하기도 한다.

③ 그러나 대부분의 공공재는 비경합성과 비배제성 때문에 시장에서 과소생산되므로 정부나 지방자치단체 등에서 공급한다.

④ **가치재**: 사회적인 가치가 개인적인 가치보다 큰 재화이다. 예 교육, 의료서비스

(2) 공공재의 특성

① 비경합성(non rivaly)

㉠ 비경합성이란 소비에 참여하는 사람의 수가 아무리 많아도 한 사람이 소비할 수 있는 양에는 변함이 없는 재화나 서비스의 특성을 의미한다.

㉡ 추가 소비의 한계비용이 0임을 의미한다.

② 비배제성(non excludablity)

㉠ 비배제성이란 재화나 서비스에 대하여 대가를 치르지 않고 소비하는 사람도 소비에서 배제할 수 없다는 것이다.

㉡ 무임승차자의 문제가 발생한다.

(3) 재화의 구분

구분		경합성	
		유 (막히는 도로)	무 (막히지 않는 도로)
배제성	유 (유료도로)	사적 재화 (만화책, 컴퓨터 등)	자연독점 (케이블 티브이 등)
	무 (무료도로)	공유자원 (울릉도 바다의 오징어 등)	공공재 (국방, 막히지 않는 무료도로 등)

2. 공유자원의 비극

(1) 공유자원

① 공유자원이란 소유권이 명확하게 설정되어 있지 않은 공공자원을 의미한다.

② 공공재와는 달리 경합성은 있지만, 배재성이 없는 (무료)재화를 의미한다.

(2) 공유자원의 비극

① 공공자원의 경우 자원의 과다사용으로 인하여 자원고갈 등의 비효율적인 결과가 발생되는 현상을 의미한다.
   예 연근해 어장, 마을 공동우물, 공동소유 목초지

② 이러한 자원에 소유권이 설정되면(코즈의 정리) 소유자가 자원사용에 대한 사용료를 부과하여 과도한 사용을 적절하게 조절할 수 있다.

확인문제

공유자원의 비극에 관한 설명으로 옳은 것은?

ㄱ. 공유자원의 사용은 다른 사람에게 부정적 외부효과를 발생시킨다.
ㄴ. 공유자원에 대해 재산권을 부여하는 것이 해결책이 될 수 있다.
ㄷ. 공유자원의 사용에 있어 사적 유인과 사회적 유인은 동일하다.
ㄹ. 공유자원은 경합성은 없으나 배제성이 있는 자원을 의미한다.

① ㄱ, ㄴ   ② ㄱ, ㄷ   ③ ㄴ, ㄹ   ④ ㄷ, ㄹ

정답 및 해설

ㄱ. 공유자원의 사용은 경합성으로 인하여 타인의 사용량을 줄인다. 따라서 다른 사람에게 부정적 외부효과를 발생시킨다.
ㄴ. 배제성이 없는 것이 문제이므로 재산권을 통한 배제성의 부여는 해결책이 될 수 있다.
[오답체크]
ㄷ. 공유자원의 사용에 있어 사적 유인과 사회적 유인은 다르다. 개인이 자신이 손해를 보지 않는 선에서 더 많이 사용하려고 할 것이기 때문이다.
ㄹ. 공유자원은 경합성은 있으나 배제성이 없는 자원을 의미한다.

정답: ①

3. 사용재와 공공재의 최적공급

(1) 사용재의 적정공급

① 사용재(일반적인 재화)의 시장수요곡선은 개별수요곡선의 수평 합으로 도출한다.

② 이때 시장수요곡선과 공급곡선과의 교점에서 균형가격(P_0)과 균형량(Q_0)이 결정된다.

③ 재화가격이 P_0로 결정되면 개별 소비자들은 동일한 가격으로 각각 q_A, q_B만큼의 재화를 구입하여 소비한다.

④ 사용재의 적정공급 조건은 $MB_A = MB_B = MC$이다.

⑤ 그래프

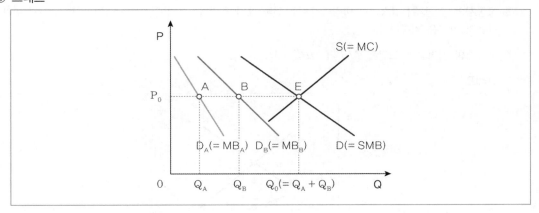

(2) 공공재의 적정공급

① 공공재는 비배제성 때문에 무료로 이용하려는 성질이 있어 자발적인 선호의 표현인 수요곡선을 표출하지 않아 가상수요곡선으로 공공재의 수요곡선을 도출한다.

② 가상수요곡선: 공공재에 대한 개인의 수요는 공공재의 특성인 비경합성과 비배제성 때문에 실제 표출할 가능성이 낮다. 따라서 진정한 수요를 표출한다는 가정하에서 구한 수요곡선이기 때문에 가상수요곡선이라고 부른다.

③ 공공재의 시장수요(사회적 한계편익)곡선은 개별수요(한계편익)곡선의 수직 합으로 도출한다.

④ 이때 시장수요곡선과 공급곡선과의 교점에서 균형가격과 균형량이 결정된다.

⑤ 공공재의 공급량이 결정되면 비경합성으로 인해 개별 소비자들은 동일한 양을 소비하면서 각각 한계편익만큼의 가격을 지불한다.

⑥ 공공재의 적정공급 조건은 $MB_G^A + MB_G^B = MC_G$이다.

⑦ 그래프

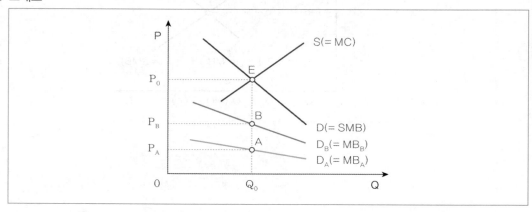

A, B, C 세 명의 공공재 수요함수는 각각 다음과 같다. 공공재를 1단위 공급하기 위한 비용이 90일 때, 공공재의 사회적 최적수준은? (단, D는 공공재 수요량, P는 공공재 가격임) [세무사 09]

$$D_A = 40 - P_A$$
$$D_B = 50 - P_B$$
$$D_C = 60 - P_C$$

① 10   ② 20   ③ 30   ④ 60   ⑤ 90

정답 및 해설

☑ 공공재 계산풀이법
1) 한계편익은 수요함수의 높이이므로 P = ~의 형태로 바꾸어 주어야 한다.
2) 한계편익의 합은 P를 다 더해 구한다. 여기서 P를 더한다 해도 2P, 3P…. 등으로 변하지 않고 P이다.
3) 주어진 한계비용을 통해 한계편익의 합 = 한계비용으로 최적량을 구한다.
4) 최적량을 주어진 수요함수에 대입하면 각자의 지불금액이 도출된다.

1) 공공재의 시장수요곡선은 개별수요곡선의 수직합이므로 문제에서 주어진 수요함수를 P에 대해 정리한 다음에 합해야 한다.

2) A, B, C의 공공재 수요곡선은 각각 $P_A = 40 - Q$, $P_B = 50 - Q$, $P_C = 60 - Q$이므로 시장수요곡선 $P = 150 - 3Q$이다.

3) 공공재 공급에 따른 한계비용 $MC = 90$이므로 공공재의 최적 생산량을 구하기 위해 $P = MC$로 두면 $150 - 3Q = 90$, $Q = 20$이다.

정답: ②

4. 사용재(X)가 존재하는 경우 공공재(G)의 적정공급(사무엘슨의 일반균형분석)

(1) 사무엘슨 모형의 가정

① 전지전능한 계획자인 두 개인만 존재하고, 공공재와 사용재가 1가지씩 존재한다.

② 소득분배는 사전적으로 주어져 있어 소득분배 문제는 고려하지 않는다. 사용재(X)의 가격을 1이라 하며 완전경쟁시장에서 거래된다고 가정하자.

(2) 설명

① 완전경쟁시장이므로 P = MC가 성립하여 사용재와 그 한계비용은 모두 1의 값을 가지게 된다. 즉, $MB_X = MC_X = 1$이다.

② 공공재의 적정 공급조건 $MB_G^A + MB_G^B = MC_G$을 MB_X와 MC_X로 각각 나누면 $\dfrac{MB_G^A}{MB_X} + \dfrac{MB_G^B}{MB_X} = \dfrac{MC_G}{MC_X}$ 이 성립한다.

③ 한계편익의 비율은 한계효용의 비율과 같은 뜻을 지니므로 두 사람의 한계대체율을 더한 것의 합과 공공재의 한계변환율은 같다.

④ 이 조건은 n명의 소비자가 존재하는 경우로 쉽게 일반화될 수 있다.

⑤ 사무엘슨 모형에 의한 해(Samuelson solution)

$$한계대체율의 \ 합\left(\sum_{i=1}^{n} MRS_i\right) = 한계변환율(MRT)$$

(3) 사무엘슨 모형의 의미

① 생산측면에서 경제 전체의 자원을 공공재와 사용재 생산에 얼마나 사용할 것인지는 사회구성원의 선호에 의해 결정된다.

② 사용재와 공공재 간의 파레토 효율적인 배분 조건을 보여 주는 일반균형분석이다.

확인문제(고난도 기출)

2개의 재화(사적재, 공공재)와 2명의 개인(김 씨, 이 씨)으로 구성되는 한 경제는 다음과 같다. 김 씨와 이 씨의 효용의 합을 최대로 하는 공공재 생산량은? [회계사 16]

- 생산가능곡선: X + 5W = 100
- 각 개인의 효용함수: U = 2YZ
- 김 씨와 이 씨는 생산된 사적재를 절반씩 소비한다.

(단, X는 사적재 생산량, W는 공공재 생산량, U는 효용수준, Y는 사적재 소비량, Z는 공공재 소비량이다)

① 5   ② 10   ③ 15   ④ 20   ⑤ 25

정답 및 해설

1) 공공재의 일반균형분석(= 사무엘슨 모형)의 조건은 $\sum MRS_{XY} = MRT_{XY}$ 이다.
2) 사적재를 김 씨와 이 씨는 절반씩 소비하므로 $X = Y_김 + Y_이$ 이다.
3) 공공재는 비경합성이 존재하므로 공공재의 소비량은 W로 동일하다.
4) $MRS_{ZY}^김 = \dfrac{2Y_김}{2Z}$, $MRS_{ZY}^이 = \dfrac{2Y_이}{2Z}$ ➡ $MRS_{ZY}^김 + MRS_{ZY}^이 = \dfrac{2(Y_김 + Y_이)}{2W} = \dfrac{X}{W}$
5) MRT_{WX}는 생산가능곡선의 기울기이므로 -5이다. 절댓값을 사용하므로 5이다.
6) 사무엘슨 조건을 이용하면 $\dfrac{X}{W} = 5$ ➡ $X = 5W$이다.
7) 이를 생산가능곡선 공식에 넣으면 10W = 100 ➡ W = 10, X = 50이다.

정답: ②

08 정보의 비대칭성과 정부실패

핵심 Check: 정보의 비대칭성과 정부실패

정보의 비대칭성	• 역선택 - 감추어진 특성 - 의무가입 등 • 도덕적 해이 - 감추어진 행동 - 기초공제제도 등
정부실패의 원인	제한된 지식과 정보, 민간부분의 통제 불가능성, 정치적 과정에서의 제약, 관료조직에 대한 불완전한 통제

1. 비대칭적 정보

(1) 의미

정보가 불완전하게 구비된 상황에서 경제적 이해당사자 중 한쪽만 정보를 가지고 있고, 다른 한쪽은 정보가 없거나 부족한 상황을 말한다.

(2) 구분

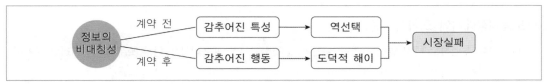

2. 역선택(Adverse Selection)

(1) 의미

감추어진 특성의 상황에서 정보수준이 낮은 쪽이 바람직하지 않은 상대방과 거래할 가능성이 커지는 현상을 의미한다.

(2) 중고시장에서의 역선택

① 중고시장에서 거래되는 자동차의 품질에 대한 정보의 비대칭성이 존재하는 경우 나쁜 품질의 중고차만 거래되는 현상으로 레몬시장(개살구시장)이라고도 한다.

② 해결방안: 좋은 품질의 자동차를 가진 사람이 품질보증하는 신호 발송 등이 있다.

(3) 보험시장에서의 역선택

① 보험회사에서 사고(발병) 발생확률을 근거로 보험료를 산정하면 사고(발병) 발생확률이 높은 사람만 보험에 가입하는 현상이다.

② 해결방안

㉠ 선별(Screening): 보험회사가 피보험자에게 건강진단서를 요구한다.

㉡ 강제보험(집행): 의료보험, 고용보험, 국민연금 등이 있다.

(4) 금융시장에서의 역선택

① 대출이자율을 상승시키면 위험한 사업에 투자하려는 투자자만 대출을 받아 파산위험이 커지므로 은행은 대출원금도 회수하지 못할 가능성이 증대하는 현상이다.

② 해결방안: 신용상태가 우수한 대출자에게 낮은 이자율로 대출하는 신용할당이 있다.

(5) 노동시장에서의 역선택

① 노동자를 고용하려는 기업이 노동자들이 원하는 임금의 평균값으로 임금을 제시하면 낮은 능력의 노동자만 고용하게 되는 현상이다.

② 해결방안

  ㉠ 신호 발송(Signaling): 높은 능력의 노동자가 학력이나 자격증, 높은 영어점수를 제시하는 것 등이 있다.

  ㉡ 효율성 임금(Efficiency Wage): 평균임금보다 높은 임금을 제시하여 높은 능력의 노동자를 확보한다.

3. 도덕적 해이(Moral Hazard)

(1) 의미

도덕적 해이란 감추어진 행동이 문제가 되는 상황에서 정보를 가진 측이 정보를 갖지 못한 측에서 보면 바람직하지 않은 행동을 취하는 경향을 의미한다.

(2) 노동시장에서의 도덕적 해이

① 직장에 취업하고 나서 열심히 일할 유인이 없으면 근무를 게을리하는 현상으로, 주인 - 대리인 문제에서의 사용자와 노동자의 경우와 동일하다.

② 해결방안: 유인설계(Incentive Design)에 의한 승진, 포상, 징계, 효율성 임금 등이 있다.

(3) 보험시장에서의 도덕적 해이

① 보험 가입 후 사고 예방을 게을리하여 사고 발생확률이 높아지는 현상이다.

② 해결방안

  ㉠ 공동보험(Co-Insurance)제도: 사고 시 손실액의 일정 비율만 보상하는 방식이다.

  ㉡ 기초공제(Initial Deduction)제도: 손실액의 일정액은 본인이 부담하는 방식이다.

(4) 금융시장에서의 도덕적 해이

① 자금 차입자는 자금을 차입한 후 수익률과 위험률이 높은 사업에 투자하여 파산확률이 높아지고 금융기관은 원금을 회수하지 못할 가능성이 커지는 현상이다.

② 해결방안

  ㉠ 담보: 파산 시 차입자도 손해를 보므로 위험한 사업의 투자를 회피한다.

  ㉡ 감시: 금융기관에서 해당 기업에 감사 등을 파견하여 위험률이 높은 사업에 투자하려는 시도가 있을 시 대출금을 회수한다.

(5) 재화시장에서의 도덕적 해이

① 생산자가 생산비를 낮추어 이윤을 증가시키기 위하여 재화의 품질을 떨어뜨리는 현상이다.

② 해결방안: 기업의 평판이나 상표에 대한 신뢰도에 손상을 입히면 더 큰 손실이 발생한다는 사실을 인지시켜 준다.

4. 주인 대리인 이론

(1) 개념 및 발생원인

① 도덕적 해이의 일종으로 대리인이 자신의 이익을 위해서 주인에게 손해를 끼치는 현상을 말한다.

② 대리인 문제도 정보 비대칭으로 인해서 발생하는데 주인이 대리인을 감시할 수 없는 상황에서 발생한다.

(2) 대리인 문제의 사례

① 기업의 경영자와 주주: 경영자가 자신의 이익을 위해서 주주에게 손해를 끼치는 현상이다.

② 정치인과 국민: 정치인이 당선된 이후에 국민의 이익을 위하여 노력하지 않는 현상이다.

③ 의뢰인과 변호사: 변호사 선임 이후에 의뢰인의 이익을 위하여 노력하지 않는 현상이다.

④ 사장과 종업원: 종업원이 취직 이후에 태만하게 되는 현상이다.

(3) 대리인 문제의 해결방법

① 경영자가 주주의 이익을 극대화했을 경우 충분한 보상을 받을 수 있도록 유인체계를 만든다.

② 정치인이 국민의 이익을 위해서 봉사했을 때 충분한 보상이 주어지고 반대의 경우 손해가 가도록 제도적 장치를 마련한다. 다음 선거에서 정치 행위에 대해서 평가를 받도록 하는 것도 대리인 문제를 해결하기 위한 장치가 될 수 있다.

③ 변호사와의 계약에서 변론에 성공할 때 보상이 이루어지는 방식으로 하여 경제적 보상을 뒤로 늦추는 것도 방법이 될 수 있다.

역선택에 관한 설명으로 옳은 것은?

① 정보의 비대칭성이 존재하면 항상 역선택과 도덕적 해이의 문제가 발생한다.

② 역선택은 정보가 대칭적인 중고차시장에서 주로 발생한다.

③ 사회보험의 의무가입제도는 대표적인 도덕적 해이 방지 수단이다.

④ 의료보험의 기초공제제도는 대표적인 역선택 방지 수단이다.

⑤ 품질표시제도는 역선택을 방지하기 위한 수단이다.

역선택을 방지하기 위한 수단에는 품질표시제도가 있다.

[오답체크]

① 정보의 비대칭성이 존재하면 항상 역선택과 도덕적 해이의 문제가 발생하는 것은 아니다. 가지고 있는 정보의 차이를 자신에게 유리하게 적용할 경우에 발생한다.

② 역선택은 정보가 비대칭적인 중고차시장에서 주로 발생한다.

③ 사회보험의 의무가입제도는 대표적인 역선택 방지 수단이다.

④ 의료보험의 기초공제제도는 대표적인 도덕적 해이 방지 수단이다.

정답: ⑤

5. 정부실패의 의미와 원인

(1) 의미

시장의 실패를 보완하기 위한 정부의 개입이 오히려 효율적 자원배분을 악화시키는 현상이다.

(2) 원인

큰 정부 아래에서 무거운 세금과 관료적인 경직성으로 인한 국민부담의 증대, 이익 단체 압력에 의한 불필요한 공공 지출 증가, 대기업과 정부의 유착, 공기업의 비효율성, 민간부문의 자율과 창의성 저해, 사회복지제도의 부작용 등이 있다.

6. 해결 방안

(1) 규제 완화(그러나 모든 분야는 아님)

예외적으로 보건, 환경, 소비자 보호, 산업재해방지 등 공익 관련 분야와 직접 관련된 규제는 오히려 강화되어야 한다.

(2) 민영화

공기업의 경쟁원리의 도입으로 서비스의 개선, 가격의 인하, 경영의 효율화를 추구해야 한다.

(3) 공무원의 의식 전환

국민의 의사에 따르는 새로운 공무원상 정립, 공무원 사회에 경쟁 개념 도입, 승진, 보수 등의 제도 개선, 경제적 유인을 제공하는 방법 등이 있다.

(4) 시민단체 활성화

시민단체의 감시, 정책 제안 등을 통해 정부의 정책을 감시해야 한다.

정부실패(government failure)의 원인으로 옳지 않은 것은?

① 이익집단의 개입
② 정책당국의 제한된 정보
③ 정책당국의 인지시차 존재
④ 민간부문의 통제 불가능성
⑤ 정책 실행시차의 부재

정답 및 해설

정부실패는 정부의 개입이 오히려 비효율성을 가져오는 경우이다. 이익집단의 개입, 정책당국의 제한된 정보, 정책당국의 인지시차 존재, 민간부문의 통제 불가능성 등이 있다. 정책시차는 정책을 실시했을 때 효과가 발생하는 데까지 걸리는 시간이며 정책 실행시차가 존재하므로 시장실패가 발생한다.

정답: ⑤

공기업 경제학 전공 시험에 출제될 가능성이 높은 다양한 유형의 문제를 풀어보며 실전 감각을 높여보세요!

01 파레토 효율성에 대한 설명으로 옳은 것만을 <보기>에서 모두 고른 것은?

<보기>
ㄱ. 파레토 효율적인 자원배분은 평등한 소득분배를 보장한다.
ㄴ. 파레토 효율적인 자원배분은 일반적으로 무수히 많이 존재한다.
ㄷ. 교환의 파레토 효율성은 소비자 간 한계기술대체율이 일치할 때 이루어진다.
ㄹ. 종합적 파레토 효율성은 한계대체율과 한계변환율이 일치할 때 이루어진다.

① ㄱ, ㄴ　　　　　　　② ㄱ, ㄷ　　　　　　　③ ㄴ, ㄷ
④ ㄴ, ㄹ　　　　　　　⑤ ㄷ, ㄹ

02 갑과 을이 150만 원을 각각 x와 y로 나누어 가질 때, 갑의 효용함수는 $u(x) = \sqrt{x}$, 을의 효용함수는 $u(y) = 2\sqrt{y}$ 이다. 이때 파레토 효율적인 배분과 공리주의적 배분은? (단, 공리주의적 배분은 갑과 을의 효용의 단순 합을 극대화하는 배분이며 단위는 만 원이다)

	파레토 효율적인 배분	공리주의적 배분
①	$(x+y=150)$을 만족하는 모든 배분이다.	$(x=75,\ y=75)$
②	$(x=30,\ y=120)$의 배분이 유일하다.	$(x=75,\ y=75)$
③	$(x=75,\ y=75)$의 배분이 유일하다	$(x=30,\ y=120)$
④	$(x+y=150)$을 만족하는 모든 배분이다.	$(x=30,\ y=120)$

03 효용가능경계에 대한 설명으로 옳은 것을 모두 고르면?

<보기>
ㄱ. 효용가능경계 위의 점들에서는 사람들의 한계대체율이 동일하며, 이 한계대체율과 한계생산변환율은 일치한다.
ㄴ. 어느 경제에 주어진 경제적 자원이 모두 고용되면 이 경제는 효용가능경계 위에 있게 된다.
ㄷ. 생산가능곡선상의 한 점에서 생산된 상품의 조합을 사람들 사이에 적절히 배분함으로써 얻을 수 있는 최대 효용수준의 조합을 효용가능경계라고 한다.

① ㄱ　　　　　② ㄷ　　　　　③ ㄱ, ㄴ　　　　　④ ㄱ, ㄷ

04 시장실패에 대한 설명으로 옳은 것만을 <보기>에서 모두 고른 것은?

<보기>
ㄱ. 사회적으로 효율적인 자원배분이 이루어지지 않는 경우이다.
ㄴ. 공공재와 달리 외부성은 비배제성과 비경합성의 문제로부터 발생하는 시장실패이다.
ㄷ. 각 경제주체가 자신의 이익을 위해서만 행동한다면 시장실패는 사회 전체의 후생을 감소시키지 않는다.

① ㄱ　　　　　　　② ㄴ　　　　　　　③ ㄱ, ㄷ　　　　　　④ ㄴ, ㄷ

정답 및 해설

01 ④ 파레토 효율적인 자원배분은 일반적으로 무수히 많이 존재하며, 종합적 파레토 효율성은 한계대체율과 한계변환율이 일치할 때 이루어진다.
[오답체크]
ㄱ. 파레토 효율적인 자원배분이 평등한 소득분배를 보장하는 것은 아니다.
ㄷ. 교환의 파레토 효율성은 소비자 간 한계대체율이 일치할 때 이루어진다.

02 ④ 갑과 을이 나누어 가진 금액의 합이 150만 원이면 한 사람의 효용을 감소시키지 않고 다른 사람의 효용을 증가시킬 수 없으므로 파레토 효율적인 배분은 x + y = 150인 상태이다. 갑의 효용함수를 미분하면 갑의 한계효용 $MU_x = \dfrac{1}{2\sqrt{x}}$, 을의 효용함수를 미분하면 을의 한계효용 $MU_y = \dfrac{1}{\sqrt{y}}$ 이다. 두 사람의 효용의 합을 극대화하는 공리주의적 배분이 이루어지려면 두 사람이 나누어 가지는 금액의 합이 150만 원이므로 $x + y = 150$인 상태에서 두 사람의 한계효용이 같아져야 하여 $MU_x = MU_y$로 두면 $\dfrac{1}{2\sqrt{x}} = \dfrac{1}{\sqrt{y}}$, $y = 4x$이다. 따라서 두 식을 연립해서 풀면 x = 30, y = 120이 됨을 알 수 있다.

03 ① 효용가능경계 위의 점들에서 사람들의 한계대체율이 동일하며, 이 한계대체율과 한계생산변환율은 일치한다.
[오답체크]
ㄴ. 모든 경제적 자원이 생산에 고용되더라도 비효율적인 방식으로 투입되면 경제는 효용가능경계 내부에 위치할 수도 있다.
ㄷ. 생산가능곡선상의 한 점에서 생산이 이루어지면 소비에 있어서 에지워스 상자가 결정되는데, 소비가 파레토 효율적으로 이루어지는 점들을 연결한 선이 소비에 있어서의 계약곡선이다. 이를 효용공간에 옮기면 효용가능경계가 아니라 효용가능곡선을 얻게 된다.

04 ① 시장실패는 사회적으로 효율적인 자원배분이 이루어지지 않는 경우를 말한다.
[오답체크]
ㄴ. 공공재가 비배제성과 비경합성의 문제로부터 발생하는 시장실패이다.
ㄷ. 각 경제주체가 자신의 이익을 위해서만 행동한다면 과다생산 혹은 과소생산이 이루어지므로 시장실패가 이루어진다.

05 A와 B는 사무실을 공유하고 있다. A는 사무실에서 흡연을 원하며 이를 통해 20,000원 가치의 효용을 얻는 반면 B는 사무실에서 금연을 통해 상쾌한 공기를 원하며 이를 통해 10,000원 가치의 효용을 얻을 때, 코즈의 정리와 부합하는 결과로 옳은 것은?

① B는 A에게 20,000원을 주고 사무실에서 금연을 제안하고, A는 제안을 받아들인다.
② B는 A에게 15,000원을 주고 사무실에서 금연을 제안하고, A는 제안을 받아들인다.
③ A는 B에게 11,000원을 주고 사무실에서 흡연을 허용할 것을 제안하고, B는 제안을 받아들인다.
④ A는 B에게 9,000원을 주고 사무실에서 흡연을 허용할 것을 제안하고, B는 제안을 받아들인다.

06 다음 코즈 정리에 관한 내용 중 옳은 것을 <보기>에서 모두 고른 것은?

<보기>
ㄱ. 거래비용과 관계없이 합리적인 문제해결이 가능하다.
ㄴ. 시장실패를 교정하기 위해 정부가 반드시 개입해야 함을 보여준다.
ㄷ. 소비의 외부성과 생산의 외부성에 모두 적용할 수 있다.
ㄹ. 재산권을 누구에게 설정하는 것은 사회적으로 중요하지 않다.

① ㄱ, ㄴ   ② ㄱ, ㄷ   ③ ㄴ, ㄷ
④ ㄴ, ㄹ   ⑤ ㄷ, ㄹ

07 어떤 마을에 오염물질을 배출하는 기업이 총 3개 있다. 오염물 배출에 대한 규제가 도입되기 이전에 각 기업이 배출하는 오염 배출량과 그 배출량을 한 단위 감축하는 데 소요되는 비용은 아래 표와 같으며, 정부는 오염 배출량을 150단위로 제한하고자 한다. 그래서 각 기업에 50단위의 오염 배출권을 부여하였으며, 기업들은 배출권을 자유롭게 판매/구매할 수 있다고 할 때, 다음 중 가장 옳은 것은? (단, 오염 배출권 한 개당 배출 가능한 오염물의 양은 1단위이다)

기업	배출량(단위)	배출량 단위당 감축비용(만 원)
A	50	20
B	60	30
C	70	40

① 기업 A가 기업 B와 기업 C에게 오염 배출권을 각각 10단위와 20단위 판매하고, 이때 가격은 20만 원에서 30만 원 사이에 형성된다.
② 기업 A가 기업 C에게 20단위의 오염 배출권을 판매하고, 이때 가격은 30만 원에서 40만 원 사이에 형성된다.
③ 기업 A가 기업 B에게 10단위의 오염 배출권을 판매하고, 기업 B는 기업 C에게 20단위의 오염 배출권을 판매하며, 이때 가격은 20만 원에서 40만 원 사이에 형성된다.
④ 기업 B가 기업 C에게 20단위의 오염 배출권을 판매하고, 이때 가격은 30만 원에서 40만 원 사이에 형성된다.

08 강 상류에 위치한 기업 A는 오염물질을 배출하고 있고, 강 하류에서는 어민 B가 어업 활동을 영위하고 있는데, 기업 A는 자사의 오염배출이 어민 B에 미치는 영향을 고려하지 않고 있다. 사회적 최적 수준의 오염물질 배출량이 100톤이라고 가정할 때, 다음 설명 중 옳지 않은 것은?

① 현재 기업 A의 오염물질 배출량은 100톤보다 많다.

② 오염배출 문제는 기업 A와 어민 B의 협상을 통해서 해결 가능하며, 이러한 경우 보상을 위한 필요자금 없이도 협상이 가능하다.

③ 기업 A에게 적절한 피구세를 부과함으로써 사회적 최적 수준의 오염물질 배출량 달성이 가능하다.

④ 강 하류에 어민이 많을수록 협상을 통한 오염배출 문제의 해결은 현실적으로 어려워진다.

정답 및 해설

05 ③ 코즈의 정리에 따르면 두 사람 사이에 협상이 이루어지면 사무실에서 흡연을 허용하는 대신 A가 B에게 10,000 ~ 20,000원 사이의 금액을 지불하게 될 것이다.

06 ⑤ 코즈의 정리는 외부성이면 모두 적용 가능하며, 사회적 차원의 효율적 생산량을 구하는 것이므로 재산권의 명확한 설정이 중요할 뿐 누구에게 설정하느냐는 중요하지 않다.

[오답체크]
ㄱ. 거래비용이 작아야만 합리적인 문제해결이 가능하다.
ㄴ. 시장실패를 교정하기 위해 정부가 반드시 개입해야 할 필요 없이 시장원리로 해결 가능하다는 것을 보여준다.

07 ① 가격이 20만 원에서 30만 원 사이에 형성된다면 A만이 배출권의 공급자가 되므로 옳은 설명이다.

[오답체크]
② 가격이 30만 원에서 40만 원 사이에 형성된다면 B도 판매하려 할 것이다.
③ 가격이 20만 원에서 40만 원 사이에 형성된다면 A가 B한테만 판매한다고 단정 지을 수 없다. A는 C에게도 판매 가능하다.
④ 가격이 30만 원에서 40만 원 사이에 형성된다면 A도 당연히 시장에 참여하게 될 것이다.

08 ② 협상을 통해 외부성 문제 해결이 이루어지려면 반드시 한 당사자가 다른 당사자에게 보상을 하여야만 한다.

09 외부효과 해결방안에 대한 설명으로 옳은 것을 <보기>에서 모두 고른 것은?

<보기>
ㄱ. 독감 주사를 맞는 사람에게 보조금을 지급한다.
ㄴ. 코즈의 정리를 이용하여 정부가 강력 개입한다.
ㄷ. 오염배출권 거래를 통해 정부의 개입 없이 오염물질의 양을 조절한다.
ㄹ. 공급부족으로 가격이 급상승한 재화에 대해 최고가격제를 실시한다.

① ㄱ, ㄴ   ② ㄱ, ㄷ   ③ ㄴ, ㄷ
④ ㄴ, ㄹ   ⑤ ㄷ, ㄹ

10 다음 그림은 어떤 재화의 생산량에 따른 사적 한계비용(PMC), 사회적 한계비용(SMC), 사적 한계편익(PMB), 사회적 한계편익(SMB)을 나타낸 것일 때, 다음 설명 중 옳은 것은?

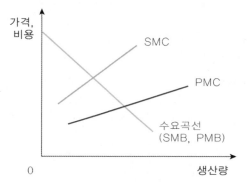

① 이 재화의 생산에는 양의 외부효과가 존재하고 시장생산량은 사회적으로 바람직한 수준보다 높다.
② 이 재화의 생산에는 양의 외부효과가 존재하고 시장생산량은 사회적으로 바람직한 수준보다 낮다.
③ 이 재화의 생산에는 음의 외부효과가 존재하고 시장생산량은 사회적으로 바람직한 수준보다 높다.
④ 이 재화의 생산에는 음의 외부효과가 존재하고 시장생산량은 사회적으로 바람직한 수준보다 낮다.

11 어느 마을에 어부 누구나 물고기를 잡을 수 있는 호수가 있다. 이 호수에서 잡을 수 있는 물고기의 수(Q)와 어부의 수(N) 사이에는 $Q = 70N - \frac{1}{2}N^2$의 관계가 성립하며, 한 어부가 일정 기간 동안 물고기를 잡는 데는 2,000원의 비용이 발생하고, 물고기의 가격은 마리당 100원이라고 가정한다. 어부들이 아무런 제약 없이 경쟁하면서 각자의 이윤을 극대화할 경우 어부의 수(N_0)와 이 호수에서 잡을 수 있는 물고기의 수(Q_0), 그리고 마을 전체적으로 효율적인 수준에서의 어부의 수(N_1)와 이 호수에서 잡을 수 있는 물고기의 수(Q_1)는?

① $(N_0, Q_0, N_1, Q_1) = (100, 2,000, 50, 2,250)$
② $(N_0, Q_0, N_1, Q_1) = (100, 2,000, 70, 2,450)$
③ $(N_0, Q_0, N_1, Q_1) = (120, 1,200, 50, 2,250)$
④ $(N_0, Q_0, N_1, Q_1) = (120, 1,200, 70, 2,450)$

12 어느 물고기 양식장이 수질오염을 일으킨다고 알려져 있다. 이 양식장이 연간 x톤의 물고기를 양식할 때 1톤을 더 양식하는 데 들어가는 한계비용은 (1,000x + 7,000)원이고, 동시에 1톤을 더 양식하는 데 따른 수질오염의 피해액, 즉 한계피해액은 500x원이다. 양식장의 물고기는 톤당 10,000원이라는 고정된 가격에 팔리고 정부가 과다한 양식을 제한하기 위하여 피구세를 부과하기로 하였을 때, 사회적 최적 수준의 톤당 세액은?

① 500원

② 1,000원

③ 1,500원

④ 2,000원

정답 및 해설

09 ② ㄱ. 외부경제를 초래하는 독감 주사는 과소생산되므로 보조금을 지급하여 생산을 늘린다.
　　 ㄷ. 오염배출권 거래를 통해 시장원리를 적용함으로써 정부의 개입 없이 오염물질의 양을 조절한다.
　　 [오답체크]
　　 ㄴ. 코즈의 정리는 정부의 개입 없이 시장원리에 의하여 외부성을 해결하려는 것이다.
　　 ㄹ. 최고가격제는 외부효과와 관련이 없다.

10 ③ SMC와 만나는 수량이 사회적 최적 수량이고 PMC와 만나는 수량이 실제 생산량이다. 따라서 과다생산되므로 생산 측면의 외부불경제가 이루어지고 있음을 알 수 있다.

11 ① 우선 마을 전체의 관점에서는 이윤극대화를 추구한다. 물고기의 시장가격 $P = 100$이고, 물고기의 수 $Q = 70N - \frac{1}{2}N^2$이므로 총수입 $TR = P \times Q = 7,000N - 50N^2$이고, 어부 한 명이 물고기를 잡는 데 2,000원의 비용이 발생하므로 총비용 TC = 2,000N이다. 그러므로 이윤함수 $\pi = TR - TC = (7,000N - 50N^2) - 2,000N = 5,000N - 50N^2$이다. 이윤이 극대가 되는 어부의 수를 구하기 위해 N에 대해 미분한 후 0으로 두면 $7,000 - 100N - 2,000 = 0$, N = 50이며, $N = 50$을 $Q = 70N - \frac{1}{2}N^2$에 대입하면 $Q = 2,250$으로 계산된다. 경쟁이 이루어지는 어부의 수는 이윤이 0이 될 때까지 증가하므로 이윤함수를 0으로 두면 $\pi = 5,000N - 50N^2 = 0$, 이 식의 양변을 N으로 나누어주면 $5,000 - 50N = 0$, $N = 100$으로 계산된다. $N = 100$을 $Q = 70N - \frac{1}{2}N^2$에 대입하면 $Q = 2,000$으로 계산된다.

12 ② 사회적 최적생산량은 $P = SMC$이다. 사적한계비용 $PMC = 1,000x + 7,000$과 외부한계비용 $EMC = 500x$를 합한 사회적 한계비용 $SMC = 1,500x + 7,000$이므로 $10,000 = 1,500x + 7,000$, $x = 2$이다. 따라서 $x = 2$를 사적 한계비용함수에 대입하면 $PMC = 9,000$, 사회적 한계비용함수에 대입하면 $SMC = 10,000$이므로 피구세는 1,000원이 된다.

13 100개의 기업이 완전경쟁시장에서 경쟁하고 있으며, 개별기업의 총비용함수와 외부비용은 각각 $C = Q^2 + 4Q$와 $EC = Q^2 + Q$로 동일하다. 이 재화에 대한 시장수요곡선이 $Q_d = 1{,}000 - 100P$로 표현될 때, 사회적으로 최적인 생산량과 외부비용을 고려하지 않는 균형생산량 간의 차이는? (단, C는 각 기업의 총비용, Q는 각 기업의 생산량, EC는 각 기업의 생산에 따른 외부비용, Q_d는 시장수요량, P는 가격이다)

① 50   ② 100   ③ 150   ④ 200

14 다음 자료의 (가), (나) 사례에 대해 밑줄 친 정책을 시행하였을 때, 그 결과를 옳게 나타낸 그림을 <보기>에서 고른 것은?

> 정부는 (가), (나) 사례에서 외부효과를 발생시키는 경제주체에게 <u>조세를 부과하거나 보조금을 지급하는 정책</u>을 시행하여 시장실패의 문제를 해결하고자 하였다.
> (가) 사람들이 대학 교육을 받는 것은 본인들뿐만 아니라 사회 전체의 삶의 질을 향상시킨다.
> (나) 기업들이 생산 과정에서 공해 물질을 배출하여 대기를 오염시키고 있다.

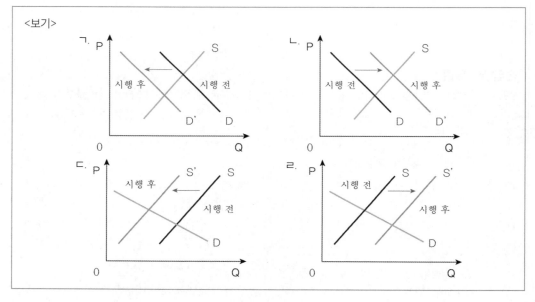

	(가)	(나)
①	ㄱ	ㄴ
②	ㄱ	ㄷ
③	ㄴ	ㄷ
④	ㄴ	ㄹ
⑤	ㄷ	ㄹ

15 시장실패에 대한 설명으로 옳은 것을 <보기>에서 모두 고른 것은?

<보기>
ㄱ. 외부효과는 시장실패의 한 사례이다.
ㄴ. 공공재는 사회에 긍정적인 영향을 끼치므로 시장실패라고 볼 수 없다.
ㄷ. 부정적 외부효과를 막기 위해서 부과하는 조세를 피구세라고 한다.
ㄹ. 시장실패의 원인으로 불완전경쟁, 정보의 비대칭도 포함될 수 있다.

① ㄱ, ㄴ ② ㄱ, ㄷ ③ ㄴ, ㄷ
④ ㄱ, ㄷ, ㄹ ⑤ ㄴ, ㄷ, ㄹ

정답 및 해설

13 ② 시장수요함수를 P에 대해 정리하면 $P = 10 - \frac{1}{100}Q$이다. 개별기업의 비용함수를 Q에 대해 미분하면 $MC = 2Q + 4$이므로 개별기업의 공급함수는 $P = 2Q + 4$이고, 이 시장에 100개의 기업이 있으므로 시장 공급함수는 $P = \frac{2}{100}Q + 4$이다. 시장수요함수와 시장공급함수를 연립해서 풀면 $10 - \frac{1}{100}Q = \frac{2}{100}Q + 4$, $\frac{3}{100}Q = 6$, $Q = 200$이고, $Q = 200$을 시장수요함수(혹은 시장공급함수)에 대입하면 균형가격 $P = 8$임을 알 수 있다. 개별기업의 외부비용함수를 Q에 대해 미분하면 외부한계비용 $EMC = 2Q + 1$이므로 사적한계비용인 $MC = 2Q + 4$를 더하면 $SMC = 4Q + 5$이고, 기업 수가 100개이므로 시장 전체의 사적한계비용 $SMC = \frac{4}{100}Q + 5$이다. 이제 사회적인 최적생산량을 구하기 위해 $P = SMC$로 두면 $10 - \frac{1}{100}Q = \frac{4}{100}Q + 5$, $\frac{5}{100}Q = 5$, $Q = 100$으로 계산된다. 따라서 시장기구에 의한 생산량이 200단위이고 사회적인 최적생산량이 100단위이므로 시장에 맡겨 두면 100단위의 재화가 과잉생산됨을 알 수 있다.

14 ③ (가)는 소비의 외부 경제, (나)는 생산의 외부 불경제를 나타낸다. (가)와 같은 소비의 외부 경제는 재화나 서비스의 거래량이 사회적 최적 수준보다 적다. 수요가 충분하지 않기 때문이다. 따라서 정부가 외부 경제를 창출하는 경제주체에게 보조금을 지급하면 수요가 증가(수요 곡선 우측 이동)하게 되고, 이에 따라 사회적 최적 수준에서 거래가 이루어진다. <보기>의 ㄴ 그림이 이를 나타낸다.
(나)와 같은 생산의 외부 불경제는 재화나 서비스의 거래량이 사회적 최적 수준보다 많다. 공급이 많기 때문이다. 따라서 정부가 외부 불경제를 창출하는 경제주체에게 세금을 부과하면 공급이 감소(공급 곡선 좌측 이동)하게 되고, 이에 따라 사회적 최적 수준에서 거래가 이루어진다. <보기>의 ㄷ 그림이 이를 나타낸다.

15 ④ 시장실패에는 외부효과, 공공재 부족, 불완전경쟁, 정보의 비대칭성 등이 있다.
[오답체크]
ㄴ. 공공재는 사회적 필요량보다 적게 생산되므로 시장실패에 해당한다.

16 현재 어떤 생산자가 재화 X를 Q만큼 생산할 때 직면하게 되는 한계비용은 MC = 2Q, 한계수입은 MR = 24라고 하자. 재화 X의 생산은 제3자에게 환경오염이라는 형태의 외부 불경제를 야기하는데, 재화 X가 Q만큼 생산될 때 유발되는 환경오염의 한계피해액(External Marginal Cost)은 EMC = Q이다. 정부는 X의 생산량을 사회적으로 바람직한 수준으로 감축시키기 위해, 생산자가 현재 생산량에서 한 단위 감축할 때마다 정액의 피구보조금을 지급하고자 할 때, 정부가 이 생산자에게 지급해야 할 생산량 감축 1단위당 보조금은?

① 2 ② 4 ③ 6 ④ 8

17 양식장 A의 한계비용은 $10x + 70$만 원이고, 고정비용은 15만 원이다. 양식장 운영 시 발생하는 수질오염으로 인해 인근 주민이 입는 한계피해액은 5x만 원이며, 양식장 운영의 한계편익은 x에 관계없이 100만 원으로 일정하다. 정부가 x 1단위당 일정액의 세금을 부과하여 사회적 최적 생산량을 유도할 때 단위당 세금은? (단, x는 양식량이며 소비 측면의 외부효과는 발생하지 않는다)

① 5만 원 ② 10만 원
③ 20만 원 ④ 30만 원

18 공공재인 마을 공동우물(X)에 대한 혜민과 동수의 수요가 각각 X = 50 - P, X = 30 - 2P일 때, 사회적으로 바람직한 공동우물의 개수(㉠)와 동수가 우물에 대해 지불하고자 하는 가격(㉡)은? (단, P는 혜민과 동수가 X에 대해 지불하는 단위당 가격이고, 공동우물을 만들 때 필요한 한계비용(MC)은 41원이다)

	㉠	㉡
①	16개	7원
②	18개	6원
③	20개	5원
④	22개	4원

19 어떤 한 경제에 A, B 두 명의 소비자와 X, Y 두 개의 재화가 존재하는데, 이 중 X는 공공재(Public goods)이고 Y는 사용재(Private goods)이다. 현재의 소비량을 기준으로 A와 B의 한계대체율(MRS: Marginal Rate of Substitution)과 한계전환율(MRT: Marginal Rate of Transformation)이 다음과 같이 측정되었을 때, 공공재의 공급에 관한 평가로 옳은 것은?

$$MRS_{XY}^A = 1, \quad MRS_{XY}^B = 3, \quad MRT_{XY} = 5$$

① 공공재가 최적 수준보다 적게 공급되고 있다.
② 공공재가 최적 수준으로 공급되고 있다.
③ 공공재가 최적 수준보다 많이 공급되고 있다.
④ 공공재의 최적 수준 공급 여부를 알 수 없다.

정답 및 해설

16 ④ 기업이 재화 1단위를 더 판매할 때 추가로 얻는 수입인 한계수입이 MR = 24로 일정하다는 것은 이 기업이 완전경쟁 기업임을 의미한다. 완전경쟁은 P = MR이므로 재화 가격도 P = 24로 일정하다. 기업의 한계비용 MC = 2Q이고, 한계피해액 EMC = Q이므로 사회적 한계비용 SMC = 3Q이다. 이제 P = SMC로 두면 24 = 3Q이므로 사회적인 최적생산량 Q = 8임을 알 수 있다. Q = 8을 EMC = Q에 대입하면 최적생산량 수준에서 한계피해액이 8임을 알 수 있다. 따라서 시장기구에 의해 최적생산이 이루어지도록 하려면 단위당 8의 피구세를 부과하거나 단위당 8의 감산보조금을 지급하면 된다.

17 ② 사회적 최적량은 사회적 비용과 사회적 편익이 같을 때 이루어진다. 양식장의 한계비용 10x + 70과 한계피해 5x를 합하면 사회적인 한계비용 SMC = 15x + 70이다. 양식장 운영에 따른 한계편익이 100만 원으로 일정하므로 사회적인 최적 생산량을 구하기 위해 SMB = SMC로 두면 100 = 15x + 70, x = 2이다. 따라서 x = 2를 한계피해함수에 대입하면 단위당 최적 조세의 크기는 10만 원으로 계산된다.

18 ① 공공재의 시장수요곡선은 개별수요곡선의 수직합이므로 혜민의 수요함수가 $P = 50 - X$, 동수의 수요함수가 $P = 15 - \frac{1}{2}X$일 때 시장수요함수는 $P = 65 - \frac{3}{2}X$이다. 따라서 최적 생산량을 구하기 위해 $P = MC$로 두면 $65 - \frac{3}{2}X = 41$, $\frac{3}{2}X = 24$, $X = 16$이며, $X = 16$을 동수의 수요함수에 대입하면 동수가 지불할 가격은 7원으로 계산된다.

19 ③ 공공재의 적정공급조건은 $MRS_{XY}^A + MRS_{XY}^B = MRT_{XY}$이다.

$MRS_{XY} = \frac{MU_X}{MU_Y}$, $MRT_{XY} = \frac{MC_X}{MC_Y}$이고 주어진 조건에서 $\frac{MU_X}{MU_Y} = 4$, $\frac{MC_X}{MC_Y} = 5$이므로 X재를 늘렸을 때의 만족감이 4인데 비용은 5가 든다는 의미이다. 따라서 Y인 사용재를 늘리고 X재인 공공재를 줄여야 하며, 이는 공공재가 최적 수준보다 많이 공급되고 있음을 알 수 있다.

20 다음 중 공공재에 대한 설명으로 옳은 것은?

<보기>
ㄱ. 공공재의 경우에는 개인의 한계편익곡선을 수직으로 합하여 사회적 한계편익곡선을 도출한다.
ㄴ. 순수공공재는 소비의 비배제성과 비경합성을 동시에 가지고 있다.
ㄷ. 막히지 않는 고속도로는 소비는 경합적이나 배제가 불가능한 비순수공공재이다.
ㄹ. 공공재에서의 무임승차 가능성은 집단의 크기와는 관련이 없다.

① ㄱ, ㄴ
② ㄱ, ㄷ
③ ㄴ, ㄷ
④ ㄴ, ㄹ
⑤ ㄷ, ㄹ

21 공공재 수요자 3명이 있는 시장에서 구성원 A, B, C의 공공재에 대한 수요함수는 각각 아래와 같다. 공공재의 한계비용이 30으로 일정할 때, 공공재의 최적 공급량에서 각 구성원이 지불해야 하는 가격은? (단, P는 가격, Q는 수량이다)

- A: $P_a = 10 - Q_a$
- B: $P_b = 20 - Q_b$
- C: $P_c = 20 - 2Q_c$

① $P_a = 5$, $P_b = 15$, $P_c = 10$
② $P_a = 5$, $P_b = 10$, $P_c = 10$
③ $P_a = 10$, $P_b = 10$, $P_c = 15$
④ $P_a = 10$, $P_b = 15$, $P_c = 5$
⑤ $P_a = 15$, $P_b = 15$, $P_c = 5$

22 두 개의 지역 A와 B로 나누어진 K 시는 도심공원을 건설할 계획이다. 두 지역에 거주하는 지역주민의 공원에 대한 수요곡선과 공원 건설의 한계비용곡선이 다음과 같을 때 사회적으로 최적인 도심공원의 면적은? (단, P_A는 A 지역 주민이 지불하고자 하는 가격, P_B는 B 지역 주민이 지불하고자 하는 가격, Q는 공원 면적, MC는 한계비용이다)

- A 지역 주민의 수요곡선: $P_A = 10 - Q$
- B 지역 주민의 수요곡선: $P_B = 10 - \frac{1}{2}Q$
- 한계비용곡선: $MC = 5$

① 4
② 5
③ 6
④ 10
⑤ 15

23 도서관은 200의 비용이 들고 일단 지어지면 누구나 무료로 이용할 수 있을 때, 다음 중 옳지 않은 것은?

A 도시	사회적 효용	B 도시	사회적 효용
시민 A1	250	시민 B1	100
시민 A2	30	시민 B2	80
시민 A3	10	시민 B3	70
시민 A4	10	시민 B4	50

① 도서관이 지어졌을 때 사회적 효용은 두 도시가 같다.
② 도서관은 공공재이지만 A1의 효용이 건설비용보다 높기 때문에 A1이 지을 수 있다.
③ 정부의 개입이 없다면 A 도시에서는 A1이 도서관을 건립하고 A2, A3, A4는 무임승차가 될 것이다.
④ 도시 시민들은 모두 도서관을 짓는 비용보다 적은 효용을 얻으므로 도서관을 짓지 않는 것이 사회 전체적으로 이득이다.

정답 및 해설

20 ① 공공재의 경우에는 개인의 한계편익곡선을 수직으로 합하여 사회적 한계편익곡선을 도출하며, 순수공 공재는 소비의 비배제성과 비경합성을 동시에 가지고 있다.
　　[오답체크]
　　ㄷ. 막히지 않는 고속도로는 소비는 비경합적이나 배제성이 있는 비순수공공재이다.
　　ㄹ. 집단이 클수록 무임승차 가능성이 커지므로 무임승차 가능성은 집단의 크기와 관련이 높다.

21 ① 각 개인의 공공재 수요를 합하면 공공재에 대한 시장수요곡선은 P = 50 - 4Q이며, 공공재의 최적 공급량을 구하기 위해 P = MC로 두면 50 - 4Q = 30, Q = 5이다. 따라서 Q = 5를 각 개인의 공공재 수요함수에 대입하면 각자가 지불해야 하는 가격은 $P_a = 5$, $P_b = 15$, $P_c = 10$으로 계산된다.

22 ④ 두 지역의 한계편익을 더하면 $20 - \frac{3}{2}Q$이다. 따라서 공공재의 최적량은 한계편익의 합 = 한계비용이므로 $20 - \frac{3}{2}Q = 5$, $Q = 10$이다.

23 ④ A 도시와 B 도시의 사회적 효용은 각각 300으로 같으며, 개인이 어떠한 선택을 할 때 기본적인 판단 기준이 되는 것은 편익(효용)과 비용이다. 만일 정부의 개입이 없다면 A 도시의 경우 도서관을 이용하는 효용(250)이 도서관을 짓는 데 필요한 비용(200)보다 큰 시민 A1이 도서관을 건립하고 나머지 시민은 무임승차자가 될 가능성이 크다. B 도시는 시민 모두가 개인적으로는 도서관을 짓는 비용보다 도서관을 이용하는 효용이 적으나 사회 전체적으론 도서관을 이용하는 효용(300)이 비용(200)보다 많아 도서관을 짓는 게 이득이다.

24 비대칭적 정보가 존재할 때 의료보험시장에서 발생하는 역선택을 감소시키는 방안으로 옳지 않은 것은?

① 의료보험 가입 시 정밀 신체검사를 요구한다.
② 보험회사가 의료보험 가입 희망자의 과거 병력을 조회한다.
③ 의료보험 가입 희망자의 건강 상태를 반영하여 보험료를 차등 부과한다.
④ 단체 의료보험상품을 개발하여 해당 단체 소속원 모두 강제 가입하게 한다.
⑤ 의료보험에 기초공제제도를 도입한다.

25 다음 중 역선택과 도덕적 해이에 대한 설명으로 옳은 것은?

<보기>
ㄱ. 역선택은 감추어진 행동, 도덕적 해이는 감추어진 속성에 기인한다.
ㄴ. 주인 - 대리인 이론은 도덕적 해이의 일종이며 인센티브 제공 등을 통해 약화시킬 수 있다.
ㄷ. 효율성임금은 도덕적 해이를 줄일 수 있는 방법이다.
ㄹ. 역선택의 해결방안으로 기초공제제도를 들 수 있다.

① ㄱ, ㄴ   ② ㄱ, ㄷ   ③ ㄴ, ㄷ
④ ㄴ, ㄹ   ⑤ ㄷ, ㄹ

26 다음 중 비대칭 정보와 관련하여 발생하는 문제점에 관한 설명 중 옳은 것은?

<보기>
ㄱ. 도덕적 해이의 일종으로 보험가입자가 보험공급자 몰래 보험에 가입된 사건의 확률을 바꾸는 것을 들 수 있다.
ㄴ. 보험시장에서 기초공제제도를 도입하는 것은 역선택 문제를 줄이기 위한 방안 중의 하나이다.
ㄷ. 효율성 임금을 도입하면 노동시장에서 도덕적 해이 문제를 줄일 수 있다.
ㄹ. 중고차 시장에서 상태가 나쁜 자동차가 주로 거래되는 경우는 역선택의 예이다.

① ㄱ, ㄴ   ② ㄱ, ㄷ   ③ ㄴ, ㄷ
④ ㄱ, ㄷ, ㄹ   ⑤ ㄴ, ㄷ, ㄹ

정답 및 해설

24 ⑤ 의료보험의 기초공제제도는 비용의 일부를 본인에게 부담시킴으로써 사람들의 행동이 변하는 것을 막기 위한 것이다. 따라서 역선택이 아니라 도덕적 해이를 감소시키기 위한 방안이다.

25 ③ ㄴ. 주인 - 대리인 이론은 대리인이 주인의 의도대로 행동하지 않는 도덕적 해이의 일종이며 인센티브 제공 등을 통해 약화시킬 수 있다.
　　ㄷ. 자신의 노동생산성보다 높은 임금을 책정하는 효율성임금은 도덕적 해이를 줄일 수 있는 방법이다.
[오답체크]
　　ㄱ. 역선택은 감추어진 속성, 도덕적 해이는 감추어진 행동에 기인한다.
　　ㄹ. 역선택의 해결방안으로 의무(= 강제) 가입 등이 있으며 비용의 일부를 공제하는 기초공제제도는 도덕적 해이의 해결방안 중 하나이다.

26 ④ ㄱ. 보험가입자가 보험공급자 몰래 보험에 가입된 사건의 확률을 바꾸는 경우는 도덕적 해이의 일종으로 볼 수 있다.
　　ㄷ. 효율성 임금을 도입하면 노동시장에서의 도덕적 해이 문제를 줄일 수 있다.
　　ㄹ. 중고차 시장에서 상태가 나쁜 자동차가 주로 거래되는 경우는 역선택의 예로 볼 수 있다.
[오답체크]
　　ㄴ. 보험시장에서 기초공제제도를 도입하는 것은 도덕적 해이 문제를 줄이기 위한 방안 중의 하나이다.

고난도 시험의 기출문제를 풀어보며 경제학 실력을 한층 더 업그레이드해 보세요!

01 다음은 강 상류에 위치한 생산자 A와 강 하류에 위치한 피해자 B로만 구성된 경제를 묘사한 것이다. A는 제품(Q)의 생산 과정에서 불가피하게 오염물질을 배출하며, 이로 인해 B에게 피해를 발생시킨다. 강의 소유권은 B에게 있으며, A의 한계편익(MB_A)과 B의 한계비용(MC_B)은 각각 다음과 같다.

$$MB_A = 10 - \frac{1}{2}Q, \ MC_B = \frac{1}{2}Q$$

A의 고정비용 및 한계비용은 없고, B의 한계편익도 없다. 양자가 협상을 통해 사회적으로 바람직한 산출량을 달성할 수 있다면, 피해보상비를 제외하고 A가 지불할 수 있는 협상비용의 최댓값은? [회계사 20]

① 25   ② 50   ③ 75   ④ 100   ⑤ 125

02 세 명(A, B, C)으로 구성된 어느 마을에서 공공재에 대한 개별 구성원 각각의 한계편익(MB)과 공공재 비용함수(TC)가 다음과 같다.

$$MB^A = \max\{120 - Q, \ 0\}$$
$$MB^B = \max\{25 - 0.5Q, \ 0\}$$
$$MB^C = \max\{40 - 2Q, \ 0\}$$
$$TC = 73Q$$

이 마을의 최적 공공재 공급량은? (단, MB^i는 개인의 공공재에 대한 한계편익이며, Q는 공공재 공급량이다) [회계사 23]

① 23   ② 32   ③ 47   ④ 48   ⑤ 54

정답 및 해설

01 ② 1) A가 지불할 협상비용이므로 B가 재산권을 가지고 있다.

2) B는 생산되면 피해가 발생하므로 생산이 되지 않길 바랄 것이다.

3) 사회적 최적량은 A의 한계편익과 B의 한계비용이 만나는 지점에서 이루어진다.

따라서 $10 - \frac{1}{2}Q = \frac{1}{2}Q$ ➜ Q는 10이다.

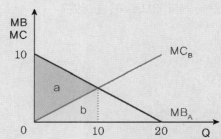

4) 10만큼 생산될 때 A의 총편익은 a + b이고 B의 총비용은 b이므로 B는 b 이상만 보상을 받으면 생산을 허용할 것이다. A는 a + b보다 작게 비용을 지불하면 생산을 허용할 것이다.

5) 문제에서 피해보상비를 제외하라고 했으므로 a의 면적($10 \times 10 \times \frac{1}{2}$ = 50)이 협상비용의 최댓값이다.

02 ④ 1) 공공재의 최적공급은 $MB^A + MB^B$ = MC이다.

2) 세 명의 지불용의를 모두 더하여 한계비용과 같게 두면 185 - 3.5Q = 73 ➜ Q = 32이다.

3) Q = 32를 C의 지불용의에 대입하면 지불용의가 -이므로 무임승차를 한다.

4) 따라서 지불용의는 A, B만 존재하므로 둘의 지불용의를 더하고 한계비용과 같게 두면 145 - 1.5Q = 73 ➜ Q = 48이다.

03 어떤 산에서 n명의 사냥꾼이 토끼 사냥을 하면 $10\sqrt{n}$ (kg)만큼의 토끼 고기를 얻을 수 있다. 토끼 고기는 kg당 2만 원에 팔리고 있다. 또한 사냥꾼 한 명이 사냥을 하는 데 드는 비용은 2만 원이다. 만약 이 산이 공유지라면 사회적으로 효율적인 사냥꾼 수보다 얼마나 더 많은 사냥꾼이 사냥을 하게 되는가? (단, 사냥꾼들은 모두 동일한 사냥 능력을 지녔다)

[공인회계사 18]

① 35명   ② 45명   ③ 55명   ④ 65명   ⑤ 75명

04 좋은 품질과 나쁜 품질, 두 가지 유형의 차가 거래되는 중고차 시장이 있다. 좋은 품질의 차가 시장에서 차지하는 비중은 50%이다. 각 유형에 대한 구매자의 지불용의금액(willingness to pay)과 판매자의 수용용의금액(willingness to accept)은 다음 표와 같다. 판매자는 자신이 파는 차의 유형을 알고 있으며, 구매자는 위험중립적이다.

	좋은 품질	나쁜 품질
구매자의 지불용의금액	a	800
판매자의 수용용의금액	1,000	b

이 시장에서 구매자가 차 유형을 알 수 있는 경우와 차 유형을 알 수 없는 경우 각각에서 두 유형의 중고차가 모두 거래될 수 있는 a, b의 값으로 가능한 것은?

[회계사 19]

	a	b
①	900	600
②	1,100	600
③	1,300	600
④	1,300	900
⑤	1,400	900

정답 및 해설

03 ⑤ 1) 사회적으로 효율적인 사냥꾼의 수 MR = MC

   총수입이 $2 \times 10\sqrt{n}$ 이므로 한계수입은 $\frac{10}{\sqrt{n}}$ 이고 한계비용은 2이므로 $\frac{10}{\sqrt{n}}$ = 2가 되어 n = 25이다.

   2) 사냥꾼이 최종적으로 들어오는 수 AR = AC ➔ TR = TC

   총수입이 $2 \times 10\sqrt{n}$ 이고 총비용이 2n이므로 $2 \times 10\sqrt{n}$ = 2n, 0 > $10\sqrt{n}$ = n ➔ n = 100이다.

   3) 따라서 100 - 25 = 75이다.

04 ③ 1) 차 유형을 알 수 있는 경우는 a는 1,000보다 같거나 커야 하고 b는 800보다 같거나 작아야 한다.

   2) 차 유형을 모르는 경우는 구매자의 지불용의금액이 좋은 품질의 판매자의 수용용의금액보다 같거나 커야 한다.

   3) 구매자의 지불용의금액 = $\frac{1}{2} \times a + \frac{1}{2} \times 800 = \frac{1}{2}a + 400 \geq 1,000$ ➔ $a \geq 1,200$이다.

   4) 따라서 두 유형의 중고차가 모두 거래되기 위해서는 $a \geq 1,200$, $b \leq 800$이다.

해커스공기업 쉽게 끝내는 경제학 기본서

제8장

국민소득 결정이론

01 국내총생산(GDP)

GDP	• 국적에 관계없는 영토적 개념 • 경제규모 파악 • 중고거래 제외(측정 기간 동안 생산한 시장가치만 반영) • 재고 포함
국민소득 3면 등가의 원칙	생산 = 지출 = 분배

1. 국내총생산(GDP: Gross Domestic Product)의 의미

용어	설명
일정 기간 동안	• 유량 개념으로 통상 1년 동안 생산된 생산물의 시장가치를 의미 • 유량: 일정 기간에 걸쳐 측정되는 변수 예 국민소득, 국제수지, 소비 • 저량: 일정 시점에서 측정되는 변수 예 국부, 노동량, 자본량, 통화량, 외채
한 나라 안에서	국적에 관계없이 국내에서 생산된 것이 포함됨 참고 한 나라의 국민을 대상으로 하는 경우도 있는데, 이는 GNP라 함
새롭게 생산된	그 해의 생산과 관계없는 것은 제외 예 중고차 거래금액, 골동품 판매수입
최종생산물	중간생산물을 포함시키면 이중 계산이 되므로 제외 예외 중간재 중에서 판매되지 않은 부분은 재고투자로 간주하여 GDP에 포함함
시장가치	원칙적으로 시장에서 거래된 것만 포함하므로 시장거래를 통하지 않은 것은 제외 예 가사도우미의 가사노동은 GDP에 포함되나 주부의 가사노동은 제외

2. GDP의 측정

(1) 국민소득 3면 등가의 원칙

① GDP는 일정 기간 동안의 생산액이므로 생산측면에서 측정할 수 있으며, 생산된 것은 생산에 참여한 생산요소의 소득으로 분배되므로 요소소득측면에서 측정할 수 있다. 소득은 다시 지출되므로 지출측면에서도 측정이 가능하다.

② 이론적으로 보면 동일한 대상을 다른 각도에서 측정하는 것이므로 '생산GDP = 분배GDP = 지출GDP'가 성립하며 이를 국민소득 3면 등가의 원칙이라고 한다.

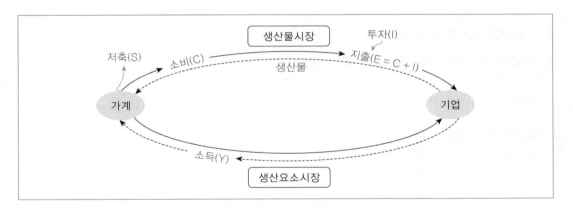

(2) 생산GDP(= 국내총생산)

> 생산GDP = 최종생산물의 시장가치의 합 = 부가가치 + 고정자본소모

① 부가가치(Value-added)는 각 생산단계에서 새로이 창출된 가치이다.

② 고정자본소모(Fixed Capital Consumption): 생산활동에서 사용되는 기계설비와 같은 자본재가 마모되어 가치가 감소한 부분으로 감가상각과 유사한 개념이다.

> **참고** 문제에서는 고정자본소모가 없다고 가정하는 경우가 일반적이다.

③ 사례: 어떤 나라에서 2022년에 쌀 10가마, 냉장고 5대, 자동차 2대가 생산되었고, 각 재화의 가격이 10만 원, 60만 원, 1,000만 원이라면 이 나라의 2022년 GDP는 10 × 10만 원 + 5 × 60만 원 + 2 × 1,000만 원 = 2,400만 원이다.

(3) 분배GDP(= 국내총소득) (The Income Approach)

> 분배GDP = 임금 + 지대 + 이자 + 이윤 + 순간접세(간접세 − 보조금) + 고정자본소모

> **참고** 문제 출제 시에는 순간접세와 고정자본소모는 없다고 가정하는 것이 일반적이므로 '임금 + 이자 + 지대 + 이윤' 정도만 기억해도 무방하다.

(4) 지출GDP(= 국내총지출) (The Expenditures Approach)

① 국내에서 생산된 재화와 서비스는 누군가에 의해 사용되므로 지출측면에서도 GDP를 집계할 수 있다.

② 국내총지출의 구성요소: 총수요(AD) = 소비지출(C) + 투자지출(I) + 정부지출(G) + 순수출(X - M)

구분	의미	결정요소	유의사항
소비(지출)	가계의 최종재 소비	소득, 이자율, 조세, 경기전망 등	수입품의 소비도 들어간다. 다만 순수출의 항목에서 수입을 제하므로 GDP에는 변화가 없다.
투자(지출)	기업의 설비, 건설, 재고	경기전망, 이자율, 자본 조달 등	토지나 지어진 건물에 대한 투자는 들어가지 않는다. 실물투자이므로 금융투자는 포함되지 않는다.
정부지출	정부의 소비, 투자	경제정책(재정정책)	무상으로 지원되어 이전소득을 만드는 이전지출은 포함되지 않는다. 이전지출을 포함하면 분배국민소득과 일치하지 않는다.
순수출	수출(X) − 수입(M)	해외, 국내 경제상황	외국의 경제가 호전되면 수출이 증가하는 경향이 있다.

3. GDP와 GNP의 관계

(1) GNP(Gross National Product: 국민총생산)

한 나라의 국민이 일정 기간(보통 1년) 동안 새로이 생산한 재화와 서비스의 최종생산물의 시장가치를 합한 것을 의미한다.

(2) 폐쇄경제와 개방경제에서의 GDP와 GNP의 관계

폐쇄경제인 경우 'GDP = GNP'이며 개방경제에서 자국민의 해외 생산액이 외국인의 국내 생산액보다 많은 나라는 'GNP > GDP'이다.

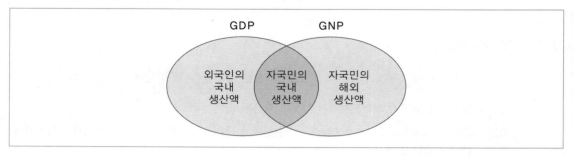

확인문제

다음 (가) ~ (다)는 국민소득의 구성 요소이다. 이에 대한 설명으로 옳지 않은 것은? (단, 제시되지 않은 요소는 고려하지 않는다)

(가) 민간 소비 지출 + 민간 투자 지출 + 정부 지출 + 순수출

(나) 입금 + 이자 + 지대 + 이윤

(다) 부가가치의 합

① (가), (나), (다)는 사후적으로 일치하게 된다.
② (다)는 총판매수입에서 총비용을 뺀 값과 동일하다.
③ (가)는 기업의 총수입에서 중간재 구입 비용을 뺀 값과 동일하다.
④ 국민소득을 (가)는 지출 측면, (나)는 분배 측면의 구성 요소로 합산한 것이다.

정답 및 해설

(가)는 지출국민소득, (나)는 분배국민소득, (다)는 생산국민소득이며, 총수입에서 총비용을 뺀 값은 이윤에 해당한다.
[오답체크]
① 국민소득 3면 등가의 원칙에 의해 3가지 국민소득은 사후적으로 일치한다.
③ 총수입에서 중간재 구입 비용을 뺀 값은 부가가치의 합이며, 이는 지출국민소득과 일치하게 된다.

정답: ②

02 평가방법에 따른 GDP

명목GDP와 실질GDP	명목GDP는 측정시점의 가격, 실질GDP는 기준시점의 가격으로 측정
실제GDP와 잠재GDP	실제GDP는 실제 생산, 잠재GDP는 한 나라에 부존하는 모든 생산요소가 정상적으로 고용될 경우의 GDP

1. 명목GDP와 실질GDP

(1) 의미

① 명목GDP: 측정시점의 가격으로 나타낸 GDP이다.

② 실질GDP: 기준시점의 가격으로 나타낸 GDP이다.

구분	명목GDP	실질GDP
개념	• 그 해의 생산물에 당해연도 가격을 곱하여 계산한 GDP • 명목GDP= $P_t \times Q_t$ • 물가가 상승하면 명목GDP는 증가함 • 산업구조를 분석할 때 사용	• 그 해의 생산물에 기준연도 가격을 곱하여 계산한 GDP • 실질GDP= $P_0 \times Q_t$ (P_0: 기준연도) • 실질GDP는 물가의 영향을 받지 않음 • 경제성장, 경기변동을 분석할 때 사용

③ 사례: 아이스크림만 생산하는 나라의 GDP(기준연도: 2019년)

• 연도별 아이스크림의 가격과 생산량

연도	아이스크림 가격	생산량
2019	300원	100개
2020	500원	150개
2021	700원	200개

• 명목GDP와 실질GDP 계산

연도	명목GDP	실질GDP
2019	300원×100개 = 30,000원	300원×100개 = 30,000원
2020	500원×150개 = 75,000원	300원×150개 = 45,000원
2021	700원×200개 = 140,000원	300원×200개 = 60,000원

(2) 경제 성장률

실질GDP의 변화율이다.

$$\frac{\text{금년도 실질GDP} - \text{전년도 실질GDP}}{\text{전년도 실질GDP}} \times 100$$

(3) GDP디플레이터

GDP로 측정한 물가지수이다.

$$\frac{명목GDP}{실질GDP} \times 100$$

2. 실제GDP와 잠재GDP

(1) 의미

① 실제GDP(actual GDP)는 한 나라의 국경 안에서 실제로 생산된 모든 최종생산물의 시장가치이다.

② 잠재GDP(potential GDP)는 한 나라에 부존하는 모든 생산요소가 정상적으로 고용될 경우 달성할 수 있는 최대의 GDP이다.

(2) GDP갭

$$GDP갭 = 실제GDP - 잠재GDP$$

① GDP갭 < 0이면 생산요소가 정상적으로 고용되지 못해 실업이 존재하고 경기가 침체되었다고 판단한다.

② GDP갭 > 0이면 생산요소가 과잉 고용되고 있으므로 경기가 과열된 상태라고 판단한다.

표는 A국의 연도별 명목GDP와 실질GDP를 나타낸 것이다. 다음 설명 중 옳지 않은 것은?

연도	명목GDP	실질GDP
2019	190	200
2020	198	204
2021	200	200
2022	206	196
2023	208	194

가. 2020 ~ 2023년 중 GDP디플레이터 상승률이 가장 높은 해는 2021년이다.

나. 2019년 이후 GDP디플레이터는 지속적으로 증가하고 있는 것은 아니다.

다. 2020년 이후 명목GDP성장률은 양(+)이다.

라. 2021년 GDP디플레이터는 기준연도와 같다.

① 가, 나　　　② 가, 다　　　③ 가, 라　　　④ 나, 다　　　⑤ 나, 라

정답 및 해설

주어진 자료로 GDP디플레이터를 표시하면 다음과 같다.

연도	명목GDP	실질GDP	GDP디플레이터
2019	190	200	95
2020	198	204	약 97
2021	200	200	100
2022	206	196	약 105
2023	208	194	약 107

가. 변화율이 가장 높은 해는 2023년이다.

나. 2019년 이후 GDP디플레이터는 지속적으로 증가하고 있다.

정답: ①

┌─ **핵심 Check: 국민총소득(GNI)** ───┐

명목GNI	명목GNI = 명목GDI + 국외순수취 요소소득
실질GNI	실질GNI = 실질GDP + 교역조건변화에 따른 실질무역손익 + 실질대외순수취 요소소득

1. 국민총소득(GNI: Gross National Income)

(1) 의미

한 나라 국민이 일정 기간 생산활동에 참여하여 벌어들인 소득의 합계이다.

(2) 국민총소득의 필요성

① 폐쇄경제에서는 GNP로 생산과 소득을 모두 평가했으나 GNP가 교역조건변화로 인한 실질소득변화를 반영하지 못하는 문제점이 있어 GNI로 대체되었다.

② 최근에는 GDP로 한 나라의 생산활동을 측정하고, GNI로 소득활동을 측정한다.

2. GNI와 GDP

(1) GNI와 GDP의 관계

① 국민소득 3면 등가의 원칙에 따라 명목국내총소득(GDI) = 명목국내총생산(GDP)이다.

② 국민소득 3면 등가의 원칙에 따라 명목국내총소득(GNI) = 명목국내총생산(GNP)이다.

③ 명목GNI = 명목GDI + 국외순수취 요소소득

④ 국민소득지표의 실질변수를 구할 때에는 '교역조건변화에 따른 실질무역손익'을 조정하여야 한다.

⑤ 실질GDI = 실질GDP + 교역조건변화에 따른 실질무역손익

⑥ 폐쇄경제인 경우 교역이 없으므로 실질GDI와 실질GDP가 동일하다.

⑦ 실질GNI = 실질GDI + 국외순수취 요소소득

⑧ 실질GNI = 실질GDP + 교역조건변화에 따른 실질무역손익 + 실질대외순수취 요소소득

(2) 교역조건

$$교역조건 = \frac{수출재가격}{수입재가격} \times 100 = \frac{P_X}{P_M} \times 100$$

① 수출상품과 수입상품 간의 국제적 교환비율을 의미하며 수출상품의 가격이 수입상품의 가격보다 상대적으로 더 높아지는 것을 교역조건의 개선이라 한다.

② 수출상품의 가격이 상승하면 교역조건이 좋아지므로 100을 넘지만, 수입상품의 가격이 상승하면 100 아래로 떨어진다.

③ 실질대외순수취 요소소득이 0이라고 가정하자. 이때 수출상품의 가격이 상승하여 교역조건이 좋아지면 실질 GNI > 실질GDP이 되며, 수입상품의 가격이 상승하여 교역조건이 악화되면 실질GNI < 실질GDP가 된다.

3. 여러 가지 국민소득지표

① 국민총처분가능소득(GNDI; Gross National Disposable Income)
  = GNI + 국외순수취 경상이전(국외수취 경상이전 - 국외지급 경상이전)
② 국민순소득(NNI; Net National Income) = GNI - 고정자본소모(감가상가) = 모든 부가가치의 총합
③ 국민처분가능소득(NDI; National Disposable Income)
  = GNDI - 고정자본소모(감가상각 = GNI + 국외순수취 경상이전 - 고정자본소모(감가상각)
④ 국민소득(NI; National Income) = NNI - 순간접세 = NNI - (간접세 - 대기업 보조금)
                          = 임금 + 지대 + 이자 + 이윤
⑤ 개인본원소득(PPI; Personal Primary Income) = NI - 법인세 - 사내유보이윤 - 정부의 재산소득
⑥ 개인처분가능소득(PDI; Personal Disposable Income) = PPI + 순이전소득 = 민간소비지출 + 개인저축
⑦ 개인조정처분가능소득 = PDI + 사회적 현물이전(무상교육, 보건소 서비스)

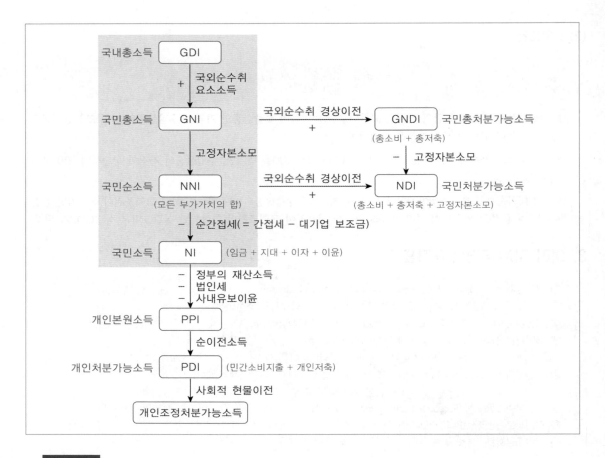

다음은 A 국의 2024년 국민소득계정의 일부일 때, 실질 국민총소득(실질GNI)은 얼마인가?

- 실질 국내총생산(실질GDP): 1,500조 원
- 교역조건 변화에 따른 실질 무역손익: 60조 원
- 실질 대외 순수취 요소소득: 10조 원

① 1,430조 원　　② 1,450조 원　　③ 1,500조 원　　④ 1,550조 원　　⑤ 1,570조 원

정답 및 해설

GNI = GDP + 교역조건 변화에 따른 실질 무역손익 + 해외 순수취 요소소득이다.

정답: ⑤

04 GDP의 유용성과 한계

GDP의 한계	삶의 질, 소득분배상태, 지하경제 등 파악 못함
GDP 포함	귀속임대료, 치안 & 국방 서비스, 재고
GDP 미포함	주부의 가사노동, 기존주택 매입, 자본이득, 이전지출

1. GDP의 유용성과 한계

(1) GDP의 유용성

① 경제활동수준을 나타내는 지표이다.

② 측정과정에서 경제구조 파악이 가능하다.

③ 간접적으로 후생수준을 측정한다.

(2) GDP의 한계

① 여가의 가치 미포함: 여가는 후생을 증가시키지만 그 가치를 고려하지 않는다.

② 삶의 질 반영 불가: 생산과정에서 발생하는 대기오염, 수질오염, 소음, 교통체증, 자연파괴 등에 의해 발생되는 삶의 질 저하를 계산하지 않는다.

③ 지하경제, 자본이득 측정 불가: 사채, 부동산투기, 탈세, 밀수 등의 지하경제를 반영하지 못하며 주식가격 변동에 의한 후생의 증감을 고려하지 못한다.

④ 측정상의 문제: GDP는 직접 계산하는 것이 아니라 각종 통계에 의해 추계하므로 정확한 수치를 기대하기 어렵다.

GDP에 포함되는 항목	GDP에 포함되지 않는 항목
• 파출부의 가사노동 • 자가소비 농산물(농부) • 신규주택 매입 • 귀속임대료(자기 집 사용료) • 국방, 치안 서비스 • 판매되지 않은 재고(투자)	• 여가, 주부의 가사노동 • 자가소비 농산물(도시의 텃밭) • 기존주택 매입 • 상속, 증여 • 주식가격, 부동산 가격변동 등의 자본이득 • 목수가 구입한 목재(중간생산물) • 이전지출로 인한 이전소득

2. 경제후생지표(MEW: Measure of Economic Welfare)

(1) 경제후생지표(MEW)

GDP + 가사노동서비스 + 여가의 가치 - 공해비용

(2) 경제후생지표의 특징

① GDP보다 사회후생을 잘 나타내고 있다.

② 공해비용의 증가로 인하여 GDP보다 완만하게 증가한다.

③ 객관적인 측정이 어렵다.

확인문제

다음 중 국내총생산(GDP) 계산과 관련된 설명으로 옳은 것을 <보기>에서 모두 고른 것은?

<보기>
ㄱ. GDP는 최종재와 중간재 모두 포함하는 개념이다.
ㄴ. 시장에서 거래되지 않으면 사회적 후생을 증가시켰다 해도 포함되지 않는다.
ㄷ. 재고는 기업이 투자한 것으로 보아 GDP에 포함된다.
ㄹ. 자신의 주택에서 나오는 귀속임대료는 GDP에 포함되지 않는다.

① ㄱ, ㄴ　　　② ㄱ, ㄷ　　　③ ㄴ, ㄷ　　　④ ㄴ, ㄹ　　　⑤ ㄷ, ㄹ

정답 및 해설

시장에서 거래되지 않으면 GDP에 포함되지 않으며, 재고는 재고투자로서 GDP에 포함된다.

[오답체크]
ㄱ. GDP는 최종재만 포함될 뿐 중간재는 포함되지 않는다.
ㄹ. 자신의 주택에서 나오는 귀속임대료는 GDP에 포함된다.

정답: ③

05 | 투자와 저축

핵심 Check: 투자와 저축

총저축	민간저축 + 정부저축
민간저축	민간저축(S_P; Private Saving) = Y(소득) - C(소비) - T(조세)
정부저축	정부저축(S_G; Government Saving) = T(조세) - G(정부지출)

1. 투자(Investment)

(1) 의미

새로이 생산된 자본재 구입에 사용된 금액을 의미한다.

(2) 구성

① 기업의 설비 및 자본재 구입금액

② 신축주택 구입금액

③ 재고변화분

2. 저축(Saving)

(1) 의미

현재의 소득 중에서 소비에 사용되지 않은 부분으로 총저축은 민간저축과 정부저축의 합으로 구성된다.

(2) 총저축(S_N; National Saving)의 구성

① 민간저축(S_P; Private Saving) = Y(소득) - C(소비) - T(조세)

② 정부저축(S_G; Government Saving) = T(조세) - G(정부지출)

③ 총저축 = 민간저축 + 정부저축 = (Y - C - T) + (T - G) = Y - C - G

3. 국부(National wealth)

(1) 의미

일정 시점에서 한 나라 국민이 소유한 부의 총액이다.

(2) 구성

① 국내에 있는 자본과 토지같은 모든 물리적인 자산

② 해외 자산에서 해외 부채를 뺀 순 해외 자산

확인문제

국민총소득은 2,000조 원이고 정부지출은 400조 원, 조세수입은 300조 원, 투자는 500조 원인 폐쇄경제에서의 민간저축은?

① 400조 원　　　② 500조 원　　　③ 600조 원　　　④ 900조 원　　　⑤ 1,000조 원

정답 및 해설

1) $Y = C + I + G$
2) 문제의 조건을 대입하면 $2,000 = C + 500 + 400$ ➜ $C = 1,100$이다.
3) $Y = C + S_P + T$
4) 문제의 조건을 대입하면 $2,000 = 1,100 + S_P + 300$ ➜ $S_P = 600$이다.

정답: ③

06 고전학파의 국민소득 결정이론

핵심 Check: 고전학파의 국민소득 결정이론

세이의 법칙	"공급은 스스로 수요를 창출한다."
고전학파의 국민소득 결정이론	가격의 신축성, 노동시장의 완전고용 ➔ 생산함수에 대입하여 구하며 항상 완전고용 GDP

1. 고전학파

케인즈 이전, 애덤스미스 등으로 구성된 학파이다. 케인즈는 당시 경제이론이 대공황의 원인과 대책을 제시하지 못하고 있다는 점에서 고전적(classical)이라고 하였고, 이후 고전학파라 불리게 되었다.

2. 고전학파의 국민소득 결정이론의 기본 가정

(1) 세이의 법칙

① "공급은 스스로 수요를 창출한다."고 한 프랑스의 고전학파 경제학자 세이의 시장이론이다.

② 즉, 공급이 되면 그만큼 소득이 창출되고, 이 소득이 수요로 지출된다. 결국 기업이 재화나 서비스를 생산하기만 한다면 반드시 판매되므로, 초과 공급이 발생하지 않는다.

③ 물론, 단기적이고 일시적으로 마찰적 원인에 의해 부분적 불균형은 있지만 바로 균형을 찾는다. 따라서 기업은 생산하는 대로 다 팔리므로, 항상 생산할 수 있는 최대량을 생산한다. 또한 노동시장도 항상 완전고용이 이루어진다.

(2) 가격변수의 완전신축성

① 모든 가격변수(물가, 명목이자율, 명목임금)는 완전신축적이므로 수요와 공급의 일시적 불균형은 즉각적으로 수정된다.

② 즉, 모든 시장의 불균형은 왈라스의 완전신축적인 가격조정에 의해 즉시 해소된다. 이를 시장청산(market clearing)이라고 한다.

(3) 완전예측가능성

각 경제주체들은 물가에 대한 완벽한 정보가 있다. 따라서 물가의 변화를 완벽하게 예상하며, 물가 상승 시, 자신의 실질임금을 지키기 위해 명목임금의 즉각적인 상승을 요구한다.

(4) 완전경쟁시장

세상에 존재하는 모든 시장은 완전경쟁시장이다.

(5) 화폐수량설 적용

화폐수량설은 통화량과 물가가 정비례 관계를 보인다는 주장이다.

3. 노동시장

(1) 노동수요

① 기업의 노동고용 이윤극대화 조건($w = P \cdot MP_L$)에 따라 노동수요가 결정된다.

② 개별 기업 노동수요곡선

　㉠ **명목임금기준**: 명목임금과 노동의 한계생산물가치($w = P \cdot MP_L$)가 같아지도록 고용해야 이윤극대화 생산요소 고용량이 결정된다. 따라서 한계생산물가치곡선이 노동수요곡선이다. 노동의 한계생산물은 체감하므로 우하향한다.

　㉡ **실질임금기준**: 실질임금과 노동의 한계생산물($\frac{w}{p} = MP_L$)이 같아지도록 고용해야 이윤극대화 생산요소 고용량이 결정된다. 따라서 한계생산물곡선이 노동수요곡선이다. 노동의 한계생산물은 체감하므로 우하향한다.

③ 시장노동수요곡선은 개별 기업 노동수요곡선의 수평 합이다.

(2) 노동공급

① 근로자의 노동공급 효용극대화 조건에 따라 노동공급이 결정된다.

② 개별 근로자 노동공급곡선

　㉠ **명목임금기준**: 명목임금이 상승할 때 일반적으로(대체효과 > 소득효과) 개별 근로자의 노동공급량이 증가하므로 개별노동공급곡선은 우상향한다.

　㉡ **실질임금기준**: 고전학파모형에서는 노동공급이 실질임금의 함수이므로 실질임금을 기준으로 분석한다.

③ 시장노동공급곡선은 개별 근로자 노동공급곡선의 수평 합이다.

(3) 노동시장의 균형

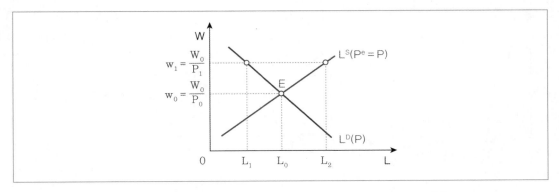

① 물가가 P_0일 때 노동의 수요와 공급이 일치하는 E점에서 균형실질임금은 $w_0 = \dfrac{W_o}{P_0}$이고 고용량은 L_o로 결정된다.

② 만약 물가가 P_1으로 하락하면 실질임금이 $w_1 = \dfrac{W_0}{P_1}$으로 상승하여 노동시장에서는 일시적으로 초과공급이 발생하나 가격변수의 신축성에 의해 즉시 명목임금이 W_1으로 하락하여 실질임금은 전과 동일한 $w_0 = \dfrac{W_o}{P_0} = \dfrac{W_1}{P_1}$이 되어 균형고용량도 L_o로 동일하게 된다.

③ 이때의 균형고용량 L_o는 완전고용수준이다.

(4) 단기총생산함수

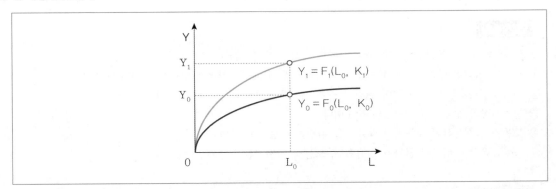

① 단기에 노동투입량이 증가하면 총생산물이 증가한다. 이때 한계생산물이 체감하므로 총생산물은 체감적으로 증가한다.

② 자본스톡이 증가하여 자본 - 노동비율($\dfrac{K}{L}$: 1인당 자본량)이 증가하거나 기술이 진보하면 노동의 평균 및 한계생산성(AP_L, MP_L)이 증가한다.

③ 따라서 동일 노동투입량하에서도 총생산량이 증가하므로 총생산물곡선이 상방이동한다.

(5) 국민소득의 결정

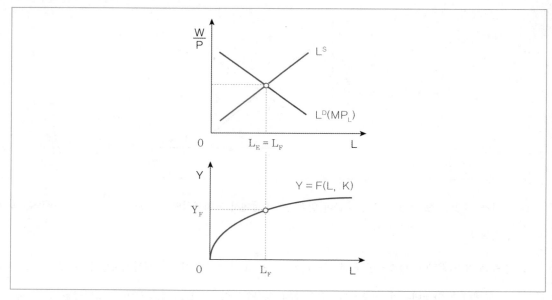

① 노동시장균형에 따라 완전고용수준으로 노동량(L_F)이 투입되면 주어진 단기총생산함수에 따라 완전고용 수준의 총생산량(Y_F: 잠재 GNP)이 생산된다.

② 완전고용수준으로 생산된 총생산물은 실물적 이자율 조정에 의해 모두 수요(판매)되므로 완전고용수준의 실질국민소득이 달성된다.

③ 노동수요, 노동공급 및 총생산함수가 변화하면 고용과 국민소득이 변화한다.

확인문제

고전학파의 국민소득결정모형에 관한 설명으로 옳지 않은 것은?
① 세이의 법칙(Say's law)이 성립하여, 수요측면은 국민소득 결정에 영향을 미치지 못한다.
② 물가와 임금 등 모든 가격이 완전히 신축적이고, 노동시장은 균형을 달성한다.
③ 노동시장의 수요는 실질임금의 함수이다.
④ 노동의 한계생산이 노동시장의 수요를 결정하는 중요한 요인이다.
⑤ 통화공급이 증가하여 물가가 상승하면, 노동의 한계생산이 증가한다.

정답 및 해설

노동의 한계생산이 증가한다는 것은 생산량 증가 요인이다. 고전학파는 화폐는 실물부분에 영향을 줄 수 없다는 화폐의 중립성을 주장하므로 옳지 않다.

정답: ⑤

07 | 케인즈의 국민소득 결정이론

핵심 Check: 케인즈의 국민소득 결정이론

케인즈의 국민소득 결정이론	• 가격의 경직성, 수요 중시 • 균형 시 $Y^D = Y$ 달성되면 $Y = C + I + G + (X - M)$, $I + G + X = S + T + M$
저축의 역설	저축을 하면 오히려 국민소득이 감소하는 것

1. 기본가정

(1) 유휴설비의 존재
충분한 정도의 유휴설비가 존재하고 물가가 경직적인 단기에는 주어진 물가수준하에서 산출량이 조정 가능하다.

(2) 수평인 총공급곡선
주어진 물가수준하에서 원하는 만큼 생산이 가능한 경우에는 총공급곡선이 수평이 된다.

(3) 가격의 경직성
고전학파는 모든 가격변수가 신축적이라고 보는 데 비해, 케인즈는 단기적으로 가격과 임금이 경직적(특히 하방으로)이라고 보았다.

(4) 수요 중시
가격이 경직적이고 충분한 정도의 유휴설비가 존재하는 경우 경제 전체 생산액(= GDP)은 경제 전체 생산물에 대한 수요(= 총지출)에 의해 결정된다.

(5) 소비, 투자, 정부지출
① 소득이 증가하면 소비가 소득의 일정 비율(한계소비성향: 0과 1 사이의 수)만큼 증가한다.

② 투자와 정부지출 등은 소득이나 이자율에 관계없이 일정한 값으로 주어진다.

(6) 불균형의 조정
고전학파가 실질이자율(가격)의 신축적인 조정에 의해 생산물시장의 균형이 이루어지는 것으로 보는 데 비해, 케인즈는 생산량의 조정에 의해 불균형이 조정된다고 보았다.

2. 생산물의 총수요

(1) 생산물의 총수요

① 가계, 기업, 정부, 해외부문의 최종생산물에 대한 수요의 총합을 의미하며 간단히 총수요라고도 한다. 특히, 구매력이 있는 총수요를 유효수요라 한다.

② 케인즈의 단순모형에서는 가계와 기업만이 존재하는 경우 총수요는 가계의 소비수요와 기업의 투자수요로 구성된다.

(2) 가계의 소비수요

$$C = C_0 + cY \text{ (단, } C_0\text{: 기초소비, } c\text{: 한계소비성향, } Y\text{: 소득)}$$

① 소비수요란 소득이 뒷받침되는 계획된 소비로서 소비지출과 같은 의미로 간단히 소비(C)로 나타낸다.

② 한계소비성향

㉠ 소득(Y)의 추가적인 변화 시 소비(C)의 변화분으로 $MPC = c = \dfrac{\Delta C}{\Delta Y}$ 이며 0과 1 사이의 값을 가진다.

㉡ 소비함수의 접선의 기울기로 일정하다.

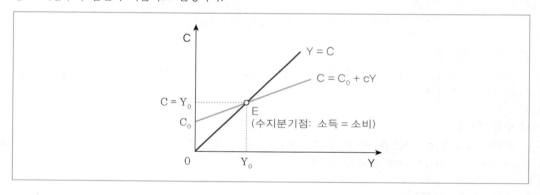

(3) 기업의 투자수요

$$I^D = I_0$$

① 케인즈의 단순모형에서의 투자수요는 독립투자(I_0)로서 일정한 상수이다.

② 의도하지 않은 재고변화가 포함되지 않은 계획된 투자를 의미한다.

3. 균형국민소득의 결정: 총수요(Y^D) = 총공급(Y)

(1) 총수요와 총공급(단, 총수요는 소비와 투자만 존재)

① 총수요(Y^D = AE; Aggregate Expenditure)는 소비와 투자의 합으로 이루어진다. 즉, $Y^D = C + I^D$이다.

② 총공급(총생산)

    ㉠ 케인즈는 유효수요만 있으면 공급이 즉시 이루어지므로 45°선을 총공급선으로 볼 수 있다.

    ㉡ 따라서 총수요와 총공급이 일치하는 균형조건은 $Y^D = Y$이다.

(2) 균형국민소득의 결정

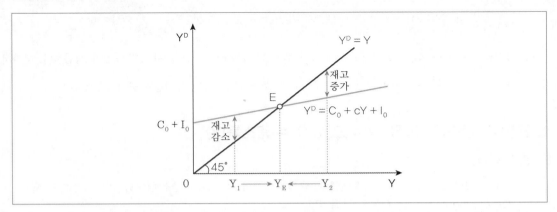

① 총수요 $Y^D = C + I^D = C_0 + cY + I_0$와 총공급이 같은 균형조건 $Y^D = Y$을 만족시키는 균형국민소득을 Y_E라 한다.

② 실질국민소득이 균형국민소득인 Y_E보다 낮은 Y_1에 있다면 생산량보다 유효수요가 더 크므로 재고 감소가 발생한다. 이에 따라 생산이 증가하고 실질국민소득이 Y_E방향으로 증가한다.

③ 실질국민소득이 Y_E보다 높은 Y_2에 있다면 생산량보다 유효수요가 더 작으므로 재고 증가가 발생한다. 이에 따라 생산이 감소하고 실질국민소득이 Y_E방향으로 감소한다.

④ 궁극적으로 실질국민소득이 Y_E이면 생산량과 유효수요가 같으므로 재고는 변하지 않아 실질국민소득이 변하지 않는다.

(3) 조세 중 비례세가 부과되고 해외부문인 수출(X)과 수입(M)이 포함된 경우

① 유효수요는 $Y^D = C + I^D + G + (X - M)$이고 균형조건은 $Y^D = Y$이다.

② 구성

> ⊙ 소비: $C = C_0 + cY_d$ [c는 MPC(한계소비성향: $\frac{\Delta C}{\Delta Y}$)이고 $0 < c < 1$]
>
> ⓛ 처분가능소득: $Y_d = Y - T$
>
> ⓒ 조세: $T = T_0 + tY$ (T_0는 정액세, t는 비례세율 $0 < t < 1$)
>
> ② 투자수요: $I^D = I_0 + iY$ (I_0는 독립투자, I는 유발투자계수)
>
> ⓜ 정부지출: $G = G_0$ (G_0는 독립지출)
>
> ⓗ 수입: $M = M_0 + mY$ (M_0는 기본수입, m은 한계수입성향으로 $\frac{\Delta M}{\Delta Y}$, $0 < m < 1$)

③ $Y^D = C_0 + c(Y - T_0 - tY) + I_0 + iY + G_0 + X_0 - M_0 - mY$이고 균형 시 $Y^D = Y$가 성립한다. 따라서

$Y_E = \dfrac{1}{1 - c(1 - t) + m - i}(C_0 - cT_0 + I_0 + G_0 + X_0 - M_0)$이다. (단, Y_E는 균형국민소득)

4. 균형국민소득의 결정: 총수요(Y^D) = 총소득(Y)

(1) 총소득(Y)

① 조세가 없다고 가정하고 소득측면에서 볼 때 가계의 소득은 민간소비(C)와 가계저축(S)의 합이므로 $Y = C + S$이고 $S = Y - C$로도 쓸 수 있다.

② $S = Y - (C_0 + cY)$ ($\because$ $C = C_0 + cY$) ➔ $S = -C_0 + (1 - c)Y = -C_0 + sY$이므로 저축은 소득의 증가함수이다.

③ 한계저축성향(MPS) = $\dfrac{\Delta S}{\Delta Y}$

⊙ 소득의 증가분은 소비의 증가분과 저축의 증가분의 합이므로 양변을 소득의 증가분으로 나누면 다음과 같다.

ⓛ $\dfrac{\Delta Y}{\Delta Y} = \dfrac{\Delta C}{\Delta Y} + \dfrac{\Delta S}{\Delta Y}$이므로 $MPC + MPS = 1$이 성립한다.

(2) 균형국민소득의 결정(단순모형)

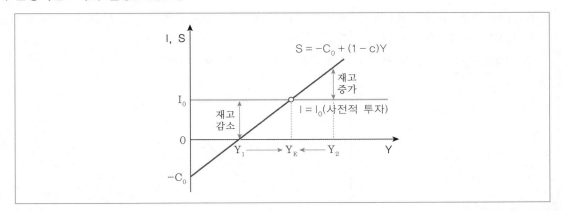

① 총소득 $Y(= C + S)$와 총수요 $Y^D(= C + I^D)$의 균형이 성립하므로 $C + I^D = C + S$이다. 따라서 I^D(투자수요) $= S$(저축)이다.

② 국민소득이 Y_1이면 $I^D > S$이므로 재고가 감소하여 다음 기에 산출량이 증가하게 된다.

③ S는 국민소득을 줄이는 누출이며 I는 국민소득을 늘리는 주입이다. 주입에 해당하는 투자는 사전적 투자의 개념으로 실제로 실현된 투자인 사후적 투자와는 다른 개념이다.

④ 국민소득이 Y_2이면 $I^D < S$이므로 재고가 증가하여 다음 기에 산출량이 감소하게 된다.

⑤ 사후적 투자와 사전적 투자: 사후적 투자는 의도하지 않은 재고변동도 포함하므로 항상 저축과 일치하게 된다.

(3) 확장된 균형국민소득의 결정

① 정부부문이 추가되는 경우: 총소득 $Y(= C + S + T)$와 총수요 $Y^D(= C + I^D + G)$의 균형이 성립하므로 $C + I^D + G = C + S + T$이다. 따라서 $I^D + G = S + T$이다.

② 해외부문이 추가되는 경우

   ㉠ 총소득 $Y(= C + S + T)$와 총수요 $Y^D(= C + I^D + G + X - M)$의 균형이 성립하므로 $C + I^D + G + X - M = C + S + T$이다.

   ㉡ 따라서 $\underset{\text{주입}}{I^D + G + X} = \underset{\text{누출}}{S + T + M}$이다.

(4) 저축의 역설의 개념

① 저축의 역설이란 모든 개인이 절약하여 저축을 증가시키면 총수요가 감소하여 국민소득이 감소하게 되고 결과적으로 총저축이 증가하지 않거나 오히려 감소하는 현상을 의미한다.

② 그래프: 저축을 증가(S_0 ➜ S_1)시키면 국민소득이 감소(Y_0 ➜ Y_1)한다.

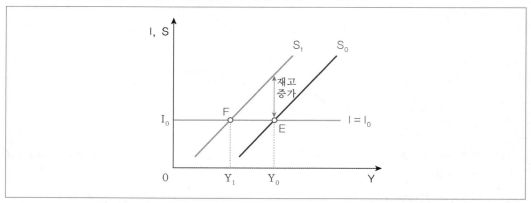

③ 독립투자만 존재하는 경우

　㉠ 저축이 증가하여 저축함수가 상방이동하면 원래의 국민소득수준에서는 저축이 (사전적) 투자보다 더 크다.

　㉡ 따라서 재고가 증가하므로 생산량은 감소하여 균형국민소득도 감소하며 저축은 다시 원래 수준이 된다.

④ 유발투자가 있는 경우

　㉠ 유발투자는 소득이 증가하면 투자가 더 증가하는 것으로 $I = I_0 + iY$로 표현된다.

　㉡ 유발투자 존재 시 저축이 증가하면 국민소득이 감소하고 이로 인해 저축이 더 감소한다.

확인문제

어떤 국가의 실질 국내총생산(GDP)은 2,000단위라고 하자. 한편, 이 나라의 경제주체들의 민간소비는 400단위, 투자는 300단위, 정부지출은 800단위라고 한다. 이 나라의 순수출은 몇 단위인가?

① 150　　　　② 200　　　　③ 250　　　　④ 300　　　　⑤ 500

정답 및 해설

1) Y = C + I + G + (X - M)
2) 2,000 = 400 + 300 + 800 + (X - M) ➜ (X - M) = 500

정답: ⑤

핵심 Check: 케인즈의 승수효과

승수	• 투자승수: $\dfrac{dY}{dI} = \dfrac{1}{1-c(1-t)+m-i}$ • 정부지출승수: $\dfrac{dY}{dG} = \dfrac{1}{1-c(1-t)+m-i}$ • 조세승수: $\dfrac{dY}{dT} = \dfrac{-c}{1-c(1-t)+m-i}$
인플레이션 갭	완전고용 국민소득수준에서 총수요(C + I + G)가 총공급(C + S + T)을 초과하는 부분
디플레이션 갭	• 디플레이션을 해소하기 위해 증가시켜야 하는 유효수요의 크기 • GDP갭 = 디플레이션 갭 × 정부지출승수

1. 케인즈의 승수효과

(1) 필요성

① 케인즈의 국민소득의 결정은 총수요와 총공급이 일치하여 결정된다.

② 케인즈에 따르면 유효수요가 변할 경우 균형국민소득도 변하게 되는데, 균형국민소득에 어떤 변화를 초래하는지를 분석하는 이론을 승수이론이라고 한다.

③ 승수효과란 정부지출이 약간만 증가하더라도 '소득 증가 ➜ 소비 증가 ➜ 소득 증가 ➜ 소비 증가'의 연쇄적인 과정을 통해 최종적으로는 국민소득이 훨씬 크게 증가하는 효과이다.

(2) 의미

① 독립지출 증가분에 대한 균형국민소득 증가분의 비율이다.

$$\text{승수} = \frac{\triangle \, 균형국민소득}{\triangle \, 독립지출}$$

② 사례: 독립지출인 정부지출이 1원 증가할 경우, 균형국민소득이 얼마나 증가하는가를 나타내는 비율을 말한다.

(3) 가정: 단순모형

① 잉여생산능력이 존재하며 한계소비성향(MPC = $\frac{\Delta C}{\Delta Y}$)이 일정하다.

② 물가가 고정되어 있으며, 폐쇄경제이다.

(4) 도출과정

① Y는 국민소득, C는 소비, I는 기업의 투자수요, G는 정부지출로 투자와 정부지출은 상수이다.

$$C = C_0 + c(Y - T) \text{ (단, } C_0: \text{기초소비, } c: \text{한계소비성향, } T: \text{정액세), } I = I_0, \ G = G_0$$

$$Y = C + I + G = C_0 + c(Y - T) + I_0 + G_0$$

② 공급측면인 Y와 수요측면 Y^D가 균형상태에서 동일하므로 $Y^D = Y$로 놓고 이를 Y에 대해서 정리하면 다음과 같다.

$$Y = \frac{1}{1-c} \left[C_0 + I_0 + G_0 - cT \right]$$

(5) 승수

① 정부지출승수: $\dfrac{dY}{dG} = \dfrac{1}{1-c}$

② 투자승수: $\dfrac{dY}{dI} = \dfrac{1}{1-c}$ (투자승수 = 정부지출승수)

③ 조세승수: $\dfrac{dY}{dT} = \dfrac{-c}{1-c}$

④ 균형재정승수

  ㉠ 균형재정: 재정수입과 재정지출이 일치하여 흑자도 적자도 없는 재정이다.
    예 조세수입이 100억이고 정부지출이 100억이면 균형재정

  ㉡ 균형재정승수: $\dfrac{dY}{dG} + \dfrac{dY}{dT} = \dfrac{1}{1-c} + \dfrac{-c}{1-c} = \dfrac{1-c}{1-c} = 1$

  ㉢ 즉, 단순모형에서 100억 정부지출을 늘리고 100억의 조세를 걷는다면 국민소득은 100억 늘어난다.

(6) 정부부문과 해외부문이 포함된 경우의 최종 승수

① 구성: $Y^D = C + I + G + X - M$

> ㉠ 소비: $C = C_0 + cY_d$ [c는 MPC(한계소비성향: $\frac{\triangle C}{\triangle Y}$)이고 0 < c < 1]
>
> ㉡ 처분가능소득: $Y_d = Y - T$
>
> ㉢ 조세: $T = T_0 + tY$ (T_0는 정액세, t는 비례세율 0 < t < 1)
>
> ㉣ 투자수요: $I^D = I_0 + iY$ (I_0는 독립투자, I는 유발투자계수)
>
> ㉤ 정부지출: $G = G_0$ (G_0는 독립지출)
>
> ㉥ 수입: $M = M_0 + mY$ (M_0는 기본수입, m은 한계수입성향으로 $\frac{\triangle M}{\triangle Y}$, 0 < m < 1)

② $Y^D = C_0 + c(Y - T_0 - tY) + I_0 + iY + G_0 + X_0 - M_0 - mY$ 균형조건($Y^D = Y$)을 만족시키는 균형국민소득을 Y_E라 하면 $Y_E = \frac{1}{1 - c(1-t) + m - i}(C_0 - cT_0 + I_0 + G_0 + X_0 - M_0)$이다.

③ 투자승수: $\frac{dY}{dI} = \frac{1}{1 - c(1-t) + m - i}$

④ 정부지출승수: $\frac{dY}{dG} = \frac{1}{1 - c(1-t) + m - i}$

⑤ 조세승수: $\frac{dY}{dT} = \frac{-c}{1 - c(1-t) + m - i}$

2. 승수의 일반형과 유의사항

(1) 승수의 일반형과 관련 변수

> 정부지출승수, 투자승수: $\frac{1}{1 - c(1-t) + m - i}$

(2) 승수와 관련된 변수

① 한계소비성향(c)의 증가함수

㉠ 소비가 증가하면 총수요가 늘어나므로 한계소비성향의 증가함수이다.

㉡ 한계소비성향 + 한계저축성향 = 1이므로 한계저축성향의 감소함수이다.

② 한계세율의 감소함수: 조세가 증가하면 가처분소득이 감소하여 소비가 감소하므로 총수요가 감소한다. 따라서 한계세율(소득세율)의 감소함수이다.

③ 한계수입성향(m)의 감소함수: 한계수입성향이 증가하면 소득이 증가함에 따라 수입이 증가하므로 총수요의 감소요인이다. 따라서 한계수입성향의 감소함수이다.

④ 유발투자계수(i)의 증가함수: 유발투자계수가 크면 국민소득이 증가할 때 투자가 크게 증가하므로 총수요의 증가요인이다. 따라서 유발투자계수의 증가함수이다.

(3) 케인즈의 승수 유의사항

① 정부지출, 투자, 조세감면 등 모두 승수가 존재한다.

② 정부지출승수와 투자승수는 동일하다.

③ 정부지출이 조세감면보다 효과가 더 크다.

④ 단순모형의 균형재정승수는 1이다. 즉 정부지출을 100억 늘리고 조세를 100억 걷으면 국민소득이 100억 증가한다.

(4) 승수효과의 한계

① 이자율과 한계소비성향이 안정적이지 않다면 승수효과를 확정적으로 표시할 수 없다.

② 승수효과가 일어나는 동태적 과정이 순조롭지 못하다면 승수효과는 발생하지 않을 수 있다.

③ 공급측면에 장애가 있다면 승수효과는 발생하지 않을 수 있다.

④ 기업의 형태에 의해 승수효과가 제약될 수도 있다.

3. 인플레이션 갭과 디플레이션 갭

(1) 인플레이션 갭

① 완전고용 국민소득수준에서 총수요(C + I + G)가 총공급(C + S + T)을 초과하는 부분이다.

② 그래프

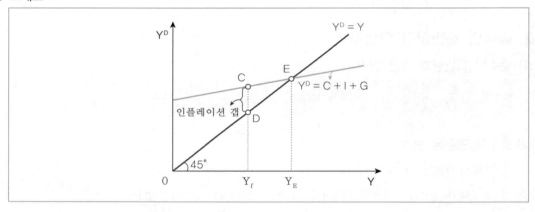

(2) 디플레이션 갭

① 디플레이션 갭 = 완전고용 국민소득(Y_f) - 실제총수요 = Y_f 수준에서의 수요부족이다.

② 디플레이션을 해소하기 위해 증가시켜야 하는 유효수요의 크기이다.

(3) GDP갭과 디플레이션 갭과의 관계

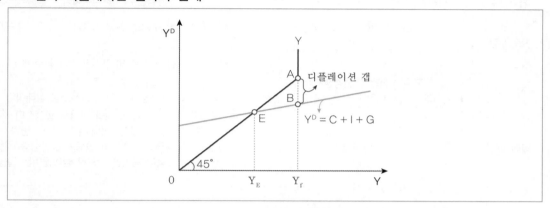

① 폐쇄경제의 유효수요라고 가정 시 $Y^D = C + I^D + G$일 때 균형국민소득(Y_E)이 완전고용 국민소득(Y_f)보다 낮은 수준에서 결정되었다면 $Y_f - Y_E$만큼의 GDP갭(= 완전고용 국민소득 - 실제국민소득)이 존재한다.

② 현재의 균형상태에서 디플레이션 갭만큼 정부지출을 증가시키면 총수요는 $Y^D = C + I^D + G + \Delta G$이 되어 새로운 균형점에 도달하므로 완전고용소득에 도달한다.

③ GDP갭

> GDP갭 = 디플레이션 갭 × 정부지출승수
> (디플레이션 갭 = ΔG, GDP갭 = $Y_f - Y_E = \Delta Y_E$)

4. 고전학파의 기본가정과 케인즈와의 비교

구분	고전학파의 기본가정	케인즈 계열(비교)
국민소득 결정	세이의 법칙이 성립한다. → 공급은 스스로 수요를 창출한다.	총수요가 총공급(생산)을 결정하고 이에 따라 국민소득이 결정된다.
가격변수	가격변수(물가, 임금, 이자)가 신축적이다.	가격변수가 경직적이다.
노동시장	노동에 대한 수요와 공급은 실질임금$(w = \dfrac{W}{P})$의 함수이다.	• 노동에 대한 수요는 실질임금$(w = \dfrac{W}{P})$의 함수이다. • 노동에 대한 공급은 명목임금(W)의 함수이다.
시장의 가정	모든 시장은 완전경쟁시장이다. → 가격의 신축성 때문에 항상 완전고용이 달성된다.	불완전경쟁시장이다. → 가격의 경직성 때문에 불완전고용 상태이다.
미래 예견	완전예견	• 정태적 기대로 인해 화폐의 환상이 발생한다. • 화폐의 환상은 실질임금이나 실질소득이 변하지 않더라도 임금이나 소득의 명목가치가 상승하면 사람들이 소득이 증가한 것으로 받아들이는 일을 의미한다.

확인문제

한 경제가 균형재정상태에 있다고 하자. 이 경제의 국민소득을 자연산출량과 같은 수준으로 만들기 위해 정부지출을 늘린다면, 현재의 정부지출에서 더 늘려야 하는 정부지출은? (단, 폐쇄경제이며 자연산출량은 8,000이다)

- C = 400 + 0.75(Y − T)
- I = 900
- T = 800

(단, C는 소비지출, I는 투자지출, G는 정부지출, T는 조세, NX는 순수출, Y는 국민소득이다)

① 200   ② 300   ③ 400   ④ 500

정답 및 해설

1) 주어진 조건으로 국민소득을 구하면
   Y = 400 + 0.75Y − 0.75T + 900 + 800 → 0.25Y = 400 − 600 + 900 + 800 → Y = 6,000이다.
2) 자연산출량이 8,000이므로 부족한 소득은 2,000이다.
3) 문제에 주어진 승수는 $\dfrac{1}{1-MPC} = \dfrac{1}{1-0.75} = 4$이다.
4) 정부지출증가분 × 4 = 2,000 → 정부지출증가분 = 500이다.

정답: ④

09 소비함수론

핵심 Check: 소비함수론

절대소득가설	소득이 증가하면 반드시 소비도 증가
상대소득가설	소비의 상호의존성, 소비의 비가역성 강조
항상소득가설	실제소득(Y)은 미래에도 지속될 것이라고 생각하는 항상소득(Y_P)과 미래에 지속될 것이라고 기대하지 않는 소득인 임시소득(Y_T)의 합으로 이루어짐
생애주기가설	소비는 전 생애(life-cycle)에 걸쳐 예상되는 미래소득(Y)에 따라 결정됨

1. 소비의 의미와 특징

(1) 의미

욕구를 충족시키기 위해 재화나 용역을 소모하는 일을 말한다.

(2) 특징

① 소비는 총수요(총지출)의 구성항목(소비, 투자, 정부지출 등) 중 가장 큰 비중을 차지하고 있다.

② 다만, 투자나 정부지출보다 매우 안정적이어서 변동 폭이 작은 경향이 있다.

2. 케인즈의 절대소득가설

(1) 가정

① 소비의 독립성: 개인의 소비는 자신의 소득에 의해서만 결정된다.

② 소비의 가역성: 소비지출은 소득수준에 따라 자유롭게 변한다.

(2) 내용

① 소득이 증가하면 반드시 소비도 증가: 소비의 크기가 소득의 크기에 의해 결정되므로 소득이 증가하면 소비도 증가한다.

② 소비함수는 소비축을 통과: 한계소비성향(MPC)이 0과 1 사이이므로 소득의 증가분 모두가 소비되는 것은 아니며 소득이 없어도 소비되는 기초소비 때문에 소비함수는 소비축을 통과한다.

(3) 소비함수

① $C = C_0 + cY$ (한계소비성향이 일정하다고 가정)

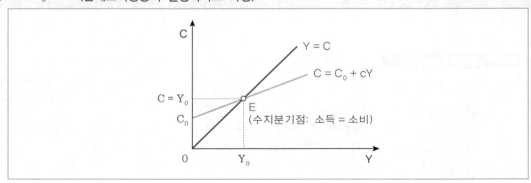

② 원점에서 그은 직선의 기울기로 측정하는 평균소비성향(APC: $\frac{C}{Y}$)은 소비함수 접선의 기울기 한계소비성향(MPC: $\frac{\triangle C}{\triangle Y}$)보다 크다.

(4) 의의

소비함수가 현재의 소득에 의존하므로 재량적인 재정정책(조세정책)이 매우 효과적이라는 것을 의미한다.

(5) 단점

절대소득가설은 단기의 소득과 소비관계는 잘 설명하고 있으나 장기의 소비변화에 대해서는 설명을 하지 못하는 단점이 있다.

3. 쿠즈네츠의 실증분석(Kuznets)

(1) 소비함수 논쟁

제2차 세계대전이 끝날 무렵, 종전 이후의 경기예측을 위해 소비수요에 대한 실증분석이 이루어졌다. 그 결과 케인즈의 절대소득가설은 장기소비행태를 설명할 수 없는 것으로 드러났다.

(2) 쿠즈네츠의 실증분석(미국, 1829 ~ 1929 자료)

① 횡단면 분석

ㄱ) 횡단면 분석이란 일정 시점에서 계층별 소득과 소비의 관계에 대한 분석이다.

ㄴ) 소득이 Y_1인 사람과 Y_2인 사람의 소비를 분석하는 것이다.

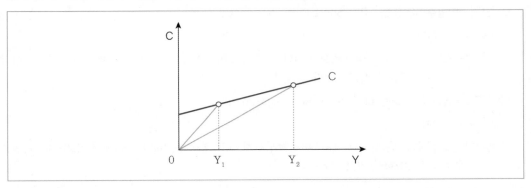

② 시계열 분석

ㄱ) 시계열 분석이란 연도별 국민소득과 소비의 관계에 대한 분석이다.

ㄴ) 단기와 장기로 나누어 분석한다.

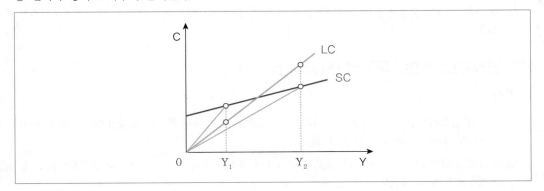

(3) 그래프

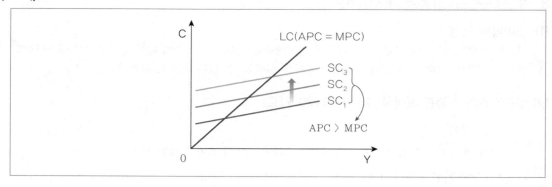

① 단기소비함수(SC 또는 SRC; Short-Run Consumption)

  ㉠ APC > MPC

  ㉡ 평균소비성향이 한계소비성향보다 크다. 따라서 소비수요곡선은 절편을 가지며 우상향한다. 이 결과는 케인즈 절대소득가설과 일치한다.

② 장기소비함수(LC 또는 LRC; Long-Run Consumption)

  ㉠ APC = MPC

  ㉡ 케인즈의 절대소득과 달리 평균소비성향과 한계소비성향이 동일하다. 따라서 장기소비수요곡선은 원점으로부터 우상향하는 직선이다.

(4) 쿠즈네츠의 실증분석 결과와 절대소득가설

① 케인즈의 절대소득가설은 단기에 평균소비성향(APC) > 한계소비성향(MPC)은 설명이 가능하나 장기에 APC = MPC이 됨을 설명할 수 없다.

② 쿠즈네츠의 실증분석을 통해 APC = MPC임을 수치로 확인하였다. 이로 인해 대체적인 소비함수가 등장하였다.

4. 듀젠베리의 상대소득가설(Duesenberry)

(1) 가정

① 소비의 상호의존성: 개인의 소비는 사회적 의존관계에 있는 동류집단의 소비행위에 영향을 받는다. 이를 전시효과(demonstration effect)라 한다.

② 소비의 비가역성(irreversibility): 소득이 증가함에 따라 소비가 증가하면 소득이 감소하더라도 소비를 줄이기가 어렵다. 이를 톱니효과(ratchet effect)라 한다.

(2) 톱니효과에 의한 장, 단기소비함수

① 그래프

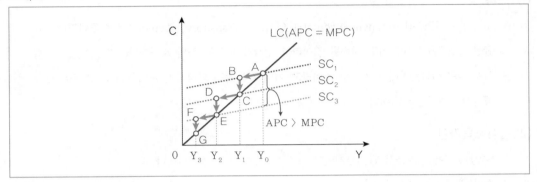

② 단기소비함수

   ⊙ 최초의 소비점이 A점이라고 하자.

   ⓛ 소득이 Y_0에서 Y_1으로 감소하면 소비점은 장기소비함수(LC)상의 한 점인 C점이 아닌 소비의 비가역성에 의해 소비를 급격히 줄이지 못하고 단기소비함수(SC_1)상의 한 점인 B점으로 감소하게 된다.

   ⓒ 이를 통해 단기소비함수(SC_1)는 소비축을 통과하므로 APC > MPC가 성립한다.

③ 장기소비함수

   ⊙ Y_1의 소득으로 소비점 B점을 유지할 수 없으므로 장기적으로는 소비점이 C점으로 이동하게 된다.

   ⓛ 계속 소득이 하락한다면 소비점이 C, D, E, F, G 등으로 이동하여 톱니모양의 장기소비함수를 도출하는 효과를 톱니효과라 한다.

   ⓒ 결국 장기소비함수(LC)는 원점을 지나는 직선이 되므로 APC = MPC가 성립한다.

(3) 전시효과에 의한 장, 단기소비함수

① 그래프

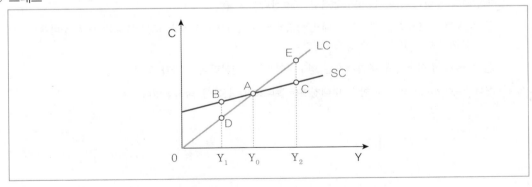

② 개인의 소비는 사회적 의존관계에 있는 동류집단의 소비행위에 영향을 받는다.

③ 동류집단의 평균소득이 Y_0라면 개인의 현재소득이 Y_1인 경우 B점에서, Y_2인 경우 C점에서 소비한다. 따라서 단기적으로는 소비축을 통과하는 소비함수(APC > MPC)이다.

④ 하지만 장기적으로는 원점을 통과하는 소비함수(APC = MPC)를 도출한다.

5. 프리드먼의 항상소득가설(Friedman)

(1) 소득

① 소득은 항상소득(Permanent income)과 임시소득(Transitory income)으로 이루어진다.

② 항상소득(Y_P)은 미래에도 지속될 것이라고 생각하는 연봉 등의 소득이다.

③ 임시소득(Y_T)은 미래에 지속될 것이라고 기대하지 않는 임시적인 보너스 등의 소득이다.

④ 따라서 $Y = Y_P + Y_T$이다.

(2) 항상소득가설

① (항상)소비는 임시소득과는 관계없고 오직 항상소득의 일정비율이다.

② 소비(C) $= kY_P = k(Y - Y_T)$

(3) 단기소비함수

① 평균소비성향(APC) $= \dfrac{C}{Y} = \dfrac{k(Y - Y_T)}{Y} = k\left(1 - \dfrac{Y_T}{Y}\right)$

② 경기호황 시: 임시소득인 Y_T가 커지므로 APC는 감소한다.

③ 경기불황 시: 임시소득인 Y_T이 작아지므로 APC는 증가한다.

(4) 장기소비함수

① 장기에는 임시소득(Y_T)의 평균이 0이므로 소비(C) $= kY$가 되어 장기소비함수는 원점을 통과하는 직선이 된다.

② APC = MPC = k가 성립한다.

(5) 장점

① 케인즈의 재량적 정책이 의미 없음을 지적한다.

   ⊙ 일시적인 조세감면(재량적 확대재정)정책은 단기적으로 임시소득만 증가시키므로 소비에는 전혀 영향을 끼치지 않고 저축만 증가시킨다.

   ⓒ 따라서 항상소득을 증가시키는 영구적인 세율 인하만이 효과가 있다.

② 상대소득가설에서의 소비함수 비대칭성(= 톱니효과) 문제를 극복하였다.

(6) 단점

현실적으로 항상소득과 임시소득의 구별이 어렵다.

(7) 유동성 제약(= 차입제약)

① 소비를 하고 싶어도 현금(유동성)이 없어서 소비를 할 수 없는 상태를 의미한다. 즉, 차입이 불가능한 경우로 차입제약이라고도 한다.

② 유동성 제약이 발생하면 소비는 항상소득보다는 현재소득에 의존하므로 항상소득가설이나 평생소득가설보다는 절대소득가설이 설득력을 지니게 된다.

6. 생애주기가설(Modigliani, Ando 등)

(1) 소비

① 소비는 전 생애(life-cycle)에 걸쳐 예상되는 미래소득(Y)에 따라 결정된다.

② 소비는 일생동안 변동 폭이 매우 작아 안정적이다.

(2) 소득

① 유년기와 노년기에는 소득이 매우 낮아서 (-)의 저축이 발생하고 장년기에는 소득이 매우 높아서 (+)의 저축이 발생한다.

② 미래소득은 예상근로소득(W)과 예상자산소득(A)으로 구성된다.

(3) 그래프

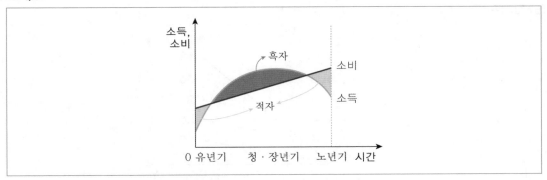

① 유년기와 노년기: 소비가 소득보다 많다. 따라서 APC > 1이다.

② 청·장년기: 소득이 소비보다 많으므로 양의 저축이 이루어진다. 따라서 APC < 1이다.

(4) 단기소비함수

$$C = aW + bA$$

① 예상자산소득(A)

  ㉠ 당기에 예상되는 생애자산소득의 현재가치이며 당기 자산가치와 동일하다.

  ㉡ 따라서 일정 시점에서는 상수이지만 시간이 경과하면 저축에 의해 보유자산액이 증가하므로 A도 증가한다.

  ㉢ b는 자산소득의 한계소비성향이다.

② 예상근로소득(W)

  ㉠ 당기에 예상되는 생애근로소득의 현재가치이다.

  ㉡ a는 노동소득의 한계소비성향이다.

③ 단기에는 노동소득(W)이 0일 때 bA만큼의 소비가 가능하고 노동소득(W)이 커지면 소비가 증가한다.

④ 단기소비함수(SC)는 소비축을 통과하고 APC > MPC가 성립한다.

(5) 장기소비함수

① 실증분석결과에 따르면 장기적으로 매기당 총소득에서 차지하는 노동소득과 자산소득의 비율이 동일하다.

② 따라서 장기에는 소비가 소득의 일정 비율로 이루어지므로 장기소비수요곡선은 원점에서 우상향하는 직선이 되며 장기평균소비성향(APC)과 장기한계소비성향(MPC)은 같다.

(6) 그래프

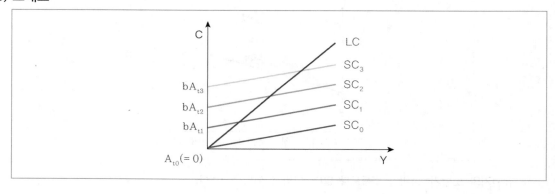

(7) 특징

① 생애주기가설에 따르면 조세조정은 당기 가처분소득은 변화시킬 수 있으나 미래 예상소득에는 거의 영향을 미칠 수 없다.

② 정부가 이전지출을 하는 경우 평균소비성향이 큰 노년층을 대상으로 하는 것이 소득 증가측면에서 보다 효과적이다.

7. Random Walk가설(Hall)

(1) 개념

항상소득가설에 합리적 기대를 도입한 소비이론이다.

$$C_t = C_{t-1} + \text{예상하지 못한 충격}$$

(2) 특징

① 개인들은 이용 가능한 모든 정보를 이용하여 항상소득을 예상하고 이에 따라 소비를 결정한다.

② 미래소비수준을 예측하기 위해서는 현재 소비수준만 알면 된다.

③ 합리적 기대를 통해 예상한 충격은 소비에 영향을 미치지 못하고 전기와 동일하다.

④ 합리적 기대를 하더라도 예상치 못한 변화가 발생한다면 전기와 소비가 달라진다.

⑤ 정부정책의 시행도 예상한 정책은 소비에 영향을 미치지 않으나 예상하지 못한 정책은 소비에 영향을 미칠 수 있음을 설명하였다.

확인문제

소비이론에 관한 설명으로 옳은 것은?

① 항상소득가설에 따르면, 현재소득이 일시적으로 항상소득보다 작게 되면 평균소비성향은 일시적으로 증가한다.

② 생애주기가설에 따르면 청장년기에 비해 노년기에 평균소비성향이 낮아진다.

③ 케인즈(Keynes)에 따르면 소득이 증가함에 따라 평균소비성향이 높아진다.

④ 소비에 대한 임의보행가설은 소비자가 근시안적(myopic)으로 소비를 결정한다고 가정한다.

정답 및 해설

평균소비성향은 $\dfrac{\text{소비}}{\text{소득}}$이다. 항상소득가설(permanent income hypothesis)에 따르면, 항상소득만이 소비에 영향을 미치는데 현재소득이 일시적으로 항상소득보다 작게 되면 소비는 변하지 않지만 현재소득은 감소하게 되어 평균소비성향은 일시적으로 증가한다.

[오답체크]

② 생애주기가설에 따르면 청장년기는 소비보다 소득이 높으므로 평균소비성향$\left(\dfrac{C}{Y}\right)$이 1보다 작지만 노년기는 소비가 소득보다 많으므로 평균소비성향이 1보다 크다.

③ 케인즈 소비함수는 소득이 증가할수록 원점에서 그린 기울기인 평균소비성향이 낮아진다.

④ 소비에 대한 임의보행(random walk)가설은 지난 기의 소비 + 예상이 소비에 영향을 미친다고 본다.

정답: ①

핵심 Check: 투자함수론

현재가치법	$NPV = PV - C$ (P는 현재가치, C는 비용)
내부수익률법	투자의 순현재가치를 0으로 만드는 할인율
토빈의 q	$\dfrac{\text{주식시장에서 평가된 기업의 시장가치(시가총액)}}{\text{기업실물자본의 대체비용(공장설비비용)}}$
신고전파 투자이론	자본의 사용자 비용 $C = (r + d)P_K$
가속도원리	소비가 증가하여 생산물 판매량이 증가하면 기업은 자본설비를 늘리려 하므로 유발 투자수요가 증가함

1. 투자의 의미와 특징

(1) 총투자

① 총투자의 구성요소: 총투자 = 대체투자 + 순투자

② 대체투자: 자본재의 고정자본 소모분을 보충하기 위한 투자이다.

③ 신규투자(순투자): 자본량의 증대를 위한 투자로 고정자본 소모를 상회하는 투자이다.

(2) 특징

투자는 총수요(총지출)의 구성항목(소비, 투자, 정부지출 등) 중 차지하는 비중이 20 ~ 30% 정도에 불과하나 그 변동 폭이 매우 크기 때문에 경기변동의 가장 중요한 요인이 된다.

2. 자본형태에 따른 투자의 분류

(1) 구성

국내총투자 = 고정투자 + 재고투자

(2) 고정투자

① 국내 총고정자본 형성이다.

② 주택투자, 비주택 건설물(철도, 항만 등) 투자, 생산자 내구재(기계설비 등) 투자로 구성된다.

(3) 재고투자

기말재고에서 기초재고를 뺀 값이다.

3. 현재가치법(NPV: Net Present Value)

(1) 의미

① 투자로부터 얻는 예상수입의 현재가치와 투자재의 구매비용을 비교해 투자 여부를 결정하는 것이다.

② 미래에 예상되는 비용과 편익은 적절한 비율로 할인하여 현재가치(Present Value)로 바꿔야 일관성 있는 평가가 가능하다.

(2) 할인율

① 미래가치를 할인하는 과정에 적용하는 비율이다.

② 투자계획에 사용하는 자금의 시간당 기회비용과 일치하도록 선택해야 한다.

③ 민간부문의 투자평가에는 자금을 빌려다 쓸 때 지불해야 하는 이자율을 사용한다.

④ 공공투자계획의 평가에서는 사회적인 관점에서 평가된 기간당 기회비용이 사용되어야 하므로 민간부문과 다르다.

(3) 순편익의 현재가치

$$NPV = (B_0 - C_0) + \frac{(B_1 - C_1)}{(1+r)} + \frac{(B_2 - C_2)}{(1+r)^2} + \cdots\cdots + \frac{(B_n - C_n)}{(1+r)^n}$$

① NPV > 0이면 투자를 증가시킨다.   ② NPV < 0이면 투자를 중지한다.

(4) 투자와 이자율(= 할인율)

① 현재 PV > C이어서 투자를 증가시킬 가치가 있는 투자안에 대하여 이자율(r)이 상승하면 위 식에 의하여 현재가치(PV)가 줄어들어 PV < C가 된다면 투자를 포기하는 경우가 발생한다.

② 이자율이 상승하면 투자는 감소하게 되므로 투자는 이자율의 감소함수이다.

③ 따라서 할인율로 사용되는 시장이자율이 높을수록 사업의 타당성이 줄어들게 된다.

집중! 계산문제

어떤 투자사업은 초기 투자비용이 500억 원이고, 투자 다음 해부터 20년간 매년 20억 원의 편익과 2억 원의 비용이 발생한다고 한다. 사회적 할인율이 0%일 때, 이 사업에서 발생하는 순편익의 현재가치는? (단, 사업의 잔존가치는 0원이다)   [세무사 11]

① −100억 원   ② −140억 원   ③ 0원   ④ 100억 원   ⑤ 140억 원

정답 및 해설

☑ 현재가치법 계산풀이법
1) 편익과 비용이 동시에 발생했다면 해당 연도에서 편익 − 비용을 계산한 후 결과를 할인한다.
2) 비용이 최초 발생하고 편익은 미래에 발생했다면 편익만 할인하여 편익 − 비용을 한다.

사회적 할인율이 0이므로 순편익의 현재가치 NPV = −140억 원으로 계산된다.

$$NPV = -500 + \frac{(20-2)}{(1+0)} + \frac{(20-2)}{(1+0)^2} + \cdots + \frac{(20-2)}{(1+0)^{20}} = -500 + (18 + 18 + \cdots + 18) = -500 + 360 = -140$$

정답: ②

(5) 투자계획의 채택 여부

① 단일안의 경우: 순편익의 현재가치가 0보다 큰 경우 채택하고 작으면 기각한다.

② 여러 대안을 비교할 경우: 순편익의 현재가치가 높은 순서대로 채택하면 된다.

4. 내부수익률(IRR: Internal Rate of Return)

(1) 의미

① 내부수익률(투자의 한계효율)과 이자율을 비교해 투자를 결정한다는 케인즈의 투자 결정이론으로, 투자의 한계효율이란 투자로부터 얻게 되는 수입의 현재가치(PV)와 투자비용(C)이 같아지는 할인율(m)을 의미한다.

② 즉, 투자의 순현재가치를 0으로 만드는 할인율을 의미한다.

(2) 내부수익률의 계산

$$(B_0 - C_0) + \frac{(B_1 - C_1)}{(1+m)} + \frac{(B_2 - C_2)}{(1+m)^2} + \cdots\cdots + \frac{(B_n - C_n)}{(1+m)^n} = 0$$

① 내부수익률(m)과 이자율(r)을 비교하여 투자 결정

㉠ m > r이면 투자를 증가시킨다.

㉡ m = r이면 투자를 중지한다.

㉢ m < r이면 투자를 감소시킨다.

② 내부수익률에서 투자는 시장이자율이 아닌 기업가의 기대와 (동물적) 감각에 의해 결정된다고 본다.

③ 사례: 어떤 투자의 내부수익률이 9%라면 시장이자율이 9% 미만일 때 투자를 한다.

(3) 투자의 한계효율(m = MEI; Marginal Efficiency of Investment)

① 한계효율(m = MEI)곡선: 여러 가지 투자안에 대하여 한계효율이 큰 투자안부터 나열하면 우하향하는 한계효율곡선이 도출된다.

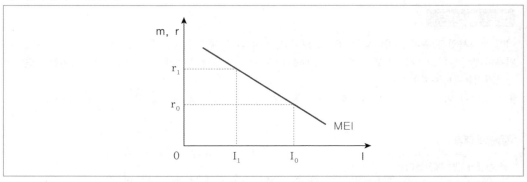

② 투자의 결정: 기업은 투자의 한계효율이 이자율과 같아지는 수준까지 투자를 할 것이므로 이자율이 r_0이면 투자는 I_0이다.

③ 이자율의 변화: 이자율이 상승하면 투자가 감소하므로 투자는 이자율의 감소함수이다.

④ MEI곡선의 이동: 기업가의 경기전망이 낙관적, 투자비용 감소, 기술 진보 시 동일한 이자율이라도 투자를 늘릴 것이므로 MEI곡선이 우측으로 이동한다.

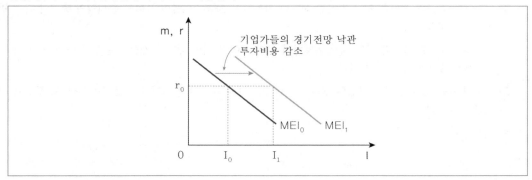

A기업은 ○○산업단지에 현재 시점에서 10억 원의 투자비용이 일시에 소요되는 시설을 건축하기로 했다. 이 시설로부터 1년 후에는 10억 원의 소득이 발생할 것으로 예상되고 2년 후에는 B기업이 20억 원에 이 시설을 인수하기로 했다고 하자. 연간 이자율이 50%라면 A기업의 입장에서 해당 사업의 내부수익률은 얼마인가?

[세무사 15]

① 50%   ② 100%   ③ 150%   ④ 200%   ⑤ 250%

정답 및 해설

☑ 내부수익률 계산풀이법
1) 현재가치법과 내부수익률의 공식은 유사하다. 현재가치법 계산 방법에서 이자율 대신에 내부수익률인 m을 넣어서 식을 세워 구한다.
2) 문제에서 주어진 이자율은 트릭이므로 무시한다.
3) n차 방정식의 해는 n개이다. 따라서 (-)인 값은 배제한다.
4) 인수분해가 어려운 경우 객관식에서 제시된 값을 공식에 대입하여 0이 나오는 것을 구해도 된다.

1) $NPV = -10 + \dfrac{10}{(1+m)} + \dfrac{20}{(1+m)^2} = 0$

2) $(1+m)^2 - (1+m) - 2 = 0$ ➡ $m^2 + m - 2 = 0$ ➡ $(m+2)(m-1) = 0$

3) 따라서 $m = -2$ 혹은 1이다.

4) 내부수익률이 (−)가 될 수는 없으므로 적절한 내부수익률 값은 $m = 1$, 즉 100%임을 알 수 있다.

정답: ②

(4) 투자계획의 채택 여부

① 단일안의 경우: 내부수익률이 투자계획에 드는 자금의 기회비용을 뜻하는 할인율(r)보다 크면 채택한다.

② 여러 대안을 비교할 경우: 내부수익률이 높은 순으로 채택하면 된다.

(5) 단점

① 투자계획의 크기가 다른 경우 잘못된 선택이 가능하다. 내부수익률이 높아도 순편익의 총액이 작은 경우가 존재하기 때문이다.

② n차 방정식으로 정해질 경우 해가 존재하지 않거나 여러 개의 해가 존재할 가능성이 있어 어떤 것을 내부수익률로 할지가 분명하지 않다.

③ 편익의 흐름 양상이 다른 사업의 경우 시점에 따라 내부수익률의 크기가 다를 수 있으므로 잘못된 결론에 도달할 수 있다.

④ 사례

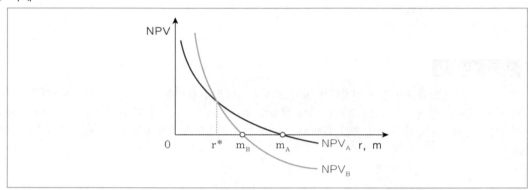

내부수익률은 A안이 높지만 r^*보다 할인율이 낮은 경우 B의 순편익이 크다. 따라서 반드시 A안이 옳은 선택이라고 할 수 없다.

5. 신고전파 투자이론(D. Jorgenson)

(1) 자본의 사용자비용(user cost of capital)

① 기업이 자본재를 일정 기간 사용할 때 드는 비용을 의미한다.

② 자본의 사용자비용은 명목이자율(i)과 감가상각률(d)에 비례하고 인플레이션율(π)에 반비례한다.

③ 이를 식으로 표현하면 자본의 사용자비용 $C = (i + d - \pi)P_K$이므로 $C = (r + d)P_K$이다. (단, P_K는 자본가격이며 r은 실질이자율이다)

(2) 투자 결정원리

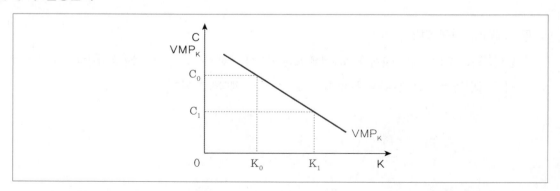

① 자본재 1단위 증가시킬 때의 총수입은 한계생산물가치이다. 따라서 $VMP_K = P \cdot MP_K$이다.

② 자본재 1단위 증가시킬 때 자본의 사용자비용은 $C = (r+d)P_K$이다.

③ 기업의 적정 자본량은 $P \cdot MP_K = (r+d)P_K$일 때 이루어진다.

④ 사례

ㄱ 자본재 1단위를 증가시킬 때 10개의 생산이 증가하고 재화의 가격이 1,000원이라면 자본재 생산으로 한계생산물가치가 10,000원 증가한 것이다.

ㄴ 이때 자본의 사용자비용이 10,000원을 초과하면 자본의 사용자비용이 한계생산물가치보다 크므로 투자를 줄이고 10,000원 미만이면 자본을 추가로 투입해야 한다.

(3) 투자수요곡선의 이동

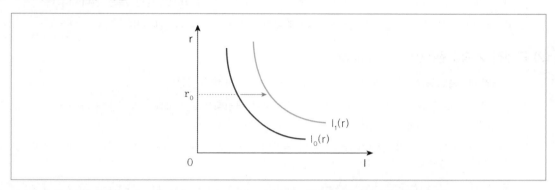

① 실질이자율이 변동하면 곡선 내 이동 그 외의 원인이 변동하면 곡선 자체의 이동이다.

② 이자율이 동일하더라도 자본의 한계생산물 증가, 자본재 가격 하락, 투자세액공제 등이 발생하면 투자수요곡선이 우측으로 이동한다.

6. 토빈의 q이론

(1) 의미

① 주식시장과 기업의 투자를 연계시킨 이론으로 주가에 반영된 미래를 고려한 투자이론이다.

② 신고전파 투자이론에서 언급한 자본의 사용자비용을 원용하여 만든 이론이다.

(2) 공식

> 주식시장에서 평가된 기업의 시장가치(시가총액)
> ─────────────────────────────
> 기업실물자본의 대체비용(공장설비비용)

① 1보다 클 경우 시장에서 평가하는 기업가치가 자본량을 늘리는 데 드는 비용보다 크므로 투자하는 것이 바람직하다.

② 주식투자의 투자는 총수요의 투자가 아니라 실제 건물을 짓는 투자가 총수요의 투자이다.

(3) 단점

① 국민경제에서 주식시장의 중요함을 나타내나 주식시장이 효율적이지 못할 경우 q값은 의미가 없다.

② 투자와 주식가격변동에 대한 시차가 존재하면 잘 맞지 않는다는 단점이 있다.

7. 가속도원리

(1) 고전적 가속도원리(acceleration principle)

① 소비가 증가하여 생산물 판매량이 증가하면 기업은 자본설비를 늘리려 하므로 유발투자수요가 증가한다.

② 따라서 당기 유발투자수요는 당기 소비 증가분($\triangle C_t$)에 따라 결정된다.

$$I_t = \beta \triangle C_t = \beta(C_t - C_{t-1}) \ (단, \ \beta > 1: 고전적 \ 가속도계수)$$

③ 투자의 불가분성

㉠ 실질적으로 소비(판매) 증가분만큼만 생산할 수 있도록 자본설비를 늘릴 수는 없다.

㉡ 즉 소비 증가분 이상을 생산할 수 있는 수준으로 투자가 이루어지게 된다.

(2) 근대적 가속도원리(P.A. Samuelson)

① 근대적 가속도원리는 소득과 유발투자수요와의 관계를 직접 분석한다.

② 고전적 가속도원리에 따르면 소비에 따라 유발투자가 결정되는데 소비는 소득수준에 따라 결정되므로 결국 유발투자는 소득에 따라 결정된다.

③ 당기 유발투자는 전기와 전전기 소득격차의 일정비율($b \cdot \beta$)로 결정되며 한계소비성향(b)과 고전적 가속도계수(β)가 클수록 유발투자가 증가한다.

$$I_t = \beta \triangle C_t = \beta(C_t - C_{t-1}) = \beta(b \cdot Y_{t-1} - b \cdot Y_{t-2}) = b \cdot \beta(Y_{t-1} - Y_{t-2})$$

$(단, \ C_t = b \cdot Y_{t-1}, \ C_{t-1} = b \cdot Y_{t-2}, \ b = MPC(0 < b < 1), \ \beta > 1: 고전적 \ 가속도계수, \ b \cdot \beta < \beta: 근대적 \ 가속도계수)$

(3) 가속도이론의 한계

① 가속도계수는 경제상황에 따라 변화하므로 정확한 측정이 곤란하다.

② 가속도이론에 따르면 유발투자는 유휴설비가 없는 자본의 완전고용상태에서 나타나는 것으로 되어있다. 그러나 실제 유발투자는 유휴설비가 존재하는 경기침체하에서 경기회복이 기대될 때 활발하게 이루어지는 것이 일반적이다.

다음은 대규모 재정이 투입되는 공공투자사업의 경제적 타당성 평가에 대한 설명이다. 이 사업은 분석기간(= 공사기간 + 완공 후 30년) 초기에 사업비용의 대부분이 발생하는 반면, 편익은 후기에 대부분 발생한다. 분석기간 동안의 비용 - 편익 분석을 수행해 보니, 5.5%의 사회적 할인율 수준에서 편익/비용 비율(B/C ratio)이 정확히 1.0이었다. 그런데 경제상황이 변해 사회적 할인율을 4.5%로 변경하여 다시 분석을 하게 되었다. 새로운 분석결과에 대한 다음 설명 중 옳은 것은? [회계사 20]

① 분석기간 동안 발생한 할인 전 편익의 총합이 할인 전 비용의 총합보다 더 많이 증가하였다.

② 할인 후 편익의 총합은 증가하고, 할인 후 비용의 총합은 감소하였다.

③ 순현재가치(NPV)는 감소하여 0보다 작아졌다.

④ 편익/비용 비율은 증가하여 1.0보다 커졌다.

⑤ 내부수익률(IRR)은 더 커졌다.

정답 및 해설

1) 사회적 할인율의 하락은 미래에 발생할 편익을 현재로 돌렸을 때 가치를 높여준다.
2) 문제에서 편익이 미래에 많이 발생한다고 했으므로 현재가치로 평가한 편익/비용 비율이 1보다 커질 것이다.

[오답체크]
① 분석기간 동안 발생한 할인 전 편익의 총합은 변함이 없다.
② 할인 후 편익, 비용의 총합은 모두 증가한다. 다만 미래에 주로 있는 편익이 훨씬 많이 증가한다.
③ 편익/비용 비율이 1보다 크면 편익 - 비용으로 구하는 순현재가치(NPV)는 0보다 크다.
⑤ 내부수익률(IRR)은 기업가의 직관적 통찰에 의해 구하는 것이므로 관련이 없다.

정답: ④

국민소득 결정이론

제8장

해커스공기업 쉽게 푸는 경제학 기본서

기출동형문제

공기업 경제학 전공 시험에 출제될 가능성이 높은 다양한 유형의 문제를 풀어보며 실전 감각을 높여보세요!

01 금년도 국내총생산(GDP) 산출에 포함되는 경제활동은?

① 전년도에 생산된 중고 자동차를 매입
② 국내기업 소유의 해외공장에서 금년도에 생산된 자동차를 판매
③ 본인이 소유한 식당에서 금년도에 직접 요리하여 친구들에게 대접한 것
④ 전업주부의 금년도 가사 활동
⑤ 홍수로 유실된 도로를 정부가 금년도에 복구

02 한국 법인이 100% 지분을 소유하고 있는 자동차 회사 A가 한국 대신에 미국에 생산 공장을 설립하여 직원을 대부분 현지인으로 고용할 경우, 한국과 미국의 경제에 미치는 영향에 대한 설명으로 옳지 않은 것은?

① 미국의 GDP 증가분은 GNP 증가분보다 크다.
② 미국의 GDP와 GNP가 모두 증가한다.
③ 한국의 해외직접투자가 증가하면서 GNP가 더욱 중요해진다.
④ 한국의 GDP 감소분은 GNP 감소분보다 크다.

03 다음과 같은 경제모형을 가정한 국가의 잠재총생산 수준이 Y*라고 할 때, 총생산 갭을 제거하기 위해 통화당국이 설정해야 하는 이자율은? (단, Y는 국민소득, C는 소비, I는 투자, G는 정부지출, T는 조세, NX는 순수출, r은 이자율이다)

- C = 14,000 + 0.5(Y − T) − 3,000r
- I = 5,000 − 2,000r
- G = 5,000
- NX = 400
- T = 8,000
- Y* = 40,000

① 2%   ② 4%
③ 6%   ④ 8%

04 밀 생산 농부, 제분회사, 제과회사만으로 이루어져 있는 국가가 있다고 하자. 2024년도에 이 국가의 밀 생산 농부들은 밀을 생산하여 그중 반을 소비자에게 1,000억 원에 팔고, 나머지 반을 제분회사에 1,000억 원에 팔았으며, 제분회사는 밀가루를 만들어 나머지를 제과회사에 1,900억 원에 팔고, 제과회사는 밀가루로 빵과 과자를 만들어 소비자에게 2,400억 원에 모두 팔았다고 할 때, 이 나라의 2024년도 GDP를 계산하면?

① 1,600억 원   ② 1,800억 원   ③ 3,400억 원

④ 4,100억 원   ⑤ 5,800억 원

정답 및 해설

01 ⑤ GDP는 삶의 질이 반영되지 않으며 생산만 반영한다. 재해복구는 GDP가 증가하는 사례이다.

[오답체크]

① 전년도에 생산된 중고 자동차를 매입한 것은 전년도의 GDP에 포함된다.

② 해외공장이므로 GNP에 포함된다.

③, ④ 시장에서 거래된 것이 아니므로 포함되지 않는다.

02 ③ 회사 A는 한국기업이므로 미국에서 공장을 설립하여 현지인으로 고용하면 한국의 GNP 증가, 미국의 GDP 증가이다. 따라서 한국의 해외직접투자가 증가하면서 GDP가 더욱 중요해진다.

[오답체크]

① 미국의 GDP가 증가한 것이지만 한국에게 주어야 하는 것이 있으므로 GNP는 GDP 증가분보다 작다.

② 미국에서 생산한 것이므로 GDP가 증가하고 미국인에게 급여가 나가므로 GNP도 증가한다.

④ 한국에서 미국으로 공장을 이동하였으므로 GDP가 감소하지만 미국공장에서 돈을 벌었으므로 GNP 감소분은 GDP 감소분보다 작다.

03 ④ 균형국민소득을 구하기 위해 먼저 총지출(AE)을 정리해 보면 다음과 같다.

AE = C + I + G + NX

= 14,000 + 0.5(Y - 8,000) - 3,000r + 5,000 - 2,000r + 5,000 + 400

= 20,400 - 5,000r + 0.5Y

이제 Y = AE로 두면 Y = 20,400 - 5,000r + 0.5Y, Y = 40,800 - 10,000r이다. 따라서 균형국민소득이 잠재GDP와 같아지는 이자율을 계산하기 위해 Y* = 40,000을 균형국민소득 식에다 대입하면 r = 0.08로 계산된다.

04 ③ 최종재의 합으로 계산하면 된다. 최종재로서 소비자에게 팔린 밀 절반 1,000억 원어치 + 나머지 밀 → 밀가루 → 빵과 과자 2,400억 원어치를 더하면 GDP는 3,400억 원이 된다.

05 해외부문이 존재하지 않는 폐쇄경제의 균형에서 총투자는 국민저축과 같고, 국민저축은 민간저축과 정부저축으로 구성되어 있다. 국민소득이 480, 소비지출이 350, 정부지출이 100, 조세가 80일 때 사적저축은?

① 30
② 50
③ 80
④ 100
⑤ 130

06 표는 갑 국의 2017 ~ 2019년 X재, Y재의 가격 및 생산량을 나타낼 때, 이에 대한 분석으로 옳지 않은 것은? (단, 갑 국은 X재와 Y재만 생산하고, 두 재화는 모두 최종생산물이며, 기준연도는 2017년이다)

구분	X재		Y재	
	가격	생산량	가격	생산량
2017년	100원	10개	10원	100개
2018년	150원	10개	10원	150개
2019년	300원	10개	10원	300개

① 2017년 실질GDP는 2,000원이다.
② 2018년 명목GDP는 3,000원이다.
③ 2019년 명목GDP는 6,000원이다.
④ 2019년 경제성장률은 100%이다.
⑤ 2019년 실질GDP는 2018년 실질GDP보다 크다.

07 균형국민소득결정식과 소비함수가 다음과 같을 때, 동일한 크기의 정부지출 증가, 투자액 증가 또는 감세에 의한 승수효과에 대한 설명으로 옳은 것은? (단, Y는 소득, C는 소비, I는 투자, G는 정부지출, T는 조세이고 I, G, T는 외생변수이며, B > 0, 0 < a < 1이다)

- 균형국민소득결정식: $Y = C + I + G$
- 소비함수: $C = B + a(Y - T)$

① 정부지출 증가에 의한 승수효과는 감세에 의한 승수효과와 같다.
② 투자액 증가에 의한 승수효과는 감세에 의한 승수효과보다 작다.
③ 정부지출 증가에 의한 승수효과는 감세에 의한 승수효과보다 크다.
④ 투자액 증가에 의한 승수효과는 정부지출의 증가에 의한 승수효과보다 크다.

08 한국은행이 발표한 2021년 3분기 순상품교역조건은 72.3으로 2010년 이후로 가장 악화된 것으로 나타났을 때, 이에 대한 설명으로 옳은 것은?

> <보기>
> ㄱ. 고부가가치 수출상품을 개발하는 대책이 필요하다.
> ㄴ. 교역조건의 악화는 실질무역의 손실을 초래하여 국내총소득(GDI) 감소를 가져온다.
> ㄷ. 2010년에 비해 2021년에 재화 1단위를 수출해 번 돈으로 많은 수입재를 사게 되었다는 의미이다.
> ㄹ. 2010년(100)을 기준으로 2021년 3분기 수입단가지수는 109, 수출단가지수는 141이었다.

① ㄱ, ㄴ   ② ㄱ, ㄷ   ③ ㄴ, ㄷ
④ ㄴ, ㄹ   ⑤ ㄷ, ㄹ

정답 및 해설

05 ②   사적저축 S = Y - T - C에 위의 숫자들을 대입하면 사적저축은 480 - 80 - 350 = 50이다.

06 ④   실질GDP는 명목GDP를 기준연도의 가격으로 계산한 것이다. X재는 매년 생산량이 동일하므로 실질GDP의 변화가 없고, Y재는 매년 물가 수준이 기준연도와 동일하므로 실질GDP와 명목GDP가 일치한다. 2018년의 실질GDP는 X재 1,000원(10개 × 100원)과 Y재 1,500원(150개 × 10원)을 합쳐 2,500원이고, 2019년의 실질GDP는 X재 1,000원(10개 × 100원)과 Y재 3,000원(300개 × 10원)을 합쳐 4,000원이다. 따라서 2019년 경제성장률은 $\dfrac{4,000 - 2,500}{2,500} \times 100 = 60\%$이다.

[오답체크]
① 2017년은 기준연도이므로 실질GDP와 명목GDP가 일치한다. 따라서 실질GDP는 2,000원(1,000원 + 1,000원)이다.
② 2018년 명목GDP는 3,000원(1,500원 + 1,500원)이다.
③ 2019년 명목GDP는 6,000원(3,000원 + 3,000원)이다.
⑤ 2018년 실질GDP는 2,500원(1,000원 + 1,500원)이며 2019년 실질GDP는 4,000원(1,000원 + 3,000원)이다.

07 ③   해외부분과 비례세가 없는 모형이다. 한계소비성향이 a이므로 정부지출승수와 투자승수는 모두 $\dfrac{1}{1-a}$이고, 조세승수는 $\dfrac{-a}{1-a}$이다. 따라서 정부지출승수와 투자승수의 크기는 같으면서 조세승수(절댓값)보다는 크다.

[오답체크]
① 정부지출 증가에 의한 승수효과는 감세에 의한 승수효과보다 크다.
② 투자액 증가에 의한 승수효과는 감세에 의한 승수효과보다 크다.
④ 투자액 증가에 의한 승수효과는 정부지출의 증가에 의한 승수효과와 같다.

08 ①   교역조건은 수출품의 가격이 상승할수록, 수입품의 가격이 하락할수록 좋아진다. 따라서 교역조건이 나빠졌다는 것은 수출해서 번 돈으로 살 수 있는 수입상품이 줄어들었다는 뜻이다. 교역조건의 악화는 국내총소득이 줄어드는 것과 마찬가지의 효과를 초래하며, 수출상품의 가격이 하락하거나, 원유 등 국제 원자재 가격이 상승하면 교역조건이 나빠진다.

[오답체크]
ㄷ. 2021년에 재화 1단위를 수출해 번 돈으로 적은 수입재를 사게 되었다는 의미이다.
ㄹ. 2010년(100)을 기준으로 2021년 3분기 수입단가지수가 109, 수출단가지수가 141로 나타난 것은 수출품의 가격이 높기 때문에 100보다 큰 것이다. 문제에서는 순상품교역조건이 100보다 작으므로 성립하지 않는다.

09 2023년에 A 국에서 생산되어 재고로 있던 제품을 2024년 초에 B 국에서 수입해 자국에서 판매했다고 할 때 이것의 효과에 대한 설명으로 옳은 것은?

① A 국의 2024년 GDP와 GNP가 모두 증가한다.
② A 국의 2024년 수출은 증가하고 GDP는 불변이다.
③ B 국의 2024년 GNP는 증가하고 GDP는 불변이다.
④ B 국의 2023년 GDP와 2024년 투자가 증가한다.
⑤ B 국의 2023년 수입은 증가하고 2024년 수입은 불변이다.

10 근로자의 실업수당이 현재 GDP에 미치는 영향으로 옳은 것은?

① 실업수당은 일종의 소득이기 때문에 GDP에 포함된다.
② 실업수당은 과거 소득의 일부이므로 GDP에 포함되지 않는다.
③ 실업수당은 부가가치를 발생시키므로 GDP에 포함된다.
④ 실업수당은 정부지출이기 때문에 GDP에 포함된다.
⑤ 실업수당은 이전지출이기 때문에 GDP에 포함되지 않는다.

11 최근 실질 국민총소득(GNI) 증가율이 실질 국내총생산(GDP) 증가율보다 높게 평가되었다면 그 이유는 무엇인가?

① 관세가 폐지된 자유무역이 발생했기 때문이다.
② 자본의 이동이 자유롭기 때문이다.
③ 해외재화의 수입단가가 낮아지기 때문이다.
④ 국내재화의 수출단가가 낮아지기 때문이다.
⑤ 외국인들이 한국에서 벌어가는 소득이 커졌기 때문이다.

12 균형국민소득(Y)이 4,000, 소비는 $C = 300 + 0.8(Y - T)$, 조세(T)는 500, 정부지출(G)은 500, 투자는 $I = 1,000 - 100r$, r은 % 단위로 표시된 이자율일 때, 균형이자율은 얼마인가?

① 1%   ② 3%   ③ 6%
④ 8%   ⑤ 10%

13 국회가 2014년 1월 1일에 연간 개인소득에 대한 과세표준 구간 중 8,800만 ~ 1억 5천만 원에 대해 종전에는 24%를 적용했던 세율을 항구적으로 35%로 상향 조정하고, 이를 2015년 1월 1일부터 시행한다고 발표했다고 하자. 밀턴 프리드먼의 항상소득가설에 의하면 이 소득 구간에 속하는 개인들의 소비 행태는 어떤 변화를 보일까? (단, 이외의 다른 모든 사항에는 변화가 없다고 가정한다)

① 소비는 즉각적으로 증가할 것이다.
② 소비는 즉각적으로 감소할 것이다.
③ 2014년에는 소비에 변화가 없고, 2015년 1월 1일부터는 감소할 것이다.
④ 2014년에는 소비가 감소하고, 2015년 1월 1일부터는 변화가 없을 것이다.
⑤ 2014년이나 2015년 등의 시간에 상관없이 소비에는 변화가 없을 것이다.

정답 및 해설

09 ② A 국에서 2023년에 생산되어 재고로 있던 제품은 2023년의 GDP와 GNP에 포함되고 2024년에 포함되지 않는다. 다만 수출이 증가하지만 2024년의 재고투자가 감소하므로 2024년의 GDP에 변함이 없다. B 국이 수입한 제품을 소비자에게 판매하였다면 2024년 소비지출이 증가하고 동액만큼의 순수출이 감소하므로 B 국의 2024년 GDP도 변하지 않는다.

10 ⑤ 실업수당은 정부가 실업자에게 단순하게 구매력을 이전하는 이전지출이므로 GDP에 포함되지 않는다.

11 ③ 실질GNI는 실질GDP에 교역조건 변화로 인한 실질 무역손익과 실질 국외 순수취 요소소득을 더해서 구하며, GNI가 크게 증가하는 요인은 교역조건이 호전(국내상품 가격 상승, 해외상품 가격 하락)되거나 해외 순수취 요소소득이 전보다 증가하는 경우이다.

12 ③ 문제에 제시된 Y = 4,000, T = 500을 소비함수에 대입하면 C = 3,100이고, 국민소득 항등식 Y = C + I + G에 Y = 4,000, C = 3,100, G = 500을 대입하면 4,000 = 3,100 + I + 500, I = 400임을 알 수 있다. 따라서 투자함수에 I = 400을 대입하면 400 = 1,000 - 100r, r = 6이다.

13 ② 항상소득가설은 항상소득에 의해 소비가 결정된다는 것이다. 내년부터 소득세율 인상이 예고되면 미래 예상소득이 감소하므로 올해부터 소비가 감소하게 될 것이다.

14 다음의 거시경제 모형에서 독립투자 수요를 얼마나 증가시키면 완전고용 국민소득을 달성할 수 있는가? (Y : 국민소득, C: 소비지출, I: 투자지출, Yf: 완전고용 국민소득)

- Y = C + I
- C = 100 + 0.9Y
- I = 400
- Yf = 6,000

① 50　　　　　　　　　② 100　　　　　　　　　③ 150
④ 200　　　　　　　　　⑤ 250

15 A 국의 경제는 C = 0.7(Y − T) + 25, I = 32, T = tY + 10으로 표현된다. 완전고용 시의 국민소득은 300이며, 재정지출은 모두 조세로 충당할 때, 완전고용과 재정지출의 균형을 동시에 달성하는 t는? (단, Y는 국민소득, C는 소비, I는 투자, G는 정부지출, T는 조세, t는 소득세율을 나타낸다)

① $\dfrac{1}{5}$　　　　　　　　　② $\dfrac{1}{4}$

③ $\dfrac{1}{3}$　　　　　　　　　④ $\dfrac{1}{2}$

16 케인즈의 소비이론에 대한 설명으로 옳은 것을 <보기>에서 모두 고른 것은?

<보기>
ㄱ. 소득수준에 관계없이 평균소비성향은 항상 일정하다.
ㄴ. 현재의 소비는 과거의 소비성향에 영향을 받는다.
ㄷ. 가처분 소득이 증가하면 소비는 반드시 증가한다.
ㄹ. 한계소비성향이 평균소비성향보다 작다.

① ㄱ, ㄴ　　　　　　　　　② ㄱ, ㄷ　　　　　　　　　③ ㄴ, ㄷ
④ ㄴ, ㄹ　　　　　　　　　⑤ ㄷ, ㄹ

17 어떤 나라의 국민소득 관련 상황이 아래와 같을 때, 국민소득 관련 방정식 Y = C + I + G + NX, Y = C + S + T(C: 소비, I: 투자, G: 정부지출, NX: 순수출, S: 민간저축, T: 세금)를 이용하여 민간부문저축과 정부저축의 합인 국민저축을 구하면? (단, 정부저축은 세입과 세출의 합으로 이루어진다)

> 가. 소비지출 5,000억 원, 투자지출 1,000억 원
> 나. 정부지출 1,000억 원, 조세수입 500억 원
> 다. 수출 3,000억 원, 수입 2,000억 원

① 1,600억 원   ② 1,800억 원   ③ 2,000억 원
④ 3,500억 원   ⑤ 4,000억 원

정답 및 해설

14 ② 균형국민소득을 구해보면 Y = C + I, Y = 100 + 0.9Y + 400, 0.1Y = 500, Y = 5,000이며, 완전고용 국민소득이 6,000이므로 현재의 균형국민소득은 완전고용 국민소득에 1,000만큼 미달하는 상태이다. 한계소비성향이 0.9이므로 투자승수 $\frac{1}{1-c} = \frac{1}{1-0.9} = 10$이고, 투자승수가 10이므로 국민소득을 1,000만큼 증가시키려면 독립투자를 100만큼 증가시키면 된다.

15 ③ 문제에서 해외부분을 언급하지 않고 있으므로 AE = C + I + G이다. 또한 균형재정을 달성하기 위해서는 G = T여야 하므로 G = tY + 10이고, 문제의 조건에서 완전고용 시의 재정지출과 세율을 구해야 하므로 Y = AE = 300이 성립한다. 따라서 문제에 주어진 조건을 위 공식에 대입하면 AE = C + I + G = 0.7(Y - tY - 10) + 25 + 32 + (tY + 10)이고 300 = 0.7(300 - 300t - 10) + 25 + 32 + 300t + 10 ➔ 300 = 90t + 270이므로 $t = \frac{1}{3}$이다.

16 ⑤ 케인즈의 소비이론에 따르면 가처분 소득이 증가하면 소비는 반드시 증가하며, 한계소비성향은 평균소비성향보다 작다.
[오답체크]
ㄱ. 소득수준에 관계없이 한계소비성향이 일정하다.
ㄴ. 상대소득가설에 대한 설명이다.

17 ③ 문제에서 Y(총생산 = 총소득 = 총지출)는 소비와 투자, 정부지출, 순수출의 합이므로 Y = 5,000 + 1,000 + 1,000 + 1,000 = 8,000억 원이다. 먼저 민간저축인 S는 Y = C + S + T 식을 변형한 S = Y - C - T에 대입해 보면 S(민간저축) = 8,000 - 5,000 - 500 = 2,500억 원임을 알 수 있으며, 정부저축은 세입 T와 정부지출인 G의 차이이므로 세입 500억 원에서 정부지출 1,000억 원을 빼면 - 500억 원이다. 따라서 민간저축과 정부저축의 합인 국민저축은 2,500 - 500 = 2,000억 원이다.

18 작년에 비해 실질GDP가 상승하였을 때, 다음 중 가장 옳은 것은?

① 작년에 비해 명목GDP와 GDP 디플레이터 모두 증가하였다.
② 작년에 비해 명목GDP가 증가하였거나 GDP 디플레이터가 감소하였다.
③ 작년에 비해 명목GDP는 감소하였고 GDP 디플레이터는 증가하였다.
④ 작년에 비해 명목GDP와 GDP 디플레이터 모두 감소하였다.

19 폐쇄경제하에서 소비(C)는 감소하고 정부지출(G)은 증가할 경우 민간저축과 정부저축에 대한 설명으로 가장 옳은 것은? (단, 국민소득과 세금은 고정되어 있다고 가정한다)

① 민간저축과 정부저축 모두 증가한다.
② 민간저축과 정부저축 모두 감소한다.
③ 민간저축은 증가하고 정부저축은 감소한다.
④ 민간저축은 감소하고 정부저축은 증가한다.

20 정부부문 및 대외부문이 존재하지 않는 경제의 소비함수와 투자함수가 다음과 같을 때, (가) 현재의 균형국민소득과 (나) 독립투자가 400조 원 증가할 경우의 균형국민소득의 증감분을 올바르게 짝지은 것은? (단, C, I, Y는 각각 소비, 투자, 국민소득을 의미한다)

(단위: 조 원)

• 소비함수 C = 600 + 0.6Y
• 투자함수 I = 2,400

	(가)	(나)
①	7,000조 원	1,000조 원
②	7,000조 원	1,200조 원
③	7,500조 원	1,000조 원
④	7,500조 원	1,200조 원

21 다음 중 투자이론에 대한 설명으로 옳은 것을 <보기>에서 모두 고른 것은?

<보기>
ㄱ. 투자는 일반적으로 이자율과 음(-)의 관계가 있다.
ㄴ. 케인즈의 투자이론에서 시장이자율이 투자의 한계효율보다 클 경우 투자가 이루어진다.
ㄷ. 신고전파 투자이론에 따르면 투자세액공제가 이루어지면 투자가 증가한다.
ㄹ. 토빈의 q이론에 따르면 q > 1인 경우 순투자가 이루어진다.

① ㄱ, ㄴ　　　　　　　　　② ㄱ, ㄷ　　　　　　　　　③ ㄴ, ㄷ
④ ㄱ, ㄷ, ㄹ　　　　　　　⑤ ㄴ, ㄷ, ㄹ

정답 및 해설

18 ② 실질GDP = $\frac{명목GDP}{GDP\ 디플레이터}$ × 100이므로 작년에 비해 실질GDP가 증가하였다는 것은 작년에 비해 명목GDP가 증가하였거나 GDP 디플레이터가 감소하였음을 의미한다.

19 ③ 민간저축 S_P = (Y - T - C)이므로 민간소비(C)가 감소하면 민간저축이 증가한다. 한편, 정부저축 S_G = (T - G)이므로 정부지출(G)이 증가하면 정부저축이 감소한다.

20 ③ 총지출 AE = C + I = 3,000 + 0.6Y이므로 균형국민소득의 조건인 Y = AE로 두면 Y = 3,000 + 0.6Y, 0.4Y = 3,000, 균형국민소득 Y = 7,500조 원이다. 또한 한계소비성향(c)이 0.6이므로 투자승수 $\frac{1}{1-c} = \frac{1}{1-0.6} = 2.5$이고, 투자승수가 2.5이므로 독립투자가 400조 원 증가하면 국민소득이 1,000조 원 증가한다.

21 ④ ㄱ. 투자는 이자율이 증가하면 비용이 증가하므로 이자율과 음의 관계가 있다.
　　 ㄷ. 신고전파 투자이론에 따르면 투자세액공제가 이루어지면 자본의 사용자비용이 감소하므로 투자가 증가한다.
　　 ㄹ. 토빈의 q이론에 따르면 q > 1인 경우 주식을 사는 것이 공장을 직접 짓는 실제투자보다 크므로 직접 공장을 짓는 실제투자가 이루어진다.

[오답체크]
ㄴ. 케인즈의 투자이론에서 시장이자율이 투자의 한계효율보다 작을 경우 투자가 이루어진다.

22 다음은 재화시장만을 고려한 케인지언 폐쇄경제 거시 모형이다. 이에 대한 설명으로 옳지 않은 것은?

> 총지출은 E = C + I + G이며, 여기서 E는 총지출, C는 소비, I는 투자, G는 정부지출이다. 생산물시장의 균형은 총소득(Y)과 총지출(E)이 같아지는 것을 의미하며, 투자와 정부지출은 외생적으로 고정되어 있다고 가정한다. 즉, $I = I_0$이고 $G = G_0$이다. 소비함수는 C = 0.8(Y − T)이고 T는 세금이며, 고정되어 있다고 가정한다.

① I = 100, G = 50, T = 50이면 총소득은 550이다.
② 정부지출을 1단위 증가시키면 발생하는 총소득 증가분은 5이다.
③ 세금을 1단위 감소시키면 발생하는 총소득 증가분은 4이다.
④ 투자를 1단위 증가시키면 발생하는 총소득 증가분은 4이다.

23 다음 <보기> 중 국내총생산이 증가되는 경우를 모두 고르면?

> <보기>
> ㄱ. 삼성전자의 휴대폰 재고 증가
> ㄴ. 오래된 아파트의 거래량 증가
> ㄷ. 기업의 주가 상승
> ㄹ. 주택 임대료 상승
> ㅁ. 스터디 카페의 인원 증가

① ㄱ, ㄴ, ㄷ   ② ㄱ, ㄷ, ㄹ   ③ ㄱ, ㄹ, ㅁ
④ ㄴ, ㄷ, ㄹ   ⑤ ㄷ, ㄹ, ㅁ

24 케인즈의 단순 국민소득결정 모형(소득 − 지출 모형)에 대한 설명으로 가장 옳지 않은 것은?

① 한계저축 성향이 클수록 투자의 승수효과는 작아진다.
② 디플레이션 갭이 존재하면 일반적으로 실업이 유발된다.
③ 임의의 국민소득수준에서 총수요가 총공급에 미치지 못할 때, 그 국민소득수준에서 디플레이션 갭이 존재한다고 한다.
④ 정부지출 증가액과 조세감면액이 동일하다면 정부지출 증가가 조세감면보다 국민소득 증가에 미치는 영향이 더 크다.

25 다음 중 GDP에서 말하는 투자로 볼 수 있는 것을 <보기>에서 모두 고르면?

<보기>
ㄱ. 사무용 책상 구입
ㄴ. 주식시장에서 전기차 관련주 매입
ㄷ. 자동차 생산을 위한 신규 기계 구입
ㄹ. 과거 건설되었던 신규 사무실 매입

① ㄱ, ㄴ   ② ㄱ, ㄷ   ③ ㄴ, ㄷ
④ ㄴ, ㄹ   ⑤ ㄷ, ㄹ

정답 및 해설

22 ④ E = C + I + G로 주어져 있고 문제에서 제시한 소비함수 C = 0.8(Y − T), 독립투자 I = 100, 정부지출 G = 50, 정액세 T = 50을 대입하면 총지출 E = 140 + 0.8Y이다. 균형국민소득을 구하기 위해 Y = E로 두면 Y = C + I + G = 0.8(Y − 50) + 100 + 50 = 110 + 0.8Y, 0.2Y = 110이므로 Y = 550이다.

한계소비성향 c = 0.8이고 정액세만 존재하는 경우 정부지출승수 $\frac{dY}{dG} = \frac{1}{1-c} = \frac{1}{1-0.8} = 5$, 투자승수 $\frac{dY}{dI} = \frac{1}{1-c} = \frac{1}{1-0.8} = 5$, 조세승수 $\frac{dY}{dT} = \frac{-c}{1-c} = \frac{-0.8}{1-0.8} = -4$이다. 따라서 정부지출이나 투자가 1단위 증가하면 총소득이 5단위 증가하고, 조세가 1단위 감소하면 총소득이 4단위 증가한다.

23 ③ ㄱ, ㄹ, ㅁ은 국내총생산이 증가되는 경우이다.
[오답체크]
ㄴ. 오래된 아파트는 기존 자산의 거래이므로 GDP와 무관하다.
ㄷ. 주식가격의 변동은 GDP에 포함되지 않는다.

24 ③ 디플레이션 갭 = 완전고용국민소득 − 실제 총수요이다. 따라서 디플레이션 갭은 완전고용국민소득 수준에서 측정되는 개념이다.

25 ② 사무용 책상이나 신규 기계 구입은 생산을 증진시키는 과정이므로 투자에 해당한다.
[오답체크]
ㄴ. GDP의 투자는 실물투자이므로 주식투자는 포함되지 않는다.
ㄹ. 과거에 건설된 것이므로 GDP에 포함되지 않는다.

26 케인즈의 이론에 관한 설명으로 옳지 않은 것은?

① 노동시장에서 명목임금은 하방경직성을 갖는다.
② 투자는 기업가의 심리에 큰 영향을 받는다.
③ 경기 침체 시에는 확대재정정책이 필요하다.
④ 공급은 스스로의 수요를 창조하므로 만성적인 수요 부족은 존재하지 않는다.
⑤ 저축의 역설이라는 관점에서 '소비는 미덕, 저축은 악덕'이라고 주장한다.

27 프리드먼의 항상소득이론에 대한 설명으로 가장 옳지 않은 것은?

① 소비는 미래소득의 영향을 받는다.
② 소비자들은 소비를 일정한 수준에서 유지하고자 한다.
③ 일시적 소득세 감면이 지속적인 감면보다 소비지출 증대 효과가 작다.
④ 불황기의 평균소비성향은 호황기에 비해 감소한다.

28 소비함수에 대한 설명으로 옳은 것은?

> <보기>
> ㄱ. 절대소득가설의 소비함수에서 평균소비성향은 한계소비성향보다 작다.
> ㄴ. 상대소득가설에서 개인의 소비는 타인의 소비에 영향을 받는다.
> ㄷ. 생애주기가설에서 개인의 소비는 생애의 총자원에 의존한다.
> ㄹ. 항상소득가설에서 현재소득은 항상소득만 포함될 뿐 일시소득은 포함되지 않는다.

① ㄱ, ㄴ   ② ㄱ, ㄷ   ③ ㄴ, ㄷ
④ ㄴ, ㄹ   ⑤ ㄷ, ㄹ

29 다음 모형에서 정부지출(G)을 1만큼 증가시키면 균형소비지출(C)의 증가량은? (단, Y는 국민소득, I는 투자, X는 수출, M은 수입이며, 수출은 외생적이다)

> • Y = C + I + G + X − M
> • C = 0.5Y + 10
> • I = 0.4Y + 10
> • M = 0.1Y + 20

① 0.1   ② 0.2   ③ 1.5

④ 2.5   ⑤ 5

정답 및 해설

26 ④ 케인즈는 세이의 법칙이 성립하지 않으며, 유효수요의 부족으로 인해 경기 침체가 발생하는 것으로 본다.

27 ④ 항상소득가설에 의하면 경기 불황으로 임시소득이 감소하더라도 소비는 별로 감소하지 않으므로 평균소비성향이 높아진다.

28 ③ 상대소득가설에서 개인의 소비는 타인의 소비에 영향을 받으며, 생애주기가설에서 개인의 소비는 생애의 총자원에 의존한다.

[오답체크]

ㄱ. 절대소득가설의 소비함수에서 평균소비성향은 원점에서 그은 기울기이므로 한계소비성향보다 크다.

ㄹ. 항상소득가설에서 현재소득은 항상소득과 일시소득 모두 포함되지만 소비를 결정하는 요인은 항상소득이다.

29 ④ 조세는 정액세이므로 세율이 존재하지 않는 정부지출승수를 구하면 된다. $\dfrac{dY_E}{dG_0} = \dfrac{1}{1-c(1-t)+m-i}$

에서 $\dfrac{1}{1-0.5+0.1-0.4} = 5$이므로 정부지출 1을 증가시키면 5가 증가한다. 따라서 소비는 그의 절반인 2.5가 증가한다.

30 다음은 가계, 기업, 정부로 구성된 케인즈 모형이다. 이때 투자지출은 120으로, 정부지출은 220으로, 조세수입은 250으로 각각 증가할 경우 균형국민소득의 변화는?

- 소비함수: $C = 0.75(Y - T) + 200$
- 투자지출: $I = 100$
- 정부지출: $G = 200$
- 조세수입: $T = 200$

① 10 감소 ② 10 증가
③ 20 감소 ④ 20 증가

31 소비이론에 대한 설명으로 옳은 것만을 모두 고르면?

<보기>
ㄱ. 소비의 무작위행보(Random walk) 가설이 성립하면 예상된 정책 변화는 소비에 영향을 미치지 못한다.
ㄴ. 리카도의 대등정리가 성립하면 정부지출에 변화가 없는 한 조세의 삭감은 소비에 영향을 미치지 못한다.
ㄷ. 기간 간 선택모형에 따르면 소비는 소득과 상관없이 매기 일정하다.
ㄹ. 항상소득가설에 따르면 한계소비성향은 현재소득에 대한 항상소득의 비율에 의존한다.

① ㄱ, ㄴ ② ㄱ, ㄷ
③ ㄴ, ㄹ ④ ㄷ, ㄹ

정답 및 해설

30 ② 문제에서 한계소비성향이 0.75이고 정액세만 존재한다. 따라서 정부지출승수 및 투자승수는 모두 $\dfrac{dY}{dG} = \dfrac{dY}{dI} = \dfrac{1}{1-c} = \dfrac{1}{1-0.75} = 4$이고, 조세승수 $\dfrac{dY}{dT} = \dfrac{-c}{1-c} = \dfrac{-0.75}{1-0.75} = -3$이다. 정부지출과 투자지출이 모두 20만큼 증가하면 국민소득이 160만큼 증가하고, 조세수입이 50만큼 증가하면 국민소득이 150만큼 감소한다. 따라서 전체적으로 보면 국민소득이 10만큼 증가한다.

31 ① ㄱ. 소비의 무작위행보 가설이 성립하면 예상된 정책 변화는 소비에 영향을 미치지 못하고 예상되지 못한 것만 소비에 영향을 미친다.

ㄴ. 리카도의 대등정리는 정부지출의 변화가 소비에 영향을 주지 못한다는 것을 의미한다.

[오답체크]

ㄷ. 기간 간 선택모형에 의하면 소비는 소득과 상관없이 일정한 것이 아니라 소득이 증가하면 소비가 증가하게 된다.

ㄹ. 항상소득가설에 의하면 소비함수가 $C = kY_P = k(Y - Y_t)$이므로 소비함수를 Y에 대해 미분하면 한계소비성향 $MPC = \dfrac{dC}{dY} = k$이다. 따라서 한계소비성향은 현재소득에 대한 항상소득의 비율과 관계없이 일정하다.

고난도 기출문제

고난도 시험의 기출문제를 풀어보며 경제학 실력을 한층 더 업그레이드해 보세요!

01 다음은 개방경제에 대한 케인즈의 국민소득결정모형이다.

- $C = 500 + 0.6(Y - T)$
- $I = 200$
- $G = 100$
- $T = 100$
- $X = 300$
- $IM = 0.1Y$

(Y, C, I, G, T, X, IM은 각각 총생산, 소비, 투자, 정부지출, 조세, 수출, 수입을 나타낸다)

이때 수출승수는?   [회계사 19]

① 0.5   ② 1.0   ③ 1.5
④ 2.0   ⑤ 2.5

02 다음은 어느 개방경제의 국민계정 항등식에 관한 자료이다.

- $Y = 1,000$
- $C + G = 700$
- $Y - T - C = 200$
- $X - IM = 100$

Y, C, G, T, X, IM은 각각 총생산, 소비, 정부지출, 조세, 수출, 수입을 나타낸다. 이때 투자(I)와 공공저축($T - G$)은?   [회계사 22]

	투자	공공저축
①	100	80
②	150	90
③	200	100
④	250	110
⑤	300	120

정답 및 해설

01 ④ 1) 수출승수는 정부지출승수와 동일하다.

2) 정부지출승수는 $\dfrac{1}{1-c(1-t)+m-i} = \dfrac{1}{1-0.6+0.1} = 2$이다.

02 ③ 1) 투자

$Y = C + I + G + X - M$이다. 주어진 식을 대입하면 1,000 = 700 + I + 100이므로 I = 200이다.

2) 공공저축

$X - M = Y - C + I + G$ ➔ T를 더하고 T를 빼면 $X - M = (Y - C - T) + (T - G) - I$이다.

100 = 200 + $(T - G)$ - 200이므로 $T - G = 100$이다.

03 다음은 어느 폐쇄경제를 나타낸다. 이 경제에 대한 다음 설명 중 옳은 것은? [회계사 18]

- $Y = C + I + G$
- $I = 100 - 25r$
- $\overline{Y} = 2,100$
- $GAP = Y - \overline{Y}$
- $C = 1,000 + 0.5Y$
- $G = 0$
- $S = \overline{Y} - C - G$

(단, Y, C, I, G, r, $\overline{Y}$, S, GAP은 총수요, 소비, 투자, 정부지출, 실질이자율, 총생산, 총저축, 인플레이션 갭이며 실질이자율은 중앙은행이 조정한다)

① 중앙은행이 실질이자율을 일정하게 유지할 경우 투자가 외생적으로 50만큼 증가하면 총수요는 150만큼 증가한다.

② 중앙은행이 실질이자율을 4로 설정할 경우 양(+)의 인플레이션 갭이 발생한다.

③ 중앙은행이 실질이자율을 1로 설정할 경우 총저축이 투자보다 많은 초과 저축이 발생한다.

④ 중앙은행이 실질이자율을 인플레이션 갭이 0이 되도록 설정할 경우 투자는 50이 된다.

⑤ 정부지출 증가로 총수요가 50만큼 증가하는 경우 중앙은행이 인플레이션 갭을 이전 수준으로 유지하려면 실질이자율을 2만큼 인상하여야 한다.

04 다음과 같은 고전학파 모형에서 정부가 조세를 100억 원 증가시켰을 때, 그 결과가 옳게 짝지어진 것은? [회계사 18]

- $Y = C + I + G$
- $C = 100 + 0.7(Y - T)$
- $I = 1,000 - 50r$
- $Y = 5,000$

(단, Y, C, I, G, T, r은 각각 국민소득, 소비, 투자, 정부지출, 조세, 이자율을 의미한다)

	공공저축의 변화	개인저축의 변화	투자의 변화
①	100억 원 증가	30억 원 감소	70억 원 증가
②	100억 원 증가	70억 원 감소	30억 원 증가
③	70억 원 증가	30억 원 감소	70억 원 증가
④	70억 원 증가	70억 원 감소	30억 원 감소
⑤	70억 원 증가	30억 원 감소	70억 원 감소

정답 및 해설

03 ④ 1) 문제의 Y는 총수요, $\overline{Y}$가 총공급이다.
   2) 총수요 Y = 1,000 + 0.5Y + 100 - 25r ➔ Y = 1,100 + 0.5Y - 25r이다. 균형시 Y = 2,200 - 50r이다.
   3) 지문분석
      ④ 중앙은행이 실질이자율 2로 설정하면 인플레이션 갭이 0이 된다. r = 2를 투자함수에 대입하면 투자는 50이 된다.

   [오답체크]
   ① 중앙은행이 실질이자율을 일정하게 유지할 경우 투자가 외생적으로 50만큼 증가하면 I = 150 - 25r이 되므로 Y = 1,150 + 0.5Y - 25r ➔ 균형시 Y = 2,300 - 50r이 되므로 총수요가 100만큼 증가한다.
   ② 중앙은행이 실질이자율을 4로 설정하여 총수요 함수 Y = 2,200 - 50r에 대입하면 Y = 2,000 이다. 총수요가 총공급보다 낮으므로 디플레이션 갭이 발생한다.
   ③ 실질이자율이 1이면 Y = 2,150이고 소비함수에 대입하여 소비를 구하면 2,075이다. 따라서 저축 S = 2,100 - 2,075 = 25이다. 반면 실질이자율이 1%이면 투자는 75이므로 저축보다 투자가 많아 초과투자가 발생한다.
   ⑤ 정부지출 증가로 총수요가 50만큼 증가하는 경우 Y = 2,250 - 50r이 된다. 중앙은행이 인플레이션 갭을 이전 수준으로 유지하려면 실질이자율을 2만큼 인상하여 투자를 50만큼 감소시켜야한다.

04 ① 1) 정부지출이 고정된 상태에서 조세를 100억 원 증가시키면 정부저축(= T - G)은 100억 원 증가한다.
   2) 조세가 100억 원 증가하면 민간의 가처분소득이 100억 원 감소하기에 한계소비성향이 0.7이므로 70억 원의 민간소비가 감소한다.
   3) 고전학파모형은 Y가 항상 완전고용 GDP로 일정하므로 민간소비가 70억 원 감소하면 투자가 70억 원 증가할 것이다. (세이의 법칙)
   4) 폐쇄경제에서 총저축 = 투자이다. 투자가 70억 원 증가하면 70억 원 = 민간저축 + 100억 원이므로 민간저축은 30억 원 감소한다.

해커스공기업 쉽게 끝내는 경제학 기본서

제9장

화폐금융론

핵심 Check: 화폐와 통화

화폐의 기능	교환의 매개, 가치 저장, 가치의 척도 등
협의통화(M1)	현금통화 + 요구불예금 + 수시입출금식 저축성 예금
광의통화(M2)	협의통화(M1) + 저축성 예금 + 시장형 금융상품 + 실적 배당형 금융상품 + 금융채 + 거주자 외화예금 등

1. 화폐

(1) 화폐의 정의

① 재화와 서비스의 거래, 채권·채무관계의 청산 등 일상적인 거래에서 통용되는 자산을 의미한다.

② 화폐는 구체적인 형태를 가져야 하는 것은 아니며, 한 사회에서 일반적인 거래수단으로 통용된다.

(2) 화폐의 발달과정

물품화폐 ➡ 주조화폐 ➡ 지폐 ➡ 예금화폐 ➡ 전자화폐

(3) 그레셤의 법칙

① '악화(惡貨)는 양화(良貨)를 구축한다.' 쉽게 말해 '나쁜 돈이 좋은 돈을 몰아낸다.'는 뜻이다.

② 과거에 화폐로 은이나 금을 갈아서 사용하면서 나온 표현으로 순도가 높고, 소재가 좋은 화폐들이 유통에 사용되지 않고 사라져 새로운 화폐를 만들어 쓰는 현상을 좋은 돈은 사용하지 않고 나쁜 돈만 사용하게 된다고 표현하였다.

2. 화폐의 기능

(1) 교환의 매개수단(가장 본원적인 기능)

거래과정에서 거래비용의 절감을 위해 화폐가 매개물이 되어 일반적인 지불수단으로 사용된다는 것을 의미한다.

(2) 회계의 단위 및 가치의 척도

화폐가 상품거래의 표준이 되고, 각 상품의 가치를 화폐의 단위로 측정할 수 있다는 것을 의미한다.

(3) 가치 저장수단(물가가 안정적이어야 가치 저장기능이 잘 발휘됨)

① 화폐가 한 시점에서 다른 시점까지 구매력을 보장해주는 역할을 한다는 것을 의미한다.

② 케인즈가 투기적 화폐수요에서 강조한 화폐의 기능이다.

(4) 장래지불의 표준

① 미래의 지불의무가 화폐단위로 표시될 때 화폐는 장래지급의 표준으로서의 기능을 수행한다.

② 상품을 외상으로 구매했을 경우 지급할 대가가 화폐단위로 표시된다면 화폐는 장래지급의 표준으로서의 기능을 하고 있는 것이다.

3. 통화량

(1) 통화량의 의미

① 통화량은 일정 시점에서 시중에 유통되고 있는 화폐의 양을 의미한다.

② 통화량이 너무 많으면 인플레이션을 유발할 수도 있고, 너무 적으면 거래가 위축될 수 있으므로 통화량을 적정수준으로 유지하는 것이 중요하다.

(2) 통화지표

우리나라에서는 금융기관이 취급하는 금융상품의 유동성에 따라 협의통화(M1), 광의통화(M2), 금융기관 유동성(Lf), 광의유동성(L) 등의 통화지표를 사용한다. 이를 통해 통화량의 크기와 변화를 측정하는 기준이 된다.

4. 협의통화와 광의통화

(1) 협의통화(M1)

> 현금통화 + 요구불예금 + 수시입출금식 저축성 예금

화폐의 지급 결제수단으로서의 기능을 중시한 지표로서 시중에 유통되는 현금에 예금취급기관의 결제성 예금을 더한 것으로 정의된다.

(2) 광의통화(M2)

> 협의통화(M1) + 저축성 예금 + 시장형 금융상품 + 실적 배당형 금융상품 + 금융채 + 거주자 외화예금 등

① 만기 2년 이상의 금융상품은 제외한다.

② 시장형 금융상품: 양도성 예금증서, 환매조건부채권, 표지어음 등

③ 실적 배당형 금융상품: 금전신탁, 수익증권 등

(3) 준화폐(near money)

① 준화폐는 화폐로의 전환이 매우 용이하여 사실상 화폐와 거의 비슷한 취급을 받는 자산을 말한다.

② 그래서 명칭이 니어 머니(near money)이다. 저축예금계좌, 유가증권 등이 포함된다.

③ M2는 M1에 예금취급기관의 각종 저축성 예금, 시장성 금융상품, 실적 배당형 금융상품, 금융채 및 거주자 예금을 더한 것이다. 따라서 준화폐는 M2에 포함된다.

(4) 주요 금융상품의 종류

종류	내용
요구불예금	고객이 요구할 때 은행이 즉시 지불해 주어야 하는 예금으로 이를 기초로 수표를 발행하며 우리나라에서는 보통예금·당좌예금·가계종합예금 등이 있음
저축성 예금	이자수익이 높은 대신 약정된 기간이 경과한 후에야 찾을 수 있는 예금으로 이자수익만 포기하면 언제라도 현금으로 찾을 수 있는 예금
거주자외화예금	우리나라 사람이 외화를 우리나라에 있는 은행에 예금한 것
양도성 예금증서 (CD; Certificate of Deposit)	일종의 정기예금증서로 양도가 가능하여 유동성이 높은 상품으로 은행의 주요 자금조달수단의 하나
기업어음 (CP; Commercial Paper)	• 기업체가 자금조달을 목적으로 발행하는 어음 • 상거래에 수반하여 발행되고 융통되는 진성어음과는 달리 단기자금을 조달할 목적으로 신용상태가 양호한 기업이 발행한 약속어음으로, 기업과 어음상품투자자 사이의 자금수급관계에서 금리가 자율적으로 결정됨
금전신탁	은행이 고객의 금전을 예탁받아 이를 운용한 뒤 일정 기간 후에 원금과 수익을 고객에게 지급하는 것
환매조건부채권 (RP; Repurchase)	일정 기간 경과 후 일정한 가격으로 동일한 채권을 매수하거나 매도할 것을 조건으로 한 채권으로 증권회사, 은행 등의 수신상품
머니마켓펀드 (MMF; Money Market Fund)	투신사들에서 고객들의 돈을 모아 금리가 높은 CD, CP 등 단기금융상품에 집중 투자하여 여기서 얻은 수익을 되돌려주는 상품으로 요구불예금과 같이 유동성이 매우 큼

확인문제

화폐에 관한 설명으로 옳지 않은 것은?
① 다른 용도로 활용될 수 있는 재화는 교환의 매개수단으로 활용될 수 있다.
② 상품화폐의 내재적 가치는 변동한다.
③ 명령화폐(fiat)는 내재적 가치를 가지지 않는다.
④ 가치 척도 수단의 역할로 소득과 지출의 발생시점을 분리시켜 준다.

정답 및 해설

가치 저장 수단의 역할로 소득이 발생했을 때 저장하여 소득이 없을 때 사용할 수 있게 해주므로 소득과 지출의 발생시점을 분리시켜 준다.

[오답체크]
③ 명령화폐(fiat money)는 명목화폐이다. 명목화폐는 물건이 가진 실질적 가치와는 관계없이, 표시되어 있는 화폐 단위로 통용되는 화폐로, 지폐, 은행권, 보조 화폐 따위를 의미하므로 내재적 가치를 가지고 있지 않은 화폐이다.

정답: ④

02 | 금융시장

<table>
<tr><td colspan="2">핵심 Check: 금융시장</td></tr>
</table>

직접금융시장	자금의 수요자와 공급자가 자금을 직접 거래하는 시장 **예** 주식시장, 채권시장
간접금융시장	금융중개기관이 개입하여 자금의 수요자와 공급자를 연결시켜주는 시장
효율적 시장가설	자본시장의 가격이 이용 가능한 정보를 충분히 즉각적으로 반영하고 있다는 가설

1. 금융시장의 의미

금융시장이란 자금의 수요자와 공급자 사이에 자금거래가 지속적으로 이루어지는 조직이나 기구를 의미한다.

2. 기간에 의한 금융시장의 유형

(1) 단기금융시장(화폐시장)

① 일반적으로 만기가 1년 미만인 금융자산이 거래되는 시장으로 콜시장, 어음할인시장, CP시장, CD시장, RP 시장 등이 있다.

② 콜시장은 만기가 하루에서 2주 정도인 최단기 금융시장으로 주로 금융기관 상호 간에 일시적인 유휴자금이 거래되는 금융시장이며 이때의 금리를 콜금리라 한다.

③ 어음할인시장은 상업어음·융통어음 등이 거래되는 시장이다.

(2) 장기금융시장(자본시장)

기업의 시설자금이나 장기자금이 조달되는 목적으로 형성된 시장이다.

예 장기대부시장과 주식시장, 채권시장

3. 참여방식에 의한 금융시장의 유형

(1) 직접금융시장

자금의 수요자와 공급자가 자금을 직접 거래하는 시장이다.   **예** 주식시장, 채권시장

(2) 간접금융시장

금융중개기관이 개입하여 자금의 수요자와 공급자를 연결시켜주는 시장이다.   **예** 예금시장

4. 금융상품의 창출에 따른 구분

(1) 발행시장

새로운 금융상품이 발행되는 시장으로 증권발행자, 증권응모자, 증권인수자가 중심이 된다.

(2) 유통시장

① 기존의 금융상품이 거래되는 시장이다.

② 발행시장에서 발행된 유가증권의 시장성과 유동성을 높여서 언제든지 적정한 가격으로 현금화할 수 있는 기회를 제공한다.

5. 효율적 시장가설(EMH: Efficient Market Hypothesis)

(1) 의미

① 효율적 시장가설은 자본시장의 가격이 이용 가능한 정보를 충분히 즉각적으로 반영하고 있다는 가설이다.

② 정보효율성과 관련이 있는 것으로서 자본시장의 가격이 이용 가능한 정보를 충분히, 즉각적으로 반영하고 있어서 그러한 정보를 바탕으로 한 어떠한 거래도 초과수익을 얻지 못한다는 것이다.

(2) 종류

① 약형 EMH(weak - form EMH)

㉠ 어떤 투자라도 가격이나 수익의 역사적 정보에 기초한 거래에 의하여 초과수익을 얻을 수 없다.

㉡ 즉 과거의 주가 또는 수익률이 지닌 정보는 초과수익을 획득함에 있어 유용하거나 적절하지 못하다.

② 준강형 EMH(semi strong - form EMH)

㉠ 어떤 투자자라도 공식적으로 이용 가능한 정보를 기초로 한 거래에 의하여 초과수익을 얻을 수 없다.

㉡ 공식적으로 이용 가능한 정보란 과거의 주가자료, 기업의 보고된 회계자료, 증권관계기관의 투자자료와 공시자료 등이다.

③ 강형 EMH(strong - form EMH): 어떤 투자라 할지라도 모든 이용 가능한 정보(내부정보 중 공식적으로 이용 가능하든 그렇지 않든 상관없음)를 사용함으로써 초과수익을 실현할 수 없다.

확인문제

효율적 시장가설(efficient market hypothesis)에 관한 설명으로 옳지 않은 것은?
① 효율적 시장가설에 따르면 자산가격에는 이미 공개되어 있는 모든 정보가 반영되어 있다.
② 주식가격은 랜덤워크(random walk)를 따른다.
③ 미래 주식가격의 변화에 대한 체계적인 예측이 가능하다.
④ 주식가격의 예측이 가능해도 가격조정은 이루어진다.

정답 및 해설

효율적 시장가설에 따르면 자산가격에는 이미 공개되어 있는 모든 정보가 반영되어 있다. 따라서 주식가격이 랜덤워크 (random walk)를 따르며 정확한 예측이 불가능하다는 것이다. 이로 인해 초과 수익을 얻지 못한다.

정답: ③

핵심 Check: 채권

채권가격과 이자율	채권가격과 이자율은 반비례
기대이론	만기가 서로 다른 채권 간에 완전한 대체관계가 존재한다고 가정
유동성 프리미엄론	기대이론 + 유동성 프리미엄(항상 양의 값을 가짐)
분할시장이론	만기가 서로 다른 채권 간에는 대체관계가 존재하지 않음

1. 채권

(1) 의미

① 발행주체: 정부 및 지방단체, 기업과 같이 법률로 정해진 기관과 회사이다.

② 타인자본: 불특정 다수에게 비교적 장기의 자금을 조달하기 위해서 발행한 차용증서로서 채무를 표기한 유가증권이다. **예** 국채, 지방채, 특수채, 금융채, 회사채

(2) 주식과의 비교

① 기한부증권: 주식은 기간이 주어져 있지 않지만 채권은 정해져 있다.

② 이자지급증권: 주식은 배당을 받고, 채권은 이자를 받는다.

③ 확정이자증권: 발행기관의 수익률과 관계없이 받을 돈이 정해져 있다.

④ 안정성과 유동성은 비교적 높은 편이나 수익성은 주식에 비하여 낮다.

2. 채권의 종류

(1) 이표채

① 액면가로 채권을 발행하고, 표면이자율에 따라 연간 지급해야 하는 이자를 일정 기간 나누어 지급하는 채권이다.

② 채권에 이자표(쿠폰)가 붙어 있어 쿠폰본드라고도 한다.

(2) 할인채

① 이자가 붙지는 않지만 반드시 이자 상당액을 미리 액면가격에서 차감하여 발행가격이 액면가격(상환가격)보다 낮은 채권이다.

② 발행가격과 액면가격의 차액을 이자라고 볼 수 있다.

(3) 영구채

① 원금을 상환하지 않고 일정 이자만을 영구히 지급하는 채권이다.

② 주로 국가기관이나 대형 사업체에서 초대형 프로젝트를 위해 장기적인 자금조달이 필요할 경우 발행한다.

③ 매년 A원의 이자를 지급받는 영구채의 가격 $P = \dfrac{A}{r}$ 이다.

④ 사례: 이자율이 5%일 때 매년 300만 원의 이자를 지급받는 영구채의 가격 $P = \dfrac{300만\ 원}{0.05} = 6{,}000만\ 원$ 이다.

3. 채권수익률

(1) 표면이자율

이표채권의 경우 이표이자액은 채권에 표시되어 있는 대로 지급된다. 이를 표면이자율이라고 한다.

(2) 시장수익률

① 채권의 시장가격은 채권시장의 수요와 공급에 따라 결정된다.

② 채권의 수익률을 높이기 위해서는 채권을 저렴하게 구입해야 한다.

③ 사례: 100만 원, 10%짜리 이표채가 있다고 가정하면 이자액은 10만 원이다. 시장에서 이 채권을 실제로 80만 원에 구입했다면 이자율은 $\dfrac{10}{80} \times 100 = 12.5\%$가 되므로 시장수익률이 표면이자율보다 높아진 것이다.

(3) 채권수익률은 채권가격과 반비례한다.

(4) 채권수익률의 결정요인

① 기업외적요인: 명목이자율에 비례한다.

② 기업내적요인: 채무의 만기가 길수록, 신용등급과 관련된 채무불이행 위험과 비례한다.

4. 이자율의 기간구조

(1) 기대이론

① 의미: 기대이론은 시장 참가자들이 평균적으로 예상하는 미래 단기이자율이 장기이자율을 결정한다는 주장이다.

② 특징

    ㉠ 만기가 서로 다른 채권 간에 완전한 대체관계가 존재한다고 가정하고, 장기이자율은 단기이자율로 여러 차례에 걸쳐 재투자한 것과 같다고 본다.

    ㉡ 즉 장기이자율은 단기이자율의 기하학적 평균과 같을 때 시장참가자들은 이 둘을 무차별적으로 본다는 주장이다.

③ 계산법

    ㉠ 현재 시점에서 채권시장에 1년 만기, 2년 만기 국채만 존재하고 각각의 이자율이 3%, 5%라고 하자.

    ㉡ 현재 시점으로부터 1년 이후에 성립하리라 기대되는 1년 만기 국채의 이자율은 다음과 같이 구할 수 있다.

$$\frac{\text{첫 1년 만기 이자율} + \text{1년 이후에 성립하는 1년 만기 국채이자율}}{2} = \text{2년 만기 국채이자율}$$

    ㉢ 따라서 제시된 조건을 공식에 대입하면 $\dfrac{3\% + \text{1년 이후에 성립하는 1년 만기 국채이자율}}{2} = 5\%$ 이므로 1년 이후에 성립하리라 기대되는 1년 만기 국채이자율은 7%이다.

(2) 유동성 프리미엄론

> 기대이론 + 유동성 프리미엄(항상 양의 값을 가짐)

① 의미: 유동성 프리미엄이론은 장기이자율은 평균적인 미래 단기이자율에 현금보유를 포기하는 대가(= 유동성 프리미엄)의 합으로 결정된다는 이론이다.

② 특징

    ㉠ 만기가 서로 다른 채권 간에 대체관계는 존재해도 그 둘은 완전대체재는 아니다.

    ㉡ 현금보유를 포기한 대가인 유동성 프리미엄의 값이 다르며 기대이론과 더하여 장기이자율이 결정된다는 주장이다.

③ 미래의 단기이자율 상승 시: 기대이론(미래의 단기이자율 상승이 예상되므로 수익률 우상향) + 유동성 프리미엄(수익률 우상향)의 합이 수익률이므로 수익률곡선이 우상향함을 의미한다.

④ 미래의 단기이자율 하락 시: 기대이론(미래의 단기이자율 하락이 예상되므로 수익률 우하향) + 유동성 프리미엄(수익률 우하향)의 합이 수익률이므로 수익률곡선이 반드시 우하향한다고 볼 수 없다.

(3) 분할시장이론

① 의미: 분할시장이론은 단기이자율과 장기이자율은 특정 만기에 대한 시장참가자의 선호도가 결정한다는 이론이다.

② 특징

㉠ 만기가 서로 다른 채권 간에는 대체관계가 존재하지 않는다.

㉡ 단기이자율과 장기이자율은 각각 단기자금과 장기자금의 수요와 공급에 따라 결정된다는 주장이다.

확인문제(고난도 기출)

수익률곡선(yield curve)에 대한 설명으로 옳지 않은 것은?　　　　　　　　　　　　[국가직 7급 21]

① 만기 외에 다른 조건이 동일한 채권의 만기와 이자율 사이의 관계를 나타내는 곡선이다.

② 이자율의 기간구조에 대한 분할시장이론(segmented markets theory)은 단기채권과 장기채권의 이자율이 시간의 흐름에 따라 같은 방향으로 움직이는 이유를 설명해 준다.

③ 이자율의 기간구조에 대한 유동성 프리미엄이론(liquidity premium theory)은 수익률곡선이 전형적으로 우상향하는 이유를 설명해 준다.

④ 이자율의 기간구조에 대한 기대이론(expectations theory)에 따르면, 중앙은행이 앞으로 계속 단기이자율을 낮추겠다는 공약을 할 경우 장기이자율은 하락해야 한다.

정답 및 해설

1) 분할시장이론은 단기이자율과 장기이자율은 특정 만기에 대한 시장참가자의 선호도가 결정한다는 이론이다.

2) 따라서 단기채권과 장기채권은 시장 자체가 다르므로 이자율이 시간의 흐름에 따라 같은 방향이라고 단정지어 말할 수 없다.

정답: ②

핵심 Check: 화폐의 공급

본원통화	H = C + Z
통화량	M = C + D
통화승수	$\dfrac{1}{c + z(1 - c)}$, $\dfrac{k + 1}{k + z}$
신용승수	$\dfrac{1}{지급준비율}$

1. 중앙은행

(1) 의미

나라의 통화제도의 중심이자 정점을 구성하는 은행으로 우리나라의 중앙은행은 한국은행이다.

(2) 기능

① 발권은행으로서의 기능: 지폐와 주화를 발행하고 그 양을 조절하는 기능을 한다.

② 은행의 은행으로서의 기능: 예금은행으로부터 예금을 받고 필요 시에는 예금은행에 대출한다.

③ 통화금융정책의 집행: 중앙은행의 가장 중요한 목표로서 통화가치의 안정과 국민경제의 발전을 위하여 각종 정책수단을 이용하여 통화량을 조절하고 자금의 효율적 배분을 도모한다.

④ 정부의 은행으로서의 기능: 국고금을 관리하고 정부에 대하여 신용을 공여하는 기능을 수행한다.

⑤ 외환관리 업무: 국제수지 불균형의 조정, 환율의 안정 등을 위하여 각종 외환관리 업무를 수행한다.

(3) 중앙은행의 대차대조표

차변(자산)	대변(부채)
① 정부에 대한 여신 ② 예금은행에 대한 여신 ③ 유가증권 ④ 외화자산(외화예금) ⑤ 기타(현금, 금 등)	① 본원통화 ② 정부예금 ③ 해외부채 ④ 기타부채

참고 여신: 빌려준 돈

2. 본원통화

(1) 의미

① 중앙은행의 창구를 통하여 시중에 나온 현금으로 예금은행 신용창조의 토대가 된다. 따라서 기초통화(Reserve Base)로 부른다.

② 본원통화가 1단위 공급되면 통화량은 신용창조 과정을 통해 본원통화 공급량보다 훨씬 더 크게 증가한다. 따라서 고성능통화(High-powered Money)라고 부른다.

(2) 본원통화의 공급 경로: 중앙은행에서 통화가 나오면 됨

① 정부의 재정 적자: 정부가 중앙은행으로부터 차입해야 하므로 본원통화가 증가한다.

② 예금은행의 차입 증가: 중앙은행이 예금은행에 대출해주므로 본원통화가 증가한다.

③ 국제수지 흑자, 차관 도입: 외환이 유입되므로 중앙은행에서 외화를 원화로 교환해주게 된다. 따라서 본원통화가 증가한다.

④ 중앙은행의 유가증권 구입, 건물 구입: 중앙은행이 대금을 지급하므로 본원통화가 증가한다.

(3) 구성

본원통화(10억)		
현금통화(8억)	지급준비금(2억)	
현금통화(8억)	예금은행 지급준비금: 시재금(1억)	중앙은행 지급준비예치금(1억)
화폐발행액(9억)		

(4) 지급준비금(Z)

① 지급준비금의 개념: 예금은행이 고객의 예금인출 요구에 대비하기 위하여 보유하고 있는 현금이다.

② 지급준비금의 구성: 지급준비금(지준금) = 법정지급준비금 + 초과지급준비금 = 지급준비예치금 +시재금

(5) 지급준비율(z)

① 지급준비율의 개념: 지급준비금을 예금액(D; deposit)으로 나눈 값($\frac{Z}{D}$)이다.

② 지급준비율의 구성

㉠ 지급준비율(지준율) = 법정지급준비율 + 초과지급준비율

㉡ 사례: 예금 100억 중에 법정지급준비금이 10억이라면 법정지급준비율은 10%이다. 실제로 15억을 지급준비금으로 은행이 보유한다면 초과지급준비율은 5%가 된다.

3. 통화승수(m; money multiplier)

(1) 의미

① 통화승수란 통화량과 본원통화의 비율로 즉, 통화량(M)을 본원통화(H)로 나눈 값이다.

② 통화승수(m) = $\dfrac{\text{통화량}}{\text{본원통화}} = \dfrac{M}{H}$

(2) 현금통화비율(c)이 주어진 경우의 통화승수

① $m = \dfrac{M}{H} = \dfrac{1}{c + z(1-c)}$ $\left(c = \dfrac{\text{현금통화(C)}}{\text{통화량(M)}}, \quad z = \dfrac{\text{지급준비금(Z)}}{\text{예금통화(D)}}\right)$

② 설명

㉠ $m = \dfrac{M}{H} = \dfrac{M}{C+Z}$ 이다.

㉡ $C = cM$ 이고 $Z = zD$ 이다. $M = C + D$ ➡ $D = M - C$ ➡ $D = M - cM = (1-c)M$ 이다.

㉢ 따라서 C 대신에 cM을 넣고 Z 대신에 $z(1-c)M$을 대입하면 $m = \dfrac{M}{cM + z(1-c)M} = \dfrac{1}{c + z(1-c)}$ 이 도출된다.

(3) 현금예금비율(k)이 주어진 경우의 통화승수

① $m = \dfrac{M}{H} = \dfrac{k+1}{k+z}$ $\left(k = \dfrac{\text{현금통화(C)}}{\text{예금통화(D)}}\right)$

② 설명

㉠ $m = \dfrac{M}{H} = \dfrac{C+D}{C+Z}$ 이다.

㉡ 분자와 분모를 모두 D로 나누면 $\dfrac{\dfrac{C}{D} + \dfrac{D}{D}}{\dfrac{C}{D} + \dfrac{Z}{D}}$ 가 되므로 $m = \dfrac{k+1}{k+z}$ 이 도출된다.

4. 통화공급방정식(통화공급함수)

(1) 현금통화비율(c)이 주어진 경우의 통화공급방정식

① 어떤 시점에서의 통화량(M)은 그 시점의 통화공급(M^S)과 동일하다.

② $M^S = M = mH = \dfrac{1}{c+z(1-c)}H$

③ 통화승수(m)와 통화량(M)은 지급준비율(z)과 현금통화비율(c)의 감소함수이다.

    ㉠ 지급준비율(z) 상승 ➡ 통화승수(m) 감소 ➡ 통화량(M) 감소

    ㉡ 현금통화비율(c) 증가 ➡ 통화승수(m) 감소 ➡ 통화량(M) 감소

(2) 통화량 결정주체

① 현금통화비율(c): 민간부문이 결정하나 그 사회의 지불관습에 의해 거의 일정한 상수라고 볼 수 있다.

② 지급준비율(z): 중앙은행이 결정하는 법정지급준비율과 각 은행이 결정하는 초과지급준비율로 구성된다.

③ 본원통화(H): 중앙은행이 결정한다고 가정한다.

④ 통화공급의 외생성: 중앙은행이 법정지급준비율과 본원통화를 조정함으로써 통화량을 조정할 수 있다.

5. 본원통화의 외생성과 내생성

(1) 본원통화의 외생성
중앙은행이 지급준비율과 본원통화를 스스로 모두 결정하는 경우이다.

(2) 본원통화의 내생성

① 의미: 중앙은행이 본원통화를 독자적으로 결정하는 것이 아닌 금융제도 안에서 다른 경제주체들과 상호작용하는 과정에서 본원통화를 결정한다고 파악하는 것이다.

② 요인

    ㉠ 경제활동이 활발해지면 시중은행이 중앙은행으로부터 받는 대출이 활발해져 본원통화가 증가한다.

    ㉡ 재정수지 악화나 긴급한 지출은 정부의 중앙은행으로부터의 차입이 증가하여 본원통화가 증가한다.

    ㉢ 국제수지 흑자로 인하여 은행들이 적정수준 이상의 외환을 보유하게 되는데 외화를 원화로 바꾸는 과정에서 본원통화가 증가한다.

(3) 통화승수의 외생성과 내생성

① **통화승수의 외생성**: 통화공급이 중앙은행에 의해서 결정되는 외생변수라면 통화공급함수는 이자율과 무관하므로 아래와 같이 수직선으로 그려진다.

② **통화승수의 내생성**

  ⑦ 이자율 상승($r_0 \rightarrow r_1$) ➔ 개인현금보유 감소 ➔ 현금통화비율 감소($c\downarrow$) ➔ 통화승수 증가($m\uparrow$) ➔ 통화량 증가

  ⑥ 이자율 상승($r_0 \rightarrow r_1$) ➔ 예금은행현금보유 감소 ➔ 지급준비율 감소($z\downarrow$) ➔ 통화승수 증가($m\uparrow$) ➔ 통화량 증가

  ⑥ 현금통화(예금)비율, 지급준비율 모두 이자율의 감소함수이므로 우상향으로 그려진다.

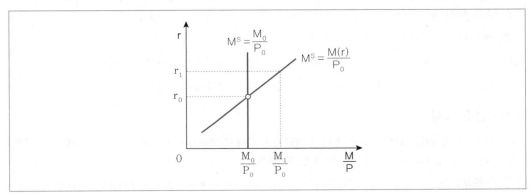

확인문제

본원통화 및 통화량에 관한 설명으로 옳은 것만을 <보기>에서 모두 고른 것은?

<보기>
ㄱ. 본원통화가 증가할수록 통화량은 증가한다.
ㄴ. 지급준비율이 높을수록 통화승수는 증가한다.
ㄷ. 본원통화는 민간보유현금과 은행의 지급준비금을 합한 것이다.
ㄹ. 중앙은행이 민간은행에 대출을 하는 경우 본원통화가 증가한다.

① ㄱ, ㄴ   ② ㄱ, ㄹ   ③ ㄴ, ㄷ   ④ ㄱ, ㄷ, ㄹ   ⑤ ㄴ, ㄷ, ㄹ

정답 및 해설

통화공급량은 '통화승수 × 본원통화'이므로 본원통화가 증가할수록 통화량이 증가하며, 통화승수는 지급준비율(z)이 높을수록 작아진다.

정답: ④

6. 신용창조

(1) 예금은행의 대차대조표

차변(자산)	대변(부채)
① 현금 = 시재금 + 지급준비 예치금 ② 대출금 ③ 유가증권 ④ 해외자산 ⑤ 기타자산	① 요구불예금 ② 저축성 예금 ③ 한국은행 차입금 ④ 기타부채 ⑤ 자본

(2) 신용창조의 가정

① 요구불예금만 존재하고 저축성 예금은 없다.

② 예금은행 조직 밖의 현금누출은 없다.

③ 예금은행은 유가증권 등의 투자를 하지 않고 대출의 형태로만 자금을 운영한다.

④ 예금은행은 초과지급준비금은 없고 법정지급준비금만 보유한다.

(3) 신용창조 과정

① 신용창조의 개념: 은행이 본원적 예금(예금은행 밖에서 예금은행으로 최초로 들어온 예금)을 기초로 하여 대출을 통해 예금통화를 창조하는 것을 의미한다.

② 신용창조 과정: 갑이 W원의 본원적 예금을 A은행에 예금 ➜ A은행이 을에게 $(1-z)$W원을 대출 ➜ 을이 B은행에 $(1-z)$W원을 예금 ➜ B은행이 병에게 $(1-z)^2$W원을 대출 ➜ 병이 C은행에 $(1-z)^2$W원을 예금 ➜ C은행이 정에게 $(1-z)^3$W원을 대출

③ 신용승수: $\dfrac{1}{\text{지급준비율}(z)}$

(4) 신용창조 사례

① 본원통화(W) 100억, 지급준비율(z)을 10%로 가정한다.

신용창조 과정	예금통화 (요구불예금)	통화량 (대출액)	지급준비금
갑이 W의 본원적 예금을 A은행에 예금	100억	-	0.1×100억
A은행이 을에게 (1 - z)W원을 대출		(1 - 0.1)×100억	-
을이 B은행에 (1 - z)W원을 예금	(1 - 0.1)×100억	-	0.1(1-0.1)×100억
B은행이 병에게 $(1-z)^2$W원을 대출	-	$(1-0.1)^2$×100억	-
병이 C은행에 $(1-z)^2$W원을 예금	$(1-0.1)^2$×100억	-	$0.1(1-0.1)^2$×100억
C은행이 정에게 $(1-z)^3$W원을 대출 ⋮	⋮	$(1-0.1)^3$×100억 ⋮	- ⋮
합계	$\dfrac{1}{z}$W	$\dfrac{1-z}{z}$W	W

② 총예금창조액(D^G)

　㉠ 예금은행조직 밖에서 예금은행조직으로 최초로 들어온 예금과 예금은행조직 내에서 대출의 형태로 증가한 예금을 합한 금액이다.

　㉡ $D^G = W + (1-z)W + (1-z)^2 W + \cdots\cdots = \dfrac{1}{z}W$

③ 신용승수(money multiplier)

　㉠ 중앙은행이 애당초 늘려 공급한 화폐의 양과 은행의 예금창조 과정을 거쳐 궁극적으로 증가한 통화량 사이의 비율이다.

　㉡ 신용승수 $= \dfrac{1}{z}$

④ 순예금창조액(D^N)

　㉠ 총예금창조액에서 본원적 예금을 뺀 것이 순예금창조액이다.

　㉡ $D^N = \dfrac{1}{z}W - W = \dfrac{1-z}{z}W$

확인문제

상업은행인 해커스뱅크가 예금을 200 받아서 지급준비금을 60 보유하고 있다. 법정지급준비율이 10%라고 가정할 때 해커스뱅크가 보유하고 있는 초과지급준비금을 신규로 대출하는 경우 은행제도의 신용창조를 통한 총 통화량의 증가분은 최대 얼마인가?

① 100　　　　② 200　　　　③ 300　　　　④ 400　　　　⑤ 500

정답 및 해설

1) 신용승수 $= \dfrac{1}{z} = \dfrac{1}{0.1} = 10$

2) 법정지급준비금 = 법정지급준비율 × 예금 ➜ 20 = 0.1 × 200

3) 초과지급준비금이 40이므로 통화량 증가는 40 × 10 = 400이다.

정답: ④

핵심 Check: 화폐수량설

화폐수량설	• $MV = PY$ • $\dfrac{\Delta M}{M} + \dfrac{\Delta V}{V} = \dfrac{\Delta P}{P} + \dfrac{\Delta Y}{Y}$
화폐의 중립성	화폐는 명목변수에는 영향을 주지만 실질변수에는 영향을 주지 않음

1. 교환방정식(The Equation of Exchange)

(1) 의미

$$MV = PT$$

일정 기간 동안의 총지출액 ── 　 ── 일정 기간 동안의 총거래액

M: 통화량　　　　P: 물가
V: 유통속도　　　T: 거래량 일정

① 일정 기간 동안에 일어난 모든 생산물 거래에서 화폐의 각 단위가 평균적으로 몇 번씩 사용되었는가 하는 횟수이다. 즉, 회전율의 개념이다.

② 고전학파는 화폐의 유통속도가 그 사회의 관습 등에 의하여 고정되어 있다고 보고 있다.

③ 교환방정식에 의한 화폐수요: 단기적으로 보면 거래량(T)과 최종생산물(Y) 간에는 일정한 비례관계가 성립하므로 교환방정식의 T를 Y로 대체하면 교환방정식은 다음과 같이 나타낼 수도 있다.

$$MV = PY$$

일정 기간 동안의 명목거래액 ── 　 ── 일정 기간 동안의 명목GDP

④ 고전학파는 완전고용이 이루어져 총생산 Y는 일정하다고 보므로 화폐의 증가가 물가를 변동시키는 원인이라고 본다. 이는 화폐는 실물변화에 영향을 주지 못한다는 화폐의 중립성과 연관이 있다.

(2) 교환방정식과 통화공급(EC방정식)

① 일반적인 교환방정식 MV = PY에 대한 수학적인 변형

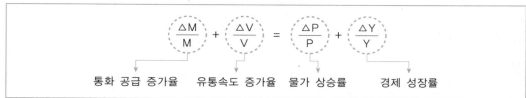

$$\left(\frac{\Delta M}{M}\right) + \left(\frac{\Delta V}{V}\right) = \left(\frac{\Delta P}{P}\right) + \left(\frac{\Delta Y}{Y}\right)$$

통화 공급 증가율　　유통속도 증가율　　물가 상승률　　　　경제 성장률

② 좌변 식을 이항하여 정리하면 $\dfrac{\Delta M}{M} = \dfrac{\Delta P}{P} + \dfrac{\Delta Y}{Y} - \dfrac{\Delta V}{V}$ 이다.

③ 통화공급 증가율 = 물가 상승률 + 경제 성장률 - 유통속도 증가율

2. 현금잔고수량설

(1) 마샬(Marshall)의 화폐수요함수

① 마샬이 주장한 경제주체의 화폐보유동기: 화폐보유동기는 화폐보유에 따른 거래의 편리함과 안정성이다. 따라서 화폐보유량은 화폐를 보유함으로써 얻을 수 있는 효용과 다른 형태의 자산을 보유함으로써 얻을 수 있는 효용을 비교함으로써 결정된다.

② 이러한 효용을 얻기 위하여 자산의 일정 부분을 화폐로 보유한다고 단순화한다. 이때 부(wealth)가 단기에서 소득에 비례한다면 화폐에 대한 수요는 다음과 같이 표시할 수 있다.

③ $M^D = kPY$ (M^D는 현금잔고, k는 마샬의 k, P는 물가, Y는 실질국민소득)

(2) 마샬의 k와 유통속도 V

① 마샬의 k는 사회의 거래관습상 변화가 적으므로 일정한 상수로 볼 수 있다.

② 교환방정식과 비교하면 $k = \dfrac{1}{V}$이므로 현금잔고방정식과 교환방정식은 동일하다고 볼 수 있지만 교환방정식의 유통속도 V는 유량의 개념을 포함하고 있다.

③ 반면에 k는 저량의 개념으로 이는 현금잔고방정식이 화폐의 기능 중 가치 저장수단으로서의 기능을 중시함을 의미한다.

확인문제

화폐수량방정식은 M × V = P × Y이다. (M은 통화량, V는 화폐유통속도, P는 산출물의 가격, Y는 산출량이고, 화폐유통속도는 일정함) 갑 국의 화폐유통속도가 을 국의 화폐유통속도보다 크고 양국의 중앙은행이 각각 통화량을 5% 증가시켰을 때, 화폐수량설에 따른 추론으로 옳은 것은? (단, 갑 국과 을 국에서 화폐수량설이 독립적으로 성립함)

① 물가상승률은 갑 국이 을 국보다 높다.
② 물가상승률은 을 국이 갑 국보다 높다.
③ 산출량증가율은 갑 국이 을 국보다 높다.
④ 산출량증가율은 을 국이 갑 국보다 높다.
⑤ 갑 국과 을 국의 명목산출량은 각각 5% 증가한다.

정답 및 해설

화폐수량설이 독립적으로 성립하므로 화폐의 유통속도가 빠른 것과 관계없이 사회에 따라 일정하다. 화폐수량설에 따라 화폐의 유통속도와 산출량이 일정하므로 명목산출량은 통화량의 증가율만큼 증가할 것이다.

정답: ⑤

핵심 Check: 케인즈의 화폐수요이론: 유동성 선호설

화폐수요의 동기	거래적, 예비적, 투기적 동기
케인즈의 화폐수요	$\dfrac{M^d}{P} = kY - hr$
유동성 함정	화폐수요의 이자율 탄력성이 무한대

1. 화폐수요의 동기

(1) 화폐수요 = 유동성 선호

① 케인즈는 유동성을 화폐 자체로 보아 화폐수요를 유동성 선호라고 표현한다.

② 케인즈는 화폐수요의 동기를 거래적 동기, 예비적 동기, 투기적 동기로 나누어 보았다.

(2) 거래적 동기

① 일상적인 지출(= 거래)을 위해 화폐를 보유하려는 동기이다.

② 거래적 동기는 소득의 증가함수이다.

(3) 예비적 동기

① 예상하지 못한 지출에 대비하기 위한 화폐를 보유하려는 동기이다.

② 예비적 동기는 소득의 증가함수이다.

(4) 투기적 동기

① 케인즈의 화폐수요이론에서 가장 중요하다.

② 장래 수입을 극대화하기 위한 화폐수요, 즉 화폐를 하나의 자산으로 보고 실물자산에 비해 화폐자산을 보유하는 것이 상대적으로 유리하다는 입장에서 화폐를 보유하려는 동기이다.

③ 이 투기적 동기는 이자율에 민감하게 반응하므로 이자율의 감소함수이다.

2. 채권가격과 이자율의 관계

(1) 이자수익이 확정된 채권의 이자율

① 현재가치(PV): 이자율이 r%일 때 1년 후 가격인 B원의 현재가치 $PV = \dfrac{B}{1+r}$ 이다.

② 이자수익이 확정된 채권의 가격: 1년 후 상환하기로 되어 있는 채권의 액면가가 10,000원이고 표면금리가 10%인 채권의 1년 후 가격은 11,000원이다. 따라서 이자율이 10%일 때의 현재가치(판매가)는 $\dfrac{11,000}{1+0.1} = 10,000$원이 되고 이자율이 5%일 때의 현재가치(판매가)는 $\dfrac{11,000}{1+0.05} = 10,476$원이 된다.

③ 따라서 채권가격은 이자율과 반비례함을 알 수 있다.

(2) 채권가격과 이자율 사례

① 연간 10%의 표면이자를 지급하기로 약속한 7년 만기 5백만 원짜리 액면가의 채권이 있다고 하자.

② 시중의 연간 이자율이 15%라면 사람들은 이 채권을 사려고 하지 않을 것이다. 왜냐하면 시중의 이자율이 15%라는 것은 남에게 돈을 빌려주면 그만큼의 이자를 받을 수 있다는 것을 의미하기 때문이다.

③ 따라서 채권의 액면가는 5백만 원이지만 실제로 거래되는 가격은 그보다 훨씬 낮을 것이 분명하다. 만약 시장이자율이 20%로 상승하면 채권의 가격은 한층 더 떨어지게 된다. 반면에 시장이자율이 5%로 떨어지면 그 채권의 가격은 올라 액면가 이상의 가격에 거래될 것이다.

3. 케인즈의 화폐수요곡선

(1) 거래적 & 예비적 화폐수요

① 거래적·예비적 화폐수요함수는 소득의 증가함수이고 이자율과는 무관하다.

② 그래프

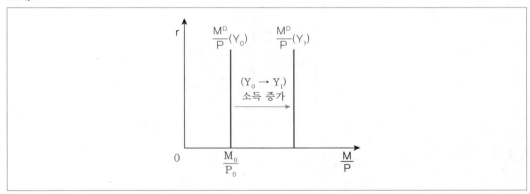

(2) 투기적 화폐수요

① 투기적 화폐수요는 이자율의 감소함수이다.

② 개인의 예상이자율이 서로 다르므로 개별 화폐수요함수를 수평으로 더하면 우하향하는 시장 전체 화폐수요함수가 도출된다.

③ 그래프

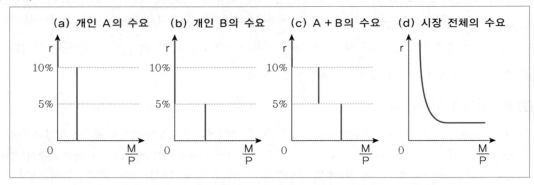

ⓐ A는 이자율이 10%가 될 때까지는 채권보유, 10% 미만이면 투기적 화폐보유를 한다.

ⓑ B는 이자율이 5%가 될 때까지는 채권보유, 5% 미만이면 투기적 화폐보유를 한다.

ⓒ 이러한 사람들을 합친 시장의 투기적 화폐수요는 이자율의 감소함수가 된다.

(3) 화폐수요함수

① 거래적 & 예비적(수직선으로 표현), 투기적 화폐수요(우하향 곡선으로 표현)를 더하여 구한다.

② 그래프

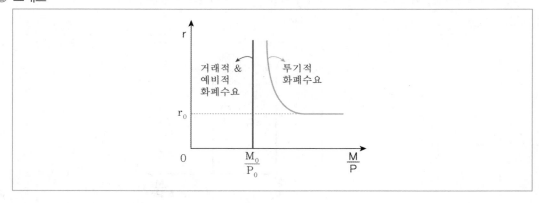

③ 공식

$$\frac{M^D}{P} = kY - hr$$

거래적 & 예비적 화폐수요   투기적 화폐수요

($\frac{M^D}{P}$: 화폐수요(= 실질화폐잔고), k: 화폐수요의 소득탄력성, h: 화폐수요의 이자율 탄력성, r: 명목이자율)

4. 케인즈의 이자율 결정이론 – 유동성 선호설(L: Liquidity preference theory)

(1) 설명

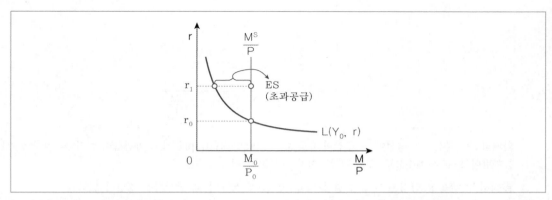

① 통화량은 이자율에 관계없이 중앙은행에 의해서 결정(정책변수)되므로 통화공급곡선은 수직선(고정)이고, 화폐수요는 이자율의 감소함수이므로 화폐수요곡선은 우하향의 형태이다.

② 현재의 이자율이 균형수준보다 높은 r_1이라면 화폐시장이 초과공급 상태이다.

③ 케인즈는 자산은 화폐와 채권 두 가지만 존재한다고 가정하므로 화폐시장이 초과공급 상태이면 채권시장은 초과수요 상태이다.

④ 실제 보유한 화폐의 양이 보유하고자 하는 화폐의 양보다 많으면 사람들은 남은 돈으로 채권을 사려고 할 것이므로 채권가격이 상승하여 이자율이 하락한다.

⑤ 이자율이 r_0로 하락하면 화폐시장에서 초과공급이 해소되므로 채권시장에서도 초과수요가 해소되어 화폐의 수요와 공급이 일치하는 점에서 균형이자율이 결정된다.

⑥ 이자율은 화폐시장에서 화폐의 수요와 공급에 의해 결정되는 화폐적 현상이다.

(2) 유동성 함정

① 의미

㉠ 이자율이 매우 낮은 수준(≒채권가격이 매우 높은 수준)이 되면 개인들은 이자율 상승(채권가격 하락)을 예상하고, 사회구성원 전체가 모든 자산을 화폐로 보유하기 위해서 화폐수요를 무한히 증대시키게 된다.

㉡ 이때에는 개인들의 화폐수요곡선이 수평선이 되는 구간(화폐수요의 이자율 탄력성이 무한대)이 도출되는데 이를 유동성 함정(liquidity trap)이라 한다.

② 화폐수요의 이자율 탄력성이 무한대

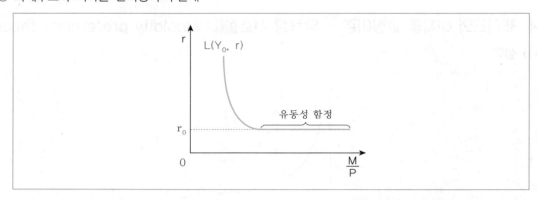

화폐의 수요곡선은 수평선이 된 구간이 유동성 함정(liquidity trap)인데, 화폐공급이 증가하더라도 증가된 통화량이 모두 화폐수요로 흡수되므로 이자율이 전혀 변하지 않는다.

③ 발생시기: 유동성 함정은 대체로 경기가 극심한 침체 상태일 때 발생하는 경향이 있다.

확인문제

케인즈의 화폐수요 이론에 대한 설명으로 옳은 것은?
① 소득수준이 높아질수록 거래적 동기의 화폐수요는 감소한다.
② 개인은 수익성 자산에 투자하는 과정에서 일시적으로 화폐를 보유하기도 한다.
③ 화폐수요의 이자율 탄력성이 0이 되는 것을 유동성 함정이라고 한다.
④ 예비적 동기의 화폐수요는 소득수준과 관련이 없다.

정답 및 해설

①, ④ 케인즈의 거래적 동기, 예비적 동기는 소득의 증가함수이며 투기적 동기는 이자율의 감소함수이다.
③ 투기적 동기는 수익성 자산에 투자하는 과정에서 일시적으로 화폐를 보유하는 것이며 화폐수요의 이자율 탄력성이 무한대가 되는 것을 유동성 함정이라고 한다.

정답: ②

07 | 케인즈학파의 화폐수요이론

핵심 Check: 케인즈학파의 화폐수요이론

보몰의 재고이론	$M^D = P\sqrt{\dfrac{bY}{2r}}$
토빈의 자산선택이론	• 대체효과: 이자율 상승 ➜ 화폐(현금)보유의 기회비용 증가 ➜ 화폐(현금)보유 감소 ➜ 채권보유 증가 • 소득효과: 이자율 상승 ➜ 실질소득 증가 ➜ 화폐(현금)보유 증가 ➜ 채권보유 감소

1. 보몰(Baumol)의 재고이론

(1) 개념

① 케인즈의 거래적 동기의 화폐수요이론이 발전된 이론으로 화폐를 일종의 재고로 간주한다.

② 케인즈와의 차이점

    ㉠ 케인즈는 투기적 화폐수요만 이자율의 영향을 받는 것으로 인정하였다.

    ㉡ 토빈은 화폐보유에 이자율이라는 기회비용이 발생하므로 거래적 화폐수요도 이자율의 영향을 받는 것으로 본다.

③ **결론**: 화폐보유의 편익(유동성 확보나 거래비용 절감)과 그로 인하여 발생하는 기회비용(이자소득)을 서로 비교하여 적정화폐보유수준을 결정한다.

(2) 가정

① 개인들은 소득 PY을 채권으로 받는다.

② 매번 M원을 화폐로 교환하여 기간 중 균일하게 지출한다.

③ 채권을 보유하면 이자수입을 얻을 수 있으나 채권을 화폐로 교환할 때 거래비용이 든다.

④ 채권을 화폐로 교환할 때 명목거래비용은 Pb이다.

(3) 화폐보유의 총비용

① 총비용 = 화폐보유에 따른 이자손실 + 화폐로 교환할 때의 거래비용 = $\dfrac{M}{2}r + \dfrac{P^2Y}{M}b$이다.

② 화폐보유에 따른 이자손실

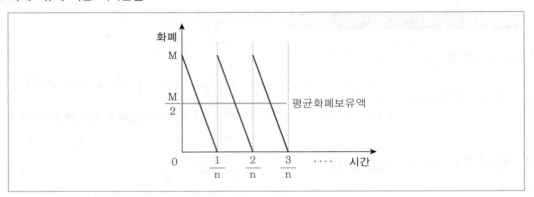

ⓐ 개인들은 매번 소득 PY원 중 M을 화폐로 교환하여 사용한다. 따라서 평균적으로 $\dfrac{M}{2}$정도를 보유하고 있다.

ⓑ 화폐보유에 따른 이자손실은 평균화폐보유액 × 이자율 = $\dfrac{M}{2} \times r$이다.

③ 화폐로 교환할 때의 거래비용

ⓐ 월급을 채권으로 100만 원 받았다고 가정하면 PY = 100이다.

ⓑ 그런데 50만 원씩 두 번 화폐보유를 위해 거래했다면($\dfrac{PY}{M}$ = 2) 거래비용(Pb)을 2번 지불했어야 한다.

ⓒ 화폐로 교환할 때의 교환비용은 $\dfrac{PY}{M} \times Pb = \dfrac{P^2Y}{M}b$로 표현할 수 있다.

(4) 화폐수요함수의 도출

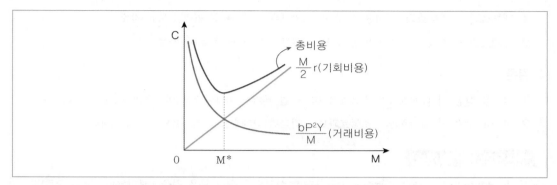

① 화폐보유의 총비용은 감소하다가 증가하는 패턴을 보이므로 최소화하는 M을 구하기 위해서 M으로 미분하여 구한다.

② $\dfrac{M}{2}r + \dfrac{P^2 r}{M}b$에서 $\dfrac{\triangle C}{\triangle M}=0$일 때 $\dfrac{1}{2}r - P^2 YbM^{-2}=0$ ➡ $\dfrac{1}{2}r = \dfrac{P^2 Yb}{M^2}$ ➡ $M^2 = \dfrac{2P^2 Yb}{r}$ ➡

$M^* = P\sqrt{\dfrac{2bY}{r}}$ 평균화폐보유액은 $\dfrac{M}{2} = M^D = P\sqrt{\dfrac{bY}{2r}}$ 가 도출된다.

(5) 특징

① 소득의 증가함수

  ㉠ 제곱근에 비례하므로 소득의 증가분보다 화폐수요는 작게 증가한다.

  ㉡ 이는 화폐보유에 따른 규모의 경제가 있음을 보여준다.

② 이자율의 감소함수

③ 거래비용(b)의 증가함수

④ 물가가 상승하면 명목화폐수요도 증가

2. 토빈(Tobin)의 자산선택이론의 개요

(1) 개념

① 케인즈의 투기적 동기의 화폐수요이론이 발전된 이론이다.

② 즉, 자산선택이론은 투자자의 총 부(total wealth)를 어떤 자산으로 얼마만큼 보유할 것인지에 대한 선택 문제를 다루는 이론이다.

③ 불확실성 속에서 사람들은 자신의 부의 크기가 주어졌을 때 각 자산의 예상수익률과 위험을 고려하여 자신의 효용을 극대화하는 포트폴리오(여러 가지 자산 묶음)를 구성한다는 내용이다.

(2) 이자율이 상승 시 대체효과와 소득효과

① 대체효과: 이자율 상승 ➡ 화폐(현금)보유의 기회비용 증가 ➡ 화폐(현금)보유 감소 ➡ 채권보유 증가

② 소득효과: 이자율 상승 ➡ 실질소득 증가 ➡ 화폐(현금)보유 증가 ➡ 채권보유 감소

(3) 자산선택이론의 화폐수요

① 대체효과 > 소득효과: 이자율 상승 ➔ 채권보유 증가 ➔ 화폐(현금)보유 감소

② 대체효과 < 소득효과: 이자율 상승 ➔ 채권보유 감소 ➔ 화폐(현금)보유 증가

(4) 결론

① 이자율 상승 시 대체효과가 소득효과보다 크면 투기적 화폐수요는 이자율의 감소함수이다.

② 이자율 상승 시 대체효과가 소득효과보다 작다면 화폐수요는 이자율의 증가함수이다.

확인문제(고난도 기출)

보몰(W. Boumol)의 거래적 화폐수요이론에 대한 설명으로 옳지 않은 것을 <보기>에서 모두 고르면?

[국회직 8급 16]

<보기>
ㄱ. 거래적 화폐수요는 이자율의 감소함수이다.
ㄴ. 한 번에 인출하는 금액이 커지면 거래비용이 증가한다.
ㄷ. 화폐수요에 있어서 규모의 불경제가 존재한다.
ㄹ. 거래비용이 증가하면 화폐수요는 증가한다.
ㅁ. 한 번에 인출하는 금액이 커지면 화폐수요도 커진다.

① ㄱ, ㄴ ② ㄴ, ㄷ ③ ㄴ, ㄹ ④ ㄹ, ㅁ ⑤ ㄴ, ㄷ, ㅁ

정답 및 해설

1) 보몰의 거래적 화폐수요이론은 케인즈의 거래적 동기의 화폐수요이론이 발전된 것으로 화폐수요는 $\frac{M}{2} = M^D = P\sqrt{\frac{bY}{2r}}$ 이다.

2) 소득의 제곱근에 비례하는 증가함수이다.

3) 이자율의 감소함수이다.

4) 거래비용(b)의 증가함수이다.

5) 물가가 상승하면 명목화폐수요도 증가한다.

6) 지문분석

　ㄴ. 한 번에 인출하는 금액이 적으면 자주 거래가 이루어지므로 거래비용이 증가한다.

　ㄷ. 화폐수요에 있어서 제곱근에 비례하므로 소득이 4배 증가하면 화폐수요는 2배 증가한다. 따라서 규모의 경제가 존재한다.

정답: ②

08 신화폐수량설

화폐금융론

제9장

해커스공무원 쉽게 끝내는 경제학 기본서

화폐수요함수	$\dfrac{M^D}{P} = k(r,\ \pi^e)\,Y_P = \dfrac{1}{V(r,\ \pi^e)}\,Y_P$
고전학파와의 차이점	고정된 값은 아니지만 안정적인 값으로 변화가 거의 없음

1. 신화폐수량설의 의미

프리드만은 고전학파의 화폐수량설을 발전시켜 화폐를 일종의 상품이나 자산으로 취급하였다. 화폐의 수요는 예산제약에 의한 효용극대화원리나 이윤극대화원리에 의해 결정된다는 일종의 자산선택이론이다.

2. 화폐수요함수와 특징

(1) 화폐수요함수

① 화폐보유자에게 중요한 것은 실질화폐량($\dfrac{M^D}{P}$)이다.

② $\dfrac{M^D}{P} = f(Y_P, r, \pi^e)$ (단, Y_P은 항상소득, r은 실질이자율, π^e은 기대인플레이션)

③ 항상소득의 화폐수요의 탄력성을 1이라 가정하면 $\dfrac{M^D}{P} = k(r, \pi^e)\,Y_P = \dfrac{1}{V(r, \pi^e)}\,Y_P$이다.

(2) 특징

① 항상소득(Y_P)

  ㉠ 항상소득(Y_P)은 개인의 부나 인적자산에서 발생한다. 항상소득이 증가하면 화폐수요가 증가한다.

  ㉡ 통화주의자인 프리드만은 화폐수요는 (항상)소득수준에 절대적인 영향을 받는다고 주장하였다.

② 명목이자율

  ㉠ 명목이자율 상승 ➔ 화폐보유의 기회비용 상승 ➔ 화폐수요 감소

  ㉡ 화폐수요는 이자율에 영향을 거의 받지 않는다고 주장하였다.

③ 예상인플레이션율

  ㉠ π^e(예상인플레이션율) 증가 ➔ 화폐보유의 기회비용 상승 ➔ 화폐수요 감소

  ㉡ 화폐수요는 물가 상승률에 영향을 거의 받지 않는다고 주장하였다.

④ 고전학파와의 차이점: $\dfrac{1}{V(r, \pi^e)}$에서 V는 고전적 화폐수량설에서 주장한 것처럼 고정된 것은 아니지만 충분히 안정성을 갖는 값이므로 거의 변화가 없다고 주장한다.

⑤ 통화량 변화가 미치는 영향: 프리드만은 화폐공급이 증가하여 개인의 초과 화폐수요가 발생하면, 사람들은 소비지출을 증가시켜 물가 상승을 가져와 명목소득을 증가시킨다고 한다.

3. 화폐수량설, 유동성 선호설, 신화폐수량설의 비교

구분	고전학파 (화폐수량설, 현금잔고방정식)	케인즈학파 (유동성 선호설)	통화주의학파 (신화폐수량설)
화폐의 유통속도	지불관습에 따라 일정한 상수	매우 불안정적이며 이자율에 예민하게 반응	물가와 이자율에 미미하게 반응
화폐 수요함수	$M = \dfrac{1}{V}PY$	$\dfrac{M^D}{P} = kY - hr$	$\dfrac{M^D}{P} = \dfrac{1}{V(r,\ \pi^e)}Y_P$
안정성	매우 안정적	매우 불안정적	안정적
화폐수요의 결정요인	명목국민소득(PY)에 의해 결정	• 거래적 · 예비적 화폐수요 ➡ 소득의 증가함수 • 투기적 화폐수요 ➡ 이자율의 감소함수	항상소득의 증가함수
화폐수요의 이자율 탄력성	0	매우 크다	매우 작다

확인문제

화폐수요에 대한 설명으로 옳지 않은 것은?
① 고전적 화폐수량설에서 화폐는 실물부문에 영향을 주지 않는다.
② 케인즈는 유동성함정을 통해 이자율을 지속적으로 낮출 수 없음을 주장하였다.
③ 보몰 - 토빈(Baumol - Tobin)의 거래적 화폐수요이론에 따르면 다른 조건이 일정할 때 소득이 2배 증가하면 화폐수요는 2배보다 더 많이 증가한다.
④ 프리드만의 신화폐수량설에서는 화폐유통속도가 안정적인 것을 전제한다.

정답 및 해설

1) 보몰 - 토빈의 거래적 동기의 화폐수요이론인 재고이론은 케인즈의 거래적 동기의 화폐수요이론이 발전된 이론으로 화폐수요는 $\dfrac{M}{2} = M^D = P\sqrt{\dfrac{bY}{2r}}$ 이다.
2) 화폐수요는 소득, 물가, 거래비용 등에는 비례하고 이자율에는 반비례한다고 하면서 소득이 2배 증가하면 화폐수요는 2배 미만으로 증가한다고 한다.

[오답체크]
① 화폐의 중립성에 대한 설명이다.
② 명목이자율은 -가 될 수 없으므로 지속적으로 낮출 수 없다.
④ 프리드만의 신화폐수량설에 의하면 케인즈의 화폐수요이론에 비하여 화폐유통속도 혹은 화폐수요가 안정적이어서 금융정책의 효과가 강력하다고 한다.

정답: ③

핵심 Check: 이자율 결정이론

실물적 이자론	실물부문, 균형은 I=S
대부자금설	대부자금시장, 균형은 대부자금수요 = 대부자금공급
유동성 선호설	화폐시장, 균형은 $\dfrac{M^d}{P} = \dfrac{M^s}{P}$

1. 고전학파의 실물적 이자론

(1) 의미

실물변수인 실질저축과 실질투자에 의해 이자율이 결정된다는 이론이다.

(2) 이자율 결정

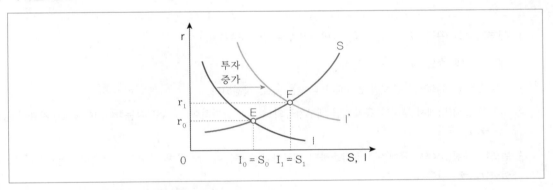

① 투자(I) = 저축(S)인 곳에서 균형이자율 r_0가 결정된다.

② 투자 증가(투자함수 I ➡ I') ➡ 이자율 상승(r_0 ➡ r_1)

2. 고전학파의 대부자금설

(1) 의미

① 대부자금설에서는 이자율을 대부자금의 가격으로 보아 다른 상품가격의 결정과 같이 대부자금의 총수요와
총공급에 의하여 결정된다고 보는 이론이다.

② 대부자금 총수요는 이자율의 감소함수이며, 대부자금 총공급은 이자율의 증가함수이다.

(2) 이자율 결정

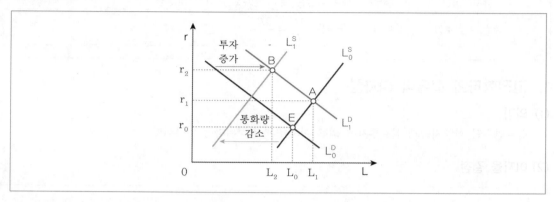

① 대부자금의 공급: $L^S = S_P + S_G$ = 민간저축 + 정부저축

② 대부자금의 수요: $L^D = I$ = 투자

③ $L^S = L^D$을 만족하는 균형점 E점에서 이자율 r_0로 결정된다.

④ 최초의 균형(E)에서 투자가 증가하면 대부자금의 수요가 증가하여 점 A로 이동한다. 따라서 이자율이 상승
(r_0 ➡ r_1)한다.

⑤ 변화된 균형(A)에서 화폐공급이 감소하면 대부자금의 공급이 감소하여 점 B로 이동한다. 따라서 이자율이
상승(r_1 ➡ r_2)한다.

3. 케인즈의 유동성 선호설

(1) 의미

① 케인즈는 화폐부문에서 화폐의 수요와 공급에 의해 이자율이 결정되는 것으로 본다.

② 케인즈는 이자율이란 기본적으로 유동성(liquidity)을 희생한 대가라고 보고, 반대로 고전학파는 이자율을 소비를 미래로 지연시킨 것에 대한 보상이라고 본다.

(2) 이자율 결정

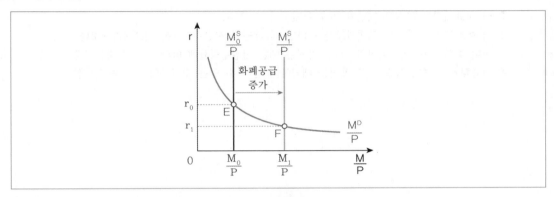

① 화폐시장에서 화폐의 수요와 공급에 의해서 이자율이 결정된다.

② 화폐수요와 공급이 만나는 균형점 E점에서 이자율(r_0)로 결정된다.

③ 화폐공급이 증가($\dfrac{M_0^S}{P}$ ➡ $\dfrac{M_1^S}{P}$)하면 이자율이 하락한다.

확인문제

어떤 실질이자율 수준에서 국민저축이 100, 국내총투자가 80, 그리고 순자본유출이 50이라고 하자. 개방경제의 대부자금시장모형에 따른 예측으로 맞는 것은?

① 대부자금에 대한 초과수요가 존재하여 실질이자율이 상승할 것이다.

② 대부자금에 대한 초과수요가 존재하여 실질이자율이 하락할 것이다.

③ 대부자금의 초과공급이 존재하여 실질이자율이 상승할 것이다.

④ 대부자금의 초과공급이 존재하여 실질이자율이 하락할 것이다.

⑤ 대부자금시장이 균형 상태에 있기 때문에 실질이자율이 변하지 않을 것이다.

정답 및 해설

1) 대부자금의 수요는 국내총투자 + 순자본유출 = 130이다.

2) 대부자금의 공급은 국민저축 = 100이다.

3) 대부자금시장에서는 초과수요가 발생하고 있으므로 실질이자율이 상승할 것이다.

정답: ①

기출동형문제

공기업 경제학 전공 시험에 출제될 가능성이 높은 다양한 유형의 문제를 풀어보며 실전 감각을 높여보세요!

01 매년 이자를 지급하는 일반이표채권(Straight coupon bond)의 가격 및 이자율과 관련된 설명으로 옳지 않은 것은?

① 이 이표채권의 가격은 액면가 아래로 낮아질 수 있다.
② 이 이표채권의 가격이 액면가보다 높다면 이 채권의 시장수익률은 이표이자율보다 낮다.
③ 이미 발행된 이 이표채권의 이표이자액은 매년 시장수익률에 따라 다르게 지급된다.
④ 이표채권 가격의 상승은 그 채권을 매입하여 얻을 수 있는 수익률의 하락을 의미한다.

02 중앙은행이 발행한 화폐에 대한 설명으로 옳지 않은 것을 <보기>에서 모두 고르면?

<보기>
ㄱ. 중앙은행이 발행한 화폐를 본원통화라고 한다.
ㄴ. 중앙은행이 발행한 화폐는 현금과 예금으로 분류된다.
ㄷ. 중앙은행이 화폐발행액을 증가시키려면 지급준비율을 높여야 한다.
ㄹ. 중앙은행이 공개시장에서 채권을 매각하면 본원통화는 감소한다.

① ㄱ, ㄴ   ② ㄱ, ㄷ   ③ ㄴ, ㄷ
④ ㄴ, ㄹ   ⑤ ㄷ, ㄹ

03 갑 은행이 500억 원의 예금과 350억 원의 대출을 가지고 있다. 만약 지급준비율이 10%라면, 갑 은행의 초과지급준비금은 얼마인가?

① 60억 원   ② 70억 원   ③ 80억 원
④ 90억 원   ⑤ 100억 원

04 다음 중 ⊙~㉣에 들어갈 말로 알맞은 것은?

> 케인즈는 화폐수요를 거래적 동기, 예비적 동기 그리고 투기적 동기로 분류하면서 거래적 동기 및 예비적 동기는 (⊙)에 의존하고, 투기적 동기는 (ⓒ)에 의존한다고 주장했다. 특히 (ⓒ)이 낮을 때 채권가격이 (ⓒ), 투자자의 채권 투자 의욕이 낮은 상황에서 투기적 동기에 따른 화폐수요가 (㉣)고 하였다.

	⊙	ⓒ	ⓒ	㉣
①	소득	이자율	높고	작다
②	소득	이자율	높고	크다
③	이자율	소득	높고	크다
④	이자율	소득	낮고	작다

정답 및 해설

01 ③ 이미 발행된 이 이표채권의 이표이자액은 채권에 표시되어 있는 대로 지급되며, 이를 표면이자율이라고 한다.

02 ③ ㄴ. 중앙은행이 발행한 화폐는 현금과 지급준비금으로 분류된다.
   ㄷ. 지급준비율을 높인다 해도 중앙은행에서 시중으로 화폐가 발행되는 것이 아니므로 중앙은행이 발행한 화폐(본원통화)는 변하지 않는다.

03 ⑤ 예금액이 500억 원이고 법정지급준비율이 10%이므로 법정지급준비금은 50억 원이다. 그런데 은행은 예금액 500억 원 중 350억 원을 대출해주었으므로 실제지급준비금은 150억 원이다. 따라서 실제지급준비금(150억 원) 중 법정지급준비금(50억 원)을 초과하는 부분인 100억 원이 초과지급준비금이된다.

04 ② 케인즈에 의하면 거래적 동기 및 예비적 동기의 화폐수요는 소득에 비례하나 투기적 동기의 화폐수요는 이자율에 반비례한다. 이자율과 채권가격은 역의 관계에 있으므로 이자율이 낮을 때는 채권가격이 높아 채권가격이 하락할 가능성이 크다.

05 중앙은행의 통화량 조절 정책 수단에 대한 설명으로 옳지 않은 것은?

① 중앙은행이 민간으로부터 국채를 매입할 경우 통화공급은 증가한다.
② 법정지급준비율을 변경하여 통화량을 조절하는 것은 중앙은행이 가장 자주 사용하는 수단이다.
③ 민간은행들은 법정지급준비율 이상의 준비금을 보유할 수 있다.
④ 민간은행들이 중앙은행으로부터 적게 차입할수록 통화공급은 감소한다.

06 본원통화 및 통화량에 관한 설명으로 옳은 것을 <보기>에서 모두 고르면?

> <보기>
> ㄱ. 지급준비율이 낮아지면 통화승수는 커진다.
> ㄴ. 신용카드 사용이 활성화되면 화폐수요가 증가한다.
> ㄷ. 본원통화는 현금발행액 + 지급준비금으로 구성된다.
> ㄹ. 중앙은행이 실물자산을 매입하면 본원통화가 증가한다.

① ㄱ, ㄴ   ② ㄱ, ㄹ   ③ ㄴ, ㄷ
④ ㄴ, ㄹ   ⑤ ㄷ, ㄹ

07 다음 중 유동성함정에 대한 설명으로 옳은 것을 <보기>에서 모두 고르면?

> <보기>
> ㄱ. 채권가격이 최저인 상태
> ㄴ. LM곡선이 수평인 상태
> ㄷ. 이자율이 최고인 상태
> ㄹ. 화폐수요의 이자율 탄력성이 무한대인 상태

① ㄱ, ㄴ   ② ㄱ, ㄷ   ③ ㄴ, ㄷ
④ ㄴ, ㄹ   ⑤ ㄷ, ㄹ

08 다음 괄호 안에 들어갈 용어를 순서대로 나열한 것은?

> 기업들에 대한 투자세액공제가 확대되면, 대부자금에 대한 수요가 (   )한다. 이렇게 되면 실질이자율이 (   )하고 저축이 늘어난다. 그 결과, 대부자금의 균형거래량은 (   )한다. (단, 실질이자율에 대하여 대부자금 수요곡선은 우하향하고, 대부자금 공급곡선은 우상향한다)

① 증가, 상승, 증가   ② 증가, 하락, 증가   ③ 증가, 상승, 감소
④ 증가, 하락, 감소   ⑤ 감소, 하락, 감소

09 어떤 경제의 국내저축(S), 투자(I), 그리고 순자본유입(KI)이 다음과 같다고 할 때, 아래 조건에서 대부자금시장의 균형이자율(r)은 얼마인가?

> • S = 1,400 + 2,000r　　• I = 1,800 − 4,000r　　• KI = −200 + 6,000r

① 2.0%　　　　　　　　② 4.25%　　　　　　　　③ 5.0%

④ 6.5%　　　　　　　　⑤ 8.25%

정답 및 해설

05 ② 중앙은행이 자주 사용하는 수단은 이자율을 조절하는 방법이다. 지급준비율정책은 강력한 통화정책 수단이나 그 효과를 정확히 예측할 수 없기 때문에 실제로는 통화량 조절 수단으로 거의 사용되지 않는다.

06 ② ㄱ. 지급준비율(z)이 낮아지면 통화승수 $\dfrac{1}{c+z(1-c)}$ 이 커진다.

ㄹ. 중앙은행에서 돈이 나가므로 본원통화가 증가한다.

[오답체크]

ㄴ. 신용카드 사용이 활성화되면 화폐를 보유하지 않아도 거래가 가능하므로 화폐수요는 감소한다.

ㄷ. 본원통화는 현금통화 + 지급준비금 또는 화폐발행액 + 중앙은행 지급준비예치금으로 표현할 수 있다.

07 ④ 유동성함정은 명목이자율을 더 내릴 수 없는 경우에 발생하며, 이때 화폐수요의 이자율 탄력성이 무한 대가 된다. 또한 유동성함정은 통화정책의 무력성을 입증할 때 사용된다.

[오답체크]

ㄱ. 채권가격이 최저라면 이자율이 높다는 의미이다. 유동성함정은 이자율이 낮을 때 발생한다.

ㄷ. 이자율이 최저인 상태이어야 한다.

08 ① 투자세액공제가 확대되면 기업들의 투자가 증가하므로 대부자금에 대한 수요가 증가한다. 대부자금 수요곡선이 오른쪽으로 이동하면 실질이자율이 상승하고 대부자금의 균형거래량이 증가한다. 대부자금 수요곡선이 오른쪽으로 이동하면 대부자금의 공급량이 증가하게 되는데, 이는 곧 저축의 증가를 의미한다.

09 ③ 저축과 순자본유입은 국내 대부자금시장에서 대부자금의 공급이므로 대부자금 공급곡선은 S + KI = 1,200 + 8,000r이고, 투자는 대부자금의 수요이므로 대부자금 수요곡선은 I = 1,800 − 4,000r이다. 균형이자율을 구하기 위해 S + KI = I로 두면 1,200 + 8,000r = 1,800 − 4,000r, 12,000r = 600이므로 r = 0.05로 계산된다.

10 A 국에서 중앙은행이 최초로 100단위의 본원통화를 공급하였다. 민간현금보유비율이 0.1이고, 은행의 지급준비율이 0.2일 때, A 국의 통화량은? (단, 소수점 첫째 자리에서 반올림하여 정수 단위까지 구한다)

① 333   ② 357   ③ 500
④ 833   ⑤ 1,000

11 화폐수요와 화폐공급에 대한 설명으로 옳은 것은?

<보기>
ㄱ. 본원통화는 화폐발행액과 중앙은행에 예치한 지급준비금의 합계이다.
ㄴ. 마샬의 k가 커지면 유통속도가 증가한다.
ㄷ. 부분지급준비제도하에서 통화량을 본원통화로 나눈 통화승수는 1보다 크다.
ㄹ. 화폐공급이 이자율의 증가함수라면 화폐공급의 내생성이 존재한다.

① ㄱ, ㄴ   ② ㄱ, ㄷ   ③ ㄴ, ㄷ
④ ㄱ, ㄷ, ㄹ   ⑤ ㄴ, ㄷ, ㄹ

12 다음의 조건을 지닌 만기 3년짜리 채권 중 가격이 가장 싼 것은? (단, 이표(Coupon)는 1년에 1번 지급하며, 이표율(Coupon rate)은 액면가(Face value) 대비 이표지급액을 의미한다)

	액면가	이표율	금리
①	10,000원	10%	10%
②	10,000원	8%	8%
③	10,000원	10%	7%
④	10,000원	8%	10%

13 다음 중 통화량의 증가를 가져오지 않는 것은?
① 예금의 현금 인출
② 중앙은행의 공채 매입
③ 중앙은행의 외환보유고 증가
④ 법정지급준비율의 인하
⑤ 신용카드 사용으로 인한 민간의 현금보유비율 감소

14 케인즈의 화폐수요이론에 대한 설명으로 옳지 않은 것은?

① 개인은 수익성 자산에 투자하는 과정에서 일시적으로 화폐를 보유하기도 한다.

② 화폐수요의 이자율 탄력성이 0이 되는 것을 유동성함정이라고 한다.

③ 소득수준이 높아질수록 예비적 동기의 화폐수요는 증가한다.

④ 거래적 동기의 화폐수요는 소득수준과 관련이 있다.

정답 및 해설

10 ② 통화승수 $m = \dfrac{1}{c+z(1-c)} = \dfrac{1}{0.1+0.2(1-0.1)} ≒ 3.57$이므로 중앙은행이 공급한 본원통화가 100단위이면 통화량은 357단위가 된다.

11 ④ ㄱ. 본원통화 = 현금통화 + 지급준비금 = 화폐발행액 + 중앙은행 예치금이다.

ㄷ. 지급준비율이 1보다 작으므로 통화승수는 1보다 크다.

ㄹ. 이자율과 관계있으면 내생성, 관계없으면 외생성이다.

[오답체크]

ㄴ. 마샬의 k는 유통속도의 역수이므로 마샬의 k가 커지면 유통속도는 감소한다.

12 ④ 채권가격과 시장이자율(= 금리)은 반비례한다. 따라서 시장이자율이 높을수록 채권가격이 낮아진다. ①은 이표율과 금리가 동일하므로 채권가격이 10,000원으로 유지되겠지만 ④는 시장이자율이 이표율보다 높으므로 채권을 액면가보다 싸게 판매해야만 한다.

13 ① 예금을 현금으로 인출하면 현금통화비율의 증가로 통화승수가 하락하여 통화량이 감소한다.

[오답체크]

② 중앙은행이 공채를 매입하면 본원통화가 증가하므로 통화량이 증가한다.

③ 중앙은행의 외환보유고가 증가하게 된다는 것은 자국통화를 외화로 바꾸어준 것이므로 본원통화가 증가하여 통화량이 증가한다.

④ 법정지급준비율의 인하는 통화승수의 증가요인이므로 통화량이 증가한다.

⑤ 신용카드 사용으로 인한 민간의 현금보유비율 감소는 통화승수의 증가요인이므로 통화량이 증가한다.

14 ② 유동성함정은 화폐수요의 이자율 탄력성이 0이 아니라 무한대인 구간이다.

15 화폐수량방정식에 대한 설명으로 옳은 것은?

> <보기>
> ㄱ. 완전고용하에서 화폐의 유통속도가 일정할 경우 화폐공급이 증가하면 물가가 상승한다.
> ㄴ. 명목GDP가 2,000이고 화폐공급이 100이면 화폐유통속도는 사후적으로 20이 된다.
> ㄷ. 투기적 화폐수요를 설명하고자 교환방정식이 도입되었다.
> ㄹ. 화폐시장의 균형하에서 화폐의 유통속도가 증가하더라도 화폐수요는 일정하다.

① ㄱ, ㄴ   ② ㄱ, ㄷ   ③ ㄴ, ㄷ
④ ㄴ, ㄹ   ⑤ ㄷ, ㄹ

16 시중금리가 연 5%에서 연 6%로 상승하는 경우, 매년 300만 원씩 영원히 지급받을 수 있는 영구채의 현재 가치의 변화는?

① 30만 원 감소   ② 60만 원 감소
③ 300만 원 감소   ④ 1,000만 원 감소

17 지급준비율과 관련된 설명으로 옳지 않은 것은?

① 우리나라는 부분지급준비제도를 활용하고 있다.
② 은행들은 법정지급준비금 이상의 초과지급준비금을 보유할 수 있다.
③ 100% 지급준비제도하에서는 지급준비율이 1이므로 통화승수는 0이 된다.
④ 지급준비율을 올리면 본원통화의 공급량이 변하지 않아도 통화량이 줄어들게 된다.

18 본원통화에 대한 통화량의 비율을 통화승수라고 한다. 다음 중 통화승수에 대한 설명으로 옳은 것은?

> <보기>
> ㄱ. 현금선호비율이 높을수록 통화승수는 커진다.
> ㄴ. 은행의 지급준비율이 높아지면 통화승수는 커진다.
> ㄷ. 현금보다 요구불예금의 비중이 커지면 통화승수는 커진다.
> ㄹ. 지급준비율이 100%이면 통화승수는 1이다.

① ㄱ, ㄴ   ② ㄱ, ㄷ   ③ ㄴ, ㄷ
④ ㄴ, ㄹ   ⑤ ㄷ, ㄹ

19 시장이자율이 상승할 때 동일한 액면가를 갖는 채권의 가격변화에 대한 설명으로 옳지 않은 것은?

① 무이표채(Discount bond)는 만기가 일정할 때 채권가격이 하락한다.
② 이표채(Coupon bond)는 만기가 일정할 때 채권가격이 하락한다.
③ 실효만기가 길수록 채권가격은 민감하게 변화한다.
④ 무이표채의 가격위험은 장기채보다 단기채가 더 크다.

정답 및 해설

15 ① ㄱ. 화폐수량설에 따르면 MV = PY가 성립하므로 유통속도가 일정할 경우 화폐공급이 증가하면 물가가 상승한다.

ㄴ. 화폐공급(100) × 화폐유통속도 = 명목GDP(PY = 2,000)이므로 화폐유통속도는 20이 된다.

[오답체크]

ㄷ. 거래적 화폐수요를 설명하고자 교환방정식이 도입되었다.

ㄹ. 화폐시장의 균형하에서 화폐의 유통속도가 증가하면 화폐수요는 명목GDP에 비례한다.

16 ④ 매년 A원의 이자를 지급받는 영구채의 가격 $P = \frac{A}{r}$ 이다. 이자율이 5%일 때 매년 300만 원의 이자를 지급받는 영구채의 가격 $P = \frac{300}{0.05} = 6,000$만 원이며, 이자율이 6%로 상승하면 동일한 영구채의 가격 $P = \frac{300}{0.06} = 5,000$만 원으로 하락한다. 따라서 이자수입의 현재가치가 1,000만 원 감소함을 알 수 있다.

17 ③ 통화승수 $m = \frac{1}{c + z(1-c)}$ 이므로 지급준비율 $z = 1$이면 통화승수가 1이다.

18 ⑤ 현금보다 요구불예금의 비중이 커지면 통화승수는 커지고, 지급준비율이 100%이면 통화승수는 1이다.

[오답체크]

ㄱ. 현금선호비율이 높을수록 통화승수는 작아진다.

ㄴ. 은행의 지급준비율이 높아지면 통화승수는 작아진다.

19 ④ 채권가격은 이자율과 반비례하므로 시장이자율이 상승하면 이표채와 할인채(무이표채)의 가격은 모두 하락한다. 그리고 만기가 길수록 채권가격은 이자율 변화에 민감하므로 가격위험은 단기채보다 장기채가 더 크다.

20 갑은 노트북을 사기 위해 현금 100만 원을 인출하였다. 이로 인한 본원통화와 협의통화(M1)의 즉각적인 변화는?

① 본원통화는 100만 원 증가하고, 협의통화는 100만 원 증가한다.
② 본원통화는 100만 원 감소하고, 협의통화는 100만 원 감소한다.
③ 본원통화는 변화가 없고, 협의통화는 100만 원 증가한다.
④ 본원통화와 협의통화 모두 변화가 없다.

21 다음은 어느 은행의 대차대조표이다. 이 은행이 초과지급준비금을 전부 대출할 때, 은행시스템 전체를 통해 최대로 증가할 수 있는 통화량의 크기는? (단, 법정지급준비율은 20%이며 현금통화비율은 0%이다)

자산(억 원)		부채(억 원)	
지급준비금	600	예금	2,000
대출	1,400		

① 120억 원
② 400억 원
③ 1,000억 원
④ 2,000억 원

22 금융시장과 금융상품에 관한 내용 중 옳은 것을 <보기>에서 모두 고른 것은?

<보기>
ㄱ. 효율적 시장가설(EMH; Efficient Markets Hypothesis)에 따르면 자산 가격에는 이미 공개되어 있는 모든 정보가 반영되어 있다.
ㄴ. 주가와 같이 예측 불가능한 자산 가격 변수가 시간이 흐름에 따라 나타내는 움직임을 임의보행(Random walk)이라 한다.
ㄷ. 어떤 자산이 큰 손실 없이 재빨리 현금으로 전환될 수 있을 때 그 자산은 유동적이며, 그 반대의 경우는 비유동적이다.
ㄹ. 일정한 시점 혹은 기간 동안에 미리 정해진 가격으로 어떤 상품을 살 수 있는 권리를 풋옵션(Put option) 이라고 한다.

① ㄱ, ㄴ
② ㄱ, ㄴ, ㄷ
③ ㄱ, ㄷ, ㄹ
④ ㄱ, ㄴ, ㄷ, ㄹ

23 본원통화량이 불변인 경우, 통화량을 증가시키는 요인만을 <보기>에서 모두 고르면? (단, 시중은행의 지급준비금은 요구불예금보다 적다)

<보기>
ㄱ. 시중은행의 요구불예금 대비 초과지급준비금이 낮아졌다.
ㄴ. 사람들이 지불수단으로 요구불예금보다 현금을 더 선호하게 되었다.
ㄷ. 시중은행이 준수해야 할 요구불예금 대비 법정지급준비금이 낮아졌다.

① ㄱ, ㄴ
② ㄱ, ㄷ
③ ㄴ, ㄷ
④ ㄱ, ㄴ, ㄷ

정답 및 해설

20 ④ 갑이 노트북을 사기 위해 현금 100만 원을 인출하면 현금통화(민간보유현금)가 100만 원 증가하고 예금통화가 100만 원 감소하므로 현금통화와 예금통화를 합한 협의통화는 변하지 않는다. 또한 중앙은행에서 화폐가 발행된 적이 없으므로 본원통화와 협의통화 모두 변화가 없다.

21 ③ 법정지급준비율이 20%이므로 예금이 2,000억 원이면 은행은 법정지급준비금으로 400억 원을 보유해야 한다. 그런데 실제지급준비금이 600억 원이므로 법정지급준비금 400억 원을 초과한 200억 원이 초과지급준비금이다. 은행이 초과지급준비금을 모두 대출하여 최대로 증가할 수 있는 예금통화의 크기는 $200 \times \dfrac{1}{0.2} = 1,000$억 원이다. 이 경우 현금통화는 변하지 않고 예금통화만 1,000억 원 증가하므로 최대로 증가할 수 있는 통화량의 크기는 1,000억 원이다.

22 ② ㄱ. 효율적 시장가설이란 자본시장의 가격이 이용 가능한 정보를 충분히 즉각적으로 반영하고 있다는 가설이다. 즉 어떤 투자자라도 이용 가능한 정보를 기초로 한 거래에 의해 초과 수익을 얻을 수 없다는 것이다. 이는 시장이 효율적이므로 자신이 가진 정보는 이미 주가에 반영되었고 따라서 투자자의 예측에 영향을 준 정보로 인한 가격변화는 또다시 발생하지 않을 것이기 때문이라는 것이다.
   ㄴ. 랜덤워크 가설은 현재의 주가는 과거의 주가나 추이에 영향을 받지 않고 매 시점 독립적으로 움직인다는 가설이다. 이 가설에 따르면 매 시점의 주가는 상호 독립적이고, 무작위적(Random)으로 움직이기 때문에 과거의 주가 데이터를 바탕으로 미래의 주가를 예측하는 것은 불가능하다. 어디로 갈지 알 수 없는 주가 변동을 만취한 사람의 걸음걸이에 빗댄 표현이다.
   ㄷ. 유동성이란 어떤 자산이 얼마나 가치 손실 없이 쉽게 현금화될 수 있는지의 정도를 말한다.
   [오답체크]
   ㄹ. 옵션이란 미리 정해진 조건에 따라 일정 시점 혹은 일정한 기간 내에 상품이나 유가증권 등의 특정 자산을 사거나 팔 수 있는 권리를 말한다. 옵션에는 어떤 상품을 살 수 있는 권리인 콜옵션(Call option)과 팔 수 있는 권리인 풋옵션(Put option)이 있다.

23 ② 통화공급량 = 통화승수 × 본원통화$\left(M^s = \dfrac{1}{c+z(1-c)} \times H\right)$로 나타낼 수 있다. 초과지급준비율이나 법정지급준비율이 낮아지면 실제지급준비율(z)이 낮아져 통화승수가 커지므로 통화량이 증가한다.
   [오답체크]
   ㄴ. 현금통화비율(c)이 상승하면 통화승수가 작아지므로 통화량이 감소하게 된다.

24 다음 중 화폐수요를 증가시키는 요인으로 옳은 것을 <보기>에서 모두 고르면?

<보기>
ㄱ. 국민소득의 증가
ㄴ. 이자율의 상승
ㄷ. 물가수준의 상승
ㄹ. 기대물가상승률의 증가

① ㄱ
② ㄱ, ㄷ
③ ㄱ, ㄴ, ㄷ
④ ㄱ, ㄷ, ㄹ

25 어떤 경제의 완전고용국민소득이 400조 원이며, 중앙은행이 결정하는 이 경제의 총화폐공급은 현재 30조 원이다. 다음 표는 이 경제의 이자율에 따른 총화폐수요, 총투자, 실질국민소득의 변화를 나타낸 것일 때, 이 경제에 대한 설명으로 가장 옳은 것은?

이자율(%)	총화폐수요(조 원)	총투자(조 원)	실질국민소득(조 원)
1	70	120	440
2	60	110	420
3	50	100	400
4	40	80	360
5	30	50	320

① 실질국민소득이 완전고용수준과 같아지려면 중앙은행은 총화폐공급을 20조 원만큼 증가시켜야 한다.
② 현재 이 경제의 실질국민소득은 완전고용수준보다 40조 원만큼 작다.
③ 중앙은행이 총화폐공급을 지금보다 30조 원만큼 증가시키면 균형이자율은 1%가 된다.
④ 현재 이 경제의 균형이자율은 4%이다.

26 A 국의 경제주체들은 화폐를 현금과 예금으로 절반씩 보유하며, 상업은행의 지급준비율은 10%이다. A 국의 중앙은행이 본원통화를 440만 원 증가시켰을 때 A 국의 통화량 변동은?

① 800만 원 증가
② 880만 원 증가
③ 1,100만 원 증가
④ 4,400만 원 증가

27 현금예금비율 $\left(\dfrac{C}{D}\right)$ = 0.4, 지급준비율 $\left(\dfrac{R}{D}\right)$ = 0.2일 때, 통화승수는 얼마인가? (통화(M)는 현금통화(C) + 요구불예금(D), 본원통화(H) = 현금통화(C) + 지급준비금(R)으로 구성되어 있으며 소수점 둘째 자리에서 반올림한다)

① 2   ② 2.3   ③ 3

④ 3.3   ⑤ 4

정답 및 해설

24 ② 일반적으로 소득수준이 증가하면 일상적인 지출이 많아지므로 화폐수요가 증가하고, 물가수준이 상승하면 동일한 양의 재화를 구입하는 데 더 많은 돈이 필요하므로 화폐수요가 증가한다.

  [오답체크]

  ㄴ. 이자율이 상승하면 화폐보유의 기회비용이 상승하므로 화폐수요가 감소한다.

  ㄹ. 기대물가상승률이 높아지면 화폐가치 하락을 우려하여 사람들이 화폐보다는 실물자산을 구입하려 할 것이므로 화폐수요가 감소한다.

25 ① 균형이자율은 화폐의 수요와 공급이 일치하는 수준에서 결정되는데, 현재는 통화공급이 30조 원이므로 이자율이 5%, 실질국민소득이 320조 원이다. 잠재GDP가 400조 원이고, 현재의 실질국민소득이 320조 원이므로 실질국민소득이 완전고용수준보다 80조 원 미달하는 상태이다. 잠재GDP 수준에서는 이자율이 3%이고, 총화폐수요가 50조 원이므로 잠재GDP에 도달하려면 통화량을 20조 원 증가시켜야 한다.

  [오답체크]

  ② 현재 이 경제의 실질국민소득은 완전고용수준보다 80조 원만큼 작다.

  ③ 중앙은행이 총화폐공급을 지금보다 30조 원만큼 증가시키면 균형이자율은 2%가 된다.

  ④ 현재 이 경제의 균형이자율은 5%이다.

26 ① 경제주체들이 화폐를 현금과 예금으로 절반씩 보유하므로 현금통화비율 c = 0.5이다. 현금통화비율 c = 0.5, 지급준비율 z = 0.1이면 통화승수 $m = \dfrac{1}{c+z(1-c)} = \dfrac{1}{0.5+0.1(1-0.5)} = \dfrac{1}{0.55}$ 이다. 따라서 본원통화가 440만 원 증가하면 통화량은 $\dfrac{1}{0.55} \times 440 = 800$만 원 증가한다.

27 ② 현금예금비율 k = 0.4, 지급준비율 z = 0.2이므로 통화승수 $m = \dfrac{k+1}{k+0.2} = \dfrac{0.4+1}{0.4+0.2} ≒ 2.3333$이다.

고난도 시험의 기출문제를 풀어보며 경제학 실력을 한층 더 업그레이드해 보세요!

01 어떤 경제에 서로 대체관계인 국채와 회사채가 있다고 하자. 회사채의 신용위험(credit risk) 증가가 국채 가격, 회사채 가격, 그리고 회사채의 위험 프리미엄(risk premium)에 미치는 영향으로 옳은 것은? (단, 국채의 신용위험은 불변이고 채권투자자는 위험 기피적이라고 가정) [회계사 15]

	국채 가격	회사채 가격	위험 프리미엄
①	불변	불변	불변
②	하락	하락	증가
③	상승	하락	증가
④	상승	하락	감소
⑤	상승	상승	증가

02 고전학파 거시모형에서 생산함수는 $Y = 50\sqrt{L}$, 노동공급함수는 $\frac{W}{P} = \sqrt{L} (P > 0)$, 통화량은 100, 화폐의 유통속도는 10이다. 저축함수는 $S(r) = -10 + 1{,}000r$이고, 투자함수는 $I(r) = 50 - 200r$이다. 다음 중 옳지 않은 것은? (단, Y, L, W, P, r은 각각 산출량, 노동, 명목임금, 물가, 이자율임) [국회직 8급 23]

① $W = 40$ ② $L = 25$ ③ $Y = 250$
④ $P = 4$ ⑤ $r = 0.05$

03 수량방정식(MV = PV)과 피셔효과가 성립하는 폐쇄경제에서 화폐유통속도(V)가 일정하고, 인플레이션율이 2%, 통화증가율이 5%, 명목이자율이 6%라고 할 때, 다음 중 옳은 것을 모두 고른 것은? (단, M은 통화량, P는 물가, Y는 실질소득이다) [감정평가사 18]

> ㄱ. 실질이자율은 4%이다.
> ㄴ. 실질경제성장률은 '4%이다.
> ㄷ. 명목경제성장률은 5%이다.

① ㄱ   ② ㄴ   ③ ㄱ, ㄷ
④ ㄴ, ㄷ   ⑤ ㄱ, ㄴ, ㄷ

04 통화 수요 함수가 다음과 같다.

$$\left(\frac{M^d}{P}\right) = 2,200 - 200r$$

여기서 r은 %로 표현된 이자율(예를 들어 이자율이 10%라면, r = 10)이며, M은 통화량, P는 물가수준, 그리고 d는 수요를 나타내는 첨자이다. 물가수준이 2라고 하면 중앙은행이 이자율을 7% 수준으로 맞추고자 할 때 통화 공급량은 얼마인가?

[회계사 18]

① 1,600　　　　　　　② 1,400　　　　　　　③ 1,200
④ 1,000　　　　　　　⑤ 800

정답 및 해설

01 ③　1) 회사채의 신용위험 증가 ➔ 이자율 상승 ➔ 채권가격 하락
　　　　2) 국채수요 증가 ➔ 국채가격 상승 ➔ 국채수익률 하락
　　　　3) 위험 프리미엄 = 회사채수익률 - 국채수익률이다.
　　　　4) 회사채수익률은 증가하고 국채수익률은 하락하였으므로 위험 프리미엄은 커졌다.

02 ①　1) 노동수요는 $P \times MP_L = W$ ➔ $\frac{W}{P} = MP_L$ ➔ $MP_L = \frac{50}{2\sqrt{L}} = \frac{25}{\sqrt{L}}$ ➔ $\frac{W}{P} = \frac{25}{\sqrt{L}}$ 이다.

　　　　2) 노동시장의 균형을 구하면 $\frac{25}{\sqrt{L}} = \sqrt{L}$ ➔ L = 25이다.

　　　　3) 이를 생산함수에 대입하면 Y = 250이다.

　　　　4) 화폐수량설이 성립하므로 MV = PY ➔ $100 \times 10 = P \times 250$ ➔ P = 4이다.

　　　　5) $\frac{W}{P} = \frac{25}{\sqrt{L}}$ 이므로 $\frac{W}{4} = \frac{25}{\sqrt{25}}$ ➔ W = 20이다.

　　　　6) 대부자금시장이 성립하므로 -10 + 1,000r = 50 - 200r ➔ 1,200r = 60 ➔ r = 0.05

03 ③　1) MV = PY에서 변화율로 바꾸면 통화량의 변화율 + 유통속도의 변화율 = 물가상승률 + 경제성장률
　　　　　 (= 실질소득증가율)이다.
　　　　2) 식에 대입하면 5% + 0% = 2% + 실질경제성장률이므로 실질경제성장률은 3%이다.
　　　　3) 명목경제성장률은 물가상승률 + 실질경제성장률이므로 5%이다.
　　　　4) 명목이자율 - 물가상승률 = 실질이자율이므로 6% - 2% = 4%이다.

04 ①　1) 균형은 $\left(\frac{M^d}{P}\right) = \left(\frac{M^S}{P}\right)$ 이다.

　　　　2) $2,200 - 200 \times 7 = \left(\frac{M^S}{2}\right)$ ➔ $M^S = 1,600$이다.

해커스공기업 쉽게 끝내는 경제학 기본서

제10장

총수요와 총공급, 물가와 실업

IS곡선	$r = -\dfrac{1-c(1-t)+m}{b}Y + \dfrac{1}{b}(C_0 - cT_0 + I_0 + G_0 + X_0 - M_0)$
기울기	케인즈학파 급경사, 통화주의자 완경사
기울기 변동요인	투자의 이자율 탄력성, 한계소비성향, 비례세율, 한계수입성향
곡선이동요인	투자, 정부지출, 순수출 등의 변동

1. IS-LM모형의 의미

(1) 학자

1937년 케인즈학파인 힉스(J. R. Hicks)와 한센(A. H. Hansen)에 의해서 정립된 이론이다.

(2) 가정

케인즈의 가정에 따라 고정된 물가하에 공급능력은 충분하나 유효수요의 부족으로 완전고용에 미달되는 경제를 가정하고 있다.

(3) IS와 LM의 의미

① 생산물시장의 균형(IS곡선): IS란 투자(Investment)와 저축(Saving)의 약자로 IS곡선은 생산물시장의 균형을 나타내는 이자율과 국민소득과의 관계곡선이다.

② 화폐시장의 균형(LM곡선): LM이란 화폐수요(Liquidity Preference)와 화폐공급(Money Supply)의 약자로 LM곡선은 화폐시장의 균형을 나타내는 이자율과 국민소득과의 관계곡선이다.

(4) 목표

IS - LM모형은 생산물시장과 화폐시장의 상호작용을 동시에 분석하는 모형이다.

2. 수식을 이용한 IS곡선 도출

해외부문이 포함되는 경우의 승수에서 균형국민소득을 구하는 과정 중 투자함수를 $I = I_0 - br$로 가정하여 다음과 같이 IS곡선을 구할 수 있다.

(1) $Y^D = C_0 + c(Y - T_0 - tY) + I_0 - br + G_0 + X_0 - M_0 - mY$

(2) 위 식을 이자율(r)에 관하여 정리하면 $r = -\dfrac{1-c(1-t)+m}{b}Y + \dfrac{1}{b}(C_0 - cT_0 + I_0 + G_0 + X_0 - M_0)$이다.

(3) 즉, 기울기가 $-\dfrac{1-c(1-t)+m}{b}$이고 절편이 $\dfrac{1}{b}(C_0 - cT_0 + I_0 + G_0 + X_0 - M_0)$인 우하향의 IS곡선이 도출된다.

3. 그래프를 이용한 IS곡선 도출

(1) 그래프(단, 투자함수가 $I = I_0 - br$인 경우)

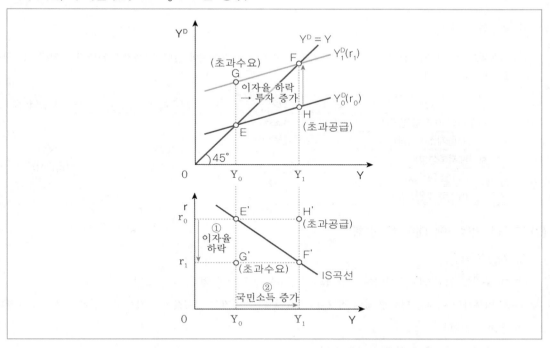

(2) 설명

① 최초 균형점 E(국민소득: Y_0, 이자율: r_0)일 때 이자율이 하락($r_0 \rightarrow r_1$)한다.

② 이로 인해 투자가 늘어나 총수요 증가($Y_0^D \rightarrow Y_1^D$)하여 국민소득이 증가($Y_0 \rightarrow Y_1$)한다.

③ 이자율과 국민소득과의 관계가 부(-)의 관계이므로 우하향의 IS곡선이 도출된다.

(3) IS곡선의 상, 하부

① IS곡선 상부: 총공급이 총수요를 초과하므로 생산물시장의 초과공급이 나타난다.

② IS곡선 하부: 총수요가 총공급을 초과하므로 생산물시장의 초과수요가 나타난다.

(4) 불균형의 조절

생산물시장의 불균형은 생산량(Y)이 변하여(좌우이동) 균형에 도달한다.

4. IS곡선 기울기

(1) 결정요인

① IS곡선의 기울기는 $-\dfrac{1-c(1-t)+m}{b}$ 이다.

② 기울기가 가파르기 위해서는 분자는 커져야 하고 분모는 작아져야 한다. 기울기가 완만하기 위해서는 반대로 생각하면 된다.

구분	크기	기울기	IS곡선의 형태
b(투자의 이자율 탄력성)	클수록 (작을수록)	작다 (크다)	완만 (급경사)
c(한계소비성향)			
s(한계저축성향) = 1 - c	작을수록 (클수록)		
t(소득세율)			
m(한계수입성향)			

(2) IS곡선 기울기에 대한 두 견해

① 케인즈학파

㉠ 투자는 기업가의 직관력이 중요하므로 이자율과 관련이 없다.

㉡ b(투자의 이자율 탄력성)값이 작으므로 IS곡선의 기울기의 절댓값이 커져서 IS곡선은 급경사를 이룬다.

② 통화주의학파

㉠ 투자는 이자율에 의해 크게 좌우된다.

㉡ b(투자의 이자율 탄력성)값이 크므로 IS곡선의 기울기의 절댓값이 작아져서 IS곡선은 완만하다.

(3) 유발투자가 존재할 때 IS곡선

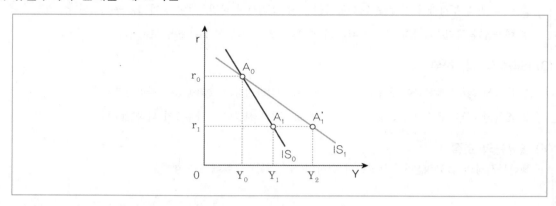

① 유발투자가 존재하면 투자함수는 $I = I_0 + iY$ 이다.

② 이자율 하락$(r_0 \rightarrow r_1)$ → 투자 증가 → 총수요 증가 → 국민소득(Y_1) 증가 → 유발투자가 없는 경우(IS_0)

③ 이자율 하락$(r_0 \rightarrow r_1)$ → 투자 증가 → 총수요 증가 → 국민소득(Y_1) 증가 → 유발투자 증가 → 총수요 증가 → 국민소득(Y_2) 증가(IS_1)

④ 유발투자가 존재할 때 IS곡선의 기울기

ⓐ $-\dfrac{1-c(1-t)+m-i}{b}$

ⓑ 가속도 원리에 의해 국민소득의 증가가 더욱 커지므로 IS곡선이 유발투자가 없는 경우보다 완만해진다.

5. IS곡선 이동

(1) IS곡선의 우측이동요인

① IS곡선은 국민소득 순환모형에서 주입에 해당되는 요인인 소비(C_0), 투자(I_0), 정부지출(G_0), 수출(X_0) 등이 증가하거나 조세(T_0), 수입(M_0), 저축(S) 등이 감소하면 이자율이 불변인 상황에서 국민소득이 증가하므로 승수배만큼 우측으로 이동한다.

② 설명

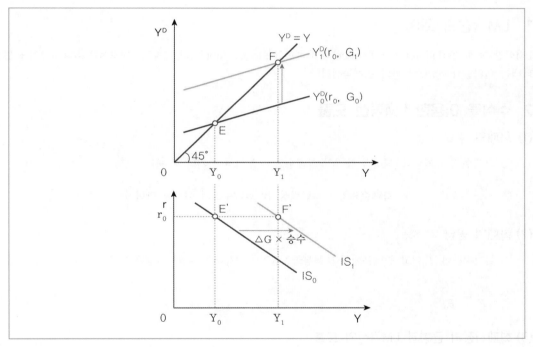

ⓐ 최초의 균형점 E에서 국민소득은 Y_0이고 이자율이 r_0이다.

ⓑ 정부지출이 G_0에서 G_1으로 증가하면 총수요가 증가(Y_0^D ➡ Y_1^D)하여 이자율은 r_0로 변하지 않으나 국민소득이 Y_1으로 상승한다.

ⓒ 따라서 IS곡선이 정부지출 증가분 × 승수만큼 우측(IS_0 ➡ IS_1)으로 평행이동한다.

(2) IS곡선의 좌측이동요인

IS곡선은 국민소득 순환모형에서 누출에 해당되는 요인인 조세(T_0), 수입(M_0), 저축(S) 등이 증가하거나 주입에 해당되는 요인인 소비(C_0), 투자(I_0), 정부지출(G_0), 수출(X_0) 등이 감소할 경우 이자율이 불변인 상황에서 국민소득이 감소하므로 승수배만큼 좌측이동한다.

핵심 Check: LM곡선

LM곡선	$r = \dfrac{k}{h} Y - \dfrac{1}{h} \cdot \dfrac{M_0}{P_0}$
기울기	케인즈학파 완경사, 통화주의자 급경사
기울기 변동요인	화폐수요의 소득탄력성, 화폐수요의 이자율 탄력성
곡선이동요인	통화량, 물가변동

1. LM곡선의 의미

LM이란 화폐수요(Liquidity Preference)와 화폐공급(Money Supply)의 약자로 LM곡선은 화폐시장의 균형을 나타내는 이자율과 국민소득과의 관계곡선이다.

2. 수식을 이용한 LM곡선 도출

(1) 화폐의 수요

① 화폐수요 = 거래적·예비적 동기의 화폐수요 + 투기적 동기의 화폐수요

② $\dfrac{M^D}{P} = kY - hr$ (k: 화폐수요의 소득탄력성, h: 화폐수요의 이자율 탄력성)

(2) 화폐의 공급

① 물가수준이 P_0이고 중앙은행의 명목통화공급량이 M_0라면 실질통화량은 다음과 같이 나타낸다.

② $\dfrac{M^S}{P} = \dfrac{M_0}{P_0}$

(3) 화폐시장의 균형과 LM곡선의 도출

① 화폐시장이 균형을 이루려면 화폐공급 = 화폐수요이므로 $\dfrac{M^S}{P} = \dfrac{M^D}{P}$이다.

② 이를 위의 식을 활용하여 쓰면 $\dfrac{M_0}{P_0} = kY - hr$이다.

③ 위 식을 이자율(r)에 관하여 정리하면 $r = \dfrac{k}{h} Y - \dfrac{1}{h} \cdot \dfrac{M_0}{P_0}$이다.

④ 즉, 기울기가 $\dfrac{k}{h}$이고 절편이 $-\dfrac{1}{h} \cdot \dfrac{M_0}{P_0}$인 우상향의 LM곡선이 도출된다.

3. 그래프를 이용한 LM곡선 도출

(1) 그래프

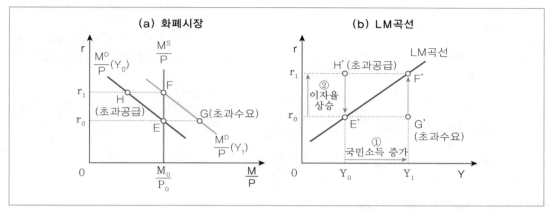

(2) 화폐시장

① 최초의 균형점 E점(이자율 r_0, 국민소득 Y_0)에서 국민소득이 증가($Y_0 \rightarrow Y_1$)하게 되면 화폐수요가 증가하여 이자율 상승($r_0 \rightarrow r_1$)한다.

② 국민소득과 이자율과의 관계가 정(+)의 관계이므로 LM곡선은 우상향한다.

(3) LM곡선의 상, 하부

① LM곡선 상부: 국민소득에 비해 이자율이 높으므로 화폐시장의 초과공급이다.

② LM곡선 하부: 국민소득에 비해 이자율이 낮으므로 화폐시장의 초과수요이다.

(4) 불균형의 조절

화폐시장의 불균형은 균형이자율로 이동해야 하므로 상하이동하여 균형에 도달한다.

4. LM곡선 기울기

(1) 결정요인

① LM곡선의 기울기는 $\dfrac{k}{h}$이다.

② 기울기가 가파르기 위해서는 분자는 커져야 하고 분모는 작아져야 한다. 기울기가 완만하기 위해서는 반대로 생각하면 된다.

구분	크기	기울기	LM곡선의 형태
h(화폐수요의 이자율 탄력성)	클수록 (작을수록)	작다 (크다)	완만 (급경사)
k(화폐수요의 소득 탄력성)	작을수록 (클수록)		

(2) LM곡선 기울기에 대한 학파별 견해

① **케인즈학파**: h(화폐수요의 이자율 탄력성)값이 크므로 LM곡선의 기울기의 절댓값이 작아서 LM곡선은 완만하다.

② **통화주의자**: h(화폐수요의 이자율 탄력성)값이 작으므로 LM곡선의 기울기의 절댓값이 커서 LM곡선은 급경사를 이룬다.

③ **고전학파**: 화폐수요가 이자율에 전혀 영향을 받지 않아 h(화폐수요의 이자율 탄력성)값이 0이므로 LM곡선은 수직선이다.

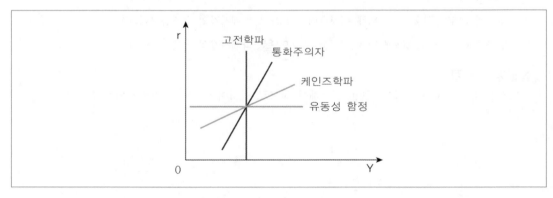

(3) 유동성 함정에서의 LM곡선

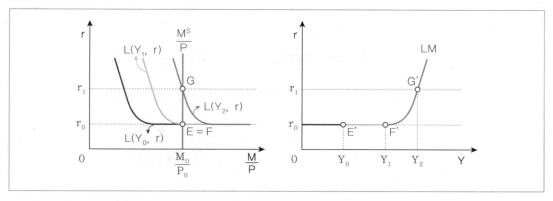

① 유동성 함정인 구간에서는 h(화폐수요의 이자율 탄력성)의 값이 ∞이다.

② 국민소득이 Y_1으로 증가하면 화폐수요가 증가하여 화폐수요곡선이 우측으로 이동하지만 균형점은 변하지 않으므로 이자율도 r_0로 일정하여 LM곡선은 수평으로 도출된다.

(4) 통화공급이 내생적인 경우의 LM곡선

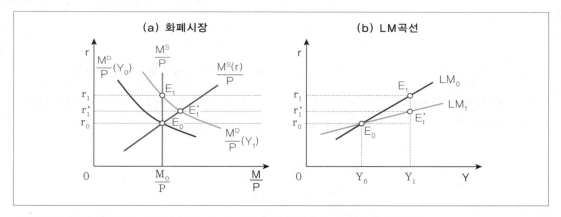

① 통화공급이 내생적인 경우는 통화공급이 이자율의 증가함수인 경우를 의미한다.

② 따라서 통화공급함수는 수직의 형태가 아닌 우상향하는 형태로 설정할 수 있다.

③ 소득이 Y_0에서 Y_1으로 증가하면 수직인 경우보다 우상향하는 화폐공급곡선에서 이자율이 적게 상승한다.

④ 새로운 균형은 점 E_1이 아닌 점 E_1'에서 결정된다.

⑤ LM곡선도 LM_0보다 완만한 기울기를 갖는 LM_1으로 도출된다.

⑥ **결론**: 통화공급이 외생적인 경우보다 내생적인 경우에 LM곡선이 더 완만하다.

5. LM곡선 이동

(1) LM곡선

① $r = \dfrac{k}{h} Y - \dfrac{1}{h} \cdot \dfrac{M_0}{P_0}$ (k: 화폐수요의 소득탄력성, h: 화폐수요의 이자율 탄력성)

② 따라서 절편이 변동하는 경우 LM곡선이 이동한다.

(2) 원인

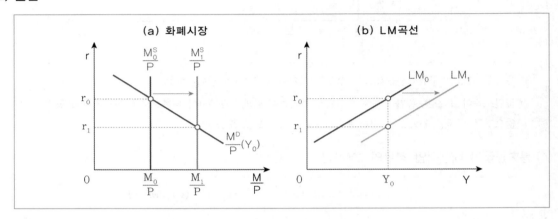

① 통화량 증가($\dfrac{M_0^S}{P} \rightarrow \dfrac{M_1^S}{P}$) ➔ 화폐의 초과공급 ➔ 이자율 하락 ➔ LM곡선 우측(하방)이동

② 물가 하락 ➔ 실질통화량 증가 ➔ 화폐의 초과공급 ➔ 이자율 하락 ➔ LM곡선 우측(하방)이동

③ 통화량이 감소하거나, 물가가 상승하면 위 사례의 반대로 생각하면 된다.

6. 생산물시장과 화폐시장의 균형

(1) IS-LM의 균형의 의미

IS곡선과 LM곡선이 만나는 점 E에서 생산물시장과 화폐시장이 동시에 균형을 이루는 국민소득(Y_0)과 이자율(r_0)을 결정한다.

(2) 불균형의 조정

① 생산물시장의 불균형 발생 시 생산량 조정

    ㉠ IS곡선 상방: 초과공급($Y^S > Y^D$) ➡ 생산량 감소

    ㉡ IS곡선 하방: 초과수요($Y^S < Y^D$) ➡ 생산량 증가

② 화폐시장의 불균형 발생 시 이자율 조정

    ㉠ LM곡선 상방: 초과공급($M^S > M^D$) ➡ 이자율 하락

    ㉡ LM곡선 하방: 초과수요($M^S < M^D$) ➡ 이자율 상승

③ 그래프와 표

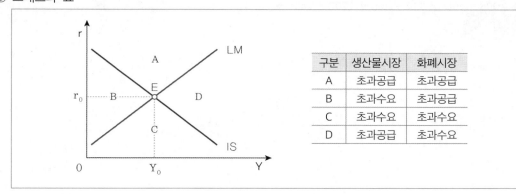

구분	생산물시장	화폐시장
A	초과공급	초과공급
B	초과수요	초과공급
C	초과수요	초과수요
D	초과공급	초과수요

다음의 IS - LM모형에서 통화량을 30만큼 더 증가시킬 경우 새로운 균형이자율은?

- $Y = C + I + G$
- $C = 300 + 0.8Y$
- $I = 70 - 40r$
- $G = 30$
- $M^D = -10r + 0.25Y$, $M^S = 170$

(단, Y: 국민소득, C: 소비, I: 투자, G: 정부지출, M: 통화량, r: 이자율이며 물가수준은 동일하다)

① 2   ② 3   ③ 4   ④ 5

정답 및 해설

1) IS - Y = C + I + G ➜ Y = 300 + 0.8Y + 70 - 40r + 30 ➜ 0.2Y = 400 - 40r ➜ Y = 2,000 - 200r

2) 통화량을 30만큼 증가시키면 $M^S = 200$

3) $LM - \dfrac{M^S}{P} = \dfrac{M^D}{P}$ ➜ -10r + 0.25Y = 200 ➜ 0.25Y = 200 + 10r ➜ Y = 800 + 40r

4) 2,000 - 200r = 800 + 40r ➜ 1,200 = 240r ➜ r = 5

정답: ④

03 총수요

★★

핵심 Check: 총수요

총수요	IS - LM에서 도출, 물가와 국민소득은 반비례
총수요가 우하향하는 이유	이자율 효과, 실질잔고 효과, 무역수지 효과
총수요곡선의 기울기	IS곡선과 유사, LM곡선과 반대
물가변동	곡선 내 점이동
물가 외 변동	소비, 투자, 정부지출, 순수출이 변동하면 곡선 자체의 이동

1. 총수요-총공급 모형의 개념

(1) 물가에 대한 분석

① 총수요곡선(AD)은 물가가 변할 때 IS곡선과 LM곡선으로부터 도출한다.

② 총수요곡선은 생산물시장과 화폐시장을 모두 고려한 물가와 국민소득과의 관계를 나타낸다.

(2) 공급측 요인 분석

총공급곡선(AS)은 공급측 요인인 노동시장과 총생산함수에서 도출한 물가와 총생산과의 관계를 나타낸다.

(3) 거시경제 일반균형

① 도출원리

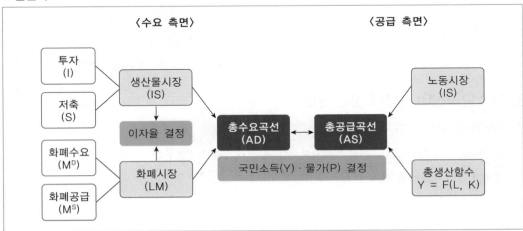

② 생산물시장과 화폐시장을 고려한 총수요곡선(AD)과 노동시장과 생산함수를 고려한 총공급곡선(AS)과의 교점에서 거시경제학의 일반균형인 물가와 총생산(총소득)이 결정된다.

2. 총수요와 총수요곡선

(1) 총수요(AD; Aggregate Demand)의 의미와 구성

① 의미: 한 나라에서 일정 기간 동안 구입하고자 하는 재화와 용역의 총량이다.

② 구성: 총수요 = 민간소비(C) + 민간투자(I) + 정부지출(G) + 순수출(X - M)

(2) 총수요곡선

① 각각의 물가수준에서 총수요의 크기를 나타내는 곡선이다.

② 그래프

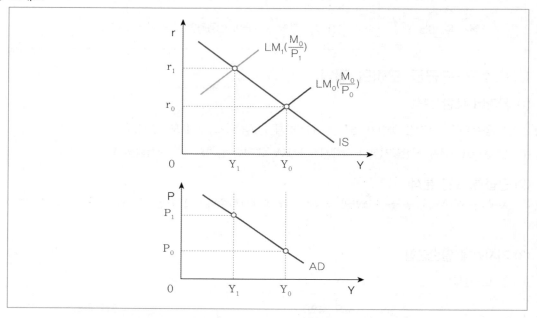

③ 물가 상승은 실질통화공급량 감소로 이어져 LM곡선을 좌측으로 이동시킨다.

④ 이로 인해 이자율이 상승하고 국민소득은 감소한다. 따라서 물가와 총수요는 반비례한다.

3. 총수요곡선이 우하향하는 원리

(1) 케인즈의 이자율 효과

① 물가가 상승하면 LM곡선이 좌측으로 이동하여 이자율이 상승한다.

② 이자율이 상승하면 투자 및 소비수요량이 감소한다.

(2) 피구의 실질잔고 효과: 피구효과, 부(富)의 효과

① 물가가 상승하면 경제주체들이 보유하고 있는 금융자산(주식, 채권, 현금 등)의 실질가치(실질잔고), 즉 부(富)가 감소한다.

② 부가 감소하면 소비가 감소한다.

③ 단, 피구효과가 존재하면 물가 하락 시 소비가 증가하여 IS곡선이 우측이동하므로 보다 완만한 AD곡선이 도출된다.

(3) 무역수지 효과

① 환율 등 다른 조건이 일정할 때 물가가 상승하면 수출상품의 생산비가 상승한다.

② 생산비가 상승하면 수출상품의 가격이 상승하여 가격경쟁력이 떨어져 수출이 감소하고 수입이 증가하여 순수출이 감소한다.

4. 총수요곡선의 기울기

(1) 총수요곡선과 IS곡선의 기울기 비교

① 그래프: 물가가 하락하는 경우

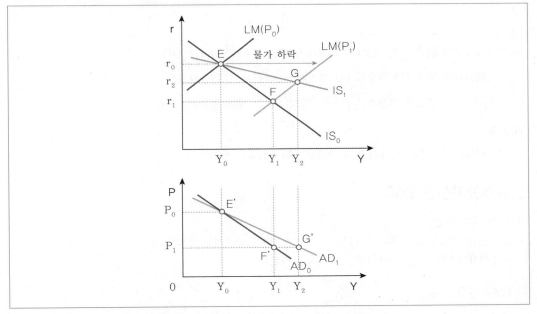

② IS곡선이 급경사인 경우(IS_0) 급경사의 AD곡선이 도출(AD_0)된다.

③ IS곡선이 완만한 경우(IS_1) 완만한 AD곡선이 도출(AD_1)된다.

④ 따라서, IS곡선의 기울기와 AD곡선의 기울기는 유사하다.

(2) 총수요곡선과 LM곡선의 기울기 비교

① 그래프: 물가가 하락하는 경우

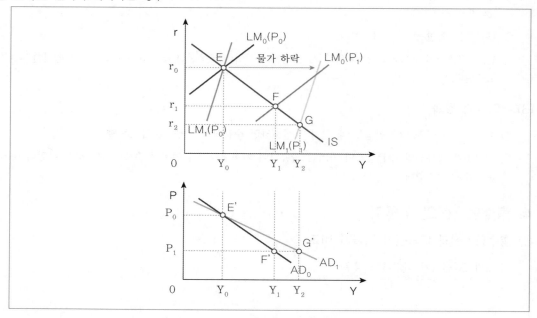

② LM곡선이 완만한 경우(LM_0) 급경사인 AD곡선이 도출(AD_0)된다.

③ LM곡선이 급경사인 경우(LM_1) 완만한 AD곡선이 도출(AD_1)된다.

④ 따라서 LM곡선의 기울기와 AD곡선의 기울기는 반대이다.

(3) 결론

AD곡선의 기울기는 IS곡선과 유사하고 LM곡선과는 반대이다.

5. 총수요곡선의 이동

(1) IS곡선의 영향

IS곡선을 우측으로 이동하게 하는 요인인 소비(C), 투자(I), 정부지출(G), 수출(X)의 증가 또는 조세(T), 수입(M)의 감소는 총수요곡선을 우측이동시킨다.

(2) LM곡선의 영향

① LM곡선을 우측으로 이동시키는 요인인 통화량의 증가나 화폐수요의 감소는 총수요곡선을 우측이동시킨다.

② IS곡선과 LM곡선을 이동시키는 재정-금융정책을 총수요 관리정책이라 한다.

총수요곡선에 대한 설명으로 옳지 않은 것은?

① 물가수준이 낮아지면 실질임금이 상승하여 노동공급이 증가한다.

② 물가수준이 낮아지면 이자율이 하락하여 투자가 증가한다.

③ IS곡선의 기울기가 급경사이면 총수요곡선은 급경사이다.

④ LM곡선의 기울기가 급경사이면 총수요곡선은 완경사이다.

정답 및 해설

물가수준이 낮아지면 실질임금이 상승하여 노동수요는 감소하고, 노동공급은 증가한다. 이는 총공급곡선과 관련된 내용이다.

[오답체크]

② 물가수준이 낮아지면 명목화폐수요가 감소하므로 이자율이 하락한다. 이자율이 하락하면 투자수요가 증가하여 총수요가 증가하게 되는데 이를 '이자율효과'라고 한다.

③ 총수요곡선은 IS곡선의 기울기와 유사하다.

④ 총수요곡선은 LM곡선의 기울기의 경사도와 반대이다.

정답: ①

핵심 Check: 통화정책(= 금융정책)

통화정책	LM곡선이동 ➜ 이자율 변화 ➜ 소비와 투자 변화 ➜ 국민소득 변화
통화정책이 효과적인 조건	IS 완경사, LM 급경사
통화정책 수단	공개시장조작, 지급준비율, 재할인율
테일러 준칙	이자율을 조절하는 준칙

1. 통화정책체계

(1) 구성

① 통화정책의 체계는 최종목표, 중간목표, 운영목표, 정책수단으로 이루어져 있다.

② 통화정책의 전달경로

정책수단		운영목표		중간목표		최종목표
• 공개시장조작정책 • 대출(재할인율)정책 • 지급준비율정책 • 대출한도제 • 이자율규제	➜	• 단기금리(콜금리) • 본원통화 • 지급준비금총액	➜	• 장기금리 • 통화량 • 환율	➜	• 물가안정 • 완전고용 • 경제성장 • 국제수지균형

(2) 최종목표

금융정책이 달성하고자 하는 국민경제상의 목표로서 물가안정, 완전고용 달성, 경제성장 등이 있다.

(3) 중간목표

① 금융정책의 최종목표를 달성하기 위하여 금융정책 당국이 조정 가능한 지표로 이자율과 통화량이 있다.

② 통화주의자의 금융정책 중간목표: IS곡선은 불안정함 ➔ 통화량이 보다 적절

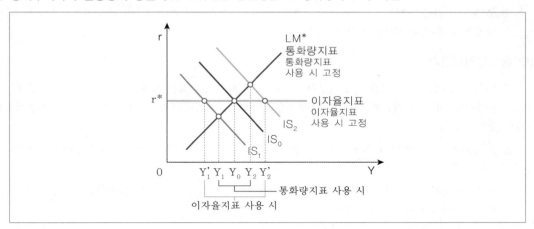

　　㉠ 통화량을 중간지표로 사용할 경우 LM을 고정시키면 IS가 변동하더라도 이자율지표를 사용하는 것보다 국민소득의 변화가 적다.

　　㉡ 이자율을 중간지표로 사용할 경우 LM을 유지하고자 하는 이자율에서 수평이다. 이때 IS가 변동하면 통화량지표를 사용할 때보다 국민소득의 변화가 크다.

③ 케인즈학파의 금융정책 중간목표: LM곡선은 불안정함 ➔ 이자율이 보다 적절

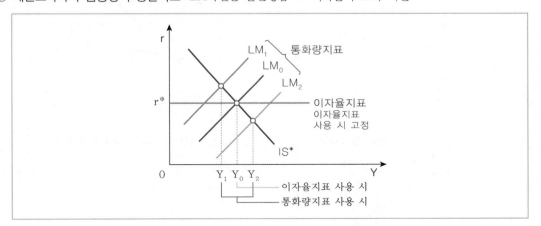

　　㉠ 통화량을 중간지표로 사용할 경우 통화량을 적정수준에서 유지하더라도 LM곡선은 변동한다. 이때 국민소득은 변동한다.

　　㉡ 이자율을 중간지표로 사용할 경우 IS는 고정되어 있으므로 국민소득은 일정하게 유지된다.

(4) 운영목표(operating target)와 정책수단

① 운영목표: 설정된 중간목표의 달성을 위해 중앙은행이 직접 영향을 미치는 경제변수(금융기관 간 초단기 금리, 본원통화 또는 지급준비금총액 등)를 운영목표라고 한다.

② 정책수단: 금융정책의 중간목표인 이자율과 통화량을 조정하기 위한 정책도구로 공개시장조작·지급준비 율정책·대출(재할인율)정책 등이 있다.

(5) 물가안정목표제

① 의미: 사전에 정해진 기간 내에 달성하고자 하는 인플레이션목표를 설정한 후, 원칙적으로 중간목표 없이 공개시장조작정책, 재할인율정책 등의 정책수단을 이용하여 인플레이션목표를 직접 달성하는 통화정책 운 용체계를 말한다.

② 도입효과: 중앙은행의 목표가 '물가안정'으로 단일화됨에 따라 중앙은행의 통화정책에 대한 신뢰도가 높아 진다.

③ 목표: 2006년까지 근원인플레이션율을 물가안정목표로 설정하였으나, 2007년부터는 소비자 물가 상승률 을 물가안정목표로 설정하고 있다.

2. 통화정책의 전달경로

(1) 그래프

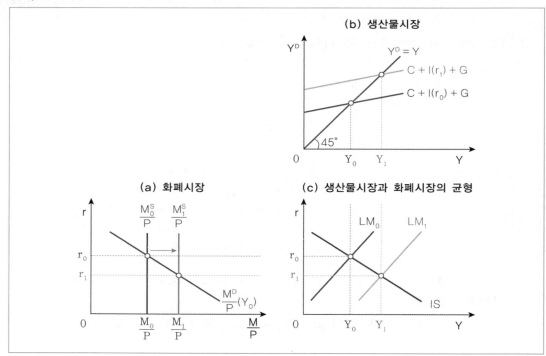

(2) 설명

① 화폐시장: 최초의 균형점 $E(Y_0, r_0)$에서 통화량 증가($\dfrac{M_0^S}{P} \rightarrow \dfrac{M_1^S}{P}$)로 이자율 하락($r_1$) ➜ LM곡선 우측 이동($LM_0 \rightarrow LM_1$)

② 생산물시장: 이자율 하락으로 투자 증가 ➜ 총지출 증가 ➜ 소득 증가(Y_1)

(3) 통화정책의 전달경로

① 이자율경로

　㉠ 통화량의 변화가 이자율에 영향을 주어 실물부분에 영향을 미치는 경로를 의미한다.

　㉡ 전통적으로 케인즈 학파가 가장 중요시하는 경로로 중앙은행의 통화정책이 실물부분에 영향을 주는 대표적인 경로이다.

② 자산가격경로

　㉠ 통화량의 변화가 주식, 부동산 등 민간이 보유한 자산가격에 영향을 주어 실물부분에 영향을 미치는 경로를 의미한다.

　㉡ 통화량 증가 ➜ 이자율 하락 ➜ 주식투자 증가로 주가 상승 ➜ 토빈의 q 증가 ➜ 투자 증가 ➜ 국민소득 증가

　㉢ 통화량 증가 ➜ 이자율 하락 ➜ 주가투자와 부동산 투자 증가 ➜ 민간의 부 증가 ➜ 소비 증가 ➜ 국민소득 증가

③ 환율경로

　㉠ 통화량의 변화가 환율의 변화를 가져와 그에 따른 순수출의 변화가 실물부분에 영향을 주는 경로이다.

　㉡ 통화량 증가 ➜ 이자율 하락 ➜ 외화유출로 외화의 수요 증가 ➜ 환율 상승 ➜ 순수출 증가 ➜ 국민소득 증가

④ 신용경로

　㉠ 은행대출경로

　　• 통화량의 변화로 인한 은행의 대출여력 변화가 기업이나 가계대출에 영향을 주는 경로이다.

　　• 통화량 증가 ➜ 은행의 대출여력 증가 ➜ 대출 증가 ➜ 투자와 소비 증가 ➜ 국민소득 증가

　㉡ 대차대조표경로

　　• 통화량의 변화가 가계와 기업의 순자산을 변화시킴에 따라 대출의 변화가 실물부분에 영향을 주는 경로이다.

　　• 통화량 증가 ➜ 가계와 기업의 순자산 증가 ➜ 역선택과 도덕적 해이 감소 ➜ 대출 증가 투자와 소비 증가 ➜ 국민소득 증가

3. IS-LM곡선의 기울기에 따른 통화정책의 효과

(1) IS곡선의 기울기와 통화정책

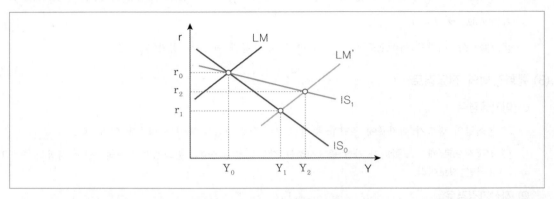

IS곡선이 완경사일수록(투자의 이자율 탄력성 클수록) 통화정책을 통해 LM곡선이 이동하면 국민소득이 크게 증가하여 정책효과가 크다.

(2) LM곡선의 기울기와 통화정책

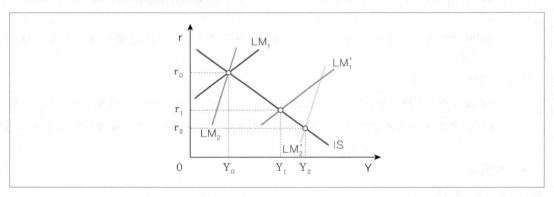

LM곡선이 급경사일수록(화폐수요의 이자율 탄력성 작을수록) 동일한 폭으로 LM곡선 이동 시 국민소득이 크게 증가하여 정책효과가 크다.

4. 일반적인 금융정책수단(양적 금융정책)

(1) 공개시장조작정책

① 의미

   ㉠ 공개시장조작이란 중앙은행이 기관투자자(은행 등)를 대상으로 국, 공채(= 통화안정증권 등)를 매입하거나 매각함으로써 통화량과 이자율을 조정하는 정책을 의미한다.

   ㉡ 금융정책수단이란 주로 공개시장조작정책을 의미한다.

② 공개시장조작정책의 효과

   ㉠ 중앙은행의 국공채 매입 ➜ 본원통화 증가 ➜ 통화량 증가 ➜ 이자율 하락

   ㉡ 중앙은행의 국공채 매각 ➜ 본원통화 감소 ➜ 통화량 감소 ➜ 이자율 상승

(2) 재할인율(대출)정책

① 의미

  ○ 재할인율정책이란 중앙은행이 예금은행에 빌려주는 자금의 금리인 재할인율을 조정함으로써 통화량과 이자율을 조정하는 정책을 의미한다.

  ○ 단, 예금은행이 초과지급준비금을 보유하고 있다면 재할인율정책은 효과가 없다.

② 재할인율정책의 효과

  ○ 중앙은행의 재할인율 인하 ➡ 예금은행 차입 증가 ➡ 본원통화 증가 ➡ 통화량 증가 ➡ 이자율 하락

  ○ 중앙은행의 재할인율 인상 ➡ 예금은행 차입 감소 ➡ 본원통화 감소 ➡ 통화량 감소 ➡ 이자율 상승

(3) 지급준비율정책

① 의미: 지급준비율정책이란 중앙은행이 예금은행의 법정지급준비금을 변화시켜 통화량과 이자율을 조정하는 정책을 의미한다.

② 지급준비율정책의 효과

  ○ 중앙은행의 지급준비율 인하 ➡ 통화승수 커짐 ➡ 통화량이 증가 ➡ 이자율 하락

  ○ 중앙은행의 지급준비율 인상 ➡ 통화승수 작아짐 ➡ 통화량이 감소 ➡ 이자율 상승

5. 선별적 금융정책수단(질적 금융수단)

(1) 대출한도제

국내여신(대출)에 대하여 최고한도를 설정하여 통화량 증가를 억제하는 것을 의미한다.

(2) 이자율규제정책

예금은행의 이자율 상한선을 설정하여 이자율 상승을 억제하는 것이다.

(3) 창구규제

금융기관들의 행동 지도·규제를 통해 예금과 대출에 영향을 미치려는 것이다.

6. 테일러 준칙

(1) 의미

① 중앙은행이 금리를 결정할 때 경제 성장률과 물가 상승률에 맞춰 조정하는 것을 말한다.

② 중앙은행은 실제 경제 성장률과 잠재 경제 성장률의 차이인 GDP갭과 실제 물가 상승률과 목표 물가 상승률과의 차이인 인플레이션 갭에 가중치를 부여해 금리를 조정한다.

③ 미국 등 세계 대부분의 국가에서 통화정책의 기본 모델로 활용하고 있다.

(2) 공식

$$r = r^* + h(\pi - \pi^*) + g\left(\frac{Y - Y^*}{Y^*}\right)$$

(r: 기준금리, r^*: 시장균형이자율, π: 실제인플레이션, π^*: 목표인플레이션, $\frac{Y - Y^*}{Y^*}$: GDP갭)

A국 중앙은행은 아래의 테일러 준칙(Taylor rule)에 따라 명목정책금리를 조정한다. 이에 관한 설명으로 옳지 않은 것은? (단, 총생산 갭 = (실질GDP - 완전고용실질GDP)/완전고용실질GDP이다) [감정평가사 22]

$$명목정책금리 = 인플레이션율 + 0.02 + 0.5 \times (인플레이션율 - 0.03) + 0.5 \times (총생산 갭)$$

① A국 중앙은행의 인플레이션율 목표치는 3%이다.
② 인플레이션율 목표치를 2%로 낮추려면 명목정책금리를 0.5%p 인하해야 한다.
③ 인플레이션율이 목표치와 동일하고 총생산 갭이 1%인 경우 실질이자율은 2.5%이다.
④ 완전고용 상태에서 인플레이션율이 2%인 경우에 명목정책금리는 3.5%로 설정해야 한다.
⑤ 인플레이션율이 목표치보다 1%p 더 높은 경우에 명목정책금리를 0.5%p 인상한다.

정답 및 해설

인플레이션율 목표치를 2%로 낮추려면 명목정책금리를 0.5%p 인상해야 한다.

[오답체크]
① 테일러 준칙에서 A국 중앙은행의 인플레이션율 목표치는 3%이다.
③ 인플레이션율이 목표치와 동일하고 총생산 갭이 1%인 경우
　명목정책금리 = 인플레이션율 + 0.02 + 0.5 × 0.01이다.
　실질이자율 = 명목정책금리 - 인플레이션율 = 0.02 + 0.5 × 0.01 = 0.025이다. 따라서 실질이자율은 2.5%이다.
④ 완전고용 상태에서 GDP갭은 0이다. 인플레이션율이 2%인 경우에 명목정책금리 = 0.02 + 0.02 + 0.5 × (0.02 - 0.03) = 0.04 - 0.005 = 0.035이다. 따라서 명목정책금리는 3.5%로 설정해야 한다.
⑤ 인플레이션율이 목표치보다 1%p 더 높은 경우에 0.5 × (인플레이션율 - 0.03)에서 0.5가 곱해서 나오므로 명목정책금리를 0.5%p 인상한다.

정답: ②

05 재정정책

핵심 Check: 재정정책

재정정책	IS곡선이동 ➜ 국민소득 변화
재정정책의 효과적인 조건	IS 완경사, LM 급경사

1. 재정정책의 개념

(1) 의미

① 재정정책은 정부지출과 조세를 변화시켜 총수요를 조절함으로써 경제성장, 물가안정, 완전고용, 국제수지 균형, 공평분배 등의 정책목표를 달성하려는 경제정책을 의미한다.

② 일반적으로 확대재정정책이란 정부가 국공채 발행을 통하여 정부지출(G)을 증가시키는 정책을 의미한다.

(2) 정부의 예산제약식

정부지출(G) = 조세수입(T) + 국·공채발행(ΔB) + 중앙은행 차입(ΔM)

(3) 종류

① 조세를 증가시켜 정부지출을 증가시키는 방법

② 국공채를 발행하여 정부지출을 증가시키는 방법

③ 통화증발

　㉠ 중앙은행의 차입을 통하여 통화공급을 늘려 정부지출을 증가시키는 방법

　㉡ 통화공급 증가측면에서 보면 금융정책이고 정부지출 증가측면에서 보면 재정정책이므로 금융정책과 재정정책의 혼합정책이라 할 수 있다.

2. 확대재정정책의 효과

(1) 그래프

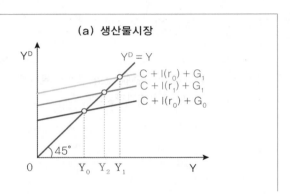

(a) 생산물시장

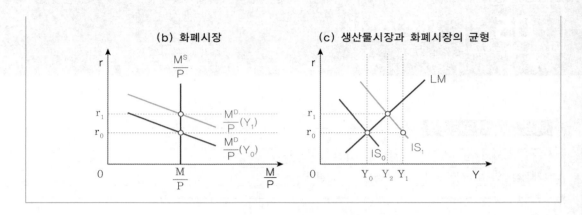

(b) 화폐시장   (c) 생산물시장과 화폐시장의 균형

(2) 설명

① 생산물시장: 최초의 균형 점 $E(Y_0, r_0)$에서 재정정책을 통해 정부지출을 증가($\triangle G$)시키면 IS곡선이 우측 이동한다.

② 화폐시장: 소득이 증가(Y_1)하여 이자율이 상승한다.

③ 구축효과의 발생

    ㉠ 국민소득이 증가하면 화폐수요가 증가하여 이자율이 상승($r_0 \rightarrow r_1$)한다.

    ㉡ 이로 인해 생산물시장에서 소비와 투자가 감소하여 국민소득이 감소($Y_1 \rightarrow Y_2$)한다.

    ㉢ 앞에서 배운 케인즈의 승수효과에서는 불경기를 가정하여 정부지출 증가 시 이자율이 고정이므로 구축 효과는 없다고 보았다.

3. IS-LM곡선의 기울기에 따른 재정정책의 효과

(1) LM곡선의 기울기와 재정정책

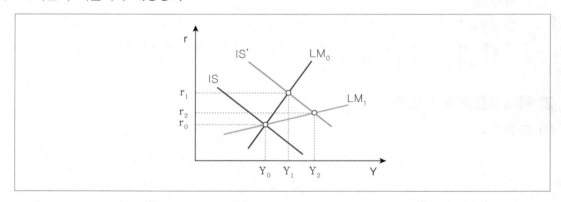

LM곡선이 완만할수록(화폐수요의 이자율 탄력성 클수록) 재정정책 실시로 IS곡선이 우측이동하면 국민소득이 크게 증가하여 정책효과가 크다.

(2) IS곡선의 기울기와 재정정책

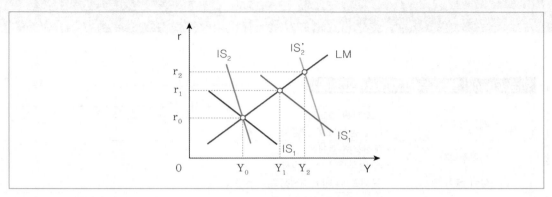

IS곡선이 급경사일수록(투자의 이자율 탄력성 작을수록) 재정정책 실시로 IS곡선이 동일하게 우측이동하면 국민소득이 크게 증가하여 정책효과가 크다.

확인문제

IS - LM 모형하에서 통화정책과 재정정책에 대한 설명으로 옳은 것은?
① 유동성 함정에서 재정지출 확대가 국민소득에 미치는 영향은 거의 없다.
② 다른 조건이 일정한 경우 투자의 이자율 탄력성이 낮을수록 구축효과는 커진다.
③ 화폐수요의 이자율 탄력성이 클수록 통화정책의 효과가 크다.
④ 한계소비성향이 작을수록 재정정책의 효과가 작다.

정답 및 해설

한계소비성향이 크면 승수효과 > 구축효과이므로 승수효과가 커져 재정정책의 효과가 크다.

[오답체크]
① 유동성 함정에서는 재정정책만이 효과가 있다.
② 투자의 이자율 탄력성이 낮으면 IS곡선의 기울기가 크므로 구축효과가 작다.
③ 화폐수요의 이자율 탄력성이 크면 유동성 함정에 가까워지므로 통화정책의 효과가 적다.

정답: ④

06 통화정책과 재정정책의 견해차

케인즈학파	• 재정정책 효과적 • IS 급경사, LM 완경사
통화주의자	• 통화정책 효과적 • IS 완경사, LM 급경사
리카도의 등가 정리	국공채를 발행한 재정정책은 효과 없음

1. 통화정책과 재정정책에 대한 견해차

(1) 케인즈학파

① 투자의 이자율 탄력성 값이 작으므로 IS곡선은 급경사를 이루고 화폐수요의 이자율 탄력성이 크므로 LM곡선은 완만하다.

② 통화정책의 무력성

㉠ 통화정책은 이자율 변화를 통해 투자에 영향을 주게 되는데 통화정책의 전달경로가 너무 길고 불확실해 별로 믿을 수 없다.

㉡ 금융시장이 유동성 함정에 빠져 있는 상황에서는 통화량을 아무리 늘려도 이자율이 좀처럼 떨어지지 않으므로 통화정책은 효과가 없다.

③ 재정정책이 효과적

㉠ 정부지출의 증가는 곧바로 총수요의 증가로 이어지며 조세의 감면은 가처분소득을 늘려 소비지출 증가를 확실히 가져온다.

㉡ 구축효과가 작아서 재정정책의 효과는 커진다.

(2) 통화주의자

① 투자의 이자율 탄력성 값이 크므로 IS곡선은 완만하고 화폐수요의 이자율 탄력성이 작으므로 LM곡선은 급경사를 이룬다.

② 재정정책의 무력성: 재정지출을 늘리는 것은 구축효과 때문에 경기를 활성화시키는 데 별 효과를 거두지 못한다.

③ 통화정책의 효과: 화폐는 교환의 매개 수단으로 사용되기 때문에 화폐공급량의 변화는 이자율의 변화를 거치지 않고도 국민 경제의 총거래량을 직접적으로 변화시킨다.

④ 구축효과

　　㉠ 구축효과란 경제학에서 정부지출 증가 때문에 발생하는 민간부문의 소비 및 투자 감소를 의미한다.

　　㉡ 세금 증대로 정부지출을 늘리면, 늘어난 세금은 민간소비를 줄어들게 한다.

　　㉢ 대신 세금에 의한 정부지출이 아니라면, 늘어난 정부지출을 충당하기 위한 정부차입은 이자율을 올려 민간투자를 줄이는 결과를 낳는다.

　　㉣ 객관식 경제학에서는 정부지출 증가 ➡ IS 우측이동으로 이자율 증가 ➡ 소비와 투자 감소로 이해하면 된다.

⑤ 케인즈학파와 통화주의자의 구축효과 비교

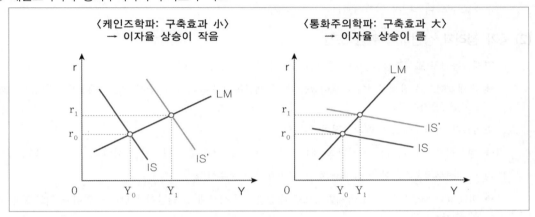

⑥ 고전학파는 LM곡선이 수직이므로 재정정책은 이자율만 상승시키고 국민소득은 변화가 없는 완전 구축효과가 발생한다.

⑦ 케인즈는 유동성 함정에서 LM곡선이 수평이므로 재정정책은 이자율은 변화가 없고 국민소득만 변화하므로 구축효과는 없다.

2. 정책 시차에 대한 견해차

(1) 정책 시차

① 의미: 정책이 수립·집행되어 실제로 효과가 나타날 때까지는 어느 정도 시간이 흘러야 하는 것이 보통인데 이와 같은 시차를 가리켜 정책 시차라 한다.

② 구성: 정책 시차는 내부 시차와 외부 시차로 구성된다.

(2) 종류

① 내부 시차: 정책 당국이 경기변동을 발생시킨 요인을 찾아내고 관련 정보를 수집해 정책을 수립·입법화하는 데 걸리는 시간이다.

② 외부 시차: 시행된 정책이 실제로 효과를 내기 시작하는 데까지 걸리는 시간이다.

(3) 학파별 견해

① 케인즈학파는 금융정책의 외부 시차가 길어 재정정책이 더 유효한 정책이라 본다.

② 통화주의자는 재정정책의 내부 시차가 길어 금융정책이 한층 더 효과적인 안정화 정책이라 본다.

3. 배로(R. Barro)의 리카도의 대등 정리(Ricardian equivalence theorem)

(1) 의미

① 정부지출이 일정한 수준으로 결정되어 있다면 그것이 조세로 조달되든 국채를 통해 조달되든 총수요에 아무런 영향을 미치지 못한다.

② 국채는 기본적으로 미래의 조세부담을 뜻하며 그 부담의 현재가치는 국채의 가치와 정확하게 일치한다. 따라서 민간부분의 경제활동에 아무런 영향을 미치지 못한다.

③ 리카도의 대등 정리가 성립하게 되면 국채의 발행이 이자율을 상승시키는 결과는 나타나지 않고, 따라서 구축효과도 나타나지 않게 된다.

(2) 등가 정리가 성립하기 위한 조건

① 경제활동인구(조세부담을 지는 경제주체)의 증가율이 0%이어야 한다.

➜ 국채발행으로 감세정책이 이루어졌을 때, 경제활동인구 증가율이 양(+)이면 미래조세부담이 감소하므로 소비를 증가시킨다.

② 소비자가 합리적이고 미래지향적이어야 한다.

➜ 현실적으로 사람들은 근시안적 소비형태를 보이므로 실제 성립하기는 어렵다.

③ 정부는 정부지출수준이 일정하고 항상 균형재정을 준수한다.

➜ 미래의 국채상환을 다시 국채발행으로 대신한다면(적자재정) 민간이 부담하지 않아도 되므로 현재소비를 증가시킨다.

④ 저축과 차입이 자유롭고 저축이자율과 차입이자율이 동일하다는 완전자본시장 가정이 성립하여야 한다.

➜ 유동성 제약(차입제약)이 성립하지 않아야 한다.

확인문제

리카디안 등가(Ricardian Equivalence)에 대한 설명으로 옳은 것은?
① 총수요가 일정한 상태에서 국공채를 조세로 대신하는 상황을 가정한다.
② 소비자들은 미래에 부과되는 조세를 자기세대가 부담할 것으로 생각한다.
③ 총저축이 증가하여 이자율이 하락한다.
④ 정부지출승수를 통해 국민소득이 증가한다.

정답 및 해설
① 총수요가 일정한 상태에서 조세를 국공채로 대신하는 상황을 가정한다.
③ 정부저축이 감소하고 민간저축이 증가하여 총저축은 불변이다.
④ 정부개입이 의미 없음을 보여주는 이론이다.

정답: ②

핵심 Check: 총공급

총공급곡선	물가에 비례, 노동시장과 생산함수에서 도출
총공급곡선의 이동	기술개발, 생산요소의 가격 변화 등
고전학파	단기, 장기 모두 수직
케인즈학파, 통화주의자	단기 우상향, 장기 수직
루카스 총공급곡선	$Y = Y_N + \alpha(P - P^e)$ (Y_N: 자연생산량, P^e: 기업의 예상물가, $\alpha > 0$)

1. 총공급과 총공급곡선

(1) 총공급(AS; Aggregate Supply)

① 한 나라 안에서 일정 기간 동안 판매하고자 하는 재화와 용역의 총량이다.

② 총공급의 크기는 한 나라가 보유한 노동, 자본 등 생산요소 부존량과 생산 기술에 의하여 결정된다.

(2) 총공급곡선

① 총공급곡선이란 각각의 물가수준에서 기업 전체가 팔고자 하는 총생산의 크기를 나타내는 곡선으로 노동시장과 총생산함수로부터 도출된다.

② 일반적으로 단기총공급곡선은 우상향, 장기총공급곡선은 수직이다.

2. 총공급곡선의 이동

(1) 곡선 내 점이동

① 물가변동이 원인이 되어 물가가 상승하면 총공급이 증가한다.

② 노동자 오인모형(케인즈학파, 통화주의자)

  ⊙ 명목임금 변화를 실질임금 변화로 혼동하여 총공급이 우상향한다.

  ⓒ 물가가 상승하면 실질임금이 하락하므로 노동수요가 증가하여 명목임금이 증가한다.

  ⓒ 완전화폐환상이 발생 시 노동공급은 명목임금의 증가함수이므로 명목임금이 상승하면 노동량이 증가하여 총공급이 증가한다.

  ⓔ 부분화폐환상이 발생 시 노동공급은 예상실질임금의 증가함수이지만 정보가 부족하여 물가를 정확히 예측하지 못해 노동량이 증가하여 총공급이 증가한다.

㉥ 그래프

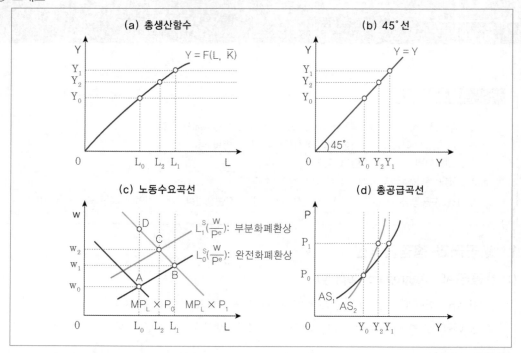

(a) 총생산함수

(b) 45°선

(c) 노동수요곡선

(d) 총공급곡선

③ 불완전 정보모형(루카스)

   ㉠ 정보의 불완전성으로 인해 단기에는 총공급곡선이 우상향하는 형태가 된다.

   ㉡ 일반적인 물가 상승으로 개별 기업이 생산하는 재화가격이 상승할 때 일부 생산자는 자신이 생산하는 재화의 상대가격 상승으로 착각하여 생산량을 증가시킨다.

④ 비신축적 임금모형

   ㉠ 임금계약모형, 명목임금 경직성 모형이라고도 한다.

   ㉡ 계약기간 내의 노동자들의 명목임금은 경직적이 된다.

   ㉢ 명목임금이 경직적인 경우 물가의 상승은 실질임금을 하락시켜 기업의 고용량이 증가하게 된다. 이는 총공급의 증가를 가져온다.

⑤ 비신축적 가격모형(새케인즈학파)

   ㉠ 물가가 상승할 때 일부 기업이 가격을 신축적으로 조절하지 않고 생산량을 증가시키게 되면 경제 전체의 생산량이 증가한다.

   ㉡ 이로 인해 물가 상승 시 총공급곡선이 우상향하는 형태로 도출되며 경제 전체에서 가격을 신축적으로 조정하는 기업의 비중이 클수록 총공급곡선은 수직선에 가까워진다.

(2) 곡선 자체의 이동: 우측이동이면 총공급 증가, 좌측이동이면 총공급 감소

① 노동부분의 변동: 인구가 증가하면 총공급이 늘어난다.

② 자본부분의 변동: 물적 자본이나 인적 자본이 증가하면 총공급이 늘어난다.

③ 자연자원의 변동: 새로운 광물자원 등 가용 자연자원이 증가하면 총공급이 늘어난다.

④ 기술지식의 변동: 기술이 발전하면 총공급이 늘어난다.

3. 총공급곡선 도출을 위한 노동수요곡선과 노동공급곡선

(1) 노동수요곡선

노동수요곡선은 학파 간 차이가 없이 모두 실질임금의 감소함수로 생각한다.

(2) 고전학파의 노동공급곡선

① 노동공급은 실질임금($w = \dfrac{W}{P}$)의 증가함수이다.

② 완전예견적 기대를 바탕으로 한다.

③ 완전예견은 기대치(P_t^e)와 실제치(P_t)가 항상 일치하는 것으로 비현실적인 가정이다.

(3) 케인즈의 노동공급곡선

① 노동공급은 명목임금(W)의 증가함수이다.

② 정태적 기대(화폐환상)를 바탕으로 한다.

③ 정태적 기대(static expectation)란 현재의 상태(P_t)가 미래(P_{t+1}^e)에도 그대로 유지될 것으로 예상하는 고정된 기대로 예측의 정확성이 낮다.

④ 화폐의 환상은 실질임금이나 실질소득이 변하지 않더라도 임금이나 소득의 명목가치가 상승하면 사람들이 소득이 증가한 것으로 받아들이는 것이다.

⑤ 이에 따라 명목임금이 상승하고 실질임금이 변화가 없더라도 임금이 상승한 것으로 보아 노동공급이 증가한다.

(4) 케인즈학파, 통화주의학파의 노동공급곡선

① 노동공급은 예상실질임금($\dfrac{W}{P} = w \times \dfrac{P^e}{P}$)의 증가함수이다.

② 적응적 기대를 바탕으로 한다.

③ 적응적 기대(adaptive expectation)

  ㉠ 기대를 형성할 때 경제주체들은 과거의 기대 가운데 잘못된 것이 있으면 그것을 반영하여 다음 기에 대한 기대를 형성한다는 것이다.

  ㉡ 과거의 경제상황을 가중 평균하여 미래의 경제상황을 예상하며 단기적으로는 체계적 오류를 범하나 장기적으로는 정확한 예측이 가능하다.

(5) 새고전학파, 새케인즈학파의 노동공급곡선

① 노동공급은 예상실질임금($\frac{W}{P} = w \times \frac{P^e}{P}$)의 증가함수이다.

② 합리적 기대를 바탕으로 한다.

③ 합리적 기대(rational expectation)

　㉠ 경제주체들이 기대를 형성할 때 현재 이용 가능한 모든 관련 정보를 활용하여 경제변수를 예상한다는
　　것이다.

　㉡ 경제주체들은 평균적으로 정확히 경제상태를 예상하여 체계적 오류는 범하지 않으나 입수·처리된 정보
　　와는 무관한 오류인 확률적(예측) 오류는 발생한다.

4. 총공급곡선의 형태

(1) 고전학파

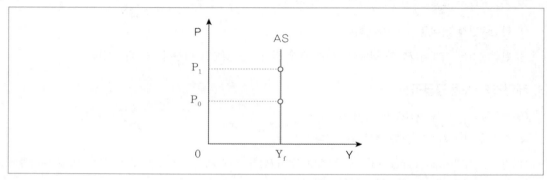

① 노동시장에서의 수급 불일치는 매우 신속하게 조정되므로 물가수준이 변하더라도 완전고용 및 완전고용
　수준이 항상 그대로 유지되므로 총공급곡선의 형태는 수직선이다.

② 총공급곡선이 우측으로 이동하는 경우는 기술 혁신에 의한 생산성의 증가, 자본축적, 노동력의 증가 등이
　일어날 때 발생한다.

(2) 케인즈

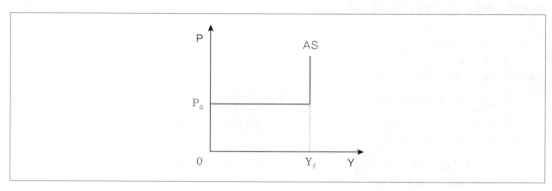

① 1930년대의 경제 상황을 배경으로 주어진 물가수준을 상승시키지 않고 얼마든지 총공급을 증가시킬 수 있다고 보므로 총공급곡선은 수평선의 형태를 띤다.

② 완전고용 국민소득수준에 도달하기 전에는 유효수요의 크기가 전적으로 균형 국민소득을 결정한다.

(3) 케인즈학파와 통화주의자의 총공급곡선

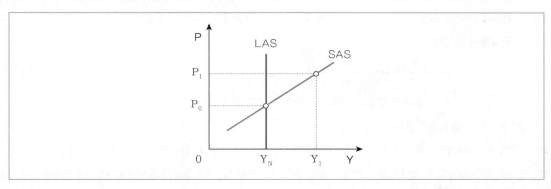

① 단기총공급곡선

ⓐ 물가 상승 ➡ 노동수요곡선 우측이동$(P \cdot MP_L)$ ➡ 고용량 증가 ➡ 산출량 증가

ⓑ 적응적 기대를 이용하여 물가를 예상하므로 실제물가가 상승해도 단기적으로는 예상물가수준이 변하지 않으므로 노동공급곡선이 불변한다. 이로 인해 우상향의 단기총공급곡선(AS)이 도출된다.

② 장기총공급곡선

ⓐ 적응적 기대를 이용하면 장기적으로는 물가를 정확히 예상하여 예상물가수준(P^e)이 상승하므로 노동공급곡선이 좌측으로 이동한다.

ⓑ 따라서 최초의 실질임금과 동일해지므로 수직선의 장기총공급곡선(LAS)이 도출된다.

(4) 새고전학파의 총공급함수(= 루카스 총공급함수)

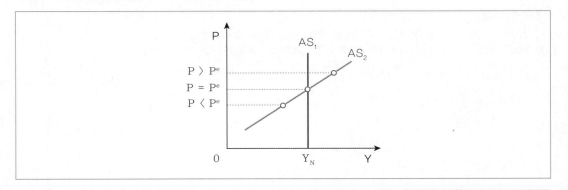

$$Y = Y_N + \alpha(P - P^e) \ (Y_N: \text{자연생산량}, \ P^e: \text{기업의 예상물가}, \ \alpha > 0)$$

① 물가를 정확히 예상한 경우($P = P^e$)

　㉠ 단기에도 P와 P^e가 정확하게 일치하면 Y도 Y_N과 일치하여 수직의 AS(AS_1)곡선이 도출된다.

　㉡ 장기에는 P와 P^e가 정확하게 일치하므로 Y도 Y_N과 일치하여 수직의 AS(AS_1)곡선이 도출된다.

② 물가를 정확히 예상지 못한 경우($P > P^e$): 합리적 기대를 하더라도 정보가 불완전한 경우나 예상치 못한 물가의 변화로 P가 P^e보다 크다면 Y가 Y_N보다 큰 값을 갖게 되어 우상향하는 AS(AS_2)곡선이 도출된다.

③ 예상물가의 변동

　㉠ $Y = Y_N + \alpha(p - p^e)$ ➡ $p = \dfrac{1}{\alpha}Y - \dfrac{1}{\alpha}Y_N + p^e$

　㉡ 예상물가가 상승하면 총공급곡선이 상방으로 이동한다.

④ 루카스의 총공급곡선의 의미

　㉠ 총공급곡선은 예상하지 못한 일반물가수준의 상승이 총공급 증가를 이끌어낼 수 있음을 보여준다.

　㉡ 즉, 노동자의 화폐환상이나 가격의 경직성을 가정하지 않고도, 정보의 불완전성 때문에 산출수준이 변화할 수 있다는 것이다.

확인문제

단기총공급곡선이 우상향하는 이유로 옳지 않은 것은?

ㄱ. 명목임금이 일반적인 물가 상승에 따라 변동하지 못한 경우
ㄴ. 수요의 변화에 따라 수시로 가격을 변경하는 것이 어려운 경우
ㄷ. 합리적 기대에 의해 물가를 정확하게 예상한 경우
ㄹ. 화폐의 중립성이 성립하여, 통화량 증가에 따라 물가가 상승하는 경우

① ㄱ, ㄴ　　　② ㄱ, ㄷ　　　③ ㄴ, ㄹ　　　④ ㄷ, ㄹ

정답 및 해설

ㄷ. 합리적 기대에 의해 물가를 정확하게 예상한 경우 총공급곡선은 수직이 된다.
ㄹ. 화폐의 중립성이 성립하면 실물부분에 영향을 주지 못하므로 총공급곡선은 수직이 된다.

정답: ④

핵심 Check: 균형GDP의 결정

균형	총수요와 총공급이 교차
총수요 변동	• 총수요 증가로 단기에는 물가와 국민소득 모두 증가, 장기에는 물가 상승 국민소득 불변 • 총수요 감소로 단기에는 물가와 국민소득 모두 감소, 장기에는 물가 하락 국민소득 불변
총공급 변동	• 총공급 증가로 단기에는 물가 하락 국민소득 증가, 장기에는 물가와 국민소득 모두 불변 • 총공급 감소로 단기에는 물가 상승 국민소득 감소, 장기에는 물가와 국민소득 모두 불변

1. 물가의 변동

(1) 총수요 > 총공급: 고용 & 투자 증가 ➔ 생산 활발 ➔ 물가 상승

(2) 총수요 < 총공급: 재고 증가 ➔ 생산 위축 ➔ 실업 증가

(3) 총수요 = 총공급: 균형 국민소득, 물가 결정

2. 단기균형의 변동

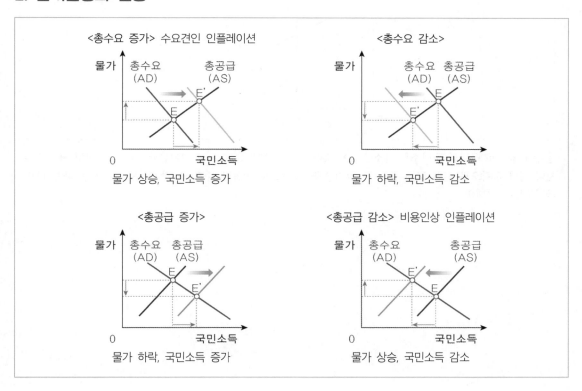

<총수요 증가> 수요견인 인플레이션
물가 상승, 국민소득 증가

<총수요 감소>
물가 하락, 국민소득 감소

<총공급 증가>
물가 하락, 국민소득 증가

<총공급 감소> 비용인상 인플레이션
물가 상승, 국민소득 감소

3. 장기균형의 변동

(1) 총수요 증가

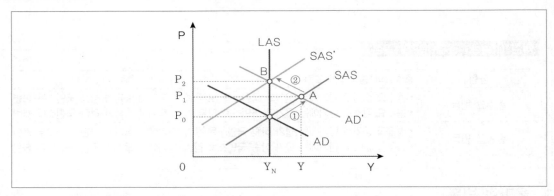

총수요 증가로 물가와 국민소득 증가(A) ➜ 실제GDP > 잠재GDP이므로 경기호황으로 임금 상승 ➜ 시간이 지나 임금 상승으로 인한 고용 감소 ➜ 장기총공급수준으로 총공급 감소 ➜ 장기적으로 물가는 상승하지만 국민소득은 불변(B)

(2) 총수요 감소

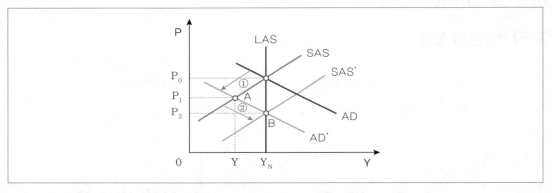

총수요 감소로 물가와 국민소득 감소(A) ➜ 실제GDP < 잠재GDP이므로 경기불황으로 임금 하락 ➜ 시간이 지나 임금 하락으로 인한 고용 증가 ➜ 장기총공급수준으로 총공급 증가 ➜ 장기적으로 물가는 하락하지만 국민소득은 불변(B)

(3) 총공급 증가

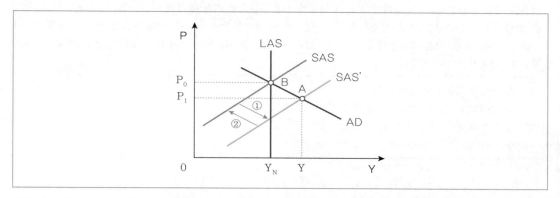

총공급 증가로 물가는 하락하고 국민소득은 증가(A) ➜ 실제GDP > 잠재GDP이므로 경기호황으로 임금 상승 ➜ 시간이 지나 임금 상승으로 인한 고용 감소 ➜ 장기총공급수준으로 총공급 감소 ➜ 장기적으로 물가와 국민소득 모두 불변(B)

(4) 총공급 감소

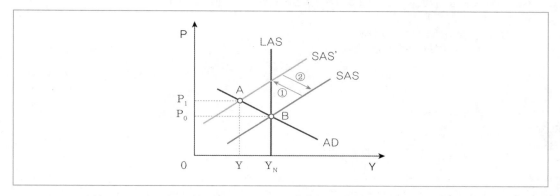

총공급 감소로 물가는 상승하고 국민소득은 감소(A) ➜ 실제GDP < 잠재GDP이므로 경기불황으로 임금 하락 ➜ 시간이 지나 임금 하락으로 인한 고용 증가 ➜ 장기총공급수준으로 총공급 증가 ➜ 장기적으로 물가와 국민소득 모두 불변(B)

석유를 수입에 의존하는 갑 국에서는 최근 석유가격의 상승으로 비용이 크게 증가하였다. 갑 국 정부는 국채를 발행하여 비용충당을 위해 재정지출을 늘리는 한편, 중앙은행은 정부가 발행한 모든 국채를 구입하였다. 다음 중 옳은 것은? (단, 폐쇄경제 IS - LM 및 AD - AS 분석을 이용하며 IS곡선과 AD곡선은 우하향하고, LM곡선과 AS곡선은 우상향한다)

가. 갑 국에서 통화량이 증가하였다.
나. 갑 국에서 IS곡선이 좌측 이동하였다.
다. 갑 국에서 AS곡선이 우측 이동하였다.
라. 장기적으로 갑 국에서는 물가가 상승할 것이다.

① 가, 나   ② 가, 다   ③ 가, 라   ④ 나, 다   ⑤ 나, 라

정답 및 해설

1) 재정지출 증가는 확장재정, 국채매입은 통화량을 증가시키는 것이므로 확장적 통화정책이다.
2) 지문분석
   가. 갑 국에서 국공채 매입으로 본원통화가 증가하여 통화량이 증가하였다.
   라. 장기적으로 총공급은 자연산출량으로 돌아가고 물가는 한 번 더 상승할 것이다.

   [오답체크]
   나. 갑 국에서 IS곡선이 우측 이동하였다.
   다. 갑 국에서 AD곡선이 우측 이동하였다.

정답: ③

09 물가와 물가지수

핵심 Check: 물가와 물가지수

물가지수	$\dfrac{\text{비교연도의 물가수준}}{\text{기준연도의 물가수준}} \times 100$
소비자 물가지수	라스파이레스 방식, 수입품 포함
GDP디플레이터	파셰 방식, 수입품 미포함

1. 물가의 의미와 변동요인

(1) 의미

개별적인 상품의 가격을 종합하여 평균한 것을 의미한다.

(2) 물가변동의 요인

생산원가의 변동, 수요와 공급의 변동, 독과점적 기업 행동 등이 있다.

(3) 물가변동과 국민 경제

물가는 화폐의 구매력을 결정하므로 국민 경제에 큰 영향을 준다. 따라서 물가안정은 국민 경제의 주요 정책목표이다.

2. 물가지수

(1) 의미

① 기준시점의 물가를 100으로 하여 비교시점의 물가변동 정도를 표시한 것으로 다음과 같이 표현한다.

$$\text{물가지수} = \frac{\text{비교시점의 물가수준}}{\text{기준시점의 물가수준}} \times 100(\%)$$

② 100을 기준으로 100을 초과하면 비교시점의 물가가 높으며, 100 미만이면 비교시점의 물가가 낮다.

(2) 물가 상승률

① 물가지수의 변화율로 다음과 같이 표현한다.

$$\text{전월(년)대비 물가 상승률} = \frac{\text{금월(년) 물가지수} - \text{전월(년) 물가지수}}{\text{전월(년) 물가지수}} \times 100(\%)$$

② 0을 기준으로 (+)이면 물가 상승, (-)이면 물가 하락이다.

(3) 물가지수의 종류

구분	소비자 물가지수	생산자 물가지수	GDP디플레이터
작성목적	일상적인 소비 생활과 밀접한 관련이 있는 재화와 서비스의 가격 변동을 종합적으로 측정하는 물가지수	기업들이 국내시장에 출하하는 재화와 서비스의 가격변동을 종합적으로 측정하는 물가지수	• 명목GDP와 실질GDP를 이용하여 사후적으로 구함 • $\dfrac{\text{명목GDP}}{\text{실질GDP}} \times 100$
포괄범위	• 가계의 소비지출대상인 모든 재화와 서비스 • 원자재, 자본재 등은 제외 • 수입품가격 포함 • 주택임대료 포함 • 주택가격 제외	• 기업들 간에 거래되는 재화와 서비스 • 원자재, 자본재, 소비재 포함 • 수입품가격 제외 • 주택임대료 제외 • 주택가격 제외	• GDP에 포함되는 모든 재화와 서비스 • 국내에서 생산된 최종생산물 모두 포함 • 수입품가격 제외 • 주택임대료 포함 • 신규주택가격 포함
이용범위	소비자의 생계비 변동 파악, 노사 간 임금조정 기초자료 등	시장동향분석, 예산편성 및 심의, 자산재평가 등	기술구조의 변화나 생산성의 변화, 실질GDP, 경제 성장률 등
작성기관	통계청	한국은행	한국은행

(4) 근원물가지수

① 전체 소비자 물가 품목 중에서 계절의 영향을 받는 농산물과 외부요인에 크게 영향을 받는 석유류 등을 제거하고 나머지 품목을 별도로 집계한 지수이다.

② 물가변동의 장기적인 추세를 파악하기 위한 것으로 근원인플레이션 지수라 할 수 있다.

(5) 물가지수 작성방식

작성 방식	라스파이레스 방식 (LPI; Laspeyres Price Index)	파셰 방식 (PPI; Paasch Price Index)
가중치	기준연도의 거래량(Q_0)을 가중치로 사용	비교연도의 거래량(Q_t)을 가중치로 사용
측정 방법	$LPI = \dfrac{\Sigma P_t \cdot Q_0}{\Sigma P_0 \cdot Q_0} \times 100$ (P_t: 비교연도 물가, Q_0: 기준연도 거래량)	$PPI = \dfrac{\Sigma P_t \cdot Q_t}{\Sigma P_0 \cdot Q_t} \times 100$ (P_0: 기준연도 물가, Q_t: 비교연도 거래량)
특징	• 작성이 비교적 간편하다. • 일반적(물가 상승 시)으로 과대평가되는 경향이 있다. • 신상품을 물가에 반영하지 못한다.	• 비교연도의 가중치와 대상품목을 매년 조사하여야 하므로 번거로움이 있다. • 비교적 정확한 물가지수를 나타낸다.
사용 지수	소비자 물가지수나 생산자 물가지수	GDP디플레이터

A국의 사과와 배에 대한 생산량과 가격이 다음과 같다. 소비자 물가지수(Passche price index)를 이용한 2010년 대비 2020년의 물가상승률은? (단, 2010년을 기준연도로 한다)

	2010년			2020년	
재화	수량	가격	재화	수량	가격
사과	100	2	사과	200	3
배	100	2	배	300	5

① 80%　　　② 100%　　　③ 150%　　　④ 200%　　　⑤ 300%

정답 및 해설

1) 소비자물가지수 = 라스파이레스 물가지수이다.

2) $\dfrac{3 \times 100 + 5 \times 100 = 800}{2 \times 100 + 2 \times 100 = 400} \times 100 = 200\%$

3) 물가상승률은 물가지수의 변화율이므로 100%이다.

정답: ②

핵심 Check: 인플레이션

인플레이션의 종류	수요견인 인플레이션, 비용인상 인플레이션
피셔가설	실질이자율 = 명목이자율 − (기대)인플레이션율
인플레이션 시 유리	채무자, 실물보유자, 수입업자
먼델 – 토빈효과	인플레이션 시 실질이자율이 감소하여 투자 증가

1. 인플레이션의 의미와 측정

(1) 의미

① 물가가 지속적으로 상승하는 현상을 말한다. 물가가 지속적으로 하락하는 것은 디플레이션이라고 한다.

② 크게 수요견인 인플레이션과 비용인상 인플레이션으로 나뉜다.

(2) 인플레이션의 측정

$$\pi_t = \frac{P_{t+1} - P_t}{P_t} \times 100(\%) \ \ (단, \ P_t: \ t기의 \ 물가지수)$$

물가지수의 변화율이다.

2. 수요견인 인플레이션

(1) 의미

① 총수요의 증가로 나타나는 인플레이션이다.

② 그래프

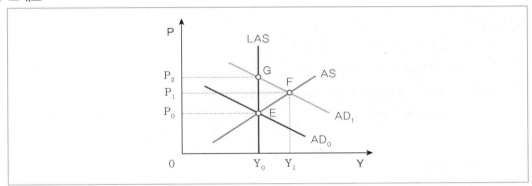

ⓐ 케인즈(학파), 통화주의 단기(우상향의 AS): 총수요가 증가하여 물가 상승(P_0 ➡ P_1)하고 소득 증가 (Y_0 ➡ Y_1)하여 F점으로 이동한다.

ⓑ 고전학파, 통화주의 장기(수직의 LAS): 총수요가 증가하지만 총공급곡선이 수직이므로 물가만 상승 (P_0 ➡ P_2)하고 소득 불변하여 G점으로 이동한다.

(2) 고전학파의 원인과 대책

① 원인: 화폐수량설 $MV = PY$에서 실질국민소득(Y)과 유통속도(V)가 일정하므로 통화공급(M)과 물가(P)는 비례한다.

② 대책: 인플레이션의 원인은 과도한 통화공급 때문이며 통화량을 줄이면 해결된다.

(3) 통화주의자의 원인과 대책

① 원인: $\dfrac{\Delta M}{M} + \dfrac{\Delta V}{V} = \dfrac{\Delta P}{P} + \dfrac{\Delta Y}{Y}$에서 단기적으로 유통속도(V)는 일정하므로 통화량(M)이 증가하면 일부 는 물가를 상승시키고 일부는 산출량 증가로 나타나지만 장기에는 전부 인플레이션으로 나타난다.

② 대책: 통화주의자들은 통화 증가율을 경제 성장률에 맞추어 매년 일정하게 유지하는 준칙에 입각한 금융정 책인 k% Rule을 주장한다.

(4) 케인즈학파의 원인과 대책

① 원인: 정부지출 증가, 세율 인하, 투자 증가와 같은 확대재정정책이 수요견인 인플레이션을 일으킨다고 주 장한다.

② 대책: 불황기에는 국민소득 증대와 실업문제 해소를 위하여 어느 정도의 인플레이션은 불가피하나 완전고 용산출량에 근접하면 물가 상승의 정도가 심해지므로 긴축적인 재정·금융정책이 필요하다고 한다.

3. 비용인상 인플레이션

(1) 의미

임금, 원유가격 상승 등에 따른 총공급의 감소로 나타난다.

(2) 케인즈학파

① 원인

　㉠ 임금 인상에 의해 생산요소비용 증가

　㉡ 기업의 이윤(관리가격) 인상

　㉢ 석유파동이나 원자재가격 상승으로 인한 공급측 충격

② 스태그플레이션의 발생

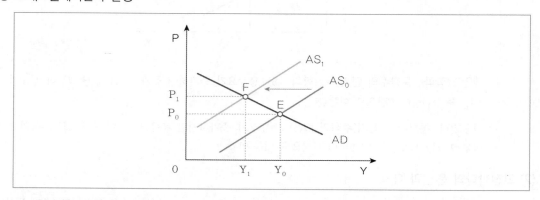

AS곡선의 상방이동은 인플레이션과 더불어 생산량이 감소하므로 스태그플레이션이 발생한다.

③ 대책

　㉠ AS곡선을 우측으로 이동하게 한다.

　㉡ 기술 진보, 연구개발비 증가, 교육을 통한 전문인력 양성 등 생산성 향상을 통한 AS곡선을 우측으로 이동하는 것이다.

(3) 통화주의자

통화주의학파는 인플레이션은 수요측 요인만으로 발생하므로 공급측 요인인 비용인상 인플레이션은 발생하지 않는다고 보고 있다.

4. 인플레이션의 사회적 비용

(1) 예상된 인플레이션

① 피셔가설

㉠ 명목이자율 = 실질이자율 + (기대)인플레이션율

㉡ 인플레이션은 물가 상승률을 정확히 예측함으로써 비용이 발생하지 않는다는 것이다.

② 예상된 인플레이션도 비용이 발생한다는 견해: 은행에 자주 가서 자산을 바꿔야 하는 구두창비용, 메뉴판을 자주 교체해야 하는 메뉴비용이 발생한다.

(2) 예상되지 못한 인플레이션

① 부와 소득의 재분배: 채권자로부터 채무자에게 부가 재분배되고(= 채무자 유리, 채권자 불리), 화폐를 보유하고 있는 급여생활자·연금생활자가 불리하게 소득이 재분배된다.

② 경제의 불확실성 증대: 장기계약 회피, 단기성 위주의 자금대출 등의 경향이 생기게 된다. 모두 단기계약만을 선호한다면, 때로는 기업이 긴 안목에서 장기 투자계획을 실행에 옮길 필요가 있을 텐데, 장기대출이 불가능해 자금조달을 할 수 없어 기업들은 머지않아 경쟁력을 상실하게 될 것이다.

③ 투기의 성행: 경험적으로 보면 인플레이션하에서 상품별 가격 상승률 격차가 상당한 것을 알 수 있다. 따라서 가격이 더 많이 오를 것이라고 생각되는 부동산, 골동품, 금 등에 대한 투기가 성행하게 된다.

(3) 먼델 - 토빈효과

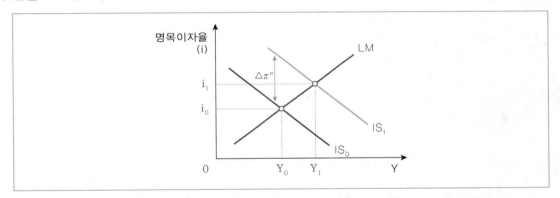

① 이 이론에 따르면, 고전파 경제학의 주장과 달리 명목이자율은 인플레이션과 1 : 1 대응 관계$(i_0 + \triangle \pi^e)$를 가지지 않고, 이보다 낮은 정도(i_1)로만 오르게 된다.

② 만약 명목이자율이 상승하게 되면, 사람들은 현금을 보유하기보다 이를 채권 등으로 전환하기를 원한다.

③ 그리고 이는 실질이자율의 하락에 영향을 미친다. 다르게 말하면, 외생적인 통화량 증가가 명목이자율과 화폐유통속도를 증가시키나, 실질이자율은 감소시킨다는 것이다.

④ 따라서 실질이자율은 오히려 감소하여 투자가 증가한다는 것이 먼델 - 토빈효과이다.

(4) 인플레이션 조세

① 정부가 추가적인 화폐발행을 통해 얻는 재정수입을 의미한다.

② 정부가 화폐를 발행하면 물가가 상승한다. 물가 상승 후 재정수입을 조달할 때 민간이 보유한 화폐의 구매력이 감소하게 된다.

③ 즉, 민간의 보유한 화폐의 구매력이 정부로 이전되었음을 의미한다.

④ 주조차익, 또는 시뇨리지(seigniorage)라고도 한다.

확인문제

인플레이션에 관한 설명으로 옳지 않은 것은?
① 메뉴비용은 인플레이션에 맞춰 가격을 변경하는 데에 발생하는 각종 비용을 말한다.
② 디스인플레이션(disinflation) 상황에서는 물가상승률이 감소하고 있지만 여전히 물가는 상승한다.
③ 초인플레이션은 극단적이고 장기적인 인플레이션으로 통제가 어려운 상황을 말한다.
④ 구두창비용은 인플레이션에 따라 발생하는 현금관리비용을 말한다.
⑤ 디플레이션은 인플레이션이 진행되는 상황에서 경제가 침체하는 상황을 말한다.

정답 및 해설

스테그 플레이션은 인플레이션이 진행되는 상황에서 경제가 침체하는 상황을 말한다. 디플레이션은 물가가 지속적으로 하락하는 것을 의미한다.

정답: ⑤

11 실업

★★★

핵심 Check: 실업

실업지표	실업률, 취업률, 고용률, 경제활동참가율
실업의 종류	마찰적 실업, 구조적 실업, 경기적 실업
자연실업률	$\dfrac{U}{L} = \dfrac{s}{f+s}$

1. 실업통계

(1) 실업의 의미

일할 의사와 능력이 있음에도 불구하고 일자리를 가지지 못한 상태를 말한다.

(2) 실업자

① 조사대상기간 중 주간에 수입이 있는 일에 전혀 종사하지 못한 자로서, 적극적으로 구직활동을 하고, 즉시 취업이 가능한 자를 말한다.

② 30일 이내에 새로운 직장에 들어갈 것이 확실한 취업 대기자는 구직활동 여부에 관계없이 실업자로 분류한다.

③ 일자리가 없다고 해도 일할 의사가 없다면 실업자가 아니므로 구직포기자는 실업자가 아니다.

④ 실망실업자(구직포기자)

　㉠ '직장을 구하기 위하여 노력하였으나 마땅히 일자리를 구하지 못해 구직활동을 포기한 노동자'를 의미한다.

　㉡ 비경제활동인구에 속하므로 실업률 통계에 포함되지 않아 과소평가되는 경향이 있다.

(2) 취업자

① 조사대상기간 중 주간에 수입을 목적으로 1시간 이상 일한 자를 말한다.

② 자기에게 직접적으로는 이득이나 수입이 오지 않더라도 자기가구에서 경영하는 농장이나 사업체의 수입을 높이는 데 도운 가족 종사자로서 주당 18시간 이상 일한 무급 가족 종사자도 취업자이다.

③ 직장 또는 사업체를 가지고 있으나 조사대상기간 중 주간에 일시적인 병, 휴가 또는 연가, 노동쟁의 등의 이유로 일하지 못한 일시휴직자도 취업자이다.

2. 취업자와 실업자의 분류

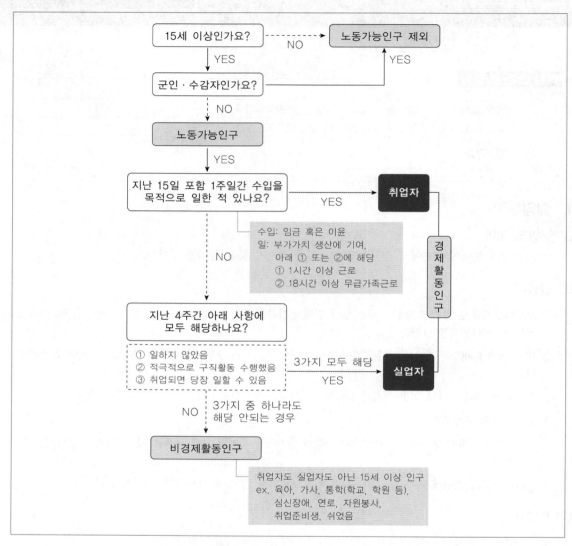

3. 실업 관련 지표

(1) 단순도식화

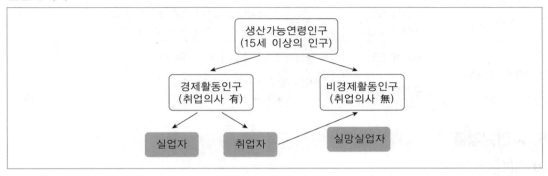

(2) 공식

① 실업률 = $\dfrac{\text{실업자수}}{\text{경제활동인구(취업자수 + 실업자수)}} \times 100(\%)$

② 취업률 = $\dfrac{\text{취업자수}}{\text{경제활동인구수}} \times 100(\%)$

③ 경제활동참가율 = $\dfrac{\text{경제활동인구(취업자수 + 실업자수)}}{\text{생산(노동)가능인구(15세 이상 인구)}} \times 100(\%)$

④ 고용률 = $\dfrac{\text{취업자수}}{\text{생산(노동)가능인구(15세 이상 인구)}} \times 100(\%)$

실업률이 고용상태를 적절히 반영하지 못하는 점을 보완하기 위한 지표가 고용률이다. 우리나라는 실업률은 선진국에 비해 양호하지만, 고용률은 선진국에 비해 열악하다.

확인문제

다음 표는 A국의 고용 관련 자료를 나타낸다. 고용률은? (고용률 = 취업자 수/생산가능인구)

취업자	1,800만 명
실업률	10%
경제활동참가율	80%

① 68%   ② 72%   ③ 76%   ④ 84%   ⑤ 90%

정답 및 해설

1) 실업률이 10%이므로 취업률은 90%이다.

2) 취업률 = $\dfrac{1{,}800\text{만 명}}{\text{경제활동인구}} \times 100 = 90\%$ ➜ 경제활동인구는 2,000만 명이다.

3) 경제활동참가율 = $\dfrac{2{,}000\text{만 명}}{\text{생산가능인구}} \times 100 = 80\%$ ➜ 생산가능인구는 2,500만 명이다.

4) 고용률 = $\dfrac{\text{취업자} = 1{,}800\text{만 명}}{\text{생산가능인구} = 2{,}500\text{만 명}} \times 100 = 72\%$

정답: ②

4. 실업의 종류와 대책

실업의 종류		의미	대책
자발적 실업	마찰적 실업	직장 이동 과정에서 일시적으로 생기는 실업	취업 정보 제공
	탐색적 실업	더 나은 일자리를 찾는 과정에서 생기는 실업	
비자발적 실업	경기적 실업	불경기로 노동수요가 부족하여 생기는 실업	공공사업, 경기부양
	구조적 실업	산업구조나 기술의 변동 속에서 생기는 실업, 최저임금으로 생기는 실업도 포함	기술교육, 인력개발

5. 자연실업률

(1) 의미

① 경기변동에 관계없이 발생하는 실업인 마찰적 실업과 구조적 실업만 존재할 때의 실업률을 의미한다.

② 완전고용(Full-Employment)

　㉠ 한 나라 경제에 경기적 실업이 0인 상태를 의미한다.

　㉡ 완전고용은 실업률이 0인 상태를 말하는 것이 아니라 정상적이면서도 자연스러운 상태(총수요, 경기변동에 영향을 받지 않은 상태)에서 발생하는 실업을 제외한 실업률이 0인 것을 말한다.

(2) 자연실업률 결정모형

① 경제활동인구를 L, 취업자 수를 E, 실업자 수를 U로 나타내면 L = E + U이다.

② 매기 취업자 중 실직하는 사람의 비율인 실직률(job separation rate)을 s, 실업자 중 새로이 취업하는 사람의 비율(job finding rate)인 구직률을 f라고 하자.

③ 자연실업률은 노동시장의 실업자 수가 변하지 않는 동태적 균형상태이다.

④ 즉, 취업자 중 실직하는 사람의 수와 실업자 중 새로이 취업하는 사람의 수가 동일해야 하므로 sE = fU가 성립한다.

⑤ L = E + U에서 E = L - U를 도출한 후 위의 식에 대입하면 s(L - U) = fU이다.

⑥ 양변을 L로 나누면 $s\left(1 - \dfrac{U}{L}\right) = f\dfrac{U}{L}$ ➔ $s - s\dfrac{U}{L} = f\dfrac{U}{L}$ ➔ $s = s\dfrac{U}{L} + f\dfrac{U}{L}$ ➔ $s = (s + f)\dfrac{U}{L}$

➔ $\dfrac{U}{L} = \dfrac{s}{f + s}$ 이다.

⑦ 따라서 자연실업률은 $\dfrac{U}{L} = \dfrac{s}{f + s}$ 이다.

(3) 자연실업률의 결정요인

① 불완전경쟁시장: 생산물시장과 생산요소시장의 불완전경쟁의 정도가 클수록 자연실업률은 상승한다.

② 탐색비용과 이동비용: 직업을 구하는 비용과 이동하는 비용이 크면 자연실업률은 상승한다.

③ 제도적인 요인

　㉠ 실업보험제도가 강화될수록 마찰적 실업이 증가하여 자연실업률은 상승한다.

　㉡ 최저임금제도, 노동조합 등은 구조적 실업과 같은 비자발적 실업을 발생시켜 자연실업률을 상승시킨다.

④ 산업구조의 변화: 산업구조가 급격하게 변화하면 노동이동이 발생하여 자연실업률이 상승한다.

⑤ 인구구성의 변화: 출산율의 하락, 평균수명의 연장 등으로 생산가능인구가 감소하면 자연실업률이 증가한다.

(4) 자연실업률 감소대책

① 직업훈련과 직업탐색을 위한 정부의 지원: 정부가 세제혜택이나 보조금 등을 통하여 직업훈련을 실시하거나 직업정보망의 확충과 같은 비용을 지출하면 구조적 실업이 낮아져 자연실업률을 낮출 수 있다.

② 실업보험제도 개편: 자연실업률을 낮출 수 있는 방향으로 실업보험을 개편하면 마찰적 실업이 감소한다.

③ 노동시장의 유연성 제고: 노동시장의 규제완화, 특히 노동조합과의 관계개선을 통하여 고용과 해고의 자율성을 확대하는 방법 등을 통하여 노동시장의 유연성을 높이면 마찰적 실업이 감소한다.

6. 실업의 학파별 대책

(1) 고전학파

① 노동시장이 완전신축적이므로 자발적 실업만 존재한다.

② 만약 비자발적 실업이 발생한다면 이는 노동조합이나, 최저임금제, 실업수당과 같은 정부개입에 의한 제도적인 원인들 때문이다.

(2) 케인즈학파: 경기적 실업과 같은 비자발적 실업을 중시한다.

① 실업원인: 명목임금의 하방경직성과 노동시장의 경직성

  ㉠ 시장원리라면 노동의 초과공급인 실업이 발생하면 임금이 하락하여 다시 균형상태에 와야 한다. 그러나 임금은 하방경직적이기 때문에 내려가기가 어렵고 기존에 고용된 사람들의 임금을 하락시키는 것도 어렵다.

  ㉡ 임금의 하방경직성의 원인으로는 화폐의 환상, 효율성 임금, 내부자·외부자이론 등이 있다.

② 화폐환상(케인즈): 임금이나 소득의 실질가치는 변화가 없는데도 명목단위가 오르면 임금이나 소득이 올랐다고 받아들이는 것이다. 예를 들어 노동자가 물가 상승과 동일한 비율로 임금이 상승했는데도 임금이 올랐다고 생각하면 그는 화폐환상에 빠져 있는 것으로 볼 수 있다.

③ 효율임금이론(새케인즈학파): 생산활동에 대한 노동자의 기여를 상회하는 임금을 지불함으로써 노동자로 하여금 노동효율을 높이도록 유도하는 임금제도이다.

④ 내부자·외부자이론(새케인즈학파): 새로운 저임금의 노동자(외부자)가 현재의 노동자(내부자)를 대체할 것을 두려워하는 현재의 노동자가 새로운 노동자와 협력하거나 새로운 노동자를 훈련시키지 않고 임금을 올려 실업을 발생시킨다는 것이다.

⑤ 실업대책: 총수요 확대정책(확대재정·금융정책)을 통해 해결 가능하다.

(3) 통화주의자 & 새고전학파

① 실업: 모든 실업은 기본적으로 자발적 실업(대부분 탐색적 실업)으로 결국 실업을 줄이기 위해 확대적인 정책을 실시하더라도 장기에는 인플레이션율만 상승한다. 따라서 적극적인 정책실시를 반대한다.

② 실업원인: 실업은 자발적 실업만 존재하므로 합리적 선택의 결과일 뿐이라고 주장한다.

③ 실업대책: 실업수당을 감소시켜 탐색비용을 인상하면 적극적으로 일자리를 찾을 것이고, 직업정보 제공을 하게 되면 실업이 줄어든다고 주장한다.

④ 자연실업률 가설: 장기에 정부의 안정화 정책에 관계없이 자연실업률 수준은 변하지 않는다. 굳이 총수요 관리정책을 실시하더라도 자연실업률 수준을 낮추지는 못할 뿐만 아니라, 물가 상승만 초래한다.

확인문제

A국가는 경제활동인구가 2,400만 명이고, 매기간 동안 실직률(취업자 중 실직하는 사람의 비율)과 구직률(실직자 중 취업하는 사람의 비율)은 각각 4%와 12%이다. 자연실업률에 해당하는 실업자 수는?

① 96만 명   ② 288만 명   ③ 384만 명   ④ 600만 명

정답 및 해설

1) 균제상태는 자연실업률이다.

2) 자연실업률의 공식은 $\dfrac{s}{s+f}$ 이다.

3) 문제에 주어진 공식을 대입하면 $\dfrac{0.04}{0.04\ +\ 0.12}$ = 0.25이다.

4) 따라서 실업자는 경제활동인구 × 실업률이므로 2,400만 명 × 0.25 = 600만 명이다.

정답: ④

핵심 Check: 필립스곡선

필립스곡선	$\pi = -\alpha(u - u_N)$
자연실업률 가설	• $\pi = \pi^e - \alpha(u - u_N)$ • 단기에 우하향, 장기에 수직
루카스 필립스곡선	• $\pi = \pi^e - \alpha(u - u_N)$ • 단기에 예상된 경우 수직, 예상되지 못한 경우 우하향 • 장기에 수직
손실함수	중앙은행이 인식하는 실업과 인플레이션에 대한 비용을 나타내는 함수

1. 필립스곡선(Phillips curve)의 의미

(1) 의미

① 공식

$$\pi = -\alpha(u - u_N) \ (\alpha > 0, \ u: \text{실제실업률}, \ u_N: \text{자연실업률}, \ \pi: \text{인플레이션율})$$

② 물가와 실업은 반비례(상충관계)이므로 물가안정과 완전고용을 동시에 달성하는 것은 불가능하다.

③ 그래프

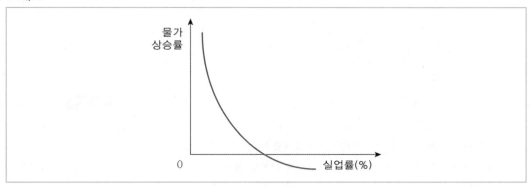

(2) 케인즈학파의 해석

필립스곡선이 우하향하므로 물가안정과 완전고용을 동시에 달성하는 것은 비록 불가능하나 재량적인 재정·금융정책을 통하여 사회후생이 극대화될 수 있다고 해석한다.

(3) 미조정(fine - tuning)

① 재정정책과 금융정책을 적절하게 사용함으로써 경제를 안정된 상태로 유지시키려는 정책이다.

② 기본적으로 케인즈학파는 미조정을 통해 경제를 안정시키는 것이 가능하다고 본다.

(4) 오쿤의 법칙

① 의미: 실업과 실제GDP의 관계를 의미한다.

　㉠ 미국의 경우 실업률이 1%포인트 증가하면 국내총생산이 2%포인트정도 감소한다는 내용의 경험법칙이다.

　㉡ 실업이 발생하면 인적자원을 충분히 활용하지 못함으로써 산출량의 손실이 발생함을 의미한다.

② 공식

$$\frac{Y_N - Y}{Y_N} = \beta(u - u_N)$$

(5) 희생비율(sacrifice ratio)

① 의미: 인플레이션율을 1%포인트 낮추기 위해 GDP가 몇 %포인트 감소하는지를 의미한다.

② 공식

$$희생비율(s) = \frac{GDP\ 감소율}{인플레이션\ 하락률}$$

③ 사례: 긴축정책으로 인플레이션율이 5% 낮아졌으나, GDP가 20% 감소했다면, 희생비율 $s = 4$로 측정된다.

2. 총수요 & 총공급곡선의 이동과 필립스곡선

(1) 총수요곡선의 이동과 필립스곡선

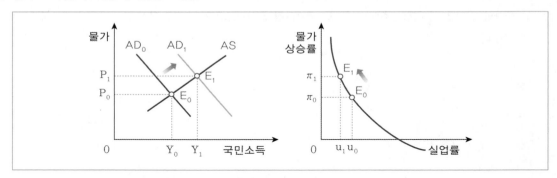

① 우하향의 필립스곡선은 우상향의 총공급곡선과 밀접한 관계이다.

② 총공급곡선의 기울기가 완만하면 총수요가 약간만 증가해도 국민소득이 많이 증가하므로 실업이 많이 감소한다. 따라서 필립스곡선은 완만한 형태이다.

③ 총공급곡선의 기울기가 급경사이면 총수요가 약간 증가하면 국민소득도 약간 증가하므로 실업이 조금 감소한다. 따라서 필립스곡선은 급경사 형태이다.

④ 총공급곡선상에서의 이동은 필립스곡선상에서의 이동에 대응하며 기울기도 유사하다.

⑤ 따라서 총공급곡선을 다르게 표현한 것이라고 볼 수 있다.

(2) 스태그플레이션과 필립스곡선

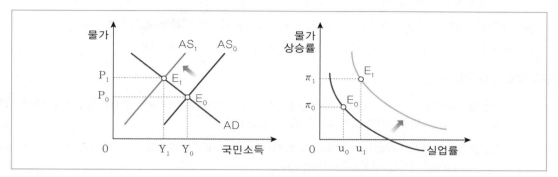

① 1970년대에 들어와 인플레이션율도 높아지고 경기도 침체하는 스태그플레이션 현상이 발생함에 따라 필립
스곡선이 우상방으로 이동한다.

② 물가와 실업의 비례관계가 성립한다.

③ 이에 따라 필립스곡선이 안정적이라고 생각하던 기존의 견해가 붕괴되었다.

3. 자연실업률 가설

(1) 기대부가 필립스곡선

① 프리드먼(Friedman)과 펠프스(Phelps)는 경제주체들의 예상인플레이션율이 변하면 필립스곡선이 이동한
다고 보고 기대부가 필립스곡선을 도입하였다.

② 공식

$$\pi = \pi^e - \alpha(u - u_N) \; (\alpha > 0, \; u: \text{실제실업률}, \; u_N: \text{자연실업률}, \; \pi: \text{인플레이션율}, \; \pi^e: \text{예상인플레이션율})$$

(2) 설명

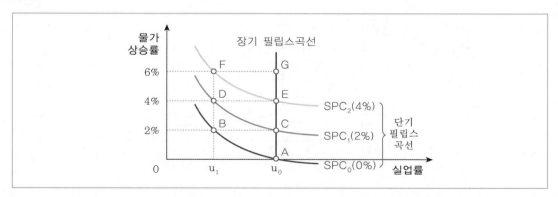

① 최초에 A점에서 실업을 줄이기 위해 총수요 증가정책을 시행하면 단기적으로 B점으로 이동하여 물가가
상승한다.

② 물가 상승은 실질임금을 감소시키므로 기업은 고용량을 늘리고 노동공급은 적응적 기대에 기초하므로 실
질임금 하락을 인지하지 못해 실업률이 하락한다.

③ 시간이 흘러 노동자들이 물가가 상승했다는 사실을 알게 되면 기대 물가가 상향 조정된다.

④ 기대 물가가 상향 조정되면 실질임금의 상승으로 실질임금이 원래 상태로 돌아오게 되며(B → C) 고용량과 실업률이 변하지 않는다.

⑤ 이러한 과정이 반복되면 처음의 실업률인 자연실업률 수준에서 변화가 없으며 물가만 상승한다.

⑥ 따라서 장기필립스곡선은 자연실업률 수준에서 수직선의 형태로 도출된다.

(3) 필립스곡선의 형태

① 단기필립스곡선(SPC; Short-run Phillips Curve): 적응적 기대는 단기적으로 실제물가와 예상물가가 일치하지 않는 오류를 발생시키므로 필립스곡선은 우하향한다.

② 장기필립스곡선(LPC; Long-run Phillips Curve): 적응적 기대는 장기적으로 실제물가와 예상물가가 일치하므로 장기필립스곡선은 수직선으로 도출된다.

(4) 정부개입의 불필요성 강조

장기적으로는 확대 재정정책을 실시하더라도 실업률을 자연실업률 이하로 낮추는 것은 불가능하며 결국 물가만 상승하게 된다는 것인 자연실업률 가설의 내용이다.

4. 합리적 기대와 필립스곡선

(1) 도출

① $\pi = \pi^e - \alpha(u - u_N)$ ($\alpha > 0$, u: 실제실업률, u_N: 자연실업률, π: 인플레이션율, π^e: 예상인플레이션율)

② 필립스곡선의 공식은 자연실업률 가설과 동일하나 새고전학파는 합리적 기대를 사용한다.

③ 식을 변형하면 $\pi - \pi^e = -\alpha(u - u_N)$이므로 실제인플레이션과 예상인플레이션이 동일하면 실제실업률은 자연실업률임을 알 수 있다.

(2) 합리적 기대와 인플레이션 억제정책

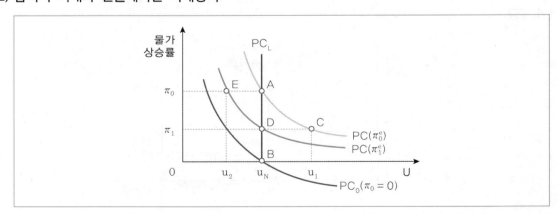

① 가정

㉠ 현재 인플레이션율은 π_0이고 필립스곡선은 점 A를 지나는 $PC(\pi_0^e)$이다.

㉡ 이때 정부가 긴축정책을 통해 인플레이션율을 π_1으로 줄이겠다고 발표하였다.

② 신뢰성 있는 정부: 기대인플레이션이 π_1이 되면 필립스곡선이 하방이동하여 $PC(\pi_1^e)$의 점 D와 같이 실업률의 증가 없이 인플레이션을 제거할 수 있다. 즉, 인플레이션 진정정책의 사회적 비용(실업률 증가)이 들지 않는다.

③ 신뢰성 없는 정부: 민간이 정부의 발표를 신뢰하지 않는다면 기대인플레이션이 낮아지지 않으므로 C점으로 이동하게 되어 실업률이 대폭 상승하게 된다.

(3) 단기와 장기필립스곡선

① 단기

㉠ 합리적 기대하에 예상하지 못한 인플레이션이 발생하면 기대인플레이션과 실제인플레이션이 다르므로 우하향하는 필립스곡선이 도출된다.

㉡ 합리적 기대하에 예상된 인플레이션이 발생하면 기대인플레이션과 실제인플레이션이 동일하므로 수직인 필립스곡선이 도출된다.

② 장기: 기대인플레이션과 실제인플레이션이 동일하므로 실제실업률이 자연실업률이 된다. 따라서 필립스곡선은 수직이 된다.

확인문제

아래는 기대를 반영한 A국의 필립스 곡선이라고 한다. 다음 설명 중 옳은 것은?

$\pi = \pi^e - \alpha(U - U_N)$

(단, π는 인플레이션율, π^e는 기대인플레이션율, a는 양의 상수, U는 실업률, U_N는 자연실업률이다)

가. 가격이 신축적일수록 a가 작다.

나. 새케인즈학파 경제학자들은 U_N 자체가 증가할 수 있다고 주장한다.

다. 합리적 기대하에서는 항상 $\pi = \pi^e$가 성립하기 때문에 단기 필립스곡선도 수직이다.

라. 적응적 기대하에서는 예상인플레이션이 증가하면 필립스곡선이 우측으로 이동한다.

① 가, 나   ② 가, 다   ③ 가, 라   ④ 나, 다   ⑤ 나, 라

정답 및 해설

나. 실업의 이력현상에 대한 설명이다.
라. 적응적 기대하에서는 예상인플레이션이 증가하면 필립스곡선이 상방, 즉 우측으로 이동한다.

[오답체크]
가. 물가가 경직적일수록 총공급곡선의 기울기가 완만해진다. 필립스곡선과 총공급곡선의 경사도는 유사하므로 필립스곡선의 기울기인 a가 작다.
다. 합리적 기대하에서는 예상된 경우만 $\pi = \pi^e$가 예상되지 못한 경우 $\pi \neq \pi^e$이므로 단기에도 예상된 경우에는 수직, 예상되지 못한 경우에는 우하향의 필립스곡선이 성립한다.

정답: ⑤

5. 손실함수

(1) 의미

중앙은행이 인식하는 실업과 인플레이션에 대한 비용을 나타낸다.

甲국 통화당국의 손실함수와 필립스곡선이 다음과 같다. 인플레이션율에 대한 민간의 기대가 형성되었다. 이후, 통화당국이 손실을 최소화하기 위한 목표인플레이션율은? (단, π, π^e, u, u_n은 각각 인플레이션율, 민간의 기대인플레이션율, 실업률, 자연실업률이고, 단위는 %이다)   [감정평가사 18]

• 통화당국의 손실함수: $L(\pi, u) = u + \dfrac{1}{2}\pi^2$

• 필립스곡선: $\pi = \pi^e - \dfrac{1}{2}(u - u_n)$

① 0%   ② 1%   ③ 2%   ④ 3%   ⑤ 4%

정답 및 해설

1) 손실함수에서 손실은 실업률과 물가 상승률에 비례한다.
2) 필립스곡선에서는 물가와 실업은 반비례관계가 성립한다.
3) 문제가 손실을 최소화하는 인플레이션율이므로 손실함수를 인플레이션에 대한 함수로 바꾸어 주면 된다.
4) 필립스곡선을 변형하면 $u = u_n - 2\pi + 2\pi^e$이다.
5) 이를 손실함수에 대입하면 $L(\pi, u) = u_n - 2\pi + 2\pi^e + \dfrac{1}{2}\pi^2$이다.
6) 손실함수는 우리가 구하고자하는 인플레이션은 2차함수의 형태이므로 손실함수를 π로 미분하면 $-2 + \pi = 0$이므로 $\pi = 2\%$이다.

정답: ③

(2) 결론

① 중앙은행이 준칙에 따른 정책을 시행하면 사람들이 인플레이션율을 정확히 예측할 것이므로 $\pi = \pi^e$이 성립한다. 이때 최적의 인플레이션을 찾으면 $\pi = 0$이므로 인플레이션율이 0일 때 정책당국의 손실함수가 극소화된다.

② 중앙은행이 재량적인 정책을 실시한다면 $\pi \neq \pi^e$이므로 이때 손실함수를 극소화하는 최적의 인플레이션을 찾으면 0보다 크다.

③ 준칙주의와 재량주의 모두 자연실업률을 달성할 수 있으나 재량적인 정책이 인플레이션율을 더 높인다.

13 | 고전학파

★

기대	완전예견
LM곡선, 총공급곡선	수직
총수요곡선의 이동원인	통화량, 유통속도의 변화
화폐수량설	MV = PY

1. 주요학자

스미스(A.Smith), 리카도(D.Ricardo), 마셜(A.Marshall)

2. 노동시장, 생산물시장, 화폐시장

(1) 노동시장

① 노동수요는 실질임금의 감소함수이다.

② 완전예견을 바탕으로 노동공급은 실질임금의 증가함수이다.

③ 완전경쟁시장인 노동시장에서 임금이 신축적이기 때문에 항상 완전고용이 이루어진다.

(2) 생산물시장(IS곡선)

① 공급이 수요를 창출하는 세이의 법칙이 성립한다.

② 투자의 이자율 탄력성이 크다.

(3) 화폐시장(LM곡선)

① 화폐는 교환의 매개수단임을 강조한다.

② 화폐수요는 화폐수량설(MV = PY)로 설명된다.

③ 이자율은 투자와 저축에 의해 결정된다는 실물적 이자론을 주장하였다.

④ IS-LM 그래프

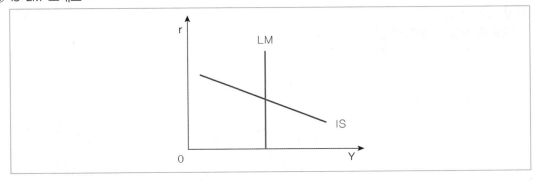

3. 총수요, 총공급곡선

(1) 총수요곡선

① 화폐수량설에서 도출되는 총수요는 우하향의 직각쌍곡선의 형태이다. $(P = \frac{1}{Y}MV)$

② 총수요는 통화량과 유통속도에 의해 이동한다.

(2) 총공급곡선

완전예견을 하므로 물가와 관계없이 일정한 수직선이다.

(3) 그래프

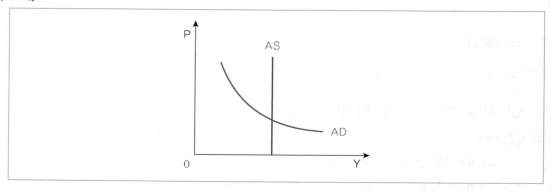

4. 재정정책과 금융정책의 효과

(1) 재정정책의 효과

완전 구축효과가 발생하므로 재정정책의 효과가 전혀 없다.

(2) 금융정책의 효과

화폐의 중립성으로 인해 효과가 없다.

5. 인플레이션과 실업

(1) 인플레이션의 원인

물가는 통화량만 관련이 있으므로 과다한 통화공급으로 인해 인플레이션이 발생한다.

(2) 실업의 원인

자발적 실업만 존재하므로 완전고용상태이다.

핵심 Check: 케인즈학파

기대	케인즈는 정태적 기대, 케인즈학파는 적응적 기대
IS, LM의 기울기	IS 급경사, LM 완경사
경기안정화 정책	재정정책 중시, 통화정책 효과 없음
필립스곡선	물가와 실업은 반비례

1. 주요학자

사무엘슨(P.A.Samuelson), 힉스(J.Hicks) 등

2. 노동시장, 생산물시장, 화폐시장

(1) 노동시장

① 노동수요는 실질임금의 감소함수이다.

② 노동공급

    ㉠ 케인즈는 정태적 기대를 바탕으로 명목임금의 증가함수이다.

    ㉡ 케인즈학파는 적응적 기대를 바탕으로 예상실질임금의 증가함수이다.

③ 화폐의 환상이 공급하므로 물가가 상승하면 균형고용량이 증가한다.

④ 노동시장이 불완전경쟁이므로 임금이 하방경직적이기 때문에 비자발적 실업이 존재한다.

(2) 생산물시장(IS곡선)

① 수요가 공급을 창출하는 유효수요의 원리가 성립한다.

② 투자의 이자율 탄력성이 작아 IS곡선이 급경사의 형태를 띤다.

(3) 화폐시장(LM곡선)

① 화폐의 기능 중 가지저장 기능을 중시한다.

② 화폐수요는 유동성 선호설로 설명된다.

③ 이자율은 화폐시장에서 화폐수요와 공급에 의해 결정된다.

④ 화폐수요의 이자율 탄력성이 크므로 LM곡선이 완만하게 도출된다.

(4) 그래프

① 케인즈

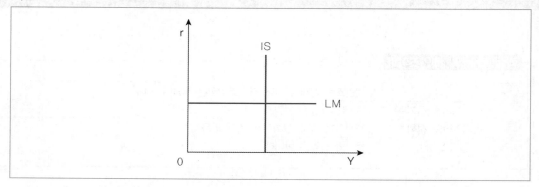

② 케인즈학파

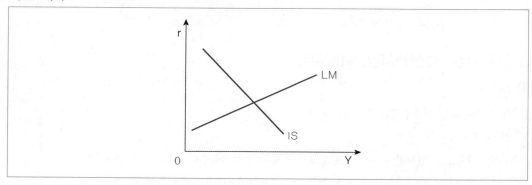

3. 총수요, 총공급곡선

(1) 총수요곡선

① IS - LM모형에 의해 도출되며 IS곡선과 유사하게 우하향의 형태이다.

② 통화량, 정부지출, 투자, 소비 등이 총수요의 이동요인이다.

(2) 총공급곡선

① 정태적 기대에 입각한 극단적 케인즈의 총공급곡선의 형태는 수평선이다.

② 적응적 기대에 입각한 케인즈학파의 총공급곡선은 단기 우상향, 장기 수직선의 형태이다.

(3) 그래프

① 케인즈

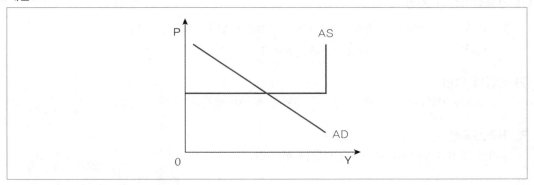

② 케인즈학파

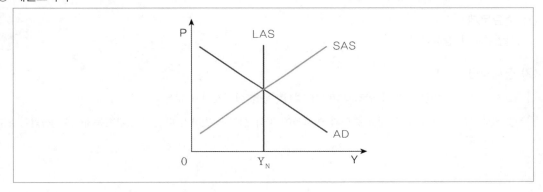

4. 재정정책과 금융정책의 효과

(1) 재정정책의 효과

① IS곡선이 급경사, LM곡선이 완경사이므로 재정정책은 매우 효과적이다.

② 미조정(fine-tuning)을 통한 재량적 재정정책을 강조한다.

(2) 금융정책의 효과

① IS곡선이 급경사, LM곡선이 완경사이므로 금융정책의 효과는 작다.

② LM곡선이 수평인 유동성 함정에서는 금융정책의 효과는 없다.

5. 인플레이션과 실업

(1) 인플레이션의 원인

① IS곡선의 우측이동으로 총수요가 증가하여 수요견인 인플레이션이 발생한다.

② 공급충격으로 비용인상 인플레이션이 발생한다.

(2) 실업의 원인

유효수요가 부족하여 비자발적 실업인 경기적 실업이 발생한다.

(3) 필립스곡선

물가와 실업은 반비례하므로 우하향하는 형태이다.

6. 중요문제와 경제교란 원인

(1) 중요문제

실업문제가 중요하다.

(2) 경제교란 원인

① 케인즈는 소비는 비교적 안정적이어서 경기변동을 야기시키지 않는다.

② 케인즈는 투자가 주로 예상 수익과 이자율에 따라 심하게 변하기 때문에 경기변동의 주된 원인이 된다고 이해했다.

핵심 Check: 통화주의자

기대	적응적 기대
IS, LM의 기울기	IS 완경사, LM 급경사
경기안정화 정책	통화정책 중시, 재정정책 효과 없음
필립스곡선	자연실업률 가설로 단기 우하향, 장기 수직

1. 주요학자

프리드먼(M.Frideman)

2. 노동시장, 생산물시장, 화폐시장

(1) 노동시장

① 노동수요는 실질임금의 감소함수이다.

② 노동공급은 예상실질임금의 증가함수이다.

(2) 생산물시장(IS곡선)

투자의 이자율 탄력성이 크므로 IS곡선은 완만한 형태이다.

(3) 화폐시장(LM곡선)

화폐수요의 이자율 탄력성이 작으므로 LM곡선은 급경사의 형태이다.

(4) 그래프

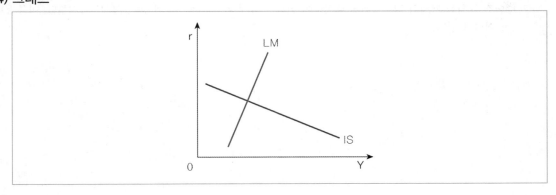

3. 총수요, 총공급곡선

(1) 총수요곡선

IS곡선과 유사하게 완만한 우하향의 형태이다.

(2) 총공급곡선

적응적 기대에 입각하여 단기 우상향, 장기 수직선의 형태이다.

(3) 그래프

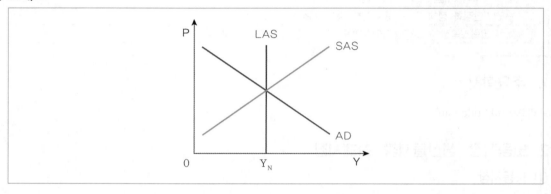

4. 재정정책과 금융정책의 효과

(1) 재정정책의 효과

① IS곡선이 완만하고 LM곡선이 급경사이므로 효과가 거의 없다.

② 재정정책은 구축효과를 발생시키므로 효과가 없다. 따라서 정부의 개입을 반대한다.

(2) 금융정책의 효과

① 단기적으로는 효과적이나 장기적으로는 효과가 없다.

② 주어진 규칙을 당시의 경제조건에 대입하여 일관성 있게 추진하는 방식인 준칙주의를 중시한다. 이를 k% rule이라고 한다.

5. 인플레이션과 실업

(1) 인플레이션의 원인

과다한 통화공급으로 발생한다.

(2) 필립스곡선

① 단기에는 적응적 기대에 의해 오류가 발생하므로 우하향의 형태이다.

② 장기에는 오류가 없으므로 자연실업률 가설에 입각하여 수직의 형태이다.

6. 중요문제와 경제교란 원인

(1) 중요문제

인플레이션 문제가 중요하다.

(2) 경제교란 원인

과도한 통화량 변화로 인한 화폐부분에 있다.

1. 공급경제학의 개념

(1) 석유파동 이후 총수요관리정책이 한계를 보이자 등장한 이론이다.

(2) 공급경제학이란 스태그플레이션의 발생에 따른 총수요관리정책의 한계가 발생함에 따라 이를 극복하고자 총공급측면을 중시하는 학자들의 연구분야를 의미한다.

2. 조세감면을 통한 유인(Feldstein, Boskin)

(1) 전통적 견해

조세감면은 가처분소득을 증가시켜 총수요가 증가(총수요곡선 우측이동)하므로 물가가 상승하고 국민소득이 증가한다.

(2) 공급중시 경제학

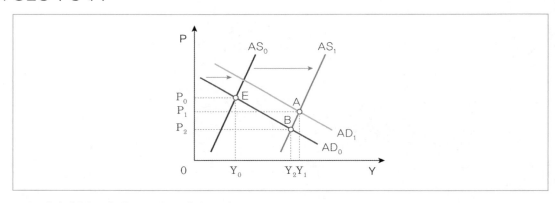

① 조세감면을 통해 총공급이 증가하는 경우

　㉠ 이자소득세 감면 ➡ 저축 증가로 투자재원 증가 ➡ 투자 증가

　㉡ 투자세, 법인세 감면 ➡ 투자 증가

　㉢ 근로소득세 감면 ➡ 근로의욕 증대, 노동공급 증가

② 조세를 감면하면 총수요곡선뿐 아니라 총공급곡선도 우측이동하므로 물가 상승 없이 국민소득이 대폭 증가하며 장기적으로는 공급능력이 향상되어 경제성장이 촉진된다.

③ 이는 스미스(A. Smith) 등 고전학파 경제학자들이 지적한 조세감면 효과와 같다. 따라서 공급중시 경제학은 고전학파이론을 계승한 것으로 볼 수 있다.

3. 래퍼(A. Laffer)곡선

(1) 의미

소득세율(t)과 조세수입(R)의 관계를 보여주는 곡선이다.

(2) 설명

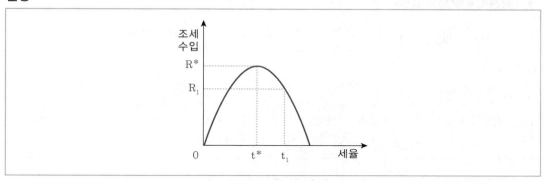

래퍼는 현재 미국의 세율이 매우 높은 수준(t_1)이므로 세율(근로소득세 등)을 t^*로 인하하면 노동공급이 증가하여 소득이 증가하므로 정부의 조세수입이 최대로 증가하게 될 것이라 주장하였다.

(3) 문제점

재정수입이 극대가 되는 세율 t^*을 추정하기가 어렵다.

합리적 기대	경제주체들이 과거의 정보뿐만 아니라 주위의 활용 가능한 모든 정보를 이용하여 경제 상황의 변화를 합리적으로 예측한다는 이론
루카스 총공급곡선	$Y = Y_N + \alpha(P - P^e)$
정책	예상된 정책은 영향을 미치지 못하고, 예상되지 못한 정책만 영향을 미침
정책 무력성 정리	• 예상된 정책은 단기적으로도 효과가 없다는 것이 정책 무력성 정리 • 예상된 정책으로 명목변수인 물가와 명목임금만 변하고, 실질변수인 실질GDP와 실질임금은 변하지 않음

1. 새고전학파(new classics) 학자와 가정

(1) 학자

루카스(R. Lucas), 사전트(T. Sargent) 등

(2) 가정

① 합리적 기대와 노동시장의 완전청산 개념을 기초한다.

② 고전학파와 마찬가지로 장기는 물론 단기에 있어서도 총수요관리정책의 무력성을 이론적으로 증명하였다.

2. 합리적 기대와 노동시장의 완전청산

(1) 합리적 기대(rational expectation)

① 의미: 경제주체들이 과거의 정보뿐만 아니라 주위의 활용 가능한 모든 정보를 이용하여 경제 상황의 변화를 합리적으로 예측한다는 이론이다.

② 오류: 합리적 기대에서는 예측이 약간 틀리다 하더라도 체계적인 오차가 발생하지는 않고, 전체적으로는 '옳게' 예측된다.

(2) 노동시장의 완전청산

① 노동자의 합리적 기대: 임금협상 시점에서 근로자의 합리적 기대 시 실제물가 상승률과 기대물가 상승률이 같아지며 명목임금은 기대물가 상승률만큼 인상된다.

② 노동시장의 완전청산: 이와 같이 합리적 기대하에서는 물가가 변화할 때 단기에도 명목임금만 완전신축적으로 변화하고 실질임금과 고용량은 변화하지 않는다.

③ 고용과 총생산량: 합리적 기대에 따라 노동시장이 완전청산되면 고전학파나 통화주의학파 장기모형과 같이 물가가 변화해도 고용과 총생산량이 변화하지 않는다.

3. 루카스 공급함수와 정책 무력성 정리

(1) 루카스의 총공급곡선

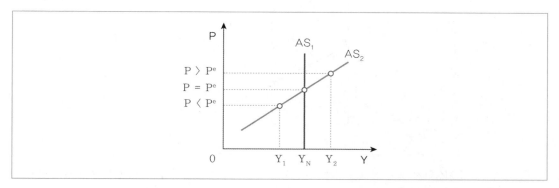

① $Y = Y_N + \alpha(P - P^e)$ (Y_N: 자연산출량, P^e: 기업의 기대물가, $\alpha > 0$)

② P에 관해 풀면 $P = \dfrac{1}{\alpha} Y - \dfrac{1}{\alpha} Y_N + P^e$ 이다.

(2) 예상된 정책

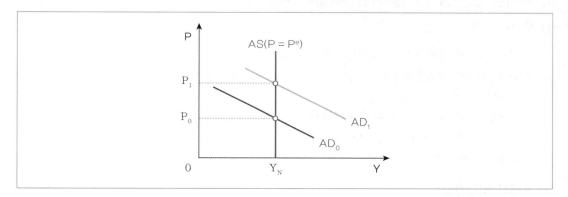

① 물가를 정확히 예상하면($P = P^e$) 수직의 총공급곡선이(Y_N = 자연산출량 수준) 도출된다.

② 예상된 확장적 재정정책은 총수요곡선을 AD_0에서 AD_1으로 이동하여 물가를 상승($P_0 \rightarrow P_1$)시킨다.

③ 예상물가수준 상승으로 단기 AS곡선이 좌측으로 이동하면 산출량 증가 없이 물가만 상승한다.

④ **정책 무력성 정리**: 예상된 정책은 단기적으로도 효과가 없다는 것이 정책 무력성 정리로, 예상된 정책으로 명목변수인 물가와 명목임금만 변하고, 실질변수인 실질GDP와 실질임금은 변하지 않는다.

(3) 예상되지 못한 정책

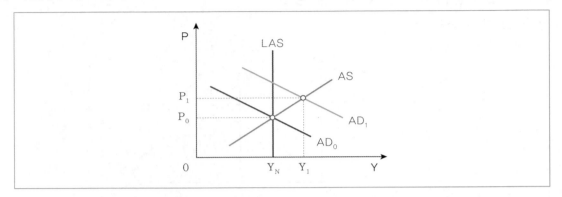

① 단기적으로 예상하지 못한 정책은 경제주체들이 물가를 정확히 예상하지 못하면($P > P^e$) 일반적인 총공급 곡선인 우상향의 AS가 도출된다.

② 예상하지 못한 확장적 정책은 총수요곡선을 우측으로 이동시키므로 국민소득을 Y_1까지 증가시킨다.

③ 안정화 정책이 예상하지 못한 경우에만 단기적으로 효과가 있다.

4. 루카스 비판과 최적정책의 동태적 비일관성

(1) 루카스 비판

① 경제주체들의 상황에 따라 소비나 투자 등이 변할 수 있다.

② 케인즈학파의 경제정책의 효과를 분석하는 방법은 소비함수, 투자함수 등을 추정한 후 효과를 예측하는 것이다.

③ 이처럼 거시적 행태 방정식을 사전에 설정하고 이에 따라 거시경제효과를 분석하는 것은 잘못이라는 주장 이 루카스 비판(Lucas critique)의 주 내용이다.

④ 따라서 가정에 의한 함수가 아닌 경제주체의 최적화 행동 및 시장균형의 결과로 도출해야 한다.

(2) 동태적 비일관성

① 현재시점에서 수립된 최선의 정책이 미래에도 최선의 정책이라면 이러한 정책은 동태적 일관성이 있다고 한다.

② 그러나 현재시점에서 수립한 최선의 미래정책이 미래가 도래했을 때 최선의 정책이 아니라면 동태적 일관 성이 없는 것이다.

새고전파의 이론으로 옳지 않은 것은?

① 동태적 비일관성
② 정책 무력성 정리
③ 합리적 기대로 인한 수직의 총공급곡선 도출
④ 루카스 비판
⑤ 효율성 임금

정답 및 해설

기업이 이윤극대화를 위하여 균형임금보다 높은 임금인 효율성 임금을 지급하면 노동시장에서는 비자발적 실업이 발생한다. 효율성 임금이론은 가격의 경직성을 설명하는 새케인즈학파의 이론이다.

정답: ⑤

핵심 Check: 새케인즈학파

정부개입 찬성	가격의 경직성을 바탕으로 정부개입의 당위성을 설명
임금의 경직성	효율성 임금, 내부자 – 외부자, 묵시적 고용계약이론은 실질임금, 중첩임금계약, 장기 고용계약은 명목임금에 해당
재화가격의 경직성	메뉴비용, 조정실패이론, 중첩가격설정이론
이자율의 경직성	신용할당
실업의 이력현상	경기가 회복된 후에도 실업률이 회복되지 않고 자연실업률이 상승한 현상

1. 새케인즈학파(New Keynesian) 학자와 가정

(1) 학자

테일러(J.B. Taylor), 피셔(S. Fisher) 등

(2) 가정

① 새케인즈학파는 새고전학파의 합리적 기대는 수용한다.

② 물가와 명목임금의 완전신축적 조정을 통한 노동시장의 완전청산에 대해서는 견해를 달리하는 케인즈계열의 이론체계이다.

③ 즉, 가격의 경직성을 바탕으로 정부개입의 당위성을 설명하는 이론이다.

2. 가격과 임금의 경직성과 안정화 정책의 효과

(1) 가격, 임금의 경직성은 경제주체들의 최적화 행동의 결과

① 근로자가 합리적 기대에 의해 물가 상승률을 정확히 예상하고 예상물가 상승률만큼 명목임금 인상을 요구하더라도 명목임금은 노사협상에 의해 결정되는 것이므로 그만큼 인상될 수 없는 것이 일반적 현실이다.

② 물가가 상승할 때 노동고용이 증가하여 총공급량이 증가하므로 단기총공급곡선은 우상향한다. 따라서 단기 총수요관리정책은 유효하게 된다.

(2) 안정화 정책의 효과

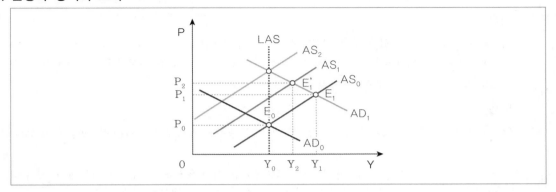

① 예상하지 못한 정책을 실시한 경우

ㄱ 최초균형점(E_0)에서 확대재정, 금융정책 실시하면 AD곡선 우측이동하여 AD_0에서 AD_1이 된다.

ㄴ 예상하지 못하였으므로 AS곡선은 불변이고 균형점이 E_1이 되어 산출량이 증가(Y_0 ➔ Y_1)하고 물가가 상승(P_0 ➔ P_1)한다.

② 예상된 정책을 실시한 경우

ㄱ 최초균형점(E_0)에서 확대재정, 금융정책 실시하면 AD곡선 우측이동하여 AD_0에서 AD_1이 된다.

ㄴ 예상된 정책이므로 AS곡선이 이동(AS_0 ➔ AS_1)한다.

ㄷ 균형점이 $E_1^{'}$이 되어 산출량이 증가(Y_0 ➔ Y_2)하고 물가가 상승(P_0 ➔ P_2)한다.

3. 임금의 경직성이론

(1) 효율성 임금이론(실질임금 경직성)

① 의미: 효율성 임금이란 실질임금 1단위당 근로의욕이 최대가 되는 임금을 의미한다.

② 내용

ㄱ 기업이 이윤극대화를 위하여 균형임금보다 높은 임금인 효율성 임금을 지급하면 노동시장에서는 비자발적 실업이 발생한다.

ㄴ 결국 효율성 임금은 균형실질임금보다 높은 수준에서 경직적으로 유지된다.

(2) 내부자 – 외부자이론(실질임금 경직성)

① 가정

　⊙ 내부자(insider)는 기업 내부의 취업자로 기업과 임금협상을 할 수 있는 사람들을 말하며, 외부자 (outsider)는 실업자로 남아 있는 노동자로서 기업과 임금협상을 할 자격이 없는 사람들을 말한다.

　ⓛ 외부자는 내부자보다 생산성이 낮은 것으로 가정한다.

② 내용

　⊙ 노동조합과 같은 내부자는 독점적 협상력을 바탕으로 높은 생산성에 맞는 높은 실질임금을 기업에 요구 한다.

　ⓛ 기업은 노동이직비용을 고려하여 내부자와 고용관계를 계속 유지하기를 원하기 때문에 노동조합의 요 구대로 내부자에게 높은 실질임금을 지급하므로 실질임금이 경직성을 띠게 된다.

(3) 묵시적 고용계약이론(실질임금 경직성)

① 출발점: 노동자와 기업의 위험에 대한 태도가 다르다는 점이 암묵적 계약이론의 출발점이다.

② 위험기피자인 노동자

　⊙ 위험기피적인 노동자들은 경기상태에 관계없이 다소 적지만 일정한 임금을 받기를 원하고 노동자보다 덜 위험기피적인 기업이 이를 받아들이면 고용관계가 성립한다.

　ⓛ 이러한 내용을 고용계약서에 명시하지 않아도 고용계약이 묵시적으로 이루어진다.

　ⓒ 노동자들은 경기상태 즉, 물가와 관계없이 고용과 소득의 안정성을 보장받으므로 임금이 신축적이지 못하다.

(4) 중첩임금계약이론(명목임금 경직성)

① 중첩임금계약

　⊙ 개별 기업들이 임금계약시점이 동시적이지 않고 상이하게 이루어진다.

　ⓛ 기업 간 임금계약의 시점이 겹치는 경우가 발생한다.

② 명목임금의 경직성

　⊙ 시차를 두고 임금협상이 이루어지는 경우 명목임금이 여러 기간에 걸쳐 점진적으로 변동된다.

　ⓛ 경제 전체적으로 상호의존성이 발생하여 한 번에 변하지 않으므로 명목임금이 경직적이다.

(5) 장기고용계약이론(명목임금 경직성)

① 장기계약

　⊙ 여러 해 동안 동일한 임금으로 노동관계를 유지하는 것이다.

　ⓛ 노동자들과 고용주는 직업을 찾거나 노동자를 고용하는 데 많은 비용이 발생하므로 장기임금계약을 통 하여 안정적인 고용관계를 원한다.

② 명목임금의 경직성: 이렇게 임금이 장기임금계약에 의해 이루어지면 경기상태에 관계없이 계약기간 동안 임금이 변하지 않으므로 임금이 경직적이다.

4. 재화가격에 대한 경직성이론

(1) 메뉴비용이론

① 메뉴비용(menu cost)

㉠ 기업이 가격을 변경하는 데 발생하는 비용으로 가격표와 메뉴판을 새로이 만드는 비용 등 가격변화와 관련된 유형·무형의 비용이다.

㉡ 메뉴비용이 큰 경우 물가가 변하더라도 메뉴를 변동시키지 않는다.

② 비용발생으로 인한 가격 경직성 발생: 이렇게 가격의 변경에 따르는 비용이 발생하므로 불완전경쟁기업의 경우에는 즉각적으로 가격을 변경하지 않아 가격의 경직성이 발생한다.

(2) 조정실패이론

① 기업 간 가격의 조정

㉠ 현재 경기침체 상태에 있으나 모든 기업들이 협조적으로 행동하여 가격을 인하하면 물가 하락으로 총수요가 다시 증가한다고 하자.

㉡ 일부 기업만 가격을 인하하고 나머지 기업은 가격은 인하하지 않는 경우 이를 조정실패가 발생하였다고 한다.

② 가격의 경직성: 기업 간 합의가 되면 가격이 동시에 변동하나 그렇지 않은 경우 가격의 경직성이 발생한다.

(3) 중첩가격설정이론

① 중첩임금계약

㉠ 개별 기업들의 가격설정시점이 동시적이지 않고 상이하게 이루어진다.

㉡ 기업 간 가격설정시점이 겹치는 경우가 발생한다.

② 재화가격의 경직성

㉠ 시차를 두고 가격변동이 이루어지는 경우 재화가격이 여러 기간에 걸쳐 점진적으로 변동된다.

㉡ 경제 전체적으로 상호의존성이 발생하여 한번에 변하지 않으므로 재화가격이 경직적이다.

5. 이자율의 경직성

(1) 이자율의 변동

이자율이 상승하면 은행의 이자수익이 증가하는 긍정적인 효과와 위험이 높은 차입자만 차입하려는 부정적 효과가 발생한다.

(2) 신용할당

위험이 높은 차입자들이 늘어나면 역선택에 의해 원금 회수가능성이 낮아지므로 자금시장에 초과수요가 발생하여도 이자율을 조정하지 않고 신용이 확실한 기업에게만 자금을 나누어서 배분하는 신용할당이 발생한다.

(3) 이자율의 경직성

신용할당이 이루어지는 경우에는 자금시장에서 이자율이 경직적이므로 시장청산이 이루어지지 않는다.

6. 새케인즈학파의 실업률 이력현상(hysteresis)

(1) 의미

① 경기가 회복된 후에도 실업률이 회복되지 않고 자연실업률이 상승한 현상을 의미한다.

② 새케인즈학파에 의해 제시된 이론으로 자연실업률이 변화하지 않는다는 이론을 비판하였다.

(2) 원인

① 낙인효과

    ㉠ 불황기에 해고된 사람들은 새로운 기술을 배울 기회를 잃어버려 노동생산성이 하락하여 불황이 끝났더라도 새로운 일자리를 찾기 어렵다.

    ㉡ 감원당한 노동자는 열등하다는 신호가 되기 때문에 새로운 일자리를 찾기 어렵다.

② 숙련도 상실: 실업으로 지내는 동안 기존 숙련도가 낮아지고 새로운 기술을 배울 기회가 사라져 취업이 힘들어진다.

③ 근로에 대한 태도 변화: 오랜 실업은 노동에 대한 의욕을 줄어들게 하거나 아예 구직행위를 포기하는 경우가 발생한다.

④ 내부자 - 외부자 모형: 실직된 사람들은 내부자 - 외부자 모형에 의해 임금협상 과정에서 불리한 위치에 있으므로 새로 고용되기가 어려워진다.

(3) 결론

① 경기가 침체되었을 때 실제실업률이 높아지면 장기에도 원래의 자연실업률에 복귀하지 않음을 보여준다.

② 총수요관리정책이 단기에는 물론 장기에도 영향을 미칠 수 있으므로 적극적 정책의 필요함을 알 수 있다.

새케인즈학파의 이론으로 옳지 않은 것은?

① 내부자 - 외부자이론

② 신용할당

③ 묵시적 계약이론

④ 화폐의 환상

⑤ 메뉴비용

정답 및 해설

화폐의 환상은 화폐부분이 실물부분에 영향을 준다는 케인즈의 이론이다.

정답: ④

기출동형문제

공기업 경제학 전공 시험에 출제될 가능성이 높은 다양한 유형의 문제를 풀어보며 실전 감각을 높여보세요!

01 다음 중 IS곡선이나 LM곡선의 기울기를 가파르게 하는 것만을 <보기>에서 모두 고른 것은?

> <보기>
> ㄱ. 화폐수요의 소득에 대한 탄력성이 커졌다.
> ㄴ. 화폐수요의 이자율에 대한 탄력성이 작아졌다.
> ㄷ. 투자의 이자율에 대한 탄력성이 커졌다.

① ㄱ, ㄴ   ② ㄱ, ㄷ
③ ㄴ, ㄷ   ④ ㄱ, ㄴ, ㄷ

02 통화량의 증가가 이자율에 미치는 영향으로 옳은 것은?

> <보기>
> ㄱ. 단기적으로 명목이자율이 하락하는 유동성효과가 발생한다.
> ㄴ. 장기적으로 물가상승으로 인해 명목이자율이 상승하는 피셔효과가 발생한다.
> ㄷ. 장기적으로 화폐의 중립성이 성립하므로 실질이자율이 상승한다.
> ㄹ. 중앙은행이 금리를 올리면 시중금리는 하락하게 된다.

① ㄱ, ㄴ   ② ㄱ, ㄷ   ③ ㄴ, ㄷ
④ ㄴ, ㄹ   ⑤ ㄷ, ㄹ

03 도시 A의 고용 관련 자료를 부분적으로 얻었다. 취업자 수는 24만 명이고 비경제활동인구가 25만 명, 생산 가능인구가 50만 명이라 할 때, 다음 설명 중 옳은 것은?

① 도시 A의 실업자는 1만 명이다.
② 도시 A의 경제활동인구는 50만 명이다.
③ 도시 A의 실업률은 5%이다.
④ 도시 A의 경제활동참가율은 48%이다.

04 어떤 경제가 장기균형상태에 있다고 가정하자. 그런데 갑자기 주식시장이 폭락한 반면, 해외로부터 숙련노동자의 이민(유입)이 급격히 증가한 상황이 동시에 발생할 경우 현 상태에 비해 새로운 장단기 균형의 결과는?

① 단기적으로 실질GDP는 증가하고 가격수준의 변화는 불확실하며, 장기적으로도 실질GDP는 증가하고 가격수준의 변화 역시 불확실하다.

② 단기적으로 가격수준은 하락하고 실질GDP의 변화는 불확실하나, 장기적으로는 실질GDP와 가격수준에 영향이 없다.

③ 단기적으로 가격수준은 증가하고 실질GDP의 변화는 불확실하나, 장기적으로는 실질GDP가 증가하고 가격수준이 하락한다.

④ 단기적으로 가격수준은 하락하고 실질GDP의 변화는 불확실하나, 장기적으로는 실질GDP가 증가하고 가격수준이 하락한다.

⑤ 단기적으로 실질GDP는 하락하고 가격수준의 변화는 불확실하며, 장기적으로도 실질GDP는 하락하고 가격수준의 변화 역시 불확실하다.

정답 및 해설

01 ① 화폐수요의 소득탄력성이 커지거나 화폐수요의 이자율 탄력성이 작아지면 LM곡선이 급경사로 도출된다.
[오답체크]
ㄷ. 투자의 이자율 탄력성이 커지면 IS곡선이 완만한 형태로 도출된다.

02 ① ㄱ. 단기적으로 통화량이 늘면 통화의 공급이 증가하여 이자율이 하락한다. 이를 유동성효과라 한다.
ㄴ. 피셔효과는 시중금리와 인플레이션 기대심리와의 관계를 말해주는 이론으로, 시중의 명목금리는 실질금리와 예상 인플레이션율의 합계와 같다는 것을 말한다. 따라서 통화량의 증가로 물가상승이 되면 명목이자율이 상승하게 된다.
[오답체크]
ㄷ. 장기적으로 화폐의 중립성이 성립하므로 명목이자율은 상승하지만 실질이자율은 변함이 없다.
ㄹ. 중앙은행이 금리를 올리면 이를 반영하여 시중금리도 증가하게 된다.

03 ① 생산가능인구(15세 이상의 인구)는 경제활동인구 + 비경제활동인구이므로 생산가능인구가 50만 명, 비경제활동인구가 25만 명이라면 경제활동인구도 25만 명이다. 생산가능인구 중 경제활동인구가 차지하는 비율인 경제활동참가율은 $\frac{25}{50}$ × 100 = 50%이다. 경제활동인구 = 취업자 + 실업자이므로 경제활동인구가 25만 명, 취업자가 24만 명이라면 실업자는 1만 명이다. 그러므로 경제활동인구에서 실업자가 차지하는 비율인 실업률은 $\frac{1}{25}$ × 100 = 4%이다.

04 ④ 주가가 하락하면 토빈의 q값이 낮아지므로 민간투자가 감소한다. 이로 인해 총수요가 감소하므로 총수요곡선이 왼쪽으로 이동한다. 한편, 이민자의 유입으로 숙련노동자의 수가 증가하면 경제의 생산능력이 커지므로 우상향하는 단기 총공급곡선과 수직의 장기 총공급곡선이 모두 오른쪽으로 이동한다. 단기에 총수요곡선이 왼쪽으로 이동하고 단기 총공급곡선이 오른쪽으로 이동하면 물가는 명백히 하락하나 실질GDP의 증감 여부는 불분명하다. 장기균형은 총수요곡선과 장기 총공급곡선이 교차하는 점에서 이루어지므로 총수요곡선이 왼쪽으로 이동하고 수직의 장기 총공급곡선이 오른쪽으로 이동하면 새로운 장기균형에서의 실질GDP는 최초의 균형에서보다 증가하고 물가수준은 더 낮은 수준으로 유지된다.

05 ㉠ ~ ㉢에 들어갈 내용으로 옳은 것은?

> <보기>
> 정부가 경기침체 상황에 대응하여 확장적인 통화정책을 실시하려고 한다. 폐쇄경제에서 우하향하는 IS곡선을 갖는 경제를 가정할 때, 다른 조건이 일정하다면 단기적으로 총생산은 (㉠)하며, 물가는 (㉡)하고, 금리는 (㉢)할 것이라는 예측이 가능하다.

	㉠	㉡	㉢
①	증가	하락	상승
②	증가	상승	하락
③	감소	상승	하락
④	감소	하락	상승

06 다음 표는 빵과 옷만을 생산하는 경제의 연도별 생산 현황이다. 2019년을 기준 연도로 할 때, 2021년의 GDP 디플레이터(㉠)와 물가상승률(㉡)은? (단, 물가상승률은 GDP 디플레이터를 이용하여 구한다)

연도 \ 재화	빵		옷	
	가격(원)	생산량(개)	가격(원)	생산량(벌)
2019	30	100	100	50
2020	40	100	110	70
2021	40	150	150	80

	㉠	㉡
①	144	18.2%
②	144	23.1%
③	157	18.2%
④	157	23.1%

07 폐쇄경제하에서의 IS-LM곡선에 대한 설명으로 옳은 것은?

> <보기>
> ㄱ. 유동성함정 구간에서 LM곡선은 수평이 된다.
> ㄴ. 정부가 재정지출을 늘리면 IS곡선은 우측으로 이동한다.
> ㄷ. IS곡선은 화폐시장, LM곡선은 생산물시장에서 이자율과 국민소득의 균형을 나타낸다.
> ㄹ. IS곡선의 기울기는 투자의 이자율 탄력성이 작을수록 완만해진다.

① ㄱ, ㄴ   ② ㄱ, ㄷ   ③ ㄴ, ㄷ
④ ㄴ, ㄹ   ⑤ ㄷ, ㄹ

08 다음과 같이 생산물시장과 화폐시장이 주어졌을 때, G = 100, M^S = 500, P = 1이고 균형재정일 경우, 균형국민소득(Y)과 균형이자율(r)은?

- $Y = C + I + G$
- $C = 100 + 0.8(Y - T)$
- $I = 80 - 10r$
- $\dfrac{M^d}{P} = Y - 50r$

(단, C는 소비, I는 투자, G는 정부지출, T는 조세, M^S는 명목화폐공급, M^d는 명목화폐수요, P는 물가를 나타내고, 해외부문과 총공급부문은 고려하지 않는다)

---

① $Y = 750,\ r = 5$

② $Y = 750,\ r = 15$

③ $Y = 250,\ r = 5$

④ $Y = 250,\ r = 15$

정답 및 해설

05 ② 확장적인 통화정책을 실시하면 LM곡선이 오른쪽으로 이동하므로 총수요곡선도 오른쪽으로 이동한다. LM곡선이 오른쪽으로 이동하면 이자율이 하락하고 국민소득이 증가하며, 총수요곡선이 오른쪽으로 이동하면 실질GDP는 증가하고 물가는 상승한다.

06 ② 2020년과 2021년의 명목GDP와 실질GDP를 계산해 보면 각각 다음과 같다.

$\begin{cases} \text{명목}\,GDP_{2020} = (40 \times 100) + (110 \times 70) = 11,700 \\ \text{실질}\,GDP_{2020} = (30 \times 100) + (100 \times 70) = 10,000 \end{cases}$

$\begin{cases} \text{명목}\,GDP_{2021} = (40 \times 150) + (150 \times 80) = 18,000 \\ \text{실질}\,GDP_{2021} = (30 \times 150) + (100 \times 80) = 12,500 \end{cases}$

2020년의 GDP 디플레이터는 $117\left(= \dfrac{11,700}{10,000} \times 100\right)$, 2021년의 GDP 디플레이터는 $144\left(= \dfrac{18,000}{12,500} \times 100\right)$

이다. 그러므로 2021년의 물가상승률은 $23.1\%\left(= \dfrac{144 - 117}{117} \times 100\right)$로 계산된다.

07 ① 유동성함정 구간에서는 LM곡선이 수평선으로 도출되며, 정부가 재정지출을 늘리면 IS곡선은 우측으로 이동한다.

[오답체크]

ㄷ. IS곡선은 생산물시장, LM곡선은 화폐시장에서 이자율과 국민소득의 균형을 나타낸다.

ㄹ. IS곡선의 기울기는 투자의 이자율 탄력성이 클수록 완만해진다.

08 ① 정부지출 G = 100이고 정부재정이 균형이므로 조세 T = 100임을 알 수 있다.

IS곡선을 도출하면 Y = C + I + G = 100 + 0.8(Y - 100) + 80 - 10r + 100, 0.2Y = 200 - 10r이므로

Y = 1,000 - 50r이다. LM곡선을 도출하면 $\dfrac{M^d}{P} = \dfrac{M^s}{P}$, Y - 50r = 500이므로 Y = 500 + 50r이다.

IS곡선과 LM곡선이 일치하는 지점에서 균형가격과 균형이자율이 결정되므로, 두 식을 연립하면 1,000 - 50r = 500 + 50r, 100r = 500, 균형이자율 r = 5이다. r = 5를 IS곡선 혹은 LM곡선 식에 대입하면 균형국민소득 Y = 750으로 계산된다.

09 현재 우리나라 15세 이상 인구는 4,000만 명, 비경제활동인구는 1,500만 명, 실업률이 4%라고 할 때, 이에 대한 설명으로 옳은 것은?

① 현재 상태에서 실업자는 60만 명이다.
② 현재 상태에서 경제활동참가율은 61.5%이다.
③ 현재 상태에서 고용률은 최대 2.5%포인트 증가할 수 있다.
④ 현재 상태에서 최대한 달성할 수 있는 고용률은 61.5%이다.

10 다음 중 IS-LM곡선에 대한 설명으로 옳은 것은?

<보기>
ㄱ. 정부지출과 조세는 IS곡선의 이동변수이다.
ㄴ. 통화량은 LM곡선의 이동변수이다.
ㄷ. IS곡선은 노동시장을 균형시키는 국민소득과 이자율의 조합을 그래프로 나타낸 것이다.
ㄹ. 케인즈학파는 IS곡선이 완경사, LM곡선이 급경사의 기울기를 가진다고 주장하였다.

① ㄱ, ㄴ   ② ㄱ, ㄷ   ③ ㄴ, ㄷ
④ ㄱ, ㄴ, ㄹ   ⑤ ㄴ, ㄷ, ㄹ

11 현 경제상황이 장기균형에 있다고 가정하자. 최근 현금자동입출금기를 설치하고 운영하는 비용이 더욱 낮아지면서 통화수요가 하락하는 상황이 발생하였을 때, 이 상황은 장단기 균형에 어떠한 영향을 미치는가?

① 단기에는 가격수준과 실질GDP가 증가하지만, 장기에는 영향이 없다.
② 단기에는 가격수준과 실질GDP가 증가하지만, 장기에는 가격수준만 상승할 뿐 실질GDP에 대한 영향은 없다.
③ 단기에는 가격수준과 실질GDP가 하락하지만, 장기에는 영향이 없다.
④ 단기에는 가격수준과 실질GDP가 하락하지만, 장기에는 가격수준만 하락할 뿐 실질GDP에 대한 영향은 없다.
⑤ 단기에는 가격수준과 실질GDP가 증가하고, 장기에도 가격수준과 실질GDP 모두 증가한다.

12 IS - LM 모형에서 IS곡선이 수평, LM곡선이 수직에 가까울 때 다음 설명 중 옳은 것을 <보기>에서 모두 고른 것은?

> <보기>
> ㄱ. 투자가 이자율에 매우 탄력적이다.
> ㄴ. 확장적 통화정책이 확장적 재정정책보다 국민소득 증가에 더 효과적이다.
> ㄷ. 화폐수요가 이자율에 매우 탄력적이다.
> ㄹ. 경제가 유동성함정에 빠질 가능성이 매우 높다.

① ㄱ, ㄴ   ② ㄱ, ㄷ   ③ ㄴ, ㄷ
④ ㄴ, ㄹ   ⑤ ㄷ, ㄹ

정답 및 해설

09 ③ 15세 이상의 인구 = 비경제활동인구 + 경제활동인구이므로, 4,000 = 1,500 + 경제활동인구, 경제활동인구 = 2,500만 명이고, 경제활동참가율은 62.5%$\left(=\frac{2,500}{4,000}\times100\right)$이다. 경제활동인구 2,500만 명 중에서 실업자가 차지하는 비중인 실업률이 4%이므로 실업자 수는 100만 명(= 2,500만 명 × 0.04)이다. 경제활동인구 = 취업자 + 실업자이므로 경제활동인구가 2,500만 명이고 실업자가 100만 명이면 취업자는 2,400만 명이다. 15세 이상의 인구(생산가능인구)가 4,000만 명이고, 취업자가 2,400만 명이므로 15세 이상의 인구에서 취업자가 차지하는 비율인 고용률은 60%$\left(=\frac{2,400}{4,000}\times100\right)$이다. 현재 상태에서는 고용률이 60%이지만 실업자가 모두 취업을 하게 되면 고용률이 62.5%$\left(=\frac{2,500}{4,000}\times100\right)$로 높아진다. 따라서 현재 상태에서 고용률은 최대 2.5%포인트까지 상승할 수 있다.

10 ① 정부지출과 조세는 IS곡선의 이동변수이고, 통화량은 LM곡선의 이동변수이다.
[오답체크]
ㄷ. IS곡선은 노동시장이 아닌 생산물시장을 균형시키는 국민소득과 이자율의 조합을 그래프로 나타낸 것이다.
ㄹ. 케인즈학파는 IS곡선이 급경사, LM곡선이 완경사의 기울기를 가진다고 주장하였다.

11 ② 현금자동입출금기의 보급 확대로 화폐수요가 감소하면 실질통화량이 증가하는 효과가 발생하므로 총수요곡선이 오른쪽으로 이동한다. 총수요곡선이 오른쪽으로 이동하면 단기적으로 실질GDP가 증가하고 물가도 상승한다. 그러나 장기에는 물가만 상승하고 실질GDP는 잠재GDP 수준으로 돌아가게 된다.

12 ① IS곡선이 수평이고 LM곡선이 수직이므로 투자의 이자율 탄력성이 탄력적이고 통화정책의 효과가 크다.
[오답체크]
ㄷ. 화폐수요가 이자율에 매우 비탄력적이다.
ㄹ. LM곡선이 수평인 경우 경제가 유동성함정에 빠질 가능성이 매우 높다.

13 총수요곡선은 $Y = 550 + \left(\dfrac{2,500}{P}\right)$, 총공급곡선은 $Y = 800 + (P - P^e)$, 기대물가는 $P^e = 10$일 때, 균형에서의 국민소득은? (단, Y는 국민소득, P는 물가수준을 나타낸다)

① 500　　　　　　② 600　　　　　　③ 700　　　　　　④ 800

14 통화정책의 단기효과에 대한 설명으로 옳은 것을 <보기>에서 모두 고른 것은?

<보기>
ㄱ. 화폐수요의 이자율 탄력성이 클수록 통화정책의 효과가 크다.
ㄴ. 투자의 이자율 탄력성이 작을수록 통화정책의 효과가 크다.
ㄷ. 총공급곡선이 급경사일수록 통화정책의 효과가 작다.
ㄹ. IS곡선이 완경사일수록 통화정책의 효과가 크다.

① ㄱ, ㄴ　　　　　　② ㄱ, ㄷ　　　　　　③ ㄴ, ㄷ
④ ㄴ, ㄹ　　　　　　⑤ ㄷ, ㄹ

15 철수는 서울은행에 저축을 하려고 한다. 저축예금의 이자율이 1년에 10%이고, 물가상승률은 1년에 5%이며, 이자소득에 대한 세율은 50%가 부과된다고 할 때, 피셔가설에 따를 경우 이 저축예금의 실질 세후이자율은?

① 0%　　　　　　② 2.5%　　　　　　③ 5%　　　　　　④ 15%

16 리카도 대등정리에 대한 설명으로 옳지 않은 것은?

① 정부지출이 경제에 미치는 효과는 정액세로 조달되는 경우와 국채발행으로 조달되는 경우가 서로 다르다는 주장이다.

② 리카도 대등정리가 성립하기 위해서는 저축과 차입이 자유롭고 저축이자율과 차입이자율이 동일하다는 가정이 충족되어야 한다.

③ 정부지출의 변화 없이 조세감면이 이루어진다면 경제주체들은 증가된 가처분소득을 모두 저축하여 미래의 조세증가를 대비한다고 주장한다.

④ 현재의 조세감면에 따른 부담이 미래세대에게 전가될 경우 후손들의 후생에 관심 없는 경제주체들에게는 리카도 대등정리가 성립하지 않게 된다.

17 필립스곡선에 대한 설명으로 옳은 것은?

① 단기 필립스곡선에서 합리적 기대와 정부의 정책에 대한 신뢰가 확보된 경우 고통 없는 인플레이션 감축이 가능하다.

② 단기 필립스곡선은 실업률이 낮은 시기에 인플레이션율도 낮아지는 경향이 있음을 밝힌 것이다.

③ 자연실업률 가설에 따르면 장기에서는 실업률과 인플레이션율 사이에 양의 관계가 존재한다.

④ 기대 인플레이션율이 적응적 기대에 의한다면, 단기 필립스곡선은 인플레이션율과 실업률을 모두 낮추려는 정책이 가능함을 보여준다.

정답 및 해설

13 ④ 기대물가수준이 10으로 주어져 있으므로 총공급곡선 식에 $P^e = 10$을 대입하고 총수요곡선과 총공급곡선을 연립해서 풀면 $550 + \dfrac{2,500}{P} = 800 + (P - 10)$, $550P + 2,500 = 790P + P^2$, $P^2 + 240P - 2,500 = 0$, $(P + 250)(P - 10) = 0$, $P = -250$ 혹은 $P = 10$으로 계산되며, 물가수준이 (−)가 될 수 없으므로 균형물가수준 $P = 10$임을 알 수 있다. 따라서 $P = 10$을 총수요곡선 혹은 총공급곡선 식에 대입하면 균형국민소득 $Y = 800$으로 계산된다.

14 ⑤ 통화정책을 실시할 경우 LM곡선, AD곡선을 이동시키며, AD곡선 이동 시 AS곡선이 완만해야 효과가 크다.

[오답체크]
ㄱ. 화폐수요의 이자율 탄력성이 클수록 유동성함정이 일어나 통화정책의 효과가 작다.
ㄴ. 투자의 이자율 탄력성이 작을수록 IS곡선이 급경사이므로 통화정책의 효과가 작다.

15 ① 명목이자율이 10%이고, 이자소득에 대해 50%의 이자소득세가 부과되므로 납세 후 명목이자율은 5%이다. 따라서 피셔효과는 납세 후 명목이자율(5%) − 인플레이션율(5%) = 실질이자율이므로, 실질이자율은 0%이다.

16 ① 리카도의 대등정리에 의하면 정부지출 재원을 국채발행을 통해 조달하든 조세를 통해 조달하든 경제에 미치는 효과는 아무런 차이가 없다. 즉, 정부지출 재원조달 방식의 차이는 경제의 실질변수에 아무런 영향을 미치지 않는다.

17 ① 사람들이 합리적으로 기대를 형성하고 가계와 기업이 정부정책을 매우 신뢰한다면 중앙은행이 인플레이션율을 낮추겠다는 정책을 발표할 경우 즉각 사람들의 기대 인플레이션율이 낮아져 단기 필립스곡선이 곧바로 하방으로 이동하므로 실업률은 전혀 높아지지 않고 인플레이션율만 낮아지게 된다.

[오답체크]
② 단기 필립스곡선은 실업률이 낮은 시기에 인플레이션율이 높아지는 경향이 있음을 밝힌 것이다.
③ 자연실업률 가설에 따르면 장기에서는 실업률과 인플레이션율 사이에 관계가 없다.
④ 기대 인플레이션율이 적응적 기대에 의한다면, 단기 필립스곡선은 인플레이션율과 실업률을 모두 낮추려는 정책이 불가능함을 보여준다.

18 총수요 – 총공급(AD – AS)모형에 대한 설명으로 옳은 것은?

① 정부가 이전지출 규모를 축소하면 총수요곡선이 우측으로 이동한다.
② 기대물가의 상승은 총공급곡선을 왼쪽으로 이동시킨다.
③ 팽창적 통화정책의 시행은 총수요곡선의 기울기를 가파르게 한다.
④ 균형국민소득이 완전고용국민소득보다 작다면 인플레이션 갭이 발생하여 물가상승압력이 커진다.

19 필립스곡선에 대한 설명으로 옳은 것을 <보기>에서 모두 고른 것은?

<보기>
ㄱ. 필립스(A. W. Phillips)는 영국의 실업률과 명목임금상승률 사이에서 음(-)의 상관관계를 찾아냈다.
ㄴ. 완전고용과 물가안정이 동시에 달성될 수 있음을 보여준다.
ㄷ. 정책무력성정리에 의하면 단기와 장기 모두 필립스곡선은 수직선이다.
ㄹ. 스태그플레이션이 발생하면 필립스곡선에서 물가와 생산량에 정의 관계가 나타난다.

① ㄱ, ㄴ   ② ㄱ, ㄷ   ③ ㄴ, ㄷ
④ ㄴ, ㄹ   ⑤ ㄷ, ㄹ

20 폐쇄경제에서 총수요 – 총공급 모형과 관련된 설명으로 옳은 것을 <보기>에서 모두 고른 것은?

<보기>
ㄱ. 총수요곡선은 재화시장과 화폐시장으로부터 도출된다.
ㄴ. 총공급곡선은 노동시장과 생산함수로부터 도출된다.
ㄷ. 물가수준이 증가하면 총수요가 증가한다.
ㄹ. 장기 총공급곡선은 우상향하고 단기 총공급곡선은 수직이다.

① ㄱ, ㄴ   ② ㄱ, ㄷ   ③ ㄴ, ㄷ
④ ㄴ, ㄹ   ⑤ ㄷ, ㄹ

21 재정정책과 통화정책에 대한 설명으로 가장 옳은 것은?

① 투자가 이자율 변화에 민감하면 그렇지 않을 때보다 재정정책의 효과가 감소한다.

② 화폐수요가 이자율 변화에 민감하면 그렇지 않을 때보다 재정정책의 효과가 감소한다.

③ 화폐수요가 이자율 변화에 둔감하면 그렇지 않을 때보다 통화정책의 효과가 감소한다.

④ 투자가 이자율 변화에 둔감하면 그렇지 않을 때보다 통화정책의 효과가 증가한다.

정답 및 해설

18 ② 노동자들의 기대물가가 상승하면 노동자들의 임금인상 요구로 비용인상이 발생하므로 총공급곡선이 왼쪽으로 이동한다.

[오답체크]

① 정부가 이전지출 규모를 축소하면 민간의 가처분소득의 감소로 민간소비가 감소하여 총수요곡선이 왼쪽으로 이동한다.

③ 팽창적 통화정책이 시행되면 이자율 하락으로 민간투자가 증가하므로 총수요곡선의 기울기가 변하는 것이 아니라 총수요곡선이 오른쪽으로 이동한다.

④ 균형국민소득이 완전고용국민소득에 미달하면 디플레이션 갭이 발생하여 물가하락압력이 커진다.

19 ② 필립스는 영국의 실업률과 명목임금상승률 사이에서 음의 상관관계를 찾아냈으며, 정책무력성정리에 따르면 단기와 장기 모두 필립스곡선은 수직선이다.

[오답체크]

ㄴ. 완전고용과 물가안정이 동시에 달성될 수 없음을 보여준다.

ㄹ. 스태그플레이션이 발생하면 필립스곡선에서 물가와 실업에 정의 관계가 나타난다.

20 ① 총수요곡선은 재화시장과 화폐시장으로부터 도출되며, 총공급곡선은 노동시장과 생산함수로부터 도출된다.

[오답체크]

ㄷ. 물가수준이 증가하면 총수요가 감소한다.

ㄹ. 단기 총공급곡선은 우상향하고 장기 총공급곡선은 수직이다.

21 ① 투자가 이자율 변화에 민감하면 IS곡선이 완만해지므로 재정정책의 효과가 감소한다.

[오답체크]

② 화폐수요가 이자율 변화에 민감하면 LM곡선이 완만해지므로 통화정책의 효과가 감소한다.

③ 화폐수요가 이자율 변화에 둔감하면 LM곡선이 급경사이므로 통화정책의 효과가 증가한다.

④ 투자가 이자율 변화에 둔감하면 IS곡선이 급경사이므로 통화정책의 효과가 감소한다.

22 총공급곡선에 관한 설명으로 옳은 것은?

> <보기>
> ㄱ. 총공급의 크기는 한 나라가 보유한 생산요소와 생산기술 등에 의해 결정된다.
> ㄴ. 정부지출의 증가는 단기 AS곡선을 오른쪽으로 이동시킨다.
> ㄷ. 장기적으로 화폐의 중립성이 성립하고, 완전한 구축효과가 성립한다.
> ㄹ. 자본량이 증가하면 단기 총공급곡선은 오른쪽으로 이동한다.

① ㄱ, ㄴ   ② ㄱ, ㄷ   ③ ㄴ, ㄷ
④ ㄱ, ㄷ, ㄹ   ⑤ ㄴ, ㄷ, ㄹ

23 다음 중 실업에 대한 설명으로 옳은 것을 <보기>에서 모두 고른 것은?

> <보기>
> ㄱ. 마찰적 실업이란 직업을 바꾸는 과정에서 발생하는 일시적인 실업이다.
> ㄴ. 구조적 실업은 기술의 변화 등으로 직장에서 요구하는 기술이 부족한 노동자들이 경험할 수 있다.
> ㄷ. 경기적 실업은 경기가 침체되면서 이윤감소 혹은 매출감소 등으로 노동자를 고용할 수 없을 경우 발생한다.
> ㄹ. 자연실업률은 마찰적, 구조적, 경기적 실업률의 합으로 정의된다.
> ㅁ. 자연실업률은 완전고용상태에서의 실업률이라고도 한다.

① ㄱ, ㄴ, ㄷ   ② ㄱ, ㄷ, ㅁ
③ ㄱ, ㄴ, ㄷ, ㅁ   ④ ㄱ, ㄷ, ㄹ, ㅁ

24 갑 국의 경제활동인구가 3,000만 명으로 일정하다고 한다. 취업인구 중에서 매달 일자리를 잃는 노동자의 비율이 4%이고 실업인구 중에서 매달 취업이 되는 노동자의 비율이 12%라면 이 나라의 자연실업률은? (단, 비경제활동인구는 존재하지 않는다)

① 20%   ② 25%   ③ 30%   ④ 35%   ⑤ 40%

25 새고전학파와 새케인즈학파의 정책효과에 대한 설명으로 가장 옳은 것은?

① 새고전학파에 따르면 예상치 못한 정부지출의 증가는 장기적으로 국민소득을 증가시킨다.

② 새고전학파에 따르면 예상된 통화공급의 증가는 단기적으로만 국민소득을 증가시킨다.

③ 새케인즈학파에 따르면 예상치 못한 통화공급의 증가는 장기적으로 국민소득을 증가시킨다.

④ 새케인즈학파에 따르면 예상된 정부지출의 증가는 단기적으로 국민소득을 증가시킨다.

정답 및 해설

22 ④ ㄱ. 총공급의 크기는 그 나라가 생산할 수 있는 것이므로 한 나라가 보유한 생산요소 등에 의해 결정된다.

    ㄷ. 장기 총공급곡선은 화폐부분과 관계없이 일정하므로 장기적으로 화폐의 중립성이 성립한다. 또한 총수요를 증가시킨다고 해도 장기수준으로 회귀하므로 완전한 구축효과가 성립한다.

    ㄹ. 자본량 증가는 단기적으로 총공급을 증가시키므로 단기 총공급곡선을 오른쪽으로 이동시킨다.

    [오답체크]

    ㄴ. 정부지출의 증가는 단기 AD곡선을 오른쪽으로 이동시킨다.

23 ③ ㄱ. 마찰적 실업이란 이직 과정에서 발생하는 실업을 의미한다.

    ㄴ. 구조적 실업은 기술의 변화 등으로 발생하는 실업이다.

    ㄷ. 경기적 실업은 불경기가 원인이 되어 발생한다.

    ㅁ. 자연실업률은 완전고용상태에서의 실업률이라고도 한다. 따라서 실업이 0인 상태를 의미하는 것은 아니다.

    [오답체크]

    ㄹ. 자연실업률은 마찰적 실업과 구조적 실업만 존재할 때의 실업률 혹은 마찰적 실업만 존재할 때의 실업률로 본다. 어떠한 경우로 보더라도 경기적 실업은 포함되지 않는다.

24 ② 자연실업률 $U_N = \dfrac{s}{f+s}$ 이므로 $s = 0.04$, $f = 0.12$이면 자연실업률 $= \dfrac{0.04}{0.12 + 0.04} = 0.25$이다.

25 ④ 새고전학파에 의하면 예상된 통화공급의 증가는 단기에도 국민소득에 영향을 미칠 수 없으며(정책무력성정리), 새케인즈학파에 의하면 단기에는 가격변수가 경직적이므로 예상된 재정정책이나 예상된 통화정책도 국민소득에 영향을 미칠 수 있다. 장기에는 장기 총공급곡선이 수직선이므로 학파에 관계없이, 그리고 예상되었는지 혹은 그렇지 않은지에 관계없이 재정정책이나 금융정책은 국민소득에 영향을 미칠 수 없다.

26 GDP 디플레이터에 대한 설명으로 옳은 것은?

① GDP 디플레이터는 소비자물가지수(CPI)에 비해 국가의 총체적인 물가변동을 측정하는 데 불리한 지표이다.

② GDP 디플레이터는 명목GDP를 실질GDP로 나눈다는 점에서 명목GDP 1단위에 대한 실질GDP의 값을 확인하는 지표이다.

③ GDP 디플레이터는 생산량 변화효과는 제거하고 기준가격에 대한 경상가격의 변화분만 나타내는 지표이다.

④ 우리나라의 GDP 디플레이터는 장기간 증가하는 경향을 보이고 있는데 이는 국내 기업들의 생산량 증가에 기인한다.

27 통화정책의 전달경로 중 신용경로(Credit channel)에 대한 설명으로 옳지 않은 것은?

① 기준금리가 낮아지면 명목환율이 상승하여 수출입에 영향을 미치는 것이다.

② 통화정책이 가계와 기업의 대차대조표를 변화시킴으로써 소비와 투자에 영향을 미치는 것이다.

③ 팽창적 통화정책이 역선택 및 도덕적 해이 문제를 완화시킴으로써 실물부문에 영향을 미치는 것이다.

④ 증권화의 진전이나 금융 자유화가 되면 은행의 자금조달 경로가 다양해져 신용경로의 중요성이 작아진다.

28 경제의 여러 측면을 측정하는 지표들의 문제점에 대한 비판 중에서 가장 옳지 않은 것은?

① 소비자물가지수는 대체효과, 품질변화 등으로 인해 실제 생활비 측정에 왜곡을 초래할 수 있다.

② 국민소득지표로 가장 널리 사용되는 국내총생산은 시장경제에서 거래되지 않고 공급되는 정부 서비스의 가치를 모두 제외하고 있기 때문에 문제점이 있다.

③ 실업률 지표는 잠재적으로 실업자에 가까운 실망실업자를 실업자에 포함하지 않기 때문에 문제점이 있다.

④ 소비자물가지수는 대표적인 소비자가 구입하는 재화와 서비스의 전반적인 비용을 나타내는 지표이므로 특정 가계의 생계비 변화와 괴리가 발생할 수 있다.

29 정부의 거시경제정책 중 재량적 정책과 준칙에 따른 정책에 대한 설명으로 옳은 것은?

① 준칙에 따른 정책은 소극적 경제정책의 범주에 속한다.

② 매기의 통화증가율을 k%로 일정하게 정하는 것은 통화공급량이 매기 증가한다는 점에서 재량적 정책에 해당한다.

③ 동태적 비일관성은 재량적 정책 때문이 아니라 준칙에 따른 정책 때문에 발생한다.

④ 케인즈 경제학자들의 미세조정정책은 준칙에 따른 정책보다는 재량적 정책의 성격을 띤다.

정답 및 해설

26 ③ *GDP* 디플레이터는 물가지수로서 생산량 변화효과는 제거하고 기준가격에 대한 경상가격의 변화분만 나타내는 지표이다.

[오답체크]

① *GDP* 디플레이터는 소비자물가지수(*CPI*)에 비해 항목이 다양하므로 국가의 총체적인 물가변동을 측정하는 데 유리한 지표이다.

② *GDP* 디플레이터는 명목 *GDP*를 실질 *GDP*로 나눈다는 점에서 실질 *GDP* 1단위에 대한 명목 *GDP*의 값을 확인하는 지표이다.

④ 우리나라의 *GDP* 디플레이터는 장기간 증가하는 경향을 보이고 있는데 이는 물가가 상승하는 것을 보여준다.

27 ① 기준금리가 낮아지면 명목환율이 상승하여 수출입에 영향을 미치는 것은 신용경로가 아니라 환율경로에 대한 설명이다.

28 ② 예를 들면, 경찰서비스의 가치는 시장에서 거래되지 않지만 GDP를 집계할 때 경찰서비스 제공에 소요된 비용을 계산하여 GDP에 포함시킨다. 따라서 정부가 제공하는 각종 서비스의 가치는 시장에서 거래되지 않더라도 GDP에 포함된다.

29 ④ 케인즈 경제학자는 재량적 정책을 통해 정부의 개입을 찬성한다.

[오답체크]

① 준칙에 따른 정책도 적극적인 정책일 수 있다.

② 매기의 통화증가율을 k%로 일정하게 정하는 것은 통화공급량이 매기 증가한다는 점에서 준칙에 따른 정책이면서 소극적인 정책에 해당된다.

③ 동태적 비일관성은 재량적인 정책을 실시할 때 나타나는 현상이다.

30 다음 그림은 A 국의 명목GDP와 실질GDP를 나타낸다. 이에 대한 설명으로 옳지 않은 것은? (단, A국의 명목 GDP와 실질GDP는 우상향하는 직선이다)

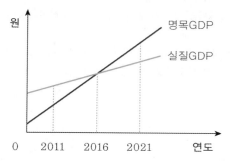

① 기준연도는 2016년이다.
② 2011년의 GDP 디플레이터는 100보다 큰 값을 가진다.
③ 2016년에서 2021년 사이에 물가는 상승하였다.
④ 2011년에서 2021년 사이에 경제성장률은 양(+)의 값을 가진다.

31 다음 표는 A 국이 소비하는 빵과 의복의 구입량과 가격을 나타낸다. 물가지수가 라스파이레스 지수인 경우, 2023년과 2024년 사이의 물가상승률은? (단, 기준연도는 2023년이다)

구분	빵		의복	
	구입량	가격	구입량	가격
2023년	10만 개	1만 원	5만 벌	3만 원
2024년	12만 개	3만 원	6만 벌	6만 원

① 140% ② 188% ③ 240% ④ 288%

32 다음은 A 국의 15세 이상 인구 구성이다. 이 경우 경제활동참가율과 실업률은?

> • 임금근로자: 60명
> • 무급가족종사자: 10명
> • 직장은 있으나 질병으로 인해 일시적으로 일을 하고 있지 않은 사람: 10명
> • 주부: 50명
> • 학생: 50명
> • 실업자: 20명
> (단, 주부와 학생은 모두 부업을 하지 않는 전업 주부와 순수 학생을 나타낸다)

	경제활동참가율	실업률
①	40%	20%
②	50%	25%
③	40%	25%
④	50%	20%

정답 및 해설

30 ② 2011년의 GDP 디플레이터는 실질GDP가 명목GDP보다 크므로 100보다 작은 값을 가진다.

[오답체크]
① 기준연도는 명목과 실질GDP가 일치하는 2016년이다.
③ 2016년에서 2021년 사이에 GDP 디플레이터가 커졌으므로 물가는 상승하였다.
④ 2011년에서 2021년 사이에 실질GDP가 증가하였으므로 경제성장률은 양(+)의 값을 가진다.

31 ① 라스파이레스 물가지수는 기준연도 구입량을 가중치로 사용하므로 2024년의 A 국의 물가지수는 $L = \dfrac{P_t Q_0}{P_0 Q_0} \times 100 = \dfrac{(3 \times 10) + (6 \times 5)}{(1 \times 10) + (3 \times 5)} \times 100 = \dfrac{60}{25} \times 100 = 240$이다. 따라서 기준연도의 물가지수는 100이고 물가지수의 변화율이 물가상승률이므로 물가상승률은 $\dfrac{240 - 100}{100} = 140\%$이다.

32 ④ 무급가족종사자, 직장은 있으나 질병으로 인해 일시적으로 일을 하지 않고 있는 사람은 모두 취업자로 분류되므로 취업자 수는 80명이고, 실업자 수가 20명이므로 경제활동인구는 100명이다. 또한 주부와 학생은 비경제활동인구로 분류되므로 A국의 비경제활동인구는 100명이다. 따라서 경제활동참가율은 $\dfrac{100}{200} \times 100 = 50\%$, 실업률은 $\dfrac{20}{100} \times 100 = 20\%$이다.

33 다음 그림은 필립스곡선을 나타낸다. 현재 균형점이 A인 경우, (가)와 (나)로 인한 새로운 단기 균형점은?

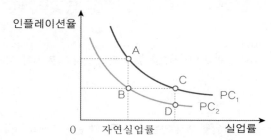

(가) 경제주체들의 기대형성이 적응적 기대를 따르고 예상하지 못한 화폐공급의 감소가 일어났다.
(나) 경제주체들의 기대형성이 합리적 기대를 따르고 화폐공급의 감소가 일어났다. (단, 경제주체들은 정부를 신뢰하며, 정부 정책을 미리 알 수 있다)

	(가)	(나)
①	B	C
②	B	D
③	C	B
④	C	D

34 아래 두 그래프는 케인즈 모형에서 정부지출의 증가($\triangle G$)로 인한 효과를 나타내고 있다. 이에 관한 설명으로 옳은 것을 모두 고른 것은? (단, 그림에서 C는 소비, I는 투자, G는 정부지출이다)

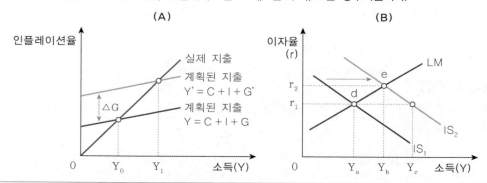

<보기>

ㄱ. (A)에서 $Y_0 \rightarrow Y_1$의 크기는 한계소비성향의 크기에 따라 달라진다.

ㄴ. (A)의 $Y_0 \rightarrow Y_1$의 크기는 (B)의 $Y_a \rightarrow Y_b$의 크기와 같다.

ㄷ. (B)의 새로운 균형점 e는 구축효과를 반영하고 있다.

ㄹ. (A)에서 정부지출의 증가는 재고의 예기치 않은 증가를 가져온다.

① ㄱ, ㄴ   ② ㄱ, ㄷ   ③ ㄴ, ㄷ
④ ㄴ, ㄹ   ⑤ ㄷ, ㄹ

35 다음 중 총수요곡선을 우측으로 이동시키는 요인으로 옳은 것을 <보기>에서 모두 고른 것은?

<보기>
ㄱ. 중앙은행의 국공채 매입
ㄴ. 해외경기 호조로 순수출 증대
ㄷ. 기업에 대한 투자세액공제 축소
ㄹ. 이자율 인하로 인한 소비 증대
ㅁ. 물가수준 하락

① ㄱ, ㄴ, ㄹ   ② ㄱ, ㄷ, ㅁ   ③ ㄱ, ㄹ, ㅁ
④ ㄴ, ㄷ, ㄹ   ⑤ ㄴ, ㄷ, ㅁ

정답 및 해설

33 ③ (가) 경제주체들이 적응적으로 기대를 형성하는 경우 통화공급이 감소하면 총수요곡선이 왼쪽으로 이동하나 노동자들의 예상물가는 변하지 않으므로 단기 총공급곡선은 이동하지 않는다. 총수요곡선만 왼쪽으로 이동하면 물가가 하락하고 실질GDP가 감소하여 실업률이 높아진다.
    (나) 합리적 기대하에서 예상된 통화공급 감소가 이루어지면 필립스곡선 자체가 하방으로 이동하므로 경제의 단기 균형점이 A점에서 B점으로 이동한다.

34 ② ㄱ. 정부지출이 증가하면 유효수요가 증가하므로 재고 증가가 아니라 재고 감소가 발생한다. 승수모형에서 정부지출이 증가하면 국민소득이 (정부지출증가분 × 승수)만큼 증가하는데, 한계소비성향이 클수록 승수가 커지므로 국민소득이 더 크게 증가한다. 따라서 (A)에서 Y_0 ➡ Y_1의 크기는 한계소비성향의 크기에 따라 달라진다.
    ㄷ. IS-LM모형에서는 정부지출이 증가하면 IS곡선이 (정부지출증가분 × 승수)만큼 오른쪽으로 이동하므로 (A)에서 Y_0 ➡ Y_1의 크기는 (B)에서 Y_a ➡ Y_b의 크기와 같다. IS-LM모형이 승수모형에서보다 국민소득이 선분 $Y_b Y_c$만큼 더 적게 증가하는 것은 이자율 상승으로 인해 민간투자가 감소하는 구축효과가 나타나기 때문이다.
    [오답체크]
    ㄴ. Y_a ➡ Y_c의 크기와 같다.
    ㄹ. 재고의 예기치 않은 감소를 가져온다.

35 ① 총수요가 우측으로 이동하기 위해서는 소비, 투자, 정부지출, 순수출이 증가하여야 한다.
    [오답체크]
    ㄷ. 기업에 대한 투자세액공제 축소는 총수요곡선을 좌측으로 이동시킨다.
    ㅁ. 물가수준 하락은 총수요곡선상의 이동이다.

36 다음 중 IS - LM 모형에서 IS곡선의 이동을 초래하는 변화로 옳은 것을 <보기>에서 모두 고른 것은?

<보기>
ㄱ. 정부지출의 증가
ㄴ. 이자율의 상승
ㄷ. 소비자의 비관적인 경기전망의 증대
ㄹ. 석유가격 상승으로 인한 비용 증가

① ㄱ, ㄴ   ② ㄱ, ㄷ   ③ ㄴ, ㄷ
④ ㄴ, ㄹ   ⑤ ㄷ, ㄹ

37 임금 결정이론에 관한 설명으로 옳지 않은 것은?

① 중첩임금계약 모형은 실질임금이 경직적인 이유를 설명한다.
② 효율임금이론에 따르면 실질임금이 근로자의 생산성 또는 근로의욕에 영향을 미친다.
③ 효율임금이론에 따르면 높은 임금이 근로자의 도덕적 해이를 억제하는 데 기여한다.
④ 내부자 - 외부자 모형에 따르면 내부자의 실질임금이 시장균형보다 높아져서 비자발적 실업이 발생한다.
⑤ 내부자 - 외부자 모형에서 외부자는 실업상태에 있는 노동자로서 기업과 임금협상을 할 자격이 없는
  사람을 말한다.

38 기대 인플레이션과 자연실업률이 부가된 필립스곡선에 대한 설명으로 옳은 것을 <보기>에서 모두 고르면?

<보기>
ㄱ. 실제실업률과 자연실업률이 같은 경우 실제 인플레이션은 기대 인플레이션과 같다.
ㄴ. 기대부가 인플레이션에서는 언제나 필립스곡선이 수직이 된다.
ㄷ. 사람들이 인플레이션을 완전히 예상할 수 있는 경우, 실제실업률은 자연실업률과 일치한다.
ㄹ. 기대 인플레이션이 상승하면 단기 필립스곡선은 왼쪽으로 이동한다.

① ㄱ, ㄴ   ② ㄱ, ㄷ   ③ ㄴ, ㄷ
④ ㄴ, ㄹ   ⑤ ㄷ, ㄹ

39 장기 총공급곡선의 이동에 관한 설명으로 옳은 것을 <보기>에서 모두 고르면?

<보기>
ㄱ. 인적자본이 증가하면 오른쪽으로 이동한다.
ㄴ. 기술수준이 진보하면 왼쪽으로 이동한다.
ㄷ. 자연실업률이 증가하면 왼쪽으로 이동한다.
ㄹ. 예상물가수준이 상승하면 왼쪽으로 이동한다.

① ㄱ, ㄴ   ② ㄱ, ㄷ   ③ ㄴ, ㄷ
④ ㄱ, ㄴ, ㄹ   ⑤ ㄴ, ㄷ, ㄹ

정답 및 해설

36 ② 정부지출의 증가 및 소비자의 비관적인 경기전망의 증대는 IS곡선의 이동을 초래하는 변화에 해당한다.
[오답체크]
ㄴ. 이자율의 상승은 IS곡선의 이동이 아닌 곡선상의 이동원인이다.
ㄹ. 석유가격 상승으로 인한 비용 증가는 총공급곡선의 이동원인이다.

37 ① 중첩임금계약은 명목임금 경직성 모형이다. 실질임금 경직성 모형으로는 효율성 임금가설, 내부자-외부자이론, 암묵적 계약이론 등이 존재한다.

38 ② 실제실업률과 자연실업률이 같은 경우 실제 인플레이션은 기대 인플레이션과 일치하며, 인플레이션을 완전히 예상할 수 있는 경우 실제실업률은 자연실업률과 일치한다.
[오답체크]
ㄴ. 기대부가 필립스곡선은 $\pi = \pi^e - a(u - u_n)$이다. 따라서 공식에 따라 달라지므로 기대부가 인플레이션에서 언제나 필립스곡선이 수직이 되는 것은 아니다.
ㄹ. 기대 인플레이션이 상승하면 단기 필립스곡선은 오른쪽으로 이동한다.

39 ② 장기 총공급곡선은 인적자본이 증가하면 오른쪽으로 이동하며, 자연실업률이 증가하면 왼쪽으로 이동한다.
[오답체크]
ㄴ. 기술수준이 진보하면 오른쪽으로 이동한다.
ㄹ. 장기 총공급곡선은 잠재 GDP수준에서 수직선이므로 예상물가수준의 변화는 장기 총공급곡선에 아무런 영향을 미치지 않는다.

40 다음과 같은 폐쇄경제의 IS - LM 모형을 전제할 경우, 괄호 안에 들어갈 용어로 옳게 묶인 것은?

- IS곡선: $r = 5 - 0.1Y$(단, r은 이자율, Y는 국민소득)
- LM곡선: $r = 0.1Y$
- 현재 경제상태가 국민소득은 30이고 이자율이 2.5라면, 상품시장은 (ㄱ)이고 화폐시장은 (ㄴ)이다.

---

① ㄱ: 균형, ㄴ: 균형   ② ㄱ: 초과수요, ㄴ: 초과수요

③ ㄱ: 초과공급, ㄴ: 초과공급   ④ ㄱ: 초과수요, ㄴ: 초과공급

⑤ ㄱ: 초과공급, ㄴ: 초과수요

41 우리나라 고용통계에서 고용률이 높아지는 경우로 가장 옳은 것은?

① 구직활동을 하던 실업자가 구직단념자가 되는 경우

② 부모님 농장에서 무급으로 주당 18시간 일하던 아들이 회사에 취직한 경우

③ 주당 10시간 일하던 비정규직 근로자가 정규직으로 전환된 경우

④ 전업주부가 주당 10시간 마트에서 일하는 아르바이트를 시작한 경우

42 통화정책 및 재정정책에 관한 케인즈경제학자와 통화주의자의 견해로 옳은 것은?

<보기>

ㄱ. 케인즈 경제학자는 투자의 이자율 탄력성이 매우 크다고 주장한다.

ㄴ. 통화주의자는 투자의 이자율 탄력성이 매우 크다고 주장한다.

ㄷ. 케인즈 경제학자는 화폐수요의 이자율 탄력성이 매우 크다고 주장한다.

ㄹ. 통화주의자는 화폐수요의 이자율 탄력성이 매우 크다고 주장한다.

---

① ㄱ, ㄴ   ② ㄱ, ㄷ   ③ ㄴ, ㄷ

④ ㄴ, ㄹ   ⑤ ㄷ, ㄹ

43 적응적 기대 이론과 합리적 기대 이론에 대한 다음 설명 중 옳은 것을 <보기>에서 모두 고르면?

<보기>
ㄱ. 적응적 기대 이론에서는 경제변수에 대한 예측에 있어 체계적 오류를 인정한다.
ㄴ. 적응적 기대 이론에 따르면 통화량 증가는 장기균형에서의 실질 국민소득에 영향을 미치지 않는다.
ㄷ. 합리적 기대 이론에 따르면 예측오차는 발생하지 않는다.
ㄹ. 합리적 기대 이론에 따르면 예측된 정부정책의 변화는 실질변수에 영향을 미치지 않는다.

① ㄱ, ㄴ   ② ㄱ, ㄷ   ③ ㄴ, ㄹ
④ ㄱ, ㄴ, ㄹ   ⑤ ㄱ, ㄷ, ㄹ

정답 및 해설

40 ⑤ 주어진 IS곡선과 LM곡선 식을 연립하여 풀면 국민소득이 25이고 균형이자율은 2.5이다. 또한 문제에서 현재 상태의 국민소득이 30이라고 하였으므로 IS곡선의 상방, LM곡선의 하방에 위치하게 된다. 따라서 생산물시장은 초과공급이고 화폐시장은 초과수요이다.

41 ④ 고용률은 생산가능인구(15세 이상의 인구) 중에서 취업자가 차지하는 비율이므로 고용률이 상승하려면 취업자의 수가 증가해야 하며, 전업주부가 주당 10시간 마트에서 일하는 아르바이트를 시작한 경우가 이에 해당한다.
   [오답체크]
   ① 구직활동을 하던 실업자가 구직단념자가 되는 경우는 실업자가 비경제활동인구가 되는 경우이다.
   ②, ③ 부모님 농장에서 무급으로 주당 18시간 일하던 아들이 회사에 취직한 경우와 주당 10시간 일하던 비정규직 근로자가 정규직으로 전환된 경우는 둘 다 취업자였다.

42 ③ 케인즈 경제학자는 투자의 이자율 탄력성은 작고, 화폐수요의 이자율 탄력성은 크다고 보며, 통화주의자는 이와 반대로 생각한다.

43 ④ ㄱ, ㄴ. 적응적 기대 이론에서는 경제변수에 대한 예측에 있어 체계적 오류를 인정한다. 다만 장기에는 자연산출량이므로 통화량 증가는 장기균형에서의 실질 국민소득에 영향을 미치지 않는다.
   ㄹ. 합리적 기대 이론에 따르면 예측된 정부정책의 변화는 실질변수에 영향을 미치지 않고 예측되지 않은 것만 실질변수에 영향을 미친다.
   [오답체크]
   ㄷ. 합리적 기대에서도 예측오차는 발생한다.

44 리카도의 등가정리에 대한 설명으로 옳은 것을 <보기>에서 모두 고르면?

<보기>
ㄱ. 저축과 차입이 자유로운 상황을 가정한다.
ㄴ. 정부지출이 고정되어 있는 상황을 가정한다.
ㄷ. 국채가 증가하면 소비가 증가하여 국민저축이 감소한다.
ㄹ. 재정정책이 효과적으로 국민소득을 증가시켜줌을 증명하였다.

① ㄱ, ㄴ   ② ㄱ, ㄷ   ③ ㄴ, ㄷ
④ ㄴ, ㄹ   ⑤ ㄷ, ㄹ

45 재정의 자동안정화 장치에 대한 설명으로 옳은 것을 <보기>에서 모두 고르면?

<보기>
ㄱ. 누진세제도, 고용보험제도 등이 이에 해당한다.
ㄴ. 제도를 통해 급격한 총수요의 변동을 막아 경기안정을 추구한다.
ㄷ. 한계세율이 낮을수록 효과가 크다.
ㄹ. 케인즈학파는 준칙적인 재정정책을 사용해야 한다고 주장한다.

① ㄱ, ㄴ   ② ㄱ, ㄷ   ③ ㄴ, ㄷ
④ ㄴ, ㄹ   ⑤ ㄷ, ㄹ

46 IS - LM 모형에서 IS곡선은 Y = 1,200 - 60r, 화폐수요곡선은 $\dfrac{M^d}{P}$ = Y - 60r, 통화량은 800, 물가는 2일 때, 통화량이 1,200으로 상승하면, Y는 얼마나 증가하는가? (단, Y는 국민소득, r은 실질이자율, P는 물가이다)

① 50   ② 100   ③ 150   ④ 200

47 어느 한 국가의 기대를 반영한 필립스곡선이 다음과 같을 때 가장 옳은 설명은? (단, π는 실제 인플레이션율, π^e는 기대 인플레이션율, u는 실업률이다)

$$\pi = \pi^e - 0.5u + 2.2$$

① 기대 인플레이션율의 변화 없이 실제 인플레이션율이 전기에 비하여 1%p 감소하면 실업률이 7.2%가 된다.

② 기대 인플레이션율이 상승하면 장기 필립스곡선이 오른쪽으로 이동한다.

③ 잠재 GDP에 해당하는 실업률은 4.4%이다.

④ 실제 실업률이 5%이면 실제 인플레이션율은 기대 인플레이션율보다 높다.

정답 및 해설

44 ① 리카도의 등가정리는 정부지출이 고정되어 있는 상태에서 조세를 감면하고 국채발행을 통해 지출재원을 조달하더라도 경제의 실질변수에는 아무런 영향을 줄 수 없다는 것이다.

[오답체크]

ㄷ. 경제 전체의 총저축은 변하지 않는다.

ㄹ. 재정정책이 결국 아무런 영향을 미치지 않는다는 것을 알려준다.

45 ① 자동안정화 정책은 누진세, 고용보험 등과 같이 급격한 총수요의 변화를 막아 급격한 경기변동을 막는 제도이다.

[오답체크]

ㄷ. 한계세율이 높을수록 효과가 크다.

ㄹ. 케인즈학파는 재량적인 재정정책을 사용해야 한다고 주장한다.

46 ② LM곡선을 구하기 위해 $\frac{M^d}{P} = \frac{M^S}{P}$로 두면 $Y - 60r = \frac{M^S}{2}$, $Y = \frac{M^S}{2} + 60r$이다.

통화량이 800일 때 LM곡선 식이 Y = 400 + 60r이므로 IS곡선 식 Y = 1,200 - 60r과 연립해서 풀면 1,200 - 60r = 400 + 60r, 120r = 800, r = $\frac{20}{3}$이고, r = $\frac{20}{3}$을 IS곡선(혹은 LM곡선) 식에 대입하면 Y = 800으로 계산된다.

통화량이 1,200일 때는 LM곡선 식이 Y = 600 + 60r이므로 IS곡선 식 Y = 1,200 - 60r과 연립해서 풀면 1,200 - 60r = 600 + 60r, 120r = 600, r = 5이고, r = 5를 IS곡선(혹은 LM곡선) 식에 대입하면 Y = 900으로 계산된다.

따라서 통화량이 800에서 1,200으로 증가하면 국민소득이 100만큼 증가함을 알 수 있다.

47 ③ 필립스곡선 식에서 $\pi = \pi^e$로 두면 u = 4.4%이다. 따라서 자연실업률은 4.4%임을 알 수 있다.

[오답체크]

① 필립스곡선 식이 $\pi = \pi^e - 0.5u + 2.2$이므로 기대 인플레이션율의 변화 없이 실제 인플레이션율이 전기에 비해 1%포인트 낮아지면 실업률이 전기에 비해 2%포인트 상승하나 구체적으로 실업률이 몇 %포인트가 될지는 알 수 없다.

② 장기 필립스곡선은 자연실업률 수준에서 수직선이므로 기대 인플레이션율이 상승하더라도 장기 필립스곡선은 이동하지 않는다.

④ u = 5%를 필립스곡선 식에 대입하면 $\pi = \pi^e - 0.3$이므로 실제 실업률이 5%이면 실제 인플레이션율이 기대 인플레이션율보다 0.3%포인트 낮음을 알 수 있다.

48 인플레이션에 대한 설명으로 옳은 것을 <보기>에서 모두 고른 것은?

> <보기>
> ㄱ. 예상된 인플레이션은 채권자와 채무자 간의 소득분배를 야기할 수 있다.
> ㄴ. 수요견인 인플레이션은 물가와 실업을 동시에 상승시킬 수 있다.
> ㄷ. 과도한 통화공급의 증가는 수요견인 인플레이션의 원인이 된다.
> ㄹ. 기대실질이자율은 명목이자율에서 기대 인플레이션을 뺀 값이다.

① ㄱ, ㄴ   ② ㄱ, ㄷ   ③ ㄴ, ㄷ

④ ㄴ, ㄹ   ⑤ ㄷ, ㄹ

49 폐쇄경제하의 국민소득결정에 관한 IS – LM 모형이 다음과 같다. 생산물시장과 화폐시장이 동시에 균형을 이룰 때 균형이자율과 균형국민소득은?

> - 소비함수 $C = 200 + 0.8(Y - T)$
> - 정부지출 $G = 140$
> - 물가수준 $P = 100$
> - 화폐수요 $\dfrac{M^d}{P} = 100 + 0.2Y - 20R$
>
> - 투자함수 $I = 260 - 20R$
> - 조세 $T = 0.375Y$
> - 화폐공급 $M^s = 20,000$
>
> (단, Y는 국민소득, R은 이자율을 나타낸다)

	균형이자율	균형국민소득		균형이자율	균형국민소득
①	4	900	②	5	900
③	4	1,000	④	5	1,000

50 경기부양을 위해 재정정책과 통화정책의 사용을 고려한다고 할 때, 이와 관련한 서술로 가장 옳지 않은 것은?

① 두 정책의 상대적 효과는 소비와 투자 등 민간지출의 이자율 탄력성 크기와 관련이 있다.

② 두 정책이 이자율에 미치는 영향은 동일하다.

③ 이자율에 미치는 영향을 줄이고자 한다면 두 정책을 함께 사용할 수 있다.

④ 두 정책 간의 선택에는 재정적자의 누적이나 인플레이션 중 상대적으로 어느 것이 더 심각한 문제일지에 대한 고려가 필요하다.

51 인플레이션은 사전에 예상된 부분과 예상하지 못한 부분으로 구분할 수 있으며, 예상하지 못한 인플레이션은 여러 가지 경로로 사회에 부정적 영향을 미친다. 다음 중 예상하지 못한 인플레이션으로 인한 부정적 영향에 대한 설명으로 가장 옳지 않은 것은?

① 투기가 성행하게 된다.
② 소득재분배 효과가 발생한다.
③ 피셔가설이 성립하게 된다.
④ 장기계약이 만들어지기 어렵게 된다.

정답 및 해설

48 ⑤ 과도한 통화공급의 증가는 수요견인 인플레이션의 원인이 되며, 기대실질이자율은 명목이자율에서 기대 인플레이션을 뺀 값이다.

[오답체크]
ㄱ. 예상되지 않은 인플레이션은 채권자와 채무자 간의 소득분배를 야기할 수 있다.
ㄴ. 수요견인 인플레이션은 물가와 생산을 동시에 상승시킬 수 있다. 따라서 실업은 감소시킬 수 있다.

49 ④ 문제의 조건을 이용하여 IS곡선을 구하면 Y = C + I + G = 200 + 0.8(Y - 0.375Y) + 260 - 20R + 140, 0.5Y = 600 - 20R, Y = 1,200 - 40R이다. 위의 조건을 이용하여 LM곡선을 구하면 $\frac{M^d}{P} = \frac{M^s}{P}$, 100 + 0.2Y - 20R = 200, 0.2Y = 100 + 20R, Y = 500 + 100R이다. 이를 연립해서 풀면 1,200 - 40R = 500 + 100R, 140R = 700, R = 5이다. 균형이자율 R = 5를 IS곡선 혹은 LM곡선 식에 대입하면 균형국민소득 Y = 1,000으로 계산된다.

50 ② 확대적인 재정정책을 실시하면 IS곡선이 오른쪽으로 이동하므로 이자율이 상승하는 반면 확대적인 금융정책을 실시하면 LM곡선이 오른쪽으로 이동하므로 이자율이 하락한다. 따라서 두 정책이 이자율에 미치는 영향은 정반대이다.

51 ③ 피셔가설이란 '명목이자율 = 실질이자율 + 예상 인플레이션율'의 관계를 말한다. 따라서 예상된 인플레이션에만 성립하는 이론으로 예상하지 못한 인플레이션과는 관련이 없다.

고난도 기출문제

고난도 시험의 기출문제를 풀어보며 경제학 실력을 한층 더 업그레이드해 보세요!

01 전염병과 국제분쟁 등으로 인해 갑국의 경제는 불확실성이 커지게 되었다. 갑국의 은행들은 이에 대응하여 가산금리를 올려 대출금리를 인상하였다. 투자가 대출금리에 의존할 때, (Y, r)평면에서의 IS곡선과 (Y, P)평면에서의 총수요곡선의 변화에 대한 설명으로 옳은 것은? (단, Y, C, I, G, T, r, spread, M^d, P는 각각 총생산, 소비, 투자, 정부지출, 조세, 대출금리, 실질이자율, 가산금리, 화폐 수요, 물가이다) [회계사 23]

- $Y = C + I + G$
- $C = 1,000 + 0.6(Y - T)$
- $I = 2,500 - 200R$
- $R = r + spread$
- $G = T = 100$
- $\dfrac{M^d}{P} = Y - 900r$

① IS곡선은 더 가팔라지고, 총수요곡선은 더 완만해진다.
② IS곡선은 더 완만해지고, 총수요곡선은 더 가팔라진다.
③ IS곡선과 총수요곡선 모두 더 완만해진다.
④ IS곡선과 총수요곡선 모두 더 가팔라진다.
⑤ IS곡선과 총수요곡선 모두 좌측으로 이동한다.

02 다음과 같은 폐쇄경제 IS-LM모형을 가정하자.

상품시장	화폐시장
• $C = 3 + \dfrac{3}{4}(Y - T)$ • $I = 5 - r$ • $G = 12$ • $T = 4 + \dfrac{1}{3}Y$	• $M = 900$ • $P = 10$ • $L(Y) = 3Y$

C, Y, T, I, G, M, P, L(Y), r은 각각 소비, 총생산, 조세, 투자, 정부지출, 화폐공급, 물가수준, 실질화폐수요, 실질이자율(%)을 나타낸다. 정부가 정부지출을 1단위 증가시킬 때, 새로운 균형에서 총생산의 변화는?

[회계사 23]

① 4단위 증가   ② 2단위 증가   ③ 변화 없음
④ 2단위 감소   ⑤ 4단위 감소

정답 및 해설

01 ⑤ 1) I = 2,500 - 200R ➜ I = 2,500 - 200(r + spread) ➜ I = 2,500 - 200r - 200spread이므로
가산금리가 상승하면 투자가 감소한다. 이로 인해 IS곡선이 좌측이동하며 기울기와는 관련이 없다.
2) 투자가 감소하면 총수요가 감소한다.

02 ③ 1) IS

$$Y = C + I + G ➜ Y = 3 + \frac{3}{4}(Y - 4 - \frac{1}{3}Y) + 5 - r + 12 ➜ 0.5Y = 5 - r + 12 ➜ r = 2$$

2) LM

$$\frac{M^s}{P} = \frac{M^d}{P} \quad ➜ \quad \frac{900}{10} = 3Y \quad ➜ \quad Y = 30$$

3) LM곡선이 수직이므로 정부지출을 늘려 IS곡선이 이동한다고 해도 총생산은 변화가 없다.

03 A국은 X재와 Y재 두 재화만을 생산한다. 2010년과 2011년에 A국에서 생산된 각 재화의 시장가격과 거래금액은 아래와 같다. 이때 2010년을 기준연도로 하여 2011년 GDP 디플레이터를 구하는 산식으로 옳은 것은? (단, 그해 A국에서 생산된 재화는 그해에 모두 A국 시장에서 거래되어 소비되었다) [공인회계사 21]

연도	시장가격(원)		거래금액(원)	
	X재	Y재	X재	Y재
2010	P_0^x	P_0^y	M_0^x	M_0^y
2011	P_1^x	P_1^y	M_1^x	M_1^y

① $\dfrac{M_1^x + M_1^y}{P_0^x \dfrac{M_1^x}{P_1^x} + P_0^y \dfrac{M_1^y}{P_1^y}}$

② $\dfrac{M_1^x + M_1^y}{P_1^x \dfrac{M_1^x}{P_0^x} + P_1^y \dfrac{M_1^y}{P_0^y}}$

③ $\dfrac{P_0^x \dfrac{M_1^x}{P_1^x} + P_0^y \dfrac{M_1^y}{P_1^y}}{M_0^x + M_0^y}$

④ $\dfrac{P_1^x \dfrac{M_1^x}{P_0^x} + P_1^y \dfrac{M_1^y}{P_0^y}}{M_0^x + M_0^y}$

⑤ $\dfrac{P_1^x \dfrac{M_1^x}{P_0^x} + P_1^y \dfrac{M_1^y}{P_0^y}}{P_0^x \dfrac{M_1^x}{P_1^x} + P_0^y \dfrac{M_1^y}{P_1^y}}$

04 다음은 어떤 나라의 고용 관련 자료를 정리한 표이다.

생산가능인구	1,000만 명
경제활동참가율	70%
실업자	35만 명
실업자가 일자리를 구할 확률	0.24
취업자가 일자리를 잃을 확률	0.01

실업률갭을 실제실업률에서 자연실업률을 차감한 값으로 정의할 때, 이 나라의 실업률갭은? (단, 생산가능인구, 실업자가 일자리를 구할 확률, 취업자가 일자리를 잃을 확률은 일정하고, 경제활동인구와 비경제활동인구 사이의 이동은 없다) [회계사 19]

① −0.5% ② 0.0% ③ 0.5%
④ 1.0% ⑤ 1.5%

정답 및 해설

03 ① 1) GDP 디플레이터 $= \dfrac{\text{명목}GDP}{\text{실질}GDP} \times 100$이다.

2) 명목GDP $= M_1^x + M_1^y$

3) 실질GDP $=$ 가격 $\times$ 거래량 $=$ 거래금액이므로 거래량은 $\dfrac{M}{P}$이다. 따라서 2011년의 실질GDP는

$P_0^x \cdot \dfrac{M_1^x}{P_1^x} + P_0^y \cdot \dfrac{M_1^y}{P_1^y}$이다. 따라서 GDP 디플레이터 $= \dfrac{M_1^x + M_1^y}{P_0^x \dfrac{M_1^x}{P_1^x} + P_0^y \dfrac{M_1^y}{P_1^y}}$이다.

04 ④ 1) 실제실업률 $= \dfrac{35\text{만 명}}{700\text{만 명}} \times 100 = 5\%$

2) 자연실업률 $= \dfrac{\text{실직률}}{\text{실직률} + \text{구직률}} = \dfrac{0.01}{0.01 + 0.24} \times 100 = 4\%$

3) 실업률갭 $=$ 실제실업률 $-$ 자연실업률 $= 5\% - 4\% = 1\%$

해커스공기업 쉽게 끝내는 경제학 기본서

제11장

경기변동과 경제성장

핵심 Check: 경기변동

경기지수	선행지수, 동행지수, 후행지수
통화정책 비판	유동성 함정
재정정책 비판	구축효과
호경기 시	• 흑자재정 • 지급준비율, 재할인율, 이자율 높임 • 국공채 매각
불경기 시	• 적자재정 • 지급준비율, 재할인율, 이자율 낮춤 • 국공채 매입

1. 경기변동

(1) 의미

경기변동(Business cycle)은 총체적인 경제활동수준을 측정하는 지표인 생산, 투자, 고용, 소비 등이 주기적으로 상승과 하강을 반복하는 현상을 말한다.

(2) 종류

① 장기 파동: 50 ~ 60년 주기의 경기변동이다. 기술 혁신, 전쟁, 신자원의 개발 등이 원인이며 콘트라티에프(Kontratiev) 파동이라고도 한다.

② 중기 파동: 8 ~ 10년을 주기로 하는 경기변동이다. 기업의 설비 투자의 변동으로 발생하며 쥬글러(Juglar) 파동이라고도 한다.

③ 단기 파동: 3 ~ 5년을 주기로 하는 경기변동이다. 통화공급이나 이자율의 변동, 기업의 재고변동 등이 원인으로 작용하며 키친(Kitchen) 파동이라고도 한다.

2. 경기순환

(1) 의미

호경기, 후퇴기, 불경기, 회복기의 네 국면이 일정한 주기로 반복되는 현상을 말한다.

(2) 그래프

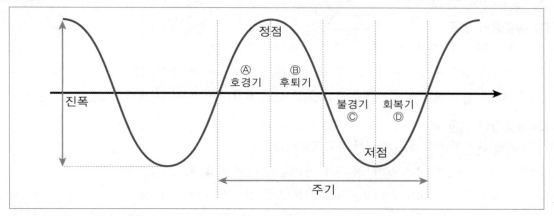

구분	생산	투자	물가	고용(실업)	소비	재고
Ⓐ	↑	↑	↑	↑(↓)	↑	↓
정점	최고	최고	최고	최고(최저)	최고	최저
Ⓑ	↓	↓	↓	↓(↑)	↓	↑
Ⓒ	↓	↓	↓	↓(↑)	↓	↑
저점	최저	최저	최저	최저(최고)	최저	최고
Ⓓ	↑	↑	↑	↑(↓)	↑	↓

(3) 경기변동의 특징

① 총체성: 특정한 경제변수가 아닌 경제 전반의 총체적 변화를 의미한다.

② 공행성

  ㉠ 경기변동은 몇몇 산업부문 혹은 몇 개의 변수들에만 국한된 것이 아니라 확장국면, 수축국면이 거의 모든 부문 및 변수에서 동시적으로 발생한다.

  ㉡ 국내총생산이 늘어나는 시기에 실업률이 줄어들고 국내총생산이 줄어드는 시기에 실업률이 늘어나는 양상을 공행성의 예라 할 수 있다.

  ㉢ 어떤 변수가 일정한 시차를 갖고 다른 변수보다 선행(leading)하거나 후행(lagging)하는 경우 두 변수 사이에 공행성이 있다고 말한다.

③ 지속성: 경기확장, 축소는 한번 발생되면 상당 기간 지속된다.

④ 보편성: 특정 국가가 아닌 대부분의 국가에서 경기변동이 나타난다.

⑤ 반복성: 일정 간격은 아니지만 경기변동은 반복적으로 일어나는 패턴을 가지고 있다.

⑥ 확장국면과 수축국면으로 구성: 경기변동은 확장국면과 수축국면으로 구성되며 정점과 저점을 찾으려는 노력을 하고 있다.

3. 경기변동 원인

(1) 총수요의 변동

가계 소비, 기업 투자, 정부지출, 순수출 등이 변동 원인이다.

① 총수요 증가 ➡ GDP 증가(고용 증가, 실업 감소), 물가 상승 ➡ 경기활성화

② 총수요 감소 ➡ GDP 감소(고용 감소, 실업 증가), 물가 하락 ➡ 경기침체

(2) 총공급의 변동

원자재가격, 임금 등 생산비 변동 등이 원인이다.

① 총공급 증가 ➡ GDP 증가(고용 증가, 실업 감소), 물가 하락 ➡ 경기활성화

② 총공급 감소 ➡ GDP 감소(고용 감소, 실업 증가), 물가 상승 ➡ 경기침체

4. 경기예측방법

(1) 개별 경제지표에 의한 방법

국내총생산의 분기별 변화 또는 수출입 관련 지표 등 단일지표로 파악하는 방법이다.

(2) 종합 경제지표에 의한 방법

경기종합지수나 경기동향지수 등 여러 개의 개별 경제지표를 종합한 것이다.

(3) 설문조사에 의한 방법

기업경기 실사지수나 소비자 동향지수 등 개별 경제주체들의 심리적 변화 측정에 유용하다.

① BSI(Business Survey Index, 기업경기 실사지수)와 CSI(Consumer Survey Index, 소비자 동향지수): 각각 기업인과 가계를 대상으로 한 설문을 통해 경기동향을 판단한다. 100이 기준점이며 100을 초과하면 경기낙관, 100 미만은 경기비관, 100은 현재와 동일을 의미한다.

② PMI(Purchasing Managers' Index, 구매관리자지수): 기업의 구매 담당자들을 대상으로 설문조사를 통해 작성하는 경기지표이다. 50이 기준점이며 50을 초과하면 경기 상승, 50 미만이면 경기 하강을 의미한다.

③ ISM지수: 미 공급관리협회(Institute for Supply Management)가 기업 구매 담당자를 대상으로 조사한 결과를 종합해 산출한 지수이다. 50이 기준점이며 50을 초과하면 경기 상승, 50 미만이면 경기 하강을 의미한다.

5. 경기종합지수

(1) 경기지수

① 경기선행지수: 보통 3 ~ 6개월 후의 경기동향을 예측하는 지표로 구인구직비율, 코스피지수 등이 대표적이다.

② 경기동행지수: 조사시점의 경기수준을 나타내는 지표로 광공업 생산지수, 서비스업 생산지수 등이 대표적이다.

③ 경기후행지수: 조사시점으로부터 3 ~ 6개월 전의 경기상황을 나타내는 지표로 생산자 제품재고지수, 취업자수 등이 대표적이다.

(2) 경기지수의 구성

선행종합지수	동행종합지수	후행종합지수
• 구인구직비율 • 재고순환지표 • 소비자기대지수 • 기계류 내수출하지수(선박 제외) • 건설수주액(실질) • 수출입물가비율 • 코스피지수 • 장단기금리차	• 비농림어업취업자수 • 광공업 생산지수 • 서비스업 생산지수(도소매업 제외) • 소매판매액지수 • 내수출하지수 • 건설기성액(실질) • 수입액(실질)	• 취업자수 • 생산자 제품재고지수 • 소비자물가지수변화율 • 소비재수입액(실질) • 기업어음유통수익률 • 도시가계소비지출

6. 재정정책

(1) 의미

정부가 조세(세율)와 정부지출(세출)을 통해 경제의 성장을 도모하는 정책을 말한다.

(2) 경기별 재정정책

① 경기과열 시 재정정책: 총수요를 줄여야 하므로 세율 인상, 정부지출 축소를 통한 긴축 재정정책을 실시한다.

② 경기침체 시 재정정책: 총수요를 늘려야 하므로 세율 인하, 정부지출 확대를 통한 확장 재정을 실시한다.

7. 통화정책

(1) 의미

중앙은행이 통화량이나 이자율(금리)을 조절하여 경제의 안정적 성장을 도모하는 정책을 말한다.

(2) 경기과열 시의 통화정책

① 통화량 감소 ➡ 이자율 상승 ➡ 소비 감소, 투자 위축 ➡ 생산 위축, 실업 증가 ➡ 물가 하락(안정)

② 지급준비율, 재할인율, 이자율을 올리고 국공채는 매각하여야 한다.

(3) 경기침체 시 통화정책

① 통화량 증가 ➡ 이자율 하락 ➡ 소비 증가, 투자 증가 ➡ 생산 확대, 고용 증대 ➡ 물가 상승

② 지급준비율, 재할인율, 이자율을 내리고 국공채는 매입하여야 한다.

(4) 통화정책의 수단

재할인율 정책	의미	중앙은행이 일반 은행에 대출 이자율(재할인율)과 대출 규모를 조정하여 통화량을 조절
	영향	재할인율 인상(인하) ➡ 은행 대출 감소(증가) ➡ 통화량 감소(증가)
지급준비율 정책	의미	시중은행의 고객 인출을 대비하는 법정지급준비율을 조절하는 정책
	영향	지급준비율 인상(인하) ➡ 은행 대출 감소(증가) ➡ 통화량 감소(증가)
공개 시장 조작	의미	중앙은행이 국, 공채 또는 통화안정 증권을 매입 또는 매각하여 통화량을 조절하는 정책
	영향	매각(매입) ➡ 통화량 감소(증가)

8. 자동안정화 장치

(1) 의미

경기변동에 따라 자동적으로 경기안정 효과를 발휘하는 제도적 장치로 누진세 제도, 실업보험 제도 등이 포함된다.

(2) 경기과열 시

① 명목소득 증가로 누진세율을 적용받아 세금이 증가한다.

② 고용 증가로 인해 고용보험료 납부가 늘어 경기를 진정시키는 효과가 있다.

(3) 경기침체 시

① 명목소득 감소로 누진세율을 적용받아 세율은 급격히 하락하여 세금이 감소한다.

② 실업자가 된 경우에는 고용보험금을 받게 되어 경기를 부양시키는 효과가 있다.

확인문제

중앙은행이 통화량을 증가시키고자 한다. 괄호 안에 들어갈 내용을 순서대로 나열한 것은?

- 공개시장조작을 통하여 국채를 (　　　)한다.
- 법정지급준비율을 (　　　)한다.
- 재할인율을 (　　　)한다.

① 매입 - 인하 - 인하
② 매입 - 인하 - 인상
③ 매입 - 인상 - 인하
④ 매각 - 인상 - 인상
⑤ 매각 - 인상 - 인하

정답 및 해설

통화량을 증가시키려면 국채를 매입하고, 법정지급준비율을 낮추고, 재할인율을 인하하면 된다.

정답: ①

핵심 Check: 새고전학파의 경기변동이론

화폐적 균형경기변동이론	• 새고전학파 • 예상치 못한 통화량 변화가 공급에 영향을 미침 • 경기변동의 지속성을 설명하지 못함
실물적 균형경기변동이론	• 새고전학파 • 생산성 충격, 기술혁신, 경영혁신 등이 공급에 영향을 미침 • 화폐부문을 너무 무시함

1. 균형경기변동이론의 개요

(1) 시장은 항상 균형

새고전학파는 경기변동현상을 개별 경제주체들이 합리적 기대하에 최적화 행동을 추구하는 과정에서 외부적 충격이 발생하면 최적화 행동에 교란이 발생하는 현상으로 보므로 시장은 항상 균형상태에 있는 것으로 파악하고 있다.

(2) 구분

충격을 주는 요인에 따라 화폐적 균형경기변동이론과 실물적 균형경기변동이론으로 나눈다.

2. 화폐적 균형경기변동이론(MBC: Monetary Business Cycle) - 루카스(Lucas)

(1) 경기변동의 원인

주요인을 예상치 못한 화폐적 충격으로 보고 있다.

(2) 경기변동의 과정

① 불완전정보 상황에서 예상치 못한 통화량 변화는 기업들로 하여금 상대가격 변화와 일반물가수준의 변화를 구별하지 못하게 한다.

② 예상치 못한 통화량 증가가 발생하면 루카스 공급함수 $Y = Y_N + \alpha(P - P^e)$에서 P^e는 변하지 않는 반면 P는 증가하므로 $P - P^e > 0$이 되어 생산과 소득이 증가하여 경기호황이 발생한다.

③ 예상치 못한 통화량 증가가 있더라도 합리적 기대를 통하여 예상물가 상승률을 조정하면 다시 완전고용산출량으로 회복하게 된다.

④ 중앙은행은 예측 가능한 정책운용을 통해 물가예상 착오에 따른 사회적 비용을 최소화해야 한다.

(3) 화폐적 균형경기변동이론의 한계

① 물가인식의 착오만으로 대규모의 경기변동을 설명할 수 없다.

② 경기변동의 지속성을 제대로 설명하지 못하고 있어 이에 실물적 균형경기변동이론이 대두되었다.

3. 실물적 균형경기변동이론(RBC: Real Business Cycle) – 프레스컷 (E. Prescott)과 키들랜드(F. Kydland)

(1) 경기변동의 원인

주요 요인을 생산성 충격, 기술혁신, 경영혁신, 천연자원 발견 및 석유 파동, 기후변화, 노동시장의 변화 등 생산물의 총공급측면이라 보고 있다.

(2) 긍정적 공급충격(기술혁신)에 의한 경기변동

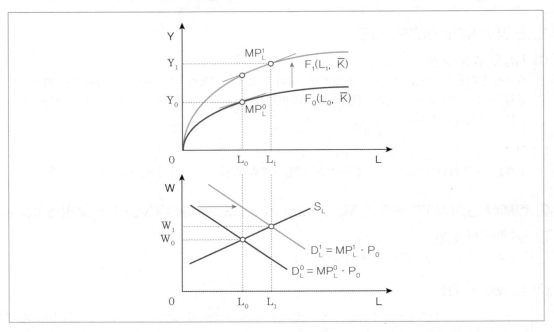

① 기술혁신은 총요소 생산성을 향상시키므로 생산함수 상방이동을 가져와 노동의 한계생산물을 증가시킨다.

② 노동의 한계생산물 증가($MP_L^0 \rightarrow MP_L^1$) → 노동수요 증가($MP_L^0 \cdot P_0 \rightarrow MP_L^1 \cdot P_0$) → 실질임금 상승 → 고용량 증가($L_0 \rightarrow L_1$) → 총생산량 증가($Y_0 \rightarrow Y_1$)

③ 노동의 기간 간 대체, 건설기간 등의 개념을 사용하여 경기변동의 지속성을 설명한다.

(3) 노동의 기간 간 대체

① 생산성을 향상시키는 기술충격이 존재하면 기업들은 생산성 향상에 따라 더 많은 노동자들을 고용하려 할 것이다.

② 이 과정에서 노동과 자본의 한계생산물가치가 상승하므로 실질임금과 실질이자율이 상승할 가능성이 크다.

③ 실질임금의 상승: 노동자들의 현재의 노동공급을 늘리고 미래의 노동공급을 줄이기 때문에 노동의 기간 간 대체가 발생한다.

④ 실질이자율 상승: 현재의 상대임금(= $\dfrac{\text{현재임금}}{\text{미래임금}}$)이 상승하므로 현재의 노동공급이 증가하는 노동의 기간 간 대체가 발생한다.

(4) 건설기간(time to build)

① 기계, 설비, 건물 등 자본재에 대한 투자는 그 투자가 완결될 때까지 적어도 몇 년이 소요된다.

② 따라서 건설기간 동안 생산, 고용, 소비 등을 지속적으로 증가시키는 파급효과를 갖는다.

(5) 실물적 균형경기변동이론의 특징

① 경기변동이 발생하더라도 완전고용산출량 자체가 변하므로 경제는 항상 균형상태에 있다고 본다.

② 초기에는 주로 생산성 충격(기술 진보)에 주목했으나 이후 IS곡선에 영향을 미치는 충격도 인정한다.

③ 화폐의 중립성을 가정하기에 LM곡선에 영향을 미치는 충격은 경기변동의 요인이 되기 어렵다고 본다.

(6) 실물적 균형경기변동이론의 장·단점

① 장점: 경기변동의 지속성과 공행성을 이론적으로 잘 설명하고 있다.

② 단점

    ㉠ 화폐는 경기변동에 중립적이라고 주장하여 화폐부문을 너무 경시하고 있다.

    ㉡ 기술 진보는 점진적이므로 단기적으로는 대규모 기술충격이 어렵다.

핵심 Check: 새케인즈학파의 경기변동이론

경기변동이론	• 불균형 성장이론 • 총수요 충격 중시
정부개입 필요	가격경직성 때문에 가격조정이 즉각적으로 이루어지지 않아 상당 기간 침체상태가 유지되므로 정부가 총수요를 높여주어야 함

1. 개요

(1) 불균형 성장이론

경기변동의 주요인을 총수요 측면에서 보고 경제주체들이 합리적 기대하에 최적화 행위를 하여도 가격의 경직성 때문에 균형국민소득에서 이탈하는 것으로 보는 이론이다.

(2) 총수요 충격 중시

가격변수가 경직적이고 IS곡선이나 LM곡선에 영향을 미치는 총수요충격이 발생하면 산출량 변화가 초래된다는 것이 새케인즈학파의 경기변동이론이다.

2. 내용

(1) 가정

① 새고전학파와 마찬가지로 경제주체들이 합리적 기대하에 최적화 행동을 한다고 가정한다.

② 가격·임금의 경직성은 경제주체들의 최적화 행위의 결과이다.

(2) 경기변동 과정

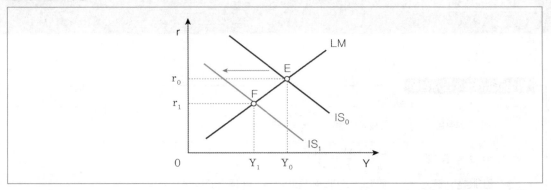

① 최초의 균형점 E에서 외부의 충격으로 총수요가 감소 → IS곡선이 좌측으로 이동 → 새로운 균형점 F에서 산출량이 감소하여 경기침체가 발생한다.

② 정부의 개입필요: 가격경직성 때문에 가격조정이 즉각적으로 이루어지지 않아 상당 기간 침체상태가 유지되므로 정부가 총수요를 높여주어야 한다.

③ 메뉴비용, 조정실패 등으로 경기침체를 설명한다.

확인문제

경기변동이론에 관한 설명으로 옳은 것은?
① 새케인즈 학파(new Keynesian)는 가격이 신축적이라고 본다.
② 새케인즈 학파는 총수요 측면을 통해 경기변동을 설명한다.
③ 실물경기변동이론은 실질임금의 경직성을 가정한다.
④ 실물경기변동이론에 따르면 이자율이 상승하면 노동공급이 감소한다.

정답 및 해설

① 새케인즈 학파(new Keynesian)는 가격이 경직적이라고 본다.
③ 실물경기변동이론은 가격변수의 신축성을 가정한다.
④ 실물경기변동이론에 따르면 이자율이 상승하면 노동공급이 증가한다.

정답: ②

04 경제성장

핵심 Check: 경제성장

경제 성장률	경제 성장률 $= \dfrac{Y_t - Y_{t-1}}{Y_{t-1}} \times 100$
1인당 소득 증가율	$\dfrac{\Delta y}{y} = \dfrac{\Delta Y}{Y} - \dfrac{\Delta L}{L}$
경제성장이론	해로드 - 도마 ➜ 솔로우 ➜ 내생적 성장이론

1. 경제성장과 1인당 소득 증가율

(1) 경제성장의 의미

① 경제성장이란 장기적으로 완전고용소득수준이 증가하므로 총수요곡선과 총공급곡선이 우측으로 이동한 것을 의미한다.

② 일반적으로 실질GDP의 성장을 의미한다.

(2) 경제성장의 측정

경제 성장률이란 일반적으로 실질GDP 성장률을 의미한다.

$$\text{경제 성장률} = \frac{Y_t - Y_{t-1}}{Y_{t-1}} \times 100 \ (\ Y_t: \text{이번 기 실질GDP}, \ Y_{t-1}: \text{전기의 실질GDP})$$

(3) 1인당 소득 증가율

1인당 소득 증가율이란 경제 성장률에서 인구 증가율을 차감한 값을 의미한다.

$$\frac{\Delta y}{y} = \frac{\Delta Y}{Y} - \frac{\Delta L}{L} \ (\ y: \text{1인당 소득}, \ Y: \text{소득}, \ L: \text{인구})$$

2. 경제성장이론의 발전과정

(1) 해로드 – 도마 모형

① 1930년대에 케인즈 모형을 동태화한 해로드 – 도마 모형이 발표되었다.

② 공급능력 증대와 함께 총수요측면도 고려한 포괄적인 경제성장이론이다.

(2) 솔로우 모형

① 해로드-도마 모형은 자본주의 경제가 기본적으로 불안정하다는 결론을 도출하였다.

② 솔로우의 신고전파 성장이론에서는 생산요소 간 기술적 대체가 가능하며 생산요소가격이 신축적으로 조정
될 수 있다는 가정을 도입함으로써 경제가 안정적으로 성장한다는 사실을 설명한다.

③ 솔로우의 성장이론은 기술수준이 모형의 외부에서 결정되므로 외생적 성장이론이라고도 한다.

(3) 내생적 성장이론

솔로우 모형의 단점을 보완하고 모형 내에서 경제성장을 설명하려는 내생적 성장이론의 연구가 최근 활
발하게 이루어지고 있다.

핵심 Check: 해로드-도마의 경제성장이론

함수	자본과 노동의 대체성이 없으므로 레온티에프 함수로 설정
적정 성장률과 자연 성장률	• 적정 성장률(G_w): 경제 성장률($\frac{\Delta Y}{Y}$) = 자본 증가율($\frac{\Delta K}{K} = \frac{s}{v}$) • 자연 성장률($G_n$): 경제 성장률($\frac{\Delta Y}{Y}$) =인구 증가율($\frac{\Delta L}{L}$=n)
단점	불안정한 모형

1. 해로드-도마 모형의 가정

(1) 생산량 1단위당 필요한 노동 및 자본의 양은 일정 불변이다.

① 자본계수는 $v = \frac{K}{Y}$로 재화 1단위를 생산하는 데 필요한 자본량이다.

② 노동계수는 $\alpha = \frac{L}{Y}$로 재화 1단위를 생산하는 데 필요한 노동량이다.

③ 자본과 노동의 대체성이 없으므로 등량곡선이 L자형인 레온티에프 생산함수($Y = \min[\frac{K}{v}, \frac{L}{\alpha}]$)이다.

④ 이때 효율적인 생산이 이루어지면(K와 L이 완전고용이 되기 위한 조건) $Y = \frac{K}{v} = \frac{L}{\alpha}$이 성립한다.

(2) 저축과 투자는 항상 일치하며 저축은 소득의 일정 비율이다.

① S(저축) = I(투자) = $\triangle K$

② $S = sY$ (0 < s < 1)

(3) 나머지 가정

① 재화가 하나밖에 없는 경제를 상정한다.

② 인구 증가율(노동력)은 n으로 일정하다.

③ 생산함수는 규모에 대한 수익불변을 가정한다.

2. 자본과 노동의 완전고용조건

(1) 자본의 완전고용조건

① $\dfrac{\Delta Y}{Y} = \dfrac{\dfrac{\triangle K}{v}}{\dfrac{K}{v}} = \dfrac{\Delta K}{K} = \dfrac{I}{K} = \dfrac{S}{K} = \dfrac{sY}{K} = \dfrac{s}{\dfrac{K}{Y}} = \dfrac{s}{v}$

② 적정 성장률(G_w; Warranted rate of Growth)

    ㉠ 자본의 완전고용이 보장되는 성장률을 적정 성장률이라 한다.

    ㉡ 경제 성장률($\dfrac{\Delta Y}{Y}$) = 자본 증가율($\dfrac{\Delta K}{K} = \dfrac{s}{v}$)

(2) 노동의 완전고용조건

① $\dfrac{\Delta Y}{Y} = \dfrac{\dfrac{\triangle L}{\alpha}}{\dfrac{L}{\alpha}} = \dfrac{\Delta L}{L} = $ n(일정)

② 자연 성장률(G_n; Natural rate of Growth)

    ㉠ 노동의 완전고용이 보장되는 성장률을 자연 성장률이라 한다.

    ㉡ 경제 성장률($\dfrac{\Delta Y}{Y}$) = 인구 증가율($\dfrac{\Delta L}{L} = $ n)

(3) 자본과 노동의 완전고용조건(해로드 - 도마의 기본방정식)

① 기본방정식: $\dfrac{\Delta Y}{Y}$(경제 성장률) $= \dfrac{s}{v}$(자본 증가율) $= n$(인구 증가율)

② 기술 진보가 있을 경우(g: 기술 진보율): $\dfrac{\Delta Y}{Y} = \dfrac{s}{v} = n+g$(= 인구 증가율 + 기술 진보율)

③ 감가상각이 있을 경우: $\dfrac{\Delta Y}{Y} = \dfrac{s}{v}-d = n$이므로 $\dfrac{\Delta Y}{Y} = \dfrac{s}{v} = n+d$(= 인구 증가율 + 감가상각률)

3. 해로드-도마 모형의 특징

(1) 현실성이 떨어짐

① 인구 증가율, 저축률, 자본계수 등이 모두 일정한 상수이므로 기본방정식은 우연이 아니면 성립하지 않는다.

② 일반적으로 불완전고용하의 성장이 이루어진다.

적정 성장률(G_w) > 자연 성장률(G_n)	적정 성장률(G_w) < 자연 성장률(G_n)
• 자본 증가율 > 인구 증가율 • 자본이 불완전고용 • 투자와 저축이 많음 • 소비가 미덕	• 자본 증가율 < 인구 증가율 • 노동이 불완전고용(실업이 발생) • 투자와 저축이 부족 • 저축이 미덕

(2) 불안정한 모형

① 실제 성장률(G_A)은 실현된 GDP 증가율로 사후적인 개념이다.

② 실제 성장률(G_A)이 적정 성장률(G_w)에서 한번 벗어나면 균형을 다시 회복할 수 없을 뿐 아니라 균형에서 점점 멀어진다.

③ 불안정적 모형이다.

실제 성장률(G_A) > 적정 성장률(G_w)	실제 성장률(G_A) < 적정 성장률(G_w)
자본의 과다이용 ➡ 자본재가 부족하게 되어 기업가의 투자 증가 ➡ 총수요가 증가하여 Y가 더 증가 ➡ 경기과열	자본의 유휴시설 발생 ➡ 자본재가 과잉이므로 기업가의 투자 감소 ➡ 총수요가 감소하여 Y가 더 감소 ➡ 경기침체

핵심 Check: 솔로우 모형

함수	노동과 자본이 대체 가능한 콥-더글러스 생산함수
균제상태	$sf(k) = (n+d+g)k$
황금률	1인당 소비가 극대화되는 상태로 $MP_k = n+d+g$
성장회계	$\dfrac{\Delta Y}{Y} = \dfrac{\Delta A}{A} + \alpha\dfrac{\Delta L}{L} + \beta\dfrac{\Delta K}{K}$

1. 해로드-도마이론 비판

솔로우는 자본주의 경제가 기본적으로 불안정하다는 해로드-도마 모형에서 생산함수를 요소 간 대체가 가능한 함수로 상정하여 경제가 안정적으로 성장할 수 있음을 해명하였다.

2. 솔로우 모형의 가정

(1) 노동과 자본을 생산요소로 하는 생산함수는 요소대체가 가능한 1차 동차함수이다.

① $Y = F(K,\ L)$ ➡ $\dfrac{Y}{L} = F(\dfrac{K}{L},\ 1)$ ➡ $y = f(k)$ (단, $y = \dfrac{Y}{L}$, $k = \dfrac{K}{L}$)

② 사례: $Y = AL^\alpha K^{1-\alpha}$ ➡ $\dfrac{Y}{L} = AL^{\alpha-1}K^{1-\alpha}$ ➡ $y = Ak^{1-\alpha}$

③ 즉, 1인당 산출량(y)은 1인당 자본(k)에 대한 (증가)함수이다.

(2) 저축과 투자는 항상 일치하며 저축은 소득의 일정 비율이다.

① S(저축) = I(투자) = ΔK

② $S = sY$ $(0 < s < 1)$

(3) 나머지 가정

① 재화가 하나밖에 없는 경제를 상정한다.

② 인구 증가율(노동력)은 n으로 일정하다.

③ 생산함수는 규모에 대한 수익불변이며 수확체감의 법칙을 가정한다.

3. 균형조건

(1) 자본 증가율

① $\Delta K = I = S = sY = sf(k)L \ (\because Y = L \cdot f(k))$

② 자본 증가율 $= \dfrac{\Delta K}{K} = \dfrac{sf(k)L}{K} = \dfrac{\frac{sf(k)L}{1}}{\frac{K}{1}} = \dfrac{\frac{sf(k)}{1}}{\frac{K}{L}} = \dfrac{sf(k)}{k} \ \left(\because k = \dfrac{K}{L} \right)$

(2) 인구 증가율

가정에서 $\dfrac{\Delta L}{L}$ = n(일정)으로 일정하다.

(3) 균형조건(솔로우의 기본방정식) (단, 감가상각과 기술 진보가 없는 경우)

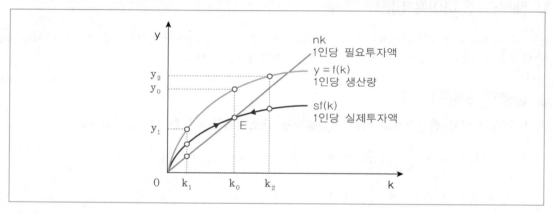

① 자본 증가율 = 인구 증가율

㉠ $\dfrac{sf(k)}{k} = n$ ➜ $sf(k) = nk$ ($sf(k)$: 1인당 실제투자액, nk: 1인당 필요투자액)

㉡ 균형상태 또는 균제상태라고 한다.

② $sf(k) \neq nk$인 경우

㉠ $sf(k) > nk$인 경우(= k_1) 1인당 실제투자액이 필요투자액보다 크므로 1인당 자본량이 증가하여 1인당 생산량이 증가한다.

㉡ $sf(k) < nk$인 경우(= k_2) 1인당 실제투자액이 필요투자액보다 작으므로 1인당 자본량이 감소하여 1인당 생산량이 감소한다.

③ $sf(k) = nk$인 경우(= k_0)

㉠ 1인당 실제투자액과 필요투자액이 동일하므로 1인당 자본량이 불변하여 1인당 생산량도 불변이다. 이를 균제상태(E점)라고 한다.

㉡ 이 조건에서는 1인당 자본량의 변화율은 0이며 이에 따라 1인당 생산량의 변화율도 0이다.

4. 균제상태(균형상태)

(1) 의미

① 균제상태에서는 1인당 자본량과 1인당 생산량이 일정하게 유지된다.

② 그러나 매년 인구가 n의 비율로 증가하므로 경제 전체의 총생산량도 n의 비율로 증가한다.

③ 균제상태에서는 경제 성장률이 인구 증가율과 일치한다.

④ 실질이자율 일정

　㉠ 생산함수의 접선의 기울기로 측정되는 MP_K가 일정하게 유지되므로 실질이자율도 일정하게 유지된다.

　㉡ 자본시장이 완전경쟁이면 자본수익률인 실질이자율은 자본의 한계생산물과 같기 때문이다.

$$(r = MP_K \cdot P \; \blacktriangleright \; \frac{r}{P} = MP_K)$$

(2) 기본공식

① 1인당 자본량 증가율 = 자본 증가율 – 인구 증가율 $\blacktriangleright \; \dfrac{\triangle k}{k} = \dfrac{sf(k)}{k} - n$

② 균제상태에서는 1인당 자본량의 증가율이 0이므로 $\dfrac{sf(k)}{k} = n \; \blacktriangleright \; sf(k) = nk$이다.

(3) 감가상각이 있는 경우

① 감가상각은 1인당 자본량을 감소시키는 요인이므로 인구 증가율과 성격이 같다.

② 1인당 자본량의 변화로 표현하면 $\triangle k = sf(k) - (n+d)k$ $(d$는 감가상각률$)$

③ 균제상태에서는 1인당 자본량의 증가율이 0이므로 $\dfrac{sf(k)}{k} = n+d \; \blacktriangleright \; sf(k) = (n+d)k$이다.

5. 기술 진보율이 있는 경우의 균제상태

(1) 생산함수

① $Y = F(EL, K)$ ➡ $\dfrac{Y}{EL} = F(1, \dfrac{K}{EL})$ ➡ $y = f(k)$

② 기술 진보가 이루어지면 노동의 효율성이 높아진다.

③ 노동효율성이 높아지면 노동자 수가 증가하는 것과 마찬가지인 효과가 발생한다. 왜냐하면 기술개발로 인해 적은 노동자로 많은 자본(= 기계설비)을 다룰 수 있기 때문이다.

④ EL(Effective Labor)은 노동효율성(E)까지 감안한 노동자의 수를 의미하는데, 효율노동이라고 한다.

(2) 균제상태

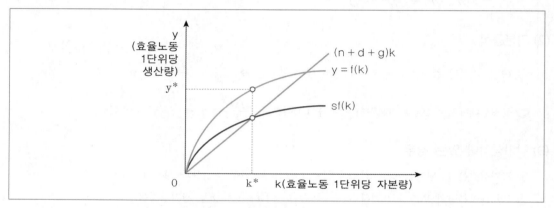

① 감가상각까지 있다고 가정하면 균제조건은 $sf(k) = (n+d+g)k$ (g는 기술 진보율)

② 효율단위로 나타낸 1인당 투자 $sf(k)$와 효율단위로 나타낸 1인당 필요투자액이 일치하는 점에서 결정된다.

(3) 기술 진보의 효과

① $y = \dfrac{Y}{EL}$ ➡ $\dfrac{Y}{L} = E \times y$: 균제상태에서 효율노동 1단위당 생산량이 변화하지 않더라도 E가 g의 비율로 증가하면 1인당 생산량 $\dfrac{Y}{L}$는 g의 비율로 증가한다.

② $k = \dfrac{K}{EL}$ ➡ $\dfrac{K}{L} = E \times k$: 균제상태에서 효율노동 1단위당 자본량이 변화하지 않더라도 E가 g의 비율로 증가하면 1인당 자본량 $\dfrac{K}{L}$는 g의 비율로 증가한다.

③ 인구 증가율이 n이고, 1인당 생산량이 g의 비율로 증가하므로 균제상태에서의 총생산량은 $(n+g)$의 비율로 증가한다.

④ 따라서, 기술 진보가 있는 경우 경제 성장률은 $(n+g)$, 1인당 경제 성장률은 g이다.

6. 경제성장 결정요인

(1) 인구 증가

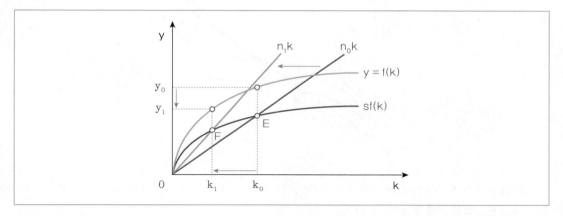

① 인구 증가율 상승($n_0 \to n_1$) → 1인당 필요투자액 상방이동($nk_0 \to nk_1$) → 균형점이동(E점 → F점) → 1인당 자본량 감소($k_0 \to k_1$), 1인당 산출량 감소($y_0 \to y_1$)

② 1인당 산출량은 감소하나 인구가 증가하므로 총생산량(Y)은 증가한다.

(2) 저축률 증가

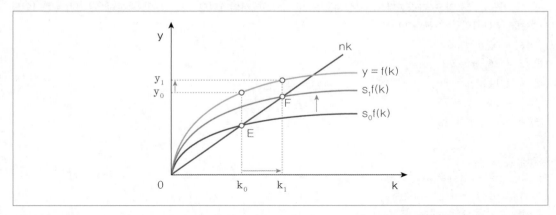

① 저축률 상승($s_0 \to s_1$) → 1인당 실제투자액 상방이동($s_0 f(k) \to s_1 f(k)$) → 균형점이동(E점 → F점) → 1인당 자본량 증가($k_0 \to k_1$) → 1인당 산출량 증가($y_0 \to y_1$)

② 1인당 산출량 증가율은 단기적으로는 증가하나 장기적으로는 균제상태에 도달하기 때문에 0이 된다.

③ 수준효과(level effect)만 있고 성장효과(growth effect)는 없다.

(3) 기술 진보

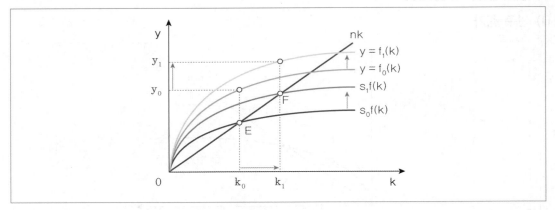

① 생산함수 $f(k)$ 상방이동 ➜ 저축함수 $sf(k)$ 상방이동 ➜ 저축과 투자가 증가 ➜ 1인당 자본량 증가(k_0 ➜ k_1) ➜ 1인당 산출량 증가(y_0 ➜ y_1)

② 지속적인 기술 진보에 의해서만 지속적인 경제성장(1인당 소득 증가)이 가능하다.

확인문제

솔로우(R. Solow)의 경제성장모형에서 1인당 생산함수는 $y = 6k^{0.5}$, 저축률은 20%, 자본의 감가상각률은 5%, 인구증가율은 5%라고 가정한다. 균제상태(steady state)에서의 1인당 생산량 및 자본량은? (단, y는 1인당 생산량, k는 1인당 자본량이다)

① $k = 6$, $y = 36$
② $k = 36$, $y = 72$
③ $k = 144$, $y = 36$
④ $k = 144$, $y = 72$
⑤ $k = 144$, $y = 100$

정답 및 해설

1) 균제조건 $s \cdot f(k) = (n+d+g)k$
2) $0.2 \times 6\sqrt{k} = (0.05 + 0.05)k$
3) $12\sqrt{k} = k$ ➜ $k = 144$
4) 이를 생산함수에 대입하면 $y = 6\sqrt{144}$ ➜ $y = 72$이다.

정답: ④

7. 자본축적의 황금률

(1) 의미

① 1인당 소비가 극대화되는 상태를 자본축적의 황금률이라 한다.

② 감가상각만 존재하는 경우 $f'(k) = n + d$에서 달성된다. ($f'(k) = MP_K$)

(2) 설명

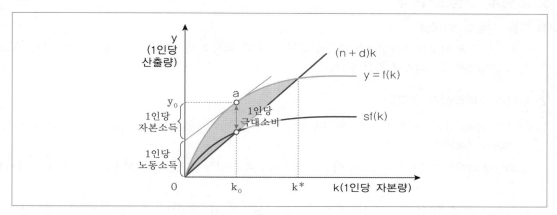

① 1인당 소비는 1인당 소득에서 저축을 뺀 나머지이므로 $C = f(k) - sf(k)$ = 1인당 생산량 – 1인당 실제투자액이다.

② 균제상태에서는 $sf(k) = (n + d)k$가 성립하므로 $C = f(k) - (n + d)k$ = 1인당 생산량 – 1인당 필요투자액이다.

③ 위 그래프에서 1인당 극대소비가 가능하기 위해서는 $f(k)$와 $(n + d)k$선의 거리가 가장 멀어야 하며 이때 1인당 자본량이 k_0임을 알 수 있다.

④ 즉, 생산함수 $y = f(k)$의 접선의 기울기인 자본의 한계생산물(MP_K)과 $(n + d)k$선이 평행할 때 1인당 소비가 가장 커진다. 그러기 위해서는 반드시 a점을 통과해야 한다.

⑤ 따라서 $f'(k) = n + d$가 성립한다. ($f'(k) = MP_K$)

⑥ 기술 진보까지 고려한 경우의 황금률은 $f'(k) = n + d + g$가 성립한다. ($f'(k) = MP_K$)

(3) 황금률에서의 상황

① 1인당 소비가 극대화된다.

② 노동소득 = 소비이다.

③ 자본소득 = 저축 = 투자이다.

④ 저축률 = 자본소득분배율이다.

(4) 황금률과 거시경제정책

① 실제저축률이 황금률보다 높으면 자본이 과다축적된다. 이때 저축률을 낮추면 현재세대와 미래세대의 소비가 모두 증가하므로 파레토 개선이 이루어진다.

② 반면 실제저축률이 황금률 수준보다 낮으면 자본이 과소축적된다. 이때 저축률을 높이면 현재세대의 소비는 감소하나 미래세대의 소비는 증가하므로 세대 간 소득재분배 문제가 발생한다.

8. 솔로우 모형의 한계

(1) 기술 진보의 외생성

지속적인 기술 진보가 경제성장의 주요인이라는 결론만 제시할 뿐 지속적인 기술 진보의 요인을 모형 안(내생적)에서 설명하지 못하고 있다.

(2) 수렴가설(따라잡기 효과)

① 수확체감의 법칙으로 인하여 자본이 풍부한 국가는 자본의 한계생산성이 낮은 반면 자본이 적은 국가는 자본의 한계생산성이 높다.

② 가난한 나라의 자본축적의 속도가 빠르게 되어 결국 두 나라는 균제상태에서의 1인당 산출량이 수렴하게 된다.

③ 수렴가설과는 반대로 지속적으로 확대되는 국가별 소득격차를 설명하지 못하는 문제점을 갖고 있다.

확인문제

인구 증가와 기술 진보가 없는 솔로우(Solow) 경제성장모형에서 1인당 생산함수는 $y = 2k^{0.6}$, 자본의 감가상각률은 0.2일 때, 황금률(Golden rule)을 달성하게 하는 저축률은? (단, y는 1인당 생산량, k는 자본량이다)

① 0.1   ② 0.2   ③ 0.4   ④ 0.6   ⑤ 0.8

정답 및 해설

1) 황금률을 달성하는 저축률은 자본에 붙어있는 지수이다.
2) 문제의 주어진 1인당 생산함수를 총생산함수로 변형하면 $y = 2k^{0.6}$ ➡ $Y = 2L^{0.4}K^{0.6}$이다.
3) 따라서 황금률을 달성하는 저축률은 0.6이다.

정답: ④

9. 성장회계(growth accounting)

(1) 의미

노동과 자본 등 각 요소가 경제성장에 기여하는 상대적 크기를 비교함으로써 경제성장에서 어떤 요인이 특히 중요한 역할을 하는지 살펴보는 것이다.

(2) 가정

① 총체적 생산함수를 콥 - 더글라스(Cobb - Douglas) 함수로 가정한다.

② $Y = AL^{\alpha}K^{\beta}$ [A(기술계수) > 0, 0 < α, 0 < β]

(3) 경제 성장률

① 위의 함수를 변화율로 나타내면 $\dfrac{\Delta Y}{Y} = \dfrac{\Delta A}{A} + \alpha \dfrac{\Delta L}{L} + \beta \dfrac{\Delta K}{K}$ 이다.

② 한 나라의 경제성장은 기술 진보, 자본 증가, 노동 증가라는 세 부분의 합으로 구성된다.

③ 또한 α와 β는 각각 노동소득분배율과 자본소득분배율을 나타내는 계수로서 자본 증가와 노동 증가가 경제성장에 기여하는 비율을 의미한다.

(4) 총요소 생산성(TFP; Total Factor Productivity)

① 위의 식에서 $\dfrac{\Delta Y}{Y}$와 $\dfrac{\Delta L}{L}$, $\dfrac{\Delta K}{K}$는 모두 구체적으로 측정이 가능하지만 $\dfrac{\Delta A}{A}$로 표현되는 생산성 증가율은 경험적으로 측정하기 어렵다.

② 생산성 증가율로 표현되는 $\dfrac{\Delta A}{A}$에는 요소투입 이외에 경제성장에 기여하는 부분인 산업구조의 변화, 경제제도 및 문화, 사회관습 등이 모두 포함된다.

③ 일반적으로 성장회계는 경제 성장률에서 총요소(= 자본 + 노동)투입 성장률을 뺀 나머지 부분을 잔여항(residuals)이라 부르고, 이를 생산성 증가율 또는 총요소 생산성으로 해석한다.

④ 이를 공식으로 표현하면 $\dfrac{\Delta A}{A} = \dfrac{\Delta Y}{Y} - \alpha \dfrac{\Delta L}{L} - \beta \dfrac{\Delta K}{K}$ 이다.

⑤ 이러한 분석을 솔로우(Solow)가 최초로 제시하였기 때문에 솔로우 잔차(Solow residual)라고도 한다.

(5) 경제성장 요인의 변화

① 성장회계에서 경제성장의 요인은 크게 요소투입의 증가와 기술 진보로 나눌 수 있다.

② 그러나 요소투입의 증가는 한계가 있기 때문에 최근에는 경제성장의 중요한 요인으로 기술 진보의 정도를 나타내는 총요소 생산성이 강조되고 있다.

경제성장모형에서 갑국의 총생산함수가 $Q = AL^{0.6}K^{0.4}$일 때, 옳은 것은? (단, Q는 생산량, L은 노동량, K는 자본량, 시장은 완전경쟁시장이다)

> ㄱ. A는 총요소 생산성으로 기술과 연관되어 있으며 대체탄력성에 영향을 준다.
> ㄴ. 노동분배율은 자본분배율보다 크다.
> ㄷ. 노동량, 자본량 및 총요소 생산성이 각각 10%씩 증가하면 생산량은 20% 증가한다.
> ㄹ. 자본량이 늘어날수록 수확불변의 법칙이 성립한다.

① ㄱ, ㄴ   ② ㄱ, ㄷ   ③ ㄴ, ㄷ   ④ ㄴ, ㄹ

정답 및 해설

ㄴ. 콥 - 더글러스 생산함수 형태이고, 노동분배율 0.6, 자본분배율 0.4이므로 노동분배율은 자본분배율보다 크다.
ㄷ. 총생산량의 증가율 = 총요소 생산성 증가율 + (0.75 × 노동량 증가율) + (0.25 × 자본량 증가율)이므로 노동량, 자본량 및 총요소 생산성이 각각 10%씩 증가하면 생산량은 20% 증가한다.

[오답체크]
ㄱ. A는 기술수준을 의미하는 총요소 생산성이다. 다만 콥 - 더글러스 생산함수의 대체탄력성은 1이다.
ㄹ. 콥 - 더글러스 생산함수 형태이므로 총생산함수는 규모에 대한 수익 불변이고 수확체감의 법칙이 성립한다.

정답: ③

핵심 Check: 내생적 성장이론(= 신성장이론)

내성적 성장이론	AK 모형, R&D 모형, 인적 자본모형
AK 모형	자본은 물적 자본과 인적 자본이 모두 포함되어 수확체감의 법칙이 성립하지 않아 저축만으로도 지속적 경제성장 가능
R&D 모형	수확체감의 법칙 성립, 연구개발로 극복
인적 자본모형	인적 자본은 경합성과 배제성이 있으며 수확체감의 법칙이 성립하지 않을 수 있음

1. 솔로우이론의 비판과 내생적 성장이론의 개념

(1) 솔로우 모형의 특징과 문제점

① 수렴가설의 비현실성

　㉠ 솔로우 모형에 따르면 각국별로 인구 증가율, 저축률 및 생산기술이 같고 1인당 자본량만 다를 경우 앞의 조정과정을 통해 1인당 자본량과 1인당 국민소득이 같아진다.

　㉡ 그러나 나라 간 소득격차는 확대되고 있는 것이 현실이다.

② 내생적 요인 분석 미흡

　㉠ 솔로우 모형에서 경제 성장률은 궁극적으로 노동 증가율(= 인구 증가율 = 기술 진보율)에 의해 결정된다.

　㉡ 그런데 인구 증가율은 외생적으로 결정되며 기술 진보 또한 구체적인 분석이 없이 외생적 요인으로 취급하고 있다.

　㉢ 이처럼 솔로우 모형은 경제 성장률에 영향을 미치는 내생적 요인에 대한 분석이 미흡하다.

(2) 내생적 성장이론(endogenous growth theory) (P. Romer, R. Lucas)

① 기술 진보는 물적 자본축적, 인적 자본에 대한 투자, 연구·개발(R & D)투자 등 내생적 요인에 의해 결정된다.

② 연구개발 모형(R&D 모형)은 기술 진보가 내생적·지속적으로 유도되는 모형이다.

③ AK 모형이나 인적 자본모형과 같이 인적 자본이나 지식자본을 포함시켜 자본의 한계생산성이 체감하지 않는 것을 보는 방법이나, 축적된 실물자본이 외부성을 갖는 것으로 가정하는 모형 등이 있다.

2. AK 모형

(1) AK 모형의 개념

① AK 모형에서는 생산함수를 Y = AK로 하여 수확체감의 법칙이 적용되지 않는 것으로 가정한다.

② 이 모형에서의 K는 물적 자본, 인적 자본까지 포함하는 자본재로 가정한다.

③ 수확체감의 법칙이 존재하지 않으므로 1인당 자본량만 증가하더라도 경제는 지속적으로 성장이 가능해진다.

(2) AK 모형의 성장률

① 생산함수: $Y = AK$ (자본에 대한 수확이 일정) → 1인당 생산함수로 변형하면 $y = ak$이다.

② 총자본 증가분: $\triangle K = sAK - (n+d)K$ (s는 저축률, n은 인구 증가율, d는 감가상각률)

③ 총자본 증가율: $\dfrac{\triangle K}{K} = sA - (n+d)$

④ 저축률이 성장률을 결정하는 중요한 요소: $sA > (n+d)$이면 외생적 기술 진보를 가정하지 않고도 해당 경제의 소득은 지속적으로 성장한다.

⑤ 정부정책의 방향: 저축률을 증가시키는 정부정책은 지속적인 경제성장을 가져올 수 있는 것이다.

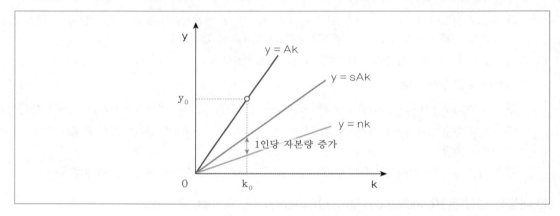

3. 연구개발 모형(R&D 모형)

(1) 연구개발 모형의 의미

지식과 기술을 생산하는 부문을 명시적으로 모형에 포함시켜 기술 진보의 요인을 내생화하여 경제성장을 설명하는 이론이다.

(2) 솔로우 모형과의 공통점과 차이점

① 공통점: 수확체감의 법칙을 따른다.

② 차이점: R&D 모형은 기술 진보를 내생화한다.

(3) 설명

① 생산함수를 $y = A(L, K)f(k)$라 하자.

② 재화생산부문의 생산함수 $y = Af(k)$가 수확체감의 법칙을 따르더라도 모형에서 내생적으로 결정되는 기술수준이 지속적으로 상승하면 지속적인 경제성장을 도출할 수 있다.

③ 연구인력의 생산성이 높을수록, 기존 지식스톡의 연구창출효과가 클수록, 연구인력의 증가율이 높을수록 경제 성장률이 높아진다고 주장한다.

4. 인적 자본모형

(1) 의미

사회가 보유한 인적 자본의 크기에 의해 경제성장이 영향을 받는다는 것을 보여주는 이론이다.

(2) 인적 자본의 특징

① 교육이나 기능훈련 등으로 습득되어 인간에 체화(embodied)되는 자본인 인적 자본은 일반적으로 배제가능성뿐만 아니라 경합성을 가지고 있다.

② 인적 자본과 물적 자본이 결합하여 생산성이 높아지면 자본의 수확체감 현상이 발생하지 않을 수 있으며 이를 통해 지속적인 경제성장이 가능해진다.

(3) 인적 자본모형의 유용성

① 인적 자본과 실물자본이 갖는 경합성과 배제성 때문에 각국 간에 존재하는 광범위하고 지속적인 성장률 격차를 설명하기에도 유용하다.

② 인적 자본모형에서는 인적 자본투자, 즉 교육과 지식자본축적에 영향을 미치는 정부정책이 경제성장에서 갖는 중요성을 강조한다.

경제성장모형인 Y = AK 모형에서 A는 2이고 저축률은 s, 감가상각률은 δ일 때 이에 관한 설명으로 옳은 것은? (단, Y는 생산량, K는 자본량, 0 < s < 1, 0 < δ < 1이다)

ㄱ. 자본의 한계생산은 체감한다.

ㄴ. δ = 0.2이고 s = 0.5이면 경제는 지속적으로 성장한다.

ㄷ. 감가상각률이 자본의 한계생산과 동일하면 경제는 지속적으로 성장한다.

ㄹ. 자본의 한계생산은 평균생산과 동일하다.

① ㄱ, ㄴ   ② ㄱ, ㄷ   ③ ㄴ, ㄷ   ④ ㄴ, ㄹ

정답 및 해설

ㄴ. δ = 0.20이고 s = 0.50이면 경제는 지속적으로 성장한다. 1인당 자본량이 지속적으로 증가하므로 경제는 지속적으로 성장한다.

ㄹ. 자본의 한계생산과 평균생산은 모두 0.50이다.

[오답체크]

ㄱ. 자본의 한계생산은 불변이다.

ㄷ. 감가상각률이 자본의 한계생산과 동일하면 경제는 유지된다.

정답: ④

핵심 Check: 경제발전

경제발전	경제성장은 양적 진보, 경제발전은 양과 질 모두 진보
균형 성장전략	고른 투자를 통한 국내시장 확대 초점
불균형 성장전략	전, 후방 연관효과를 이용한 집중 투자를 통한 성장

1. 성장과 발전

(1) 경제성장

경제성장은 생산요소 부존량의 증대, 기술 진보 등 생산력 제고에 의한 경제의 양적 증대현상이다.

(2) 경제발전

경제발전은 후진국의 생산능력 제고를 위한 사회·경제적 구조변화 등 경제의 질적인 향상이다. 따라서 후진국 발전전략에 관한 분석이 초점이 된다.

2. 경제발전 단계설

(1) 로스토우(W. Rostow): 경제발전 과정을 중심으로 분석

전통사회단계 ➡ 도약준비단계 ➡ 도약(take - off stage)단계 ➡ 성숙단계 ➡ 대중적 소비단계로 이행한다.

(2) 호프만(W. Hoffman): 공업화 단계를 중심으로 실증분석(공업구조이행과정)

소비재산업이 압도적인 단계 ➡ 생산재산업 비중이 커지는 단계 ➡ 소비재산업과 생산재산업의 비중이 같아지는 단계로 이행한다.

(3) 클라크(C. Clark): 19C 이후 각국의 산업구조 및 소비구조이행과정을 분석

경제발전 과정은 1차산업 ➡ 2차산업 ➡ 3차산업으로 이행한다.

3. 균형 성장전략(R. Nurkse)

(1) 문제의식

① 후진국은 작은 시장에 따른 빈곤의 악순환(vicious circle of poverty)에 있다.

② 수요측 문제는 저생산, 저소득, 작은 시장, 낮은 자본수요, 저생산이다.

③ 공급측 문제는 저생산, 저소득, 저저축, 낮은 자본축적, 저생산이다.

(2) 발전전략

① 국내시장을 확대하고 수요중시전략(상호보완수요효과)을 사용한다.

② 모든 산업에 고르게 투자하여 각 산업제품을 연쇄구매하도록 하여 국내시장을 확대한다.

③ 국내시장 각 부문의 고른 성장을 통해 상호보완적 수요를 창출한다.

4. 불균형 성장전략(A. Hirschman)

(1) 문제의식

후진국은 자본축적이 빈약하므로 산업이 발전하기 어렵다.

(2) 발전전략

① 집중 투자하고 공급중시전략(상호보완공급효과)을 사용한다.

② 후진국은 자본이 빈약하므로 후방연관효과가 큰 산업(공업부문)에 우선 투자하여 상호보완적 공급을 창출한다.

③ 투자부문 생산물의 판로확보, 산업 및 지역 간 불균형, 근대적 부문과 전근대적 부문이 동시에 존재하는 2중 경제(dual economy) 등의 문제가 발생한다.

(3) 전·후방연관효과

① 전방연관효과(forward linkage effect): 한 산업이 발전할 때 그 산업제품을 중간재로 사용하는 산업이 발전 **예** 철강산업과 자동차산업

② 후방연관효과(backward linkage effect): 한 산업이 발전할 때 그 산업에서 사용하는 중간재를 생산하는 산업이 발전 **예** 자동차산업과 철강산업

5. 공업화 전략

(1) 의미
후진국이 경제발전을 위해 선택하는 국제무역과 관련된 정책을 공업화 전략이라 하고, 수입대체형 전략과 수출주도형 전략으로 구분된다.

(2) 수입대체형 전략
① 의미: 국내시장을 중심으로, 수입에 의존하던 공산품을 국내산업의 육성을 통하여 대체하는 공업화 전략이다.

② 수단: 주로 보호무역장벽을 설치하고, 수입되는 재화를 국내에서 생산할 수 있도록 유도하는 전략을 사용한다.

③ 장·단점: 초기단계에서 육성이 용이하고 경제의 자립도를 제고할 수 있으나 국내산업구조의 독과점화 가능성이 있고 규모의 경제에 따른 이득을 얻기 어렵다.

(3) 수출주도형 전략
① 의미: 외자와 해외시장을 중심으로 해외시장으로 공업을 육성시키는 공업화 전략이다.

② 수단: 수출주도형 전략·비교우위산업을 적극 육성하여 수출할 수 있도록 하는 전략을 주로 사용한다.

③ 장·단점: 규모의 경제에 따른 이득을 얻기 용이하고 국내기업의 효율성을 제고할 수 있으나 초기단계에서 육성이 어렵고 경제의 자립도가 저하될 수 있다.

6. 외자도입

(1) 필요성
후진국에서 외자도입이 필요한 이유는 경제개발에 필요한 내자의 부족을 보충하려는 데 있다. 또한 경상계정에서의 적자를 자본계정에서 메우는 경우, 외자도입이 필요하다.

(2) 장·단점
외자도입은 자본스톡이 증가하고 국민소득과 고용의 증가 등 장점이 있으나, 외자를 공여한 국가에 대한 의존도가 높아지는 등의 단점이 있다.

기출동형문제

공기업 경제학 전공 시험에 출제될 가능성이 높은 다양한 유형의 문제를 풀어보며 실전 감각을 높여보세요!

01 경기흐름을 판단하는 주요 지표의 하나인 기업경기실사지수에 대한 다음의 설명 중 옳지 않은 것은?

> \<보기\>
> ㄱ. 0에서 200까지 값을 가진다.
> ㄴ. 지수가 92에서 99로 증가하였다면 경기를 낙관적으로 보고 있는 사람이 더 많다는 것이다.
> ㄷ. 주관적 요소보다는 객관적 지표를 이용해 경기를 진단하는 방법이다.
> ㄹ. {(긍정적 응답 - 부정적 응답)/전체 응답} × 100 + 100으로 구한다.

① ㄱ, ㄴ   ② ㄱ, ㄹ   ③ ㄴ, ㄷ
④ ㄴ, ㄹ   ⑤ ㄷ, ㄹ

02 다음 경제지표 중 우리나라 경기선행지수에 포함되지 않는 것은?

① 주가지수   ② 제조업 경기전망지수   ③ 수출입 물가비율
④ 장·단기 금리차   ⑤ 광공업 생산지수

03 실물적 경기변동이론의 내용으로 옳은 것을 \<보기\>에서 모두 고르면?

> \<보기\>
> ㄱ. 예상하지 못한 통화량 변화에 의해 경기변동이 발생한다.
> ㄴ. 경기변동의 요인은 LM곡선에 영향을 미치는 충격을 의미한다.
> ㄷ. 지진, 화산폭발과 같은 자연재해는 경기변동의 원인이 될 수 있다.
> ㄹ. 기술혁신으로 경기변동이 발생한다.

① ㄱ, ㄴ   ② ㄱ, ㄹ   ③ ㄴ, ㄷ
④ ㄴ, ㄹ   ⑤ ㄷ, ㄹ

04 솔로우 성장모형에 대한 설명으로 옳지 않은 것은?

① 인구 증가를 고려할 경우, 국가별 1인당 GDP가 다름을 설명할 수 있다.

② 지속적인 기술진보는 1인당 GDP의 지속적인 성장을 설명할 수 있다.

③ 저축률은 1인당 자본량을 증가시키므로 항상 저축률이 높을수록 좋다.

④ 자본량이 황금률 안정상태보다 큰 경우 저축을 감소시키면 소비가 증가한다.

정답 및 해설

01 ③ 기업경기실사지수(BSI; Business Survey Index)란 경기 동향에 대한 기업가들의 판단이나 예측을 통해 경기 흐름을 파악하는 지표다. 따라서 주관적 지표로 0 ~ 200까지의 값을 가지며 100을 넘으면 경기를 긍정적으로 보는 업체가 많고, 100 미만이면 경기를 부정적으로 보는 업체가 많다는 의미이다.

ㄴ. 아직 100을 넘지 못했으므로 부정적 응답이 더 많다.

ㄷ. 설문조사라는 주관적인 방법을 이용하는 것이다.

02 ⑤ 경기선행지수는 3 ~ 6개월 후의 경기 흐름을 가늠하는 지표로 지수가 전월보다 올라가면 경기 상승, 내려가면 경기 하강을 의미하며, 제조업 경기전망지수와 재고순환지표, 장·단기 금리차, 수출입 물가비율, 자본재 재고지수, 주가지수 등이 해당한다. 광공업 생산지수는 현재 경기 상황을 보여주는 경기동행지수를 산출할 때 사용하는 지표다.

03 ⑤ 실물적 경기변동이론은 자연재해, 기술혁신 등과 같은 실물적 충격이 경기변동에 영향을 준다고 본다.

[오답체크]

ㄱ. 통화량의 변화는 화폐적 경기변동의 원인이 될 수 있다.

ㄴ. LM곡선에 영향을 미치는 충격은 통화량의 변동이므로 화폐적 경기변동의 원인으로 본다.

04 ③ 솔로우 모형에서는 저축률이 높을수록 1인당 자본량 및 1인당 소득이 증가한다. 그러나 저축률이 황금률의 균제상태보다 높다면 저축을 감소시켜야 1인당 소비가 증가한다. 따라서 저축률이 높은 것이 반드시 좋다고 볼 수 없다.

05 다음은 갑 ~ 병 국의 경기 안정을 위한 정책이다. 이에 대한 설명으로 옳은 것은?

> <보기>
> • 갑 국 중앙은행은 재할인율을 인하하였다.
> • 을 국 중앙은행은 공개시장에서 국채의 매각을 늘렸다.
> • 병 국 정부는 소득세율과 법인세율을 인하하였다.

① 갑 국에서는 긴축 통화정책을 실시하였다.
② 을 국에서는 통화량을 증가시키는 정책을 실시하였다.
③ 병 국에서는 경기과열에 대처하기 위한 정책을 실시하였다.
④ 을 국과 달리 갑 국에서는 이자율이 하락하는 정책을 실시하였다.
⑤ 갑 국과 달리 병 국에서는 물가 상승을 유발할 수 있는 정책을 실시하였다.

06 다음 중 내생적 성장이론에 대한 설명으로 옳은 것을 <보기>에서 모두 고른 것은?

> <보기>
> ㄱ. 내생변수로는 교육투자, 기술진보 등이 있다.
> ㄴ. 저축률이 높아지면 경제성장률이 높아진다.
> ㄷ. 정부지출 증가는 경제성장을 촉진한다.
> ㄹ. 경제성장을 위한 정부의 개입은 바람직하지 않다.

① ㄱ, ㄴ   ② ㄱ, ㄹ   ③ ㄴ, ㄷ
④ ㄴ, ㄹ   ⑤ ㄷ, ㄹ

07 다음 중 실물적 경기변동이론에 대한 설명으로 옳은 것을 <보기>에서 모두 고른 것은?

> <보기>
> ㄱ. 비자발적 실업이 존재해야 경기가 변동할 수 있다.
> ㄴ. 정책결정자들은 경기 안정화를 위해 재량적 정책 개입을 추구한다.
> ㄷ. 경기 침체나 성장주기를 외생변수의 변화에 대한 반응으로 본다.
> ㄹ. 노동시장에서도 시장청산이 이루어지므로 실업은 자발적이라고 본다.

① ㄱ, ㄴ   ② ㄱ, ㄹ   ③ ㄴ, ㄷ
④ ㄴ, ㄹ   ⑤ ㄷ, ㄹ

08 솔로우의 성장모형에 대한 설명으로 옳은 것만을 <보기>에서 모두 고른 것은?

<보기>
ㄱ. 생산요소 간의 비대체성을 전제로 한다.
ㄴ. 기술진보는 균형성장경로의 변화 요인이다.
ㄷ. 저축률 변화는 1인당 자본량의 변화 요인이다.
ㄹ. 인구증가율이 상승할 경우 새로운 정상상태(Steady state)의 1인당 산출량은 증가한다.

① ㄱ, ㄴ

② ㄴ, ㄷ

③ ㄷ, ㄹ

④ ㄱ, ㄹ

정답 및 해설

05 ④ 갑 국 중앙은행은 재할인율 인하를 통한 확대 통화정책, 을 국 중앙은행은 국채 매각을 통한 긴축 통화정책, 병 국 정부는 세율 인하를 통한 확대 재정정책을 실시하였다.

[오답체크]
③ 세율 인하는 경기를 부양하기 위한 정책이다.
⑤ 갑 국과 병 국 모두 물가 상승을 유발할 수 있는 정책을 실시하였다.

06 ① 내생적 성장이론은 기술발전 등의 내생적 요인에 의해 한계생산이 체감하지 않는다고 보며, AK 모형에서는 자본의 수확체감이 발생하지 않기 때문에 저축이 증가하면 지속적으로 경제성장률이 높아진다고 본다.

[오답체크]
ㄷ. 내생적 성장이론은 총공급을 중시하는데 정부지출은 총수요 관리정책이다.
ㄹ. 내생적 성장이론에서는 기술개발에 대한 지원, 교육투자 등 정부의 역할이 중요하다. 따라서 정부 개입이 바람직하지 않다고 볼 수 없다.

07 ⑤ 실물적 경기변동을 주장하는 학자들은 경기변동은 외부적인 충격에 대한 가계와 기업의 최적화 행동의 결과로 나타나는 현상이므로 경기진폭을 줄이기 위한 정책당국의 개입은 바람직하지 않다고 주장한다.

[오답체크]
ㄱ. 비자발적 실업이 존재하지 않아도 경기가 변동할 수 있다고 본다.
ㄴ. 정책결정자들은 재량적 정책 개입을 최소화해야 한다고 본다.

08 ② 솔로우의 성장모형에서 기술진보는 균형성장경로의 변화 요인이며, 저축률 변화는 1인당 자본량의 변화 요인이다.

[오답체크]
ㄱ. 솔로우의 성장모형은 생산요소 간 대체가 가능한 콥 - 더글러스 생산함수를 가정한다.
ㄹ. 인구증가율이 높아지면 1인당 자본량이 감소하므로 새로운 정상상태에서의 1인당 산출량은 감소한다.

09 내생적 성장이론에 대한 설명으로 옳은 것을 <보기>에서 모두 고른 것은?

<보기>
ㄱ. 기술진보 없이는 성장할 수 없다.
ㄴ. 자본의 한계생산성 체감을 가정한다.
ㄷ. 경제개방, 정부의 경제발전정책 등의 요인을 고려한다.
ㄹ. AK 모형의 K는 물적자본과 인적자본을 모두 포함한다.

① ㄱ, ㄴ　　　　　　　　　　　　② ㄱ, ㄹ
③ ㄴ, ㄷ　　　　　　　　　　　　④ ㄷ, ㄹ

10 솔로우 성장모형에 대한 설명으로 옳은 것을 <보기>에서 모두 고른 것은?

<보기>
ㄱ. 인구증가율이 낮아지면 균제상태(Steady state)에서의 1인당 국민소득은 증가한다.
ㄴ. 자본의 감가상각률이 높아지면 균제상태에서의 1인당 국민소득의 증가율은 감소한다.
ㄷ. 지속적인 경제성장은 지속적 기술진보에 의해 가능하다.
ㄹ. 기술진보는 경제 내에서 내생적으로 결정된다.

① ㄱ, ㄴ　　　　　　　② ㄱ, ㄷ　　　　　　　③ ㄴ, ㄷ
④ ㄴ, ㄹ　　　　　　　⑤ ㄷ, ㄹ

11 황금률의 균제상태를 A, 이보다 적은 자본을 갖고 있는 균제상태를 B라고 할 때, B에서 A로 가기 위해 저축률을 높일 경우 나타나는 변화에 대한 설명으로 옳지 않은 것은?

① 저축률을 높인 직후의 소비수준은 B에서의 소비수준보다 낮다.
② B에서 A로 가는 과정에서 자본량과 투자는 증가한다.
③ A에 도달했을 때의 소비수준은 B에서의 소비수준보다 낮다.
④ 미래세대보다 현재세대를 중시하는 정책당국은 B에서 A로 가는 정책을 추구하지 않을 수 있다.

12 솔로우의 경제성장모형하에서 A 국의 생산함수는 Y = $10\sqrt{LK}$, 저축률은 30%, 자본 감가상각률은 연 5%, 인구증가율은 연 1%, 2024년 초 A 국의 1인당 자본량은 100일 경우, 2024년 한 해 동안 A 국의 1인당 자본의 증가량은? (단, L은 노동, K는 자본을 나타낸다)

① 24   ② 25

③ 26   ④ 27

정답 및 해설

09 ④   내생적 성장이론에서는 경제개방, 정부의 경제발전정책 등의 요인을 고려하며 AK의 K는 물적자본과 인적자본을 모두 포함하는 개념이다.

[오답체크]

ㄱ. AK 모형에서의 경제성장률은 sA이므로 저축률(s)이 상승하면 경제성장률이 높아진다. 즉, 기술진보가 이루어지지 않더라도 저축률이 높아지면 경제성장이 이루어질 수 있다.

ㄴ. 내생적 성장이론의 대표적인 모형의 하나인 AK 모형에서는 생산함수가 Y = AK이므로 자본투입량이 증가하면 생산량이 비례적으로 증가한다. 즉, 자본에 대한 수확체감이 나타나지 않는다.

10 ②   인구증가율이 낮아지면 균제상태에서의 1인당 국민소득은 증가하며, 지속적인 경제성장은 지속적 기술진보에 의해 가능하다.

[오답체크]

ㄴ. 감가상각률이 높아지면 1인당 자본량이 감소하므로 1인당 소득이 감소하나 새로운 균제상태에서는 또다시 1인당 소득이 일정하게 유지되므로 최초의 균제상태에서와 마찬가지로 1인당 국민소득 증가율은 0으로 유지된다.

ㄹ. 기술진보는 외생변수로 가정한다.

11 ③   황금률보다 적은 자본량을 갖고 있는 B에서 황금률의 자본량에 해당하는 A로 이동하기 위해 저축률을 높이면 현재세대의 1인당 소비는 감소하지만 장기에는 증가한다. 따라서 정책당국이 미래세대보다 현재세대를 중시한다면 저축률을 높이는 정책을 시행하지 않을 수도 있다.

12 ①   1인당 생산함수가 $y = 10\sqrt{k}$이므로 솔로우 경제성장모형에 저축률 s = 0.3, 인구증가율 n = 0.01, 감가상각률 d = 0.05, 2024년 초 1인당 자본량 k = 100을 대입하면 2024년 한 해 동안 A 국의 1인당 자본의 증가량은 $\triangle k = sf(k) - (n+d)k = (0.3 \times 10\sqrt{100}) - (0.01 + 0.05) \times 100 = 24$이다.

13 다음 중 경기변동 및 집계변수들 사이의 관계에 대한 용어의 설명으로 옳은 것은?

① 잠재총생산과 실제총생산의 차이로부터 정의되는 총생산 갭과 경기적 실업 사이의 역의 관계는 피셔 방정식으로 서술된다.

② 인플레이션율이 높은 시기에는 예상 인플레이션율이 높아져 명목이자율도 높아지고, 인플레이션율이 낮은 시기에는 예상 인플레이션율이 낮아져 명목이자율이 낮아진다는 관계를 나타낸 것은 필립스곡선 이다.

③ 통화량의 변동이 실물변수들에는 영향을 주지 못하고 명목변수만을 비례적으로 변화시킬 때 화폐의 중립성이 성립한다고 말한다.

④ 동일한 화폐금액이 어느 나라에 가든지 동일한 크기의 구매력을 가지도록 환율이 결정된다는 이론을 자동안정화장치라고 부른다.

14 솔로우 성장모형을 따르는 A 국은 최근 발생한 지진과 해일로 인해 자본스톡의 10%가 파괴되었다. A 국은 천재지변이 발생하기 전 정상상태(Steady state)에 있었으며 인구증가율, 저축률, 감가상각률 등 경제 전반의 펀더멘털(Fundamentals)은 바뀌지 않았을 때, 향후 A 국에 발생할 것으로 예상되는 현상에 대한 설명으로 옳은 것은? (단, A 국의 외생적 기술진보율은 0이라고 가정한다)

① 지진과 해일이 발생하기 이전과 같은 정상상태로 향할 것이다.

② 지진과 해일이 발생하기 이전보다 높은 정상상태로 향할 것이다.

③ 지진과 해일이 발생하기 이전보다 낮은 정상상태로 향할 것이다.

④ 아무런 변화도 나타나지 않을 것이다.

15 다음 표는 생산함수가 $y = z\sqrt{k}\sqrt{h}$ 로 동일한 두 국가(A 국과 B 국)의 1인당 GDP(y), 1인당 물적자본스톡(k), 1인당 인적자본스톡(h)을 나타내고 있다. B 국의 1인당 GDP가 A 국의 1인당 GDP의 2.4배라고 할 때, B 국의 생산성은 A 국 생산성의 몇 배인가? (단, z는 생산성을 나타낸다)

구분	A국	B국
1인당 GDP(y)	100	( )
1인당 물적자본스톡(k)	100	100
1인당 인적자본스톡(h)	25	64

① 1.2

② 1.5

③ 2.0

④ 2.4

정답 및 해설

13 ③ 통화량의 변동이 실물변수에는 영향을 주지 못하고 명목변수만을 비례적으로 변화시킬 때 화폐의 중립성이 성립한다고 말한다. 반면 화폐부문이 실물부문에 영향을 주는 것을 화폐의 환상이라고 한다.

[오답체크]

① GDP 갭과 경기적 실업 사이의 관계를 나타내 주는 것은 오쿤의 법칙이다.

② 예상 인플레이션율이 높을수록 명목이자율도 높아지는 것을 보여주는 것은 피셔효과이다.

④ 동일한 화폐금액이 어느 나라에 가든지 동일한 구매력을 가지도록 환율이 결정됨을 설명하는 것은 구매력평가설이다.

14 ① 정상상태에 있던 경제에 지진과 해일로 인해 자본스톡이 파괴되면 1인당 자본량이 감소하며, 자본량이 감소한 경우 1인당 실제투자액($sf(k)$)이 1인당 필요투자액($(n+d)k$)보다 크므로 점차 1인당 자본량이 증가한다. 따라서 경제 전반의 변화가 없다면 장기에는 지진과 해일이 발생하기 이전의 정상상태로 복귀하게 된다.

15 ② A 국의 생산함수에 $k = 100$, $h = 25$, $y = 100$을 대입하면 $100 = z\sqrt{100}\sqrt{25}$, $50z = 100$, $z = 2$이다.

B 국의 1인당 GDP가 A 국의 1인당 GDP의 2.4배이므로 B 국 생산함수에 $k = 100$, $h = 64$, $y = 240$을 대입하면 $240 = z\sqrt{100}\sqrt{64}$, $80z = 240$, $z = 3$이다.

따라서 A 국의 생산성이 2, B 국의 생산성이 3이므로 B 국의 생산성은 A 국 생산성의 1.5배이다.

16 A 국의 1인당 GDP(y), 1인당 물적자본스톡(k), 1인당 인적자본스톡(h)의 연평균 증가율은 각각 1.54%, 0.84%, 0.63%이며, 총생산함수는 $y = zk^a h^{1-a}$이다. 이 경우 A 국의 총요소생산성의 연평균 증가율은? (단, z는 총요소생산성이며, $\alpha = \frac{1}{3}$이다)

① 0.07%   ② 0.70%

③ 0.84%   ④ 1.09%

17 경기변동과 관련된 설명으로 옳은 것을 <보기>에서 모두 고르면?

<보기>
ㄱ. 투자와 실업은 일반적으로 경기순응적이다.
ㄴ. 경기순환의 국면은 경기의 정점 또는 저점이 발생하는 시점을 의미한다.
ㄷ. 성장, 물가, 국제수지 등 세 가지 거시경제 운용목표는 상충관계를 보이기도 한다.
ㄹ. 글로벌 금융위기 이후 추진된 규제개혁의 주요 과제는 경기순응성을 강화하는 것이었다.

① ㄱ, ㄴ   ② ㄱ, ㄷ   ③ ㄴ, ㄷ
④ ㄴ, ㄹ   ⑤ ㄷ, ㄹ

18 경제성장에 대한 설명으로 옳은 것을 <보기>에서 모두 고르면?

<보기>
ㄱ. 솔로우 성장모형에서는 1인당 소득이 낮은 나라일수록 경제가 빠르게 성장한다.
ㄴ. 내생적 성장모형은 후진국과 선진국의 격차가 줄어들지 않는 것을 설명하는 이론이다.
ㄷ. 솔로우 성장모형에서는 저축률이 높아지면 균제상태의 성장률이 높아진다.
ㄹ. 해로드 - 도마 모형은 자본과 노동 간 완전보완관계를 전제한다.

① ㄱ, ㄴ   ② ㄱ, ㄷ   ③ ㄴ, ㄷ
④ ㄱ, ㄴ, ㄹ   ⑤ ㄴ, ㄷ, ㄹ

19 내생적 성장이론에 대한 다음 설명 중 가장 옳지 않은 것은?

① R&D 모형에서 기술진보는 지식의 축적을 의미하며, 지식은 비경합성과 비배제성을 갖는다고 본다.

② R&D 모형과 솔로우 모형은 한계수확체감의 법칙과 경제성장의 원동력으로서의 기술진보를 인정한다는 점에서는 동일하다.

③ 솔로우 모형과 달리 AK 모형에서의 저축률 변화는 균제상태에서 수준효과뿐만 아니라 성장효과도 갖게 된다.

④ AK 모형에서 인적자본은 경합성과 배제가능성을 모두 가지고 있다.

정답 및 해설

16 ③ 위의 수식을 증가율 형태로 변형한 후 계산하면

$$\frac{\Delta y}{y} = \frac{\Delta z}{z} + \frac{1}{3} \times \frac{\Delta k}{k} + \frac{2}{3} \times \frac{\Delta h}{h}, \quad 1.54 = \frac{\Delta z}{z} + \left(\frac{1}{3} \times 0.84\right) + \left(\frac{2}{3} \times 0.63\right), \quad \frac{\Delta z}{z} = 0.84\%\text{이다.}$$

17 ③ ㄴ. 경기순환은 정점 - 정점 혹은 저점 - 저점이 반복되는 지점을 의미한다.

ㄷ. 대표적으로 경제성장이 이루어지면 물가가 상승하므로 양자는 상충관계를 보이기도 한다.

[오답체크]

ㄱ. 투자는 경기순응적이지만 실업은 일반적으로 경기역행적이다.

ㄹ. 경기순응성을 강화하면 글로벌 금융위기 발생 시 경기가 더 악화된다.

18 ④ ㄱ, ㄴ. 솔로우 모형은 따라잡기 효과를 통해 후진국과 선진국이 유사해짐을 예상하지만 내생적 성장모형은 기술개발의 차이 등을 통해 후진국과 선진국의 격차가 줄어들지 않는 것을 설명하는 이론이다.

ㄹ. 해로드 - 도마 모형은 레온티예프 생산함수 즉, 자본과 노동 간 완전보완관계를 전제한다.

[오답체크]

ㄷ. 저축률이 높아지면 일시적으로 경제성장률이 높아지나 새로운 균제상태에 도달하면 성장률은 다시 인구증가율과 일치한다.

19 ① R&D 모형에서는 기업들이 연구개발을 통해 축적한 지식 중 일부는 특허권 획득을 통해 일정 기간 동안 배제가 가능하다고 본다.

20 어느 폐쇄경제에서 총생산함수가 $y = k^{\frac{1}{2}}$, 자본축적 식이 $\triangle k = sy - \delta k$, 국민소득계정 항등식이 $y = c + i$ 인 솔로우 모형에 대한 설명으로 옳지 않은 것은? (단, y는 1인당 산출, k는 1인당 자본량, c는 1인당 소비, i는 1인당 투자, δ는 감가상각률이다. 이 경제는 현재 정상상태에 놓여 있으며, 저축률 s는 40%로 가정한다)

① 저축률이 50%로 상승하면 새로운 정상상태에서의 1인당 산출은 현재보다 크다.
② 저축률이 50%로 상승하면 새로운 정상상태에서의 1인당 소비는 현재보다 크다.
③ 저축률이 60%로 상승하면 새로운 정상상태에서의 1인당 산출은 현재보다 크다.
④ 저축률이 60%로 상승하면 새로운 정상상태에서의 1인당 소비는 현재보다 크다.

21 솔로우 성장모형이 다음과 같이 주어져 있을 때 균제상태에서 1인당 자본량은? (단, 기술진보는 없다)

- 생산함수: $y = 2k^{\frac{1}{2}}$ (단, y는 1인당 생산량, k는 1인당 자본량이다)
- 감가상각률 5%, 인구증가율 5%, 저축률 20%

① 2   ② 4
③ 8   ④ 16

22 경제성장이론과 관련된 설명으로 옳은 것을 <보기>에서 모두 고른 것은?

<보기>
ㄱ. 내생적 성장이론은 국가 간 1인당 경제성장률의 지속적 격차를 설명하고자 도입되었다.
ㄴ. 솔로우 모형에서 저축률의 상승과 인구증가율의 하락은 단기적으로 1인당 국민소득을 증가시킨다.
ㄷ. 솔로우 모형에서는 가계가 저축률을 최적으로 조정하여 항상 황금률이 달성된다.
ㄹ. 내생적 성장이론에서는 지적자본과 인적자본의 축적에 따른 외부효과를 중시한다.

① ㄱ, ㄴ   ② ㄱ, ㄷ   ③ ㄴ, ㄷ
④ ㄱ, ㄴ, ㄹ   ⑤ ㄴ, ㄷ, ㄹ

정답 및 해설

20 ④ 1인당 생산함수 $y = k^{\frac{1}{2}}$을 경제 전체의 총생산함수로 바꾸어 나타내면 $\frac{Y}{L} = y = \left(\frac{K}{L}\right)^{\frac{1}{2}}$, $Y = \left(\frac{K}{L}\right)^{\frac{1}{2}} \cdot L$, $Y = K^{\frac{1}{2}} L^{\frac{1}{2}}$이므로 노동소득분배율과 자본소득분배율이 모두 50%임을 알 수 있다. 1인당 소비가 극대가 되는 자본축적의 황금률에서는 노동소득이 모두 소비되고, 자본소득은 모두 저축(= 투자)된다. 황금률 균제상태의 저축률이 50%이고, 현재의 저축률이 40%이므로 저축률이 50%로 상승하면 균제상태에서의 1인당 생산과 1인당 소비가 모두 증가한다. 저축률이 50%를 넘어서면 저축 및 투자 증가로 1인당 자본량과 1인당 생산량이 증가하지만 1인당 소비는 황금률 균제상태보다 작아진다.

21 ④ 균제상태의 1인당 자본량을 구하기 위해 $sf(k) = (n+d)k$로 두면 $0.2 \times 2\sqrt{k} = (0.05 + 0.05)k$, $\sqrt{k} = 4$, $k = 16$이다.

22 ④ ㄱ. 내생적 성장이론은 기술개발 등으로 인한 선진국과 개도국의 1인당 경제성장률의 지속적 격차를 설명하고자 도입되었다.
ㄴ. 솔로우 모형에서 저축률의 상승과 인구증가율의 하락은 단기적으로 1인당 국민소득을 증가시키며 장기적으로는 균형으로 돌아올 것이다.
ㄹ. 한계생산이 체감하지 않음을 설명해야 하므로 내생적 성장이론에서는 지적자본과 인적자본의 축적에 따른 외부효과를 중시한다.

[오답체크]
ㄷ. 솔로우 모형에서는 저축률이 외생적으로 주어진 것이다.

23 솔로우 경제성장모형에서 균제상태의 1인당 산출량을 증가시키는 요인으로 옳은 것을 <보기>에서 모두 고른 것은? (단, 다른 조건이 일정하다고 가정한다)

<보기>
ㄱ. 저축률의 증가
ㄴ. 인구증가율의 증가
ㄷ. 감가상각률의 하락

① ㄱ   ② ㄱ, ㄴ   ③ ㄱ, ㄷ
④ ㄴ, ㄷ   ⑤ ㄱ, ㄴ, ㄷ

24 갑 국의 경제성장률이 20%, 노동증가율이 12%, 자본증가율이 8%, 총요소생산성 증가율이 10%일 때 자본소득 분배율은? (단, 총생산함수는 $Y = AL^a K^{1-a}$이며, Y는 총생산, A는 총요소생산성, L은 노동, K는 자본, a는 0과 1 사이의 상수이다)

① 0.3   ② 0.4   ③ 0.5
④ 0.6   ⑤ 0.8

25 어느 한 국가의 생산함수가 $Y = AK^{0.6}L^{0.4}$이다. 이때, A가 1%, K가 5%, L이 5% 증가하는 경우, 노동자 1인당 소득의 증가율은? (단, A는 총요소생산성, K는 자본투입량, L은 노동투입량이다)

① 1%   ② 2%   ③ 3%   ④ 4%

정답 및 해설

23 ③ 저축률이 증가하거나 감가상각률이 낮아지면 1인당 자본량이 증가하므로 균제상태에서의 1인당 소득이 증가한다. 이에 비해 인구증가율이 높아지면 1인당 자본량이 감소하므로 균제상태에서의 1인당 소득이 감소한다.

24 ③ 생산함수를 증가율 형태로 나타낸 후 문제에 주어진 수치를 대입하면

$$\frac{\triangle Y}{Y} = \frac{\triangle A}{A} + a\left(\frac{\triangle L}{L}\right) + (1-a)\left(\frac{\triangle K}{K}\right), \ 20 = 10 + (a \times 12) + (1-a) \times 8, \ 4a = 2, \ a = 0.5$$이다. 따라서 자본소득 분배율을 의미하는 $1-a$는 0.5이다.

25 ① 위의 수식을 증가율 형태로 변형한 후 계산하면

$$\frac{\triangle Y}{Y} = \frac{\triangle A}{A} + \left(0.6 \times \frac{\triangle K}{K}\right) + \left(0.4 \times \frac{\triangle L}{L}\right) = 1\% + (0.6 \times 5\%) + (0.4 \times 5\%) = 6\%$$이다.

따라서 총소득증가율이 6%이고, 인구증가율이 5%이므로 1인당 소득증가율은 1%이다.

26 경제성장모형에 대한 설명으로 가장 옳은 것을 <보기>에서 모두 고른 것은?

> <보기>
> ㄱ. 해로드 - 도마 성장모형은 자본과 노동의 대체불가능성을 가정하여 완전고용에서 균형성장이 가능하지만, 기본적으로 자본주의 경제의 성장경로가 불안하다는 모형이다.
> ㄴ. 솔로우 성장모형은 장기적으로 생산요소 간의 기술적 대체가 가능함을 전제하여 자본주의 경제의 안정적 성장을 설명하는 모형이다.
> ㄷ. 내생적 성장이론은 각국의 지속적인 성장률 격차를 내생변수 간의 상호작용으로 설명하는 이론이다.

① ㄱ, ㄴ
② ㄱ, ㄷ
③ ㄴ, ㄷ
④ ㄱ, ㄴ, ㄷ

27 어느 경제의 총생산함수는 $Y = AL^{\frac{1}{3}}K^{\frac{2}{3}}$ 이다. 실질GDP 증가율이 5%, 노동증가율이 3%, 자본증가율이 3%라면 솔로우 잔차는? (단, Y는 실질GDP, A는 기술수준, L은 노동, K는 자본이다)

① 2%
② 5%
③ 6%
④ 12%

28 기술진보가 없으며 1인당 생산(y)과 1인당 자본량(k)이 $y = 2\sqrt{k}$ 의 함수 관계를 갖는 솔로우 모형이 있다. 자본의 감가상각률(δ)은 20%, 저축률(s)은 30%, 인구증가율(n)은 10%일 때, 이 경제의 균제상태에 대한 설명으로 옳은 것은?

① 균제상태의 1인당 생산은 4이다.
② 균제상태의 1인당 자본량은 2이다.
③ 균제상태의 1인당 생산 증가율은 양(+)으로 일정하다.
④ 균제상태의 1인당 자본량 증가율은 양(+)으로 일정하다.

29 신성장이론(New growth theory)에 대한 설명으로 옳지 않은 것은?

① 기술혁신은 우연한 과학적 발견 등에 의해 외생적으로 주어진다고 간주한다.

② 기업이 연구개발에 참여하거나 기술변화에 기여할 때 경제의 지식자본스톡이 증가한다.

③ 개별 기업이 아닌 경제 전체 수준에서 보면 지식자본의 축적을 통해 수확체증이 나타날 수 있다.

④ 지식 공유에 따른 무임승차 문제를 완화하기 위해 지식재산권에 대한 정부의 보호가 필요하다고 강조한다.

정답 및 해설

26 ④ 해로드 - 도마 성장모형 ➔ 솔로우 성장모형 ➔ 내생적 성장이론으로 발전하였으며, 보기의 내용은 모두 옳은 설명이다.

27 ① 솔로우 잔차는 $\frac{\triangle A}{A}$ 이다. 문제의 수식을 증가율 형태로 변형한 후 계산하면

$$\frac{\triangle Y}{Y} = \frac{\triangle A}{A} + \left(\frac{1}{3} \times \frac{\triangle L}{L}\right) + \left(\frac{2}{3} \times \frac{\triangle K}{K}\right), \ 5\% = \frac{\triangle A}{A} + \left(\frac{1}{3} \times 3\%\right) + \left(\frac{2}{3} \times 3\%\right), \ \frac{\triangle A}{A} = 2\% 이다.$$

28 ① 균제상태의 1인당 자본량을 구하기 위해 $sf(k) = (n+d)k$로 두고 문제에서 제시한 조건을 대입하면 $0.3 \times 2\sqrt{k} = (0.1+0.2)k$, $\sqrt{k} = 2$, $k = 4$이다. 따라서 균제상태에서의 1인당 자본량 $k = 4$를 생산함수에 대입하면 1인당 생산량 $y = 4$이다.

[오답체크]
② 균제상태의 1인당 자본량은 4이다.
③ 균제상태의 1인당 생산 증가율은 0이다.
④ 균제상태의 1인당 자본량 증가율은 0이다.

29 ① 신성장이론은 내생적 성장이론을 의미하며, 솔로우 모형과 달리 신성장이론(내생적 성장이론)에서는 모형 내에서 기술혁신, 지식축적 등을 통해 경제성장이 이루어지는 과정을 설명한다. 기술수준이 외생적으로 주어지는 것은 솔로우 모형이다.

고난도 시험의 기출문제를 풀어보며 경제학 실력을 한층 더 업그레이드해 보세요!

01 솔로우(R. Solow) 성장 모형에서 생산함수가 Y = $K^{1/2}L^{1/2}$ 이고, 인구 증가율이 0%, 감가상각률이 10%, 저축률이 30%일 경우 다음 설명 중 옳은 것은? (단, Y는 실질GDP, K는 자본량, L은 노동량이다)

[회계사 17]

① 정상상태(steady state)에서 자본량(K)의 증가율은 10%이다.
② 정상상태에서 1인당 실질GDP(Y/L)는 9이다.
③ 1인당 자본량(K/L)이 4보다 작을 경우 1인당 실질GDP(Y/L)는 감소한다.
④ 감가상각률이 20%로 증가할 경우 정상상태에서 1인당 자본량(K/L)은 증가한다.
⑤ 정상상태에서 황금률 수준의 1인당 자본량(K/L)을 달성하려면 저축률을 증가시켜야 한다.

02 솔로우 성장 모형을 따르는 어느 경제에서 생산함수가 $Y=AK^{1/2}L^{1/2}$이고, 인구증가율이 0%, 감가상각률이 10%, 저축률이 10%, 총요소생산성 수준이 0.5이다. 총요소생산성 수준이 1로 변할 경우 정상상태(steady state)에서 1인당 소비의 증가량은? (단, Y는 생산량, A는 총요소생산성 수준, K는 자본량, L은 노동량이다)

[회계사 20]

① 0.325   ② 0.500   ③ 0.675
④ 0.850   ⑤ 1.025

정답 및 해설

01 ⑤ 1) 문제의 함수를 1인당 함수로 바꾸면 $y = \sqrt{k}$ 이다.
2) 정상상태는 $s \cdot f(k) = (n+d+g)k$가 성립해야 하므로 $0.3\sqrt{k} = 0.1k$ ➡ $k = 9$이다.
3) 1인당 자본량이 9이므로 1인당 생산량은 3이다.
4) 지문분석
   ⑤ 컵-더글러스 생산함수에서 각각의 지수는 소득분배율을 나타낸다. 즉, 노동소득분배율이 0.5, 자본소득분배율이 0.5이다. 황금률에서는 노동소득분배율이 소비율과 일치하고 자본소득분배율이 저축률과 일치하므로 황금률 수준의 1인당 자본량을 달성하려면 저축률을 50%로 증가시켜야 한다.

[오답체크]
① 정상상태(steady state)에서 자본량(K)의 증가율은 0%이다.
② 정상상태에서 1인당 실질GDP(Y/L)는 3이다.
③ 1인당 자본량(K/L)이 4보다 작을 경우 균제상태의 자본량보다 적으므로 1인당 자본량은 증가할 것이다. 이로 인해 1인당 실질GDP(Y/L)는 증가한다.
④ 감가상각률이 20%로 증가할 경우 정상상태에서 1인당 자본량(K/L)은 감소한다.

02 ③ 1) 1인당 생산으로 바꾸면 요소생산성이 0.5이므로 $y = 0.5\sqrt{k}$이다.
2) 균제상태는 $s \cdot f(k) = (n+d)k$이므로 $0.1 \times 0.5\sqrt{k} = 0.1k$이다. ➡ $k = 0.25$이다.
3) k=0.25를 생산함수에 대입하면 y=0.25이고 균제상태에서 저축률이 10%이므로 저축은 0.025, 소비는 0.225가 된다.
4) 총요소생산성이 1로 변하면 생산함수는 $y = \sqrt{k}$이 된다.
5) 균제상태는 $0.1 \times \sqrt{k} = 0.1k$ ➡ k = 1이고 y = 1이다.
6) 따라서 저축은 0.10이고 소비는 0.9이므로 최초보다 0.675가 증가했음을 알 수 있다.

03 다음은 인구증가와 노동부가형(labor-augmenting) 기술진보를 고려한 솔로우 모형을 나타낸 그래프이다. L, E 는 노동량과 노동의 효율성을 나타내고 각각의 연간 증가율은 n과 g이며 모두 양(+)이다. K 는 총자본량이며 효율노동($= L \times E$) 1단위당 자본량은 $k = K/(L \times E)$로 정의된다. 총생산(Y)에 대한 생산함수는 $Y = F(K, L \times E)$로 일차동차이며, 효율노동 1단위당 생산량으로 표시된 생산함수는 $y = f(k)$이다. s, δ 는 각각 저축률, 감가상각률을 나타내며, 노동량은 인구와 같다.

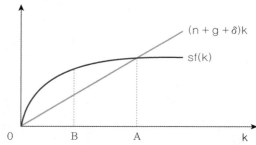

x, y, z를 각각 '$k = A$일 때 1인당 생산(Y/L)의 증가율', '$k = A$일 때 총생산(Y)의 증가율', '$k = B$일 때 총생산(Y)의 증가율'이라고 할 때, 이들 사이의 대소를 비교한 결과로 옳은 것은?   [회계사 19]

① $x > y > z$ ② $y = z > x$ ③ $z > y = x$
④ $z > x > y$ ⑤ $z > y > x$

04 다음 그림은 생산함수가 $y = k^{1/4}$, 자본의 축적식이 $\triangle k = sy - \delta k$, 국민소득계정 항등식이 y = c + i인 솔로우 모형에서 황금률 수준의 k에 도달하기 위하여 저축률을 변화시켰을 때 시간에 따른 c의 움직임을 나타낸 것이다. 이러한 움직임을 만들어낸 저축률의 변화로 가장 적절한 것은? (단, y는 1인당 생산량, k는 1인당 자본량, c는 1인당 소비, i는 1인당 투자, s는 저축률, δ는 감가상각률을 의미하고, 저축률을 변화시키기 직전까지 k가 황금률 수준보다 작은 정상상태(steady state)에 있었다)   [회계사 18]

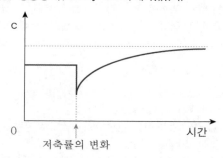

① 저축률을 현재의 20%에서 25%로 5%p 올렸을 때
② 저축률을 현재의 25%에서 20%로 5%p 내렸을 때
③ 저축률을 현재의 30%에서 25%로 5%p 내렸을 때
④ 저축률을 현재의 25%에서 30%로 5%p 올렸을 때
⑤ 저축률을 현재의 30%에서 35%로 5%p 올렸을 때

정답 및 해설

03 ⑤ 1) 균제상태의 1인당 생산의 증가율은 0%이므로 $x = 0\%$이다.
2) 균제상태의 총생산 증가율은 인구증가율+기술진보율이므로 $y = n + g$이다.
3) 균제상태에 미달한 상태에서는 1인당 생산의 증가율이 +이므로 $z > n + g$이다.
4) 따라서 $z > y > x$가 성립한다.

04 ① 1) 생산함수를 변형하면 $Y = L^{0.75} K^{0.25}$이므로 황금률의 저축률은 25%이다.
2) 그래프에는 저축률이 변화를 주면서 소비가 황금률수준으로 가는 것으로 파악할 수 있다.
3) 따라서 황금률보다 낮은 수준에서 황금률 수준으로 변화할 것이다.

해커스공기업 쉽게 끝내는 경제학 기본서

제12장

국제무역론

무역의 특화	기회비용이 작은 것
절대우위	동일한 자원을 사용했을 때 생산성이 높은 것을 이용하여 무역
비교우위	동일한 자원을 사용했을 때 생산성이 모두 높지만 더 잘하는 것을 선택하여 무역
교역조건	양국의 기회비용(= 상대가격) 사이에 교역조건이 이루어지면 모두 이익

1. 국제거래

(1) 의미와 발생원인

① 의미: 국가 간의 모든 경제적 거래를 의미한다.

② 발생원인: 재화 생산에 유리한 자연 환경, 부존자원, 기술 수준의 차이로 발생한다.

(2) 국제거래의 장·단점

① 장점: 생산의 효율성 향상, 규모의 경제 실현, 소비자의 다양한 선택 기회, 부존자원과 기술의 취약부분 해결, 기술과 정보의 축적 등이 있다.

② 단점: 경쟁력 없는 유치산업의 도태, 국내 경제 정책의 자율성 침해, 실업의 발생 등이 있다.

(3) 무역의존도

국내총생산에서 무역액이 차지하는 비율이다.

$$\frac{수입액 + 수출액}{국내총생산}$$

2. 절대우위론 – A. Smith

(1) 정의

각국이 절대적으로 생산비가 싼 재화의 생산에 특화하여 그 일부를 교환함으로써 상호이익을 얻을 수 있다는 이론이다.

(2) 생산비 측면 사례분석(수치는 1단위 생산에 필요한 노동을 의미하며 교역조건은 1 : 1을 가정)

구분	갑국	을국
직물 1단위	10명	11명
포도주 1단위	12명	8명

① 노동 투입량은 작을수록 효율적 생산이다.

② 각각 노동비가 상대국에 비해 적은 것을 찾으면 갑국은 직물에 을국은 포도주에 절대우위가 있다.

③ 갑국과 을국이 절대우위 항목을 특화하여 무역을 할 경우의 이익

구분	스스로 직물과 포도주를 각각 1단위씩 생산할 경우	스스로 각각 생산할 자원으로 절대우위에 있는 항목을 특화 생산할 경우	교역조건 1 : 1로 교역했을 때 얻는 이익(무역의 이익)
갑국	직물(10명) + 포도주(12명) = 22명	22명 ➡ 직물 2단위(20명) + 직물 $\frac{2}{10}$단위(2명)	직물 1단위 + 포도주 1단위 + 직물 $\frac{2}{10}$단위
을국	직물(11명) + 포도주(8명) = 19명	19명 ➡ 포도주 2단위(16명) + 포도주 $\frac{3}{8}$단위(3명)	직물 1단위 + 포도주 1단위 + 포도주 $\frac{3}{8}$단위

④ 양국은 직물과 포도주를 각각 1단위씩 스스로 생산할 자원으로, 갑국은 직물에 을국은 포도주에 특화하여 2단위씩 생산한 후 남는 1단위씩을 교환하면 서로에게 이득이 된다. (갑국은 직물 0.2단위, 을국은 포도주 0.375단위의 무역 이익 획득)

(3) 생산물 측면 사례분석(교역조건은 1 : 1을 가정)

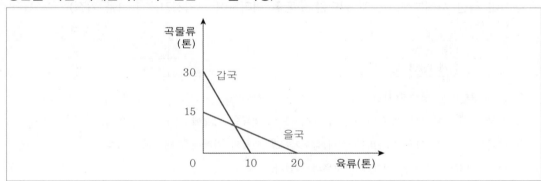

① 생산요소가 동일하다는 가정하에 생산량은 많을수록 효율적 생산이다.

② 각국의 특화 시 생산량이 상대국에 비해 많은 것을 찾으면 갑국은 곡물에 을국은 육류에 절대우위가 있다.

③ 특화 품목만 생산하여 1 : 1로 교역할 경우 생산가능곡선이 확장되어 더 많은 소비가 가능해진다. 즉, 무역의 이익이 발생한다.

(4) 의의와 한계

① 의의: 자유 무역의 근거를 최초로 제시하였다.

② 한계: 양국 중 한 나라가 모든 재화에 절대우위가 있을 때 무역이 발생하지 않는다.

3. 비교우위론(비교 생산비설) - D. Ricardo

(1) 의미

① 한 나라가 두 재화 생산에 있어 모두 절대우위 혹은 절대열위에 있더라도 양국이 상대적으로 생산비가 낮은 재화 생산에 특화하여 무역을 할 경우 양국 모두 무역으로부터 이익을 얻을 수 있다는 이론이다.

② 기회비용이 작은 쪽을 특화하여 무역한다.

(2) 가정

① 노동만이 유일한 생산요소이다.

② 모든 노동의 질은 동일하다.

③ 재화 1단위를 생산하는 데 필요한 노동량은 재화의 생산량과 관계없이 일정하다.

④ 생산요소의 국가 간 이동은 없다.

(3) 비교우위의 결정요인

각 국의 부존 자원, 노동·자본·기술 수준, 특화의 역사로 인한 학습 효과 등이 있다.

(4) 비교우위의 효과

각국의 자원이 효율적으로 이용되고 세계적으로는 국제 분업의 효과가 극대화되는 결과를 가져온다.

(5) 생산비 측면 사례분석(생산에 필요한 노동을 의미하며 교역조건은 1 : 1을 가정)

상품	갑국	을국
의류 1단위	10명	9명
기계 1단위	12명	8명

① 노동 투입량은 생산비이므로 작을수록 효율적 생산이다.

② 갑국은 두 재화 모두 노동비가 많이 들어가므로 의류와 기계에 절대열위가 있다.

③ 을국은 두 재화 모두 노동비가 적게 들어가므로 의류와 기계에 절대우위가 있다.

④ 갑국은 의류에 을국은 기계에 비교우위가 있다.

⑤ 기회비용을 계산하면 의류의 기회비용은 갑국이 기계 $\frac{10}{12}$ 단위 을국이 기계 $\frac{9}{8}$ 단위로 갑국이 작아 갑국이 의류를 특화한다.

⑥ 기계의 기회비용은 갑국이 의류 $\frac{12}{10}$ 단위이고 을국이 의류 $\frac{8}{9}$ 단위로 을국이 작아 을국이 기계를 특화한다.

⑦ 갑국은 을국에 비해 의류의 기회비용이 작고 기계의 기회비용이 크므로 갑국은 을국에 비해 의류에 비교우위가 있고 기계에 비교열위가 있다.

⑧ 을국은 갑국에 비해 의류의 기회비용이 크고 기계의 기회비용이 작으므로 을국은 갑국에 비해 의류에 비교열위가 있고 기계에 비교우위가 있다.

⑨ 갑국과 을국이 비교우위 항목을 특화하여 무역을 할 경우의 이익

구분	스스로 의류와 기계를 각각 1단위씩 생산할 경우	스스로 각각 생산할 자원으로 비교우위에 있는 항목을 특화 생산할 경우	교역조건 1 : 1로 교역했을 때 얻는 이익(무역의 이익)
갑국	의류(10명) + 기계(12명) = 22명	22명 ➡ 의류 2단위(20명) + 의류 $\frac{2}{10}$단위(2명)	의류 1단위 + 기계 1단위 + 의류 $\frac{2}{10}$단위
을국	의류(9명) + 기계(8명) = 17명	17명 ➡ 기계 2단위(16명) + 기계 $\frac{1}{8}$단위(1명)	의류 1단위 + 기계 1단위 + 기계 $\frac{1}{8}$단위

⑩ 갑국은 의류와 기계를 각각 1단위씩 스스로 생산할 자원으로 갑국은 의류를 특화하고 을국은 기계에 특화하여 2단위씩 생산한 후 남는 1단위씩을 교환하면 서로에게 이득이 된다. (갑국은 의류 0.2단위, 을국은 기계 0.125단위의 무역 이익 획득)

⑪ 스스로 생산할 때보다 무역을 통해서 더 많은 것을 얻을 수 있으므로 특화 품목의 교환가치(기회비용)가 높아진다.

⑫ 한 재화의 대하여 양국의 기회비용(상대가격) 사이에서 무역이 이루어질 경우 양국 모두 무역의 이익을 얻게 된다.

⑬ 무역의 이익을 얻는 의류의 교역조건은 기계 $\frac{10}{12}$단위 < 의류 1단위 < 기계 $\frac{9}{8}$단위이다.

⑭ 무역의 이익을 얻는 기계의 교역조건은 의류 $\frac{8}{9}$단위 < 기계 1단위 < 의류 $\frac{12}{10}$단위이다.

⑮ 이를 반영한 의류와 기계의 1 : 1의 교역조건이면 양국 모두 무역의 이익을 얻게 된다.

(6) 생산물 측면 사례분석(기회비용이 일정한 경우)

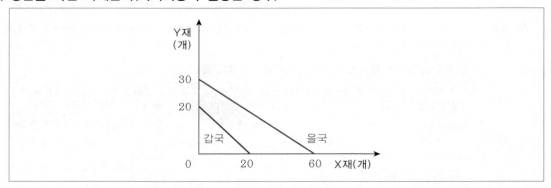

① 생산요소가 동일하다는 가정하에 생산량은 많을수록 효율적 생산이다.

② 갑국은 동일한 자원으로 20X = 20Y가 성립하여 각각의 기회비용으로 표현하면 X = Y, Y = X이다.

③ 을국은 동일한 자원으로 60X = 30Y가 성립하여 각각의 기회비용으로 표현하면 X = $\frac{1}{2}$Y, Y = 2X다.

④ 기회비용이 작은 것을 특화하므로 갑국은 Y재, 을국은 X재를 특화한다.

⑤ 기회비용 = 양국의 국내가격비($\frac{P_X}{P_Y}$)이다.

⑥ 양국의 특정 재화의 기회비용과 국내가격비 사이에 교역조건이 존재하면 모두 이익을 본다.

⑦ 양국 간 이익이 발생하는 범위 내에서 교역을 한다면 교역조건의 범위는 'X재 1개 < Y재 1개 < X재 2개'에서 결정된다.

(7) 생산물 측면 사례분석(생산량 증가 시 기회비용이 변하는 경우)

① 그래프

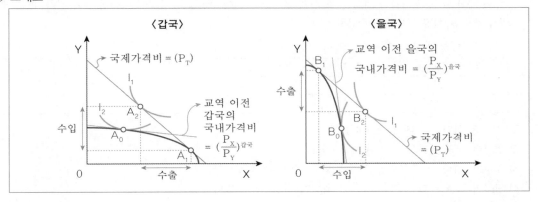

② 교역 이전

⊙ 교역 이전 갑의 생산 소비점은 A_0점, 을국의 생산 소비점은 B_0점이다.

⊙ 교역 이전 국내가격비 = 생산가능곡선의 접선의 기울기(MRT_{XY} = X재 생산의 기회비용) = 무차별곡선

의 기울기(MRS_{XY}) = $\dfrac{P_X}{P_Y}$이다.

③ 무역이 이루어지려면 양국 모두 이익을 보아야 하므로 국제가격비 교역조건(P_T)은 양국의 국내가격비의 사이에서 결정된다.

④ 특화품목 결정: 기회비용이 변하므로 불완전 특화가 이루어진다.

⊙ X재는 갑국의 기회비용이 작으므로 갑국은 X재를 수출하고 Y재를 수입한다.

⊙ Y재는 을국의 기회비용이 작으므로 을국은 Y재를 수출하고 X재를 수입한다.

⑤ 무역의 발생

⊙ 양국 모두 국제가격비(P_T)에서 교역이 이루어지면 위 그래프처럼 이루어진다.

⊙ 갑국의 X재 수출 = 을국의 X재 수입, 을국의 Y재 수출 = 갑국의 Y재 수입이다.

⑥ 무역의 효과

⊙ 갑국은 A_1점에서 생산(불완전 특화)하고 A_2에서 소비가 이루어지므로 교역 이전보다 후생이 증가한다.

⊙ 을국은 B_1점에서 생산(불완전 특화)하고 B_2에서 소비가 이루어지므로 교역 이전보다 후생이 증가한다.

(8) 의의와 한계

① 의의: 절대우위론에 의해 불가능한 무역발생을 설명할 수 있다.

② 한계: 생산비의 차이가 어떻게 발생하는가에 대한 설명을 하지 못한다.

A 국과 B 국은 각각 가죽과 와인을 생산하는 폐쇄경제 상태에 있다. 이 경제에서는 노동만이 유일한 투입요소이며, A 국과 B 국이 가죽과 와인을 한 단위 생산하는 데에 필요한 노동량이 아래의 표와 같을 때, 양국의 교역과 관련된 설명으로 옳은 것은?

(단위: 명)

구분	A국	B국
가죽	8	4
와인	16	6

① B 국은 와인 산업에 절대열위를 갖는다.
② 양국이 교역을 하는 경우 A 국은 가죽을 수출한다.
③ A 국이 가죽 산업과 와인 산업에 모두 절대우위를 갖는다.
④ 양국이 교역을 하는 경우 A 국은 와인에 비교우위가 있다.
⑤ 위의 조건일 경우 양국의 무역은 일어나지 않는다.

정답 및 해설

무역이론에 대한 문제로, 기회비용을 표현하면 다음과 같다.

(단위: 명)

구분	A국	B국
가죽	8(와인 8/16)	4(와인 4/6)
와인	16(가죽 16/8)	6(가죽 6/4)

따라서 A 국은 가죽을, B 국은 와인을 특화하게 된다.

[오답체크]
① B 국은 와인 산업에 절대우위를 갖는다.
③ A 국이 가죽 산업과 와인 산업에 모두 절대열위를 갖는다.
④ 양국이 교역을 하는 경우 A 국은 가죽에 비교우위가 있다.

정답: ②

핵심 Check: 무역이론

헥셔 - 올린 정리	• 기술수준이 동일할 때 생산요소가 풍부한 것을 특화 • 무역을 통해 요소가격균등화가 이루어짐
레온티에프의 역설	자본풍부국인 미국이 노동집약적 상품을 수출
산업 내 무역	규모의 경제, 독점적 경쟁시장화가 원인

1. 헥셔 – 올린 정리의 문제의식과 가정(E. Heckscher, B. Ohlin)

(1) 개요

① 비교우위론은 노동생산성 차이로 인해 상대가격 차이가 발생하는 것으로 설명하고 있으므로 생산성이 동일한 경우에 설명하기 어렵다.

② 각국의 비교우위가 발생하는 원인을 요소부존의 차이로 설명하는 이론이다.

(2) 가정

① 2국 - 2재화 - 2요소의 무역모형이다.

② 두 국가의 생산함수가 동일하다.

③ 생산함수는 수확체감의 법칙이 작용하고 규모에 대한 수익이 불변이다.

④ 기회비용이 체증하여 생산가능곡선이 원점에 대하여 오목하기 때문에 불완전 특화를 한다.

⑤ 두 국가(갑국, 을국) 사이의 부존자원비율이 서로 다르다.

⑥ 두 재화(X재, Y재) 생산의 요소집약도($\frac{K}{L}$)가 서로 다르다.

⑦ 두 국가의 수요에 대한 사회무차별곡선(선호)이 동일하다.

⑧ 두 국가 간 생산요소의 이동은 불가능하다.

⑨ 두 국가 간 상품의 무역은 자유롭게 이루어지며 운송비는 없다.

⑩ 생산물시장과 생산요소시장이 완전경쟁시장이다.

2. 설명

(1) 무역 이전

① 갑국은 노동풍부국이고, 을국은 자본풍부국이다.

② X재는 노동집약재이고, Y재는 자본집약재이다.

③ 갑국은 노동풍부국이므로 노동집약재인 X를 많이 생산할 수 있고, 을국은 자본풍부국이므로 자본집약재인 Y재를 더 많이 생산할 수 있다.

(2) 무역 이후

① 노동풍부국인 갑국은 노동집약재인 X재 생산에, 그리고 자본풍부국인 을국은 자본집약재인 Y재 생산에 특화한다.

② 무역 이후 두 나라의 후생수준은 높아진다.

3. 요소가격균등화 정리(헥셔 – 올린 – 사무엘슨 정리)

(1) 의미

궁극적으로 교역 후 교역 당사국의 상품가격뿐 아니라 생산요소의 가격도 상대적 및 절대적으로 같아진다.

(2) 설명

① 노동풍부국(갑국)

㉠ 노동풍부국은 자본풍부국에 비하여 상대적으로 임금이 낮으므로 $(\frac{w}{r})^{갑국} < (\frac{w}{r})^{을국}$이다.

㉡ 노동풍부국이 노동집약적 산업에 부분특화하게 되면 노동수요가 증가하여 임금이 상승한다. 따라서 $(\frac{w}{r})^{갑국}$은 상승한다.

② 자본풍부국(을국)

㉠ 자본풍부국은 노동풍부국에 비하여 상대적으로 자본임대료가 낮으므로 $(\frac{w}{r})^{갑국} > (\frac{w}{r})^{을국}$이다.

㉡ 자본풍부국이 자본집약적 산업에 부분특화하게 되면 자본수요가 증가하여 자본임대료가 상승한다. 따라서 $(\frac{w}{r})^{을국}$은 하락한다.

③ 결과: 무역을 통해 결국 $(\frac{w}{r})^{갑국} = (\frac{w}{r})^{을국}$ 이 성립하게 된다.

4. 립진스키 정리와 스톨퍼 – 사무엘슨 정리

(1) 립진스키 정리(Rybczynski theorem)

재화의 상대가격이 변하지 않을 때 한 생산요소(노동)의 부존량이 증가하는 상황이 발생하면 그 생산요소(노동)를 집약적으로 사용하는 재화의 생산량은 증가하고 다른 요소(자본)를 집약적으로 사용하는 재화의 생산량은 감소한다.

(2) 스톨퍼 – 사무엘슨 정리(Stolper – Samuelson theorem)

① 무역과 소득분배의 관련성을 설명하는 이론이다.

② 무역을 통하여 이루어진 한 재화의 상대가격이 인상된다면 그 재화 생산에 집약적으로 사용된 생산요소의 가격이 인상되며 다른 생산요소의 가격은 절대적으로 하락하게 된다.

5. 레온티에프(Leontief)의 역설

(1) 의미

① 헥셔 – 올린 정리는 요소부존도가 높은 생산요소를 이용하여 요소집약도가 높은 재화를 특화하여 무역을 한다는 이론이다.　**예**　미국은 자본풍부국이므로 자본집약재를 수출해야 함

② 레온티에프가 미국의 1947년 투입 – 산출표를 이용하여 분석한 결과, 그 당시 미국은 다른 나라에 비하여 상대적으로 자본풍부국임에도 불구하고 자본집약재를 수입하고 노동집약재를 수출하는 것으로 나타났다.

(2) 레온티에프 역설에 대한 견해

① 레온티에프

　㉠ 레온티에프 스스로 이러한 결과는 역설이 아니라 오히려 헥셔 – 올린 정리의 정당성을 입증하는 것이라고 하였다.

　㉡ 즉 양적으로 보면 자본집약국이나 당시 미국 근로자의 생산성이 다른 나라에 비해 높았기 때문에 생산성을 기준(실효노동)으로 평가하면 미국은 오히려 노동풍부국이었다.

② 측정기준의 차이

　㉠ 요소풍부성에 대한 측정기준이 달랐기 때문이다.

　㉡ 즉 헥셔 – 올린은 요소의 상대가격을 기준으로 하였으며 레온티에프는 실제 요소부존량을 기준으로 하였기 때문에 이러한 역설이 나타났다.

③ 요소집약도의 역전

　㉠ 요소대체가 용이할 때 한 요소의 가격이 상승하면 다른 요소로 대체한다.

　㉡ 이에 따라 생산의 요소집약도가 역전될 수 있으며 이 경우에는 헥셔 – 올린 정리와 요소가격균등화 정리는 성립하지 않는다.

④ 노동집약적 재화의 무역장벽

　㉠ 헥셔 – 올린 정리는 완전한 자유무역을 가정하고 있다.

　㉡ 현실적으로 미국이 노동집약적인 재화에 관세를 부과하여 무역장벽을 쌓았다면 수입재의 대부분이 자본집약적인 재화가 될 수 있다.

헥셔 - 올린(Heckscher - Ohlin) 모형과 관련된 다음 설명 중 옳지 않은 것은?

ㄱ. 각국은 상대적으로 풍부한 생산요소를 많이 사용하여 생산하는 제품에 비교우위가 있다.
ㄴ. 생산요소의 국가 간 이동이 불가능하더라도 생산요소의 상대가격이 균등화되는 경향이 있다.
ㄷ. 국가 간 생산함수에 차이가 있다고 가정한다.
ㄹ. 국가 간 생산물의 이동은 불가능하다.

① ㄱ, ㄴ   ② ㄱ, ㄷ   ③ ㄴ, ㄷ   ④ ㄴ, ㄹ   ⑤ ㄷ, ㄹ

정답 및 해설

ㄷ. 국가 간 생산함수가 동일하다고 가정한다.
ㄹ. 국가 간 생산물의 이동은 가능하지만, 생산요소의 이동이 불가능하다.

정답: ⑤

6. 현대적 무역이론

(1) 제품 생애주기이론(R. Vernon)

신제품이 출현하고 시간의 경과에 따라 그 제품이 성숙 단계와 표준화 단계를 거치는 과정을 무역의 동태적 변화에 따라 적용한 이론이다.

① 신제품 단계: 고도의 기술을 가진 고급 노동력에 의해 소규모 생산이 이루어지는 단계이다. 제품을 개발한 선진국이 제품을 생산·수출한다.

② 성숙 단계: 대량생산이 이루어지는 단계로 신제품 개발국뿐만 아니라 여타 선진국도 생산한다. 신제품 개발국의 비교우위는 점차 사라지고 모방 제품을 생산하는 여타 선진국들의 수출이 증가한다.

③ 표준화 단계: 생산 기술이 완전히 표준화되어 미숙련 노동자에 의한 대량 생산이 가능한 단계이다. 저임금의 노동자가 풍부한 후진국이 비교우위를 갖게 되어 오히려 후진국에서 선진국으로 수출이 이루어진다.

(2) 기술격차이론

특정 국가가 개발한 기술을 다른 국가가 습득하기까지는 모방시차가 존재하며, 이러한 기술격차로 인해 산업 내 무역이 일어난다고 보는 이론이다.

(3) 규모의 경제이론

양국에서 생산요소의 부존도에 차이가 없는데도 무역이 발생한다면 그 이유는 규모의 경제 때문이다.

(4) 국제 독점적 경쟁시장이론

독점적 경쟁하에서는 동일 산업 내에서도 차별적 상품을 생산한다. 이때 동일 산업 내에도 해당 기업들은 규모의 경제에 따른 무역이득을 얻기 위해 더욱 더 차별화된 상품생산에 특화하게 된다.

(5) 대표적 수요이론

제조업 부분에서 한 나라의 비교우위는 국내수요가 상대적으로 큰 나라의 대표적 수요에 의해 결정되고, 대표적 수요는 그 나라의 1인당 국민소득 수준에 의해 결정된다.

7. 산업 내 무역이론

(1) 산업 내 무역

① 개념: 동일 산업 내에서 수출과 수입이 이루어지는 것을 의미한다.

② 무역의 발생원인: 세계화 시대에 맞춘 시장 확대로 규모의 경제발생과 독점적 경쟁시장화 경향 때문이다.

③ 사례: 선진국 A에서는 소형 승용차를, 선진국 B에서는 대형 승용차를 수출하는 것을 들 수 있다.

(2) 산업 내 무역과 산업 간 무역의 비교

구분	산업 내 무역	산업 간 무역
개념	동일한 산업 내의 수출·수입	서로 다른 산업 간에 생산되는 재화의 수출·수입
발생원인	규모의 경제, 독점적 경쟁(제품의 차별화)	비교우위, 자원부존의 차이
발생국가	경제발전 정도가 비슷한 국가	경제발전 정도가 상이한 국가
사례	일본이 미국에 소형 자동차를 수출하고 대형 자동차를 수입하는 경우	우리나라가 중국에 휴대폰을 수출하고 마늘을 수입하는 경우
비고	• 주로 제조업 분야에서 발생 • 국제 간 분쟁소지 적음 • 시장 확대로 규모가 커지면 재화가격 하락하여 무역 이익 발생	• 소득 재분배 발생 • 국제 간 분쟁소지 많음 • 상대가격이 변화하여 무역 이익 발생

확인문제

산업 내 무역에 해당하는 것을 모두 고르시오.

ㄱ. 단위당 생산비가 저렴한 재화에 대한 비교우위
ㄴ. 대규모 생산을 통한 규모의 경제 달성
ㄷ. 이질적 상품 제공을 통한 제품 차별화
ㄹ. 풍부한 부존자원으로 상대적 생산비가 싼 재화 특화

① ㄱ, ㄴ   ② ㄱ, ㄷ   ③ ㄴ, ㄷ   ④ ㄴ, ㄹ   ⑤ ㄷ, ㄹ

정답 및 해설

ㄱ. 리카도의 비교우위론은 산업 간 무역에 해당한다.
ㄹ. 헥셔 - 올린 정리는 산업 간 무역에 해당한다.

정답: ③

핵심 Check: 교역조건과 오퍼곡선

교역조건	• 순교역조건을 주로 사용 • $N=\dfrac{수출재가격지수}{수입재가격지수}\times 100 = \dfrac{P_X}{P_M}\times 100$
오퍼곡선	여러 국제가격수준에서 수출하고자 하는 재화의 양과 수입하고자 하는 재화의 양의 조합을 의미
오퍼곡선의 이동	• 수입품의 선호 증가나 국민소득 증가가 발생하는 경우 우측이동 • 수입관세 부과가 발생하는 경우 좌측이동

1. 교역조건

(1) 교역조건의 의미와 종류

① 교역조건(TOT; Terms Of Trade)이란 수출상품과 수입상품 간의 국제적 교환 비율을 의미한다.

② 교역조건으로는 순교역조건, 총교역조건, 소득교역조건이 있다.

(2) 순교역조건(상품교역조건)

$$N=\frac{수출재가격지수}{수입재가격지수}\times 100 = \frac{P_X}{P_M}\times 100$$

① 수출상품 1단위로 획득할 수 있는 수입품의 수량을 표시한다.

② 계산이 간단하여 가장 많이 사용하나 수출·수입량의 변동은 고려하지 않아 실질적인 무역이익의 변동을 파악하기에는 부족하다.

③ 수출상품의 가격이 수입상품의 가격보다 상대적으로 더 높아지는 것을 교역조건의 개선이라 한다.

(3) 총교역조건

$$G=\frac{수입수량지수}{수출수량지수}\times100=\frac{Q_M}{Q_X}\times100$$

① 수출·수입량 변동을 이용하여 교역조건을 표시한다.

② 상품 1단위를 수출할 때 수입량이 증가하면 교역조건이 개선되어 총교역조건이 증가한다.

③ 수출액과 수입액이 동일하면 상품교역조건과 총교역조건이 일치한다.

(4) 소득교역조건

$$I=N\cdot Q_X=\frac{P_X\cdot Q_X}{P_M}\times100$$

① 수출총액($P_X\cdot Q_X$)으로 획득할 수 있는 수입품의 수량을 표시한다.

② 소득교역조건은 수출·수입품의 가격변동은 물론 수출로서 얻을 수 있는 수입품의 수량을 나타내므로 상품 교역조건의 단점을 보완한 것이다.

(5) 교역조건의 변동요인과 국제수지

① 수입원자재(원유)가격 상승 ➜ 수입가격 상승 ➜ 교역조건 악화 ➜ 국제수지 악화

② 환율 인상, 기술 진보 등 ➜ 수출가격 하락 ➜ 교역조건 악화 ➜ 국제수지 개선

③ 교역조건 악화 여부와 국제수지는 정확한 관계를 도출해 내기는 어렵다.

(6) 바그와티의 궁핍화 성장

① 경제성장으로 생산량이 늘어나면 수출재가격이 하락하여 교역조건이 악화될 수 있다.

② 경제성장 이후에 교역조건이 크게 악화되어 경제성장 이전보다 오히려 후생수준이 낮아지는 것을 바그와 티의 궁핍화 성장이라 한다.

③ 성립조건: 대국이면서 국제시장점유율이 높고, 경제성장이 수출재 중심으로 편향적으로 이루어져야 하며, 수입국에서 수요가 비탄력적이어야 한다.

2. 오퍼곡선

(1) 의미

여러 국제가격수준에서 수출하고자 하는 재화의 양과 수입하고자 하는 재화의 양의 조합을 의미한다.

(2) 교역조건과 교역량의 결정

양국의 오퍼곡선이 교차하는 점에서 교역조건과 교역량이 결정된다.

(3) 오퍼곡선의 도출

① K국 오퍼곡선의 도출

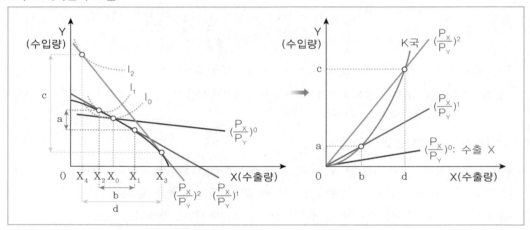

㉠ K국 입장에서, X재를 수출재로 Y재를 수입재로 하고 X축과 Y축을 각각 수출량과 수입량으로 가정하자.

㉡ 교역조건인 $\frac{P_X}{P_Y}$이 커지면 수출재의 가격이 상승하여 적은 X재로도 많은 Y재를 받을 수 있으므로 K국

오퍼곡선은 X축에 대하여 볼록한 형태로 도출된다.

② A국 오퍼곡선의 도출: 같은 원리로 A국은 Y축에 대하여 볼록한 형태로 도출된다.

(4) 교역조건의 도출

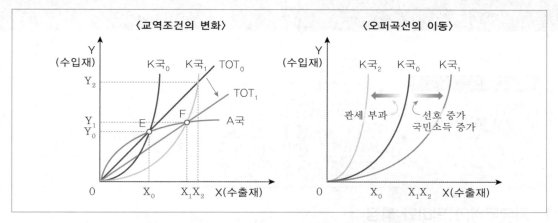

① 양국의 오퍼곡선이 교차하는 E점에서 최초의 교역조건과 교역량이 결정된다.

② K국 입장에서, Y재 선호 증가나 국민소득 증가가 발생하는 경우

  ㉠ 동일한 양의 Y재를 수입하기 위해 지불할 용의가 있는 X재의 수량이 증가하면 오퍼곡선이 우측으로 이동한다.

  ㉡ 오퍼곡선이 우측으로 이동하면 교역량은 증가하나 교역조건은 악화된다.

③ K국 입장에서, 수입관세 부과가 발생하는 경우

  ㉠ 관세가 부과되면 외국에 지불할 용의가 있던 금액의 일부가 관세로 납부되어야 한다.

  ㉡ 관세가 부과되면 일정량의 Y재를 수입할 때 상대방 국가에 지불할 용의가 있는 X재 수량이 감소하므로 오퍼곡선이 왼쪽으로 이동한다.

  ㉢ 오퍼곡선이 왼쪽으로 이동하면 교역량이 감소하고 교역조건은 호전된다.

핵심 Check: 자유무역

자유무역	• 무역장벽이 없음 • 국내가격 = 국제가격
수출국	생산자잉여 증가, 소비자잉여 감소, 총잉여 증가
수입국	소비자잉여 증가, 생산자잉여 감소, 총잉여 증가

1. 자유무역의 의미와 특징

(1) 자유무역의 의미

① 민간업체에 의한 무역활동을 국가가 일절 간섭하지 않고 자유롭게 방임함으로써 국가의 무역관리 또는 통제가 가해지지 않는 무역이다.

② 자유무역이 이루어지면 국제가격 = 국내가격이 성립한다.

(2) 자유무역의 특징

① 동일한 종류의 재화라 할지라도 나라마다 독특한 특징이 있으므로, 각국의 소비자에게 다양한 소비 기회를 제공한다.

② 비교우위의 재화를 수출할 경우 생산량이 크게 늘어나 규모의 경제를 통해 생산비를 절감할 수 있다.

③ 자유무역은 경제를 활성화(진입 장벽 낮춤 ➔ 독과점의 폐해 방지)하여 경제 전체의 후생 수준을 높인다.

④ 기술 이동, 아이디어 전파 등을 통해 각국의 기술 개발을 촉진하는 긍정적 파급 효과를 가진다.

⑤ 대부분의 경제학자들이 자유무역을 옹호하고 있지만, 자유무역을 할 경우 모든 나라 모든 사람의 후생이 증가하는 것이 아니라 일부 나라, 일부 계층은 불리해지는 현상이 발생하기도 한다.

2. 자유무역 그래프 분석

(1) 수출국

① 그래프

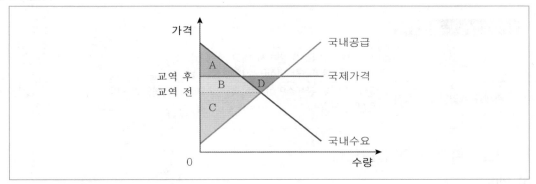

② 교역 전과 교역 후의 변화

구분	교역 이전	교역 이후	변화
소비자잉여	A + B	A	−B
생산자잉여	C	B + C + D	+(B + D)
총잉여	A + B + C	A + B + C + D	+D

(2) 수입국

① 그래프

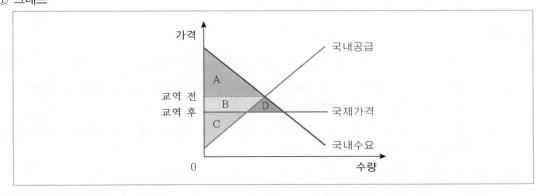

② 교역 전과 교역 후의 변화

구분	교역 이전	교역 이후	변화
소비자잉여	A	A + B + D	+(B + D)
생산자잉여	B + C	C	−B
총잉여	A + B + C	A + B + C + D	+D

05 보호무역

관세	• 소국은 교역조건 변하지 않고 후생손실 발생 • 대국은 교역조건 변하며 사회후생은 알 수 없음
관세와 수입할당의 차이	관세의 경우 관세수입이 정부로 귀속되나 수입할당의 경우 수입허가권을 소지한 사람에게 귀속됨

1. 보호무역의 의미와 필요성

(1) 의미

관세와 같은 정책을 이용하여 자유무역 시 피해를 보는 산업을 없애고 자국의 산업을 발전시키는 것이다.

(2) 필요성

자국민의 실업방지, 유치산업보호, 불공정 무역대응, 국가안보를 위해 필요하다.

2. 관세의 의미와 종류

(1) 의미

무역을 통해 거래되는 재화에 부과되는 조세이다.

(2) 종류

① 반덤핑관세: 특정 국가의 상품이 정상가격 이하로 수입되는 덤핑행위에 대하여 부과하는 관세이다.

② 상계관세: 수출국에서 직·간접적으로 생산 또는 수출에 대하여 장려금이나 보조금을 지급하였을 때 이를 상쇄하기 위하여 부과하는 관세이다.

③ 긴급관세: 국내 산업보호를 위하여 긴급한 조치가 필요하거나, 긴급히 특정 상품의 수입을 억제하기 위하여 특정 상품에 대해 부과하는 고율의 관세이다.

④ 재정관세: 국가의 관세수입을 증대시키기 위하여 부과하는 관세이다.

⑤ 할당관세: 특정 상품의 수입에 대하여 일정량을 정해놓고 정해진 수량 이내의 수입품에 대하여는 낮은 관세를 부과하지만, 정해진 수량 이상의 수입에 대해서는 고율의 관세를 부과하는 것이다.

3. 국내시장이 완전경쟁일 경우 관세의 효과

(1) 소국모형

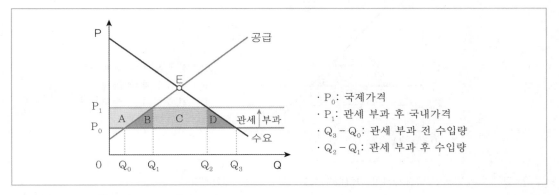

· P_0: 국제가격
· P_1: 관세 부과 후 국내가격
· $Q_3 - Q_0$: 관세 부과 전 수입량
· $Q_2 - Q_1$: 관세 부과 후 수입량

① 관세 부과 후 줄어드는 소비자잉여: $A + B + C + D$

② 관세 부과 후 늘어나는 생산자잉여: A

③ 관세수입: C

④ 관세로 인한 후생손실: $B + D$

(2) 관세의 효과

① 생산 증가 효과: 관세 부과로 국내 생산량이 증가한다.

② 소비 억제 효과: 관세를 부과하면 국내 수요량이 감소하게 되는데 이를 소비 억제 효과라 한다.

③ 재정 수입의 증대: 수입량에 따른 관세 부과는 정부의 재정 수입을 늘려주게 된다.

④ 국제수지 개선 효과: 관세를 부과하면 국제수지가 개선되는 효과를 가져올 수 있다.

⑤ 소비자 후생 및 사회적 후생의 손실: 소비자잉여가 감소하고 사회 전체의 후생이 줄어든다.

(3) 대국모형

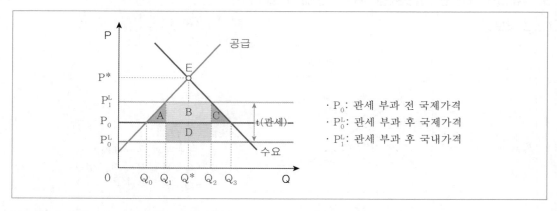

· P_0: 관세 부과 전 국제가격
· P_0^L: 관세 부과 후 국제가격
· P_1^L: 관세 부과 후 국내가격

① 관세가 부과되면 국제가격이 하락(P_0^L)하여 교역조건은 개선된다.

② 관세 부과 후 국내가격은 하락된 새로운 국제가격에 관세를 부과($P_0^L + t = P_1^L$)한 만큼 가격이 상승한다.

③ 대국의 경우는 소국에 비하여 국내가격이 작게 상승하여 작은 관세효과($P_1^L - P_0$)가 발생한다.

④ 국내생산 증가, 국내소비 감소, 국제수지 개선, 소비자잉여 감소, 생산자잉여 증가 등이 발생한다.

⑤ 재정수입 = B + D

⑥ 소비자잉여 감소 + 생산자잉여 증가 + 관세수입 - 후생손실 = D - (A + C)

⑦ D의 크기에 따라 사회적 후생 변화분은 양일 수도 음일 수도 있다.

(4) 최적관세율

① 의미: 관세 부과로 교역조건이 개선되면 관세 부과국의 사회후생이 증대될 수 있는데, 관세 부과국의 사회후생이 극대가 되는 관세이다.

② 공식

$$t = \frac{1}{\epsilon^* - 1} \quad (\epsilon^*: \text{외국의 수입수요의 가격탄력성})$$

③ 외국의 수입수요의 가격탄력성이 클수록 최적관세율은 낮아져야 한다.

④ 소국의 경우에는 외국의 수입수요의 탄력성이 ∞이므로 최적관세율은 0이다.

⑤ 대국의 경우에는 ϵ^*이 1보다 작다면 최적관세율이 (-)이므로 의미가 없다.

(5) 메츨러의 역설

① 의미: 관세 부과로 수입품의 국내 상대가격이 관세 부과 전보다 하락하는 현상을 메츨러의 역설이라 한다. 다만 실제로 발생할 가능성은 적다.

② 조건

ㄱ 상대국의 수입수요가 비탄력적(관세 부과로 수출품의 생산량 감소 시 수출품의 가격 대폭 상승)이다.

ㄴ 수입품에 대한 한계소비성향이 작을 때(관세 부과로 실질소득 증가에도 수입품의 가격 소폭 상승) 발생한다.

(6) 실효보호관세율

① 의미: 관세 부과로 특정 산업이 보호받는 정도를 실효보호관세율이라 한다.

② 공식

$$q = \frac{\text{부과 후 부가가치} - \text{부과 전 부가가치}}{\text{부과 전 부가가치}} = \frac{T - \alpha t}{1 - \alpha}$$

$$(\alpha: \text{중간재 투입계수} = \frac{\text{중간재 가격}}{\text{최종재 가격}}, \quad T: \text{최종재 관세율}, \quad t: \text{중간재 관세율})$$

4. 비관세 장벽

(1) 종류

① **수입할당제(Import quota):** 비관세 장벽 중에 가장 많이 이용되는 제도로 특정 상품의 수입을 일정량 이상 금지하는 제도이다. 이와 비슷한 비관세 장벽으로는 수입허가제와 수입금지제가 있다.

② **수출자율규제(VER; Voluntary Export Restraint):** 수출국들이 자율적으로 수출물량을 일정수준 이하로 제한하는 것이다.

③ **수출보조금:** 수출재 생산에 대하여 보조금을 지원하는 제도이다.

④ **구상무역:** 한 나라가 자국의 수출범위 내에서 상대국의 수입을 허가하는 제도로 소위 Barter무역이라고도 한다.

(2) 수입할당제의 효과(소국인 경우)

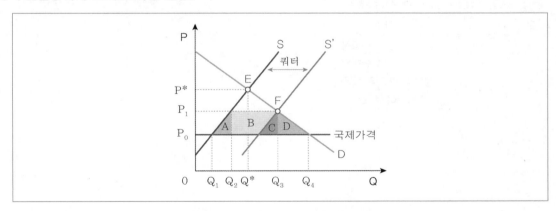

① 수입할당을 $Q_3 - Q_2$만큼 하면 공급곡선이 우측으로 $Q_3 - Q_2$만큼 이동한다.

② 수입할당제도 수입관세와 마찬가지로 국내가격은 P_1으로 상승하여 국내생산량은 Q_3로 증가하고 국내소비량은 Q_2로 감소한다.

③ 후생손실 = A + D

④ 수입할당이득 = B + C

　ⓐ 관세의 경우는 관세수입이 정부로 귀속되나 수입할당의 경우는 수입허가권을 소지한 사람에게 귀속된다.

　ⓑ 다만 정부가 일정 대가를 받고 수입업자에게 수입면허를 주는 경우는 수입업자와 정부에게 귀속된다.

5. 수출보조금

(1) 의미

수출을 촉진하기 위해 수출품에 대해 지급하는 보조금이다. (단, 국내시장은 완전경쟁시장이며, 소국임을 가정한다)

(2) 설명

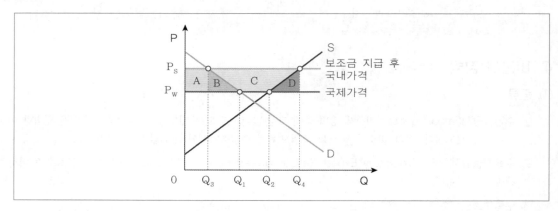

① 최초 가격이 P_w라면 수출량은 $Q_1 \sim Q_2$이다.

② 수출품에 대해 단위당 일정 금액의 보조금이 지급되어 수출가격이 P_S로 상승하면 국내가격도 P_S로 상승한다.

③ 수출보조금 지급 전과 지급 후의 변화

구분	양
소비자잉여 변화분	$-(A + B)$
생산자잉여 변화분	$(A + B + C)$
정부의 보조금 지급액	$-(B + C + D)$
총잉여 변화분	$-(B + D)$

다음 그림은 X재의 국내 수요곡선(D)과 공급곡선(S)을 나타내고 있다. 폐쇄경제하의 국내균형은 E, 무관세 자유무역하에서의 소비자가격은 P_1, X재 수입에 대하여 한 개당 t원의 관세가 부과되는 경우의 소비자가격은 P_2일 때, 이에 관한 설명으로 옳지 않은 것은?

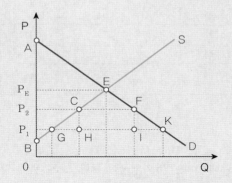

① 관세부과 후 X재의 수입량은 CF이다.

② 폐쇄경제와 비교하면 관세부과무역으로 인한 소비자잉여 증가분은 $P_E EFP_2$이다.

③ 폐쇄경제와 비교하면 무관세 자유무역으로 인한 총잉여 증가분은 EGK이다.

④ 무관세 자유무역과 비교하면 관세부과로 인한 경제적 순손실은 $CFKG$이다.

⑤ 무관세 자유무역과 비교하면 관세부과로 인한 생산자잉여 증가분은 $P_2 CGP_1$이다.

정답 및 해설

관세부과 후 사중손실은 삼각형 CGH와 FIK이다.

정답: ④

핵심 Check: 경제통합

경제통합유형	자유무역지역, 관세동맹, 공동시장, 경제동맹
경제통합의 효과	무역창출 효과, 무역전환 효과

1. 경제통합의 유형

(1) 자유무역지역(자유무역협정)

가맹국 간에는 관세 및 비관세 장벽을 철폐하고 비가맹국에 대하여는 각 가맹국이 독립적으로 관세 및 비관세 장벽을 유지한다.

(2) 관세동맹

가맹국 간에는 관세 및 비관세 장벽을 철폐하고 비가맹국에 대하여는 모든 가맹국이 동일한 관세를 부과한다.

(3) 공동시장

가맹국 간에는 관세 및 비관세 장벽을 철폐하고 노동과 자본 등 생산요소의 자유로운 이동을 보장하며 비가맹국에 대하여는 모든 가맹국이 동일한 관세를 부과한다.

(4) 경제동맹

공동시장에 추가로 경제정책에도 상호협력하고 공동보조를 맞춘다.

(5) 경제완전통합

경제면에서 한 국가로 행동한다.

(6) 경제통합의 유형 특성 비교

통합유형	관세철폐	비가맹국 공동관세	생산요소 이동	경제정책 협조	통합기구
자유무역지역	○				NAFTA 북미자유무역협정
관세동맹	○	○			
공동시장	○	○	○		CACM 중미공동시장
경제동맹	○	○	○	△	EU 유럽공동체
경제완전통합	○	○	○	○	

2. 경제통합의 경제적 효과

(1) 무역창출 효과

① 의미: 관세동맹 이전에는 무역이 없었지만 관세동맹으로 인하여 새로운 무역기회가 생겨나는 효과를 말한다.

② 사례: 한국의 자동차가 아세안 자국이 생산하는 자동차보다 가격대비 성능이 우수하나 아세안 국가들이 고율의 관세를 부과하여 한국이 수출할 수 없었다. 그러나 한국과 아세안 국가가 관세동맹이나 자유무역협정을 맺으면 관세가 없어지므로 한국이 아세안 여러 나라에 새로이 자동차를 수출할 수 있게 되는데 이러한 효과를 무역창출 효과라 한다.

③ 평가: 무역창출 효과는 재화의 공급이 비효율적인 국가(아세안)에서 효율적인 국가(한국)로 이동되므로 국제적 자원배분의 효율성이 높아진다.

(2) 무역전환 효과

① 개념: 관세동맹 이전에는 저비용의 국가에서 수입하던 재화를 관세동맹 이후에는 고비용의 역내국가(관세동맹국가)에서 수입하는, 수입선이 전환되는 효과를 말한다.

② 사례: 한국의 냉장고가 멕시코가 생산하는 냉장고보다 가격대비 성능이 우수하여 미국은 냉장고를 한국에서 주로 수입하였다. 그러나 미국이 멕시코와 관세동맹을 맺어 관세가 철폐되면 멕시코산 냉장고의 가격대비 성능이 높아지므로 미국의 수입선이 한국에서 멕시코로 전환되는 효과를 무역전환 효과라 한다.

③ 평가: 무역전환 효과는 재화의 공급이 효율적인 국가(한국)에서 비효율적인 국가(멕시코)로 전환되므로 국제적 자원배분의 효율성이 낮아진다.

확인문제(고난도 기출)

다음은 경제통합 형태에 대한 내용이다. 자유무역지역(free trade area), 관세동맹(customs union), 공동시장(common market)의 개념을 바르게 연결한 것은?   [국가직 7급 17]

(가) 가맹국 간에는 상품에 대한 관세를 철폐하고, 역외 국가의 수입품에 대해서는 가맹국이 개별적으로 관세를 부과한다.

(나) 가맹국 간에는 상품뿐만 아니라 노동, 자원과 같은 생산요소의 자유로운 이동이 보장되며, 역외 국가의 수입품에 대해서는 공동관세를 부과한다.

(다) 가맹국 간에는 상품의 자유로운 이동이 보장되지만, 역외 국가의 수입품에 대해서는 공동관세를 부과한다.

	(가)	(나)	(다)
①	자유무역지역	관세동맹	공동시장
②	자유무역지역	공동시장	관세동맹
③	관세동맹	자유무역지역	공동시장
④	관세동맹	공동시장	자유무역지역

정답 및 해설

(가) 자유무역지역, (나) 공동시장, (다) 관세동맹에 대한 설명이다.

정답: ②

기출동형문제

공기업 경제학 전공 시험에 출제될 가능성이 높은 다양한 유형의 문제를 풀어보며 실전 감각을 높여보세요!

01 헥셔 - 오린 정리에 관한 설명으로 옳은 것을 <보기>에서 모두 고르면?

<보기>
ㄱ. 양국의 선호 차에 의해 비교우위가 결정된다.
ㄴ. 무역이 이루어지면 양국의 산업구조는 유사해진다.
ㄷ. 양국 간 생산요소의 이동이 불가능하다는 가정에 기반을 둔다.
ㄹ. 양국 간 요소 부존의 차이가 재화의 상대가격 차이를 발생시켜 비교우위가 결정된다.

① ㄱ, ㄴ   ② ㄱ, ㄷ   ③ ㄴ, ㄷ
④ ㄴ, ㄹ   ⑤ ㄷ, ㄹ

02 다음은 A 국과 B 국이 각각 신발과 전화기를 1단위씩 생산하는 데 투입한 노동량을 비교한 것이다. 이에 대한 설명으로 옳은 것만을 <보기>에서 모두 고른 것은? (단, 두 나라 간에 생산요소 이동은 없고, 생산비에는 노동량만 포함된다고 가정한다)

구분	A 국	B 국
신발(1단위)	7명	6명
전화기(1단위)	9명	5명

<보기>
ㄱ. 절대우위론에 따르면 두 국가 간의 무역은 이루어지지 않는다.
ㄴ. 신발 생산에 대한 절대우위와 비교우위는 B 국에 있다.
ㄷ. B 국은 신발 생산에 절대우위가, 전화기 생산에 절대우위와 비교우위가 있다.

① ㄱ   ② ㄴ
③ ㄱ, ㄴ   ④ ㄱ, ㄷ

03 A 국이 수출물품에 단위당 일정액을 지급하는 보조금 정책이 교역조건에 미치는 효과에 대한 설명으로 옳은 것을 모두 고르면? (단, 다른 조건은 일정하다)

<보기>
ㄱ. A 국이 대국이면, 교역조건은 악화된다.
ㄴ. A 국이 소국이면, 교역조건은 개선된다.
ㄷ. A 국이 소국이면, 국내시장에서 수출품의 가격은 상승한다.

① ㄱ, ㄴ   ② ㄴ, ㄷ
③ ㄱ, ㄷ   ④ ㄱ, ㄴ, ㄷ

정답 및 해설

01 ⑤ 헥셔 - 오린 정리는 양국 간 생산요소의 이동이 불가능하다는 가정에 기반을 두며, 양국 간 요소 부존의 차이가 재화의 상대가격 차이를 발생시켜 비교우위가 결정된다.
[오답체크]
ㄱ. 양국의 선호는 동일하다고 가정한다.
ㄴ. 한 재화를 특화하므로 무역이 이루어지면 양국의 산업구조는 상이해진다.

02 ④ B 국이 신발과 전화기 모두 생산비가 작으므로 신발과 전화기 모두에 절대우위가 있고 A 국은 두 재화 모두에 절대열위가 있다. 절대우위론은 각각 잘하는 것이 존재할 때 각각 잘하는 것을 특화하여 무역을 한다는 이론이므로 절대우위론에 의하면 두 국가 간 교역은 이루어지지 않는다. 비교우위에 따른 각국의 두 재화의 기회비용은 아래와 같다.

구분	A 국 - 기회비용	B 국 - 기회비용
신발(1단위)	7명 - 전화기 7/9개	6명 - 전화기 6/5개
전화기(1단위)	9명 - 신발 9/7개	5명 - 신발 5/6개

기회비용을 비교하면 A 국은 신발에 비교우위, 전화기에 비교열위가 있으며, B 국은 신발에 비교열위, 전화기에 비교우위가 있다.
[오답체크]
ㄴ. 신발 생산에 대한 절대우위는 있지만 비교열위에 있는 것이 B 국이다.

03 ③ ㄱ. A 국이 대국이면 수출보조금을 지급함에 따라 A 국의 수출량이 증가하면 수출품의 국제가격이 하락하므로 수출보조금을 지급하면 교역조건이 악화된다.
ㄷ. A 국이 수출보조금을 지급함에 따라 수출량이 증가하면 A 국이 대국인지 소국인지에 관계없이 국내시장에서 수출품의 가격이 상승한다.
[오답체크]
ㄴ. A 국이 소국이면 수출보조금을 지급하더라도 수출품의 국제가격이 변하지 않으므로 교역조건도 변하지 않는다.

04 다음 글을 읽고 공정무역의 문제점으로 옳은 것을 <보기>에서 모두 고른 것은?

> Fair Trade Coffee(공정무역커피)란, 제3세계의 가난한 소규모 커피 재배 농가에서 수확한 커피 생두를 공정한 가격에 직매입하여 생산한 커피 제품을 말합니다. 이러한 커피를 소비함으로써 커피 재배 농가들은 스스로의 힘으로 경제적 자립을 할 수 있게 됩니다.

> <보기>
> ㄱ. 정부가 강제하는 정책으로 소비자 주권의 침해가능성이 높다.
> ㄴ. 가격이 비싸지므로 소비자잉여가 줄어들 수 있다.
> ㄷ. 규모의 경제를 활용하여 생산비를 감소시키기 때문에 상품의 질이 떨어질 가능성이 있다.
> ㄹ. 원래 가격보다 높은 가격에 생산하기 때문에 필요량보다 많이 생산할 수 있다.

① ㄱ, ㄴ ② ㄱ, ㄷ ③ ㄴ, ㄷ
④ ㄴ, ㄹ ⑤ ㄷ, ㄹ

05 다음 표는 A, B 국이 자동차와 컴퓨터를 생산하는 데 필요한 비용을 비교한 것이다. 이에 대한 설명으로 옳지 않은 것은? (단, 두 나라 간에 생산요소의 이동은 발생하지 않으며, 자국의 자원을 모두 소비한다고 가정한다)

(단위: 명)

구분	상품 단위당 투하 노동량	
	컴퓨터	자동차
A 국	160	200
B 국	280	240

> <보기>
> ㄱ. A 국은 컴퓨터 생산에 비교우위를 가진다.
> ㄴ. B 국은 컴퓨터와 자동차 생산 모두에 절대열위를 가진다.
> ㄷ. 교역조건과 관계없이 두 나라의 무역은 서로에게 이득이 된다.
> ㄹ. 두 나라 교역의 결과 A 국의 컴퓨터와 자동차의 기회비용은 모두 증가한다.

① ㄱ, ㄴ ② ㄱ, ㄷ ③ ㄴ, ㄷ
④ ㄴ, ㄹ ⑤ ㄷ, ㄹ

06 갑 국, 을 국, 병 국이 노동만을 생산요소로 하여 X재와 Y재 중 한 재화만 생산할 때 최대 생산량은 다음 표와 같다. 이에 대한 설명으로 옳은 것은? (단, 각국의 생산가능곡선은 직선이다)

구분	X재	Y재
갑 국	20	20
을 국	6	10
병 국	40	40

① X재 생산에 갑 국은 을 국보다 절대우위와 비교우위를 가지고 있다.
② X재 생산에 을 국은 병 국보다 비교우위를 가지고 있다.
③ X재 1단위 생산의 기회비용은 병 국이 갑 국보다 크다.
④ 병 국은 X재와 Y재 생산에 모두 을 국보다 절대우위를 가지고, 갑 국에 대해서는 절대우위를 가지지 않는다.
⑤ 세 나라 모두 무역에 참여하여 얻는 이익이 없으므로 무역에 참여하지 않을 것이다.

정답 및 해설

04 ④ 공정무역은 가격이 비싸지는 것이 특징이다.
[오답체크]
ㄱ. 공정무역은 정부가 강제하는 정책이 아니다.
ㄷ. 규모의 경제와 관련이 없다.

05 ⑤ A 국은 컴퓨터에, B 국은 자동차에 비교우위를 가진다.
ㄷ. 교역조건에 따라 무역의 이득이 달라진다.
ㄹ. 컴퓨터를 특화하여 전보다 더 많은 자동차를 얻을 수 있으므로 컴퓨터의 기회비용은 증가하지만 자동차의 기회비용은 작아진다.

06 ① 문제는 생산가능곡선을 말하고 있으며, 생산량은 많을수록 좋다. X재는 갑 국이 을 국보다 많이 생산할 수 있으므로 갑 국이 절대우위를 가지고 있다. 비교우위는 기회비용을 생각해야 하는데 X재 생산의 기회비용은 갑 국이 $20X = 20Y$이므로 $X = Y$이고 을 국은 $6X = 10Y$이므로 $X = 5/3Y$이다. 따라서 갑 국은 X재에 절대우위와 비교우위를 모두 가지고 있다.
[오답체크]
② X재 생산의 기회비용은 을 국이 $X = 5/3Y$이고 병 국이 $X = Y$이므로 을 국은 병 국보다 비교열위를 가지고 있다.
③ X재 1단위 생산의 기회비용은 $X = Y$로 동일하다.
④ 병 국은 X재와 Y재 모두 갑 국과 을 국보다 생산량이 많으므로 절대우위를 가진다.
⑤ 비교우위에 따른 무역을 함으로써 이익을 얻을 수 있다.

07 다음 중 국제무역에 관한 내용으로 옳은 것은?

<보기>
ㄱ. 리카도의 비교우위론에서는 모든 노동의 질은 동일하며 노동만이 유일한 생산요소라고 가정한다.
ㄴ. 메츨러의 역설이 발생하면 국내산업 보호효과는 더 커지게 된다.
ㄷ. 산업 간 무역은 국가 간 비교우위 등에 의한 상이한 상품거래를 의미한다.
ㄹ. 산업 내 무역의 발생원인은 규모의 경제와 독점적 경쟁으로 볼 수 있다.

① ㄱ, ㄴ   ② ㄱ, ㄷ   ③ ㄴ, ㄷ
④ ㄱ, ㄷ, ㄹ   ⑤ ㄴ, ㄷ, ㄹ

08 갑 국과 을 국 두 나라만 존재하며 재화는 TV와 쇠고기, 생산요소는 노동뿐이며, 두 나라에서 재화 1단위 생산에 필요한 노동량은 다음과 같다. 이때 리카도의 비교우위론에 입각한 설명으로 옳은 것은?

구분	갑 국	을 국
TV	3	2
쇠고기	10	4

① 을 국이 두 재화 모두 갑 국에 수출한다.
② 갑 국은 쇠고기를, 을 국은 TV를 상대국에 수출한다.
③ 국제거래가격이 TV 1단위당 쇠고기 0.2단위면, 갑 국은 TV를 수출한다.
④ 국제거래가격은 쇠고기 1단위당 TV 0.3단위와 0.5단위 사이에서 결정된다.
⑤ 자유무역이 이루어질 경우, 갑 국은 TV만 생산할 때 이익이 가장 크다.

09 A 국과 B 국은 상호 무역에 대해 각각 관세와 무관세로 대응할 수 있다. 다음은 양국이 동시에 전략을 선택할 경우의 보수행렬일 때, 이에 관한 설명으로 옳지 않은 것은? (단, 본 게임은 1회만 행해지고 괄호 안의 왼쪽 값은 A 국의 보수, 오른쪽 값은 B 국의 보수를 나타낸다)

(단위: 억 원)

구분		B 국	
		무관세	관세
A 국	무관세	(300, 250)	(400, 100)
	관세	(150, 300)	(200, 200)

① A 국의 우월전략은 관세이다.
② B 국의 우월전략은 무관세이다.
③ 내쉬균형의 보수조합은 (300, 250)이다.
④ 내쉬균형은 파레토 효율적이다.
⑤ 우월전략균형이 내쉬균형이다.

정답 및 해설

07 ④ ㄱ. 리카도의 비교우위론의 기본적 가정이다.

　ㄷ. 산업 간 무역은 상품이 달라야 하며, 산업 내 무역이 동일 종류의 상품거래를 의미한다.

　ㄹ. 산업 내 무역의 발생원인은 무역을 통해 대량생산이 가능하며 규모의 경제와 차별화된 상품을 통한 독점적 경쟁으로 볼 수 있다.

[오답체크]

ㄴ. 메츨러의 역설은 오히려 관세부과 후 국내가격이 관세부과 전보다 하락하는 것을 말한다. 따라서 국내산업의 보호효과는 나타나지 않는다.

08 ⑤ 양국의 기회비용을 표로 나타내면 다음과 같다.

구분	갑 국	을 국
TV	쇠고기 $\frac{3}{10}$	쇠고기 $\frac{2}{4}$
쇠고기	TV $\frac{10}{3}$	TV 2

따라서 갑 국은 TV를, 을 국은 쇠고기를 특화하므로 갑 국은 TV만 특화할 때 이익이 가장 크다.

[오답체크]

① 을 국은 쇠고기만 갑 국에 수출한다.

② 갑 국은 TV를, 을 국은 쇠고기를 상대국에 수출한다.

③ 국제거래가격이 TV 1단위당 쇠고기 0.3 ~ 0.5단위 사이에 있어야 하므로 0.2단위면, 갑 국은 TV를 수출하지 않는다.

④ 국제거래가격은 쇠고기 1단위당 TV 2 ~ $\frac{10}{3}$단위 사이에서 결정된다.

09 ① A 국은 B 국이 무관세인 경우 무관세를 선택하면 300, 관세를 선택하면 150이므로 무관세를 선택한다. A 국은 B 국이 관세인 경우 무관세를 선택하면 400, 관세를 선택하면 200이므로 무관세를 선택한다. 따라서 A 국은 무관세를 선택한다.

B 국은 A 국이 무관세인 경우 무관세를 선택하면 250, 관세를 선택하면 100이므로 무관세를 선택한다. B 국은 A 국이 관세인 경우 무관세를 선택하면 300, 관세를 선택하면 200이므로 무관세를 선택한다. 따라서 B 국은 무관세를 선택한다.

이에 따라 둘 다 무관세를 선택할 것이다.

10 표는 갑, 을, 병 3개국이 일정한 생산비를 투입하여 최대로 생산할 수 있는 TV와 휴대전화의 생산량 조합을 나타낸 것이다. 이에 근거한 추론으로 가장 타당한 것은?

(단위: 만 대)

국가	품목	생산량의 조합					
갑	TV	5	4	3	2	1	0
	휴대전화	0	1	2	3	4	5
을	TV	10	8	6	4	2	0
	휴대전화	0	1.6	3.2	4.8	6.4	8
병	TV	10	8	6	4	2	0
	휴대전화	0	3	6	9	12	15

① 갑은 을과 병에 대해 두 재화 모두 절대우위에 있다.
② TV로 표시한 휴대전화 1대의 기회비용은 을보다 갑이 크다.
③ 을과 병의 교역에서 을은 휴대전화에 특화하는 것이 유리하다.
④ 을과 병이 TV와 휴대전화를 1 : 1로 교역하면 양국 모두 무역 이익을 얻는다.
⑤ 갑이 TV 생산을 늘릴수록 휴대전화로 표시한 TV 1대의 기회비용은 커진다.

11 관세에 대한 설명으로 옳은 것을 <보기>에서 모두 고르면?

<보기>
ㄱ. 수출국의 장려금 등으로 가격경쟁력이 높아진 수입품이 국내산업에 피해를 줄 경우 불공정행위로 보아 부과하는 관세를 상계관세라고 한다.
ㄴ. 대국이 수입품에 관세율을 인상하면 국제가격이 하락한다.
ㄷ. 소국이 수입품에 관세율을 인하하면 국제가격이 상승한다.
ㄹ. 수요가 탄력적인 제품일수록 정부는 비례관세를 통해 많은 세수를 확보할 수 있다.

① ㄱ, ㄴ   ② ㄱ, ㄷ   ③ ㄴ, ㄷ
④ ㄴ, ㄹ   ⑤ ㄷ, ㄹ

정답 및 해설

10 ④ 을 국의 TV 1단위와 병 국의 휴대전화 1단위를 교환하면 을 국은 휴대전화 1/5대에 해당하는 이익을 얻고, 병 국은 TV 1/3대에 해당하는 이익을 얻게 된다.

[오답체크]

⑤ 갑 국이 TV 생산을 1단위 늘릴 때마다 포기해야 하는 휴대전화의 양은 일정하다.

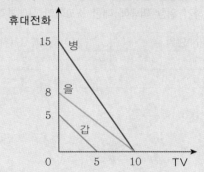

11 ① ㄱ. 상계는 서로 같게 만드는 관세로서 상대국의 보조금을 통한 가격경쟁력을 없애는 것이다.

ㄴ. 대국이 수입품에 관세율을 인상하면 국제적인 공급이 증가하므로 국제가격이 하락한다.

[오답체크]

ㄷ. 소국은 국제가격에 영향을 미치지 못한다.

ㄹ. 수요가 탄력적인 제품일수록 정부가 비례관세를 부과하면 가격이 상승하여 수요량이 급속히 감소한다. 따라서 많은 세수를 확보할 수 없다.

12 국내 쌀시장의 수요곡선과 공급곡선이 다음 그림과 같이 주어졌다고 하자. 국제시장의 쌀 가격이 10이고 국내시장의 개방이 국제시장 균형가격에 영향을 미치지 않는다고 할 때, 다음 설명 중 옳은 것은?

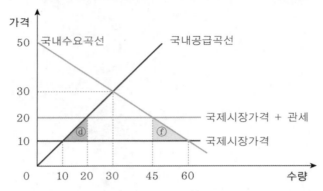

① 쌀시장 개방으로 인하여 국내 소비자잉여와 국내 생산자잉여가 모두 증가한다.
② 쌀시장 개방 후 국내 소비자들의 쌀 소비량은 60이고 이 중에서 국내 균형생산량 30을 뺀 나머지가 수입된다.
③ 쌀시장 개방 후 10의 관세를 부과하면 국내 생산자잉여는 관세부과 전보다 200 증가한다.
④ 쌀시장 개방 후 10의 관세를 부과하면 관세부과 전보다 125의 자중손실(Deadweight loss)이 발생한다.
⑤ 10의 관세 대신 15의 수입할당을 하더라도 국내 소비자잉여는 동일하다.

13 생산요소가 노동 하나뿐인 A 국과 B 국은 소고기와 의류만을 생산한다. 소고기 1단위와 의류 1단위 생산에 필요한 노동투입량이 다음과 같을 때, 무역이 발생하기 위한 의류에 대한 소고기의 상대가격 조건은?

구분	소고기 1단위	의류 1단위
A	1	2
B	6	3

① $\dfrac{P_{소고기}}{P_{의류}} < 2$

② $1.5 < \dfrac{P_{소고기}}{P_{의류}} < 6$

③ $0.5 < \dfrac{P_{소고기}}{P_{의류}} < 2$

④ $2 < \dfrac{P_{소고기}}{P_{의류}}$

14 산업 내 무역에 대한 설명으로 옳은 것을 <보기>에서 모두 고른 것은?

> <보기>
> ㄱ. 산업 내 무역은 규모의 경제가 발생하는 경우에 주로 발생한다.
> ㄴ. 산업 내 무역은 부존자원과 차이가 없다.
> ㄷ. 산업 내 무역은 해당 재화의 가격 하락과 다양성의 감소를 가져온다.
> ㄹ. 각국의 생산자잉여를 증가시키지만, 소비자잉여는 감소시킨다.

① ㄱ, ㄴ   ② ㄱ, ㄷ   ③ ㄴ, ㄷ
④ ㄴ, ㄹ   ⑤ ㄷ, ㄹ

정답 및 해설

12 ④ 자중손실은 ⓓ + ⓕ에 해당되므로 $\frac{1}{2} \times 10 \times 10 + \frac{1}{2} \times 10 \times 15 = 125$이다.

[오답체크]
① 쌀시장 개방으로 인하여 국내 소비자잉여는 증가하나 국내 생산자잉여는 감소한다.
② 쌀시장 개방 후 국내 소비자들의 쌀 소비량은 60이고 이 중에서 국내 균형생산량 10을 뺀 나머지인 50만큼 수입된다.
③ 쌀시장 개방 후 10의 관세를 부과하면 국내 생산자잉여는 관세부과 전보다 10과 20 평행선과 공급곡선으로 둘러싸인 면적인 200 - 50 = 150만큼 증가한다.
⑤ 관세부과 후 수입량이 45 - 20 = 25이므로 10의 관세 대신 25의 수입할당을 하더라도 국내 소비자잉여는 동일하다.

13 ③ 두 나라에서 각 재화 생산의 기회비용을 계산해 보면 아래의 표와 같다.

구분	소고기	의류
A 국	0.5	2
B 국	2	0.5

무역이 이루어질 때 두 나라가 모두 이득을 얻기 위해서는 교역조건이 양국의 국내가격비 사이에서 결정되어야 하므로 의류에 대한 소고기의 상대가격$\left(\frac{P_{\text{소고기}}}{P_{\text{의류}}} \right)$은 두 나라에서 소고기 생산의 기회비용인 0.5와 2 사이에서 결정되어야 한다.

14 ① 산업 내 무역은 규모의 경제가 발생하는 경우에 주로 발생하며, 부존자원과 차이가 없다.
[오답체크]
ㄷ. 산업 내 무역은 해당 재화의 가격 하락과 다양성의 증가를 가져온다.
ㄹ. 각국의 생산자잉여를 증가시키며, 소비자도 전보다 싸게 제품을 구매할 수 있으므로 소비자잉여도 증가한다.

15 자국과 외국은 두 국가 모두 한 가지 재화만을 생산하며, 노동투입량과 노동의 한계생산량의 관계는 다음 표와 같다. 자국과 외국의 현재 노동부존량은 각각 11과 3이고 모두 생산에 투입될 때, 국가 간 노동이동이 자유로워지면 세계 총생산량의 변화는?

노동투입량(명)	1	2	3	4	5	6	7	8	9	10	11
노동의 한계생산량(개)	20	19	18	17	16	15	14	13	12	11	10

① 4단위 증가 ② 8단위 증가
③ 12단위 증가 ④ 16단위 증가

16 A 국은 포도주 수입을 금지하는 나라이다. 포도주 수입이 없는 상태에서 포도주의 균형가격은 1병당 20달러이고, 균형생산량은 3만 병이다. 어느 날 A 국은 포도주 시장을 전격적으로 개방하기로 하였는데, 포도주 시장 개방 이후 A 국의 포도주 가격은 국제가격인 1병당 16달러로 하락하였고, 국내시장에서의 균형거래량도 5만 병으로 증가하였으나, 국내 포도주 생산량은 1만 병으로 오히려 하락하였을 때, 다음 중 옳은 것만을 모두 고른 것은? (단, 수요곡선과 공급곡선은 직선이라고 가정한다)

<보기>
ㄱ. 국내 사회적잉여 증가분은 국내 생산자잉여 감소분과 같다.
ㄴ. 국내 사회적잉여 증가분은 국내 소비자잉여 증가분의 절반이다.
ㄷ. 국내 소비자잉여 증가분은 국내 생산자잉여 감소분과 같다.

① ㄱ, ㄴ ② ㄱ, ㄷ ③ ㄴ, ㄷ
④ ㄱ, ㄴ, ㄷ ⑤ 정답 없음

17 소규모 개방경제에서 국내 생산자들을 보호하기 위해 Y재의 수입에 대하여 관세를 부과할 때 다음 중 옳은 것을 <보기>에서 모두 고르면? (단, Y재에 대한 국내 수요곡선은 우하향하고 국내 공급곡선은 우상향한다)

<보기>
ㄱ. Y재의 국내생산이 감소한다.
ㄴ. 국내 소비자잉여가 감소한다.
ㄷ. 국내 생산자잉여가 증가한다.
ㄹ. Y재에 대한 수요와 공급의 가격탄력성이 작을수록 관세부과로 인한 경제적 손실(Deadweight loss)이 커진다.

① ㄱ, ㄹ ② ㄴ, ㄷ ③ ㄴ, ㄷ, ㄹ
④ ㄱ, ㄴ, ㄷ ⑤ ㄱ, ㄷ, ㄹ

15 ④ 현재 자국에서는 노동부존량이 11이므로 마지막 단위의 노동의 한계생산물이 10이고, 외국에서는 노동부존량이 3이므로 마지막 단위의 노동의 한계생산물이 18이다. 자국에서 노동 1단위가 외국으로 이동하면 자국에서의 생산량은 10단위 감소하는 반면 외국에서는 17단위의 재화가 추가로 생산되므로 세계 전체 생산량은 7단위 증가한다. 국가 간 노동이동은 두 나라의 노동의 한계생산물이 같아질 때까지 이루어질 것이므로 결국 자국에서 4단위의 노동이 외국으로 이동한다. 자국에서 외국으로 4단위의 노동이 이동하면 자국의 생산량은 46단위(= 13 + 12 + 11 + 10)가 감소하나, 외국의 생산량은 62단위(= 17 + 16 + 15 + 14)가 증가한다. 따라서 국가 간 노동이동이 자유롭다면 세계 총생산량은 62 - 46 = 16단위가 증가한다.

16 ① 포도주 시장의 개방으로 포도주 국제가격이 16달러로 하락하였으므로 포도주 수입국이 되고 총잉여의 변화는 다음과 같다.

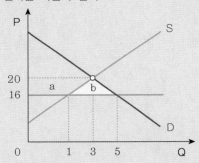

- 사회적잉여 증가분(b) = $\frac{1}{2} \times 4 \times 4 = 8$
- 생산자잉여 감소분(a) = $\frac{1}{2} \times 4 \times 4 = 8$
- 소비자잉여 증가분($a+b$) = $\frac{1}{2} \times 4 \times 8 = 16$

ㄱ. 국내 사회적잉여 증가분은 8이고, 국내 생산자잉여 감소분도 8이므로 둘은 같다.
ㄴ. 국내 사회적잉여 증가분은 8이고, 국내 소비자잉여 증가분은 16이므로 국내 사회적잉여 증가분은 국내 소비자잉여 증가분의 절반이 된다.

[오답체크]
ㄷ. 국내 생산자잉여 감소분은 8이고 국내 소비자잉여 증가분은 16이므로 둘은 같지 않다.

17 ② ㄴ. 관세부과 후 시장가격이 상승하므로 국내 소비자잉여가 감소한다.
ㄷ. 관세부과 후 국내생산이 증가하므로 국내 생산자잉여가 증가한다.

[오답체크]
ㄱ. Y재의 관세로 인해 가격이 상승하므로 국내생산이 증가한다.
ㄹ. Y재에 대한 수요와 공급의 가격탄력성이 클수록 관세부과로 인한 경제적 손실이 커진다. 조세와 동일하게 생각하면 된다.

18 헥셔 - 오린 모형과 관련된 설명으로 옳은 것을 <보기>에서 모두 고르면?

<보기>
ㄱ. 국가 간 생산함수에 차이가 있다고 가정한다.
ㄴ. 각국은 상대적으로 풍부한 생산요소를 많이 사용하여 생산하는 제품에 비교우위가 있다.
ㄷ. 생산요소의 국가 간 이동이 불가능하더라도 생산요소의 가격이 균등화되는 경향이 있다.
ㄹ. 레온티예프의 역설은 자본이 상대적으로 풍부한 나라가 오히려 노동집약적 상품을 수출하고 자본집약적인 제품을 수입하는 현상을 의미한다.

① ㄱ, ㄴ   ② ㄱ, ㄷ   ③ ㄴ, ㄷ
④ ㄱ, ㄴ, ㄹ   ⑤ ㄴ, ㄷ, ㄹ

19 교역이 전혀 없던 두 국가 간에 완전한 자유무역이 개시된다고 할 때, 다음 중 가장 옳은 것은?

<보기>
ㄱ. 산업 내 무역보다는 산업 간 무역이 발생할 것이다.
ㄴ. 무역의 확대로 특화 품목에 대한 고용이 창출될 수 있다.
ㄷ. 무역 후 모든 사람의 후생수준이 증가한다.
ㄹ. 수입국의 소비자잉여, 수출국의 생산자잉여가 증가한다.

① ㄱ, ㄴ   ② ㄱ, ㄷ   ③ ㄴ, ㄷ
④ ㄴ, ㄹ   ⑤ ㄷ, ㄹ

20 다음 표와 같은 조건하에서 A 국과 B 국은 옷과 쌀 2가지 상품을 생산하고 있으며, 노동만이 두 상품의 유일한 생산요소이고 노동의 한계생산물은 불변인 리카르도 모형을 따른다고 한다. 자유무역으로 국제시장에서 상대가격 $\left(\dfrac{P_\text{옷}}{P_\text{쌀}}\right)$이 1이 되었다고 가정했을 때, 무역 전후에 대한 설명으로 옳은 것은? (단, wage는 명목임금, P는 가격, MP는 노동의 한계생산물을 나타낸다)

A 국		B 국	
$wage = 12$		$wage^* = 6$	
$MP_\text{옷} = 2$	$MP_\text{쌀} =$	$MP^*_\text{옷} =$	$MP^*_\text{쌀} = 1$
$P_\text{옷} =$	$P_\text{쌀} = 4$	$P^*_\text{옷} = 3$	$P^*_\text{쌀} =$

① A 국은 쌀을 수출할 것이다.
② 무역 이전에, 옷 생산의 경우 B 국의 $MP^*_\text{옷}$이 A 국의 $MP_\text{옷}$보다 높다.
③ 무역 이전에, 쌀 생산의 경우 B 국의 $MP^*_\text{쌀}$이 A 국의 $MP_\text{쌀}$보다 높다.
④ 무역이 발생하지 않을 것이다.

21 자유무역 시 A 국의 국내 생산자는 80달러의 수입 원모를 투입하여 생산한 옷을 국내시장에서 한 벌당 100달러에 판매하고 있다. 만약 A 국이 수입 옷 한 벌당 10%의 명목관세를 부과하는 정책으로 전환한다면, A 국의 국내시장 옷 가격은 100달러에서 110달러로 상승하여 A 국 국내 생산자의 옷 한 벌당 부가가치는 20달러에서 30달러로 증가할 때, A 국 국내 생산자의 부가가치 변화율로 바라본 실효보호관세율은?

① 40%　　　　② 50%　　　　③ 60%　　　　④ 70%

정답 및 해설

18 ⑤　ㄴ. 헥셔 - 오린 정리는 부존 요소의 차이에 의해 무역이 발생한다고 본다.
　　　ㄷ. 노동이 상대적으로 풍부한 국가는 노동집약적 상품을 생산하기 때문에 노동수요가 증가하여 노동의 상대가격이 비싸진다. 반면, 자본이 상대적으로 풍부한 국가는 자본집약적 상품을 생산하기 때문에 자본수요가 증가하여 자본의 상대가격이 비싸진다. 따라서 상대적으로 비싼 요소의 가격이 점점 하락하여 두 국가가 유사해질 것이며, 이를 요소가격균등화라고 한다.
　　　ㄹ. 레온티예프는 실증연구에서 자본집약적인 미국이 노동집약적인 재화를 수출하는 것을 알아냈다. 이를 레온티예프의 역설이라고 한다.
　　　[오답체크]
　　　ㄱ. 헥셔 - 오린 정리에서는 국가 간 생산함수가 동일하다고 가정한다.

19 ④　ㄴ. 무역으로 특화 품목의 생산이 증가하여 고용창출이 가능하다.
　　　ㄹ. 총잉여는 모두 증가하지만 수입국의 소비자와 수출국의 생산자는 이득, 수입국의 생산자와 수출국의 소비자는 손해를 본다.
　　　[오답체크]
　　　ㄱ. 어떤 형태의 무역이 발생할 것인지는 알 수 없다.
　　　ㄷ. 세계 차원의 총잉여는 증가할 수 있지만 수출국의 소비자, 수입국의 생산자잉여는 감소한다.

20 ①　균형상태에서는 임금이 한계생산물가치(VMP_L)와 일치하므로 $w = MP_L \times P$ 의 관계가 성립한다. 그러므로 A 국에서 옷의 가격 $P_옷 = 6$, 쌀의 한계생산물 $MP_쌀 = 3$ 이고, B 국에서 옷의 한계생산물 $MP^*_옷 = 2$, 쌀의 가격 $P^*_쌀 = 6$ 임을 알 수 있다. 무역이 이루어지기 전에 $\left(\dfrac{P_옷}{P_쌀}\right)^A = \dfrac{6}{4} = 1.5$ 이고, $\left(\dfrac{P_옷}{P_쌀}\right)^B = \dfrac{3}{6} = 0.5$ 이므로 옷의 가격은 상대적으로 B 국이 더 낮고, 쌀의 가격은 상대적으로 A 국이 더 낮으므로 각각을 특화할 것이다. 따라서 국제시장의 상대가격인 $\dfrac{P_옷}{P_쌀} = 1$ 이면 두 나라의 상대가격 사이에 교역조건이 존재하므로 무역이 이루어질 것이다.
　　　[오답체크]
　　　② 무역 이전에, 옷 생산의 경우 B 국의 $MP^*_옷$ 은 2, A 국의 $MP_옷$ 은 2이므로 동일하다.
　　　③ 무역 이전에, 쌀 생산의 경우 B 국의 $MP^*_쌀$ 은 1, A 국의 $MP_쌀$ 은 3이므로 A 국이 높다.
　　　④ 교역조건이 정당하여 무역이 이루어질 것이다.

21 ②　관세부과에 따른 부가가치 증가율을 의미하는 실효보호관세율을 구하기 위해서는 각각의 부가가치를 구해야 한다. 자유무역이 이루어질 때 국내 생산자는 80달러에 원모를 수입하여 옷을 생산한 후 100달러에 판매하므로 부가가치가 20달러이다. 이제 정부가 옷 수입에 대해 10%의 관세를 부과함에 따라 옷을 110달러에 판매할 수 있게 되면 부가가치가 30달러로 증가한다. 따라서 실효보호관세율은 $\dfrac{30 - 20}{20} \times 100 = 50\%$ 이다.

22 갑 국은 노동자 10명이 하루에 컴퓨터 10대를 생산하거나 자동차 2대를 생산할 수 있으며, 을 국은 노동자 10명이 하루에 컴퓨터 8대를 생산하거나 자동차 1대를 생산할 수 있을 때, 두 나라 사이에 무역이 이루어지기 위한 교환비율에 해당하는 것은? (단, 갑 국과 을 국의 부존노동량은 동일하다)

① $\dfrac{P_컴}{P_자} = 0.05$ ② $\dfrac{P_컴}{P_자} = 0.15$ ③ $\dfrac{P_컴}{P_자} = 0.25$

④ $\dfrac{P_컴}{P_자} = 0.35$ ⑤ $\dfrac{P_컴}{P_자} = 0.45$

23 다음 그림은 무역 이전 A 국과 B 국이 생산 가능한 컴퓨터와 TV의 조합을 나타낸 것이다. 만약 두 국가 간에 무역이 이루어질 때 이에 대한 분석으로 옳지 않은 것은? (단, 생산요소는 노동뿐이고 양국에서 투입 가능한 노동의 양은 같다고 가정한다)

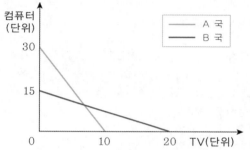

① 무역 이후 B 국의 컴퓨터에 대한 TV의 기회비용은 무역 이전보다 커진다.
② A 국은 B 국보다 컴퓨터 생산에 비교우위가 있다.
③ 양국의 교역조건은 두 나라에 모두 이익이 되는 수준에서 결정된다.
④ 교역조건이 컴퓨터 4단위에 TV 5단위일 때 B 국이 TV 5단위를 소비한다면 컴퓨터 10단위를 소비할 수 있다.
⑤ 절대우위론의 입장에서 설명할 수 있다.

24 A 국은 자동차 수입을 금하고 있으며, 이 나라에서 자동차 한 대의 가격은 2억 원이고 판매량은 40만 대에 불과하다. 어느 날 새로 선출된 대통령이 자동차 시장을 전격 개방하기로 결정했는데, 개방 이후 자동차 가격은 국제시세인 1억 원으로 하락하였고, 국내시장에서의 자동차 판매량도 60만 대로 증가하였다. 이에 대한 설명으로 가장 옳은 것은? (단, 수요곡선과 공급곡선은 직선이며, 공급곡선은 원점을 지난다)

① 국내 소비자잉여 증가분은 국내 생산자잉여 감소분의 2배 이상이다.
② 국내 사회적잉여 증가분은 국내 생산자잉여 감소분보다 크다.
③ 국내 소비자잉여는 예전보다 2배 이상 증가하였다.
④ 국내 사회적잉여 증가분은 국내 소비자잉여 증가분의 절반 이상이다.

정답 및 해설

22 ② 생산할 수 있는 경우이므로 생산량으로 기회비용을 구해야 하고 기회비용의 사이에 있을 때 무역이 발생한다. 국내가격비 $\left(\dfrac{P_{컴}}{P_{자}}\right)$은 갑 국은 10컴퓨터 = 2자동차이므로 1컴퓨터는 = 0.2자동차, 을 국은 8컴퓨터 = 1자동차이므로 1컴퓨터 = 0.125자동차이다. 따라서 $0.125 < \left(\dfrac{P_{컴}}{P_{자}}\right) < 0.2$에 있어야 한다.

23 ④ 절대우위론에 관한 문제이다. A 국은 컴퓨터를, B 국은 TV를 특화하여야 하며, 교역조건이 컴퓨터 4단위에 TV 5단위일 경우, TV 5단위와 컴퓨터 12단위를 소비할 수 있다.
[오답체크]
① 특화를 하게 되면 전보다 많이 얻을 수 있으므로 특화 품목의 기회비용은 커진다.
② 절대우위론에 입각한 문제이므로 A 국은 컴퓨터, B 국은 TV를 특화한다.
③ 전보다 소비를 많이 하는 수준에서 결정된다.
⑤ 각각 잘하는 것을 특화하므로 절대우위론이라고 할 수 있다.

24 ③ 수입이 금지되고 있을 때는 자동차 가격이 국내수요와 국내공급에 의해 결정되는데 가격이 2억 원, 거래량은 40만 대이며, 자동차 시장이 개방되어 자동차 가격이 1억 원으로 하락한 이후에는 거래량이 60만 대이다. 공급곡선이 원점을 통과하는 우상향의 직선이면 공급곡선상의 모든 점에서 공급의 가격탄력성이 1억 원이므로 수입자유화에 따라 자동차 가격이 50% 하락하면 국내의 자동차 공급량도 50% 감소한다. 그러므로 수입자유화 이후 국내자동차 공급량은 20만 대임을 알 수 있으며, 수입자유화 이후 국내자동차 공급량이 20만 대이고 국내거래량이 60만 대이므로 수입량은 40만 대임을 알 수 있다. 그림으로 볼 때, 수입자유화로 가격이 하락하면 생산자잉여는 감소하나 소비자잉여가 면적만큼 증가하므로 사회 전체 총잉여는 면적만큼 증가한다. 즉, 생산자잉여 감소분은 $30\left(=\dfrac{1}{2}\times(40+20)\times1\right)$, 소비자잉여 증가분은 $50\left(=\dfrac{1}{2}\times(40+60)\times1\right)$, 사회 전체의 총잉여 증가분은 $20\left(=\dfrac{1}{2}\times40\times1\right)$으로 계산된다. 자동차 시장 개방 전에는 소비자잉여가 $40\left(=\dfrac{1}{2}\times40\times2\right)$이었으나 자동차 시장 개방으로 소비자잉여가 50만큼 증가하였으므로 국내 소비자잉여는 시장개방 이전보다 2배 이상 증가하였음을 알 수 있다.

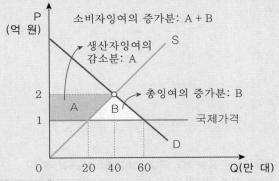

[오답체크]
① 국내 소비자잉여 증가분은 50이고 국내 생산자잉여 감소분은 30이므로 2배가 되지 않는다.
② 국내 사회적잉여 증가분은 20이고 국내 생산자잉여 감소분은 30이므로 생산자잉여 감소분이 더 크다.
④ 국내 사회적잉여 증가분은 20이고 국내 소비자잉여 증가분은 50이므로 절반이 되지 못한다.

25 갑 국과 을 국으로 이루어진 세계경제가 있다. 생산요소는 노동과 자본이 있는데, 갑 국은 노동 200단위와 자본 60단위, 을 국은 노동 800단위와 자본 140단위를 보유하고 있다. 또한 양국은 두 재화 X와 Y를 생산할 수 있는데, X는 노동집약적 재화이고 Y는 자본집약적 재화이다. 헥셔 – 오린 모형에 따를 때 예상되는 무역 패턴은? (단, 노동과 자본은 양국에서 모두 동질적이다)

① 갑 국은 Y를 수출하고 을 국은 X를 수출한다.
② 갑 국은 X를 수출하고 을 국은 Y를 수출한다.
③ 갑 국과 을 국은 비교우위에 있는 재화를 완전특화한다.
④ 갑 국과 을 국은 X와 Y를 모두 생산하며, 각자 자급자족한다.

26 A 국에서 어느 재화의 국내 수요곡선과 국내 공급곡선은 다음과 같다.

- 국내 수요곡선: $Q_d = 16 - P$
- 국내 공급곡선: $Q_s = -6 + P$

A 국이 자유무역을 허용하여 이 재화가 세계시장 가격 $P_w = 6$으로 거래되고 있다고 할 때, 단위당 2의 수입관세를 부과할 경우의 국내시장 변화에 대한 설명으로 옳지 않은 것은? (단, P는 이 재화의 가격이며, A 국의 수입관세 부과는 세계시장 가격에 영향을 미치지 못한다)

① 소비자잉여는 18만큼 감소한다.
② 생산자잉여는 2만큼 증가한다.
③ 수요량은 4만큼 감소한다.
④ 사회후생은 4만큼 감소한다.

27 한 나라의 쌀 시장에서 국내 생산자의 공급곡선은 P = 2Q, 국내 소비자의 수요곡선은 P = 12 - Q이며, 국제시장의 쌀 공급곡선은 P = 4이다. 만약 이 나라 정부가 수입 쌀에 대해 50%의 관세를 부과한다면 정부의 관세수입 규모는? (단, 이 나라는 소규모 경제이며 Q는 생산량, P는 가격이다)

① 2   ② 3
③ 6   ④ 8

25 ① 각 국가가 어떤 부존자원의 풍부국인지 살펴보면 $\left(\dfrac{K}{L}\right)^{갑} = \dfrac{60}{200}$ 이고, $\left(\dfrac{K}{L}\right)^{을} = \dfrac{140}{800} = \dfrac{35}{200}$ 이므로 $\left(\dfrac{K}{L}\right)^{갑} > \left(\dfrac{K}{L}\right)^{을}$ 이다. 그러므로 갑 국은 자본풍부국, 을 국은 노동풍부국이다. 헥셔 - 오린 정리에 의하면 각국은 풍부한 생산요소를 집약적으로 투입하는 재화 생산에 특화하므로 두 나라 사이에 무역이 이루어지면 갑 국은 자본집약적인 Y재, 을 국은 노동집약적인 X재 생산에 특화하여 수출할 것이다. 또한 헥셔 - 오린 정리에 의하면 불완전 특화가 이루어지므로 무역 이후에도 각국은 두 재화를 모두 생산한다. 다만, 각국은 자급자족할 때보다 비교우위에 있는 재화를 더 많이 생산하여 그중 일부를 무역을 통해 비교열위에 있는 재화와 교환하게 된다.

[오답체크]

② 갑 국은 Y를 수출하고 을 국은 X를 수출한다.

③, ④ 갑 국과 을 국은 X와 Y를 모두 생산하며, 부분 특화를 통한 무역을 실시한다.

26 ③ 주어진 세계시장 가격을 수요곡선과 공급곡선 식에 대입하면 수요량이 10단위이고, 공급량이 0이므로 자유무역이 이루어질 때 수입량은 10단위이다. 이제 단위당 2의 관세가 부과되면 국내가격이 8로 상승하게 된다. P = 8을 수요곡선과 공급곡선 식에 대입하면 수요량이 8이고, 공급량이 2이므로 단위당 2의 관세를 부과한 이후의 수입량은 6단위임을 알 수 있다. 단위당 2의 관세를 부과함에 따라 가격이 2만큼 상승하면 소비자잉여는 $18(=\dfrac{1}{2}\times(10+8)\times2)$만큼 감소하나 생산자잉여는 $2(=\dfrac{1}{2}\times2\times2)$만큼 증가하고, 정부는 $12(=2\times6)$의 관세수입을 얻는다. 또한 관세부과로 인한 후생손실의 크기는 4이다.

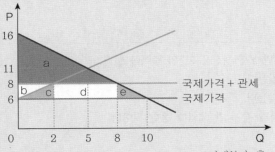

- 자유무역 시 소비자잉여 $a+b+c+d+e$ $\xrightarrow{\text{관세부과 후}}$ a

- 자유무역 시 생산자잉여 없음 $\xrightarrow{\text{관세부과 후}}$ b

- 관세로 인한 후생손실 $c+e$

27 ③ 국제가격이 4이므로 수입 쌀에 대해 50%의 관세를 부과하면 국내에서 쌀 가격이 6으로 상승한다. P = 6을 수요함수에 대입하면 국내수요량이 6이고, P = 6을 공급곡선에 대입하면 국내공급량이 3이므로 관세부과 후의 수입량은 3이 된다. 따라서 단위당 관세액이 2이고, 관세부과 후의 수입량이 3이므로 정부가 얻는 관세수입의 크기는 2 × 3 = 6임을 알 수 있다.

28 A는 하루에 6시간, B는 하루에 10시간 일해서 물고기와 커피를 생산할 수 있다. 다음 표는 각 사람이 하루에 생산할 수 있는 물고기와 커피의 양일 때, 다음 설명 중 가장 옳은 것은? (단, 생산가능곡선은 가로축에 물고기, 세로축에 커피를 표시한다)

구분	물고기(kg)	커피(kg)
A	12	12
B	15	30

① B가 물고기와 커피 모두 절대우위를 가지고 있다.
② A의 생산가능곡선의 기울기가 B의 생산가능곡선의 기울기보다 더 가파르다.
③ A와 B가 같이 생산할 때의 생산가능곡선은 원점에 대해서 볼록하다.
④ 물고기 1kg당 커피 1.5kg과 교환하면 A, B 모두에게 이익이다.

29 갑 국과 을 국은 X, Y재만을 생산하며, 교역 시 비교우위가 있는 재화 생산에 완전특화한다. 양국의 생산가능곡선이 다음과 같을 때 이에 대한 설명으로 옳은 것은? (단, 양국의 생산요소 양은 같고 교역은 양국 간에만 이루어진다)

- 갑 국: 4X + Y = 40
- 을 국: 2X + 3Y = 60

① 갑 국이 X재 생산을 1단위 늘리려면 Y재 생산을 2단위 줄여야 한다.
② 갑 국은 X재 생산에 절대우위를 갖는다.
③ 을 국은 X재 생산에 비교우위를 갖는다.
④ X재와 Y재의 교역비율이 1 : 1이라면 갑 국만 교역에 응할 것이다.

30 국제시장 가격에 영향을 미치지 못하는 소국 A가 재화 B에 대해 무역정책을 고려하고 있으며, 무역정책에는 수입가격의 일정 비율을 관세로 부과하는 수입관세정책과 수입량을 제한하는 수입쿼터정책이 있다. 수입재 시장만을 고려한 부분균형분석에 기초해 볼 때 두 정책이 갖는 효과의 공통점은?

① 국내의 허가된 수입업자가 국제가격과 국내가격의 차액만큼 이익을 본다.
② 국내 생산자의 잉여를 증가시킨다.
③ 정부의 관세수입이 늘어난다.
④ 재화 B의 공급에서 국내생산이 차지하는 비중이 줄어든다.

정답 및 해설

28 ④ 문제에서 주어진 생산물과 기회비용을 표로 나타내면 다음과 같다.

구분	물고기	커피
A	1물고기 = 1커피	1커피 = 1물고기
B	1물고기 = 2커피	1커피 = 0.5물고기

물고기 1kg의 교역조건은 1커피 < 1물고기 < 2커피이므로 물고기 1kg당 커피 1.5kg과 교환하면 A, B 모두에게 이익이다.

[오답체크]
① 아래와 같이 시간당 생산량으로 살펴보면 A가 물고기 생산에 절대우위가 있다.

구분	물고기	커피
A	2	2
B	1.5	3

② B의 생산가능곡선의 기울기가 A의 생산가능곡선의 기울기보다 더 가파르다.
③ A와 B가 같이 생산할 때의 생산가능곡선은 두 사람이 독립적으로 생산할 때의 생산가능곡선을 이어붙인 형태로 원점에 대해서 오목하다.

29 ③ Y에 대해 정리하면 갑 국의 생산가능곡선이 Y = -4X + 40, 을 국의 생산가능곡선이 $Y = -\frac{2}{3}X + 20$이다. 생산가능곡선 기울기(절댓값)가 X재 생산의 기회비용이므로 갑 국의 X재 생산의 기회비용은 Y재 4단위, 을 국의 X재 생산의 기회비용은 Y재 $\frac{2}{3}$단위이다. 따라서 X재 생산은 을 국이, Y재 생산은 갑 국이 비교우위를 가지게 된다.

[오답체크]
② 갑 국의 생산가능곡선 식에 Y = 0을 대입하면 X = 10, 을 국의 생산가능곡선 식에 Y = 0을 대입하면 X = 30이므로 모든 생산요소를 X재 생산에 투입하면 을 국의 X재 생산량이 더 많다. 따라서 을 국이 X재 생산에 절대우위를 가짐을 알 수 있다.
④ 갑 국의 X재 생산의 기회비용이 4이고, 을 국의 X재 생산의 기회비용이 $\frac{2}{3}$이므로 X재 1단위와 교환되는 Y재의 비율이 $\frac{2}{3}$와 4 사이로 결정되면 두 나라 모두 무역의 이득을 얻을 수 있다. 따라서 X재와 Y재의 교역비율이 1 : 1로 주어지면 두 나라가 모두 교역에 응하게 될 것이다.

30 ② 관세가 부과되거나 쿼터가 설정되어 B재의 수입량이 감소하면 B재의 국내가격이 상승한다. B재의 가격이 상승하면 국내생산량이 증가하므로 B재의 공급에서 국내생산이 차지하는 비중이 증가한다. 따라서 생산자잉여를 증가시킨다.

고난도 기출문제

고난도 시험의 기출문제를 풀어보며 경제학 실력을 한층 더 업그레이드해 보세요!

01 어떤 연도에 A국, B국, C국은 옷, 자동차, 컴퓨터를 다음 표에 제시된 금액만큼 생산하고 해당 재화에 대하여 지출한다. 다음 설명 중 옳은 것은? (단, 국가는 3개 국가, 재화는 3개 재화만 존재하며, 각 재화의 가격은 100달러로 동일하고, 각국은 같은 재화라면 자국 재화에 대하여 우선 지출한다고 가정한다) [회계사 16]

(단위: 백만 달러)

구분	생산액			지출액		
	옷	자동차	컴퓨터	옷	자동차	컴퓨터
A국	6	3	0	3	3	3
B국	0	6	3	3	3	3
C국	3	0	6	3	3	3

① A국의 GDP가 B국의 GDP보다 크다.
② A국은 B국에 옷을 수출한다.
③ B국의 무역수지는 흑자이다.
④ B국과 C국 사이에는 무역이 이루어지지 않는다.
⑤ C국은 A국과의 무역에서 3백만 달러 적자이다.

02 2국 2재화 리카도(Ricardo) 모형을 가정하자. 두 국가는 각각 100시간의 노동을 보유한다. 다음 표는 각국이 재화 X, Y 각 1단위를 생산하는 데 필요한 노동투입 시간과 교역 후 소비조합을 나타낸다. 다음 설명 중 옳은 것만을 모두 고르면? (단, 교역은 이득이 양(+)인 경우에만 일어난다) [회계사 20]

	단위당 노동투입 시간		교역 후 소비조합	
	A 국	B 국	A 국	B 국
X재	1	5/4	60	a
Y재	2	5/4	b	c

> 가. A국은 X재, B국은 Y재에 비교우위가 있다.
> 나. a는 60이다.
> 다. b는 20보다 크고 40보다 작아야 한다.
> 라. c가 50이면 A국은 수출 재화 1단위당 수입 재화 3/4단위의 이득을 본다.

① 가, 나   ② 가, 다   ③ 나, 라
④ 가, 다, 라   ⑤ 나, 다, 라

정답 및 해설

01 ② C국은 자국의 옷을 사용할 것이므로 B국의 옷은 A국에서 수입할 수밖에 없다.

[오답체크]

① 재화의 가격은 동일하고 9개씩 소비하였으므로 세 국가의 GDP가 동일하다.

③ B국의 무역수지는 자동차 3개를 수출하고 옷 3개를 수입하였으므로 균형이다.

④ B국은 C국에게 자동차를 수출하였다.

⑤ C국은 A국과의 무역에서 컴퓨터를 수출하였으므로 3백만 달러 흑자이다.

02 ② 1) 각 재화의 기회비용을 구하면 다음과 같다.

	A 국	B 국
X재	0.5	1
Y재	2	1

2) 기회비용이 일정하므로 완전특화가 이루어진다. 100시간의 시간이 부여되었으므로 생산량을 구하면 다음과 같다.

	A 국	B 국
X재	100	80
Y재	50	80

3) 지문분석

가. A국은 기회비용이 작은 X재, B국은 Y재에 비교우위가 있다.

다. A국이 스스로 X재를 60개 생산한다면 Y재는 20개이어야 한다. 따라서 무역의 이익이 커야 하므로 b > 20이어야 한다. 또한 B국에서 스스로 X재를 40개 생산하면 Y재 40개를 얻을 수 있으므로 b < 40이어야 한다. 따라서 b는 20보다 크고 40보다 작아야 한다.

[오답체크]

나. A국이 100개를 생산하였으므로 A국이 소비한 60개를 제외하고 나머지 40개를 B국에 수출하여야 한다. 따라서 a = 40이다.

라. c가 50이면 A국은 X재 40개를 수출하여 Y재 30개를 얻는다. 따라서 X재의 기회비용이 $\frac{3}{4}Y$

이므로 A국은 수출 재화 1단위당 수입 재화 $\frac{1}{4}$ 단위의 이득을 본다.

03 노동(L)과 자본(K)을 사용하여 X재와 Y재를 생산하는 헥셔 - 오린(Heckscher - Ohlin)모형을 고려하자. 아래 그래프에 대한 설명에서 (가)와 (나)를 바르게 짝지은 것은? (단, XX와 YY는 X재와 Y재의 등량곡선을 나타내며, 상대임금은 (임금/임대료)를 의미한다. 등비용선은 각 등량곡선과 한 점에서 접한다) [회계사 16]

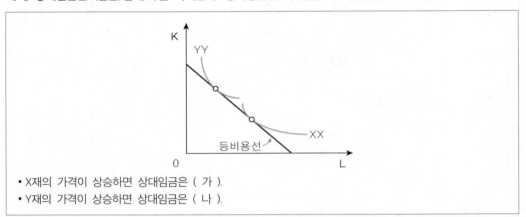

- X재의 가격이 상승하면 상대임금은 (가).
- Y재의 가격이 상승하면 상대임금은 (나).

	(가)	(나)
①	하락한다	하락한다
②	상승한다	하락한다
③	하락한다	상승한다
④	상승한다	상승한다
⑤	변하지 않는다	변하지 않는다

04 그림은 어느 대국 개방 경제에서 수입 재화에 대한 관세 부과로 인한 효과를 나타낸다. 관세 부과는 자국 내 가격을 P_W 에서 P_T로 상승시키지만 세계시장가격을 P_W 에서 P_T^*로 하락시킨다. 이에 대한 설명으로 옳은 것은? [회계사 20]

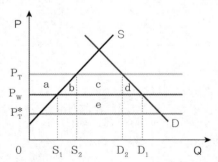

① 관세 부과 후 수입량은 $D_1 - S_1$이다.
② 관세 부과로 인해 소비자잉여는 a + c만큼 감소한다.
③ 관세 부과로 인해 생산자잉여는 a + b + c + d만큼 증가한다.
④ 관세 부과로 인한 생산의 비효율성은 b로 표시된다.
⑤ b + d의 크기가 e보다 크면 관세 부과로 인해 사회적 후생은 증가한다.

정답 및 해설

03 ② 1) 그래프를 보면 X재 생산에는 노동이 많이 투입되며 Y재 생산에는 자본이 많이 투입된다. 이를 통해 X재는 노동집약재, Y재는 자본집약재임을 알 수 있다.

2) X재의 가격이 상승하면 노동집약재의 생산이 증가하여 노동의 상대가격인 상대임금은 증가할 것이다.

3) Y재의 가격이 상승하면 자본집약재의 생산이 증가하여 자본고용이 증가하므로 자본가격이 상승한다. 따라서 노동의 상대가격은 하락한다.

04 ④ 관세 부과로 인하여 국내 가격이 P_W에서 P_T로 상승하면 국내 생산량이 최적수준인 S_1보다 더 많은 S_2로 증가하므로 b만큼의 후생손실이 발생하고, 국내 소비량이 최적수준인 D_1보다 적은 D_2로 감소하므로 d만큼의 후생손실이 발생한다. 정리하면 b는 관세 부과에 따른 생산의 비효율성, d는 관세 부과에 따른 소비의 비효율성을 나타낸다.

[오답체크]

① 관세 부과 후 수입량은 $D_2 - S_2$이다.

② 관세 부과로 인해 소비자잉여는 a + b + c + d만큼 감소한다.

③ 관세 부과로 인해 생산자잉여는 a만큼 증가한다.

⑤ 정부의 관세수입은 c + e이므로 위의 소비자잉여와 생산자잉여의 감소분을 더하면 총잉여의 변화분은 e - (b + d)이다. 따라서 b + d의 크기가 e보다 크면 관세 부과로 인해 사회적 후생은 감소한다.

해커스공기업 쉽게 끝내는 경제학 기본서

제13장

국제금융론

핵심 Check: 환율의 의미와 변동

명목환율	자국화폐와 외국화폐의 교환비율
실질환율	실질환율 $= e \times \dfrac{P_f}{P}$ (e: 명목환율, P_f: 외국물가, P: 국내물가)
현물환율	현물환 거래에 적용되는 환율
선물환율	선물환 거래에 적용되는 환율

1. 외환시장

(1) 의미

외환의 수요자와 공급자가 외환을 거래하는 추상적인 시장을 말한다.

(2) 외환시장의 참가자

① 기업이나 개인 고객: 해외여행자, 수출입 업자, 국제 투자자 등이 있다.

② 외국환 은행: 외환의 수요자와 공급자 사이를 연결하여 국제적인 자금의 결제나 이동의 중재자 역할을 한다.

(3) 기능

① 재화나 서비스의 국제 거래에 대한 지불 수단인 외환을 교환해주는 역할을 한다.

② 투자활동과 관련하여 외환을 활용할 수 있는 기회를 제공한다.

2. 환율

(1) 의미

자국화폐와 외국화폐의 교환비율(자국화폐에 대한 외화의 가격)을 말한다.

(2) 특징

① 기본적인 환율은 외환시장의 수요와 공급에 의해 결정된다. 그러나 물가 상승률, 국내외 금리 차이, 정치 ·사회의 안정성 등 복합적인 요인에 의해 영향을 받는다.

② 환율은 수출입되는 재화와 서비스 가격에 직접적으로 영향을 미친다. 따라서 물가, 총생산(= 산출량), 국제 수지 등의 결정에 중요한 요인으로 작용한다.

③ 환율은 명목환율과 실질환율로 구분할 수 있는데, 명목환율은 다시 현물환율과 선물환율로 구분된다.

3. 명목환율과 실질환율

(1) 명목환율

자국화폐와 외국화폐의 교환비율로 현재 우리가 쉽게 쓰는 환율을 의미한다. **예** 1달러 = 1,000원(원/달러)

(2) 실질환율

$$실질환율 = e \times \frac{P_f}{P} \quad (e: \text{명목환율}, \ P_f: \text{외국물가}, \ P: \text{국내물가})$$

① 한 나라의 재화와 서비스가 다른 나라의 재화와 서비스와 교환되는 비율로 두 나라의 물가를 고려한 환율이다.

② 일종의 물물교환의 형태라고 생각하는 것이 이해하기 쉽다.

③ 예를 들면 명목환율이 1달러 = 1,000원이고 X재의 국내가격이 20,000원이고 미국에서 10\$일 때 실질환율은 $\frac{1,000원}{1\$} \times \frac{10\$}{20,000원} = \frac{1}{2}$ 이다. 즉 X재의 미국가격이 한국가격의 $\frac{1}{2}$ 이라는 의미이다.

④ 따라서 실질환율이 1이라는 것은 한 재화의 가격이 모두 동일하다는 일물일가의 법칙이 성립한 것을 의미한다.

⑤ 변화율에 관한 식으로 변화시키면 다음과 같다.

    ㉠ 실질환율 변화율 $= \dfrac{\Delta e}{e} + \dfrac{\Delta P_f}{P_f} - \dfrac{\Delta P}{P}$

    ㉡ 실질환율 변화율 = 명목환율 변화율 + 해외물가 상승률 - 국내물가 상승률

4. 현물환율과 선물환율

(1) 현물환율

① 현물환 거래에 적용되는 환율을 말하며, 일반적으로 환율이라 하면 현물환율을 말한다.

② 현물환 거래: 외환의 매매계약과 동시에 외환의 인도와 대금결제가 이뤄지는 외환거래를 의미하며, 계약일로부터 통상 2영업일 이내에 결제가 이루어지게 된다.

(2) 선물환율

① 선물환 거래에 적용되는 환율을 말하며, 선물환율은 거래시점에서 미리 정해진다.

② 선물환 거래: 외환의 매매계약일로부터 일정 기간이 경과한 후 특정일에 계약시점에서 합의된 환율(선물환율)로 외환인도와 대금결제를 약정하는 거래를 말한다.

우리나라와 미국의 인플레이션율이 각각 10%와 5%로 예상되고, 미국 달러화 대비 원화 가치가 8% 하락할 것으로 예상된다. 이때 한국 재화로 표시한 미국 재화의 가치인 실질환율의 변동은?

① 3% 하락   ② 3% 상승   ③ 5% 하락   ④ 5% 상승

정답 및 해설

실질환율의 변화율 = 명목환율의 변화율 + 미국의 물가상승률 - 한국의 물가상승률
(8%) + 5% - 10% = +3%

정답: ②

02 환율의 결정과 영향

★★★

핵심 Check: 환율의 결정과 영향

환율의 변동요인	자국민이 외화가 필요하면 외화의 수요, 자국으로 외화가 들어오면 외화의 공급
환율 상승	자국화폐가치 하락, 수출 빼고 다 불리
환율 하락	자국화폐가치 상승, 수출 빼고 다 유리

1. 환율의 표시방법과 변동

(1) 명목환율 표시방법

① 대부분 자국통화표시환율(지급환율)을 사용한다. 예 원/달러 환율 1$ = 1,200원

② 환율계산에서 기준은 외국화폐이며 그중에서도 특히 미국 달러화를 가장 많이 사용한다. 이렇게 기준이 되는 외국화폐를 '기축통화'라고 한다.

③ 일반적으로 기축통화는 외환거래에 가장 중심이 되는 통화들을 의미하며 USD($)/유로(€)/엔화(¥) 등을 주로 사용한다.

(2) 환율변동

① 원/달러 환율 상승(원화 평가 절하)

 ㉠ 예를 들면 1$ = 1,000원 ➔ 1$ = 2,000원이 된 것이다.

 ㉡ 이는 달러화에 비해 상대적으로 원화의 가치가 떨어진 것이다.

② 원/달러 환율 인하(원화 평가 절상)

 ㉠ 예를 들면 1$ = 1,000원 ➔ 1$ = 500원이 된 것이다.

 ㉡ 이는 달러화에 비해 상대적으로 원화의 가치가 높아진 것이다.

국제금융론

제13장 해외소장기업 쉽게 끝내는 경제학 기본서

2. 환율의 결정

(1) 외환의 수요와 공급

① 외환시장은 외화의 수요자와 공급자가 만나 거래가 이루어지는 추상적 시장이다.

② 외환시장에서 외화의 수요와 공급에 의해 균형환율이 결정된다.

(2) 외환의 수요

① 외환의 수요는 외국의 재화나 서비스 구입 등을 위해 외환을 필요로 하는 것이다.

② 환율이 상승하면 원화로 표시한 외국제품의 가격 상승으로 수입이 감소하므로 외환수요량도 감소한다.

③ 따라서 외환의 수요곡선은 우하향의 형태로 도출된다.

④ 상품 수입, 유학, 해외여행, 해외투자, 외채상환, 국내 투자된 외국자본 철수, 중앙은행의 외환매입 등은 외환수요곡선을 이동시키는 원인이다.

(3) 외환의 공급

① 외환의 공급은 보유하고 있는 외환을 원화로 환전하기 위해 외환시장에 내놓는 것이다.

② 환율이 상승하면 달러로 표시한 수출품의 가격 하락으로 수출이 증가하므로 외환공급량이 증가한다.

③ 따라서 외환의 공급곡선은 우상향의 형태로 도출된다.

④ 상품 수출, 외국인의 국내투자, 해외차관의 도입, 중앙은행의 외환매각 등은 외환공급곡선을 이동시키는 원인이다.

(4) 환율의 주요 결정요인

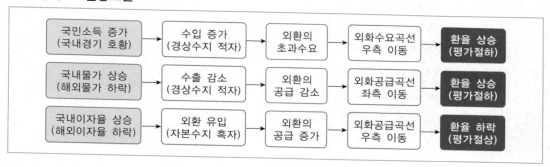

(5) 그래프

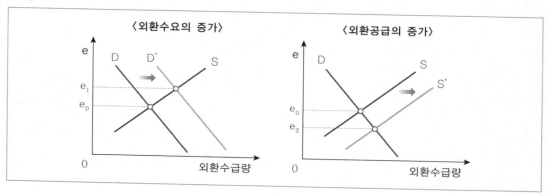

3. 환율변동의 영향

구분	환율 하락(원화 평가 절상)	환율 상승(원화 평가 절하)
수출	국산 재화의 외화표시가격 상승 → 수출 감소	국산 재화의 외화표시가격 하락 → 수출 증가
수입	외국산 재화의 원화표시가격 하락 → 수입 증가	외국산 재화의 원화표시가격 상승 → 수입 감소
외자도입 기업	원화환산 외채 감소(= 외채 상환부담 감소)	원화환산 외채 증가(= 외채 상환부담 증가)
경상수지	• 수출 감소, 수입 증가 → 상품수지 악화 • 해외여행 경비의 감소로 해외여행 증가, 국내여행 경비 증가로 외국인의 국내여행 감소 → 서비스수지 악화	• 수출 증가, 수입 감소 → 상품수지 개선 • 해외여행 경비의 증가로 해외여행 감소, 국내여행 경비 감소로 외국인의 국내여행 증가 → 서비스수지 개선
통화량	수출액 감소와 수입액 증가 → 외화 순유입액 감소 - 통화량 감소요인	수출액 증가와 수입액 감소 → 외화 순유입액 증가 - 통화량 증가요인
국내물가	• 수입재화, 원자재가격 하락 → 물가 안정 • 원유 및 국제 원자재의 국내가격 하락 → 생산비가 낮아져 물가 하락	• 수입재화, 원자재가격 상승 → 물가 상승 • 원유 및 국제 원자재의 국내가격 상승 → 생산비가 높아져 물가 상승

확인문제

환율이 1달러에 1,000원에서 2,000원으로 변화할 경우 나타날 수 있는 경제의 변화로 옳은 것만을 <보기>에서 있는 대로 고른 것은?

ㄱ. 50만 원짜리 한국 텔레비전이 미국시장에서 500달러에서 1,000달러로 상승하여 미국 사람들의 텔레비전 구매가 감소하였다.
ㄴ. 한국시장에서 6개에 4,000원이던 오렌지가 8,000원으로 상승하여 소비가 감소하였다.
ㄷ. 미국에서 부모님이 송금하는 한 달 용돈 400달러가 한국 돈 40만 원에서 20만 원이 되니 생활이 더욱 어려워졌다.
ㄹ. 미국은행에서 10만 달러를 빌린 섬유 공장 사장은 갚아야 할 금액이 한국 돈 1억 원에서 2억 원이 되어 채무부담이 증가하였다.
ㅁ. 연봉 500만 달러를 받는 한국인 야구 선수는 한국 돈으로 받아야 할 돈이 50억 원에서 25억 원으로 감소하였다.

① ㄱ, ㄷ   ② ㄴ, ㄹ   ③ ㄱ, ㄷ, ㄹ   ④ ㄴ, ㄹ, ㅁ

정답 및 해설

ㄴ. 원화가치가 하락하였으므로 한국의 수입은 불리해졌다.
ㄹ. 원화가치가 하락하였으므로 차관상환비용이 증가한다.

[오답체크]
ㄱ. 환율이 상승하였으므로 외국에서 가격이 싸질 것이다.
ㄷ. 미국에서 송금하는 400달러가 80만 원이 될 것이다.
ㅁ. 연봉 500만 달러가 100억 원이 될 것이다.

정답: ②

03 환율결정이론

구매력 평가설 (상대적 구매력 평가설)	$\dfrac{\Delta e}{e}$(환율 상승률) $= \dfrac{\Delta P}{P}$(자국의 물가 상승률) $- \dfrac{\Delta P_f}{P_f}$(외국의 물가 상승률)
이자율 평가설	$\dfrac{\Delta e}{e}$(환율 상승률) $= r$(국내이자율) $- r_f$(해외이자율)

1. 구매력 평가설(PPP: Purchasing Power Parity)

(1) 의미

① '국제적 일물일가의 법칙'에 이론적 바탕을 두고, 만약 국제무역에 있어서 수송비, 거래수수료, 정보획득비용, 보호무역장벽 등 일체의 거래비용이 없다고 가정하면, 통화 1단위의 실질가치가 모든 나라에서 동일하도록 환율이 결정된다는 이론으로 경상수지에 초점을 둔다.

② 환율은 양국 통화의 구매력이 같아지는 수준에서 결정(환율의 결정)되며, 양국의 물가 상승률에 차이가 생기면 구매력에 차이가 생기므로 환율이 변한다(환율의 변동)는 이론이다.

③ 일물일가의 법칙이 성립하면 실질환율은 1이다.

예 빅맥지수: 각국의 통화가치가 적정 수준인지 살피기 위해 각국의 맥도날드 빅맥 햄버거의 현지 통화가격을 달러로 환산한 가격이다. 이와 유사한 지수는 아이폰지수, 갤럭시지수 등이 있다.

(2) 구분

① 절대적 구매력 평가설: 일물일가의 법칙이 성립한다는 가정하에 환율이 국내 물가수준과 외국 물가수준의 비율에 의해 결정된다는 이론이다.

② 상대적 구매력 평가설: 국내 물가 상승률과 외국 물가 상승률의 차이만큼 환율이 변동된다는 이론이다.

(3) 일반화(상대적 구매력 평가설)

$$\frac{\Delta e}{e}\text{(환율 상승률)} = \frac{\Delta P}{P}\text{(자국의 물가 상승률)} - \frac{\Delta P_f}{P_f}\text{(외국의 물가 상승률)}$$

(4) 문제점

① 생산하는 상품이 동질적일 수 없으므로 일물일가의 법칙이 성립하지 않는다.

② 수많은 비교역재가 존재하므로 일물일가의 법칙은 성립할 수 없다.

③ 비교역재: 강사의 강의, 미용사의 미용서비스와 같이 무역이 되지 않는 품목이다.

(5) 평가

① 단기적인 환율의 움직임은 잘 나타내지 못하고 있으나 장기적인 환율의 변화추세는 잘 반영하는 것으로 평가된다.

② 거래비용이 낮은 선진국들 사이에서는 구매력 평가설이 잘 적용되는 것으로 나타난다.

확인문제

환율결정이론 중 구매력 평가(Purchasing Power Parity) 이론에 대한 설명으로 옳은 것은?

① 환율은 두 국가의 이자율 수준의 비율에 의해 결정된다.

② 환율은 두 국가의 물가수준의 비율에 의해 결정된다.

③ 구매력 평가설이 성립하면 명목환율은 1이다.

④ 교역이 어렵고 비교역재가 많을수록 구매력 평가설이 성립하기 쉽다.

정답 및 해설

1) 구매력 평가설은 일물일가의 법칙에 기반을 두고 있는데, 국제적으로 일물일가의 법칙이 성립한다면 두 나라에서 생산된 재화의 가격이 동일하다

2) 그러므로 환율(e)은 양국의 물가수준 비율에 의해 결정된다.

[오답체크]

① 이자율 평가설에 관한 설명이다.

③ 구매력 평가설이 성립하면 실질환율은 1이다.

④ 교역이 어렵고 비교역재가 많을수록 구매력 평가설이 성립하기 어렵다.

정답: ②

2. 이자율 평가설(IRP; Interest Rate Parity)

(1) 의미

① 구매력 평가설이 경상수지, 특히 무역수지를 중요시하는 관점에서 균형환율을 설명하는 이론이라면, 이자율 평가설은 자본수지에 초점을 맞추어 균형환율을 설명하는 이론이다.

② 이자율 평가설은 국가 간 자본이동에 아무런 제약이 없다면, 국내에 투자하든 외국에 투자하든 그 자본투자에 따른 수익률이 같아야 한다는 것이다.

③ 즉, 이자율 평가설은 환율이 두 나라 간 명목이자율 차이에 의해 결정된다고 본다.

(2) 가정

① 국가 간 자본이동이 완전히 자유롭고 거래비용도 존재하지 않는다.

② 위험도가 동일한 금융상품이다.

(3) 사례분석

① 한국의 이자율이 20%, 미국의 이자율이 10%이고 현재 환율이 1$ = 1,000원이라고 가정하자.

② 미국인이 미국에 투자하면 10%, 한국에 투자하면 20%의 수익률을 얻을 것이므로 한국에 투자하기로 결정할 것이다.

③ 미국인이 100$를 현재 한국에 투자하기 위해 현재 환율로 교환하면 100,000원이 된다.

④ 한국의 이자율이 20%이므로 1년 뒤에 120,000원이 된다.

⑤ 이제 미국인이 120,000원을 달러로 바꾸었을 때 미국의 이자율과 동일한 수익률이 되어야 이자율 평가설이 성립한다.

⑥ 따라서 원화가치가 10% 하락해야 하므로 환율이 전년 대비 10% 상승해야 이자율 평가설이 성립한다.

⑦ 환율변화율 $= \dfrac{\text{선물환율} - \text{현물환율}}{\text{현물환율}}$ 이고 현물환율이 1$ = 1,000원이므로 선물환율(1년 뒤 환율)은 10% 상승한 1$=1,100원이 되어야 한다.

(4) 무위험 이자율 평가설의 일반화

$$\frac{\Delta e}{e}\text{(환율 상승률)} = r\text{(국내이자율)} - r_f\text{(해외이자율)}$$

이를 다르게 표현하면 다음과 같다.

$$\frac{f_t - e_t}{e_t} = i - i_f \ (e_t\text{: 현재 환율, } f_t\text{: 선물환율, } i\text{: 자국의 이자율, } i_f\text{: 외국의 이자율})$$

① 선물환 가치가 현물환 가치보다 높으면 선물환 프리미엄이라고 한다.

② 선물환 가치가 현물환 가치보다 낮으면 선물환 디스카운트라고 한다.

③ 한국의 이자율이 20%, 미국의 이자율이 10%인 경우 원/달러 환율변화율이 10% 상승하여야 한다. 이 경우 선물환의 가치가 낮으므로 원화의 선물환 디스카운트, 달러의 선물환 프리미엄이 발생한 것이다.

(5) 투자원리금으로 표현하는 방법

① 국제적으로 자본이동이 자유롭다면 양국의 투자원리금(원금과 이자를 합친 돈)이 동일할 것이므로 $(1+i) = \frac{f_t}{e_t}(1+i_f)$가 되어야 이자율 평가설이 성립한다.

② 국내이자율이 높다면 $f_t > e_t$가 되어야 자본시장이 균형이 된다.

③ 해외이자율이 높다면 $f_t < e_t$가 되어야 자본시장이 균형이 된다.

(6) 평가

① 자본통제와 같은 제도적 제약이 존재하거나 거래비용으로 인해 국가 간 자본이동성이 완전하지 못하면 이자율 평가설이 성립하지 않는다.

② 이자율 평가설의 현실 부합성 여부는 두 나라 간 자본이동이 얼마나 자유로운지, 금융자산이 얼마나 동질적인지에 따라 결정된다.

3. 오버슈팅모형

(1) 의미

환율의 오버슈팅은 외환시장에 어떤 충격이 발생할 경우 단기에 환율이 급변하였다가 서서히 장기균형으로 복귀하는 현상이다.

(2) 설명

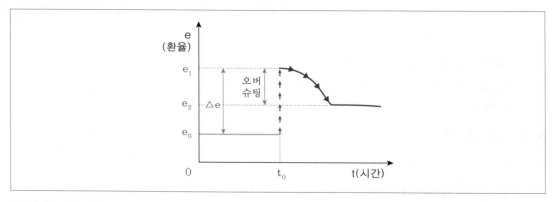

① 중앙은행이 통화량을 증가시킬 때 물가가 경직적이라면 이자율이 하락하므로 급속한 자본유출이 발생한다.

② 자본유출이 발생하면 단기에는 장기균형보다 훨씬 큰 폭으로 환율이 상승한다.

③ 시간이 지나면 물가가 상승하고 그에 따라 이자율이 상승하면 점차 자본유입이 이루어져 환율이 장기균형 수준으로 복귀하게 된다.

확인문제

현재 한국의 이자율은 6%이고 미국의 이자율은 2%라고 가정하자. 유위험이자율평가설이 성립할 때 향후 1년간 예상되는 환율 변동으로 옳은 것은? (단, 두 나라 국채의 위험 수준은 동일하다고 가정한다)
① 원화 가치 불변
② 원화 가치 2% 상승
③ 원화 가치 2% 하락
④ 원화 가치 4% 상승
⑤ 원화 가치 4% 하락

정답 및 해설

1) 원/달러 환율 변화율 = 한국의 이자율 - 미국의 이자율
2) 4% = 6% - 2%이므로 원화가치가 4% 하락한다.

정답: ⑤

핵심 Check: 환율제도

고정환율제도	정부가 외환시장에 개입하여 환율을 일정 수준으로 고정시키는 제도로 환율변동 시 중앙은행이 바로 개입하므로 금융정책의 자율성이 없음
변동환율제도	변동환율제도란 원칙적으로 중앙은행이 외환시장에 개입 없이 외환시장의 수요, 공급을 일치시키는 수준에서 환율이 자유롭게 결정되도록 하는 제도
트릴레마	자본 자유화(financial integration), 통화정책 자율성(monetary independence), 환율 안정(exchange rate stability) 등 세 가지 정책목표의 동시 달성이 불가능함

1. 고정환율제도

(1) 의미

① 고정환율제도란 정부가 외환시장에 개입하여 환율을 일정수준으로 고정시키는 제도이다.

② 환율변동 시 중앙은행이 바로 개입하므로 금융정책의 자율성이 없다.

(2) 특징

① 국제수지 적자(흑자) ➡ 외환의 초과 수요(공급) ➡ 중앙은행이 외환시장 개입하여 고정환율을 유지한다.

② 국제수지 적자 시 중앙은행이 외환시장에서 외환을 팔고 국내통화를 사면, 국내통화가 중앙은행으로 환수되어 통화량이 감소한다.

③ 이때 중앙은행은 고정환율 유지에 따른 부수적 결과인 통화량 변동을 상쇄하기 위하여 외환매매와 반대방향으로 국공채를 사고파는 공개시장조작정책을 쓴다. 이를 불태화정책 또는 중화(sterilization)정책이라고 한다.

④ 불태화정책(= 중화정책) 사례분석

  ㉠ 국제수지 적자 시 중앙은행이 외환시장에 개입하는 과정을 가정하자.

  ㉡ 국제수지 적자가 발생하면 환율이 상승하므로 환율 상승 없이 통화량도 변화가 없게 만드는 것이 불태화정책이다.

  ㉢ 국제수지 적자로 환율이 상승하면 다시 환율을 하락시켜야 한다.

  ㉣ 환율을 하락시키기 위해 외환을 팔고 국내통화를 사면 국내통화량이 감소한다.

  ㉤ 국내통화량 감소를 없애기 위해 불태화정책으로 국공채를 매입하면 통화량이 증가하여 원래 통화량을 유지할 수 있다.

  ㉥ 단, 경제정책의 효과를 분석하는 과정에서 일반적으로 불태화정책은 사용하지 않은 것으로 한다.

2. 변동환율제도

(1) 의미

변동환율제도란 원칙적으로 중앙은행이 외환시장에 개입 없이 외환시장의 수요, 공급을 일치시키는 수준에서 환율이 자유롭게 결정되도록 하는 제도이다.

(2) 특징

① 환율의 자동안정화 장치 기능으로 외환시장이 항상 균형을 이룬다.

② 외환시장의 수급상황이 국내 통화량에 영향을 미치지 않아 금융정책의 자율성이 유지된다.

③ 단기적으로 환율이 불안정할 수 있으므로 국제무역과 투자 위축, 환투기 증가 등의 문제가 발생할 수 있다.

(3) 트릴레마(trillemma)

① 3중고, 혹은 3가지 딜레마라는 뜻으로 하나의 정책목표를 이루려다 보면 다른 두 가지 목표를 이룰 수 없는 상태를 말한다.

② 자본 자유화(financial integration), 통화정책 자율성(monetary independence), 환율안정(exchange rate stability) 등 세 가지 정책목표의 동시 달성이 불가능한 것으로 본다.

05 환율제도의 변화

브레턴우즈 체제	고정환율제도 사용
킹스턴 체제	변동환율제도 사용
플라자 합의	일본 엔화와 독일 마르크화의 평가 절상을 유도

1. 금본위제도

(1) 개요
각국이 자국통화와 금과의 교환비율(금평가)을 고정시키는 제도이다.

(2) 특징
① 고정환율제도를 채택하였다.

② 금의 유출입에 따라 국제수지가 자동적으로 조정된다.

③ 국제수지 불균형이 조정되는 과정에서 국내물가가 불안정해진다.

2. 브레턴우즈 체제

(1) 개요
브레턴우즈 협정은 1944년 체결한 협정으로 단기국제금융기구인 IMF와 장기국제금융기구인 국제부흥
개발은행이 설립되었다.

(2) 주요 내용
① 금환본위제 : 미국의 달러화를 기축통화로 하는 금환본위제도로서 달러화에 대해 금태환 의무를 부여하고
각국은 달러화의 교환비율을 일정하게 유지한다.

② 조정 가능 고정환율제도

　㉠ 각국은 국제수지의 구조적 불균형이 발생하는 경우 자국통화의 환율을 1% 범위 내에서 조정 가능하다.

　㉡ 예외적인 경우로 기초적인 국제수지 불균형이 일어날 경우에는 IMF의 승인을 얻어 10%까지 조정 가능
하다.

③ 특별인출권(SDR; Special Drawing Rights)

    ⊙ 국제유동성 부족을 해소하기 위하여 국제통화인 특별인출권(SDR)을 만들었다.

    ⓒ 국제통화기금(IMF)이 국제금융시장에서 달러화와 금의 한계를 보완하기 위해 1969년에 마련한 가상의 국제통화이며, IMF와 각국 정부·중앙은행 간 거래에 사용된다. SDR의 가치는 스탠더드 바스켓(Standard Basket) 방식으로 산정된다.

    ⓒ 스탠더드 바스켓 방식이란 단위바스켓 중에 5개 주요국 통화를 적당한 단위 수로 넣어 놓고 매일 변화하는 각국 통화의 가치를 당일의 외국환시장의 비율(rate)에 상응한 달러로 환산, 이것으로부터 역산하여 각국 통화표시의 SDR의 가치를 정하는 것이다.

(3) 문제점

① 기초적인 국제수지 불균형이 발생하더라도 환율조정이 원활하게 이루어지지 못하였다.

② 유동성 딜레마: 국제 경제규모가 커지면 기축통화인 달러공급의 증가가 필요하나 그러기 위해서는 미국의 국제수지 적자가 필수적이다. 그러나 미국의 국제수지 적자가 지속되면 달러의 신뢰도가 하락하여 기축통화의 기능이 저하된다. 기축통화인 달러의 공급을 증가시키면서 달러의 신뢰도를 유지하는 것이 불가능한 유동성 딜레마, 즉 트리핀의 역설이 발생한다.

③ 기축통화: 금과 더불어 국제외환시장에서 금융거래 또는 국제결제의 중심이 되는 통화로 key currency라고도 한다.

(4) 스미소니언 협정 체결

브레턴우즈 체제가 붕괴함에 따라 고정환율제도로 복귀하고자 스미소니언 협정을 체결하였다.

3. 스미소니언 체제

(1) 개요

브레턴우즈 체제가 붕괴하면서 고정환율제도로 복귀하고자 체결된 협정으로서 브레턴우즈 체제와 동일하게 미국의 달러화를 기축통화로 하는 금환본위제도이다.

(2) 내용

미국 달러화의 가치 평가 절하, 환율의 변동폭 확대, 각국 통화를 미국 달러화에 대해 평가 절상하는 것이 기본골자이다.

4. 킹스턴 체제

(1) 개요

1976년 자메이카의 킹스턴에서 열린 IMF회의에서 현존하는 통화체제를 인정함에 따라 킹스턴 체제가 성립되었다.

(2) 내용

① 회원국에게 독자적인 환율제도를 선택할 수 있는 재량권을 부여한다.

② 금달러본위에서 SDR본위로 이행한다.

③ SDR의 사용범위가 확대되었다.

④ IMF의 신용공여를 확대하고 이용조건도 대폭 완화되었다.

5. 플라자 합의

(1) 의미

1985년 9월 22일 미국의 뉴욕에 위치한 플라자 호텔에서 프랑스, 독일, 일본, 미국, 영국으로 구성된 G5의 재무장관들이 외환시장의 개입으로 인하여 발생한 달러화 강세를 시정하기로 결의한 조치를 말한다.

(2) 특징

① 재정 적자 및 무역 적자의 확대를 더 이상 견딜 수 없게 된 미국은 일본 엔화와 독일 마르크화의 평가절상을 유도하여 달러 강세 현상을 시정해 줄 것을 요청하였다.

② 이로 인해 엔고현상이 발생하여 일본의 버블이 발생하는 계기가 되었다.

확인문제

국제통화제도에 대한 설명으로 옳지 않은 것은?
① 금본위제도는 전형적인 고정환율제도이다.
② 킹스턴 체제는 회원국들이 독자적인 환율제도를 선택할 수 있는 재량권을 부여하고 있다.
③ 브레튼우즈 체제는 달러화를 기축통화로 하는 변동환율제도 도입을 골자로 한다.
④ 스미소니언 협정에서는 고정환율제도를 사용하며 8개국 통화가 기축통화로 사용되었다.
⑤ 1985년 플라자협정의 결과로 달러화의 가치가 하락하였다.

정답 및 해설

브레튼우즈 체제는 달러화를 기축통화로 하는 고정환율제도 도입을 골자로 한다.

[오답체크]
①, ②, ④ 금본위제도(고정환율제) ➜ 브레튼우즈(1944, 고정환율제도, 환율변동폭 1%, 달러가 기축통화로 사용) ➜ 스미소니언 협정(1971, 고정환율제도, 환율변동폭 2.5%, 8개국 통화가 기축통화로 사용) ➜ 킹스턴 체제(1976, 변동환율제도, SDR의 역할 증진)

정답: ③

핵심 Check: 국제수지

국제수지의 구성	경상수지와 자본·금융계정, 오차 및 누락
경상수지의 구성	상품수지, 서비스수지, 본원소득수지, 이전소득수지
J커브 효과	평가 절하(환율 인상)를 하면 단기에는 수출가격이 하락하나 수출물량이 별로 증가하지 않으므로 즉시 개선되지 않고 단기적으로는 악화되었다가 개선되는 현상
경상수지와 국내총생산	경상수지(X-M) = 국내총생산(Y) - 국내총지출($C+I+G$)이다.
경상수지와 국내총저축	경상수지(X-M) = 국내총저축 - 투자
쌍둥이 적자	경상수지(X-M) = 민간저축(Y-T-C) - 투자(I) + 정부저축(T-G)

1. 국제수지와 국제수지표

(1) 의미

국제수지는 1년간 한 나라가 수취한 외화와 지불한 외화의 차액으로 경상수지, 자본·금융계정, 오차 및 누락 등으로 구성된다. 국제수지를 표로 나타낸 것을 국제수지표라고 한다.

(2) 국제수지표

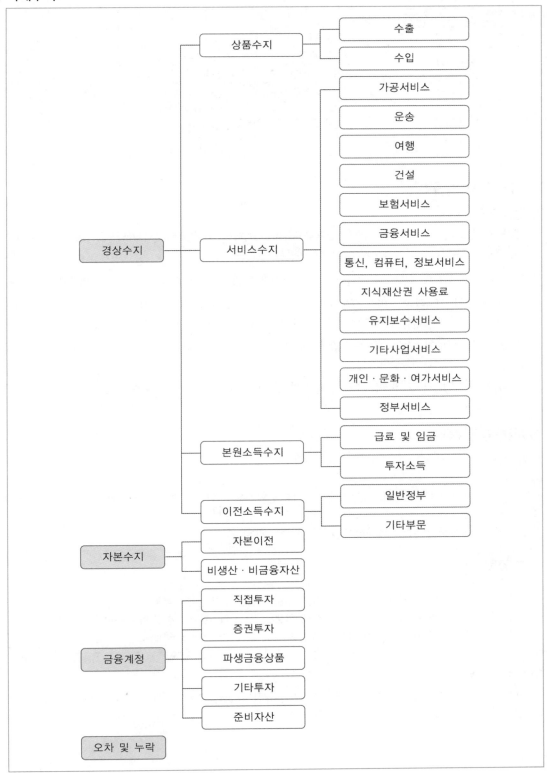

(3) 국제수지표의 작성

국제수지 분류		차변(지급)	대변(수입)
경상수지	상품수지	재화의 수입	재화의 수출
	서비스수지	서비스의 수입	서비스의 수출
	본원소득수지	임금·투자소득 지급	임금·투자소득 수취
	이전소득수지	경상이전거래 지급	경상이전거래 수입
자본·금융계정	자본수지	기타자본 유출	기타자본 유입
	금융계정	투자자본 유출과 상환	투자자본 유입과 회수
준비자산 증감		준비자산 증가	준비자산 감소

2. 국제수지의 구성

(1) 경상수지

재화, 서비스, 생산요소 등의 거래(경상거래)에 따른 외화의 수취와 지급의 차액으로 상품수지, 서비스수지, 본원소득수지, 이전소득수지의 합으로 이루어진다.

① 상품수지: 상품의 수출액과 수입액의 차이를 기록한 것으로 경상수지에서 가장 큰 비중을 차지한다.

② 서비스수지: 외국과의 서비스 거래(운송, 여행, 통신, 보험, 특허권 등의 지식 재산권 사용료, 기타 서비스의 수출입 등)로 수취한 외화와 지급한 외화의 차이 등으로 기록한다.

③ 본원소득수지: 거주자와 비거주자 간에 근로의 대가로 지급된 급료 및 임금 수지와 배당금·이자로 지급된 투자 소득수지를 기록한다.

④ 이전소득수지: 거주자와 비거주자 간에 대가 없이 이루어진 무상 원조·증여성 송금 등 이전거래 내역을 기록한다.

(2) 자본·금융계정

① 자본수지

> ㉠ 자산 소유권의 무상 이전, 채권자에 의한 채무 면제 등을 기록하는 자본 이전과 브랜드 네임, 상표 등 마케팅 자산
> ㉡ 기타 양도 가능한 무형 자산의 취득과 처분을 기록하는 비생산·비금융자산

② 금융계정

> ㉠ 거주자와 비거주자 간에 기업에의 경영 참여를 목적으로 하는 직접투자
> ㉡ 주식과 채권 거래를 나타내는 증권투자, 파생금융상품 거래를 계상하는 파생금융상품, 기타투자
> ㉢ 각 나라의 통화당국이 대외 결제를 위하여 보유하고 있는 자산인 준비자산

(3) 오차 및 누락

경상수지 및 자본수지의 합계와 금융계정 금액이 같지 않을 경우, 이를 조정하기 위한 항목이다.

다음 표는 갑국의 국제수지 추이를 나타낸 것이다. 이에 대한 분석으로 옳지 않은 것은?

(단위: 억 달러)

구분	2022년	2023년	2024년
경상수지	20	16	15
상품수지	24	20	10
서비스수지	-8	-6	2
...	...	...	...
자본수지	-2	0	-3
금융계정 (준비자산 제외)	-10	-6	-12

* 오차 및 누락은 0이다.

① 경상거래 규모는 2022년이 가장 크다.

② 2022년 이후 갑국의 경상수지는 외환 시장에서 환율 하락 요인이다.

③ 2023년의 국제 거래 결과는 외환 보유액의 증가 요인이다.

④ 본원소득수지와 이전소득수지의 합은 매년 흑자를 기록했다.

정답 및 해설

경상수지는 경상거래를 통해 유입된 외화와 유출된 외화의 차액을 기록한 것이므로, 이를 통해 경상거래의 규모는 확인할 수 없다.

[오답체크]
② 경상수지 흑자는 외환 시장에서 외화 공급 증가를 통한 환율 하락 요인으로 작용한다.
③ 2023년의 국제 거래 결과는 흑자이다. 따라서 갑국의 외환 보유액은 흑자액만큼 증가하게 된다.
④ 상품수지와 서비스수지를 합한 값이 매년 경상수지보다 작다. 따라서 본원소득수지와 이전소득수지의 합이 매년 흑자를 기록했음을 알 수 있다.

정답: ①

3. 국제수지의 균형

(1) 일반적인 국제수지(balance of payment)의 균형

① 국제수지는 복식부기의 원리에 의하여 작성되므로 보정적 거래(준비자산 증감)까지 포함할 경우 항상 균형을 이루므로 국제수지의 균형 여부는 일반적으로 이러한 보정적 거래를 제외하고 독자적 거래만을 고려한다.

② 경상수지와 자본·금융계정의 관계

   ⑦ 일반적으로 경상수지가 흑자이면 자본·금융계정은 음(-)의 값을 가지며, 경상수지가 적자이면 자본·금융계정은 양(+)의 값을 가지게 된다.

   ⓛ 경상거래의 결과 부족한 외화는 외국에서 빌려와야 하며, 남는 돈은 해외 투자가 가능하기 때문이다.

(2) 국제수지(BP) = 경상수지(X - M) + 자본수지(F)

① BP = 0: 국제수지 균형

② BP > 0: 국제수지 흑자

③ BP < 0: 국제수지 적자

4. 경상수지와 환율

(1) 경상수지가 환율에 미치는 영향

① 경상수지 흑자: 외화의 유출액(외화수요)에 비해 외화의 유입액(외화공급)이 많아 환율이 하락한다.

② 경상수지 적자: 외화의 유입액(외화공급)에 비해 외화의 유출액(외화수요)이 많아 환율이 상승한다.

(2) 환율이 경상수지에 미치는 영향

① 환율 상승: 원화가치의 하락으로 수출이 증가하고, 수입상품의 원화가격이 상승하여 수입은 감소하여 경상수지 개선이 이루어진다.

② 환율 하락: 원화가치의 상승으로 수출이 감소하고, 수입상품의 원화가격이 하락하여 수입은 증가하여 경상수지가 악화된다.

(3) J - 곡선(J - Curve) 효과

① 평가 절하(환율 인상)를 하면 단기에는 수출가격이 하락하나 수출물량이 별로 증가하지 않으므로 즉시 개선되지 않고 단기적으로는 악화된다.

② 시간이 경과함에 따라 수출물량이 증가하여 수출액이 서서히 증가하는 현상으로 그래프가 J곡선 모양으로 그려진다.

③ 그래프

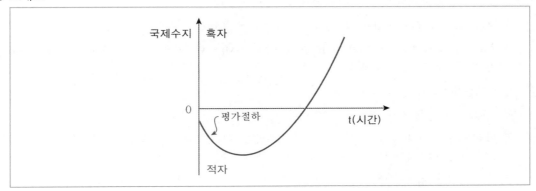

(4) 마샬 - 러너조건(Marshall - Lerner Condition)

① 자국의 화폐에 대한 평가 절하를 실시할 경우 경상수지가 개선될 조건을 의미한다.

② 평가 절하 시 자국의 상품가격이 하락하는데 이로 인해 수출이 증가하고 수입이 감소해야 한다.

③ 예를 들어 자국의 화폐가치가 20% 하락했다면 수출량 증가분과 수입량 감소분의 합이 20%를 초과해야
경상수지가 개선되었다고 할 수 있다.

(5) 개선조건

① 우리나라 입장에서 보았을 때: 수입수요의 가격탄력성 + 수출공급의 가격탄력성 > 1

② 두 나라를 동시에 표현했을 때

㉠ 자국의 수입수요의 가격탄력성 + 외국의 수입수요의 가격탄력성 > 1

㉡ 외국의 수입수요는 우리나라 입장에서는 수출을 의미한다.

5. 국민소득 항등식과 경상수지

(1) 경상수지와 국내총생산

① 국민소득의 균형을 나타내는 식 $Y = C + I + G + X - M$이다.

② 순수출(경상수지)을 나타내는 식으로 정리하면 경상수지(X-M) = 국내총생산(Y) - 국내총지출($C + I + G$)이
다.

③ 국내총생산(Y) > 국내총지출($C + I + G$) ➡ 경상수지($X - M$) 흑자이다.

④ 국내총생산(Y) < 국내총지출($C + I + G$) ➡ 경상수지($X - M$) 적자이다.

⑤ 국내총지출을 압숍션(absorption)이라고 한다.

(2) 경상수지와 국내저축 · 투자와의 관계

① 국민소득의 균형을 나타내는 식 $Y = C + I + G + X - M$이다.

② 순투자(I)에 대한 식으로 다시 정리하면 경상수지(X-M) = 민간저축($Y - T - C$) + 정부저축($T - G$) - 투자(I) = 국내총저축 – 투자이다.

③ 국내총저축 > 투자 ➡ 경상수지 흑자이다.

④ 국내총저축 < 투자 ➡ 경상수지 적자이다.

⑤ 위의 식을 투자(I)에 대한 식으로 다시 정리하면 국내총투자(I) = 민간저축($Y - T - C$) + 정부저축($T - G$) + 해외저축($M - X$) = 국내총저축 + 해외저축이다.

⑥ 투자의 재원조달은 국내저축(민간저축 + 정부저축)과 해외저축에 의해 충당된다.

(3) 쌍둥이 적자(twin deficit)

① 국내총투자(I) = 민간저축($Y - T - C$) + 정부저축($T - G$) + 해외저축($M - X$)이다.

② 위의 식을 X-M으로 다시 정리하면 경상수지(X-M) = 민간저축(Y-T-C) - 투자(I) + 정부저축(T-G)이다.

③ (민간저축 - 투자)가 일정한 경우 재정 적자가 증가하면 경상수지 적자도 증가한다.

④ 재정 적자와 경상수지 적자가 동시에 발생하는 경우를 쌍둥이 적자라 한다.

확인문제

한 국가의 무역수지가 흑자인 경우가 아닌 것은?
① Y > C + I + G (단, Y는 국민소득, C는 소비, I는 투자, G는 정부지출을 의미한다)
② 국내 투자 < 국민저축
③ 자본수지가 0보다 작은 경우
④ 무역수지가 0인 상태에서 정부지출이 늘어난 경우

정답 및 해설

① 국내총지출 A = C + I + G이므로 GDP항등식 Y = C + I + G + (X - M)은 Y = A + (X - M), (X - M) = Y - A로 바꾸어 쓸 수 있다.

② 국민저축 S_N = Y - C - G이므로 GDP항등식 Y = C + I + G + (X - M)을 정리하면 Y - C - G = I + (X - M) ➡ (X - M) = S_N - I가 된다. 이 식에서 S > I이면 (X - M) > 0이다.

③ 경상수지(무역수지)와 자본수지를 합은 항상 0이므로 무역수지가 흑자이면 자본수지는 적자가 된다.

④ 국민저축 S_N = Y - C - G이므로 GDP항등식 Y = C + I + G + (X - M)을 정리하면 Y - C - G = I + (X - M) ➡ (X - M) = S_N - I ➡ (X - M) = S_P - I + S_G이다. 정부지출이 증가하면 정부저축이 감소하므로 무역수지가 적자가 된다.

정답: ④

BP곡선의 상방과 하방	• 균형이자율보다 높아 해외자본유입이 증가(자본수지개선)하므로 국제수지는 흑자 (외환시장 초과공급) • 균형이자율보다 낮아 국내자본이 해외로 유출(자본수지악화)되므로 국제수지는 적자 (외환시장 초과수요)
환율 상승, 물가 하락	BP곡선 상방이동
BP곡선의 기울기	개방도가 높아질수록 수평에 가까워짐

1. BP곡선의 정의

(1) 정의

① BP곡선은 외환시장 및 국제수지(경상수지 + 자본수지 + 오차 및 누락)를 균형시키는 국민소득과 이자율의 관계를 나타내는 곡선이다.

② IS-LM-BP곡선을 한 번에 그리는 경우가 일반적이다.

(2) 함수 도출

① 국제수지는 경상수지(X-M) + 자본수지(F)의 합이다.

② 경상수지(X-M)

⊙ 수출 X는 해외소득수준 Y_f와 실질환율 $\epsilon = e \times \dfrac{P_f}{P}$의 증가함수이다.

ⓒ 수입 M은 국내소득수준 Y의 증가함수이고 실질환율의 감소함수이다.

③ 자본수지(F)

⊙ 주어진 시점에서 환율변동예상률을 0이라 가정하자.

ⓒ 자본수지는 국내이자율(r)과 해외이자율(r_f)의 차이로 국내이자율이 높을수록 외화가 유입되므로 $r - r_f$의 증가함수이다.

④ 국제수지를 위에서 도출한 함수식으로 정리하면 $BP = X(Y_f,\ e \times \dfrac{P_f}{P}) - M(Y,\ e \times \dfrac{P_f}{P}) + F(r - r_f)$ 이다.

⑤ 해외변수($r_f,\ P_f,\ Y_f$)를 고정으로 가정하면 변형된 함수식은 $BP = X(\dfrac{e}{P}) - M(Y,\ \dfrac{e}{P}) + F(r)$ 이다.

⊙ 경상수지(X-M)는 국내소득수준 Y와 국내물가 P의 감소함수이고 명목환율의 증가함수이다.

ⓒ 자본수지는 국내이자율(r)의 증가함수이다.

2. BP곡선 도출

(1) 원리

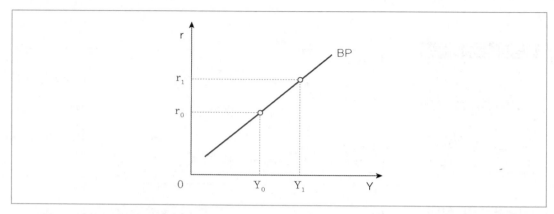

① 국제수지균형(외환시장균형)하에서 국민소득이 증가하면 수입($IM = mY$)이 증가하므로 경상수지가 악화되어 국제수지 적자(외환시장 초과수요)가 발생한다.

② 이때 국제수지가 다시 균형이 되기 위해서는 현재보다 해외자본유입이 증가하여 자본수지가 개선되어야 한다. 해외자본유입이 증가하기 위해서는 국내이자율이 상승해야 한다.

③ 따라서 국민소득이 증가할 때 국제수지가 다시 균형이 되기 위해서는 이자율이 상승해야 하므로 BP곡선은 우상향한다.

(2) BP곡선의 상방과 하방의 의미

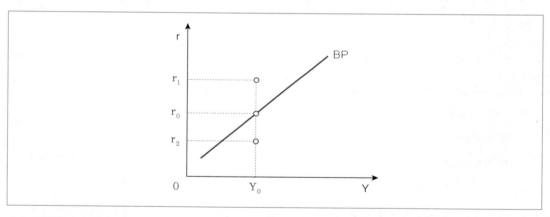

① BP곡선 상방영역: 균형이자율보다 높아 해외자본유입이 증가(자본수지개선)하므로 국제수지는 흑자(외환시장 초과공급)가 된다.

② BP곡선 하방영역: 균형이자율보다 낮아 국내자본이 해외로 유출(자본수지악화)되므로 국제수지는 적자(외환시장 초과수요)가 된다.

(3) BP곡선의 기울기

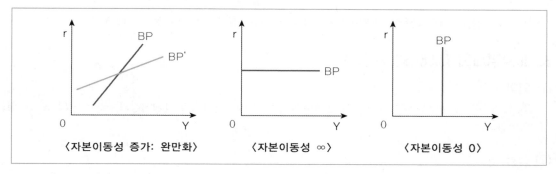

① 결정요인은 국제 자본이동성이다.

② 자본이동성 증가: 완만화

　㉠ 자본시장이 개방되어 자본이동성이 크면 작은 이자율 차이에도 자본유출입이 많아지므로 BP곡선 기울기가 완만해진다.

　㉡ 즉, 국민소득이 증가하여 경상수지가 악화될 때 이자율이 조금만 상승해도 자본유입이 원활하게 이루어진다.

③ 자본이동성 ∞(= 자본이동이 완전, 소국개방경제)

　㉠ 자본시장이 완전히 개방되어 있고 경제규모가 작아서 세계경제에 영향을 미칠 수 없는 경제를 소국개방경제라고 한다.

　㉡ 소국개방경제의 이자율은 세계이자율 수준과 같으므로 BP곡선은 세계이자율 수준에서 수평이다.

④ 자본이동성 0(= 자본이동이 불가능): 자본이동이 불가능하므로 이자율이 변한다고 해도 BP곡선은 변화가 없으므로 수직이다.

(4) BP곡선의 이동

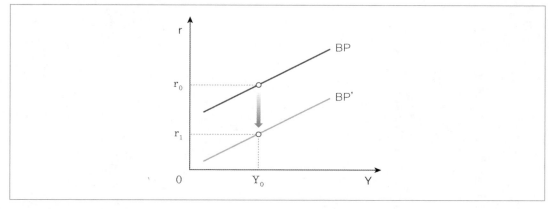

① 환율이 상승하거나 물가가 하락하면 BP곡선은 하방(우측)이동한다.

② 환율 상승 또는 물가 하락은 수출 증가와 수입 감소를 가져와 국제수지를 흑자로 만든다.

③ 국제수지 흑자가 되면 외화가 유출되어야 국제수지가 균형이 되므로 이자율이 하락하여 BP곡선은 하방(우측)이동한다.

④ 이와 같은 논리로 환율이 하락하거나 물가가 상승하면 BP곡선은 상방(좌측)이동한다.

3. 개방경제의 대내·외 균형

(1) 의미
IS, LM, BP곡선이 교차하는 A점에서 균형이 달성되며 생산물시장과 화폐시장과 국제수지의 동시균형을 의미한다.

(2) 설명

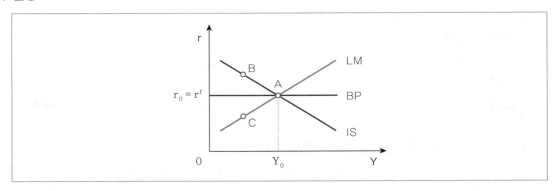

① A점은 생산물시장과 화폐시장 국제수지의 동시균형이다.

② B점은 IS곡선 위에 있으므로 생산물시장균형, LM곡선 상방에 있으므로 화폐시장 초과공급, BP곡선 상방에 있으므로 국제수지 흑자이다.

③ C점은 IS곡선 하방에 있으므로 생산물시장 초과수요, LM곡선 위에 있으므로 화폐시장균형, BP곡선 하방에 있으므로 국제수지 적자이다.

개방경제하의 재정 · 통화정책

핵심 Check: 개방경제하의 재정 · 통화정책

고정환율제도인 경우 (BP곡선 수평 시)	재정정책 효과적, 금융정책 효과 없음
변동환율제도인 경우 (BP곡선 수평 시)	재정정책 효과 없음, 금융정책 효과적

1. 고정환율제도하의 확대통화정책

(1) 효과과정

① 통화공급량 증가로 LM곡선이 우측이동($LM_0 \rightarrow LM_1$)한다.

② 국내균형점이 BP곡선 하방에 있으므로 국제수지 적자로 외환의 초과수요가 발생한다.

③ 고정환율제도는 환율을 고정시켜야 하므로 외환의 초과수요에 대응하여 당국이 외환을 공급하기 위해 외환 매각을 한다.

④ 외환 매각으로 인해 국내 통화량이 다시 감소하므로 LM곡선이 다시 좌측이동($LM_1 \rightarrow LM_0$)하여 원래 균형으로 복귀한다.

⑤ 그래프

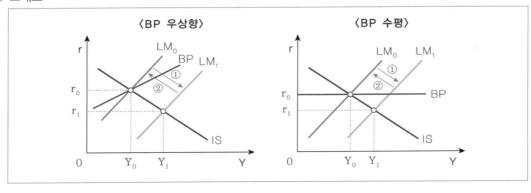

(2) 정책효과

국민소득과 이자율 모두 불변하므로 정책효과가 발생하지 않는다.

2. 고정환율제도하의 확대재정정책

(1) 효과과정

① 정부지출 증가로 유효수요 증가하여 IS곡선이 우측이동($IS_0 \rightarrow IS_1$)한다.

② 국내균형점이 BP곡선 상방에 있으므로 국제수지 흑자로 외환초과공급이 발생한다.

③ 고정환율제도는 환율을 고정시켜야 하므로 외환의 초과공급에 대응하여 당국이 외환 매입을 한다.

④ 외환 매입으로 인해 통화공급량이 증가하므로 LM곡선이 우측이동($LM_0 \rightarrow LM_1$)하여 최종균형점이 도출된다.

⑤ 그래프

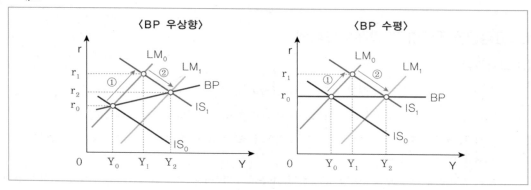

(2) 정책효과

① 완전 개방경제가 아닌 경우: BP곡선 기울기가 완만할수록 국민소득이 대폭 증가하고 이자율은 소폭 상승한다.

② 소국개방경제(BP곡선 수평): 국민소득이 승수배만큼 증가하며, 이자율은 불변이다.

3. 변동환율제하의 확대통화정책

(1) 효과과정

① 통화공급량 증가로 LM곡선이 우측이동($LM_0 \rightarrow LM_1$)한다.

② 국내균형점이 BP곡선 하방에 있으므로 국제수지 적자로 외환의 초과수요가 발생한다.

③ 외환의 초과수요로 인해 환율이 상승($BP_0 \rightarrow BP_1$)하고 변동환율제도이므로 정부는 외환시장에 개입하지 않는다.

④ 환율이 상승했으므로 수출이 증가하고 수입이 감소하므로 IS곡선 우측이동($IS_0 \rightarrow IS_1$)하여 최종균형점이 도출된다.

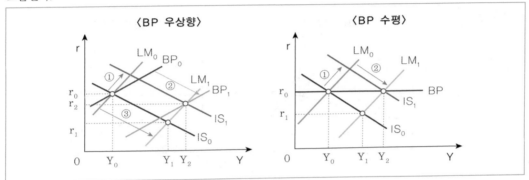

(2) 정책효과

① 완전 개방경제가 아닌 경우: 국민소득이 대폭 증가하고 이자율은 하락한다.

② 소국개방경제(BP곡선 수평): 국민소득이 대폭 증가하고, 이자율은 불변이다.

4. 변동환율제하의 확대재정정책

(1) 효과과정

① 정부지출 증가로 유효수요가 증가하여 IS곡선이 우측이동($IS_0 \rightarrow IS_1$)한다.

② 국내균형점이 BP곡선 상방에 있으므로 국제수지 흑자로 외환초과공급이 발생한다.

③ 외환의 초과공급으로 인해 환율이 하락하고 변동환율제도이므로 정부는 외환시장에 개입하지 않는다.

④ 환율 하락으로 인해 순수출이 감소하므로 BP곡선과 IS곡선이 다시 좌측이동(IS_1)하여 최종균형점이 도출된다.

⑤ 그래프

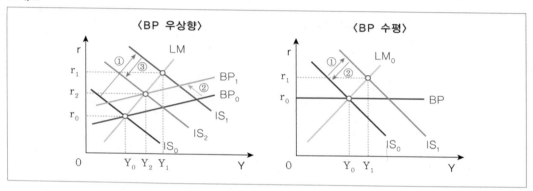

(2) 정책효과

① 완전 개방경제가 아닌 경우: 국민소득이 소폭 증가하고, 이자율이 상승한다.

② 소국개방경제(BP곡선 수평): 국민소득과 이자율 모두 불변하므로 정책효과가 발생하지 않는다.

5. 먼델 – 플레밍모형

(1) 의미
자본이동이 자유로운 경우 즉, BP곡선이 수평인 경우의 IS-LM-BP모형이다.

(2) 재정정책
고정환율제도일 때 효과가 있으며 변동환율제도일 때 효과가 없다.

(3) 통화정책
변동환율제도일 때 효과가 있으며 고정환율제도일 때 효과가 없다.

확인문제

완전한 자본이동과 소규모 개방경제를 가정하는 먼델 – 플레밍(Mundell - Fleming) 모형을 고려하자. 변동환율제도하에서 다른 모든 조건은 동일한 가운데, 자국이 수입쿼터제를 실시하였다. 이에 따른 새로운 균형을 기존의 균형과 비교한 결과로 옳은 것은? (단, 소비는 처분가능소득만의 함수이고 투자는 실질이자율만의 함수이다)

가. 투자는 불변이다.
나. 총소득은 불변이다.
다. 자국 통화가치는 하락한다.
라. 순수출은 증가한다.

---

① 가, 나   ② 가, 다   ③ 가, 라   ④ 나, 다   ⑤ 나, 라

정답 및 해설

1) 수입쿼터제를 실시하면 순수출이 증가하므로 IS곡선이 우측이동한다. 이로 인해 이자율이 상승하여 외화의 유입이 발생하여 환율이 하락한다.
2) 변동환율제도이므로 환율이 하락하여 순수출이 감소하여 최초의 상태로 복귀한다.
3) 지문분석
    가. 먼델 – 플레밍 모형에서 국제이자율 = 국내이자율이므로 투자는 불변이다.
    나. 최초의 상태로 돌아가므로 총소득은 불변이다.
    [오답체크]
    다. 최초 이자율 하락으로 인해 자국 통화가치는 상승한다.
    라. 환율상승으로 인해 순수출은 증가한다.

정답: ①

공기업 경제학 전공 시험에 출제될 가능성이 높은 다양한 유형의 문제를 풀어보며 실전 감각을 높여보세요!

01 2024년에 한국은행이 국내 외환시장에서 8억 달러를 매입하였다. 이를 국제수지표에 기록한 것으로 옳은 것은?

	차변	대변
①	준비자산 8억 달러	금융계정(기타투자) 8억 달러
②	준비자산 8억 달러	금융계정(증권투자) 8억 달러
③	금융계정(기타투자) 8억 달러	준비자산 8억 달러
④	금융계정(증권투자) 8억 달러	준비자산 8억 달러

02 환율에 대한 설명으로 옳은 것은?

<보기>
ㄱ. 구매력평가설에 따르면 한 나라의 화폐는 어느 나라에서나 동일한 구매력을 가져야 한다.
ㄴ. 구매력평가설은 인플레이션과 환율 간의 단기관계를 설명하는 데 유효하다.
ㄷ. 실질환율은 외국화폐에 대한 우리나라의 화폐의 구매력을 반영한다.
ㄹ. 환율의 상승은 자국화폐의 가치상승을 의미한다.

① ㄱ, ㄴ   ② ㄱ, ㄷ   ③ ㄴ, ㄷ
④ ㄱ, ㄴ, ㄷ   ⑤ ㄴ, ㄷ, ㄹ

03 외환시장에서 달러의 수요와 공급이 변화하는 과정을 설명한 것으로 옳은 것은? (단, 국내외 모든 상품수요의 가격탄력성은 1보다 크다)

① 원/달러 환율 상승 ➜ 수입 감소 ➜ 외환수요 증가
② 원/달러 환율 상승 ➜ 수출 증가 ➜ 외환공급 증가
③ 원/달러 환율 하락 ➜ 수입 감소 ➜ 외환수요 증가
④ 원/달러 환율 하락 ➜ 수출 증가 ➜ 외환공급 감소

04 한 나라의 국내저축이 증가할 때, 국내투자에 변화가 없다면 다음 중 어떠한 변화가 발생하는가?

① 순자본유출이 증가하여 순수출이 증가한다.
② 순자본유출이 증가하여 순수출이 감소한다.
③ 순자본유출이 감소하여 순수출이 증가한다.
④ 순자본유출이 감소하여 순수출이 감소한다.
⑤ 순자본유출이 일정하고 순수출도 일정하다.

정답 및 해설

01 ① 국제수지표는 복식부기의 원리에 따라 작성하게 되는데, 차변은 자산의 증가를, 대변은 자산의 감소를 기록한다. 한국은행의 외환매입에 따른 한국은행의 외화자산 증가(준비자산)는 차변에, 민간부문의 외화자산 감소(금융계정)는 대변에 기록하게 된다.

02 ② 구매력평가설에서는 한 나라의 화폐가 어느 나라에서나 동일한 구매력을 가져야 한다고 본다. 또한, 실질환율은 외국화폐에 대한 우리나라 화폐 구매력을 반영한다.
[오답체크]
ㄴ. 구매력평가설은 인플레이션과 환율 간의 장기관계를 설명하는 데 유효하다.
ㄹ. 환율의 상승은 자국화폐의 가치하락을 의미한다.

03 ② 원/달러 환율이 상승하면 달러표시 수출품의 가격이 하락하므로 수출이 증가하고, 원화표시 수입품의 가격이 상승하므로 수입이 감소한다. 수출이 증가하면 외환공급이 증가하고, 수입이 감소하면 외환수요가 감소한다.

04 ① 국내저축이 증가하면 대부자금의 공급이 증가하므로 이자율이 하락한다. 이자율이 하락하면 외국으로 자본유출이 이루어지고 그에 따라 환율이 상승한다. 환율이 상승하면 순수출이 증가하게 된다.

05 그림은 환율의 변화를 나타낸다. 이에 대한 옳은 설명은? (단, 환율 이외의 다른 요인은 고려하지 않는다)

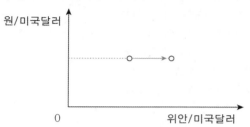

① 원화 대비 미국달러화의 가치는 상승한다.
② 중국산 제품의 미국달러화 표시 가격은 하락한다.
③ 한국인의 중국 여행경비 부담이 증가한다.
④ 미국 시장에서 중국산 제품과 경쟁하는 한국산 제품의 가격 경쟁력이 강화된다.
⑤ 원/위안 환율은 상승할 것이다.

06 우리나라와 미국의 인플레이션율이 각각 8%와 6%로 예상되고, 미국 달러화 대비 원화 가치가 6% 하락할 것으로 예상될 때, 한국 재화로 표시한 미국 재화의 가치인 실질환율의 변동은?

① 2% 하락
② 4% 상승
③ 6% 하락
④ 8% 상승

07 원화, 달러화, 엔화의 현재 환율과 향후 환율이 다음과 같을 때, 다음 설명 중 옳지 않은 것은?

현재 환율	향후 환율
• 1달러당 원화 환율 1,100원 • 1달러당 엔화 환율 110엔	• 1달러당 원화 환율 1,080원 • 100엔당 원화 환율 900원

① 한국에 입국하는 일본인 관광객 수가 감소할 것으로 예상된다.
② 일본 자동차의 대미 수출이 감소할 것으로 예상된다.
③ 미국에 입국하는 일본인 관광객 수가 감소할 것으로 예상된다.
④ 달러 및 엔화에 대한 원화 가치가 상승할 것으로 예상된다.

정답 및 해설

05 ② 원/미국달러 환율은 일정한데 위안/미국달러 환율은 상승하였다. 따라서 위안화의 가치가 하락하였고, 이로 인해 중국산 제품의 미국달러화 표시가격은 하락한다.

[오답체크]
① 원화 대비 미국달러화의 가치는 변화가 없다.
③ 원화가치가 위안화에 비해 상승하였으므로 한국인의 중국 여행경비 부담이 감소한다.
④ 미국 시장에서 중국산 제품과 경쟁하는 한국산 제품의 가격 경쟁력이 약화된다.
⑤ 원 가치 상승으로 원/위안 환율은 하락할 것이다.

06 ② 실질환율의 변화율 = 명목환율의 변화율 + 미국의 물가상승률 - 한국의 물가상승률이다.
따라서 (+6%) + 6% - 8% = +4%이다.

07 ② 현재 1달러 = 1,100원, 1달러 = 110엔이므로 110엔 = 1,100원이다. 즉, 현재의 원/엔 환율은 100엔 = 1,000원이다. 한편, 향후에는 1달러 = 1,080원, 120엔 = 1,080원이므로 1달러 = 120엔이다.
원/달러 환율이 1달러 = 1,100원이고 향후 환율이 1달러 = 1,080원이므로 달러화에 대한 원화의 가치가 상승할 것으로 예상된다.
원/엔 환율이 100엔 = 1,000원이고 향후 환율이 100엔 = 900원이므로 엔화에 대한 원화의 가치가 상승할 것으로 예상된다.
엔/달러 환율이 1달러 = 110엔이고 향후 환율이 1달러 = 120엔이므로 달러화에 대한 엔화의 가치가 하락할 것으로 예상된다.
따라서 화폐가치의 순으로 보면 원 > 달러 > 엔이며, 엔화가 가장 평가절하되었으므로 한국과 미국 모두에 수출이 증가할 것임을 예측할 수 있다.

08 그림은 미국달러 대비 A 국, B 국, C 국의 통화가치 변동률이다. 이와 같은 상황이 장기간 지속될 경우, 예상되는 변화에 대한 설명으로 옳은 것은? (단, 다른 조건은 일정하다)

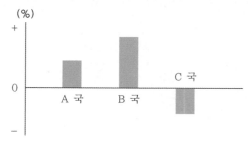

① B 국에 대한 미국의 수출이 장기적으로 감소할 것이다.
② C 국의 자국통화 미국달러 표시 환율은 지속적으로 하락할 것이다.
③ B 국으로 여행할 미국 사람은 B 국 통화로 미리 환전해 두는 것이 유리하다.
④ B 국의 부품을 미국 달러로 결제하여 수입하는 A 국 제조 기업의 생산비는 인하될 것이다.
⑤ A 국 국민들이 C 국에 여행 가는 데 부담을 많이 느낄 것이다.

09 현재 한국과 미국의 연간 이자율이 각각 5%와 1%이고, 현재 환율이 1,000원/달러일 때, 양국 간에 이자율 평형조건(Interest parity condition)이 성립하기 위한 현재 환율은?

① 1,010원/달러   ② 1,040원/달러   ③ 1,050원/달러
④ 1,051원/달러   ⑤ 1,060원/달러

10 외부로부터 디플레이션 충격이 발생하여 국내 경제에 영향을 미치고 있을 때, 확장적 통화정책을 시행할 경우의 거시경제 균형에 대한 효과로 옳지 않은 것은?

① 폐쇄경제 모형에 따르면 이자율이 하락하여 투자가 증가한다.
② 자본시장이 완전히 자유로운 소규모 개방경제 모형에서는 고정환율을 유지하려면 다른 충격에 대응하는 통화정책을 독립적으로 사용할 수 없다.
③ 변동환율제를 채택하고 자본시장이 완전히 자유로운 소규모 개방경제 모형에서는 수출이 감소한다.
④ 교역상대국에서도 확장적 통화정책을 시행할 경우 자국통화가치를 경쟁적으로 하락시키려는 환율전쟁 국면으로 접어든다.

11 환율결정 이론에 대한 다음 설명 중 옳은 것은?

<보기>
ㄱ. 절대구매력평가설이 성립한다면 실질환율은 1이다.
ㄴ. 경제통합의 정도가 커질수록 구매력평가설의 설명력은 높아진다.
ㄷ. 구매력평가설에 따르면 자국의 물가가 5% 오르고 외국의 물가가 7% 오를 경우, 국내통화는 2% 평가절하된다.
ㄹ. 구매력평가설은 경상수지에 초점을 맞추는 반면, 이자율평가설은 자본수지에 초점을 맞추어 균형환율을 설명한다.

① ㄱ, ㄴ   ② ㄱ, ㄷ   ③ ㄴ, ㄹ
④ ㄱ, ㄴ, ㄹ   ⑤ ㄱ, ㄷ, ㄹ

정답 및 해설

08 ③ B 국 화폐가치가 올라가는 추세라면 더 오르기 전에 B 국 통화로 바꾸는 것이 유리하다.
[오답체크]
① 화폐가치가 높아질수록 수출품의 가격이 비싸지므로 수출이 불리하다. 따라서 화폐가치가 높아진 B 국의 수출은 불리해지고 미국의 수출은 유리해질 것이다.
② 화폐가치가 낮아지면 환율은 상승한다.
④ A 국 화폐가치가 B 국 화폐가치보다 낮아졌으므로 B 국에 대한 수입이 불리해져 생산비는 인상될 것이다.
⑤ 화폐가치가 올라가면 수출 빼고는 다 유리하므로 A 국 국민이 C 국에 여행 가는 것이 유리할 것이다.

09 ② 이자율평형설에서 환율변화율(4%) = 한국의 이자율(5%) - 미국의 이자율(1%)이다. 따라서 현재 환율보다 4% 상승한 1,040원/달러가 된다.

10 ③ 확장적 통화정책을 실시하면 이자율이 하락하여 외화의 유출이 증가하고 환율이 상승한다. 환율 상승 시 변동환율제를 채택하고 자본시장이 완전히 자유로운 소규모 개방경제 모형에서는 수출이 증가한다.

11 ④ ㄱ. 절대구매력평가설이 성립한다면 일물일가의 원칙이 성립하므로 실질환율은 1이다.
ㄴ. 경제통합의 정도가 커질수록 일물일가의 원칙이 성립하기 쉬우므로 구매력평가설의 설명력은 높아진다.
ㄹ. 구매력평가설은 실물중심이므로 경상수지에 초점을 맞추는 반면, 이자율평가설은 자본이동중심이므로 자본수지에 초점을 맞추어 균형환율을 설명한다.
[오답체크]
ㄷ. 구매력평가설에 따르면 환율변화율 = 자국의 물가상승률 - 외국의 물가상승률이므로 자국의 물가가 5% 오르고 외국의 물가가 7% 오를 경우, 국내통화는 2% 평가절상된다.

12 현재 환율은 1달러당 1,000원, 미국의 연간 이자율은 5%이고, 내년 환율은 1달러당 1,020원으로 변동할 것으로 예상된다. 이자율평가설이 성립한다고 가정할 때, 원 - 달러 환율시장의 균형을 달성시키는 국내 이자율(%)은?

① 5 　　　　　　　　　 ② 7 　　　　　　　　　 ③ 9 　　　　　　　　　 ④ 10

13 환율결정이론 중 구매력평가이론에 대한 설명으로 옳지 않은 것은?

① 경제에서 비교역재의 비중이 큰 나라 간의 환율을 설명하는 데에는 적합하지 않다.
② 두 나라 화폐 간의 명목환율은 두 나라의 물가수준에 의해 결정된다고 설명한다.
③ 장기보다는 단기적인 환율의 움직임을 잘 예측한다는 평가를 받는다.
④ 동질적인 물건의 가격은 어디에서나 같아야 한다는 일물일가의 법칙을 국제시장에 적용한 것이다.

14 자본이동이 완전히 자유로운 소국개방경제를 가정할 때, 먼델 - 플레밍의 IS - LM - BP 모형에 대한 설명으로 옳지 않은 것은?

① BP곡선은 (산출, 이자율) 평면에서 수평선으로 나타난다.
② 고정환율제하에서 통화정책은 국민소득에 영향을 미치지 못한다.
③ 변동환율제하에서는 통화정책의 독자성이 보장된다.
④ 재정정책의 국민소득에 대한 효과는 고정환율제보다 변동환율제하에서 더 커진다.

15 명목환율이 달러당 1,000원일 때 선풍기 한 대의 가격이 우리나라에서는 12만 원, 미국에서는 600달러라고 하면 달러에 대한 원화의 실질환율은?

① 0.1 　　　　② 0.5 　　　　③ 1.5 　　　　④ 2.5 　　　　⑤ 5

16 세계는 A 국, B 국, C 국의 세 국가로 구성되어 있으며, 국가 간 자본이동에는 아무런 제약이 없다. B 국은 고정환율제도를, C 국은 변동환율제도를 채택하고 있는데, A 국의 경제불황으로 인하여 B 국과 C 국의 A 국에 대한 수출이 감소하였을 때, B 국과 C 국의 국내경제에 미칠 영향에 대한 설명으로 옳지 않은 것은?

① B 국 중앙은행은 외환을 매각할 것이다.

② C 국의 환율(C 국 화폐로 표시한 A 국 화폐 1단위의 가치)은 상승할 것이다.

③ B 국과 C 국 모두 이자율 하락에 따른 자본유출을 경험한다.

④ C 국이 B 국보다 A 국 경제불황의 영향을 더 크게 받을 것이다.

정답 및 해설

12 ② 환율의 예상상승률이 2%이므로 달러를 원화로 바꾸었을 때 발생하는 수익률이 2%이다. 따라서 미국의 이자율이 5%이므로 해외투자의 예상수익률은 7%이며, 이자율평가설이 성립한다면 두 나라에서의 투자수익률이 동일해야 하므로 한국의 이자율도 7%가 된다.

13 ③ 물가는 장기변수이므로 구매력평가설은 단기보다 장기에 있어 환율의 움직임을 잘 설명해 준다.

14 ④ 자본이동이 완전히 자유로운 먼델 – 플레밍 모형에서는 고정환율제하에서 재정정책이 효과적이고, 변동환율제하에서 통화정책이 효과적이다.

15 ⑤ 실질환율은 명목환율(원/달러) × 해외가격/국내가격이다. 따라서 1,000 × 600/120,000 = 5이다.

16 ④ 변동환율제도를 채택하고 있는 C 국의 경우에는 외환수요가 증가하더라도 중앙은행이 외환시장에 개입하지 않으므로 환율이 상승하게 된다. 환율이 상승하면 순수출이 증가하여 다시 IS곡선이 오른쪽으로 이동하므로 국민소득이 원래 수준으로 돌아간다.

[오답체크]
① B 국은 고정환율제도를 채택하고 있으므로 부족해진 외환을 채우기 위해 외환을 매각할 것이다.

②, ③ A 국의 불황으로 B 국과 C 국의 수출이 감소하면 두 나라의 IS곡선이 모두 왼쪽으로 이동한다. IS곡선이 왼쪽으로 이동하면 이자율이 하락하므로 자본유출이 이루어진다. 자본유출이 이루어지면 외환수요가 증가하므로 환율상승 압력이 발생한다. 따라서 C 국의 환율(C 국 화폐로 표시한 A 국 화폐 1단위의 가치)은 상승할 것이다.

17 환율과 관련된 설명으로 옳은 것을 <보기>에서 모두 고르면?

<보기>
ㄱ. 대규모 외국인 직접투자가 유입되면 원화의 평가절상이 발생하여 우리나라 수출 감소 요인이 된다.
ㄴ. 미국의 기준금리 인상은 원화의 평가절상을 유도하여 우리나라의 수입기업에 유리하게 작용한다.
ㄷ. 환율 상승으로 인해 해외에 유학하고 있는 자녀를 두고 있는 가계의 부담은 커지게 된다.
ㄹ. 환율이 하락하더라도 외화표시 해외사업장의 수익은 변하지 않는다.

① ㄱ, ㄴ   ② ㄱ, ㄷ   ③ ㄴ, ㄷ
④ ㄱ, ㄴ, ㄹ   ⑤ ㄱ, ㄷ, ㄹ

18 변동환율제에서 가격표시 명목환율(예를 들면, 미국의 $화의 원화표시 가격)의 변화나 그에 따른 반응에 대해 올바르게 주장한 것은?

① 환율이 상승하면 해외에서 국내 제품에 대한 수요량이 감소한다.
② 환율이 상승하면 국내에서 외국 제품에 대한 수요량이 증가한다.
③ 다른 상황이 불변이고 환율이 하락하면 교역조건은 악화된다.
④ 다른 상황이 불변이고 환율 상승이 예상되면 자본의 해외순유출이 커진다.
⑤ 과잉반응(Overshooting)이 지배적일 때, 국내통화량이 증가하면 환율은 떨어진다.

19 다음 표는 각국의 시장환율과 빅맥 가격을 나타낸다. 빅맥 가격으로 구한 구매력평가 환율을 사용할 경우, 다음 설명 중 옳은 것은? (단, 시장환율의 단위는 '1달러당 각국 화폐'로 표시되며, 빅맥 가격의 단위는 '각국 화폐'로 표시된다)

국가(화폐 단위)	시장환율	빅맥 가격
미국(달러)	1	5
브라질(헤알)	2	12
한국(원)	1,000	4,000
중국(위안)	6	18
러시아(루블)	90	90

① 브라질의 화폐가치는 구매력평가 환율로 평가 시 시장환율 대비 고평가된다.
② 한국의 화폐가치는 구매력평가 환율로 평가 시 시장환율 대비 저평가된다.
③ 중국의 화폐가치는 구매력평가 환율로 평가 시 시장환율 대비 고평가된다.
④ 러시아의 화폐가치는 구매력평가 환율로 평가 시 시장환율 대비 저평가된다.

20 A 국의 명목이자율이 6%이고 B 국의 명목이자율이 4%라고 하자. 양국의 실질이자율이 동일하고 구매력평가설이 적용된다고 할 때, 피셔방정식을 이용한 다음 설명 중 가장 옳은 것은?

① A 국의 기대 인플레이션이 B 국의 기대 인플레이션보다 2%p 더 높고, A 국의 통화가치는 B 국의 통화에 비해 2% 떨어질 것으로 기대된다.

② A 국의 기대 인플레이션이 B 국의 기대 인플레이션보다 2%p 더 높고, A 국의 통화가치는 B 국의 통화에 비해 2% 올라갈 것으로 기대된다.

③ A 국의 기대 인플레이션이 B 국의 기대 인플레이션보다 2%p 더 낮고, A 국의 통화가치는 B 국의 통화에 비해 2% 올라갈 것으로 기대된다.

④ A 국의 기대 인플레이션이 B 국의 기대 인플레이션보다 2%p 더 낮고, A 국의 통화가치는 B 국의 통화에 비해 2% 떨어질 것으로 기대된다.

정답 및 해설

17 ⑤ 자국화폐가치가 상승하면 수출이 감소, 수입이 증가되며, 자국화폐가치가 하락하면 수출 외에는 다 불리하다. 환율은 외환을 바꾸는 경우에 유리·불리가 따져지기 때문에 외화표시 해외사업장에는 영향이 없다.

[오답체크]
ㄴ. 미국의 기준금리 인상은 원화의 평가절하를 유도하여 우리나라의 수입기업에 불리하게 작용한다.

18 ④ 다른 조건이 불변인 상태에서 환율 상승이 예상되면 해외투자의 예상수익률(= 해외이자율 + 환율의 예상상승률)이 상승하며, 해외투자의 예상수익률이 상승하면 자본유출이 발생한다.

[오답체크]
① 환율이 상승하면 국내 제품의 가격경쟁력이 생기므로 국내 제품에 대한 수요량이 증가한다.
② 환율이 상승하면 수입품의 가격이 상승하므로 국내에서 외국 제품에 대한 수요량이 감소한다.
③ 다른 상황이 불변이고 환율이 하락하면 수출품의 가격이 상승하므로 교역조건은 호전된다.
⑤ 과잉반응이 지배적일 때, 국내통화량이 증가하면 환율은 상승한다.

19 ③ 각국의 구매력평가 환율을 구해보면 브라질 $\frac{12}{5}=2.4$, 한국 $\frac{4,000}{5}=800$, 중국 $\frac{18}{5}=3.6$, 러시아 $\frac{90}{5}=18$이다. 따라서 중국의 화폐가치는 구매력평가 환율(3.6)로 평가 시 시장환율$\left(\frac{6}{1}=6\right)$ 대비 고평가된다.

[오답체크]
① 브라질의 화폐가치는 구매력평가 환율(2.4)로 평가 시 시장환율(2) 대비 저평가된다.
② 한국의 화폐가치는 구매력평가 환율(800)로 평가 시 시장환율(1,000) 대비 고평가된다.
④ 러시아의 화폐가치는 구매력평가 환율(18)로 평가 시 시장환율(90) 대비 고평가된다.

20 ① 피셔효과에 의하면 '실질이자율 = 명목이자율 - 기대 인플레이션율'의 관계가 성립하므로 A 국의 명목이자율이 B 국보다 2%p 높지만 두 나라의 실질이자율이 동일하다는 문제의 조건을 고려하면 A 국의 기대 인플레이션율이 B 국보다 2%p 높다. 상대적 구매력평가설에 의하면 A/B 환율변동률 = A 국의 물가상승률 - B 국의 물가상승률이므로 A 국의 물가상승률이 B 국의 물가상승률보다 2%p 높다면 A 국의 환율이 2% 상승한다. 즉, A 국의 화폐가치가 2% 하락하게 된다.

21 다음은 먼델 - 플레밍 모형을 이용하여 고정환율제도를 취하고 있는 국가의 정책 효과에 대해서 설명한 것일 때, ⊙과 ⓒ을 바르게 연결한 것은?

> 정부가 재정지출을 (⊙)하면 이자율이 상승하고 이로 인해 해외로부터 자본유입이 발생한다. 외환 시장에서는 외화의 공급이 증가하여 외화가치가 하락하고 환율의 하락 압력이 발생한다. 하지만 고정환율제도를 가지고 있기 때문에 환율이 변할 수는 없으므로, 결국 환율을 유지하기 위해 중앙은행은 외화를 (ⓒ)해야 한다.

	⊙	ⓒ
①	확대	매입
②	확대	매각
③	축소	매입
④	축소	매각

22 환율변동에 관한 설명 중 적절하지 않은 것을 <보기>에서 모두 고르면?

> <보기>
> ㄱ. 수출이 감소하면 환율이 하락한다.
> ㄴ. 구매력평가설에서 한국의 물가가 상승하면 원/달러 환율이 하락한다.
> ㄷ. 킹스턴 체제는 변동환율제도의 대표적인 예이다.
> ㄹ. 고정환율제도는 장기적으로 물가안정에 도움이 된다.

① ㄱ, ㄴ   ② ㄱ, ㄷ   ③ ㄴ, ㄷ
④ ㄴ, ㄹ   ⑤ ㄷ, ㄹ

23 자본이동 및 무역거래가 완전히 자유롭고 변동환율제도를 채택하고 있는 소규모 개방경제인 A 국에서 확대재정정책이 실시되는 경우, IS - LM 모형에 의하면 최종 균형에서 국민소득과 환율은 정책 실시 이전의 최초 균형에 비해 어떻게 변하는가? (단, 물가는 고정되어 있다고 가정함)

① 국민소득: 불변, 이자율: 불변
② 국민소득: 증가, 이자율: 불변
③ 국민소득: 감소, 이자율: 상승
④ 국민소득: 증가, 이자율: 상승
⑤ 국민소득: 감소, 이자율: 하락

24 연초에 미국인 갑은 1억 달러를 1,100원/달러에 원화로 환전하여 한국주식에 투자해서 1년 동안 연 10%의 수익률을 올렸다. 연말에 1,000원/달러에 다시 달러로 환전할 수 있었을 때, 이 미국 투자가의 달러환산 연수익률은 얼마인가?

① 11%　　　　　　　　　② 21%　　　　　　　　　③ 32%
④ 43%　　　　　　　　　⑤ 45%

정답 및 해설

21 ① 정부가 재정지출을 확대하면 IS곡선이 오른쪽으로 이동하므로 이자율이 상승한다. 이자율이 상승하면 해외로부터 자본유입이 이루어지므로 외환공급이 증가한다. 외환공급이 증가하면 환율의 하락 압력이 발생하게 된다. 고정환율제도하에서는 중앙은행이 개입하여 환율을 일정하게 유지해야 하므로 외환공급이 증가할 때 환율을 일정하게 유지하려면 중앙은행이 외환을 매입해야 한다. 중앙은행이 외환을 매입하면 LM곡선도 오른쪽으로 이동하므로 국민소득이 큰 폭으로 증가하게 된다. 그러므로 고정환율제도하에서는 재정정책이 매우 효과적이다.

22 ① ㄱ. 수출이 감소하면 외화의 공급이 감소하므로 환율이 상승한다.
　　　 ㄴ. 구매력평가설은 원/달러 환율상승률 = 한국의 물가상승률 − 외국의 물가상승률이다. 따라서 한국의 물가가 상승하면 원/달러 환율이 상승한다.

23 ① 개방경제이므로 BP곡선이 수평이다. 따라서 확대 재정정책이 실시되면 IS곡선이 우측으로 이동하여 이자율과 국민소득이 증가한다.
　　　 이자율 상승으로 인해 환율이 하락하므로 순수출이 감소하여 IS가 원상태로 돌아오게 된다. 따라서 국민소득과 이자율은 불변이다.

24 ② 계산하기 쉽게 1억 달러를 1달러로 생각하자. 1달러를 1,100원에 원화로 환전하여 한국주식에 투자해서 1년 동안 연 10%의 수익을 올렸다면 1년 뒤의 투자원리금은 원화로 1,210원이며, 이를 1달러 = 1,000원에 달러로 환전하면 1.21달러이다. 따라서 1달러를 한국에 투자하였을 때 1년 뒤의 달러표시 원리금이 1.21달러이므로 달러로 환산한 수익률은 21%이다.

25 A 국은 자본이동 및 무역거래가 완전히 자유로운 소규모 개방경제이다. A 국의 재정정책과 통화정책에 따른 최종 균형에 관한 설명으로 옳은 것은? (단, 물가는 고정되어 있다고 가정하고 IS - LM - BP 모형에 의한다)

<보기>
ㄱ. 고정환율제에서 확장적 재정정책은 국민소득을 증대시키는 효과가 없지만, 확장적 통화정책은 효과가 있다.
ㄴ. 고정환율제에서 확장적 재정정책은 국민소득을 증대시키는 효과가 있지만, 확장적 통화정책은 효과가 없다.
ㄷ. 변동환율제에서 확장적 재정정책은 국민소득을 증대시키는 효과가 없지만, 확장적 통화정책은 효과가 있다.
ㄹ. 변동환율제에서 확장적 재정정책은 국민소득을 증대시키는 효과가 있지만, 확장적 통화정책은 효과가 없다.

① ㄱ
② ㄱ, ㄷ
③ ㄴ, ㄷ
④ ㄴ, ㄹ
⑤ ㄹ

26 2024년 A 국의 경상 거래 전부가 다음과 같을 때, A 국의 국제수지에 대한 설명으로 옳은 것은? (단, 2023년 A 국의 경상수지는 0이며, 모든 연도의 오차 및 누락은 0이다)

- A 국 기업의 상품 수출 20억 달러
- A 국 국민의 해외 직접 투자를 통한 배당 소득 50억 달러 수취
- A 국 기업이 사용한 해외 저작권 사용료 50억 달러 지급
- B 국 국민이 A 국 여행에 150억 달러 지출
- C 국의 지진 피해에 대한 응급 복구 비용 100억 달러 지원
- D 국 기업으로부터 원자재 수입 30억 달러

① 서비스수지는 음(-)의 값을 갖는다.
② 본원소득수지와 이전소득수지의 합은 0이다.
③ 상품수지는 2023년 대비 10억 달러 감소하였다.
④ 자본·금융계정은 2023년 대비 40억 달러 감소하였다.
⑤ 경상수지는 적자이다.

27 변동환율제하에서의 국제수지표에 대한 설명으로 옳은 것만을 모두 고르면? (단, 국제수지표에서 본원소득 수지, 이전소득수지, 오차와 누락은 모두 0이다)

<보기>
ㄱ. 국민소득이 국내총지출보다 크면 경상수지는 적자이다.
ㄴ. 국민저축이 국내투자보다 작으면 경상수지는 적자이다.
ㄷ. 순자본유출이 정(+)이면 경상수지는 흑자이다.

① ㄱ
② ㄴ
③ ㄱ, ㄷ
④ ㄴ, ㄷ

정답 및 해설

25 ③ 자본이동이 자유로운 경우이므로 BP곡선의 기울기는 수평이다.

고정환율제에서 확장적 재정정책을 실시하면 IS곡선이 우측으로 이동하여 이자율이 상승한다. 이때 환율이 하락하므로 이를 막기 위해서는 통화량을 증가시켜 LM곡선을 우측으로 이동시켜야 하므로 확장적 재정정책은 효과가 있다. 반면 확장적 금융정책을 실시하면 LM곡선이 우측으로 이동하여 이자율이 하락한다. 이때 환율이 상승하므로 이를 막기 위해서는 국공채를 매각하여 통화를 흡수하여야 하므로 LM곡선이 좌측으로 이동하여 확장적 금융정책은 효과가 없다. 변동환율제에서 확장적 재정정책을 실시하면 IS곡선이 우측으로 이동하여 이자율이 상승한다. 이때 환율이 하락하여 순수출이 감소하므로 IS곡선이 좌측으로 이동하여 확장적 재정정책은 효과가 없다. 반면 확장적 금융정책을 실시하면 LM곡선이 우측으로 이동하여 이자율이 하락한다. 이때 환율이 상승하여 순수출이 증가하므로 IS곡선도 우측으로 이동하여 확장적 금융정책은 효과가 있다.

따라서 고정환율제도에서는 재정정책, 변동환율제도에서는 통화정책이 효과가 있다.

26 ④ A 국의 국제수지는 다음과 같다.

- A 국 기업의 상품 수출 20억 달러 ➜ 상품수지 +20억 달러
- A 국 국민의 해외 직접 투자를 통한 배당 소득 50억 달러 수취 ➜ 본원소득수지 +50억 달러
- A 국 기업이 사용한 해외 저작권 사용료 50억 달러 지급 ➜ 서비스수지 -50억 달러
- B 국 국민이 A 국 여행에 150억 달러 지출 ➜ 서비스수지 +150억 달러
- C 국의 지진 피해에 대한 응급 복구 비용 100억 달러 지원 ➜ 이전소득수지 -100억 달러
- D 국 기업으로부터 원자재 수입 30억 달러 ➜ 상품수지 -30억 달러

따라서 20 + 50 - 50 + 150 - 100 - 30 = 40억 달러 흑자이며, 국제수지의 균형을 이루기 위해서는 경상수지만큼 자본수지가 적자여야 하므로, 자본·금융계정은 40억 달러 적자이다.

[오답체크]

① 서비스수지는 100억 달러 흑자이다.

② 본원소득수지와 이전소득수지의 합은 -50억 달러이다.

③ 상품수지가 어떠한 수치를 가졌었는지는 이 자료를 통해 알 수 없다.

⑤ 경상수지는 40억 달러 흑자이다.

27 ④ ㄴ. 국민저축 S = Y - C - G이므로 GDP 항등식 Y = C + I + G + (X - M)을 정리하면 Y - C - G = I + (X - M), S = I + (X - M), (X - M) = S - I가 된다. 이 식에서 S < I이면 (X - M) < 0이므로 국민저축이 국내투자보다 작으면 경상수지는 적자이다.

ㄷ. 순자본유출이 0보다 크다는 것은 자본수지가 적자임을 의미한다. 경상수지 + 자본수지 = 0이므로 자본수지가 적자이면 경상수지는 흑자이다.

[오답체크]

ㄱ. 국내총지출 A = C + I + G이므로 GDP 항등식 Y = C + I + G + (X - M)은 Y = A + (X - M), (X - M) = Y - A로 바꾸어 쓸 수 있다. 이 식에서 Y > A이면 (X - M) > 0이므로 국민소득이 국내총지출보다 크면 경상수지가 흑자임을 알 수 있다.

28 다음 자료의 내용과 부합하는 A 씨의 1년 후 예상 환율은?

> A 씨는 은행에서 운영 자금 100만 원을 1년간 빌리기로 했다. 원화로 대출받으면 1년 동안의 대출 금리가 21%인 반면, 동일한 금액을 엔화로 대출받으면 대출 금리는 10%이지만 대출금은 반드시 엔화로 상환해야 한다. 현재 원화와 엔화 사이의 환율은 100엔당 1,000원이고, A 씨는 두 대출조건이 같다고 생각한다.

① 1,000원/100엔
② 1,100원/100엔
③ 1,200원/100엔
④ 1,250원/100엔

29 미국 달러화 대비 갑, 을, 병 국 화폐의 가치변동률이 각각 -2%, 3%, 4%일 때 다음 설명 중 가장 옳은 것은?

① 갑 국 화폐의 가치가 상대적으로 가장 크게 상승했다.
② 을 국 제품의 달러 표시 가격이 상승했다.
③ 1달러당 병 국 화폐 환율이 상승했다.
④ 병 국 화폐 1단위당 을 국 화폐 환율이 하락했다.

30 변동환율제도를 채택한 개방경제에서 이 경제의 통화가치를 하락시키는(환율 상승) 경우를 <보기>에서 모두 고른 것은?

<보기>
ㄱ. 원유 수입액의 감소
ㄴ. 반도체 수출액의 증가
ㄷ. 외국인의 국내주식 투자 위축
ㄹ. 자국 은행의 해외대출 증가

① ㄱ, ㄷ   ② ㄱ, ㄹ   ③ ㄴ, ㄷ   ④ ㄷ, ㄹ

정답 및 해설

28 ② 원화로 1,000원을 차입할 때와 동일한 금액인 100엔을 엔화로 차입하는 경우를 생각해 보자. 원화로 차입할 때는 이자율이 21%이므로 1,000원을 원화로 차입하면 1년 뒤에 1,210원을 상환해야 하고, 엔화로 차입할 때는 이자율이 10%이므로 100엔을 엔화로 차입하면 1년 뒤에 110엔을 상환해야 한다. 원화로 차입할 때와 엔화로 차입할 때의 대출조건이 동일하다고 제시되었으므로 1년 뒤에 상환하는 금액이 같아야 한다. 따라서 (110엔 × 1년 뒤의 환율) = 1,210원, 1년 뒤의 환율 = $\frac{1,210원}{110엔}$ = $\frac{11원}{1엔}$ = $\frac{1,100원}{100엔}$ 이어야 한다.

29 ② 을 국 화폐가치가 상승하였으므로 을 국 제품의 달러 표시 가격이 상승했다.
[오답체크]
① 병 국 화폐의 가치가 상대적으로 가장 크게 상승했다.
③ 병 국 화폐의 가치가 상승하였으므로 1달러당 병 국 화폐 환율이 하락했다.
④ 병 국 화폐의 가치가 을 국 화폐보다 더 많이 상승하였으므로 병 국 화폐 1단위당 을 국 화폐 환율이 상승했다.

30 ④ 통화가치를 하락시키는 경우는 환율이 상승하는 것으로 외화수요가 증가하거나 외화공급이 감소하는 경우이다.
ㄷ. 외화의 공급 감소요인이다.
ㄹ. 외화의 수요 증가요인이다.
[오답체크]
ㄱ. 원유 수입액이 감소하면 외화의 수요가 감소하여 환율이 하락한다.
ㄴ. 반도체 수출액이 증가하면 외화의 공급이 증가하여 환율이 하락한다.

고난도 시험의 기출문제를 풀어보며 경제학 실력을 한층 더 업그레이드해 보세요!

01 자국과 외국의 화폐시장은 각각 아래의 식에 따라 균형을 이루며 P를 제외한 M^s, Y, i는 외생적으로 결정된다고 가정하자.

$$\frac{M^s}{P} = L(Y, i)$$

M^s는 화폐공급, P는 물가수준, $L(Y, i)$는 실질화폐수요, Y는 소득, i는 이자율이다. 실질화폐수요는 소득의 증가함수이고 이자율의 감소함수이다. 장기적으로 외환시장에서 환율은 구매력평가설(purchasing power parity)로 결정될 때, 화폐시장 변수가 환율에 미치는 영향을 설명한 것 중 옳은 것을 모두 고르면? (단, 환율은 외국 화폐 1단위에 대한 자국 화폐의 교환비율이다)   [회계사 23]

<보기>
가. 자국 화폐공급의 영구적 증가는 장기적으로 환율을 상승시킨다.
나. 자국 소득의 영구적 증가는 장기적으로 자국 물가수준을 상승시켜 환율을 상승시킨다.
다. 외국 이자율의 영구적 상승은 장기적으로 외국 물가수준을 상승시켜 환율을 하락시킨다.

① 가
② 나
③ 다
④ 가, 다
⑤ 나, 다

02 다음 그림은 자국의 화폐시장과 외환시장의 균형이 연계되어 있음을 보여준다. 국내화폐시장에서 결정된 균형이자율(R^*)이 외환시장에서는 자국예금수익률이 되어, 자국화폐표시 외국예금기대수익률과 같아질 때 현재의 균형환율(E^*)이 결정된다. 다음 그림을 이용한 단기 분석으로 옳은 설명을 모두 고르면? [회계사 22]

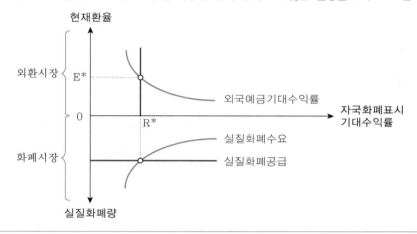

$$실질화폐공급 = \frac{명목화폐공급량}{물가수준}$$

$$외국예금기대수익률 = 외국예금이자율 + \frac{예상미래환율 - 현재환율}{현재환율}$$

실질화폐수요는 소득의 증가함수이고, 이자율의 감소함수이다.

<보기>
가. 자국의 소득증가는 현재의 자국화폐가치를 상승시킨다.
나. 예상미래환율의 하락은 현재의 자국화폐가치를 상승시킨다.
다. 외국예금이자율의 하락은 현재의 자국화폐가치를 상승시킨다.

① 가　　　　② 나　　　　③ 가, 다　　　　④ 나, 다　　　　⑤ 가, 나, 다

정답 및 해설

01 ④ 1) 구매력평가설은 자국의 환율 상승률 = 자국의 물가상승률 - 외국의 물가상승률
　　 2) 지문분석
　　　　가. 자국 화폐공급의 영구적 증가 ➜ 인플레이션 발생 ➜ 장기적으로 환율 상승
　　　　다. 외국 이자율의 영구적 상승 ➜ 상대적으로 자국의 이자율 하락 ➜ 화폐수요 증가 ➜ 이자율 상승 ➜ 총수요 감소로 물가 하락 ➜ 환율 하락
　　　　[오답체크]
　　　　나. 자국 소득의 영구적 증가 ➜ 화폐수요 증가 ➜ 이자율 상승 ➜ 총수요 감소로 물가 하락 ➜ 환율 하락

02 ⑤ 가. 자국의 소득증가는 실질화폐수요를 증가시켜 실질화폐수요곡선을 하방이동시킨다. 이로 인해 자국화폐표시 기대수익률이 증가하여 현재환율을 하락시켜 자국화폐가치를 상승시킨다.
　　　　나. 예상미래환율의 하락은 외국예금의 기대수익률을 낮추므로 현재환율을 하락시킨다. 따라서 자국화폐가치를 상승시킨다.
　　　　다. 외국이자율의 하락은 외국예금의 기대수익률을 낮추므로 현재환율을 하락시킨다. 따라서 자국화폐가치를 상승시킨다.

03 개방경제하에서의 국민소득계정은 다음과 같다.

$$Y = C + I + G + (X - IM)$$

Y, C, I, G, X, IM은 각각 국민소득, 소비, 투자, 정부지출, 수출, 수입을 의미한다. 다음 설명 중 옳은 것을 모두 고르면?

[회계사 23]

<보기>

가. 국민소득이 국내총지출을 초과할 경우 경상수지는 흑자이다.

나. 투자가 민간저축을 초과하고 재정적자가 발생할 경우 경상수지는 흑자이다.

다. 총생산에서 재정적자, 민간저축, 국내투자가 차지하는 비중이 각각 2%, 20%, 19%라면, 경상수지는 총생산 대비 3%이다.

① 가   ② 나   ③ 다
④ 가, 나   ⑤ 나, 다

04 자본이동이 완전히 자유로운 소규모 개방경제를 가정하는 먼델 - 플레밍(Mundell - Fleming) 모형을 고려하자. 교역상대국에서 발생한 지진으로 교역상대국의 소득이 감소하여 수출이 외생적으로 감소하였다. 다른 모든 조건이 동일할 때, 기존의 균형환율을 계속 유지하기 위한 정책으로 적절한 것은? (단, 소비는 처분가능소득의 증가함수이고, 투자는 실질이자율의 감소함수이며, 순수출은 자국 화폐가치의 감소함수이다)

[회계사 23]

① 소비세율을 인상한다.

② 통화량을 감소시킨다.

③ 수입규제를 완화한다.

④ 정부 재정지출을 감소시킨다.

⑤ 교역상대국의 소득감소는 환율에 영향을 미치지 않기 때문에 새로운 정책이 필요하지 않다.

정답 및 해설

03 ① 가. X - M = Y - (C + I + G)이다. 국민소득이 국내총지출을 초과할 경우 경상수지는 흑자이다.

[오답체크]

나. X - M = $(S_P - I) + (T - G)$이다. 투자가 민간저축을 초과하고 재정적자가 발생할 경우 경상수지는 적자이다.

다. X - M = $(S_P - I) + (T - G)$ = (20% - 19%) + (-2%)이므로 경상수지는 총생산 대비 -1%이다

04 ② 1) 기존의 균형환율을 유지한다는 것은 변동환율제를 가정하고 있다.

2) 수출 감소는 IS곡선의 좌측 이동 ➜ 외환의 초과수요 ➜ 환율 상승

3) 그래프

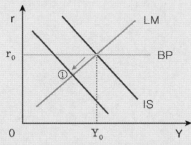

4) 따라서 원래의 상태로 돌리기 위해서는 IS곡선을 우측 이동시키거나, 외화의 공급을 증가시켜야 한다.

5) 지문분석

② 통화량을 감소 ➜ 이자율 상승 ➜ 외화의 공급 증가

[오답체크]

① 소비세율을 인상 ➜ IS 좌측 이동

③ 수입규제를 완화 ➜ 수입 증가로 순수출 감소 ➜ IS 좌측 이동

④ 정부 재정지출 감소 ➜ IS 좌측 이동

⑤ 해설 참조

해커스공기업
쉽게 끝내는

경제학 기본서

개정 2판 2쇄 발행 2025년 1월 6일
개정 2판 1쇄 발행 2024년 4월 5일

지은이	서호성
펴낸곳	(주)챔프스터디
펴낸이	챔프스터디 출판팀

주소	서울특별시 서초구 강남대로61길 23 (주)챔프스터디
고객센터	02-537-5000
교재 관련 문의	publishing@hackers.com
	해커스잡 사이트(ejob.Hackers.com) 교재 Q&A 게시판
학원 강의 및 동영상강의	ejob.Hackers.com

ISBN	978-89-6965-486-1 (13320)
Serial Number	02-02-01

취업강의 1위,
해커스잡(ejob.Hackers.com)

해커스잡

- 경제학 이슈 완벽 정복을 위해 **반드시 알아야 할 최신 경제시사용어 150**
- 쉽게 배우고 이해하는 **경제학 입문 특강**(교재 내 수강권 수록)
- 경제학 전문 스타강사의 **본 교재 인강**(교재 내 할인쿠폰 수록)
- 학습한 내용을 점검 및 복습할 수 있는 **경제학 OX 연습문제**
- 경제학의 주요 개념을 한눈에 확인할 수 있는 **경제학 MIND MAP**